Reform der existenzvernichtenden Vorstandshaftung

Europäische Hochschulschriften

European University Studies

Publications Universitaires Européennes

Reihe II **Rechtswissenschaft**

Series II Law

Série II Droit

Band/Volume **5983**

Isabelle Kilian

Reform der existenzvernichtenden Vorstandshaftung

Eine haftungs- und versicherungsrechtliche Untersuchung der Notwendigkeit einer Beschränkung des § 93 Abs. 2 S. 1 AktG sowie der Möglichkeiten einer Regressreduzierung de lege lata und de lege ferenda

PETER LANG

Bibliografische Information der Deutschen Nationalbibliothek
Die Deutsche Nationalbibliothek verzeichnet diese Publikation in der Deutschen Nationalbibliografie; detaillierte bibliografische Daten sind im Internet über http://dnb.d-nb.de abrufbar.

Zugl.: Bielefeld, Univ., Diss., 2017

D 361
ISSN 0531-7312
ISBN 978-3-631-74417-8 (Print)
E-ISBN 978-3-631-74565-6 (E-PDF)
E-ISBN 978-3-631-74566-3 (EPUB)
E-ISBN 978-3-631-74567-0 (MOBI)
DOI 10.3726/b13262

Peter Lang – Berlin · Bern · Bruxelles · New York · Oxford · Warszawa · Wien

Diese Publikation wurde begutachtet.

www.peterlang.com

Vorwort

Die Rechtswissenschaftliche Fakultät der Universität Bielefeld hat die vorliegende Arbeit im Sommersemester 2017 als Dissertation angenommen. Gesetzgebung, Rechtsprechung und Schrifttum sind umfassend bis zum 30.06.2016 berücksichtigt. Die Aktualisierung der Kommentarliteratur erfolgte nachträglich zum Stand 30.09.2017. Mit dem Urteil des Bundesarbeitsgerichts vom 29.06.2017 (Az. 8 AZR 189/15) wurde daneben die aktuelle Rechtsprechung zur Regressfähigkeit von Kartellbußgeldern ergänzt.

Prof. Dr. Ansgar Staudinger, der die Arbeit betreut und das Erstgutachten angefertigt hat, gebührt mein Dank für die uneingeschränkte Hilfe bei der Entstehung dieser Dissertation. Weiter danke ich Prof. Dr. Frank Weiler für die zügige Erstellung des Zweitgutachtens.

In besonderem Maße möchte ich meinen Eltern für ihre Unterstützung sowie Elena Wiese für ihren Zuspruch und zahlreiche (juristische) Diskussionen danken, die mir seit Jahren eine wertvolle Hilfe sind. Schließlich gilt mein Dank meinem Mann Jacob, ohne dessen stete Unterstützung, Geduld und sorgfältige Korrektur des Manuskripts die vorliegende Arbeit nicht möglich gewesen wäre.

Düsseldorf, im Herbst 2017 *Isabelle Kilian*

Inhaltsverzeichnis

Literaturverzeichnis

Adams, Michael, Stellungnahme zur Aktienrechtsreform 1997, AG-Sonderheft 1997, S. 9–26.

Altemeier, Christina, Verantwortlichkeit des Vorstands für Kartellrechtsverstöße – Ein Beitrag zur Organhaftung und zur Organuntreue, Frankfurt am Main 2013.

Altmeppen, Holger, Haftung für Delikte „aus dem Unternehmen", dargestellt am Fall „Dieselgate", ZIP 2016, S. 97–103.

Annuß, Georg, (Nichts) Neues zur Arbeitnehmerhaftung?, NZA 1998, S. 1089–1095.

Armbrüster, Christian, Auswirkungen von Versicherungsschutz auf die Haftung, NJW 2009, S. 187–193.

–, Prozessuale Besonderheiten in der Haftpflichtversicherung, r+s 2010, S. 441–458.

–, Verteilung nicht ausreichender Versicherungssummen in D&O-Innenhaftungsfällen, VersR 2014, S. 1–8.

–, Interessenkonflikte in der D&O-Versicherung, NJW 2016, S. 897–901.

Armbrüster, Christian/Schilbach, Dan, Nichtigkeit von VersVerträgen wegen Verbots- oder Sittenverstoßes, r+s 2016, S. 109–116.

Arnold, Arnd, Die Steuerung des Vorstandshandelns – Eine rechtsökonomische Untersuchung der Principal-Agent-Problematik in Publikumskapitalgesellschaften, München 2007.

Arnold, Michael, Verantwortung und Zusammenwirken des Vorstands und des Aufsichtsrats bei Compliance-Untersuchungen, ZGR 2014, S. 76–106.

Bachmann, Gregor, Der „Deutsche Corporate Governance Kodex": Rechtswirkungen und Haftungsrisiken, WM 2002, S. 2137–2143.

–, Compliance – Rechtsgrundlagen und offene Fragen, in: *Gesellschaftsrechtliche Vereinigung (Hrsg.)*, Gesellschaftsrecht in der Diskussion 2007, Bd. 13, Köln 2008, S. 66–101.

–, Die Haftung des Geschäftsleiters für die Verschwendung von Gesellschaftsvermögen, NZG 2013, S. 1121–1128.

–, Reformbedarf bei der Business Judgement Rule?, ZHR (177) 2013, S. 1–12.

–, Anmerkung zum Urteil des LG München – I 5 HKO 1387/10, ZIP 2014, S. 579–583.

–, Das „vernünftige" Vorstandsmitglied – Zum richtigen Verständnis der deutschen Business Judgement Rule (§ 93 Abs. 1 Satz 2 AktG), in: *Habersack, Mathias; Huber, Karl; Spindler, Gerald (Hrsg.)*, Festschrift für Bernhard Stilz zum 65. Geburtstag, München 2014, S. 25–44.

–, Gutachten E – Reform der Organhaftung? Materielles Haftungsrecht und seine Durchsetzung in privaten und öffentlichen Unternehmen, in: *Deutscher Juristentag (Hrsg.)*, Verhandlungen des 70. Deutschen Juristentages, München 2014.

–, LG Düsseldorf: Zur Haftung des Vorstands wegen Verlusten aus Investitionen in strukturierte Finanzprodukte – ApoBank, BB 2014, S. 2388.

–, Reform der Organhaftung? – Materielles Haftungsrecht und seine Durchsetzung in privaten und öffentlichen Unternehmen, NJW-Beil. 2014, S. 43–46.

–, Anmerkung zum Urteil des LAG Düsseldorf 16 Sa 459/14, BB 2015, S. 911.

–, Die Geschäftsleiterhaftung im Fokus von Rechtsprechung und Rechtspolitik, BB 2015, S. 771–777.

–, Zehn Thesen zur deutschen Business Judgement Rule, WM 2015, S. 105–112.

Bartscherer, Franz, Aktuelle Fragen der D+O-Versicherung, VP 2001, S. 183–186.

Bastuck, Burkhard, Enthaftung des Managements – Corporate indemnification im amerikanischen und deutschen Recht, Köln 1986.

Baumann, Horst, Aktienrechtliche Managerhaftung, D&O-Versicherung und „angemessener Selbstbehalt“, VersR 2006, S. 455–464.

Baumann, Horst; Beckmann, Roland; Johannsen, Katharina; Johannsen, Ralf; Koch, Robert (Hrsg.), Versicherungsvertragsgesetz, Bd. 4 – Haftpflichtversicherung, 9. Aufl., Berlin 2014 (zitiert als: Bruck/Möller/*Bearbeiter*, VVG, Fundstelle).

Baumbach, Adolf; Hueck, Alfred (Hrsg.), GmbHG, 21. Aufl., München 2017 (zitiert als: Baumbach/Hueck/*Bearbeiter*, GmbHG, Fundstelle).

Baums, Theodor, Gutachten F – Empfiehlt sich eine Neuregelung des aktienrechtlichen Anfechtungs- und Organhaftungsrechts, insbesondere der Klagemöglichkeiten von Aktionären?, in: *Deutscher Juristentag (Hrsg.)*, Verhandlungen des 63. Deutschen Juristentages, München 2000.

–, Bericht der Regierungskommission Corporate Governance – Unternehmensführung – Unternehmenskontrolle – Modernisierung des Aktienrechts, Köln 2001.

Bayer, Walter, Legalitätspflicht der Unternehmensleitung, nützliche Gesetzesverstöße und Regress bei verhängten Sanktionen – dargestellt am Beispiel von Kartellverstößen, in: *Bitter, Georg; Lutter, Marcus; Priester, Hans-Joachim; Schön, Wolfgang; Ulmer, Peter (Hrsg.)*, Festschrift für Karsten Schmidt zum 70. Geburtstag, Köln 2009, S. 85–103.

Bayer, Walter/Scholz, Philipp, Haftungsbegrenzung und D&O-Versicherung im Recht der aktienrechtlichen Organhaftung – Grundsatzüberlegungen zum 70. DJT 2014, NZG 2014, S. 926–934.

Bayer, Walter, Vorstandshaftung in der AG de lege lata und de lege ferenda, NJW 2014, S. 2546–2550.

Bayer, Walter/Scholz, Philipp, Vertretung durch den Aufsichtsrat nach § 112 AktG und Rechtsirrtümer im Kernbereich des Aktienrechts – Überlegungen anlässlich des BGH-Urteils vom 28.4.2015 – II ZR 63/14, ZIP 2015, S. 1853–1861.

–, Zulässigkeit und Grenzen des Kartellbußgeldregresses – Zugleich Kommentar zu LAG Düsseldorf vom 20.1.2015 – 16 Sa 459/14, GmbHR 2015, S. 449–456.

Bayreuther, Frank, Haftung von Organen und Arbeitnehmern für Unternehmensgeldbußen, NZA 2015, S. 1239–1243.

Beauregard, Paul Melot de/Gleich, Christian, Aktuelle Problemfelder bei der D&O-Versicherung, NJW 2013, S. 824–830.

Beauregard, Paul Melot de, Keine Rückgriffsmöglichkeit des Unternehmens bei Kartellstrafen, DB 2015, S. 928–929.

Beckmann, Roland; Matusche-Beckmann, Annemarie (Hrsg.), Versicherungsrechts-Handbuch, 3. Aufl., München 2015 (zitiert als: Beckmann/Matusche-Beckmann/*Bearbeiter*, VersR, Fundstelle).

Berg, Cai, Korruption in Unternehmen und Risikomanagement nach § 91 Abs. 2 AktG, AG 2007, S. 271–278.

Bicker, Eike, Legalitätspflicht des Vorstands – ohne Wenn und Aber?, AG 2014, S. 8–14.

Bieder, Markus, Grund und Grenzen der Verfolgungspflicht des Aufsichtsrats bei pflichtwidrigem Vorstandshandeln, NZG 2015, S. 1178–1186.

Binder, Ulrike/Kraayvanger, Jan, Regress der Kapitalgesellschaft bei der Geschäftsleitung für gegen das Unternehmen verhängte Geldbußen, BB 2015, S. 1219–1230.

Birkner, Olaf, Das Ende der Schonzeit, in: *F.A.Z. – Institut für Management-, Markt- und Medieninformationen GmbH; BLD Bach Langheid Dallmayr Rechtsanwälte Partnerschaftsgesellschaft mbH; DUAL Deutschland GmbH; Ernst & Young GmbH Wirtschaftsprüfungsgesellschaft (Hrsg.)*, Managerhaftung, Compliance – Haftung – Deckung 2014, S. 5–8.

Blaurock, Uwe, Kartellbußgeldhaftung und gesellschaftsrechtlicher Rückgriff, in: *Büscher, Wolfgang; Erdmann, Willi; Haedicke, Maximilan; Köhler, Helmut; Looschelder, Michael (Hrsg.)*, Festschrift für Joachim Bornkamm zum 65. Geburtstag, München 2014, S. 107–119.

Bosse, Christian, Das Gesetz zur Angemessenheit der Vorstandsvergütung (VorstAG) – Überblick und Handlungsbedarf, BB 2009, S. 1650–1654.

Böttcher, Lars, Direktanspruch gegen den D&O-Versicherer – Neue Spielregeln im Managerhaftungsprozess?, NZG 2008, S. 645–650.

–, Compliance: der IDW PS 980 – Keine Lösung für alle (Haftungs-)Fälle!, NZG 2011, S. 1054–1058.

Brömmelmeyer, Christoph, Neue Regeln für die Binnenhaftung des Vorstands – Ein Beitrag zur Konkretisierung der Business Judgement Rule, WM 2005, S. 2065–2070.

Brommer, Andreas, Folgen einer reformierten Aktionärsklage für die Vorstandsinnenhaftung, AG 2013, S. 121–130.

Brouwer, Tobias, Unternehmensrechtliche Herausforderungen der 18. Legislaturperiode aus Sicht der Realwirtschaft, NZG 2014, S. 201–207.

Brox, Hans/Walker, Wolf, Die Einschränkung der Arbeitnehmerhaftung gegenüber dem Arbeitgeber, DB 1985, S. 1469–1480.

Buck-Heeb, Petra, Die Haftung von Mitgliedern des Leitungsorgans bei unklarer Rechtslage – Notwendigkeit einer Legal Judgment Rule?, BB 2013, S. 2247–2257.

Bühnemann, Bernt, Gedanken zum Alles- oder Nichtsprinzip im deliktischen Haftungsrecht, in: *Schmidt, Reimer; Sieg, Karl (Hrsg.),* Grundprobleme des Versicherungsrechts, Festgabe für Hans Möller zum 65. Geburtstag, Karlsruhe 1972, S. 135–154.

Bunte, Hermann-Josef (Hrsg.), Kartellrecht, Bd. 1 – Deutsches Kartellrecht, 12. Aufl., Köln 2014 (zitiert als: Langen/Bunte/*Bearbeiter,* KartR, Fundstelle).

– *(Hrsg.),* Kartellrecht, Bd. 2 – Europäisches Kartellrecht, 12. Aufl., Köln 2014 (zitiert als: Langen/Bunte/*Bearbeiter,* KartR, Fundstelle).

Bürgers, Tobias; Körber, Torsten (Hrsg.), Aktiengesetz, 4. Aufl., Heidelberg 2017 (zitiert als: Bürgers/Körber/*Bearbeiter,* AktG, Fundstelle).

Bürgers, Tobias, Compliance in Aktiengesellschaften – Arbeitsteilung zwischen Vorstand und Aufsichtsrat sowie innerhalb der Organe, ZHR (179) 2015, S. 173–206.

Bürkle, Jürgen, Corporate Compliance – Pflicht oder Kür für den Vorstand, BB 2005, S. 565–570.

–, Aufsichtsrechliches Legal Judgment: Sachlicher Anwendungsbereich und prozedurale Voraussetzungen, VersR 2013, S. 792–802.

–, Compliance als Aufgabe des Vorstands der AG – Die Sicht des LG München I, CCZ 2015, S. 52–56.

Bydlinski, Franz, Juristische Methodenlehre und Rechtsbegriff, 2. Aufl., Wien 1991.

Cahn, Andreas, Aufsichtsrat und Business Judgement Rule, WM 2013, S. 1293–1336.

–, Business Judgement Rule und Rechtsfragen, Der Konzern 2015, S. 105–111.

Canaris, Claus-Wilhelm, Risikohaftung bei schadensgeneigter Tätigkeit in fremdem Interesse, RdA 1966, S. 41–51.

Casper, Matthias, Hat die grundsätzliche Verfolgungspflicht des Aufsichtsrats im Sinne des ARAG/Garmenbeck-Urteils ausgedient?, ZHR (176) 2012, S. 617–651.

Cichy, Patrick/Cziupka, Johannes, Compliance-Verantwortung der Geschäftsleitung bei Unternehmenstätigkeit mit Auslandsbezug, BB 2014, S. 1482–1486.

Dauner-Lieb, Barbara/Tettinger, Wolfgang, Vorstandshaftung, D&O-Versicherung, Selbstbehalt, ZIP 2009, S. 1555–1557.

Deilmann, Barbara, Fehlen einer Directors & Officers (D&O) Versicherung als Rücktrittsgrund für die Organmitglieder einer Aktiengesellschaft, NZG 2005, S. 54–57.

Deilmann, Barbara/Dornbusch, Gregor, Drittanstellung im Konzern, NZG 2016, S. 201–208.

Deilmann, Barbara/Otte, Sabine, D&O-Versicherung – Wer entscheidet über die Höhe des Selbstbehalts?, AG 2010, S. 323–325.

–, Verteidigung ausgeschiedener Organmitglieder gegen Schadensersatzklagen – Zugang zu Unterlagen der Gesellschaft, BB 2011, S. 1291–1295.

Deutsch, Erwin, Grundmechanismen der Haftung nach deutschem Recht, JZ 1968, S. 721–727.

Dietz-Vellmer, Fabian, Organhaftungsansprüche in der Aktiengesellschaft: Anforderungen an Verzicht oder Vergleich durch die Gesellschaft, NZG 2011, S. 248–254.

Dilling, Johannes, Die Wirksamkeit der Risikoausschlüsse für wissentliche und vorsätzliche Pflichtverletzungen in der D&O-Versicherung, Frankfurt am Main 2015.

Dreher, Meinrad, Das Ermessen des Aufsichtsrats – Der Aufsichtsrat in der Aktiengesellschaft zwischen Verbandsautonomie und Richterkontrolle, ZHR (158) 1994, S. 614–645.

–, Der Abschluss von D&O-Versicherungen und die aktienrechtliche Zuständigkeitsordnung, ZHR (165) 2001, S. 293–323.

–, Die kartellrechtliche Bußgeldverantwortlichkeit von Vorstandsmitgliedern – Vorstandshandeln zwischen aktienrechtlichem Legalitätsprinzip und kartellrechtlicher Unsicherheit, in: *Dauner-Lieb, Barbara; Hommelhoff, Peter; Jacobs, Matthias; Kaiser, Dagmar; Weber, Christoph (Hrsg.)*, Festschrift für Horst Konzen zum siebzigsten Geburtstag, Tübingen 2006, S. 85–107.

Dreher, Meinrad/Thomas, Stefan, Die D&O-Versicherung nach der VVG-Novelle 2008, ZGR 2009, S. 31–73.

Dreher, Meinrad, Austrahlungen des Aufsichtsrechts auf das Aktienrecht – Unter besonderer Berücksichtigung des Risikomanagement, ZGR 2010, S. 496–542.

–, Die Vorstandsverantwortung im Geflecht von Risikomanagement, Compliance und interner Revision, in: *Kindler, Peter; Koch, Jens; Ulmer, Peter; Winter, Martin (Hrsg.)*, Festschrift für Uwe Hüffer zum 70. Geburtstag, München 2010, S. 161–177.

–, Versicherungsschutz für die Verletzung von Kartellrecht oder von Unternehmensinnenrecht in der D&O-Versicherung und Ausschluss vorsätzlicher oder wissentlicher Pflichtverletzungen, VersR 2015, S. 781–794.

Druey, Jean Nicolas, Standardisierung der Sorgfaltspflicht? Fragen zur Business Judgement Rule, in: *Habersack, Mathias; Hommelhoff, Peter (Hrsg.)*, Festschrift für Wulf Goette zum 65. Geburtstag, München 2011, S. 57–73.

Ebke, Werner, Wirtschaftsprüfer und Dritthaftung, Bielefeld 1983.

Eisele, Dieter, Insiderrecht und Compliance, WM 1993, S. 1021–1026.

Eßwein, Kilian Konstantin, Privatautonome Gestaltung der Vorstandshaftung, Frankfurt am Main 2015.

Eufinger, Alexander, Die Regresshaftung von Vorstand und Geschäftsführer für Kartellverstöße der Gesellschaft, WM 2015, S. 1265–1271.

Fabisch, Artur Robert, Managerhaftung für Kartellrechtsverstöße, ZWeR 2013, S. 91–119.

Faßbender, Paul-Otto, 18 Jahre ARAG-Garmenbeck – und alle Fragen offen?, NZG 2015, S. 501–508.

Feddersen, Dieter, Neue gesetzliche Anforderungen an den Aufsichtsrat, AG 2000, S. 385–396.

Fehre, Björn/Hardt, Yasmin, Chancen und Risiken der Sockelverteilung, PHi 2013, S. 74–79.

Fehrenbach, Markus, Beschränkte Vorstandshaftung? – Zur Frage, ob sich aus dem geltenden Recht Regeln zur Haftungsverschonung oder Haftungsbegrenzung zugunsten von Vorstandsmitgliedern ableiten lassen, AG 2015, S. 761–775.

Fiedler, Björn, Der Pflichtselbstbehalt nach § 93 II 3 AktG und seine Auswirkung auf Vorstandshaftung und D&O Versicherung, MDR 2009, S. 1077–1082.

–, Die Curanum-Entscheidung des OLG Frankfurt – Zur Anrechnung von Abwehrkosten bei der D&O-Versicherung, PHi 2013, S. 94–104.

Finanzministerium Niedersachsen, Lohn- und einkommenssteuerrechtliche Behandlung der Beiträge zur Directors and Officers-Versicherung (D&O-Versicherung) – Erlaß vom 25.01.2002 S 2322-161-35, S 2245-21-312, DStR 2002, S. 678.

Fleck, Hans-Joachim, Das Organmitglied – Unternehmer oder Arbeitnehmer?, in: Dieterich; Gamillscheg; Wiedemann (Hrsg.), Festschrift für Marie Luise Hilger und Hermann Stumpf, München 1983, S. 197–233.

Fleischer, Holger; Goette, Wulf (Hrsg.), Münchener Kommentar zum GmbHG, Bd. 2 – §§ 35–52, 2. Aufl., München 2016 (zitiert als: MüKo/*Bearbeiter*, GmbHG, Fundstelle).

Fleischer, Holger (Hrsg.), Handbuch des Vorstandsrechts, 1. Aufl., München 2006 (zitiert als: Fleischer/*Bearbeiter*, Vorstandsrecht, Fundstelle).

–, Die „Business Judgement Rule“ im Spiegel von Rechtsvergleichung und Rechtsökonomie, in: *Wank, Rolf; Hirte, Heribert; Frey, Kaspar; Fleischer, Holger; Thüsing, Gregor (Hrsg.)*, Festschrift für Herbert Wiedemann zum 70. Geburtstag, München 2002, S. 827–849.

–, Vorstandsverantwortlichkeit und Fehlverhalten von Unternehmensangehörigen – Von der Einzelüberwachung zur Errichtung einer Compliance-Organisation, AG 2003, S. 291–300.

–, Zum Grundsatz der Gesamtverantwortung im Aktienrecht, NZG 2003, S. 449–459.

–, Die „Business Judgement Rule“: Vom Richterrecht zur Kodifizierung, ZIP 2004, S. 685–692.

–, Aktienrechtliche Legalitätspflicht und „nützliche“ Pflichtverletzungen von Vorstandsmitgliedern, ZIP 2005, S. 141–152.

–, Haftungsfreistellung, Prozesskostenersatz und Versicherung für Vorstandsmitglieder – Eine rechtvergleichende Bestandsaufnahme zur Enthaftung des Managements, WM 2005, S. 909–920.

–, Corporate Compliance im aktienrechtlichen Unternehmensverbund, CCZ 2008, S. 1–6.

–, Haftung des herrschenden Unternehmens im faktischen Konzern und unternehmerisches Ermessen (§§ 317 Abs. 2, 93 Abs. 1 AktG) – Das UMTS-Urteil des BGH, NZG 2008, S. 371–373.

–, Kartellverstöße und Vorstandsrecht, BB 2008, S. 1070–1076.

–, Kompetenzüberschreitungen von Geschäftsleitern im Personen- und Kapitalgesellschaftsrecht – Schaden – rechtmäßiges Alternativverhalten – Vorteilsausgleichung, DStR 2009, S. 1204–1210.

–, Vertrauen von Geschäftsleitern und Aufsichtsratsmitgliedern auf Informationen Dritter, ZIP 2009, S. 1397–1409.

–, Rechtsrat und Organwalterhaftung im Kapitalgesellschaftsrecht, in: *Kindler, Peter; Koch, Jens; Ulmer, Peter; Winter, Martin (Hrsg.),* Festschrift für Uwe Hüffer zum 70. Geburtstag, München 2010, S. 187–203.

–, Zur Einschränkbarkeit der Geschäftsführerhaftung in der GmbH, BB 2011, S. 2435–2440.

–, Aktienrechtliche Compliance-Pflichten im Praxistest: Das Siemens/Neubürger-Urteil des LG München I, NZG 2014, S. 321–329.

–, Reformperspektiven der Organhaftung: Empfiehlt sich eine stärkere Kodifizierung von Richterrecht?, DB 2014, S. 1971–1975.

–, Regresshaftung von Geschäftsleitern wegen Verbandsgeldbußen, DB 2014, S. 345–352.

–, Ruinöse Managerhaftung: Reaktionsmöglichkeiten de lege lata und de lege ferenda, ZIP 2014, S. 1305–1316.

–, Satzungsmäßige Haftungshöchstgrenzen und andere Haftungsmilderungen für Aufsichtsratsmitglieder, AR 2014, S. 100–102.

–, Verjährung von Organhaftungsansprüchen: Rechtspraxis – Rechtsvergleichung – Rechtspolitik, AG 2014, S. 457–472.

–, Vergleiche über Organhaftungs-, Einlage- und Drittansprüche der Aktiengesellschaft, AG 2015, S. 133–150.

–, Vorstandshaftung und Rechtsirrtum über die Vertretungskompetenz beim Abschluss eines Interim-Management-Vertrags, DB 2015, S. 1764–1769.

Foerster, Max, Beweislastverteilung und Einsichtsrecht bei Inanspruchnahme ausgeschiedener Organmitglieder, ZHR (176) 2012, S. 221–249.

Franz, Einiko, Aktuelle Compliance-Fragen zur D&O-Versicherung (Teil 2) – Insbesondere Zuständigkeiten und Selbsbehalt(sversicherung), DB 2011, S. 2019–2025.

Freund, Stefan, Brennpunkte der Organhaftung – Anmerkungen aus der Praxis zur organrechtlichen Innenhaftung, NZG 2015, S. 1419–1424.

Friedl, Markus J./Titze, Laura A., Der Sanktionszweck heiligt den Regressausschluss – Zur Haftung von Vorstandsmitgliedern für Verbandsgeldbußen – Besprechung LAG Düsseldorf v. 20.1.2015 – 16 Sa 459/14, ZWeR 2015, S. 318–332.

Fuchs, Andreas/Zimmermann, Martin, Reform der Organhaftung? – Materielles Haftungsrecht und seine Durchsetzung in privaten und öffentlichen Unternehmen, JZ 2014, S. 838–846.

Gädtke, Thomas, Implizites Verbot der D&O-Selbstbehaltsversicherung?, VersR 2009, S. 1565–1572.

–, Schutz gutgläubiger Organmitglieder bei Anfechtung des Versicherers – nach der Entscheidung des BGH „Heros II"?, r+s 2013, S. 313–322.

Gaul, Felix, Regressansprüche bei Kartellbußen im Lichte der Rechtsprechung und der aktuellen Debatte über die Reform der Organhaftung, AG 2015, S. 109–118.

Gellhausen, Hans Friedrich/Wermelt, Andreas, Haftungsrechtliche Bedeutung des IDW EPS 980: Grundsätze der ordnungsmäßigen Prüfung von Compliance-Management-Systemen – gleichzeitig: Replik zum Aufsatz von Dr. Markus S. Rieder und Marcus Jerg zum Thema „Anforderungen an die Überprüfung von Compliance-Programmen", CCZ 2010, S. 208–213.

Gierke, Otto, Der Entwurf eines bürgerlichen Gesetzbuchs und das deutsche Recht, Leipzig 1889.

Glöckner, Jochen/Müller-Tautphaeus, Ken, Rückgriffshaftung von Organmitgliedern bei Kartellrechtsverstößen, AG 2001, S. 344–349.

Goette, Wulf; Habersack, Mathias; Kalss, Susanne (Hrsg.), Münchener Kommentar zum Aktiengesetz, Bd. 2 – §§ 76–117, 3. Aufl., München 2008 (zitiert als: MüKo/*Bearbeiter*, AktG, 3. Aufl. 2008, Fundstelle).

– *(Hrsg.)*, Münchener Kommentar zum Aktiengesetz, Bd. 3 – §§ 118–178, 3. Aufl., München 2013 (zitiert als: MüKo/*Bearbeiter*, AktG, Fundstelle).

– *(Hrsg.)*, Münchener Kommentar zum Aktiengesetz, Bd. 2 – §§ 76–117, 4. Aufl., München 2014 (zitiert als: MüKo/*Bearbeiter*, AktG, Fundstelle).

– *(Hrsg.)*, Münchener Kommentar zum Aktiengesetz, Bd. 1 – §§ 1–75, 4. Aufl., München 2016 (zitiert als: MüKo/*Bearbeiter*, AktG, Fundstelle).

Goette, Wulf, Zur Verteilung der Darlegungs- und Beweislast der objektiven Pflichtwidrigkeit bei der Organhaftung, ZGR 1995, S. 648–674.

–, Aktuelle Entwicklungen im deutschen Kapitalgesellschaftsrecht im Lichte der höchstrichterlichen Rechtsprechung, DStR 2009, S. 51–57.

–, Organisationspflichten in Kapitalgesellschaften zwischen Rechtspflicht und Opportunität, ZHR (175) 2011, S. 388–400.

–, „Zur ARAG/GARMENBECK-Doktrin", in: *Hoffmann-Becking, Michael; Hüffer, Uwe; Reichert, Jochem (Hrsg.),* Liber amicorum für Martin Winter, Köln 2011, S. 153–166.

–, Grundsätzliche Verfolgungspflicht des Aufsichtsrats bei sorgfaltswidrig schädigendem Verhalten im AG-Vorstand?, ZHR (176) 2012, S. 588–616.

–, Zu den vom Aufsichtsrat zu beachtenden Abwägungskriterien im Rahmen seiner Entscheidung nach den ARAG/GARMENBECK Kriterien – dargestellt am Beispiel des Kartellrechts, in: *Krieger, Gerd; Lutter, Marcus; Schmidt, Karsten (Hrsg.),* Festschrift für Michael Hoffmann-Becking zum 70. Geburtstag, München 2013, S. 377–394.

Göhler, Erich (Hrsg.), Gesetz über Ordnungswidrigkeiten, 17. Aufl., München 2017 (zitiert als: Göhler/*Bearbeiter,* OWiG, Fundstelle).

Götz, Heinrich, Die Pflicht des Aufsichtsrats zur Haftbarmachung von Vorstandsmitgliedern – Besprechung des ARAG-Urteils des BGH, NJW 1997, S. 3275–3278.

Grooterhorst, Johannes, Das Einsichtnahmerecht des ausgeschiedenen Vorstandsmitglieds in Geschäftsunterlagen im Haftungsfall, AG 2011, S. 389–398.

Grooterhorst, Johannes/Looman, Jörg, Kostentragung des Versicherers bei (teilweiser) Erschöpfung der Versicherungssumme in der D&O-Versicherung, r+s 2014, S. 157–163.

–, Rechtsfolgen der Abtretung des Freistellungsanspruchs gegen den Versicherer im Rahmen der D&O-Versicherung, NZG 2015, S. 215–221.

Grunewald, Barbara, Haftungsvereinbarungen zwischen Aktiengesellschaft und Vorstandsmitgliedern, AG 2013, S. 813–818.

Gummert, Hans; Weipert, Lutz (Hrsg.), Münchener Handbuch des Gesellschaftsrechts, Bd. 1 – BGB-Gesellschaft, Offene Handelsgesellschaft, Partnerschaftsgesellschaft, Partenreederei, EWIV, 4. Aufl., München 2014 (zitiert als: MünchHdb/*Bearbeiter,* GesR, Fundstelle).

Haarmann, Wilhelm/Weiß, Michael, Reformbedarf bei der aktienrechtlichen Organhaftung, BB 2014, S. 2115–2125.

Habersack, Mathias, Managerhaftung, in: *Lorenz, Egon (Hrsg.),* Karlsruher Forum 2009, Managerhaftung, Karlsruhe 2010, S. 5–40.

–, Die Legalitätspflicht des Vorstands, in: *Burgard, Ulrich; Hadding, Walther; Mülbert, Peter; Nietsch, Michael; Welter, Reinhard (Hrsg.),* Festschrift für Uwe H. Schneider, zum 70. Geburtstag, Köln 2011, S. 429–441.

–, Gutachten E – Staatliche und halbstaatliche Eingriffe in die Unternehmensführung, in: *Deutscher Juristentag (Hrsg.),* Verhandlungen des 69. Deutschen Juristentages, München 2012.

–, Perspektiven der aktienrechtlichen Organhaftung, ZHR (177) 2013, S. 782–806.

–, Enthaftung des Vorstandsmitglieds qua Anstellungsvertrag? – Kritische Bemerkung zu Seibt, NZG 2015, 1097, NZG 2015, S. 1297–1300.

–, 19 Jahre „ARAG/Garmenbeck“ – und viele Frage offen, NZG 2016, S. 321–327.

Hack, Frank Sebastian, Vorstandsverantwortlichkeit bei Kartellrechtsverstößen, Frankfurt am Main 2012.

Hanau, Peter, Rückwirkung der Haftpflichtversicherung auf die Haftung? – Das Beispiel der Innenhaftung leitender Angestellter unter D&O-Versicherung, in: *Wandt, Manfred; Reiff, Peter; Looschelders, Dirk; Bayer, Walter (Hrsg.),* Kontinuität und Wandel des Versicherungsrechts, Festschrift für Egon Lorenz zum 70. Geburtstag, Karlsruhe 2004, S. 283–304.

Handelsrechtsausschuss des Deutschen Anwaltvereins, Stellungnahme zur Verlängerung der Verjährungsfrist der aktienrechtlichen Organhaftung nach Art. 5 und 6 des Referentenentwurfs für ein Restrukturierungsgesetz, NZG 2010, S. 897–899.

Hanke, Jörg, Grundlagen und Grenzen der Geschäftsleiterhaftung in England und Deutschland, Baden-Baden 2008.

Harbarth, Stephan, § 93 Abs. 4 S. 3 AktG und kartellrechtliche Kronzeugenregelungen, in: *Hoffmann-Becking, Michael; Hüffer, Uwe; Reichert, Jochem (Hrsg.),* Liber amicorum für Martin Winter, Köln 2011, S. 215–236.

–, Anforderungen an die Compliance-Organisation in börsennotierten Unternehmen, ZHR (179) 2015, S. 136–172.

Harbarth, Stephan/Brechtel, Micha, Rechtliche Anforderungen an eine pflichtgemäße Compliance-Organisation im Wandel der Zeit, ZIP 2016, S. 241–250.

Harnos, Rafael, Geschäftsleiterhaftung bei unklarer Rechtslage – Eine Untersuchung am Beispiel des Kartellrechts, Berlin 2013.

Harzenetter, Tobias, Der Selbstbehalt in der D&O-Versicherung nach dem VorstAG und der Neufassung des Deutschen Corporate Governance Kodex (DCGK), DStR 2010, S. 653–658.

Hasselbach, Kai, Der Verzicht auf Schadensersatzansprüche gegen Organmitglieder, DB 2010, S. 2037–2044.

Hasselbach, Kai/Ebbinghaus, Felix, Anwendung der Business Judgement Rule bei unklarer Rechtslage, AG 2014, S. 873–883.

Hasselbach, Kai/Seibel, Markus, Die Freistellung von Vorstandsmitgliedern und leitenden Angestellten von der Haftung für Kartellverstöße, AG 2008, S. 770–778.

Hauger, Nils/Palzer, Christoph, Kartellbußen und gesellschaftsrechtlicher Innenregress, ZGR 2015, S. 33–83.

Hauschka, Christoph; Moosmayer, Klaus; Lösler, Thomas (Hrsg.), Corporate Compliance – Handbuch der Haftungsvermeidung im Unternehmen, 3. Aufl., München 2016 (zitiert als: Hauschka/*Bearbeiter,* Corporate Compliance, Fundstelle).

Hauschka, Christoph, Compliance, Compliance-Manager, Compliance-Programme: Eine geeignete Reaktion auf gestiegene Haftungsrisiken für Unternehmer und Management?, NJW 2004, S. 257–261.

–, Corporate Compliance – Unternehmensorganisatorische Ansätze zur Erfüllung der Pflichten von Vorständen und Geschäftsführern, AG 2004, S. 461–480.

–, Ermessensentscheidungen bei der Unternehmensführung, GmbHR 2007, S. 11–16.

Hauss, Fritz, Referat C, in: *Deutscher Juristentag (Hrsg.),* Verhandlungen des 43. Deutschen Juristentages, Tübingen 1960.

Heidel, Thomas (Hrsg.), Aktienrecht und Kapitalmarktrecht, 4. Aufl., Baden-Baden 2014 (zitiert als: Heidel/*Bearbeiter,* Aktienrecht, Fundstelle).

Hemeling, Peter, Referat N, in: Deutscher Juristentag (Hrsg.), Verhandlungen des 69. Deutschen Juristentages, München 2012.

–, Neuere Entwicklungen in der D&O-Versicherung, in: *Krieger, Gerd; Lutter, Marcus; Schmidt, Karsten (Hrsg.),* Festschrift für Michael Hoffmann-Becking zum 70. Geburtstag, München 2013, S. 491–510.

–, Reform der Organhaftung? – Erwartungen an den 70. Deutschen Juristentag, ZHR (178) 2014, S. 221–226.

Henssler, Martin; Strohn, Lutz (Hrsg.), Gesellschaftsrecht, 3. Aufl., München 2016 (zitiert als: Henssler/Strohn/*Bearbeiter,* GesR, Fundstelle).

Henssler, Martin; Willemsen, Josef; Kalb, Heinz-Jürgen (Hrsg.), Arbeitsrecht Kommentar, 7. Aufl., Köln 2016 (zitiert als: H/W/K/*Bearbeiter,* ArbR, Fundstelle).

Henze, Hartwig, Prüfungs- und Kontrollaufgaben des Aufsichtsrats in der Aktiengesellschaft – Die Entscheidungspraxis des Bundesgerichtshofs, NJW 1998, S. 3309–3312.

Heyers, Johannes, Gestaltungsperspektiven aktienrechtlicher Organhaftung am Beispiel der Regressansprüche der Gesellschaft infolge von Kartellordnungswidrigkeiten – eine rechtsökonomische und wertungsjuristische Analyse, WM 2016, S. 581–589.

Hirte, Heribert; Mülbert, Peter; Roth, Markus (Hrsg.), Großkommentar Aktiengesetz, Bd. 4/1 – §§ 76–91, 5. Aufl., Berlin 2015 (zitiert als: GK/*Bearbeiter,* AktG, Fundstelle).

– *(Hrsg.),* Großkommentar Aktiengesetz, Bd. 4/2 – §§ 92–94, 5. Aufl., Berlin 2015 (zitiert als: GK/*Bearbeiter,* AktG, Fundstelle).

Hoffmann, Gunter M., Existenzvernichtende Haftung von Vorständen und Aufsichtsräten?, NJW 2012, S. 1393–1399.

Hoffmann-Becking, Michael, Zur rechtlichen Organisation der Zusammenarbeit im Vorstand der AG, ZGR (27) 1998, S. 497–519.

Hoffmann-Becking, Michael/Krieger, Gerd, Leitfaden zur Anwendung des Gesetzes zur Angemessenheit der Vorstandsvergütung (VorstAG), NZG-Beil. 2009, S. 1–12.

Hohenstatt, Klaus-Stefan, Das Gesetz zur Angemessenheit der Vorstandsvergütung, ZIP 2009, S. 1349–1557.

Hohenstatt, Klaus-Stefan/Naber, Sebastian, Die D&O-Versicherung im Vorstandsvertrag, DB 2010, S. 2321–2324.

Hohloch, Gerhard, Allgemeines Schadensrecht – Empfiehlt sich eine Neufassung der gesetzlichen Regelung des Schadensrechts (§§249–255 BGB)?, in: *Bundesminister der Justiz (Hrsg.),* Gutachten und Vorschläge zur Überarbeitung des Schuldrechts, Bd. 1, Köln 1981, S. 375–478.

Holle, Philipp Maximilian, Rechtsbindung und Business Judgement Rule, AG 2011, S. 778–786.

–, Die Binnenhaftung des Vorstands bei unklarer Rechtslage, AG 2016, S. 270–280.

Hölters, Wolfgang (Hrsg.), Aktiengesetz, 3. Aufl., München 2017 (zitiert als: Hölters/*Bearbeiter,* AktG, Fundstelle).

Hopt, Klaus J.; Wiedemann, Herbert (Hrsg.), Großkommentar Aktiengesetz, Bd. 5 – §§ 95–117, 4. Aufl., Berlin 2011 (zitiert als: GK/*Bearbeiter,* AktG, Fundstelle).

Hopt, Klaus J., Die Verantwortlichkeit von Vorstand und Aufsichtsrat: Grundsatz und Praxisprobleme – unter besonderer Berücksichtigung der Banken, ZIP 2013, S. 1793–1806.

Horn, Norbert, Die Haftung des Vorstands der AG nach § 93 AktG und die Pflichten des Aufsichtsrats, ZIP 1997, S. 1129–1139.

Hüffer, Uwe; Koch, Jens (Hrsg.), Aktiengesetz, 12. Aufl., München 2016 (zitiert als: Hüffer/Koch/*Bearbeiter,* AktG, Fundstelle).

–, Die leitungsbezogene Verantwortung des Aufsichtsrats, NZG 2007, S. 47–54.

Ihlas, Horst, D&O – Directors & Officers Liability, 2. Aufl., Berlin 2009.

Ihrig, Hans-Christoph, Reformbedarf beim Haftungstatbestand des § 93 AktG, WM 2004, S. 2098–2107.

Ihrig, Hans-Christoph; Schäfer, Carsten, Rechte und Pflichten des Vorstands, Köln 2014.

Immenga, Ulrich; Mestmäcker, Ernst-Joachim (Hrsg.), Wettbewerbsrecht, Bd. 1 – Kommentar zum Europäischen Kartellrecht, 5. Aufl., München 2012 (zitiert als: Immenga/Mestmäcker/*Bearbeiter,* EU, Fundstelle).

– *(Hrsg.),* Wettbewerbsrecht, Bd. 2 – Kommentar zum Deutschen Kartellrecht, 5. Aufl., München 2014 (zitiert als: Immenga/Mestmäcker/*Bearbeiter,* GWB, Fundstelle).

Joecks, Wolfgang; Miebach, Klaus (Hrsg.), Münchener Kommentar zum StGB, Bd. 4 – §§ 185–262, 2. Aufl., München 2012 (zitiert als: MüKo/*Bearbeiter,* StGB, Fundstelle).

– *(Hrsg.),* Münchener Kommentar zum StGB, Bd. 5 – §§ 263–358, 2. Aufl., München 2014 (zitiert als: MüKo/*Bearbeiter,* StGB, Fundstelle).

Joussen, Jacob, Der persönliche Anwendungsbereich der Arbeitnehmerhaftung, RdA 2006, S. 129–137.

Kapp, Thomas/Gärtner, Daniel, Die Haftung von Vorstand und Aufsichtsrat bei Verstößen gegen das Kartellrecht, CCZ 2009, S. 168–174.

Kapp, Thomas/Hummel, Karin, Haftung von Managern und Mitarbeitern für Unternehmensbußgelder? – Das Urteil des Court of Appeal (UK) in Sachen Safeway, ZWeR 2011, S. 349–360.

Karner, Ernst, Geldersatz für ideelle Schäden, Minderung der Ersatzpflicht, Beweislast, Verjährung, in: *Griss, Irmgard; Kathrein, Georg; Koziol, Helmut (Hrsg.)*, Entwurf eines neuen österreichischen Schadenersatzrechts, Wien 2006, S. 83–93.

Kassing, Daniel/Richters, Patrick, Der Deckungsanspruch in der Haftpflichtversicherung, VersR 2015, S. 293–296.

Kästner, Karin, Aktienrechtliche Probleme der D&O-Versicherung, AG 2000, S. 113–122.

Kaulich, Matthias, Die Haftung von Vorstandsmitgliedern einer Aktiengesellschaft für Rechtsanwendungsfehler, Berlin 2012.

Kerst, Andreas, Haftungsmanagement durch die D&O-Versicherung nach Einführung des aktienrechtlichen Selbstbehaltes in § 93 Abs. 2 S. 3 AktG, WM 2010, S. 594–605.

Kiethe, Kurt, Persönliche Haftung von Organen der AG und der GmbH – Risikovermeidung durch D&O-Versicherung?, BB 2003, S. 537–542.

–, Vermeidung der Haftung von geschäftsführenden Organen durch Corporate Compliance, GmbHR 2007, S. 393–400.

Kindler, Peter, Unternehmerisches Ermessen und Pflichtenbindung – Voraussetzungen und Geltendmachung der Vorstandshaftung in der Aktiengesellschaft, ZHR (162) 1998, S. 101–119.

–, Pflichtverletzung und Schaden bei der Vorstandshaftung wegen unzureichender Compliance, in: *Altmeppen, Holger; Fitz, Hanns; Honsell, Heinrich (Hrsg.)*, Festschrift für Günther H. Roth zum 70. Geburtstag, München 2011, S. 367–377.

–, Vorstands- und Geschäftsführerhaftung mit Augenmaß – Über einige neuere Grundsatzentscheidungen des II. Zivilsenats des BGH zu §§ 93 AktG und 43 GmbHG, in: *Habersack, Mathias; Hommelhoff, Peter (Hrsg.)*, Festschrift für Wulf Goette zum 65. Geburtstag, München 2011, S. 231–238.

Klausing, Friedrich, Gesetz über Aktiengesellschaften und Kommanditgesellschaften auf Aktien nebst Einführungsgesetz und amtlicher Begründung, Berlin 1937.

Klett, Sabine/Peitsmeyer, Philip, Gesellschafts- und haftungsrechtliche Konsequenzen der fehlerhaften steuerlichen Behandlung von Ausschüttungen bei Kapitalgesellschaften, BB 2011, S. 2121–2129.

Koch, Jens, Das Gesetz zur Unternehmensintegrität und Modernisierung des Anfechtungsrechts (UMAG), ZGR 2006, S. 769–804.

–, Keine Ermessensspielräume bei der Entscheidung über die Inanspruchnahme von Vorstandsmitgliedern, AG 2009, S. 93–102.

–, Beschränkungen des gesellschaftsrechtlichen Innenregresses bei Bußgeldzahlungen, in: *Hoffmann-Becking, Michael; Hüffer, Uwe; Reichert, Jochem (Hrsg.)*, Liber amicorum für Martin Winter, Köln 2011, S. 327–350.

–, Beschränkung der Regressfolgen im Kapitalgesellschaftsrecht, AG 2012, S. 429–440.

–, Die schleichende Erosion der Verfolgungspflicht nach ARAG/Garmenbeck, NZG 2014, S. 934–942.

–, Regressreduzierung im Kapitalgesellschaftsrecht – eine Sammelreplik, AG 2014, S. 513–525.

Koch, Robert, Die Rechtsstellung der Gesellschaft und des Organmitglieds in der D&O-Versicherung (II), GmbHR 2004, S. 160–170.

–, Geschäftsleiterpflicht zur Sicherstellung risikoadäquaten Versicherungsschutzes, ZGR 2006, S. 184–212.

–, Der Direktanspruch in der Haftpflichtversicherung, r+s 2009, S. 133–138.

–, Einführung eines obligatorischen Selbstbehalts in der D&O-Versicherung durch das VorstAG, AG 2009, S. 637–647.

–, Ersatzfähigkeit von Kartellbußgeldern – Zugleich Anmerkung zum Urteil des LAG Düsseldorf vom 20.1.2015, VersR 2015, S. 655–661.

–, Abtretung des Freistellungsanspruchs in D&O-Innenhaftungsfällen – Zugleich Anmerkung zu den Urteilen des BGH vom 13.4.2016 (IV ZR 304/13) VersR 2016, 786 und vom 13.4.2016 (IV ZR 51/14), VersR 2016, S. 765–768.

Kocher, Dirk, Zur Reichweite der Business Judgment Rule, CCZ 2009, S. 215.

Köhl, Dietmar, Die Einschränkung der Haftung des GmbH-Geschäftsführers nach den Grundsätzen des innerbetrieblichen Schadensausgleichs, DB 1996, S. 2597–2605.

Köhler, Helmut; Bornkamm, Joachim (Hrsg.), Gesetz gegen den unlauteren Wettbewerb, 35. Aufl., München 2017 (zitiert als: Köhler/Bornkamm/*Bearbeiter*, UWG, Fundstelle).

Kolb, Stefan, Keine Haftung des GmbH-Geschäftsführers für eine gegen die Gesellschaft verhängte Geldbuße, GWR 2015, S. 169.

Konrads, Sebastian, Entschärfung des Haftungsrisikos des verantwortlichen Vorstands einer Aktiengesellschaft zum Zwecke der Inanspruchnahme einer kartellrechtlichen Kronzeugenregelung, München 2012.

Kort, Michael, Voraussetzungen der Zulässigkeit einer D&O-Versicherung von Organmitgliedern, DStR 2006, S. 799–804.

–, Verhaltensstandardisierung durch Corporate Compliance, NZG 2008, S. 81–86.

Krause, Daniel, Die zivilrechtliche Haftung des Strafverteidigers, NStZ 2000, S. 225–234.

Krause, Rüdiger, „Nützliche" Rechtsverstöße im Unternehmen – Verteilung finanzieller Lasten und Sanktionen – Die Verteilung von Verfahrenskosten, Geldstrafen und Geldbußen zwischen Gesellschaft, (ehemaligen) Vorstandsmitgliedern und Mitarbeitern sowie die Möglichkeit von Sanktionen bei Pflichtverletzungen, BB-Special 2007, S. 2–16.

–, in: *Otto, Hansjörg; Schwarze, Roland; Krause, Rüdiger (Hrsg.),* Die Haftung des Arbeitnehmers, 4. Aufl., Berlin 2014.

Kremer, Thomas/Klahold, Christoph, Compliance-Programme in Industriekonzernen, ZGR 2010, S. 113–143.

Kremer, Thomas, Referat N, in: *Deutscher Juristentag (Hrsg.),* Verhandlungen des 70. Deutschen Juristentages, München 2014.

Krieger, Gerd; Schneider, Uwe H. (Hrsg.), Handbuch Managerhaftung, 3. Aufl., Köln 2017 (zitiert als: Krieger/Schneider/*Bearbeiter,* Hdb Managerhaftung, Fundstelle).

Krieger, Gerd, Zur (Innen-)Haftung von Vorstand und Geschäftsführung, in: *Henze, Hartwig; Timm, Wolfram; Westermann, Harm Peter (Hrsg.),* Gesellschaftsrecht, RWS-Forum, Bd. 8, Köln 1996, S. 149–177.

Kröger, Jens, Korruptionsschäden, Unternehmensgeldbußen und Imageschäden – Haftungs- und schadensrechtliche Fragen der Organmitgliederhaftung, Baden-Baden 2013.

Kropff, Bruno, Aktiengesetz – Textausgabe des Aktiengesetzes vom 6.9.1965 und des Einführungsgesetzes zum Aktiengesetz vom 6.9.1965 mit Begründung des Regierungsentwurfs, Bericht des Rechtsausschusses des Bundestags, Verweisungen und Sachverzeichnis, Düsseldorf 1965.

Krüger, Burkhard, Nichtigkeit des D&O-Versicherungsvertrags bei fehlender Genehmigung durch die Hauptversammlung, NVersZ 2001, S. 8–9.

Krüger, Martin/Raap, Björn, Stundensätze von Rechtsanwälten als Rechtsverfolgungskosten, MDR 2010, S. 422–426.

Kuhner, Christoph; Drefahl, Christian; Hitz, Jörg-Markus; Sabiwalsky, Ralf, Managergehälter 2015 – Vorstandsvergütung der DAX 30-Unternehmen, Köln 2015.

Lange, Hermann, Empfiehlt es sich, die Haftung für schuldhaft verursachte Schäden zu begrenzen? – Kann für den Umfang der Schadensersatzpflicht auf die Schwere des Verschuldens abgestellt werden?, in: *Deutscher Juristentag (Hrsg.),* Verhandlungen des 43. Deutschen Juristentages, Tübingen 1960.

Lange, Hermann; Schiemann, Gottfried, Handbuch des Schuldrechts – Schadensersatz, Bd. 1, 3. Aufl., Tübingen 2003.

Lange, Oliver, D&O-Versicherung und Managerhaftung, München 2014.

–, Zulässigkeitsvoraussetzungen einer gesellschaftsfinanzierten D&O-Versicherung, ZIP 2001, S. 1524–1529.

–, Praxisfragen der D&O-Versicherung (Teil I), DStR 2002, S. 1626–1631.

–, Praxisfragen der D&O-Versicherung (Teil II), DStR 2002, S. 1674–1678.

–, Die D&O-Versicherungsverschaffungsklausel im Manageranstellungsvertrag, ZIP 2004, S. 2221–2225.

–, Die vorvertragliche Anzeigepflicht in der D&O-Versicherung, VersR 2006, S. 605–612.

–, Das Zusammenspiel von Anerkenntnis und Abtretung nach der VVG-Reform, r+s 2007, S. 401–406.

–, Die Rechtsstellung des D&O-Versicherers nach der Abtretung des Freistellungsanspruchs vom Versicherungsnehmer an den geschädigten Dritten, VersR 2008, S. 713–717.

–, Die Selbstbehaltsvereinbarungspflicht gem. § 93 Abs. 2 S. 3 AktG n.F., VersR 2009, S. 1011–1024.

–, Die D&O-Selbstbehalt-Versicherung, r+s 2010, S. 92–100.

–, Die Haftung des (versicherungsnehmenden) Unternehmens anstelle des D&O-Versicherers, VersR 2010, S. 162–177.

–, Die Company-Reimbursement-Klausel in der D&O-Versicherung, VersR 2011, S. 429–439.

–, Die verbrauchte Versicherungssumme in der D&O-Versicherung, VersR 2014, S. 1413–1426.

Langheid, Theo; Wandt, Manfred (Hrsg.), Münchener Kommentar zum Versicherungsvertragsgesetz, Bd. 2 – §§ 100–191, 2. Aufl., München 2017 (zitiert als: MüKo/*Bearbeiter,* VVG, Fundstelle).

– *(Hrsg),* Münchener Kommentar zum Versicherungsvertragsgesetz, Bd. 3 – Nebengesetze, 2. Aufl., München 2017 (zitiert als: MüKo/*Bearbeiter,* VVG, Fundstelle).

– *(Hrsg),* Münchener Kommentar zum Versicherungsvertragsgesetz, Bd. 1 – § 1–99, 2. Aufl., München 2016 (zitiert als: MüKo/*Bearbeiter,* VVG, Fundstelle).

Langheid, Theo/Grote, Joachim, Deckungsfragen der D&O-Versicherung, VersR 2005, S. 1165–1175.

Langheid, Theo, Nach der Reform: Neue Entwicklungen in der Haftpflichtversicherung, VersR 2009, S. 1043–1046.

–, Rechtsprechungsübersicht zum Versicherungsvertragsrecht 2009, NJW 2009, S. 344–349.

–, AVB-Kontrolle im Lichte der neuen Rechtsprechung, in: *Beckmann, Roland; Mansel, Heinz-Peter; Matusche-Beckmann, Annemarie (Hrsg.),* Weitsicht in Versicherung und Wirtschaft, Gedächtnisschrift für Ulrich Hübner, Heidelberg 2012, S. 137–146.

–, Das Wissen der Manager ist ihrem Unternehmen zuzurechnen, VW 2012, S. 1768–1771.

Langheid, Theo/Müller-Frank, Christoph, Rechtsprechungsübersicht zum Versicherungsvertragsrecht im ersten Halbjahr 2012, NJW 2012, S. 2324–2328.

Larenz, Karl; Canaris, Claus-Wilhelm, Methodenlehre der Rechtswissenschaft, 3. Aufl., Berlin 1995.

Liedtke, Tobias, Ein Zwischenfazit zu den Entwicklungen von unwirksamen Anfechtungsverzichtsklauseln im Rahmen der D&O-Versicherung, VP 2012, S. 229–234.

Löbbe, Marc/Fischbach, Jonas, Die Business Jugement Rule bei Kollegialentscheidungen des Vorstands, AG 2014, S. 717–729.

Loewenheim, Ulrich; Messen, Karl; Riesenkampff, Alexander; Kersting, Christian; Meyer-Lindemann, Hans Jürgen (Hrsg.), Kartellrecht, 3. Aufl., München 2016 (zitiert als: L/M/R/*Bearbeiter*, KartR, Fundstelle).

Lohse, Andrea, Unternehmerisches Ermessen – Zu den Pflichten und Aufgaben von Vorstand und Aufsichtsrat, Tübingen 2005.

–, Schmiergelder als Schaden? Zur Vorteilsausgleichung im Gesellschaftsrecht, in: *Kindler, Peter; Koch, Jens; Ulmer, Peter; Winter, Martin (Hrsg.)*, Festschrift für Uwe Hüffer zum 70. Geburtstag, München 2010, S. 581–601.

Looschelders, Dirk; Pohlmann, Petra (Hrsg.), VVG-Kommentar, 3. Aufl., Köln 2016 (zitiert als: Looschelders/Pohlmann/*Bearbeiter*, VVG, Fundstelle).

Looschelders, Dirk, Der Dritte im Versicherungsvertragsrecht, r+s 2015, S. 581–591.

Lorenz, Egon, Billigkeitshaftung und Haftpflichtversicherung – Ein Harmonisierungsvorschlag, VersR 1980, S. 697–703.

Lotze, Andreas, Haftung von Vorständen und Geschäftsführern für gegen Unternehmen verhängte Kartellbußgelder, NZKart 2014, S. 162–170.

Lotze, Andreas/Smolinski, Sebastian, Entschärfung der Organhaftung bei kartellrechtlichen Unternehmensgeldbußen, NZKart 2015, S. 254–258.

Löwe, Walter, Richterliche Ermäßigung des Schadensersatzes? – Zur vorgeschlagenen Einführung einer Reduktionsklausel in das Bürgerliche Gesetzbuch, VersR 1970, S. 289–292.

Lutter, Marcus, Die Erklärung zum Corporate Governance Kodex, ZHR (166) 2002, S. 522–543.

–, Die Business Judgement Rule und ihre praktische Anwendung, ZIP 2007, S. 841–848.

–, Interessenkonflikte und Business Judgment Rule, in: *Heldrich, Andreas; Prölss, Jürgen; Koller, Ingo; Langenbucher, Katja; Grigoleit, Hans Christoph; Hager, Johannes; Hey, Felix; Neuner, Jörg; Petersen, Jens; Singer, Reinhard (Hrsg.)*, Festschrift für Claus-Wilhelm Canaris zum 70. Geburtstag, Bd. 2, München 2007, S. 245–256.

–, Zum Beschluss des Aufsichtsrats über den Verzicht auf eine Haftungsklage, in: *Krieger, Gerd; Lutter, Marcus; Schmidt, Karsten (Hrsg.)*, Festschrift für Michael Hoffmann-Becking zum 70. Geburtstag, München 2013, S. 747–754.

Mack, Kristina, Die Regresshaftung von Vorstandsmitgliedern einer Aktiengesellschaft – Voraussetzungen und Möglichkeiten ihrer Begrenzung, Frankfurt am Main 2015.

Marsch-Barner, Reinhard, Vorteilsausgleich bei der Schadensersatzhaftung nach § 93 AktG, ZHR (173) 2009, S. 723–734.

Mayer, Anja, Kein wirksamer Ausschluss des Anfechtungsrechts wegen arglistiger Täuschung in der D&O-Versicherung?, VP 2012, S. 12–15.

Mayer, Bernd, Die aktienrechtliche Organhaftung – Reform durch juristische Methodik oder gesetzgeberisches Handeln?, NZG 2014, S. 1208–1211.

Meckbach, Anne, Organhaftung und Beweisrisiken – Adäquate Risikoallokation durch Vertragsgestaltung, NZG 2015, S. 580–586.

Meier-Greve, Daniel, Vorstandshaftung wegen mangelhafter Corporate Compliance, BB 2009, S. 2555–2560.

Merkt, Hanno, Managerhaftung im Finanzsektor: Status Quo und Reformbedarf, in: *Erle, Bernd; Goette, Wulf; Kleindiek, Detlef; Krieger, Gerd; Priester, Hans-Joachim; Schubel, Christian; Schwab, Martin; Teichmann, Christoph; Witt, Carl-Heinz (Hrsg.)*, Festschrift für Peter Hommelhoff zum 70. Geburtstag, Köln 2012, S. 711–729.

Mertens, Hans-Joachim, Der Begriff des Vermögensschadens im Bürgerlichen Recht, Stuttgart 1967.

–, Die gesetzlichen Einschränkungen der Disposition über Ersatzansprüche der Gesellschaft durch Verzicht und Vergleich in der aktien- und konzernrechtlichen Organhaftung, in: *Goerdeler, Reinhard; Hommelhoff, Peter; Lutter, Marcus; Wiedemann, Herbert (Hrsg.)*, Festschrift für Hans-Joachim Fleck zum 70. Geburtstag am 30. Januar 1988, Berlin 1988, S. 209–219.

–, Bedarf der Abschluss einer D&O-Versicherung durch die Aktiengesellschaft der Zustimmung der Hauptversammlung?, AG 2000, S. 447–452.

–, Schadensersatzhaftung des Aufsichtsrats bei Nichtbeachtung der Regeln des ARAG-Urteils über die Inanspruchnahme von Vorstandsmitgliedern?, in: *Bitter, Georg; Lutter, Marcus; Priester, Hans-Joachim; Schön, Wolfgang; Ulmer, Peter (Hrsg.)*, Festschrift für Karsten Schmidt zum 70. Geburtstag, Köln 2009, S. 1183–1195.

Meyer, Susanne, Compliance-Verantwortlichkeit von Vorstandsmitgliedern – Legalitätsprinzip und Risikomanagement, DB 2014, S. 1063–1068.

Michalski, Lutz (Hrsg.), Kommentar zum Gesetz betreffend die Gesellschaften mit beschränkter Haftung (GmbHG), Bd. 2 – §§ 25–85, 3. Aufl., München 2017 (zitiert als: Michalski/*Bearbeiter*, GmbHG, Fundstelle).

Möhrle, Frauke, Gesellschaftsrechtliche Probleme der D&O-Versicherung, Köln 2007.

Moosmayer, Klaus, Compliance – Praxisleitfaden für Unternehmen, 2. Aufl., München 2012.

Mugdan, Benno, Gesammelte Materialien zum Bürgerlichen Gesetzbuch für das Deutsche Reich – Recht der Schuldverhältnisse, Bd. 2, Berlin 1899.

Müller, Hans-Friedrich, Geschäftsleiterhaftung und Vertrauen auf fachkundigen Rat, DB 2014, S. 1301–1307.

Müller-Glöge, Rudi; Preis, Ulrich; Schmidt, Ingrid (Hrsg.), Erfurter Kommentar zum Arbeitsrecht, 16. Aufl., München 2016 (zitiert als: ErfK/*Bearbeiter*, BGB, Fundstelle).

Musielak, Hans-Joachim (Hrsg.), Zivilprozessordnung mit Gerichtsverfassungsgesetz, 14. Aufl., München 2017 (zitiert als: Musielak/*Bearbeiter*, ZPO, Fundstelle).

Nietsch, Michael, Geschäftsleiterermessen und Unternehmensorganisation bei der AG – Zur haftungsbegrenzenden Wirkung des § 93 Abs. 1 Satz 2 AktG im Bereich gesetzlicher Pflichtaufgaben unter besonderer Berücksichtigung von Compliance, ZGR 2015, S. 631–666.

Notthoff, Martin, Rechtliche Fragestellungen im Zusammenhang mit dem Abschluss einer Director's & Officer's Versicherung – Effektiver Schutz von Vorständen und Aufsichtsräten gegen Haftungsrisiken, NJW 2003, S. 1350–1356.

Oberrath, Jörg-Dieter, Anwendung von Arbeitsrecht auf den GmbH-Geschäftsführer, MDR, S. 134–139.

Olbrich, Carola, Die D&O-Versicherung, 2. Aufl., Karlsruhe 2007.

Olbrich, Carola/Kassing, Daniel, Der Selbstbehalt in der D&O Versicherung: Gesetzliche Neuregelung lässt viele Fragen offen, BB 2009, S. 1659–1662.

Oltmanns, Martin, Geschäftsleiterhaftung und unternehmerisches Ermessen – Die Business Judgement Rule im deutschen und amerikanischen Recht, Frankfurt am Main 2001.

Oppenheim, Robert, Die Pflicht des Vorstands zur Einrichtung einer auf Dauer angelegten Compliance-Organisation – Zugleich Besprechung von LG München I, Urteil vom 10.12.2013, 5 HK 1387/10, DStR 2014, S. 1063–1066.

Otto, Hansjörg, Gutachten E – Ist es erforderlich, die Verteilung des Schadensrisikos bei unselbständiger Arbeit neu zu regeln?, in: *Deutscher Juristentag (Hrsg.)*, Verhandlungen des 56. Deutschen Juristentages, München 1986.

–, Neujustierung der Risikoverteilung bei der Arbeitnehmerhaftung – Insbesondere Arbeitnehmerverschulden und Versicherung, in: *Oetker, Hartmut; Preis, Ulrich; Rieble, Volker (Hrsg.)*, 50 Jahre Bundesarbeitsgericht, München 2004, S. 97–121.

–, in: *Otto, Hansjörg; Schwarze, Roland; Krause, Rüdiger (Hrsg.)*, Die Haftung des Arbeitnehmers, 4. Aufl., Berlin 2014.

Paefgen, Walter G., Unternehmerische Entscheidungen und Rechtsbindung der Organe in der AG, Köln 2002.

–, Dogmatische Grundlagen, Anwendungsbereich und Formulierung einer Business Judgement Rule im künftigen UMAG, AG 2004, S. 245–261.

–, Die Inanspruchnahme pflichtvergessener Vorstandsmitglieder als unternehmerische Ermessensentscheidung des Aufsichtsrats, AG 2008, S. 761–769.

–, Die Verteilung der Darlegungs- und Beweislast bei der Business Judgment Rule, NZG 2009, S. 891–896.

–, Organhaftung: Bestandsaufnahme und Zukunftsperspektiven – Ein kritischer Werkstattbericht vor dem Hintergrund der Beratungen des 70. Deutschen Juristentages 2014, AG 2014, S. 554–584.

–, „Compliance" als gesellschaftsrechtliche Organpflicht?, WM 2016, S. 433–444.

Palandt, Otto (Hrsg.), Bürgerliches Gesetzbuch, 76. Aufl., München 2017 (zitiert als: Palandt/*Bearbeiter,* BGB, Fundstelle).

Pammler, Sebastian, Die gesellschaftsfinanzierte D&O-Versicherung im Spannungsfeld des Aktienrechts, Berlin 2006.

Pant, Michael, Ein gefährliches Urteil – Anmerkungen zum Teilurteil des LAG Düsseldorf vom 20.01.2015, CCZ 2015, S. 224–229.

Passarge, Malte, Risiken und Chancen mangelhafter Compliance in der Unternehmensinsolvenz, NZI 2009, S. 86–91.

Peltzer, Martin, Die Haftung des Aufsichtsrats bei Verletzung der Überwachungspflicht, WM 1981, S. 346–352.

–, Verschärfung der Haftung von Vorstand und Aufsichtsrat und dadurch entstehende Zielkonflikte – Eine Mahnung die Nebenfolgen zu bedenken, in: *Häuser, Franz; Hammen, Horst; Hennrichs, Joachim; Steinbeck, Anja; Siebel, Ulf; Welter, Reinhard (Hrsg.),* Festschrift für Walther Hadding zum 70. Geburtstag am 8. Mai 2004, Berlin 2004, S. 593–605.

–, Die deutsche D&O-Versicherung und ihr (noch operabler) Geburtsfehler, in: *Aderhold, Lutz; Grunewald, Barbara; Klingberg, Dietgard; Paefgen, Walter G. (Hrsg.),* Festschrift für Harm Peter Westermann zum 70. Geburtstag, Köln 2008, S. 1257–1280.

–, Konstruktions- und Handhabungsschwierigkeiten bei der D&O-Versicherung, NZG 2009, S. 970–975.

–, Mehr Ausgewogenheit bei der Vorstandshaftung, in: *Krieger, Gerd; Lutter, Marcus; Schmidt, Karsten (Hrsg.),* Festschrift für Michael Hoffmann-Becking zum 70. Geburtstag, München 2013, S. 861–870.

Penner, Eduard, Tod eines Wiedergängers? – „vorsätzliche" contra „wissentliche" Pflichtverletzung in der D&O-Versicherung, VersR 2005, S. 1359–1361.

Prölss, Jürgen; Martin, Anton (Hrsg.), Versicherungsvertragsgesetz mit Nebengesetzen, Vermittlerrecht und Allgemeinen Versicherungsbedingungen, 29. Aufl., München 2015 (zitiert als: Prölss/Martin/*Bearbeiter,* VVG, Fundstelle).

Rahlmeyer, Niklas/Fassbach, Burkhard, Vorstandshaftung und Prozessfinanzierung, GWR 2015, S. 331–336.

Raiser, Thomas, Pflicht und Ermessen von Aufsichtsratsmitgliedern – Zum Urteil des OLG Düsseldorf im Fall ARAG/Garmenbeck, NJW 1996, S. 552–554.

Rauscher, Thomas; Krüger, Wolfgang (Hrsg.), Münchener Kommentar zur Zivilprozessordnung mit Gerichtsverfassungsgesetz und Nebengesetzen, Bd. 2 – §§ 355–945b, 5. Aufl., München 2016 (zitiert als: MüKo/*Bearbeiter*, ZPO, Fundstelle).

– *(Hrsg.)*, Münchener Kommentar zur Zivilprozessordnung, Bd. 1 – §§ 1–354, 5. Aufl., München 2016Rixecker (zitiert als: MüKo/*Bearbeiter*, ZPO, Fundstelle).

Redeke, Julian, Auswirkungen des UMAG auf die Verfolgung von Organhaftungsansprüchen seitens des Aufsichtsrats?, ZIP 2008, S. 1549–1557.

–, Kurzkommentar zum Urteil des OLG München v. 21.07.2010 – 7 U 1879/10, EWiR 2011, S. 265–266.

–, Zur gerichtlichen Kontrolle der Angemessenheit der Informationsgrundlage im Rahmen der Business Judgment Rule nach § 93 Abs. 1 Satz 2 AktG, ZIP 2011, S. 59–64.

Rehbinder, Eckart, Rechtliche Schranken der Erstattung von Bußgeldern an Organmitglieder und Angestellte, ZHR (148) 1984, S. 555–578.

Reichert, Jochem/Ott, Nicolas, Non Compliance in der AG – Vorstandspflichten im Zusammenhang mit der Vermeidung, Aufklärung und Sanktionierung von Rechtsverstößen, ZIP 2009, S. 2173–2180.

Reichert, Jochem, Das Prinzip der Regelverfolgung von Schadensersatzansprüchen nach „ARAG/Garmenbeck" – Eine kritische Würdigung, in: *Erle, Bernd; Goette, Wulf; Kleindiek, Detlef; Krieger, Gerd; Priester, Hans-Joachim; Schubel, Christian; Schwab, Martin; Teichmann, Christoph; Witt, Carl-Heinz (Hrsg.)*, Festschrift für Peter Hommelhoff zum 70. Geburtstag, Köln 2012, S. 907–926.

–, Existenzgefährdung bei der Durchsetzung von Organhaftungsansprüchen, ZHR (177) 2013, S. 756–781.

–, „ARAG/Garmenbeck" im Praxistest – Entscheidungsgrundlagen über die Verfolgung von Organhaftungsansprüchen, ZIP 2016, S. 1189–1198.

Reuter, Alexander, Rückbau oder Ausbau der Managerhaftung? Eine Befundung im Licht der neueren Rechtsprechung und Unternehmenspraxis, ZIP 2016, S. 597–607.

Richardi, Reinhard; Wlotzke, Otfried; Wißmann, Hellmut; Oetker, Hartmut (Hrsg.), Münchener Handbuch zum Arbeitsrecht, Bd. 1 – Individualarbeitsrecht, 3. Aufl., München 2009 (zitiert als: MünchHdb/*Bearbeiter*, ArbR, Fundstelle).

Rieder, Markus S./Holzmann, Daniel, Die Auswirkungen der Finanzkrise auf die Organhaftung, AG 2011, S. 265–274.

Rieder, Markus S./Jerg, Marcus, Anforderungen an die Überprüfung von Compliance-Programmen – Zugleich kritische Anmerkungen zum Entwurf eines IDW

Prüfungsstandards: Grundsätze ordnungsmäßiger Prüfung von Compliance-Management-Systemen (IDW EPS 980), CCZ 2010, S. 201–207.

Rieger, Harald, Gesetzeswortlaut und Rechtswirklichkeit im Aktiengesetz, in: *Lutter, Marcus; Scholz, Manfred; Sigle, Walter (Hrsg.)*, Festschrift für Martin Peltzer zum 70. Geburtstag, Köln 2011, S. 339–357.

Langheid, Theo; Rixecker, Roland (Hrsg.), Versicherungsvertragsgesetz, 5. Aufl., München 2016 (zitiert als: Langheid/Rixecker/*Bearbeiter*, VVG, Fundstelle).

Roth, Günter; Altmeppen, Holger (Hrsg.), Gesetz betreffend die Gesellschaften mit beschränkter Haftung, 8. Aufl., München 2015 (zitiert als: Roth/Altmeppen/*Bearbeiter*, GmbHG, Fundstelle).

Ruchatz, Ulrich, Auskunftspflichten der Aktiengesellschaft bei Organhaftungsverfahren im Verhältnis zum Anspruchsgegner und gegenüber dem D&O-Versicherer, AG 2015, S. 1–10.

Rüffer, Wilfried; Halbach, Dirk; Schimikowski, Peter (Hrsg.), Versicherungsvertragsgesetz, 3. Aufl., Baden-Baden 2015 (zitiert als: Rüffer/Halbach/Schimikowski/*Bearbeiter*, VVG, Fundstelle).

Rust, Ulrich, Innenregress und Haftung der Unternehmensleitung bei Kartellverstößen – Zugleich Besprechung LAG Düsseldorf v. 20.1.2015 – 16 Sa 459/14, ZWeR 2015, S. 299–317.

Rust, Walter, Beschränkung der unbeschränkten Vorstandshaftung durch die Satzung der AG, AR 2014, S. 36–37.

Rüthers, Bernd; Fischer, Christian; Birk, Axel, Rechtstheorie mit juristischer Methodenlehre, 8. Aufl., München 2015.

Ruttmann, Peter, Die Versicherbarkeit von Geldstrafen, Geldbußen, Strafschadensersatz und Regressansprüchen in der D&O-Versicherung, Karlsruhe 2014.

–, D&O-Versicherungsschutz für Geldstrafen und -bußen? – Ein Ausschlusstatbestand auf dem Prüfstand, VW 2015, S. 50–53.

Säcker, Franz Jürgen; Rixecker, Roland; Oetker, Hartmut; Limperg, Bettina (Hrsg.), Münchener Kommentar zum Bürgerlichen Gesetzbuch, Bd. 3 – Schuldrecht Besonderer Teil I §§ 433–610, 6. Aufl., München 2012 (zitiert als: MüKo/*Bearbeiter*, BGB, 6. Auflage 2012; Fundstelle).

– *(Hrsg.)*, Münchener Kommentar zum Bürgerlichen Gesetzbuch, Bd. 4 – Schuldrecht Besonderer Teil II §§ 611–704, 6. Aufl., München 2012 (zitiert als: MüKo/*Bearbeiter*, BGB, Fundstelle).

– *(Hrsg.)*, Münchener Kommentar zum Bürgerlichen Gesetzbuch, Bd. 6 – Schuldrecht Besonderer Teil IIV §§ 705–853, 7. Aufl., München 2017 (zitiert als: MüKo/*Bearbeiter*, BGB, Fundstelle).

– *(Hrsg.)*, Münchener Kommentar zum Bürgerlichen Gesetzbuch, Bd. 1 – Allgemeiner Teil § 1–240, 7. Aufl., München 2015 (zitiert als: MüKo/*Bearbeiter*, BGB, Fundstelle).

– *(Hrsg.)*, Münchener Kommentar zum Bürgerlichen Gesetzbuch, Bd. 2 – Schuldrecht Allgemeiner Teil §§ 241–432, 7. Aufl., München 2016 (zitiert als: MüKo/*Bearbeiter*, BGB, Fundstelle).

– *(Hrsg.)*, Münchener Kommentar zum Bürgerlichen Gesetzbuch, Bd. 3 – Schuldrecht Besonderer Teil I § 433–534, 7. Aufl., München 2016 (zitiert als: MüKo/*Bearbeiter*, BGB, Fundstelle).

Säcker, Franz Jürgen, Streitfragen zur D&O-Versicherung, VersR 2005, S. 10–15.

Sailer-Coceani, Viola, Referat N, in: Deutscher Juristentag (Hrsg.), Verhandlungen des 70. Deutschen Juristentages, München 2014.

Sander, Julian/Schneider, Stefan, Die Pflicht des Geschäftsleiters zur Einholung von Rat – Dogmatische Grundlagen und praktische Folgerungen, ZGR 2013, S. 725–759.

Sandmann, Bernd, Die Haftung von Arbeitnehmern, Geschäftsführern und leitenden Angestellten – Zugleich ein Beitrag zu den Grundprinzipien der Haftung und Haftungsprivilegierung, Tübingen 2001.

Schäfer, Carsten, Die Binnenhaftung von Vorstand und Aufsichtsrat nach der Renovierung durch das UMAG, ZIP 2005, S. 1253–1259.

Schäfer, Hans; Ott, Claus, Lehrbuch der ökonomischen Analyse des Zivilrechts, 5. Aufl., Berlin 2012.

Schenk, Kersten von, Handlungsbedarf bei der D&O-Versicherung, NZG 2015, S. 494–501.

Schimikowski, Peter, Zins- und Kostenklauseln in der Haftpflichtversicherung – Zur (Un-)Abdingbarkeit des § 150 Abs. 2 VVG, VersR 2005, S. 861–866.

Schimmer, Dieter, Die D&O-Versicherung und §§ 105 und 108 Abs. 2 VVG – kann die Versicherungsnehmerin geschädigte Dritte sein?, VersR 2008, S. 875–879.

Schlosser, Peter F., Schadensersatzrechtlicher Erstattungsanspruch für über die Sätze des RVG hinausgehende Anwaltskosten, NJW 2009, S. 2413–2415.

–, Schadesnersatzrechtlicher Erstattungsanspruch für über die Sätze des RVG hinausgehende Anwaltskosten, NJOZ 2009, S. 2376–2394.

Schmidt, Karsten (Hrsg.), Münchener Kommentar zum Handelsgesetzbuch, Bd. 4 – Kommanditgesellschaft, stille Gesellschaft, Konzernrecht der Personengesellschaft, 3. Aufl., München 2013 (zitiert als: MüKo/*Bearbeiter*, HGB, Fundstelle).

Schmidt, Karsten; Lutter, Marcus (Hrsg.), Aktiengesetz Kommentar – §§ 1–149, 3. Aufl., Köln 2015 (zitiert als: Schmidt/Lutter/*Bearbeiter*, AktG, Fundstelle).

Schmolke, Klaus Ulrich, Die Aktionärsklage nach § 148 AktG – Anreizwirkungen de lege lata und Reformanregungen de lege ferenda, ZGR 2011, S. 398–442.

Schneider, Sven, „Unternehmerische Entscheidung" als Anwendungsvoraussetzung für die Business Judgement Rule, DB 2005, S. 707–712.

Schneider, Uwe H., Haftungsmilderungen für Vorstandsmitglieder und Geschäftsleiter bei fehlerhafter Unternehmensleitung?, in: *Hadding, Walther; Mertens, Hans-Joachim; Immenga, Ulrich; Pleyer, Klemens; Schneider, Uwe H. (Hrsg.)*, Festschrift für Winfried Werner zum 65. Geburtstag am 17. Oktober 1984, Berlin 1984, S. 795–815.

–, Compliance als Aufgabe der Unternehmensleitung, ZIP 2003, S. 645–650.

–, Compliance im Konzern, NZG 2009, S. 1321–1326.

–, Die Haftung von Mitgliedern des Vorstands und der Geschäftsführung bei Vertragsverletzungen der Gesellschaft, in: *Kindler, Peter; Koch, Jens; Ulmer, Peter; Winter, Martin (Hrsg.)*, Festschrift für Uwe Hüffer zum 70. Geburtstag, München 2010, S. 905–916.

–, Anwaltlicher Rat zu unternehmerischen Entscheidungen bei Rechtsunsicherheit – Ein Beitrag zum Management der Organhaftung, DB 2011, S. 99–103.

Schnorbus, York/Ganzer, Felix, Recht und Praxis der Prüfung und Verfolgung von Vorstandsfehlverhalten durch den Aufsichtsrat – Teil 1, WM 2015, S. 1832–1844.

–, Recht und Praxis der Prüfung und Verfolgung von Vorstandsfehlverhalten durch den Aufsichtsrat – Teil 2, WM 2015, S. 1877–1886.

Schnyder, Anton K., Verantwortlichkeitsansprüche gegen Leitungsorgane einer Aktiengesellschaft – und deren Versicherbarkeit, in: *Honsell, Heinrich; Portmann, Wolfgang; Zäch, Roger; Zobl, Dieter (Hrsg.)*, Festschrift für Heinz Rey zum 60. Geburtstag, Aktuelle Aspekte des Schuld und Sachenrechts, Zürich 2003, S. 319–328.

Scholl, Bernd, Vorstandshaftung und Vorstandsermessen – Rechtliche und ökonomische Grundlagen, ihre Anwendung in der Finanzkrise sowie der Selbstbehalt bei der D&O-Versicherung, Baden-Baden 2015.

Scholz, Philipp, Die existenzvernichtende Haftung von Vorstandsmitgliedern in der Aktiengesellschaft – Eine Untersuchung der Notwendigkeit und Möglichkeiten einer Beschränkung der Vorstandshaftung im geltenden und künftigen Recht, Jena 2014.

–, Die Haftung bei Verstößen gegen die Business Judgement Rule, AG 2015, S. 222–231.

Schöne, Torsten/Petersen, Sabrina, Regressansprüche gegen (ehemalige) Vorstandsmitglieder – quo vadis?, AG 2012, S. 700–706.

Schönke, Adolf; Schröder, Horst (Hrsg.), Strafgesetzbuch, 29. Aufl., München 2014 (zitiert als: Schönke/Schröder/*Bearbeiter*, StGB, Fundstelle).

Schramm, Tanja, Das Anspruchserhebungsprinzip – Ein Deckungskonzept in der Haftpflichtversicherung zur zeitlichen Abgrenzung des Versicherungsschutzes, Karlsruhe 2009.

Schubert, Werner; Hommelhoff, Peter, Hundert Jahre modernes Aktienrecht – Eine Sammlung von Texten und Quellen zur Aktienrechtsreform 1884 mit zwei Einführungen, Berlin 1985.

Schulze, Hans-Georg, Vermeidung von Haftung und Straftaten auf Führungsebene durch Delegation, NJW 2014, S. 3484–3488.

Schulze, Reiner (Hrsg.), Bürgerliches Gesetzbuch, 9. Aufl., Baden-Baden 2017 (zitiert als: Schulze/*Bearbeiter*, BGB, Fundstelle).

Schüppen, Matthias/Sanna, Thomas, D&O-Versicherungen: Gute und schlechte Nachrichten, ZIP 2002, S. 550–553.

Schwamb, Thomas, Die schadensrechtliche Reduktionsklausel § 255a BGB Referentenentwurf 1967 – Eine vergleichende Untersuchung mit dem Schweizer Recht, Frankfurt am Main 1984.

Schweitzer, Eva Maria, Zulässigkeit der Ausschlussklauseln für Vorsatz und wissentliches Handeln in der D&O-Versicherung, Hamburg 2013.

Schwintowski, Hans-Peter, Gesellschaftsrechtliche Anforderungen an Vorstandshaftung und Corporate Governance durch das neue System der kartellrechtlichen Legalausnahme, NZG 2005, S. 200–203.

Seibt, Christoph, Deutscher Corporate Governance Kodex und Entsprechenserklärung (§ 161 Akt-E), AG 2002, S. 249–259.

Seibt, Christoph/Saame, Carola, Geschäftsleiterpflichten bei der Entscheidung über D&O-Versicherungsschutz, AG 2006, S. 901–913.

Seibt, Christoph/Cziupka, Johannes, 20 Thesen zur Compliance-Verantwortung im System der Organhaftung aus Anlass des Siemens/Neubürger-Urteils, DB 2014, S. 1598–1601.

Seibt, Christoph/Wollenschläger, Bernward, Revision des Europäischen Transparenzregimes: Regelungsinhalte der TRL 2013 und Umsetzungsbedarf, ZIP 2014, S. 545–554.

Seibt, Christoph, 20 Thesen zur Binnenverantwortung im Unternehmen im Lichte des reformierten Kapitalsanktionsrechts, NZG 2015, S. 1097–1103.

Seibt, Christoph/Cziupka, Johannes, Rechtspflichten und Best Practices für Vorstands- und Aufsichtsratshandeln bei der Kapitalmarktrecht-Compliance, AG 2015, S. 93–109.

Seibt, Christoph, „Halbvermögensschutzklausel“ als Instrument zur Vermeidung existenzgefährdender Binnenregressansprüche in Fällen grober Disproportionalität – Duplik auf die Erwiderung von Habersack, NZG 2015, 1297, NZG 2016, S. 361–367.

Seidel, Wolfgang, Der Deutsche Corporate Governance Kodex – eine private oder doch staatliche Regelung?, ZIP 2004, S. 285–294.

Seitz, Björn, Vorsatzausschluss in der D&O-Versicherung – endlich Licht im Dunkeln, VersR 2007, S. 1476–1478.

Semler, Johannes, Zur aktienrechtlichen Haftung der Organmitglieder einer Aktiengesellschaft, AG 2005, S. 321–336.

–, Überlegungen zur Praktikabilität der Organhaftungsvorschriften, in: *Habersack, Mathias; Hommelhoff, Peter (Hrsg.)*, Festschrift für Wulf Goette zum 65. Geburtstag, München 2011, S. 499–512.

Senge, Lothar (Hrsg.), Karlsruher Kommentar zum Gesetz über Ordnungswidrigkeiten, 4. Aufl., München 2014 (zitiert als: KK/*Bearbeiter*, OWiG, Fundstelle).

Spindler, Gerald; Stilz, Eberhard (Hrsg.), Kommentar zum Aktiengesetz, Bd. 1 – §§ 1–149, 1. Aufl., München 2007 (zitiert als: Spindler/Stilz/*Bearbeiter*, AktG, 1. Aufl. 2007, Fundstelle).

– *(Hrsg.)*, Kommentar zum Aktiengesetz, Bd. 1 – §§ 1–149, 3. Aufl., München 2015 (zitiert als: Spindler/Stilz/*Bearbeiter*, AktG, Fundstelle).

Spindler, Gerald, Die Haftung von Vorstand und Aufsichtsrat für fehlerhafte Auslegung von Rechtsbegriffen, in: *Heldrich, Andreas; Prölss, Jürgen; Koller, Ingo; Langenbucher, Katja; Grigoleit, Hans Christoph; Hager, Johannes; Hey, Felix; Neuner, Jörg; Petersen, Jens; Singer, Reinhard (Hrsg.)*, Festschrift für Claus-Wilhelm Canaris zum 70. Geburtstag, Bd. 2, München 2007, S. 403–428.

–, Compliance in der multinationalen Bankengruppe, WM 2008, S. 905–918.

–, Organhaftung in der AG – Reformbedarf aus wissenschaftlicher Perspektive, AG 2013, S. 889–901.

Staudinger, Ansgar; Halm, Wolfgang; Wendt, Domenik Hennnig (Hrsg.), Fachanwaltskommentar Versicherungsrecht, 1. Aufl., Köln 2013 (zitiert als: FAKomm/*Bearbeiter*, VersR, Fundstelle).

Staudinger, Ansgar/Richters, Patrick, D&O-Versicherung: Anforderungen an den Eintritt des Versicherungsfalls nach Abtretung des Freistellungsanspruchs, DB 2013, S. 2725–2728.

Staudinger, Julius von (Hrsg.), Kommentar zum Bürgerlichen Gesetzbuch mit Einführungsgesetzen und Nebengesetzen – Recht der Schuldverhältnisse, §§ 243–254, 12. Aufl., Berlin 1983 (zitiert als: Staudinger/*Bearbeiter*, BGB, Fundstelle).

– *(Hrsg.)*, Kommentar zum Bürgerlichen Gesetzbuch mit Einführungsgesetzen und Nebengesetzen – Recht der Schuldverhältnisse, §§ 249–254 (Schadensersatzrecht), Neubearbeitung 2005, Berlin (zitiert als: Staudinger/*Bearbeiter*, BGB, Fundstelle).

– *(Hrsg.)*, Kommentar zum Bürgerlichen Gesetzbuch mit Einführungsgesetz und Nebengesetzen – Recht der Schuldverhältnisse, §§ 255–304 (Leistungsstörungsrecht 1), Neubearbeitung 2009, Berlin (zitiert als: Staudinger/*Bearbeiter*, BGB, Fundstelle).

– *(Hrsg.)*, Kommentar zum Bürgerlichen Gesetzbuch mit Einführungsgesetz und Nebengesetzen – Einleitung zum Schuldrecht, §§ 241–243 (Treu und Glauben), Neubearbeitung 2015, Berlin (zitiert als: Staudinger/*Bearbeiter*, BGB, Fundstelle).

Steber, Tobias, Die Weiterentwicklung der Rechtsprechung zur Enthaftung von Vorstandsmitgliedern bei Einholung von Rechtsrat – Zugleich Besprechung des Urteils des BGH v. 28.4.2015 – II ZR 63/14, DStR 2015, S. 2391–2395.

Steinkühler, Stefan/Kassing, Daniel, Anmerkung zum Urteil des BGH v. 22.09.2009, VersR 2009, S. 1477–1478.

Steinkühler, Stefan/Wilhelm, Mark, Gesellschaftsrechtliche und arbeitsrechtliche Problembeziehungen zur D&O-Versicherung (Teil II), VP 2005, S. 142–148.

Stoll, Hans, Die Reduktionsklausel im Schadensrecht aus rechtsvergleichender Sicht, RabelsZ (34) 1970, S. 481–503.

Strohn, Lutz, Beratung der Geschäftsleitung durch Spezialisten als Ausweg aus der Haftung?, ZHR (176) 2012, S. 137–143.

–, Pflichtenmaßstab und Verschulden bei der Haftung von Organen einer Kapitalgesellschaft, CCZ 2013, S. 177–184.

Stürner, Rolf (Hrsg.), Bürgerliches Gesetzbuch, 16. Aufl., München 2015 (zitiert als: Jauernig/*Bearbeiter*, BGB, Fundstelle).

Suchy, Oliver, Schadensumfang bei Haftung von Vorständen und Geschäftsführern wegen Unternehmensgeldbußen für kartellrechtliche Verstöße, NZG 2015, S. 591–593.

Terbille, Michael; Höra, Knut (Hrsg.), Münchener Anwaltshandbuch Versicherungsrecht, 1. Aufl., München 2013 (zitiert als: MAH/*Bearbeiter*, VersR, Fundstelle).

Terno, Wilfried, Wirksamkeit von Kostenanrechnungsklauseln, r+s 2013, S. 577–582.

Thiel, Sven-Markus, Über Maklerbedingungen in Versicherungsverträgen, r+s 2011, S. 1–8.

Thole, Christoph, Managerhaftung für Gesetzesverstöße – Die Legalitätspflicht des Vorstands gegenüber seiner Aktiengesellschaft, ZHR (173) 2009, S. 504–535.

Thomas, Stefan, Die Haftungsfreistellung von Organmitgliedern – Bürgerlichrechtliche, gesellschaftsrechtliche und versicherungsrechtliche Grundlagen der Freistellung und der Versicherung von organschaftlichen Haftungsrisiken im Kapitalgesellschaftsrecht, Tübingen 2010.

–, Bußgeldregress, Übelszufügung und D&O-Versicherung, NZG 2015, S. 1409–1419.

Thümmel, Roderich C., Zu den Pflichten des Aufsichtsrats bei der Verfolgung von Organhaftungsansprüchen gegenüber dem Vorstand der AG, DB 1997, S. 1117–1120.

–, Persönliche Haftung von Managern und Aufsichtsräten, 4. Aufl., Stuttgart 2008.

Thüsing, Gregor, Wertende Schadensberechnung, München 2001.

–, Das Gesetz zur Angemessenheit der Vorstandsvergütung, AG 2009, S. 517–529.

Twele, Markus, Die Haftung des Vorstands für Kartellrechtsverstöße, Baden-Baden 2013.

Ulmer, Peter, Die Aktionärsklage als Instrument zur Kontrolle des Vorstands- und Aufsichtsratshandelns, ZHR (163) 1999, S. 290–342.

–, Strikte aktienrechtliche Organhaftung und D&O-Versicherung – zwei getrennte Welten?, in: *Heldrich, Andreas; Prölss, Jürgen; Koller, Ingo; Langenbucher, Katja; Grigoleit, Hans Christoph; Hager, Johannes; Hey, Felix; Neuner, Jörg; Petersen, Jens; Singer, Reinhard (Hrsg.),* Festschrift für Claus-Wilhelm Canaris zum 70. Geburtstag, Bd. 2, München 2007, S. 451–472.

van Bühren, Hubert (Hrsg.), Handbuch Versicherungsrecht, 6. Aufl., Bonn 2014 (zitiert als: van Bühren/*Bearbeiter,* Hdb VersR, Fundstelle).

van Kann, Jürgen, Zwingender Selbstbehalt bei der D&O-Versicherung – Gut gemeint, aber auch gut gemacht? Änderungsbedarf an D&O-Versicherungen durch das VorstAG, NZG 2009, S. 1010–1013.

Vetter, Eberhard, Aktienrechtliche Probleme der D&O-Versicherung, AG 2000, S. 453–458.

–, Der Deutsche Corporate Governance Kodex nur ein zahnloser Tiger? – Zur Bedeutung von § 161 AktG für Beschlüsse der Hauptversammlung, NZG 2008, S. 121–126.

–, Aktienrechtliche Organhaftung und Satzungsautonomie – Überlegungen de lege ferenda, NZG 2014, S. 921–926.

–, Drittanstellung von Vorstandsmitgliedern, aktienrechtliche Kompetenzverteilung und Exkulpation des Vorstands bei rechtlicher Beratung, NZG 2015, S. 889–895.

Vorrath, Brigitte, „Wissentliche Pflichtverletzung" in der D&O-Versicherung, VW 2006, S. 151–152.

Wachter, Thomas (Hrsg.), Kommentar zum Aktiengesetz, 2. Aufl., Köln 2014 (zitiert als: Wachter/*Bearbeiter,* AktG, Fundstelle).

Wadle, Elmar, Alles-oder-Nichts Prinzip und Reduktionsklausel – Ein Diskussionsbeitrag, VersR 1971, S. 485–493.

Wagner, Gerhard, Diskussionsbeitrag, in: *Lorenz, Egon (Hrsg.),* Karlsruher Forum 2009, Managerhaftung, Karlsruhe 2010.

–, Organhaftung im Interesse der Verhaltenssteuerung – Skizze eines Haftungsregimes, ZHR (178) 2014, S. 227–281.

Wagner, Jens, Prävention und Verhaltenssteuerung durch Privatrecht – Anmaßung oder legitime Aufgabe?, AcP 2006, S. 352–476.

Waltermann, Raimund, Risikozuweisung nach den Grundsätzen des innerbetrieblichen Schadensausgleichs, RdA 2005, S. 98–109.

Werber, Manfred, Kostenanrechnungsklauseln in der D&O-Versicherung, VersR 2014, S. 1159–1166.

Werner, Rüdiger, Die zivilrechtliche Haftung des Vorstands einer AG für gegen die Gesellschaft verhängte Bußgelder gegenüber der Gesellschaft, CCZ 2010, S. 143–147.

–, Möglichkeiten einer privatautonomen Beschränkung der Geschäftsführerhaftung, GmbHR 2014, S. 792–798.

Westermann, Harm Peter; Grunewald, Barbara; Maier-Remer, Georg (Hrsg.), Bürgerlicherliches Gesetzbuch, Bd. 1, 14. Aufl., Köln 2014 (zitiert als: Erman/*Bearbeiter,* BGB, Fundstelle).

Wiedemann, Herbert, Gesellschaftsrecht – Ein Lehrbuch des Unternehmens- und Verbandsrechts, Bd. 1, München 1980.

Wilsing, Hans-Ulrich, Voraussetzungen und Folgen der Nichtgeltendmachung von Haftungsansprüchen gegen Vorstandsmitglieder aus übergeordneten Gründen des Unternehmenswohls, in: *Grunewald, Barbara; Westermann, Harm Peter (Hrsg.),* Festschrift für Georg Maier-Reimer zum 70. Geburtstag, München 2010, S. 889–918.

Winnen, Armin, Die Innenhaftung des Vorstandes nach dem UMAG, Baden-Baden 2009.

Winter, Martin, Die Verantwortlichkeit des Aufsichtsrats für „Corporate Compliance“, in: *Kindler, Peter; Koch, Jens; Ulmer, Peter; Winter, Martin (Hrsg.),* Festschrift für Uwe Hüffer zum 70. Geburtstag, München 2010, S. 1103–1127.

Zimmermann, Klaus, Vereinbarungen über die Erledigung von Ersatzansprüchen gegen Vorstandsmitglieder von Aktiengesellschaften, in: *Pawlowski, H.-M.; Wiese, Günther; Wüst, Günther (Hrsg.),* Festschrift für Konrad Duden zum 70. Geburtstag, München 1977, S. 773–789.

Zimmermann, Martin, Kartellrechtliche Bußgelder gegen Aktiengesellschaft und Vorstand: Rückgriffsmöglichkeiten, Schadensumfang und Verjährung, WM 2008, S. 433–442.

Zöllner, Wolfgang (Hrsg.), Kölner Kommentar zum Aktiengesetz, Bd. 2 – §§ 76–117, 2. Aufl., Köln 1996 (zitiert als: KK/*Bearbeiter,* AktG, 2. Aufl. 1996, Fundstelle).

Zöllner, Wolfgang; Noack, Ulrich (Hrsg.), Kölner Kommentar zum Aktiengesetz, Bd. 2/1 – §§ 76–94, 3. Aufl. 2010 (zitiert als: KK/*Bearbeiter,* AktG, Fundstelle).

– *(Hrsg.),* Kölner Kommentar zum Aktiengesetz, Bd. 2/2 – §§ 95–117, 3. Aufl., Köln 2013 (zitiert als: KK/*Bearbeiter,* AktG, Fundstelle).

Abkürzungsverzeichnis

a.A.	andere Ansicht
a.a.O.	am angegebenen Ort
Abl. EU	Amtsblatt der Europäischen Union
Abs.	Absatz
AcP	Archiv für die civilistische Praxis
ADHGB	Allgemeines Deutsches Handelsgesetzbuch
AEUV	Vertrag über die Arbeitsweise der europäischen Union
a.F.	alte Fassung
AG	Amtsgericht/Aktiengesellschaft/Die Aktiengesellschaft
AGB	Allgemeine Geschäftsbedingungen
AktG	Aktiengesetz
AMG	Gesetz über den Verkehr mit Arzneimitteln, Arzneimittelgesetz
Amtl. Begr./ amtl. Begr.	Amtliche Begründung/amtliche Begründung
AR	Der Aufsichtsrat
ArbG	Arbeitsgericht
ArbGG	Arbeitsgerichtsgesetz
ArbR	Arbeitsrecht
ARS	Arbeitsrechtsammlung
Art.	Artikel
Aufl.	Auflage
AVB	Allgemeine Versicherungsbedingungen
AVB-AVG	Allgemeine Versicherungsbedingungen für die Vermögensschanden- Haftpflichtversicherung von Aufsichtsräten, Vorständen und Geschäftsführern
Az.	Aktenzeichen
BAG	Bundesarbeitsgericht
BaFin	Bundesanstalt für Finanzdienstleistungsaufsicht
BB	Betriebs Berater
BB-Special	Betriebs Berater Beilage
Bd.	Band
BEG	Bundesgesetz zur Entschädigung der Opfer für nationalsozialistische Verfolg, Bundesentschädigungsgesetz
Beschl.	Beschluss
BetrVG	Betriebsverfassungsgesetz
BGB	Bürgerliches Gesetzbuch
BGBl.	Bundesgesetzblatt
BGH	Bundesgerichtshof
BGHZ	Entscheidungen des Bundesgerichtshofs in Zivilsachen
BMJ	Bundesminister der Justiz

BRAO	Bundesrechtsanwaltsordnung
BRAGO	Bundesrechtsanwaltsgebührenordnung
BT-Drs.	Bundestagsdrucksache
BVerfG	Bundesverfassungsgericht
bzw.	beziehungsweise
CCZ	Corporate Compliance Zeitschrift
DAX	Deutscher Aktienindex
DB	Der Betrieb
DCGK	Deutscher Corporate Governance Kodex
d.h.	das heißt
DesignG	Gesetz über den rechtlichen Schutz von Design, DesignG
DJT	Deutscher Juristentag
DStR	Deutsches Steuerrecht
D&O	Directors and Officers
Ed.	Edition
eG	eingetragene Genossenschaft
Einl.	Einleitung
ErfK	Erfurter Kommentar
EU	Europäische Union
EuGH	Europäischer Gerichtshof
EuZW	Europäische Zeitschrift für Wirtschaftsrecht
EWiR	Entscheidungen zum Wirtschaftsrecht
f./ff.	folgende/fortfolgende
FAZ	Frankfurter Allgemeine Zeitung
FaKomm	Fachanwaltskommentar
Fn.	Fußnote
FS	Festschrift
GDV	Gesamtverband der Deutschen Versicherungswirtschaft e.V.
GebrMG	Gebrauchsmustergesetz
GesR	Gesellschaftsrecht
GG	Grundgesetz für die Bundesrepublik Deutschland
ggf.	gegebenenfalls
GK	Großkommentar
GmbH	Gesellschaft mit beschränkter Haftung
GmbHG	Gesetz betreffend die Gesellschaften mit beschränkter Haftung
GmbHR	GmbH-Rundschau
GS	Gedächtnisschrift
Grds.	Grundsatz
grds.	grundsätzlich
GWB	Gesetz gegen Wettbewerbsbeschränkungen
GWR	Gesellschafts- und Wirtschaftsrecht
Hdb	Handbuch
HGB	Handelsgesetzbuch

HHG	Gesetz über Hilfsmaßnahmen für Personen, die aus politischen Gründen außerhalb der Bundesrepublik Deutschland in Gewahrsam genommen wurden, Häftlingshilfegesetz
h.L.	herrschende Lehre
h.M.	herrschende Meinung
Hrsg.	Herausgeber
Hs.	Halbsatz
H/W/K	Henssler/Willemsen/Kalb
i.d.R.	in der Regel
I.E./i.E.	Im Ergebnis/im Ergebnis
i.H.v.	in Höhe von
insb.	insbesondere
InsO	Insolvenzordnung
IDW PS 980	IDW Prüfungsstandard 980
i.V.m.	in Verbindung mit
JZ	Juristen Zeitung
KartR	Kartellrecht
KG	Kommanditgesellschaft
KK	Kölner Kommentar/Karslruher Kommentar
KSchG	Kündigungsschutzgesetz
KWG	Gesetz über das Kreditwesen
LAG	Landesarbeitsgericht
LB	Landesbank
LG	Landgericht
LLP	Limited Liability Partnership
L/M/R	Loewenheim/Messen/Riesenkampff
MAH	Münchener Anwaltshandbucg
MDR	Monatsschrift für Deutsches Recht
Mio.	Millionen
Mrd.	Milliarden
MüKo	Münchener Kommentar
MünchHdB	Münchener Handbuch
m.w.N.	mit weiteren Nennungen
n.F.	neue Fassung
NJOZ	Neue Juristische Online-Zeitschrift
NJW	Neue Juristische Wochenschrift
NJW-Beil.	Neue Juristische Wochenschrift – Beilage
NJW-RR	Neue Juristische Wochenschrift – Rechtsprechungs-Report
Nr.	Nummer
NStZ	Neue Zeitschrift für Strafrecht
NVersZ	Neue Zeitschrift für Versicherung und Recht
NZA	Neue Zeitschrift für Arbeitsrecht
NZG	Neue Zeitschrift für Gesellschaftsrecht
NZG-Beil.	Neue Zeitschrift für Gesellschaftsrecht – Beilage

NZI	Neue Zeitschrift für das Recht der Insolvenz und Sanierung
NZKart	Neue Zeitschrift für Kartellrecht
OHG	Offene Handelsgesellschaft
OLG	Oberlandesgericht
OWiG	Gesetz über Ordnungswidrigkeiten
PatG	Patentgesetz
PartGG	Gesetz über Partnerschaftsgesellschaft Angehöriger freier Berufe, Partnerschaftsgesellschaftsgesetz
PartG mbB	Partnerschaftsgesellschaft mit beschränkter Berufshaftung
PHi	Haftpflicht international, Recht und Versicherung
ProdHaftG	Gesetz über die Haftung für fehlerhafte Produkte, Produkthaftungsgesetz
RabelsZ	Rabels Zeitschrift für ausländisches und internationales Zivilrecht
RAG	Reichsarbeitsgericht
RdA	Recht der Arbeit
RG	Reichsgericht
RGZ	Entscheidungen des Reichsgerichts in Zivilsachen
Rn.	Randnummer
Rspr.	Rechtsprechung
RVG	Gesetz über die Vergütung der Rechtsanwältinnen und Rechtsanwälte, Rechtsanwaltsvergütungsgesetz
RWS	Recht Wirtschaft Steuern
r+s	recht und schaden
S.	Satz
Sec.	Section
SGB XII	Sozialgesetzbuch Zwölftes Buch
St./st.	Ständige/ständige
StBerG	Steuerberatungsgesetz
StGB	Strafgesetzbuch
StVG	Straßenverkehrsgesetz
SZ	Süddeutsche Zeitung
Teilurt.	Teilurteil
u.a.	unter anderem
u. a.	und andere
UMAG	Gesetz zur Unternehmensintegrität und Modernisierung des Anfechtungsrechts
UMTS	Universal Mobile Telecommunications Systems
Urt.	Urteil
UmweltHG	Umwelthaftungsgesetz
UWG	Gesetz gegen den unlauteren Wettbewerb
v.	vom
VAG	Gesetz über die Beaufsichtigung der Versicherungsunternehmen, Versicherungsaufsichtsgesetz
VersR	Versicherungsrecht/Zeitschrift für Versicherungsrecht

Vgl./vgl.	Vergleiche/vergleiche
VGR	Gesellschaftsrechtliche Vereinigung
VO	Verordnung
Vor.	Vorbemerkung
VorstAG	Gesetz zur Angemessenheit der Vorstandsvergütung
VP	Versicherungspraxis
VVG	Gesetz über den Versicherungsvertrag, Versicherungsvertragsgesetz
VW	Versicherungswirtschaft
WiWo	WirtschaftsWoche
WM	Wertpapier-Mitteilungen, Zeitschrift für Wirtschafts- und Bankrecht
WpHG	Gesetz über den Wertpapierhandel, Wertpapierhandelsgesetz
WPO	Gesetz über eine Berufsordnung der Wirtschaftsprüfer, Wirtschaftsprüferordnung
ZGR	Zeitschrift für Unternehmens- und Gesellschaftsrecht
ZHR	Zeitschrift für das gesamte Handelsrecht und Wirtschaftsrecht
Ziff.	Ziffer
ZIP	Zeitschrift für Wirtschaftsrecht
ZWeR	Zeitschrift für Wettbewerbsrecht
ZPO	Zivilprozessordnung

A. Einleitung

I. Problemaufriss und Anliegen der Untersuchung

Drei Jahre ist es nun her, seit die wirtschaftsrechtliche Abteilung des 70. Deutschen Juristentages mit großem Verve über das Thema „Reform der Organhaftung?“ diskutiert und mit deutlicher Mehrheit beschlossen hat, den Organmitgliedern zukünftig die Möglichkeit einzuräumen, die aktienrechtliche Innenhaftung in der Gesellschaftssatzung zu begrenzen.[1] Angesichts der Regelung in § 93 Abs. 2 S. 1 AktG könnte die Haftung gegenüber der Aktiengesellschaft tatsächlich kaum schärfer sein. Danach sind Vorstandsmitglieder, die ihre Pflichten verletzen, der Gesellschaft zum Ersatz des daraus entstehenden Schadens als Gesamtschuldner verpflichtet. Über den Verweis in § 116 S. 1 AktG gilt gleiches auch für die Mitglieder des Aufsichtsrats. Dabei unterliegen die Organmitglieder einer weitreichenden Pflichtenbindung,[2] müssen für Vorsatz und jede Art der Fahrlässigkeit einstehen[3] und infolge der uneingeschränkten Anwendung des Grundsatzes der Totalreparation[4] haben sie die durch ihr Fehlverhalten verursachten Schäden in voller Höhe zu erstatten.[5]

In Anbetracht von Schadenssummen in mehrfacher Millionenhöhe, die den Gesellschaften durch Pflichtverletzungen ihrer Leitungsorgane entstehen, droht den Mitgliedern des Vorstands- und Aufsichtsrats bei unbeschränktem Innenregress dabei die Vernichtung ihrer wirtschaftlichen Existenz. Insbesondere wegen Verstößen gegen das Kartellverbot sowie aufgrund von Korruptionsstraftaten werden gegen die Aktiengesellschaften oftmals Bußgelder verhängt, die aus dem Privatvermögen der Organmitglieder nicht ansatzweise ersetzt werden können. Die vom Bundeskartellamt erlassenen Geldbußen beliefen sich im Jahr 2016 auf etwa 125 Mio. Euro[6], im Jahr 2015

---

1 Beschlüsse des 70. DJT, in: Verhandlungen des 70. DJT, 2014, Bd. 2/1, N 211 (74:7:6).

2 Zu den verschiedenen Einzelpflichten insb. Spindler/Stilz/*Fleischer,* AktG, § 93 Rn. 14 ff.; MüKo/*Spindler,* AktG, § 93 Rn. 73 ff.

3 Statt vieler nur LG München I, Urt. v. 10.12.2013 – 5 HKO 1387/10, ZIP 2014, 570, 575; Spindler/Stilz/*Fleischer,* AktG, § 93 Rn. 206; MüKo/*Spindler,* AktG, § 93 Rn. 176 (jeweils m.w.N.).

4 Zur Geltung der §§ 249 ff. BGB insb. *Brommer,* AG 2013, 121, 122; *Fleischer,* ZIP 2014, 1305, 1306.

5 Vgl. zum Grds. der Totalreparation Staudinger/*Schiemann,* BGB, § 249 Rn. 1 f.; Jauernig/*Teichmann,* BGB, Vor. §§ 249–253 Rn. 2.

6 *Bundeskartellamt,* Das Bundeskartellamt, abrufbar unter: http://www.bundeskartell-amt.de/SharedDocs/Publikation/DE/Jahresbericht/Jahresbericht_2016.pdf?__blob=publicationFile&v=4.

auf gut 208 Mio. Euro[7] und im Jahr 2014 gar auf rund 1,2 Mrd. Euro.[8] In der gleichen Größenordnung bewegen sich die Bußgelder und Strafzahlungen, die allein der Siemens AG im Zusammenhang mit Korruptionsvergehen auferlegt wurden.[9] Auch Beispiele für potentiell ruinöse Inanspruchnahmen der (ehemaligen) Geschäftsleiter finden sich mittlerweile zuhauf. Exemplarisch zu nennen sind der Rechtsstreit der Corealcredit AG mit ihren Ex-Vorständen über die Zahlung von rund 250 Mio. Euro, der letztlich vergleichsweise beigelegt wurde,[10] der Prozess der Bayerischen Landesbank gegen ihre ehemaligen Vorstandsmitglieder auf Zahlung von etwa 200 Mio. Euro, der nach dem Scheitern eines Vergleichs über 25 Mio. Euro weiter andauert[11] sowie die Schadensersatzforderung von ebenfalls mehr als 200 Mio. Euro, die der Insolvenzverwalter der Solar Millennium AG gegen die früheren Vorstände des Unternehmens geltend macht.[12] Besondere mediale Aufmerksamkeit erfuhr die Aufarbeitung des Korruptionsskandals innerhalb der Siemens AG, infolgedessen der Gesellschaft insgesamt Schäden in Höhe von rund 2,5 Mrd. Euro entstanden sein sollen und über deren Regress sie sich zunächst mit zehn ihrer ehemaligen Vorstandsmitglieder[13] sowie fünf Jahre später auch mit dem zwischenzeitlich zur Zahlung eines Teilbetrags verurteilten früheren Finanzvorstand verglich.[14] Neben der drohenden Existenzvernichtung

---

7 *Bundeskartellamt*, Das Bundeskartellamt, abrufbar unter: https://www.bundeskartell-amt.de/SharedDocs/Publikation/DE/Jahresbericht/Jahresbericht_2015.pdf?__blob=publicationFile&v=2.

8 *Bundeskartellamt*, Das Bundeskartellamt, abrufbar unter: <http://www.bundeskartell-amt.de/SharedDocs/Publikation/DE/Jahresbericht/Jahresbericht_2014.pdf?__blob=publicationFile&v=5>.

9 *Siemens AG*, Einladung zur Hauptversammlung der Siemens AG am 26. Januar 2010, abrufbar unter: <http://www.siemens.com/investor/pool/de/investor_relations/events/hauptversammlung/2010/einladung_hv2010_d.pdf>.

10 Aareal-Bank-Tochter Corealcredit schließt Vergleich in Schadensersatz-Prozess, Handelsblatt v. 23.12.2014, abrufbar unter: <http://www.handelsblatt.com/wirtschaft-handel-und-finanzen-aareal-bank-tochter-corealcredit-schliesst-vergleich-in-schadenersatz-prozess/11158844.html>.

11 BayernLB hegt leise Hoffnung auf Schadensersatz, manager magazin v. 12.06.2013, abrufbar unter: <http://www.manager-magazin.de/unternehmen/banken/bayernlb-fordert-schadenersatz-von-ex-vorstaenden-a-905147.html>.

12 Schadensersatz von Solar-Millenium-Managern?, Handelsblatt v. 20.10.2014, abrufbar unter: <http://www.handelsblatt.com/unternehmen/industrie/insolvenz-schadensersatz-von-solar-mille-nium-managern/10864018.html>.

13 *Siemens AG*, Einladung zur Hauptversammlung der Siemens AG am 26. Januar 2010, abrufbar unter: <http://www.siemens.com/investor/pool/de/investor_relations/events/hauptversammlung/2010/einladung_hv2010_d.pdf>.

14 *Siemens AG*, Einberufung der ordentlichen Hauptversammlung 2015, abrufbar unter: <http://www.siemens.com/investor/pool/de/investor_relations/events/hauptversammlung/2015/hv2015_einberufung_de.pdf>.

stellen die Gefahr einer erhöhten Risikoaversion der Geschäftsleiter,[15] die hieraus resultierenden Schwierigkeiten der Gesellschaft bei der Gewinnung qualifizierter Führungskräfte[16] sowie die persönliche Belastung der in Anspruch genommenen Personen durch die zum Teil jahrelangen gerichtlichen und außergerichtlichen Auseinandersetzungen weitere negative Auswirkungen einer uneingeschränkten Organhaftung dar. Mit Heinz-Joachim Neubürger, dem ehemaligem Finanzvorstand der Siemens AG, dessen Suizid im Jahr 2015 die Folge des Prozesses vor dem LG München I und die Verurteilung zur Zahlung von Schadensersatz in Höhe von 15 Mio. Euro[17] gewesen sein soll,[18] ist bereits ein Todesfall zu beklagen.

Entsprechend dieser Brisanz wird seit einigen Jahren über die Möglichkeiten einer Begrenzung der Organhaftung diskutiert, wobei insbesondere die Debatte auf dem 70. Deutschen Juristentag von einer schieren Flut von Veröffentlichungen begleitet wurde. Mittlerweile reichen die Vorschläge von sektoralen Beschränkungen des (Kartell-)Bußgeldregresses[19] über die Anwendung des innerbetrieblichen Schadensausgleichs bei der Haftung von Vorstandsmitgliedern[20] sowie einer Regressreduzierung auf Grundlage der gesellschaftsrechtlichen Fürsorge- und Treuepflicht[21] bis hin zu einer Reform des Haftungstatbestands durch einen modifizierten Sorgfaltsmaßstab,[22] die Einführung von gesetzlichen Haftungshöchstgrenzen[23] sowie die Kodifikation einer allgemeinen schadensrechtlichen Billigkeitsklausel[24]. Für jeden Vorschlag zur Beschränkung der Ersatzpflicht fanden sich dabei prompt

15 So insb. *Bayer/Scholz*, NZG 2014, 926, 927; *Brommer*, AG 2013, 121, 123; *Hopt*, ZIP 2013, 1793, 1795; *J. Koch*, AG 2012, 429, 434.

16 Deutlich *Bachmann*, in: Verhandlungen des 70. DJT, 2014, Bd. 1, E 22; *Peltzer*, in: FS Hadding, 2004, 593, 599 f.; *Scholz*, Die existenzvernichtende Haftung von Vorstandsmitgliedern in der Aktiengesellschaft, S. 230 ff.

17 LG München I, Urt. v. 10.12.2013 – 5 HKO 1387/10, ZIP 2014, 570.

18 Ehemaliger Siemens-Finanzchef gestorben, FAZ v. 06.02.2015, abrufbar unter: <http://www.faz.net/aktuell/wirtschaft/ex-siemens-finanzchef-heinz-joachim-neubuerger-gestor-ben-13413421.html>.

19 Insb. *Dreher*, in: FS Konzen, 2006, 85, 104 ff.; *Gaul*, AG 2015, 109, 110 f.; *Lotze*, NZKart 2014, 162, 167; *Thomas*, NZG 2015, 1409, 1410 ff.

20 *Hoffmann*, NJW 2012, 1393, 1396 f.

21 Statt vieler nur *Bayer*, in: FS Schmidt, 2009, 85 97; *Brommer*, AG 2013, 121, 128; *Casper*, ZHR (176) 2012, 617, 637 ff.; *J. Koch*, AG 2014, 513, 514 ff.; sympathisierend insb. *Hopt*, ZIP 2013, 1793, 1804; *Reichert*, ZHR (177) 2013, 756, 777; *Spindler*, AG 2013, 889, 894 ff.

22 Insb. *Bachmann*, in: Verhandlungen des 70. DJT, 2014, Bd. 1, E 58 ff.; *Habersack*, ZHR (177) 2013, 782, 803 f.; GK/*Hopt/Roth*, AktG, § 93 Rn. 401; Schmidt/Lutter/*Krieger/Sailer-Coceani*, AktG, § 93 Rn. 3, 39; *Paefgen*, AG 2014, 554, 570; *Spindler*, AG 2013, 889, 896.

23 Statt aller nur *Bayer*, NJW 2014, 2546, 2548 f.; *Bayer/Scholz*, NZG 2014, 926, 930 ff.; *Hemeling*, ZHR (178) 2014, 221, 224; *Peltzer*, in: FS Hoffmann-Becking, 2013, 861, 865; *Reichert*, ZHR (177) 2013, 756, 780; *Spindler*, AG 2013, 889, 895; *G. Wagner*, ZHR (178) 2014, 227, 277 ff.

24 *Bachmann*, in: Verhandlungen des 70. DJT, 2014, Bd. 1, E 32, 58, 123; *Kröger*, Korruptionsschäden, Unternehmensgeldbußen und Imageschäden, S. 109 ff.

zahlreiche Befürworter und ebenso viele Gegner. Andere lehnten und lehnen eine Haftungserleichterung für pflichtvergessene Geschäftsleiter hingegen vehement ab.[25] Und obwohl sich die Wogen der Debatte zwischenzeitlich geglättet haben, ist im gesellschaftsrechtlichen Schrifttum hinsichtlich der Frage, ob und wie der Innenregress von Vorstands- und Aufsichtsratsmitgliedern zu begrenzen ist, noch lange kein Konsens in Sicht. Gleichwohl hat die Fragestellung auch drei Jahre nach dem Deutschen Juristentag in Hannover nichts an Aktualität verloren. Als Beleg genügt ein Blick in die Tagespresse. In der Auseinandersetzung über die Zahlung von 900 Mio. Euro wegen einer umstrittenen Interview-Äußerung einigte sich die Deutsche Bank AG erst jüngst mit ihrem ehemaligen Vorstandsmitglied Rolf Breuer auf die Zahlung von 3,2 Mio. Euro.[26] Angesichts der Schäden, die der Volkswagen AG im Zusammenhang mit der Manipulation der Abgasmessung bei Dieselfahrzeugen bereits entstanden sind und zukünftig entstehen werden, prüft der Aufsichtsrat bereits mögliche Schadensersatzansprüche gegen die Vorstandsmitglieder.[27]

Vor diesem Hintergrund soll die vorliegende Arbeit einen grundlegenden Beitrag zur Diskussion um die Reform(-bedürftigkeit) der Organhaftung leisten. Dabei stellt sich zunächst die Aufgabe zu untersuchen, ob § 93 Abs. 2 S. 1 AktG tatsächlich das Risiko eines existenzvernichtenden Regresses birgt. Neben dieser haftungsrechtlichen Analyse ist aus versicherungsrechtlicher Perspektive zu klären, ob die aus einer Inanspruchnahme durch die Aktiengesellschaft potentiell resultierende Gefahr einer wirtschaftlichen Existenzvernichtung durch den Abschluss einer D&O-Versicherung beseitigt werden kann. Darüber hinaus sollen die Möglichkeiten zur Begrenzung der Ersatzpflicht nach geltendem Recht evaluiert und – sofern das Problem *de lege lata* keiner Lösung zugeführt werden kann – die bislang vorgeschlagenen Gesetzesänderungen untersucht werden. Sollten diese nicht überzeugen, gilt es abschließend ein eigenes Konzept zur Beschränkung der Organhaftung zu entwickeln.

II. Begrenzung des Untersuchungsgegenstands

Der Gegenstand der Untersuchung ist hierbei auf die Ersatzpflicht der Vorstandsmitglieder gegenüber der Aktiengesellschaft nach § 93 Abs. 2 S. 1 AktG begrenzt. Ob das Risiko einer Existenzvernichtung auch in Fällen der Außenhaftung gegenüber Dritten

---

25 *Brouwer*, NZG 2014, 201, 205; *Schöne/Petersen*, AG 2012, 700, 701 ff.; *Wackerbarth*, Wer trägt das unternehmerische Risiko in der Aktiengesellschaft, 28.12.2012, abrufbar unter: <http://blog.fernuni-hagen.de/blawg/2012/12/28/wer-tragt-das-unternehmerische-risiko-in-der-aktiengesellschaft/>.

26 Kirch-Interview kostet Breuer 3,2 Millionen Euro, manager magazin v. 31.03.2016, abrufbar unter: <http://www.manager-magazin.de/koepfe/deutsche-bank-millionenvergleich-mit-ex-chef-rolf-breuer-a-1084800.html>.

27 VW Abgasskandal: Winterkorn und Stadler droht Millionenforderung; Spiegel online v. 04.04.2017, abrufbar unter: http://www.spiegel.de/wirtschaft/unternehmen/volkswagen-martin-winterkorn-und-rupert-stadler-droht-millionenforderung-a-1141287.html.

besteht und wie dieses beseitigt werden kann, ist hingegen nicht Bestandteil der Bearbeitung. Auch die Inanspruchnahme der Aufsichtsratsmitglieder nach § 116 S. 1 AktG wird nicht untersucht. Gleichwohl gelten die haftungsrechtlichen Ausführungen durch den Verweis auf § 93 Abs. 2 S. 1 AktG für diese entsprechend. Ebenfalls nicht Gegenstand dieser Arbeit ist die Innenhaftung der GmbH-Geschäftsführer. Da diese ihr Haftungsrisiko durch eine Modifizierung des Sorgfaltsmaßstabs begrenzen können,[28] stellt sich die oben beschriebene Problematik bei den Geschäftsführern der GmbH nicht in gleichem Maße. Die Rechtsprechung und Literatur zu § 43 Abs. 2 GmbHG dienen jedoch verschiedentlich als Vergleichsmodell und Argumentationsgrundlage.

III. Gang der Darstellung

Entsprechend der Zielsetzung dieser Arbeit werden im ersten Kapitel zunächst die Grundzüge der Vorstandsinnenhaftung nach § 93 Abs. 2 S. 1 AktG dargestellt. Dabei liegt der Schwerpunkt der Untersuchung zum einen darauf, die Tatbestandsmerkmale und tatsächlichen Umstände herauszustellen, die für das Risiko einer existenzvernichtenden Haftung potentiell verantwortlich zeichnen (Teil B. I.). In diesem Zusammenhang wird neben der umstrittenen Frage der Zulässigkeit des (Kartell-)Bußgeldregresses insbesondere auf die in § 93 Abs. 1 S. 2 AktG normierte *Business Judgement Rule* sowie die Grundsätze des Vorteilsausgleichs als potentielle Grenzen der Vorstandshaftung eingegangen. Zum anderen gilt es im ersten Kapitel zu untersuchen, wie weit die Pflicht des Aufsichtsrats zur Anspruchsverfolgung nach dem ARAG/Garmenbeck-Urteil des BGH reicht, inwiefern die Verzichts- und Vergleichsmöglichkeiten nach § 93 Abs. 4 S. 3 AktG den Vorstandsmitgliedern Schutz bieten und ob (vermeintlich) begründete Ersatzansprüche der Gesellschaft in der Praxis tatsächlich durchgesetzt werden (Teil B. II.). Diese haftungsrechtlichen Ausführungen werden im zweiten Kapitel aus versicherungsrechtlicher Perspektive ergänzt. Dabei steht die Frage im Mittelpunkt, ob die D&O-Versicherung den in Regress genommenen Vorstandsmitgliedern ausreichenden Schutz vor einer drohenden Existenzvernichtung bieten kann (Teil C.). Daran schließ sich im dritten Kapitel eine Untersuchung der Möglichkeiten zur Reduzierung des Regressrisikos *de lege lata* an (Teil D.). Im vierten Kapitel dieser Arbeit werden zunächst die Anforderungen an eine Haftungsbegrenzung *de lege ferenda* definiert (Teil E. I.) und anschließend die bisherigen Reformvorschläge anhand dieser Kriterien überprüft (Teil E. II.). Den Abschluss des letzten Kapitels bildet ein eigener Vorschlag an den Gesetzgeber zur Änderung des Haftungstatbestands (Teil E. III.). Die Arbeit endet mit einer thesenartigen Zusammenfassung der Untersuchungsergebnisse (Teil F.).

---

28 Statt vieler nur BGH, Urt. v. 16.09.2002 – II ZR 107/01, NJW 2002, 3777, 3779; MüKo/*Fleischer*, GmbHG, § 43 Rn. 302 ff.; Henssler/Strohn/*Oetker*, GesR, § 43 GmbHG Rn. 10; *Sandmann*, Die Haftung von Arbeitnehmern, Geschäftsführern und leitenden Angestellten, S. 328 ff.; Baumbach/Hueck/*Zöllner/Noack*, GmbHG, § 43 Rn. 5; a.A. *Bastuck*, Enthaftung des Managements, S. 92 f.

B. Notwendigkeit einer Beschränkung der Vorstandshaftung

In der gesellschaftsrechtlichen Literatur herrscht weitestgehend Einigkeit, dass eine Beschränkung der Vorstandshaftung unumgänglich ist, um einen potentiell ruinösen Innenregress zu vermeiden.[29] Bevor die einzelnen Möglichkeiten einer Regressreduzierung nach geltendem und zukünftigem Recht untersucht werden, ist diese Ausgangsthese auf den Prüfstand zu stellen. Schließlich kann eine Haftungsbegrenzung nur dann notwendig sein, wenn § 93 Abs. 2 S. 1 AktG die Gefahr birgt, bei seiner Durchsetzung die wirtschaftliche Existenz der in Anspruch genommenen Geschäftsleiter zu vernichten. Daher wird im ersten Teil untersucht, ob dieses Risiko eine unmittelbare Folge des Haftungstatbestands darstellt. Dies allein kann das Erfordernis einer Beschränkung der Ersatzpflicht allerdings nicht rechtfertigen. Denn wie in einem Standardkommentar zum AktG treffend formuliert, ist „die Existenz eines scharfen Haftungstatbestand (...) für sich allein (...) wenig aussagekräftig, wenn nicht für eine wirksame Durchsetzung gesorgt wird."[30] Daher schließt sich in einem zweiten Teil die Untersuchung an, inwieweit die Gesellschaft zur Verfolgung existenzvernichtender Regressansprüche verpflichtet ist und ob Schadensersatzansprüche gegen amtierende und ausgeschiedene Vorstandsmitglieder in der Praxis tatsächlich geltend gemacht werden.

I. Drohende Existenzvernichtung als Folge des § 93 Abs. 2 S. 1 AktG

Nach § 93 Abs. 2 S. 1 AktG sind Vorstandsmitglieder, die ihre Pflichten verletzen, der Gesellschaft zum Ersatz des daraus entstehenden Schadens als Gesamtschuldner verpflichtet. Eine solche Innenhaftung der Geschäftsleiter ist seit jeher Bestandteil der aktienrechtlichen Vorschriften. Schon Art. 241 Abs. 2 S. 1 ADHGB aus dem Jahr 1869 sah bei Pflichtverletzungen der Vorstandsmitglieder eine persönliche und solidarische Schadensersatzhaftung vor.[31] Hiervon wich auch § 84 AktG 1937 nicht

---

29 So insbesondere *Bachmann*, in: Verhandlungen des 70. DJT, 2014, Bd. 1, E 28 ff.; *Bayer*, NJW 2014, 2546 ff.; *Fleischer*, ZIP 2014, 1305 ff.; *Habersack*, ZHR (177) 2013, 782, 794 ff.; *Hemeling*, ZHR (178) 2014, 221 ff.; *J. Koch*, AG 2014, 513 ff.; *Paefgen*, AG 2014, 554 ff.; *Reichert*, ZHR (177) 2013, 756 ff.; *Spindler*, AG 2013, 889 ff.; monographisch *Scholz*, Die existenzvernichtende Haftung von Vorstandsmitgliedern in der Aktiengesellschaft; zweifelnd *Goette*, ZHR (176) 2012, 588, 591; entschieden gegen eine Regressreduzierung aber *Schöne/Petersen*, AG 2012, 700, 701.

30 GK/*Hopt/Roth*, AktG, § 93 Rn. 39.

31 Art. 241 ADHGB abgedruckt bei *Schubert/Hommelhoff*, Hundert Jahre modernes Aktienrecht, S. 123.

ab, mit dem zugleich das Verschuldensprinzip und die Beweislastumkehr des § 93 Abs. 2 S. 2 AktG eingeführt wurde.[32] Die rechtlichen Grundlagen des Innenregresses haben sich damit in den letzten 150 Jahren kaum geändert. Dennoch ist die Gefahr einer existenzvernichtenden Inanspruchnahme erst in den letzten Jahren in den Fokus der (rechtswissenschaftlichen) Debatte gerückt.[33] Den neueren Auseinandersetzungen im Schrifttum liegt hierbei überwiegend die Überlegung zugrunde, dass die Haftungsnorm des § 93 Abs. 2 S. 1 AktG für die Vorstandsmitglieder ein erhebliches Risiko birgt.[34] Diese Annahme gilt es im ersten Abschnitt der Bearbeitung zu verifizieren, da andernfalls kein Bedürfnis für eine Begrenzung der Schadensersatzpflicht bestehen kann. Daher werden zunächst die Tatbestandsmerkmale und Rechtsfolgen des § 93 Abs. 2 S. 1 AktG dargestellt. Der Schwerpunkt liegt dabei auf der Frage, welche rechtlichen und tatsächlichen Umstände das als untragbar empfundene Regressrisiko der Vorstandsmitglieder potentiell verursachen. Zudem wird untersucht, ob eine Reduzierung der Haftungsfolgen bereits durch Instrumente wie die *Business Judgement Rule* oder die Grundsätze des Vorteilsausgleichs erreicht werden kann. Denn sollte § 93 AktG bereits ausreichende Mittel zur Begrenzung des Innenregresses bereithalten, besteht keine Notwendigkeit für weitergehende Überlegungen einer Beschränkung der Vorstandshaftung *de lege lata* oder *de lege ferenda.*

1. Weitreichende Pflichtenbindung der Vorstandsmitglieder

Die erste Voraussetzung für eine Ersatzpflicht nach § 93 Abs. 2 S. 1 AktG ist eine Pflichtverletzung des Vorstands. Üblicherweise wird dabei zwischen der Treuepflicht *(duty of loyalty)* und der allgemeinen Sorgfaltspflicht *(duty of care)* differenziert.[35] Die Reichweite der Pflichtenbindung ist im AktG nicht abschließend geregelt,[36] sondern ergibt sich erst bei einem Blick auf die reichhaltige Rechtsprechung und Literatur. Im Folgenden werden die verschiedenen Ausprägungen der Treue- und Sorgfaltspflicht näher betrachtet, wobei der Fokus auf den Ausprägungen der

32 § 84 AktG 1937, abgedruckt bei *Klausing*, Gesetz über Aktiengesellschaften und Kommanditgesellschaften auf Aktien nebst Einführungsgesetz und amtlicher Begründung, S. 69 f.

33 Vgl. aus der reichhaltigen Literatur nur *Bayer*, NJW 2014, 2546; *Habersack*, ZHR (177) 2013, 782, 794 ff.; *Hemeling*, ZHR (178) 2014, 221; *Hoffmann*, NJW 2012, 1393; *Fleischer*, ZIP 2014, 1305; *J. Koch*, AG 2012, 429; *Paefgen*, AG 2014, 554; *Reichert*, ZHR (177) 2013, 756; *Spindler*, AG 2013, 889.

34 Dies wird insb. deutlich bei *Bachmann*, in: Verhandlungen des 70. DJT, 2014, Bd. 1, E 28 ff.; *Bayer/Scholz*, NZG 2014, 926 f.; *Haarmann/Weiß*, BB 2014, 2115; *Habersack*, ZHR (177) 2013, 782, 794 f.; *Hoffmann*, NJW 2012, 1393 ff.; *G. Wagner*, ZHR (178) 2014, 227, 232 ff.; prägnant auch *Hemeling*, in: Verhandlungen des 69. DJT, 2012, Bd. 2/1, N 38.

35 Bürgers/Körber/*Bürgers*, AktG, § 93 Rn. 19; Henssler/Strohn/*Dauner-Lieb*, GesR, § 93 AktG Rn. 29; Spindler/Stilz/*Fleischer*, AktG, § 93 Rn. 200.

36 Gesetzlich geregelte Pflichten finden sich etwa in §§ 76 Abs. 1, 80, 81, 88, 90, 91 AktG.

Legalitätspflicht und damit auf denjenigen Einzelpflichten liegt, die ein besonders hohes Haftungsrisiko bergen.

a) Treuepflicht

Die Treuepflicht der Vorstandsmitglieder gegenüber der Gesellschaft ist im AktG nicht ausdrücklich geregelt, als allgemeine Verhaltenspflicht aber dennoch anerkannt.[37] Sie basiert auf der Organstellung der Vorstandsmitglieder sowie der treuhänderischen Natur ihres Amtes.[38] Wesentlicher Inhalt der Treuepflicht ist die Verpflichtung, das Wohl und die Interessen der Gesellschaft zu wahren, denen der Geschäftsleiter seinen eigenen Vorteil sowie den Nutzen Dritter stets unterzuordnen hat.[39] Zudem trifft ihn die Pflicht, Interessenswiderstreite zu vermeiden und potentielle Konflikte offenzulegen.[40] Gesetzlich geregelte Ausprägungen der Treuebindung sind die in § 93 Abs. 1 S. 3 AktG normierte Pflicht zur Verschwiegenheit[41] sowie das Wettbewerbsverbot des § 88 Abs. 1 AktG[42]. Die Treuepflicht verbietet es dem Vorstand darüber hinaus, für den Abschluss von Geschäften Provisionen und Schmiergelder entgegenzunehmen[43] oder sich Ressourcen der Gesellschaft zum eigenen Nutzen anzueignen.[44] Da ein solches Verhalten zudem nach den §§ 298 ff. StGB bzw. § 266 StGB strafbewährt ist, liegt hierin zugleich ein Verstoß gegen die Legalitätspflicht des Vorstands. Grundsätzlich kann auch eine Verletzung der Treuepflicht zu hohen Schadenssummen führen, existenzgefährdende Regressforderungen resultieren in der Regel aber aus einer Sorgfaltspflichtverletzung.[45]

---

37 BGH, Urt. v. 28.04.1954 – II ZR 211/53, BGHZ 13, 188, 192; Henssler/Strohn/*Dauner-Lieb*, GesR, § 93 AktG Rn. 8; Spindler/Stilz/*Fleischer*, AktG, § 93 Rn. 113, 200; GK/*Hopt/Roth*, AktG, § 93 Rn. 224; für eine Kodifizierung der Treuepflicht *Fleischer*, DB 2014, 1971.

38 Statt vieler nur Hölters/*Hölters*, AktG, § 93 Rn. 114; KK/*Mertens/Cahn*, AktG, § 93 Rn. 95; MüKo/*Spindler*, AktG, § 93 Rn. 108.

39 Bürgers/Körber/*Bürgers*, AktG, § 93 Rn. 6; Spindler/Stilz/*Fleischer*, AktG, § 93 Rn. 114; GK/*Hopt/Roth*, AktG, § 93 Rn. 229; Heidel/*Schmidt*, Aktienrecht, § 93 AktG Rn. 31; für den GmbH-Geschäftsführer BGH, Urt. v. 12.06.1989 – II ZR 334/87, NJW-RR 1989, 1255.

40 Statt vieler nur Spindler/Stilz/*Fleischer*, AktG, § 93 Rn. 122 ff.; MüKo/*Spindler*, AktG, § 93 Rn. 108 (jeweils m.w.N.).

41 Bürgers/Körber/*Bürger*, AktG, § 93 Rn. 6; Hölters/*Hölters*, AktG, § 93 Rn. 133; Spindler/Stilz/*Fleischer*, AktG, § 93 Rn. 160.

42 OLG Frankfurt, Urt. v. 05.11.1999 – 10 U 257/98, NZG 2000, 738; Henssler/Strohn/*Dauner-Lieb*, GesR, § 88 AktG Rn. 1; Hüffer/Koch/*Koch*, AktG, § 88 Rn. 1; MüKo/*Spindler*, AktG, § 88 Rn. 1.

43 Statt vieler nur BGH, Urt. v. 02.04.2001 – II ZR 217/99, NJW 2001, 2476, 2477; Hölters/*Hölters*, AktG, § 93 Rn. 130; MüKo/*Spindler*, AktG, § 93 Rn. 111.

44 Prägnant Spindler/Stilz/*Fleischer*, AktG, § 93 Rn. 153; MüKo/*Spindler*, AktG, § 93 Rn. 109.

45 Vgl. zur Schwerpunktsetzung der Literatur insb. *Bachmann*, NJW-Beil. 2014, 43 ff.; *Bayer*, NJW 2014, 2546 ff.; *Fleischer*, ZIP 2014, 1305 ff.; *Habersack*, ZHR (177) 2013,

b) *Allgemeine Sorgfaltspflicht*

Die allgemeine Sorgfaltspflicht ist in § 93 Abs. 1 S. 1 AktG normiert. Danach haben Vorstandsmitglieder bei ihrer Geschäftsführung die Sorgfalt eines ordentlichen und gewissenhaften Geschäftsleiters anzuwenden. Dies umschreibt nicht nur die vom Vorstand zu beachtenden Sorgfaltsanforderungen, sondern regelt entsprechend der Doppelfunktion dieser Norm auch den Verschuldensmaßstab.[46] Die allgemeine Sorgfaltspflicht lässt sich wiederum in die ordnungsgemäße Unternehmensleitung, die Legalitätspflicht sowie die Überwachung und Kontrolle von Mitarbeitern bei horizontaler und vertikaler Arbeitsteilung untergliedern.[47]

aa) *Pflicht zur ordnungsgemäßen Unternehmensleitung*

Die Vorstandsmitglieder einer Aktiengesellschaft sind nach §§ 93 Abs. 1 S. 1, 76 Abs. 1 AktG zunächst zur ordnungsgemäßen Leitung des Unternehmens verpflichtet. Diese Aufgabe umfasst u.a. die Unternehmens-[48] und Finanzplanung[49] sowie die Steuerung und Überwachung der Geschäftstätigkeit.[50] Hinsichtlich dieser Geschäftsführungsmaßnahmen haftet der Vorstand nur, wenn er nicht die Sorgfalt eines ordentlichen und gewissenhaften Geschäftsleiters beachtet hat.[51] Um diesen Sorgfaltsanforderungen zu genügen, muss er die Kenntnisse und Fähigkeiten aufweisen, die von einem Geschäftsleiter eines Unternehmens vergleichbarer Art und Größe üblicherweise zu erwarten sind.[52] Die an ihn gerichteten konkreten Sorgfaltsanforderungen bemessen sich dabei vornehmlich nach der jeweiligen Geschäftsführungsmaßnahme, der Zahl der Beschäftigten sowie der aktuellen Konjunkturlage.[53] Besitzt das Vorstandsmitglied besondere Fähigkeiten oder Spezialkenntnisse, sind auch

---

782, 794 ff.; *Hopt*, ZIP 2013, 1793, 1796 ff.; *Paefgen*, AG 2014, 554, 556 ff.; *Reichert*, ZHR (177) 2013, 756 ff.; *Spindler*, AG 2013, 889 ff.; *Thole*, ZHR (173) 2009, 504 ff.; *G. Wagner*, ZHR (178) 2014, 227 ff.

46 GK/*Hopt/Roth*, AktG, § 93 Rn. 43; KK/*Mertens/Cahn*, AktG, § 93 Rn. 11; MüKo/*Spindler*, AktG, § 93 Rn. 21, 176.

47 Ähnliche Systematisierung bei Henssler/Strohn/*Dauner-Lieb*, GesR, § 93 AktG Rn. 7; Spindler/Stilz/*Fleischer*, AktG, § 93 Rn. 12.

48 Statt vieler nur Fleischer/*Fleischer*, Vorstandsrecht, § 7 Rn. 38; MüKo/*Spindler*, AktG, § 76 Rn. 16.

49 Insb. Spindler/Stilz/*Fleischer*, AktG, § 93 Rn. 57; GK/*Hopt/Roth*, AktG, § 93 Rn. 151, 179 ff.

50 Prägnant Hölters/*Hölters*, AktG, § 93 Rn. 51; MüKo/*Spindler*, AktG, § 76 Rn. 16.

51 Bürgers/Körber/*Bürgers*, AktG, § 93 Rn. 3; Spindler/Stilz/*Fleischer*, AktG, § 93 Rn. 41; MüKo/*Spindler*, AktG, § 93 Rn. 26.

52 OLG Düsseldorf, Urt. v. 28.11.1996 – 6 U 11/95, AG 1997, 231, 235; OLG Köln, Urt. v. 28.02.2013 – 18 U 298/11, AG 2013, 570, 571; Bürgers/Körber/*Bürgers*, AktG, § 93 Rn. 3; Henssler/Strohn/*Dauner-Lieb*, GesR, § 93 AktG Rn. 7; KK/*Mertens/Cahn*, AktG, § 93 Rn. 137.

53 Statt vieler nur Spindler/Stilz/*Fleischer*, AktG, § 93 Rn. 41; Hölters/*Hölters*, AktG, § 93 Rn. 26.

diese zu berücksichtigen.[54] Ausprägungen und Konkretisierungen seiner Leitungspflicht können sich aus dem Gesetz, seinem Anstellungsvertrag oder der Gesellschaftssatzung ergeben.[55] Keine Bindungswirkung entfalten hingegen Empfehlungen staatlicher Stellen, freiwillige Verhaltenskodizes oder internationale Richtlinien zur *Corporate Governance.*[56] Auch die Hinweise im Deutschen Corporate Governance Kodex (DCGK)[57] als ausdrücklich „unverbindliche Verhaltensempfehlungen"[58] sind für die Vorstandsmitglieder nach zutreffender Auffassung nicht bindend.[59] Etwas anderes gilt nur, wenn die Bestimmungen des DCGK ausdrücklich in die Satzung, die Geschäftsordnung oder den Anstellungsvertrag aufgenommen wurden,[60] da die Kodex-Empfehlungen hierdurch in gesellschaftsinterne Verhaltensregeln transformiert werden und den allgemeinen Sorgfaltsmaßstab konkretisieren.[61]

bb) Legalitätspflicht

Bei ihrer Tätigkeit als Geschäftsleiter sind die Vorstandsmitglieder zudem umfassend an Recht und Gesetz gebunden.[62] Als Ausprägung dieser Legalitätspflicht haben sie zum einen alle Pflichten zu erfüllen, die das AktG, die Satzung sowie die Geschäftsordnung ihnen gegenüber der Gesellschaft auferlegen (interne Pflichtenbindung).[63] Zum anderen muss jedes Vorstandsmitglied diejenigen Pflichten und Vorgaben erfüllen, die die Rechtsordnung an die Aktiengesellschaft als Rechtssubjekt stellt (externe Pflichtenbindung).[64] Ein rechtswidriges Verhalten im Außenverhältnis

---

54 Prägnant MüKo/*Spindler,* AktG, § 93 Rn. 25.

55 Statt vieler nur Spindler/Stilz/*Fleischer,* AktG, § 93 Rn. 43; MüKo/*Spindler,* AktG, § 93 Rn. 21, 145.

56 Zum Ganzen insb. Spindler/Stilz/*Fleischer,* AktG, § 93 Rn. 44 f. (m.w.N.).

57 Deutscher Corporate Governance Kodex in der Fassung vom 5. Mai 2015 (DCGK), abrufbar unter: <http://www.dcgk.de//files/dcgk/usercontent/de/download/kodex/2015-05-05_Deutscher_Corporate_Goverance_Kodex.pdf>.

58 Entwurf eines Gesetzes zur weiteren Reform des Aktien- und Bilanzrechts, zu Transparenz und Publizität (Transparenz- und Publizitätsgesetz), BT-Drs. 14/8769, S. 21.

59 LG München I, Urt. v. 22.11.2007 – 5 HKO 10614/07, NZG 2008, 150; OLG München, Urt. v. 23.01.2008 – 7 U 3668/07, NZG 2008, 337, 338; *Bachmann,* WM 2002, 2137, 2138 f.; Hüffer/Koch/*Koch,* AktG, § 161 Rn. 27; *Vetter,* NZG 2008, 121, 122; a.A. tendenziell *Lutter,* ZHR (166) 2002, 522, 542; *Seibt,* AG 2002, 249, 251; *Seidel,* ZIP 2004, 285, 290.

60 Spindler/Stilz/*Fleischer,* AktG, § 93 Rn. 47; GK/*Hopt/Roth,* AktG, § 93 Rn. 33; MüKo/*Spindler,* AktG, § 93 Rn. 32 (jeweils m.w.N.).

61 Prägnant *Lutter,* ZHR (166) 2002, 522, 536.

62 Insb. Spindler/Stilz/*Fleischer,* AktG, § 93 Rn. 14; *Thole,* ZHR (173) 2009, 504, 505.

63 Statt vieler nur Spindler/Stilz/*Fleischer,* AktG, § 93 Rn. 15; MüKo/*Spindler,* AktG, § 93 Rn. 73.

64 LG München I, Urt. v. 10.12.2013 – 5 HKO 1387/10, ZIP 2014, 570, 572; Hölters/*Hölters,* AktG, § 93 Rn. 68; GK/*Hopt/Roth,* AktG, § 93 Rn. 133; KK/*Mertens/Cahn,* AktG, § 93 Rn. 71; MüKo/*Spindler,* AktG, § 93 Rn. 74; *Thole,* ZHR (173) 2009, 504, 506 (jeweils m.w.N.).

bedeutet daher regelmäßig eine Pflichtverletzung gegenüber der Gesellschaft,[65] weshalb insofern von einer Übertragung des Außenverhältnisses auf das Innenverhältnis gesprochen werden kann.[66]

(1) Reichweite der externen Legalitätspflicht

Die externe Pflichtenbindung der Geschäftsleiter umfasst nicht nur die in der Praxis besonders bedeutsamen Vorschriften des Kartell- und Wettbewerbsrechts, das Umwelt-, Steuer- und Arbeitsrecht sowie die Bestimmungen des Straf- und Ordnungswidrigkeitsrechts,[67] sondern alle Rechtsbereiche.[68] Die hiermit verbundene unüberschaubare Anzahl einzuhaltender Vorschriften offenbart bereits eines der wesentlichen Haftungsrisiken.[69] Denn je detaillierter die verschiedenen Aufgabenbereiche der Unternehmensleitung geregelt werden, desto höher ist auch die Wahrscheinlichkeit eine gesetzliche Bestimmung zu verletzen, womit zugleich das Risiko eines Legalitätspflichtverstoßes ansteigt.[70] Eine Ausnahme vom umfassenden Legalitätsprinzip besteht entgegen einzelner Vertreter der Literatur auch nicht bei verwaltungsrechtlichen Vorschriften als vermeintliche Rechtsnormen „zweiter Klasse".[71]

Birgt schon die schiere Menge rechtlicher Vorgaben eine hohe Gefahr von Pflichtverletzungen, so wird dieses noch gesteigert, wenn die Auslegung und Anwendung der jeweiligen Rechtsnorm ungeklärt ist.[72] Noch weitreichendere Gefahren einer Inanspruchnahme bestehen für Vorstandsmitglieder international agierender Unternehmen, die neben dem deutschen Recht auch ausländische Vorschriften zu

---

65 Statt vieler nur *Bayer*, in: FS Schmidt, 2009, 85, 91; Spindler/Stilz/*Fleischer*, AktG, § 93 Rn. 24; *Fleischer*, ZIP 2005, 141, 144; (jeweils m.w.N.); kritisch gegenüber der h.M. *Seibt*, NZG 2015, 1097, 1100 f.; für die GmbH BGH, Urt. v. 15.10.1996 – VI ZR 251/95, NJW 1997, 130, 131; zu den Durchbrechungen des Legalitätsprinzips insb. *Bicker*, AG 2014, 8, 9 ff.; *Dreher*, in: FS Konzen, 2006, 85, 94 ff; *Thole*, ZHR (173) 2009, 504, 518 ff.

66 Prägnant *Thole*, a.a.O., 509.

67 Statt vieler nur Spindler/Stilz/*Fleischer*, AktG, § 93 Rn. 23; *Fleischer*, ZIP 2005, 141, 144 (jeweils m.w.N.).

68 Für die ganz h.M. statt aller nur LG München I, Urt. v. 10.12.2013 – 5 HKO 1387/10, ZIP 2014, 570, 572; Spindler/Stilz/*Fleischer*, AktG, § 93 Rn. 23; KK/*Mertens/Cahn*, AktG, § 93 Rn. 71; MüKo/*Spindler*, AktG, § 93 Rn. 74 (jeweils m.w.N.).

69 Ähnlich *Habersack*, ZHR (177) 2013, 782, 795; *Hemeling*, ZHR (178) 2014, 221, 223; *Passarge*, NZI 2009, 86; *G. Wagner*, ZHR (178) 2014, 227, 233.

70 So bereits *U. Schneider*, in: FS Werner, 1984, 795, 796; ähnlich *Spindler*, AG 2013, 889, 894.

71 Für die h.M. statt vieler nur *Bicker*, AG 2014, 8, 11; *Dreher*, in: FS Konzen, 2006, 85, 92; *Fleischer*, ZIP 2005, 141, 149; MüKo/*Spindler*, AktG, § 93 Rn. 74; *Thole*, ZHR (173) 2009, 504, 520 f.; a.A. *Bachmann*, in: VGR, 2008, Bd. 13, 66, 77; *Habersack*, in: FS Schneider, 2011, 429, 438 f.; *Paefgen*, Unternehmerische Entscheidungen und Rechtsbindung der Organe in der AG, S. 25; *U. Schneider*, in: FS Hüffer, 2010, 905, 909 f.

72 So insb. *Fleischer*, BB 2008, 1070, 1071; *G. Wagner*, ZHR (178) 2014, 227, 233; zur Haftung bei unklarer Rechtslage ausführlich unter B. I. 2. b) aa).

beachten haben.[73] Zwar ist die Einhaltung ausländischer Regelungen nur verpflichtend, soweit diese kollisionsrechtlich anwendbar sind und in dem jeweiligen Staat tatsächlich praktiziert werden.[74] Zudem sind die Organe einer deutschen Aktiengesellschaft nicht gehalten, sich gesetzestreuer zu verhalten, als die Unternehmen in dem jeweiligen Staat.[75] Aber trotz dieser Einschränkungen führt die zunehmende Globalisierung zu einer kaum zu überblickenden Vervielfachung zu beachtender Vorschriften, was entsprechend hohe Haftungsrisiken nach sich zieht.

(2) Keine Anerkennung „nützlicher Pflichtverletzungen"

Haben die Geschäftsleiter gegen eine Rechtsnorm verstoßen, können sie sich zu ihrer Entlastung nicht darauf berufen, dass eine Gesetzesverletzung im Interesse oder zum Nutzen der Gesellschaft erfolgt sei.[76] Aus wirtschaftlicher Sicht ist es unter Umständen zwar durchaus vorteilhafter für das Unternehmen, wenn ihre Organe gegen Rechtsvorschriften verstoßen. Insbesondere die Beteiligung an einem Kartell, die Zahlung von Schmiergeldern oder die Missachtung von Umweltvorschriften können selbst unter Inkaufnahme etwaiger Bußgelder finanziell lohnenswerter sein, als die strikte Befolgung des Gesetzes.[77] Der Anerkennung einer solchen Kosten-Nutzen-Abwägung und den damit verbundenen Opportunitätsüberlegungen steht jedoch die umfassende Bindung der Vorstandsmitglieder an Recht und Gesetz entgegen.[78] Dies verdeutlicht schon die Gesetzesbegründung zu § 93 Abs. 1 S. 2 AktG, wonach den Leitungsorganen einer Aktiengesellschaft der oft propagierte „sichere Hafen" der *Business Judgement Rule* bei Gesetzesverstößen versagt bleibt.[79] Hieraus lässt sich der Wille der Legislative entnehmen, dass bewusste Rechtsverstöße nicht dem unternehmerischen Ermessen unterfallen, sondern stets eine Pflichtverletzung begründen – unabhängig davon, ob der Gesetzesverstoß im Einzelfall für das

---

73 So bereits *U. Schneider*, in: FS Werner, 1984, 795, 796; ähnlich *Bicker*, AG 2014, 8, 12; *Passarge*, NZI 2009, 86.

74 *Bicker*, AG 2014, 8, 12; Hölters/*Hölters*, AktG, § 93 Rn. 71; GK/*Hopt/Roth*, AktG, § 93 Rn. 142; KK/*Mertens/Cahn*, AktG, § 93 Rn. 73 f.; MüKo/*Spindler*, AktG, § 93 Rn. 22, 94 ff.

75 Für die wohl h.M. insb. GK/*Hopt/Roth*, AktG, § 93 Rn. 142; KK/*Mertens/Cahn*, AktG, § 93 Rn. 73; MüKo/*Spindler*, AktG, § 93 Rn. 97; a.A. *Cichy/Cziupka*, BB 2014, 1482, 1485.

76 Spindler/Stilz/*Fleischer*, AktG, § 93 Rn. 36; *Fleischer*, ZIP 2005, 141, 148 f.; GK/*Hopt/Roth*, AktG, § 93 Rn. 134; *Lutter*, ZIP 2007, 841, 843 f.; KK/*Mertens/Cahn*, AktG, § 93 Rn. 71; *Paefgen*, Unternehmerische Entscheidungen und Rechtsbindung der Organe in der AG, S. 24; MüKo/*Spindler*, AktG, § 93 Rn. 92 f.; *Thole*, ZHR (173) 2009, 504, 512 ff.; a.A. in Bezug auf Ordnungsvorschriften *U. Schneider*, in: FS Hüffer, 2010, 905, 910.

77 Vgl. die Beispiele bei *Ihrig*, WM 2004, 2098, 2104; *Thole*, ZHR (173) 2009, 504, 512.

78 Statt vieler nur Spindler/Stilz/*Fleischer*, AktG, § 93 Rn. 36; *Fleischer*, ZIP 2005, 141, 148; GK/*Hopt/Roth*, AktG, § 93 Rn. 134; *Rehbinder*, ZHR (148) 1984, 555, 569.

79 Vgl. Entwurf eines Gesetzes zur Unternehmensintegrität und Modernisierung des Anfechtungsrechts, BT-Drs. 15/5092, S. 11.

Unternehmen nützlich ist.[80] Darüber hinaus würde eine Anerkennung „nützlicher Pflichtverletzungen" dem Präventionszweck des § 93 Abs. 2 S. 1 AktG entgegenstehen. Schließlich dient die Vorstandshaftung neben der Schadenskompensation auch der präventiven Verhaltenssteuerung der Vorstandsmitglieder.[81] Ohne die Androhung einer Haftung hätte der Vorstand aber nur einen geringen Anreiz, sich bei der Leitung des Unternehmens stets in den Grenzen der Rechtsordnung zu bewegen.[82]

(3) Pflicht zur Legalitätskontrolle und Compliance-Pflicht

Als Ausprägung der Legalitätspflicht ist der Vorstand nicht nur zur eigenen Rechtstreue verpflichtet, sondern er hat die Gesellschaft auch so zu organisieren und zu überwachen, dass Gesetzesverstöße durch andere Unternehmensangehörige unterbunden werden.[83] Inhalt dieser Pflicht zur Legalitätskontrolle ist es, durch geeignete Maßnahmen für ein regelkonformes Verhalten der ihm nachgeordneten Mitarbeiter zu sorgen.[84] Aus der Legalitätskontrollpflicht wurde in den letzten Jahren die sogenannte Compliance-Pflicht herausgearbeitet,[85] deren dogmatische Grundlage richtigerweise die allgemeine Sorgfaltspflicht bildet.[86] Wie von *Uwe H. Schneider* bereits im Jahr 2003 zutreffend herausgestellt, umfasst Compliance „die Gesamtheit aller Maßnahmen, um das rechtmäßige Verhalten aller Unternehmen, ihrer Organmitglieder, ihrer nahen Angehörigen und der Mitarbeiter, im Blick

---

80 Ähnlich *Fleischer*, ZIP 2005, 141, 149; *Ihrig*, WM 2004, 2098, 2104 f.; *R. Krause*, BB-Special 2007, 2, 6.

81 Henssler/Strohn/*Dauner-Lieb*, GesR, § 93 AktG Rn. 1; Hölters/*Hölters*, AktG, § 93 Rn. 8; Hüffer/Koch/*Koch*, AktG, § 93 Rn. 1; KK/*Mertens/Cahn*, AktG, § 93 Rn. 6.

82 Ähnlich *Habersack*, in: FS Schneider, 2011, 429, 435; *Thole*, ZHR (173) 2009, 504, 516 f.

83 Statt vieler nur LG München I, Urt. v. 10.12.2013 – 5 HKO 1387/10, ZIP 2014, 570, 573; *M. Arnold*, ZGR 2014, 76, 79; *Fleischer*, NZG 2014, 321, 322; GK/*Hopt/Roth*, AktG, § 93 Rn. 133; a.A. insb. *Bachmann*, ZIP 2014, 579, 581.

84 BGH, Urt. v. 15.01.2013 – II ZR 90/11, NJW 2013, 1958, 1960; *Dreher*, in: FS Hüffer, 2010, 161, 168 ff.; Spindler/Stilz/*Fleischer*, AktG, § 91 Rn. 47; KK/*Mertens/Cahn*, AktG, § 91 Rn. 34 ff.; *Winter*, in: FS Hüffer, 2010, 1103, 1104.

85 Früheste Ansätze insb. bei *Eisele*, WM 1993, 1021 ff.; *Fleischer*, AG 2003, 291, 298 ff.; *Hauschka*, AG 2004, 461 ff.; *U. Schneider*, ZIP 2003, 645, 646 ff.; auführlich zum Zusammenhang von Compliance- und Legalitätskontrollpflicht *Harbarth*, ZHR (179) 2015, 136, 144 ff.

86 Für die wohl h.M. Spindler/Stilz/*Fleischer*, AktG, § 91 Rn. 47, 50; *Fleischer*, AG 2003, 291, 299; *Fleischer*, BB 2008, 1070, 1072; *Goette*, ZHR (175) 2011, 388, 392; *Harbarth*, ZHR (179) 2015, 136, 144; Hüffer/Koch/*Koch*, AktG, § 76 Rn. 12; Schmidt/Lutter/*Krieger/Sailer-Coceani*, AktG, § 93 Rn. 8; KK/*Mertens/Cahn*, AktG, § 91 Rn. 35; *Reichert/Ott*, ZIP 2009, 2173, 2174; MüKo/*Spindler*, AktG, § 91 Rn. 52; a.A. *Beauregard/Gleich*, NJW 2013, 824, 825; *Berg*, AG 2007, 271, 274; *Dreher*, ZGR 2010, 496, 519; *Dreher*, in: FS Hüffer, 2010, 161, 168 ff.; *Schwintowski*, NZG 2005, 200, 201 (Herleitung aus § 91 Abs. 2 AktG); ebenfalls a.A. *U. Schneider*, ZIP 2003, 645, 649; *U. Schneider*, NZG 2009, 1321, 1323 (Gesamtanalogie zu bereichsspezifischen Compliance-Vorschriften).

auf alle gesetzlichen Gebote und Verbote zu gewährleisten."[87] Dem entspricht die Compliance-Definition in Ziff. 4.1.3 DCGK, wonach der Vorstand für die Einhaltung der gesetzlichen Bestimmungen und der unternehmensinternen Richtlinien zu sorgen hat und auf deren Beachtung durch die Konzernunternehmen hinwirkt. Die Compliance-Pflicht erfordert dabei nicht in jedem Fall die Einrichtung einer auf Haftungsvermeidung angelegten Compliance-Organisation.[88] Dies ist vielmehr nur bei einem entsprechenden Gefahrenpotential verpflichtend,[89] welches sich aus der Branchenzugehörigkeit des Unternehmens, aufgedeckten Missständen in der Vergangenheit oder der Größe und Organisation der Gesellschaft ergeben kann.[90] Die Einrichtung einer institutionalisierten Compliance-Organisation ist daher bei kleinen, gut überschaubaren Unternehmen in der Regel entbehrlich.[91] Bei international tätigen Unternehmen kann sich die Pflicht zum Ergreifen von Compliance-Maßnahmen hingegen unabhängig vom jeweiligen Gefahrenpotential schon aus dem US-amerikanischen *Sarbanes Oxley Act*, dem *Foreign Corrupt Practices Act* sowie dem britischen *Bribary Act* ergeben.[92]

(4) Compliance als Haftungsrisiko

Ziel der Einrichtung einer Compliance-Organisation ist es stets, durch die Reduzierung von Rechtsverstößen die Gefahr einer Inanspruchnahme der Gesellschaft zu minimieren.[93] Unter Berücksichtigung der schieren Anzahl von Vorschriften, die im täglichen Geschäftsleben von den Angehörigen aller Unternehmensebenen einzuhalten sind, offenbart sich in der Compliance-Verantwortung für den

87 *U. Schneider*, ZIP 2003, 645, 646.

88 Für die wohl h.M. *Bachmann*, in: VGR, 2008, Bd. 13, 66, 68 ff.; *Fleischer*, CCZ 2008, 1, 2 f.; Hauschka/*Hauschka/Moosmayer u. a.*, Corporate Compliance, § 1 Rn. 31; Hölters/*Hölters*, AktG, § 93 Rn. 92; Hüffer/Koch/*Koch*, AktG, § 76 Rn. 14; GK/*Kort*, AktG, § 91 Rn. 122; *Kremer/Klahold*, ZGR 2010, 113, 119; a.A. insb. *Bürkle*, BB 2005, 565, 568 ff.; *Dreher*, in: FS Hüffer, 2010, 161, 168 f.; *U. Schneider*, ZIP 2003, 645, 648.

89 LG München I, Urt. v. 10.12.2013 – 5 HKO 1387/10, ZIP 2014, 570, 573; *Bürkle*, CCZ 2015, 52, 54; *Fleischer*, BB 2008, 1070, 1072; *Fleischer*, CCZ 2008, 1, 2; KK/*Mertens/Cahn*, AktG, § 91 Rn. 35; GK/*Kort*, AktG, § 91 Rn. 141; *Reichert/Ott*, ZIP 2009, 2173, 2174; MüKo/*Spindler*, AktG, § 91 Rn. 66; *Thole*, ZHR (173) 2009, 504, 510; *Winter*, in: FS Hüffer, 2010, 1103, 1105.

90 Spindler/Stilz/*Fleischer*, AktG, § 91 Rn. 54; *Fleischer*, AG 2003, 291, 299 f.; *Goette*, ZHR (175) 2011, 388, 397; Hauschka/*Hauschka/Moosmayer u. a.*, Corporate Compliance, § 1 Rn. 31; *Reichert/Ott*, ZIP 2009, 2173, 2174; MüKo/*Spindler*, AktG, § 91 Rn. 66.

91 Spindler/Stilz/*Fleischer*, AktG, § 91 Rn. 54; *Goette*, ZHR (175) 2011, 388, 396 f.; *Reichert/Ott*, ZIP 2009, 2173, 2174.

92 Insb. Hölters/*Hölters*, AktG, § 93 Rn. 93; GK/*Kort*, AktG, § 91 Rn. 121.

93 Deutlich *Kremer/Klahold*, ZGR 2010, 113, 139; *Passarge*, NZI 2009, 86, 87; *Winter*, in: FS Hüffer, 2010, 1103, 1106.

Vorstand allerdings ein weiteres Haftungsrisiko.[94] Denn zugespitzt formuliert hat er dafür Sorge zu tragen, dass alle Mitarbeiter zu jeder Zeit sämtliche Rechtsvorschriften beachten. Zudem stehen die Geschäftsleiter vor der Herausforderung, ein Compliance-System einzurichten, das der gerichtlichen Nachprüfung standhält. Problematisch erweist sich in diesem Zusammenhang, dass die Vorstandsmitglieder *ex ante* kaum prognostizieren können, welche Bemühungen das Gericht *ex post* als ausreichend erachten wird. Somit besteht die Gefahr, dass aus dem Rechtsverstoß eines Mitarbeiters in der Rückschau auf ein unzureichendes Compliance-Programm des Vorstands geschlossen wird.[95] Überdies ist er dem Risiko ausgesetzt, dass die Richter nachträglich ein effektives Compliance-Programm konstruieren, dem die tatsächlich ergriffenen Organisations- und Überwachungsmaßnahmen nicht genügen (können).[96] Ein feststehender Programmsatz zur Ausgestaltung einer Compliance-Organisation, an dem sich die Vorstandsmitglieder zwecks Haftungsbefreiung orientieren können, existiert nicht.[97] Vielmehr sind die konkreten Anforderungen vom jeweiligen Einzelfall abhängig.[98] Bezugspunkte zur Ermittlung der erforderlichen Maßnahmen stellen u.a. die Größe des Unternehmens, die Branchenzugehörigkeit, die geographische Präsenz, das Vorliegen früherer Verfehlungen und die Bedeutung der einzuhalten Rechtsnormen dar.[99] Hinweise zum Aufbau einer auf Schadensprävention und Risikokontrolle angelegten Compliance-Struktur kann der Vorstand freilich der reichhaltigen (rechtswissenschaftlichen) Literatur entnehmen.[100] Bereichsspezifische Anforderungen finden sich auch in den §§ 25a Abs. 1 S. 1, 25b KWG, §§ 23, 26, 27 VAG sowie § 33 Abs. 1 S. 1, S. 2 WpHG, die allerdings nicht verallgemeinernd auf jede Aktiengesellschaft übertragen werden können.[101] Weitere Anhaltspunkte bieten überdies die Kasuistik sowie das Schrifttum zu §§ 130

---

94 *Passarge*, NZI 2009, 86 und *U. Schneider*, ZIP 2003, 645, 646 sprechen in diesem Zusammenhang treffend von einer *„Normflut"*.

95 Ähnlich *Bachmann*, in: VGR, 2008, Bd. 13, 66, 83; *Hauger/Palzer*, ZGR 2015, 33, 53; *Hemeling*, ZHR (178) 2014, 221, 223.

96 Insofern kritisch auch *Bachmann*, ZIP 2014, 579, 580; *Oppenheim*, DStR 2014, 1063, 1065; *Seibt/Cziupka*, DB 2014, 1598.

97 Hierin erkennt auch *Habersack*, ZHR (177) 2013, 782, 795 ein Haftungsrisiko.

98 Prägnant *Goette*, ZHR (175) 2011, 388, 399; KK/*Mertens/Cahn*, AktG, § 93 Rn. 80; Nachweise zur reichhaltigen Spezialliteratur bei *Hauschka/Moosmayer*, 3. Aufl. 2016, *passim;* MüKo/*Spindler*, AktG, § 91 Rn. 1.

99 LG München I, Urt. v. 10.12.2013 – 5 HKO 1387/10, ZIP 2014, 570, 573; *Bürkle*, BB 2005, 565; Spindler/Stilz/*Fleischer*, AktG, § 91 Rn. 54; *Fleischer*, AG 2003, 291, 299; Hölters/*Hölters*, AktG, § 93 Rn. 99; *U. Schneider*, NZG 2009, 1321, 1325.

100 Nachweise zur reichhaltigen Spezialliteratur bei *Hauschka/Moosmayer*, 3. Aufl. 2016, *passim;* MüKo/*Spindler*, AktG, § 91 Rn. 1.

101 *Bürkle*, BB 2005, 565, 567; *Dreher*, ZGR 2010, 496, 520; *Dreher*, in: FS Hüffer, 2010, 161, 172; Spindler/Stilz/*Fleischer*, AktG, § 91 Rn. 61; *Fleischer*, NZG 2014, 321, 325; Hüffer/Koch/*Koch*, AktG, § 76 Rn. 16; GK/*Kort*, AktG, § 91 Rn. 137 f. MüKo/*Spindler*, AktG, § 91 Rn. 64.

Abs. 1, 9 Abs. 1 OWiG.[102] Dennoch bereitet die Umsetzung dieser Leitlinien den Geschäftsleitern erhebliche Schwierigkeiten. So sollen einer Untersuchung zufolge nur etwas mehr als die Hälfte der Antikorruptions- und kartellrechtlichen Compliance-Programme die Rechtsprechungsanforderungen zu § 130 Abs. 1 OWiG erfüllen.[103] Als wenig hilfreich hat sich zudem der IDW PS 980, ein Standard zur Prüfung der unternehmenseigenen Compliance-Management-Systeme, erwiesen. Selbst wenn die Geschäftsleiter die dort niedergelegten Anforderungen vollumfänglich einhalten, tritt nicht zwingend eine Enthaftung ein.[104] Schlussendlich hilft es dem Vorstand in der Praxis auch kaum, dass ihm hinsichtlich der Ausgestaltung der Compliance-Organisation ein Ermessensspielraum zugestanden wird.[105] Denn der vermeintlich „sichere Hafen" der *Business Judgement Rule* ist insbesondere durch die Verteilung der Darlegungs- und Beweislast erheblich begrenzt.[106]

cc) Pflichten bei horizontaler und vertikaler Arbeitsteilung

Neben der Pflicht zur Unternehmensleitung sowie der umfassenden Bindung an Recht und Gesetz ergeben sich aus der in der Praxis üblichen horizontalen und vertikalen Arbeitsteilung weitere Pflichten der Geschäftsleiter. Schon aus Effizienzgründen kann der Vorstand die Leitung der Gesellschaft nur dann ordnungsgemäß wahrnehmen, wenn er Einzelbereiche der Geschäftsführung auf seine Mitglieder verteilt und der für das jeweilige Ressort verantwortliche Geschäftsleiter einzelne Vorbereitungs- und Ausführungsmaßnahmen an nachgeordnete Unternehmensangehörige delegiert. Sowohl die horizontale Aufgabenteilung als auch die vertikale Delegation können grundsätzlich eine Reduzierung des Regressrisikos bewirken,[107] beide führen aber zu keiner Haftungsfreistellung.[108] Vielmehr sind die

---

102 Statt vieler nur GK/*Kort*, AktG, § 91 Rn. 140; *Fleischer*, BB 2008, 1070, 1071; *Fleischer*, CCZ 2008, 1, 2; zu den Pflichten nach § 130 OWiG insb. Göhler/*Gürtler*, OWiG, § 130 Rn. 10 ff.; KK/*Rogall*, OWiG, § 130 Rn. 39 ff.

103 Vgl. die Schaubilder bei *PwC/Martin-Luther-Universität Halle-Wittenberg*, Wirtschaftskriminalität und Unternehmenskultur 2013, S. 47, 65.

104 *Bachmann*, in: Verhandlungen des 70. DJT, 2014, Bd. 1, E 28; *Böttcher*, NZG 2011, 1054, 1056 ff.; *Fleischer*, NZG 2014, 321, 325; *Harbarth*, ZHR (179) 2015, 136, 143; *Hoffmann*, NJW 2012, 1393, 1396; *Paefgen*, AG 2014, 554, 558; *Paefgen*, WM 2016, 433, 438; *Rieder/Jerg*, CCZ 2010, 201 ff.; pauschaler *Kremer/Klahold*, ZGR 2010, 113, 139; a.A. *Gellhausen/Wermelt*, CCZ 2010, 208, 2010 (Exkulpationswirkung).

105 *Bürkle*, CCZ 2015, 52, 54; Spindler/Stilz/*Fleischer*, AktG, § 91 Rn. 56; *Harbarth*, ZHR (179) 2015, 136, 152; *Harbarth/Brechtel*, ZIP 2016, 241, 242; *Kort*, NZG 2008, 81, 84; KK/*Mertens/Cahn*, AktG, § 91 Rn. 36; *Paefgen*, WM 2016, 433, 436 f.; *Reichert/Ott*, ZIP 2009, 2173, 2174 (jeweils m.w.N.); a.A. *Altmeppen*, ZIP 2016, 97, 98.

106 Hierzu ausführlich unter B. I. 2. c) aa).

107 Ähnlich *Hauschka*, NJW 2004, 257, 260; *Kiethe*, GmbHR 2007, 393, 398; *Schulze*, NJW 2014, 3484; für die GmbH BGH, Urt. v. 15.10.1996 – VI ZR 251/95, NJW 1997, 130, 132.

108 Deutlich *Bachmann*, in: Verhandlungen des 70. DJT, 2014, Bd. 1, E 42.

Vorstandsmitglieder bei jeder Arbeitsteilung weiterhin zur ordnungsgemäßen Organisation des Unternehmens sowie zur Überwachung der mit der jeweiligen Aufgabe betrauten Person(en) verpflichtet.[109]

(1) Keine Enthaftung durch Ressortbildung

Nach § 76 Abs. 1 AktG hat der Vorstand die Gesellschaft in eigener Verantwortung zu leiten. Besteht dieser aus mehreren Personen, trägt jedes Vorstandsmitglied die Verantwortung für die Geschäftsleitung im Ganzen.[110] Dieser Grundsatz der Gesamtverantwortung ist im AktG nicht ausdrücklich geregelt, aber gleichwohl allgemein anerkannt.[111] Nach § 77 Abs. 1 S. 1 AktG sind zudem alle Vorstandsmitglieder gemeinschaftlich zur Geschäftsführung befugt. Während die Leitung des Unternehmens zwingend durch den Gesamtvorstand wahrzunehmen ist,[112] können einzelne Geschäftsführungsaufgaben, die nicht dem Kernbereich der Leitungsverantwortung unterfallen, nach § 77 Abs. 1 S. 2 AktG durch die Satzung oder die Geschäftsordnung auf einzelne Vorstandsmitglieder übertragen werden (Ressortbildung).[113] Zu den nicht übertragbaren Leitungsaufgaben gehören zunächst alle Pflichten, die das AktG ausdrücklich dem Vorstand als Kollegialorgan zuweist.[114] Dies betrifft neben der Berichtspflicht nach § 90 Abs. 1 AktG u.a. die Buchführungspflicht gemäß § 91 Abs. 1 AktG. Auch die Einrichtung einer Compliance-Organisation unterfällt dem Kernbereich der Leitungsaufgaben,[115] weshalb eine vollständige Übertragung der Compliance-Verantwortung nicht möglich ist. Die Wahrnehmung einzelner Compliance-Aufgaben kann jedoch im Rahmen der Ressortverteilung einem einzelnen Geschäftsleiter zugewiesen werden.[116]

---

109 Prägnant MüKo/*Spindler*, AktG, § 93 Rn. 98.

110 Statt vieler nur Spindler/Stilz/*Fleischer*, AktG, § 77 Rn. 44; *Fleischer*, NZG 2003, 449; MüKo/*Spindler*, AktG, § 93 Rn. 149; für die GmbH BGH, Urt. v. 06.07.1990 – 2 StR 549/89, NJW 1990, 2560, 2565; BGH, Urt. v. 15.10.1996 – VI ZR 251/95, NJW 1997, 130, 132.

111 Siehe hierzu die Nachweise in Fn. 110; für eine Kodifizierung inzwischen *Fleischer*, DB 2014, 1971, 1972.

112 Eine Aufzählung der gesetzlich normierten Leitungsaufgaben findet sich bei Spindler/Stilz/*Fleischer*, AktG, § 76 Rn. 19; MüKo/*Spindler*, AktG, § 76 Rn. 15; Hölters/*Weber*, AktG, § 76 Rn. 8.

113 Prägnant Spindler/Stilz/*Fleischer*, AktG, § 76 Rn. 63 f.; MüKo/*Spindler*, AktG, § 77 Rn. 61 f.

114 Hüffer/Koch/*Koch*, AktG, § 76 Rn. 9; MüKo/*Spindler*, AktG, § 76 Rn. 15; Hölters/*Weber*, AktG, § 76 Rn. 9.

115 LG München I, Urt. v. 10.12.2013 – 5 HKO 1387/10, ZIP 2014, 570, 575; *Bürkle*, CCZ 2015, 52, 53; Spindler/Stilz/*Fleischer*, AktG, § 91 Rn. 63; *Fleischer*, BB 2008, 1070, 1072; *Fleischer*, NZG 2014, 321, 323; *Harbarth*, ZHR (179) 2015, 136, 162; MüKo/*Spindler*, AktG, § 76 Rn. 16; *Spindler*, WM 2008, 905, 909.

116 LG München I, Urt. v. 10.12.2013 – 5 HKO 1387/10, ZIP 2014, 570, 575; *M. Arnold*, ZGR 2014, 76, 80; *Bürgers*, ZHR (179) 2015, 173, 179; Spindler/Stilz/*Fleischer*, AktG,

Macht der Vorstand von der Möglichkeit der internen Geschäftsverteilung Gebrauch, trifft das jeweilige Mitglied für seinen Geschäftsbereich die volle Verantwortung (Ressortverantwortung).[117] Wegen des Grundsatzes der Gesamtverantwortung bleiben die übrigen Vorstandsmitglieder aber auch bei einer horizontalen Arbeitsteilung weiterhin für alle Aufgabenbereiche mitverantwortlich (Restverantwortung).[118] Ihre allgemeine Sorgfaltspflicht wandelt sich insoweit in eine Pflicht zur fortlaufenden Überwachung der anderen Ressorts.[119] Als Ausprägung dieser Überwachungspflicht ist das einzelne Vorstandsmitglied zum Eingreifen verpflichtet, wenn Anhaltspunkte dafür bestehen, dass der zuständige Ressortleiter seiner Aufgabe nicht ordnungsgemäß nachkommt.[120] Die konkret erforderlichen Überwachungsmaßnahmen richten sich dabei nach dem jeweiligen Einzelfall.[121] Für die Intensität der Kontrolle sind insbesondere die Art und Größe des Unternehmens, die übertragene Aufgabe sowie die Befähigung des mit dem Geschäftsbereich beauftragten Vorstandsmitglieds ausschlaggebend.[122] Liegen keine Anhaltspunkte für eine unsorgfältige Wahrnehmung der übertragenen Aufgaben vor, dürfen die übrigen Geschäftsleiter gleichwohl darauf vertrauen, dass der jeweilige Ressortleiter sich ordnungsgemäß verhält.[123] Damit tritt durch die vorstandsinterne Geschäftsverteilung und die Beschränkung der Verantwortung auf das eigene Ressort zwar eine gewisse Risikoreduzierung ein,[124] eine völlige Enthaftung wird hierdurch aber nicht erreicht. Zudem führt die Ressortbildung zu einem weiteren Haftungsrisiko, wenn das Vorstandsmitglied seinen eigenen Aufgabenbereich vernachlässigt, um seiner Überwachungspflicht nachzukommen oder er sich zu sehr auf sein eigenes Ressort konzentriert und dadurch seiner Restverantwortung für die übrigen Geschäftsbereiche nicht nachkommt.[125]

---

§ 91 Rn. 63; *Fleischer*, BB 2008, 1070, 1072; Hölters/*Hölters*, AktG, § 93 Rn. 97; *Kremer/Klahold*, ZGR 2010, 113, 125; MüKo/*Spindler*, AktG, § 91 Rn. 68.

117 OLG Köln, Urt. v. 31.08.2000 – 18 U 42/00, NZG 2001, 135, 136; *Bürgers*, ZHR (179) 2015, 173, 179 f.; Spindler/Stilz/*Fleischer*, AktG, § 77 Rn. 48; *Fleischer*, NZG 2003, 449, 452; GK/*Kort*, AktG, § 77 Rn. 36; MüKo/*Spindler*, AktG, § 93 Rn. 148.

118 *Fleischer*, NZG 2003, 449, 452; *Goette*, ZHR (175) 2011, 388, 394 f.; Hölters/*Hölters*, AktG, § 93 Rn. 84; KK/*Mertens/Cahn*, AktG, § 93 Rn. 92; MüKo/*Spindler*, AktG, § 93 Rn. 149.

119 Spindler/Stilz/*Fleischer*, AktG, § 77 Rn. 49; *Fleischer*, NZG 2003, 449, 452; *Hoffmann-Becking*, ZGR (27) 1998, 497, 512; Hüffer/Koch/*Koch*, AktG, § 77 Rn. 15; KK/*Mertens/Cahn*, AktG, § 93 Rn. 92; für die GmbH BGH, Urt. v. 15.10.1996 – VI ZR 251/95, NJW 1997, 130, 132.

120 Siehe hierzu die Nachweise in Fn. 119.

121 Statt vieler nur GK/*Kort*, AktG, § 77 Rn. 35a; MüKo/*Spindler*, AktG, § 93 Rn. 152.

122 Spindler/Stilz/*Fleischer*, AktG, § 77 Rn. 51; Hölters/*Hölters*, AktG, § 93 Rn. 85.

123 Prägnant KK/*Mertens/Cahn*, AktG, § 93 Rn. 375; MüKo/*Spindler*, AktG, § 93 Rn. 153; eingehend zur Balance zwischen Kontrolle und Vertrauen *Löbbe/Fischbach*, AG 2014, 717, 720 f.

124 Deutlich *Kiethe*, GmbHR 2007, 393, 398.

125 So auch *Bachmann*, in: Verhandlungen des 70. DJT, 2014, Bd. 1, E 42; ähnlich *Habersack*, ZHR (177) 2013, 782, 795.

(2) Kontroll- und Überwachungspflichten bei vertikaler Delegation

Ebenfalls zulässig ist die Übertragung von Aufgaben an nachgeordnete Unternehmensebenen, sofern die Leitungsaufgaben beim Vorstand verbleiben und er stets die Letztverantwortlichkeit behält.[126] Delegiert der Vorstand hingegen Geschäfte, die in den Bereich seiner Leitungsverantwortung fallen, liegt hierin ein Verstoß gegen §§ 93 Abs. 1 S. 1, 76 Abs. 1 AktG.[127] Auch bei einer zulässigen Übertragung von Vorbereitungs- und Ausführungsmaßnahmen entfällt die Vorstandsverantwortung nicht in Gänze. Vielmehr führt die Aufgabendelegation zu nachgelagerten Einzelpflichten.[128] Infolgedessen hat der jeweils bereichszuständige Geschäftsleiter entsprechend den für § 831 Abs. 1 BGB entwickelten Kriterien für die ordnungsgemäße Sorgfalt bei der Auswahl seiner Mitarbeiter, bei deren Einweisung und Information sowie deren Überwachung einzustehen.[129] Welche konkreten Anforderungen dabei zu erfüllen sind, hängt wiederum vom jeweiligen Einzelfall ab.[130] Die Intensität der Überwachung richtet sich u.a. nach der Art, Größe und Organisation des Unternehmens, der jeweils übertragenen Aufgabe sowie der Person des Mitarbeiters.[131] Weitere Anhaltspunkte für die Ausgestaltung der Überwachungspflicht ergeben sich aus der Rechtsprechung und Literatur zu § 130 Abs. 1 OWiG.[132] Die hier deutlich werdenden Parallelen zu den Anforderungen an die Einrichtung einer Compliance-Organisation offenbaren zugleich das für den Vorstand mit der Delegation verbundene Haftungsrisiko. Denn die Gefahr, dass sich die ergriffenen Kontrollmaßnahmen *ex post* als unzureichend erweisen, stellt sich bei der vertikalen Delegation in gleicher Weise.[133] In diesem Zusammenhang hat *Bachmann* treffend festgestellt, dass wer bei der Überwachungspflicht im Nachhinein keinen Pflichtverstoß findet, nur nicht gründlich genug gesucht hat.[134]

---

126 Spindler/Stilz/*Fleischer,* AktG, § 76 Rn. 20, 65; KK/*Mertens/Cahn,* AktG, § 76 Rn. 45; MüKo/*Spindler,* AktG, § 91 Rn. 19; Hölters/*Weber,* AktG, § 76 Rn. 8.

127 Prägnant Schmidt/Lutter/*Krieger/Sailer-Coceani,* AktG, § 93 Rn. 32; MüKo/*Spindler,* AktG, § 91 Rn. 14.

128 Ähnlich Spindler/Stilz/*Fleischer,* AktG, § 93 Rn. 101 ff.; GK/*Hopt/Roth,* AktG, § 93 Rn. 162; MüKo/*Spindler,* AktG, § 91 Rn. 19.

129 Spindler/Stilz/*Fleischer,* AktG, § 93 Rn. 101 ff.; *Harbarth,* ZHR (179) 2015, 136, 163; Hauschka/*Schmidt-Husson,* Corporate Compliance, § 6 Rn. 28 ff.; MüKo/*Spindler,* AktG, § 91 Rn. 19; für die GmbH BGH, Urt. v. 07.11.1994 – II ZR 270/93, NJW 1995, 326, 329; speziell zur Compliance-Pflicht *Meier-Greve,* BB 2009, 2555; zu § 831 BGB insb. MüKo/*Wagner,* BGB, § 831 Rn. 35 ff.

130 Prägnant GK/*Hopt/Roth,* AktG, § 93 Rn. 164.

131 Insb. Spindler/Stilz/*Fleischer,* AktG, § 93 Rn. 105; *Fleischer,* AG 2003, 291, 293; MüKo/*Spindler,* AktG, § 91 Rn. 19.

132 Spindler/Stilz/*Fleischer,* AktG, § 93 Rn. 106; Hölters/*Hölters,* AktG, § 93 Rn. 82; KK/*Mertens/Cahn,* AktG, § 93 Rn. 80; zu den Pflichten nach § 130 OWiG insb. Göhler/*Gürtler,* OWiG, § 130 Rn. 10 ff.; KK/*Rogall,* OWiG, § 130 Rn. 39 ff.

133 So auch *Hauger/Palzer,* ZGR 2015, 33, 53 (m.w.N.).

134 *Bachmann,* in: Verhandlungen des 70. DJT, 2014, Bd. 1, E 28.

c) *Zusammenfassung*

Mit Blick auf die vorstehenden Ausführungen bleibt festzuhalten, dass bereits aus der Reichweite der Vorstandspflichten ein erhebliches Haftungsrisiko resultiert. Da sich die externe Legalitätspflicht auf alle in- und ausländischen Rechtsnormen erstreckt, hat der Geschäftsleiter einer Aktiengesellschaft für die Einhaltung einer kaum überschaubaren Vielzahl von Vorschriften zu sorgen. Zudem steigt das Risiko einer Rechtsverletzung durch die fortschreitende Verrechtlichung des Wirtschaftslebens stetig an. Und auch für den rechtstreuen Vorstand ergibt sich aus der Compliance-Pflicht die Gefahr einer Inanspruchnahme. Praktische Schwierigkeiten ergeben sich ferner bei der Ausgestaltung eines Compliance-Programms, das der gerichtlichen Nachprüfung standhält. In dieser Hinsicht fehlt es bislang an verlässlichen Leitlinien, an denen sich die Vorstandsmitglieder orientieren könnten. Daher besteht aus Sicht der Geschäftsleiter stets das Risiko, dass das Gericht *ex post* Anforderungen aufstellt, die *ex ante* kaum vorherzusehen waren. Und auch die horizontale Ressortbildung sowie die vertikale Aufgabendelegation führen lediglich zu einer Reduzierung des Regressrisikos. Eine vollständige Enthaftung ist hierdurch jedoch nicht zu erlangen.

2. Ausreichender Schutz durch die Business Judgement Rule?

Nach § 93 Abs. 1 S. 2 AktG liegt keine Pflichtverletzung vor, wenn das Vorstandsmitglied bei einer unternehmerischen Entscheidung vernünftigerweise annehmen durfte, auf der Grundlage angemessener Informationen zum Wohle der Gesellschaft zu handeln. Diese sogenannte *Business Judgement Rule* soll den Geschäftsleitern einen Haftungsfreiraum schaffen, der auch als „sicherer Hafen" (*safe harbor*) bezeichnet wird.[135] Durch diese Regelung könnte das Haftungsrisiko der Vorstandsmitglieder bereits derart reduziert sein, dass für weitere Beschränkungen kein Bedürfnis mehr besteht. Bevor im Einzelnen herausgearbeitet wird, ob § 93 Abs. 1 S. 2 AktG einen ausreichenden Schutz vor der Gefahr eines potentiell existenzvernichtenden Regresses bietet, werden zunächst die Grundzüge der *Business Judgement Rule* dargelegt.

a) *Grundzüge der Business Judgement Rule*

Die *Business Judgement Rule* wurde im Jahr 2005 durch das UMAG ins AktG eingeführt.[136] Dass dem Vorstand bei seiner Tätigkeit ein Leitungsermessen zukommt, war jedoch bereits vor der Kodifikation in § 93 Abs. 1 S. 2 AktG in

135 Entwurf eines Gesetzes zur Unternehmensintegrität und Modernisierung des Anfechtungsrechts, BT-Drs. 15/5092, S. 11.

136 Gesetz zur Unternehmensintegrität und Modernisierung des Anfechtungsrechts (UMAG) vom 22.09.2005, BGBl. I S. 2802.

Rechtsprechung[137] und Literatur[138] anerkannt.[139] Besonders deutlich wird dies in der ARAG/Garmenbeck-Entscheidung des BGH aus dem Jahr 1997.[140] Danach hat der Aufsichtsrat bei der Durchsetzung von Schadensersatzansprüchen zu beachten, „dass dem Vorstand bei der Leitung der Geschäfte des Gesellschaftsunternehmens ein weiter Handlungsspielraum zugebilligt werden muss, ohne den eine unternehmerische Tätigkeit schlechterdings nicht denkbar ist."[141] Die gesetzliche Regelung in § 93 Abs. 1 S. 2 AktG dient damit letztlich nur der Klarstellung.[142] Die endgültige Fassung der Norm geht auf einen Vorschlag *Ulmers*[143] zurück, der kurz darauf vom 63. Deutschen Juristentag[144] sowie der Regierungskommission Corporate Governance[145] aufgegriffen wurde. Dabei haben die Voraussetzungen der *Business Judgement Rule* allerdings nur teilweise Niederschlag im Gesetzestext gefunden. Neben den in § 93 Abs. 1 S. 2 AktG ausdrücklich geregelten Merkmalen der unternehmerischen Entscheidung sowie dem Erfordernis auf Grundlage angemessener Informationen zum Wohle der Gesellschaft zu handeln, muss der Vorstand die Entscheidung zudem gutgläubig sowie ohne Sonderinteressen und sachfremde Einflüsse getroffen haben.[146] Der Zweck der Vorschrift liegt darin, Rückschaufehlern entgegenzuwirken (*hindsight bias*).[147] Daneben soll mit § 93 Abs. 1 S. 2 AktG die Bereitschaft der Vorstandsmitglieder zum unternehmerischen

---

137 BGH, Urt. v. 04.07.1977 – II ZR 150/75, NJW 1977, 2311, 2312; BGH, Urteil v. 09.07.1979 – II ZR 118/77, NJW 1979, 1823; BGH, Urt. v. 21.04.1997 – II ZR 175/95, NJW 1997, 1926; BGH, Urt. v. 23.06.1997 – II ZR 132/93, NJW 1997, 2815.

138 Insb. *Fleischer*, in: FS Wiedemann, 2002, 827 ff.; *Fleischer*, ZIP 2004, 685 ff.; *Horn*, ZIP 1997, 1129, 1133 ff.; *Ihrig*, WM 2004, 2098 ff.; *Kindler*, ZHR (162) 1998, 101, 103; *Lohse*, Unternehmerisches Ermessen, S. 37 ff.; *Oltmanns*, Geschäftsleiterhaftung und unternehmerisches Ermessen, S. 230 ff.; *Paefgen*, Unternehmerische Entscheidungen und Rechtsbindung der Organe in der AG, S. 171 ff.; *Paefgen*, AG 2004, 245 ff.

139 Ausführlich zur Anerkennung unternehmerischer Entscheidung vor dem Inkrafttreten des UMAG *Winnen*, Die Innenhaftung des Vorstandes nach dem UMAG, S. 73 ff.

140 BGH, Urt. v. 21.04.1997 – II ZR 175/95, NJW 1997, 1926.

141 BGH, a.a.O., 1926.

142 Entwurf eines Gesetzes zur Unternehmensintegrität und Modernisierung des Anfechtungsrechts, BT-Drs. 15/5092, S. 11; Henssler/Strohn/*Dauner-Lieb,* GesR, § 93 AktG Rn. 18; Hüffer/Koch/*Koch,* AktG, § 93 Rn. 9.

143 *Ulmer*, ZHR (163) 1999, 290, 299.

144 Beschlüsse des 63. DJT, in: Verhandlungen des 63. DJT, 2000, Bd. 2/1, O 79, (46:10:11).

145 *Baums*, Bericht der Regierungskommission Corporate Governance, S. 107 f.

146 Entwurf eines Gesetzes zur Unternehmensintegrität und Modernisierung des Anfechtungsrechts, BT-Drs. 15/5092, S. 11; Spindler/Stilz/*Fleischer,* AktG, § 93 Rn. 66; GK/*Hopt/Roth,* AktG, § 93 Rn. 71; KK/*Mertens/Cahn,* AktG, § 93 Rn. 17 ff.

147 Insb. Spindler/Stilz/*Fleischer,* AktG, § 93 Rn. 60; *Kindler*, in: FS Goette, 2011, 231, 232; Hüffer/Koch/*Koch,* AktG, § 93 Rn. 9; *Kocher*, CCZ 2009, 215, 216.

Risiko erhalten bleiben.[148] Der Gedanke, dass diesen zur Vermeidung einer Risikoaversion „nicht jeder Mut zur Tat“[149] genommen werden darf, lag bereits der Haftungsregelung in § 84 AktG 1937 zugrunde.

Im Gegensatz zu den Regelungszielen herrscht bei der dogmatischen Einordnung der *Business Judgement Rule* keine Einigkeit. Während eine Meinungsgruppe § 93 Abs. 1 S. 2 AktG als Tatbestandsausschlussgrund ansieht,[150] gehen andere Vertreter der Literatur davon aus, dass bei Eingreifen der Regelung ein pflichtgemäßes Handeln des Vorstands vermutet werde.[151] Eine weitere Gruppierung ordnet § 93 Abs. 1 S. 2 AktG zu Recht als Konkretisierung der allgemeinen Sorgfaltspflicht ein.[152] Denn die Negativformulierung sowie die Gesetzesbegründung, wonach die Vorschrift den Bereich unternehmerischen Handlungsspielraums aus dem Tatbestand der Sorgfaltspflichtverletzung nach § 93 Abs. 1 S. 1 AktG ausgrenzen soll,[153] lassen darauf schließen, dass sich der Vorstand, der bei unternehmerischen Entscheidungen die Kriterien der *Business Judgement Rule* erfüllt, sorgfaltsgemäß verhält.[154] Der Meinungsstreit entfaltet letztlich aber keine Relevanz. Schließlich ist als Rechtsfolge gemäß dem Wortlaut von § 93 Abs. 1 S. 2 AktG einhellig anerkannt, dass der Vorstand keine Pflichtverletzung begangen hat.[155] Durfte das Vorstandsmitglied bei einer unternehmerischen Entscheidung hingegen nicht vernünftigerweise annehmen, auf der Grundlage angemessener Informationen zum Wohle der Gesellschaft

---

148 Entwurf eines Gesetzes zur Unternehmensintegrität und Modernisierung des Anfechtungsrechts, BT-Drs. 15/5092, S. 12; *Fleischer*, ZIP 2004, 685; MüKo/*Spindler*, AktG, § 93 Rn. 36.

149 Amtl. Begr. zu § 84 AktG 1937, abgedruckt bei *Klausing*, Gesetz über Aktiengesellschaften und Kommanditgesellschaften auf Aktien nebst Einführungsgesetz und amtlicher Begründung, S. 71.

150 Bürgers/Körber/*Bürgers*, AktG, § 93 Rn. 10; Henssler/Strohn/*Dauner-Lieb*, GesR, § 93 AktG Rn. 19; Spindler/Stilz/*Fleischer*, AktG, § 93 Rn. 65; *Winnen*, Die Innenhaftung des Vorstandes nach dem UMAG, S. 102 ff.

151 *Harnos*, Geschäftsleiterhaftung bei unklarer Rechtslage, 132; *Hauschka*, GmbHR 2007, 11; *Hopt*, ZIP 2013, 1793, 1797; Hüffer/Koch/*Koch*, AktG, § 93 Rn. 14; *Lutter*, in: FS Canaris, 2007, Bd. 2, 245, 247; Heidel/*Schmidt*, Aktienrecht, § 93 AktG Rn. 79; *U. Schneider*, in: FS Hüffer, 2010, 905, 908; *Scholz*, Die existenzvernichtende Haftung von Vorstandsmitgliedern in der Aktiengesellschaft, S. 86 ff.

152 *Cahn*, Der Konzern 2015, 105; GK/*Hopt/Roth*, AktG, § 93 Rn. 67; *Kocher*, CCZ 2009, 215, 216; KK/*Mertens/Cahn*, AktG, § 93 Rn. 15; MüKo/*Spindler*, AktG, § 93 Rn. 39; *G. Wagner*, ZHR (178) 2014, 227, 259; sympathisierend auch Schmidt/Lutter/*Krieger/Sailer-Coceani*, AktG, § 93 Rn. 14.

153 Entwurf eines Gesetzes zur Unternehmensintegrität und Modernisierung des Anfechtungsrechts, BT-Drs. 15/5092, S. 11.

154 Ähnlich *Brömmelmeyer*, WM 2005, 2065, 2069, der wegen der Negativformulierung aber von einen Tatbestandsausschluss ausgeht.

155 So auch *Haarmann/Weiß*, BB 2014, 2115, 2120; KK/*Mertens/Cahn*, AktG, § 93 Rn. 15; *Scholz*, AG 2015, 222; MüKo/*Spindler*, AktG, § 93 Rn. 39.

zu handeln, erübrigt sich auch die Untersuchung, ob der Geschäftsleiter durch sein Verhalten nach § 93 Abs. 1 S. 2 AktG eine Pflichtverletzung begangen hat.[156]

b) Haftungsfreistellung nur bei unternehmerischen Entscheidungen

In Hinblick auf den Anwendungsbereich des § 93 Abs. 1 S. 2 AktG stellt sich allerdings die Frage, ob über den vermeintlich „sicheren Hafen" der *Business Judgement Rule* tatsächlich eine Beschränkung des Regressrisikos pflichtvergessener Vorstandsmitglieder zu erreichen ist. Schließlich greift die Haftungsfreistellung nach dem Wortlaut der Vorschrift nur bei unternehmerischen Entscheidungen. Einen ersten Hinweis auf deren Reichweite bietet die Gesetzesbegründung, wonach unternehmerische Entscheidungen „infolge ihrer Zukunftsbezogenheit durch Prognosen und nicht justiziable Einschätzungen geprägt" sind und einen Gegenbegriff zu rechtlich gebundenen Entscheidungen bilden.[157] In der Literatur wird unter einer unternehmerischen Entscheidung im Sinne des § 93 Abs. 1 S. 2 AktG überwiegend ein Entschluss unter Unsicherheit verstanden, bei dem der Vorstand aus mehreren Alternativen bewusst eine Handlungsmöglichkeit auswählt.[158] Verletzungen der Treuepflicht sowie allgemeine Gesetzes- und Satzungsverstöße stellen nach dem Willen des Gesetzgebers hingegen keine unternehmerische Entscheidung dar, da es insbesondere für illegales Verhalten keinen „sicheren Hafen" geben soll.[159] Diese Grenzen der *Business Judgement Rule* sind grundsätzlich auch im Schrifttum anerkannt.[160] Hinsichtlich der fortschreitenden Verrechtlichung des Wirtschaftslebens und der damit verbundenen unüberschaubaren Anzahl zu befolgender Normen[161]

---

156 Ebenso *Scholz*, Die existenzvernichtende Haftung von Vorstandsmitgliedern in der Aktiengesellschaft, S. 93 ff.; *Scholz*, AG 2015, 222, 227; ähnlich auch *Bachmann*, WM 2015, 105, 110 f.; *Bachmann*, in: FS Stilz, 2014, 25, 43; a.A. insb. Spindler/Stilz/*Fleischer*, AktG, § 93 Rn. 65; GK/*Hopt/Roth*, AktG, § 93 Rn. 67; KK/*Mertens/Cahn*, AktG, § 93 Rn. 15; MüKo/*Spindler*, AktG, § 93 Rn. 40 (jeweils m.w.N.).

157 Entwurf eines Gesetzes zur Unternehmensintegrität und Modernisierung des Anfechtungsrechts, BT-Drs. 15/5092, S. 11.

158 So auch *Fleischer*, NZG 2008, 371; Hüffer/Koch/*Koch*, AktG, § 93 Rn. 16; *J. Koch*, ZGR 2006, 769, 787; *Lutter*, ZIP 2007, 841, 843; *S. Schneider*, DB 2005, 707, 711; MüKo/*Spindler*, AktG, § 93 Rn. 41; *Spindler*, AG 2013, 889, 891; auf das Merkmal der Unsicherheit abstellend insb. *Hauschka*, GmbHR 2007, 11, 13; *Ihrig*, WM 2004, 2098, 2104; den Gegensatz zur gebundenen Entscheidung betonend *Paefgen*, AG 2014, 554, 561; *Paefgen*, AG 2004, 245, 251.

159 Entwurf eines Gesetzes zur Unternehmensintegrität und Modernisierung des Anfechtungsrechts, BT-Drs. 15/5092, S. 11.

160 Statt vieler nur Spindler/Stilz/*Fleischer*, AktG, § 93 Rn. 67; GK/*Hopt/Roth*, AktG, § 93 Rn. 73 f.; MüKo/*Spindler*, AktG, § 93 Rn. 45 (jeweils m.w.N.); zur Anwendung des § 93 Abs. 1 S. 2 AktG bei unklarer Rechtslage unter B. I. 2. b) aa).

161 Hierzu bereits unter B. I. 1. b) bb) (1).

erfährt der Schutz des § 93 Abs. 1 S. 2 AktG somit eine deutliche Reduzierung.[162] Denn das erhebliche Haftungsrisiko, das aus der Reichweite der Legalitätspflicht resultiert,[163] kann die *Business Judgement Rule* nicht mindern. Vielmehr entfällt die Haftungsprivilegierung des § 93 Abs. 1 S. 2 AktG selbst bei leicht fahrlässigen Gesetzesverstößen.[164]

aa) Anwendung des § 93 Abs. 1 S. 2 AktG bei unklarer Rechtslage?

Während grundsätzlich Einigkeit darüber herrscht, dass Legalitätspflichtverletzungen nicht vom Anwendungsbereich der *Business Judgement Rule* erfasst sind,[165] ist in der Lehre seit geraumer Zeit umstritten, ob diese Begrenzung auch bei Entscheidungen gilt, die unter rechtlicher Unsicherheit getroffen werden.[166] Die Unklarheit der Rechtslage kann dabei auf unbestimmten Rechtsbegriffen im Gesetzestext, Meinungsstreitigkeiten über die Auslegung und Anwendung einer Vorschrift oder dem Fehlen einer höchstrichterlichen Entscheidung bei umstrittenen Rechtsfragen beruhen.[167] Beispielhaft sei nur auf das im Kartellrecht eingeführte System der Legalausnahme verwiesen, wonach die Unternehmen selbst einzuschätzen haben, ob eine Vereinbarung dem Kartellverbot des § 1 GWB unterfällt. Lässt sich die Rechtslage selbst bei rechtlicher Beratung nicht aufklären, sieht sich der Vorstand mit einer Unsicherheit konfrontiert, bei der er eine Entscheidung treffen muss.[168] Dabei besteht das Risiko, dass sich bei einer gerichtlichen Überprüfung im Nachhinein ein Rechtsverstoß herausstellt[169] und der Geschäftsleiter bei Vorliegen der übrigen Haftungsvoraussetzungen in Regress genommen wird.

(1) Systematisierung des Meinungsstands

In Bezug auf die oben beschriebene rechtliche Unsicherheit gilt nach einer Meinungsgruppe, dass der bei unklarer Rechtslage getroffene Entschluss des Vorstands als unternehmerische Entscheidung im Sinne des § 93 Abs. 1 S. 2 AktG anzusehen sei und die *Business Judgement Rule* demnach direkt oder zumindest entsprechend

---

162 Hierauf verweist auch *Bachmann*, in: Verhandlungen des 70. DJT, 2014, Bd. 1, E 44; ähnlich *G. Wagner*, ZHR (178) 2014, 227, 233.

163 Hierzu bereits unter B. I. 1. b) bb).

164 Deutlich *Hauschka*, GmbHR 2007, 11, 13.

165 Siehe hierzu die Nachweise in Fn. 160.

166 Ausführliche Darstellungen des Meinungsstreits bei *Buck-Heeb*, BB 2013, 2247, 2250 ff.; hierzu im Einzelnen sogleich.

167 Statt vieler nur *Buck-Heeb*, a.a.O., 2249; *Kocher*, CCZ 2009, 215, 217.

168 So insb. auch *Bachmann*, in: Verhandlungen des 70. DJT, 2014, Bd. 1, E 44; *Habersack*, in: FS Schneider, 2011, 429, 436 f.; *Hasselbach/Ebbinghaus*, AG 2014, 873, 874; *Kocher*, CCZ 2009, 215, 217; *Spindler*, AG 2013, 889, 893; *Thole*, ZHR (173) 2009, 504, 521.

169 Deutlich insofern *Hauger/Palzer*, ZGR 2015, 33, 47 (m.w.N.).

Anwendung finden müsse.[170] In jüngster Zeit wird in Anlehnung an § 93 Abs. 1 S. 2 AktG auch vereinzelt die Kodifizierung einer *Legal Judgement Rule* gefordert, die den Geschäftsleitern bei unklarer Rechtslage einen Haftungsfreiraum gewähren soll.[171] Ein weiterer Vorschlag geht dahin, das Tatbestandsmerkmal der unternehmerischen Entscheidung durch die Formulierung „Entscheidung unter Unsicherheit" zu ersetzen.[172] Demgegenüber wendet die wohl überwiegende Ansicht für die Frage, ob der Vorstand bei im Nachhinein festgestellten Gesetzesverletzungen haftet, zunächst die Grundsätze über den Rechtsirrtum an und plädiert für einen Handlungsspielraum außerhalb des § 93 Abs. 1 S. 2 AktG in denjenigen Situationen, in denen sich die Rechtslage auch durch Beratung nicht hat aufklären lassen.[173] Dabei tritt eine Untergruppe in Anlehnung an die *Business Judgement Rule* für ein Entfallen der Pflichtwidrigkeit ein.[174] Andere billigen den Vorstandsmitgliedern bei verbleibender Rechtsunsicherheit ein Handlungsermessen zu, das erst auf Verschuldensebene zu berücksichtigen sein soll.[175] Da sich die Mehrheit innerhalb dieser beiden Meinungsgruppen bezüglich der Anforderungen an die Ermessensentscheidung an den Kriterien des § 93 Abs. 1 S. 2 AktG orientiert,[176] sind die praktischen Unterschiede letztlich aber gering.

---

170 Für eine direkte Anwendung *Kocher*, CCZ 2009, 215, 217; *Nietsch*, ZGR 2015, 631, 653 ff.; wohl auch Schmidt/Lutter/*Krieger/Sailer-Coceani*, AktG, § 93 Rn. 16; *Sailer-Coceani*, in: Verhandlungen des 70. DJT, 2014, Bd. 2/1, N 20; hinsichtlich rechtlicher Beurteilungsspielräume *Brömmelmeyer*, WM 2005, 2065, 2066; für eine entsprechende Anwendung *Cahn*, Der Konzern 2015, 105, 107 f., 111; *Cahn*, WM 2013, 1293, 1294 f.; eine direkte oder analoge Anwendung offen lassend *Hasselbach/Ebbinghaus*, AG 2014, 873 ff.

171 *Bürkle*, VersR 2013, 792, 793 ff.; *Müller*, DB 2014, 1301, 1307; sympathisierend auch *Seibt/Cziupka*, DB 2014, 1598, 1600; *Seibt/Wollenschläger*, ZIP 2014, 545, 553.

172 *Kremer*, in: Verhandlungen des 70. DJT, 2014, Bd. 2/1, N 36.

173 Deutlich *Habersack*, in: FS Schneider, 2011, 429, 436 f.; Spindler/Stilz/*Fleischer*, AktG, § 93 Rn. 29 ff.; MüKo/*Spindler*, AktG, § 93 Rn. 76 ff.

174 Insb. *Bayer*, in: FS Schmidt, 2009, 85, 92; *Habersack*, in: FS Schneider, 2011, 429, 437; Wachter/*Eckert*, AktG, § 93 Rn. 15; Spindler/Stilz/*Fleischer*, AktG, § 93 Rn. 29 ff.; *U. Schneider*, DB 2011, 99, 100; MüKo/*Spindler*, AktG, § 93 Rn. 83; *Thole*, ZHR (173) 2009, 504, 522 ff.; abweichend GK/*Hopt/Roth*, AktG, § 93 Rn. 139 f., die erst auf das Vorliegen eines Rechtsirrtums abstellen und für die verbleibende Unsicherheit § 93 Abs. 1 S. 2 AktG anwenden.

175 *Buck-Heeb*, BB 2013, 2247, 2254; *Hauger/Palzer*, ZGR 2015, 33, 48 ff.; *Holle*, AG 2016, 270 ff.; Hüffer/Koch/*Koch*, AktG, § 93 Rn. 19, 44; *Scholl*, Vorstandshaftung und Vorstandsermessen, S. 197 f.; *Steber*, DStR 2015, 2391, 2393; *Strohn*, ZHR (176) 2012, 137, 138; *Strohn*, CCZ 2013, 177, 184; offen lassend *Bachmann*, in: Verhandlungen des 70. DJT, 2014, Bd. 1, E 44 f.; *Bachmann*, WM 2015, 105, 109.

176 Deutlich insofern *Bicker*, AG 2014, 8, 11; *Spindler*, in: FS Canaris, 2007, Bd. 2, 403, 420 f.; *Spindler*, AG 2013, 889, 893; *Thole*, ZHR (173) 2009, 504, 523 ff.; wohl auch *Habersack*, ZHR (177) 2013, 782, 798 ff.

(2) Unklare Rechtslage steht unternehmerischer Unsicherheit nicht gleich

Gegen eine direkte oder analoge Anwendung der *Business Judgement Rule* auf Entscheidungen unter Rechtsunsicherheit ist schon einzuwenden, dass auch bei einer unklaren Rechtslage *ex ante* (unerkannt) feststeht, welche Entscheidung richtig, sprich rechtmäßig ist.[177] Allein der Vorwurf, dass im Entscheidungszeitpunkt nicht ersichtlich ist, wie der Richter im Haftungsprozess entscheiden wird, vermag eine Anwendung des § 93 Abs. 1 S. 2 AktG (analog) dabei nicht zu rechtfertigen.[178] Wesensmerkmal der unternehmerischen Entscheidung ist neben der Prognoseunsicherheit – die auch bei einer unklaren Rechtslage gegeben ist[179] – das Vorliegen von Handlungsalternativen.[180] Durch die umfassende Bindung an die Rechtsordnung[181] fehlt es hieran aber, wenn von mehreren tatsächlich möglichen Handlungsoptionen nur eine rechtlich zulässig ist.[182] Für den Vorstand, der sich stets gesetzeskonform verhalten muss, liegt damit auch bei einer *ex ante* bestehenden Rechtsunsicherheit letztlich eine gebundene Entscheidung vor.[183] Da diese den Gegenbegriff zur unternehmerischen Entscheidung des § 93 Abs. 1 S. 2 AktG bildet,[184] kann der unter rechtlicher Unsicherheit getroffene Entschluss nicht zugleich eine unternehmerische Entscheidung darstellen. Soweit in diesem Zusammenhang für eine Ausdehnung der *Business Judgement Rule* angeführt wird, dass der Geschäftsleiter bei einer ausnahmslosen Bindung an Recht und Gesetz auch Bagatellverstöße verhindern müsste,[185] steht dem bereits entgegen, dass sich der Geschäftsleiter gegenüber der Gesellschaft gerade nicht auf „nützliche Pflichtverletzungen" berufen kann.[186]

---

177 *Buck-Heeb*, BB 2013, 2247, 2252; *C. Schäfer*, ZIP 2005, 1253, 1256; *Scholl*, Vorstandshaftung und Vorstandsermessen, S. 198; MüKo/*Spindler*, AktG, § 93 Rn. 45; *Thole*, ZHR (173) 2009, 504, 523; a.A. *Cahn*, WM 2013, 1293, 1294; *Cahn*, Der Konzern 2015, 105, 108.

178 So aber *Cahn*, a.a.O., 108; *Hasselbach/Ebbinghaus*, AG 2014, 873, 878; ähnlich *Blaurock*, in: FS Bornkamm, 2014, 107, 112; überlegend *Thole*, ZHR (173) 2009, 504, 523; wie hier *U. Schneider*, DB 2011, 99, 100; *Scholl*, Vorstandshaftung und Vorstandsermessen, S. 198.

179 Insofern zutreffend *Kocher*, CCZ 2009, 215, 217.

180 Hierzu bereits unter B. I. 2. b), daher statt vieler nur MüKo/*Spindler*, AktG, § 93 Rn. 41 (m.w.N.).

181 Hierzu bereits unter B. I. 1. b) bb).

182 Prägnant *Harnos*, Geschäftsleiterhaftung bei unklarer Rechtslage, S. 142; *S. Schneider*, DB 2005, 707, 710.

183 *Dreher*, in: FS Konzen, 2006, 85, 96; *Habersack*, in: FS Schneider, 2011, 429, 437; *S. Schneider*, DB 2005, 707, 710; *Spindler*, in: FS Canaris, 2007, Bd. 2, 403, 415; *Spindler*, AG 2013, 889, 894; a.A. *Bürkle*, VersR 2013, 792, 795.

184 Entwurf eines Gesetzes zur Unternehmensintegrität und Modernisierung des Anfechtungsrechts, BT-Drs. 15/5092, S. 11.

185 So *Hasselbach/Ebbinghaus*, AG 2014, 873, 877.

186 Ähnlich *Paefgen*, AG 2014, 554, 557; hierzu bereits ausführlich unter B. I. 1. b) bb) (2).

Maßgeblich gegen eine Anwendung der *Business Judgement Rule* bei unklarer Rechtslage spricht zudem, dass unternehmerische Entscheidungen nach der Gesetzesbegründung durch „nicht justiziable Einschätzungen geprägt“ sind.[187] Justiziabel sind von der Wortbedeutung her alle Fragen, die durch eine richterliche Entschlussfindung aufgeklärt werden können.[188] Die Beurteilung von Rechtsfragen, wie etwa die Auslegung oder Anwendung von Rechtsnormen, erfordert gerade keinen unternehmerischen Sachverstand, sondern ist dem originären Aufgaben- und Kompetenzbereich der Gerichte zugeordnet.[189] Damit liegt in Bezug auf die bei einer unklaren Rechtslage zu beurteilenden Vorstandsentschlüsse dem Wortsinn nach eine justiziable Entscheidung vor. Eine Ausdehnung des § 93 Abs. 1 S. 2 AktG auf Entscheidungen unter Rechtsunsicherheit, bei denen *ex post* eine Rechtsverletzung festgestellt wird, widerspräche überdies dem in dieser Hinsicht eindeutigen Willen des Gesetzgebers.[190] Nach der Gesetzesbegründung soll der „sichere Hafen“ der *Business Judgement Rule* bei Gesetzes- und Satzungsverstößen nicht eröffnet sein.[191] Dass der UMAG-Gesetzgeber trotz der insofern eindeutigen Formulierung Entscheidungen bei unklarer Rechtslage versehentlich nicht § 93 Abs. 1 S. 2 AktG unterstellt hat, erscheint angesichts der Vielzahl unbestimmter Rechtsbegriffe und höchstrichterlich ungeklärter Rechtsfragen zweifelhaft.[192] Damit fehlt es auch an der für eine analoge Anwendung erforderlichen Regelungslücke.[193] Darüber hinaus erfordern der Sinn und Zweck der Vorschrift keine Ausdehnung des Anwendungsbereichs, da anders als bei unternehmerischen Entscheidungen bei der gerichtlichen Klärung unklarer Rechtslagen keine Gefahr von Rückschaufehlern besteht.[194] Zudem wird der Mut der Geschäftsleiter durch die Begrenzung auf unternehmerische Entscheidungen nicht beschränkt.[195] Der Zweck, im wirtschaftlichen Wettbewerb keine Risiken zu scheuen, wird durch eine Ausnahme von Entscheidungen bei unklarer

---

187 Entwurf eines Gesetzes zur Unternehmensintegrität und Modernisierung des Anfechtungsrechts, BT-Drs. 15/5092, S. 11.

188 Vgl. die Bedeutungsübersicht im Duden, abrufbar unter: <http://www.duden.de/rechtschrei-bung/justiziabel>.

189 Deutlich *Buck-Heeb*, BB 2013, 2247, 2253; *Harnos*, Geschäftsleiterhaftung bei unklarer Rechtslage, S. 128 f.; *Hauger/Palzer*, ZGR 2015, 33, 48; zweifelnd *Nietsch*, ZGR 2015, 631, 655.

190 So auch *Hauger/Palzer*, ZGR 2015, 33 47; *Spindler*, in: FS Canaris, 2007, Bd. 2, 403, 415; *Spindler*, AG 2013, 889, 893.

191 Entwurf eines Gesetzes zur Unternehmensintegrität und Modernisierung des Anfechtungsrechts, BT-Drs. 15/5092, S. 11.

192 Ähnlich *Harnos*, Geschäftsleiterhaftung bei unklarer Rechtslage, S. 142.

193 Zu den Voraussetzungen einer Analogie *Larenz/Canaris*, Methodenlehre der Rechtswissenschaft, S. 202; *Rüthers/Fischer u. a.*, Rechtstheorie mit juristischer Methodenlehre, S. 531.

194 *Buck-Heeb*, BB 2013, 2247, 2253; *Harnos*, Geschäftsleiterhaftung bei unklarer Rechtslage, S. 128; *Hauger/Palzer*, ZGR 2015, 33, 48.

195 *Buck-Heeb*, BB 2013, 2247, 2253; *Holle*, AG 2011, 778, 781 ff.; *Redeke*, ZIP 2011, 59, 60.

Rechtslage aus dem Anwendungsbereich der *Business Judgement Rule* nicht vereitelt. Nach all dem lässt sich weder eine direkte, noch eine analoge Anwendung von § 93 Abs. 1 S. 2 AktG auf Entscheidungen bei unsicherer Rechtslage rechtfertigen.

(3) Entfallen des Verschuldensvorwurfs bei rechtlicher Unsicherheit

Mit der wohl überwiegenden Ansicht ist eine Enthaftung des Vorstands bei rechtlicher Unsicherheit daher in einem ersten Schritt über die Figur des Rechtsirrtums zu erreichen.[196] Ein solcher liegt nach der ISION-Entscheidung des BGH vor, wenn der Vorstand trotz sorgfältiger Prüfung der Rechtslage, der Einholung von Rechtsrat sowie der Beachtung der höchstrichterlichen Judikatur die Rechtslage falsch einschätzt.[197] Diese Grundsätze hat der 2. Zivilsenat jüngst nochmals bestätigt.[198] Dabei wirkt für den Vorstand nur der von einem fachlich qualifizierten und unabhängigen Berufsträger erteilte Rat enthaftend.[199] Hierbei kommt es, wie der BGH im Jahr 2015 klargestellt hat, nicht auf die persönliche, sondern die sachliche Unabhängigkeit des Beraters an,[200] weshalb auch eine Beratung durch die eigene Rechtsabteilung der Gesellschaft exkulpierend wirken kann.[201] Ferner muss der Vorstand dem Berater alle erforderlichen Unterlagen zugänglich gemacht und ihm den Sachverhalt zutreffend und vollständig geschildert haben.[202] Die auf dieser Grundlage erteilte Rechtsauskunft ist von dem Geschäftsleiter anschließend hinsichtlich ihrer Plausibilität zu überprüfen.[203] Dies erfordert keine rechtliche Überprüfung des erteilten Rates; vielmehr muss der Vorstand untersuchen, ob der Berater die zur Verfügung gestellten Informationen bearbeitet hat und zu einer widerspruchsfreien Rechtsauskunft gelangt ist.[204] Sind diese Voraussetzungen erfüllt, entfällt der Verschuldensvorwurf auch dann, wenn der Rat sich nachträglich als falsch herausstellt.[205] Konnte

---

196 Statt vieler nur *Buck-Heeb*, BB 2013, 2247, 2254 ff.; Spindler/Stilz/*Fleischer*, AktG, § 93 Rn. 29; Hüffer/Koch/*Koch*, AktG, § 93 Rn. 19, 43 f.; MüKo/*Spindler*, AktG, § 93 Rn. 77 ff.

197 BGH, Urt. v. 20.09.2011 – II ZR 234/09, NJW-RR 2011, 1670, 1671 (m.w.N.).

198 BGH, Urt. v. 28.04.2015 – II ZR 63/14, NZG 2015, 792, 794; hierzu insb. *Bayer/Scholz*, ZIP 2015, 1853; *Fleischer*, DB 2015, 1764; *Vetter*, NZG 2015, 889.

199 BGH, Urt. v. 20.09.2011 – II ZR 234/09, NJW-RR 2011, 1670, 1672; *Fleischer*, in: FS Hüffer, 2010, 187, 189 ff.; Hölters/*Hölters*, AktG, § 93 Rn. 249; Hüffer/Koch/*Koch*, AktG, § 93 Rn. 44; MüKo/*Spindler*, AktG, § 93 Rn. 79 f.

200 BGH, Urt. v. 28.04.2015 – II ZR 63/14, NZG 2015, 792, 795.

201 Das BGH-Urteil gleichlautend verstehend *Fleischer*, DB 2015, 1764, 1768; *Steber*, DStR 2015, 2391, 2394; *Vetter*, NZG 2015, 889, 894.

202 BGH, Urt. v. 20.09.2011 – II ZR 234/09, NJW-RR 2011, 1670, 1672; *Fleischer*, in: FS Hüffer, 2010, 187, 193 f.; MüKo/*Spindler*, AktG, § 93 Rn. 81.

203 BGH, Urt. v. 20.09.2011 – II ZR 234/09, NJW-RR 2011, 1670, 1672; *Fleischer*, in: FS Hüffer, 2010, 187, 194 ff.; Hölters/*Hölters*, AktG, § 93 Rn. 250; Hüffer/Koch/*Koch*, AktG, § 93 Rn. 44; MüKo/*Spindler*, AktG, § 93 Rn. 82.

204 BGH, Urt. v. 28.04.2015 – II ZR 63/14, NZG 2015, 792, 795.

205 Deutlich BGH, Urt. v. 20.09.2011 – II ZR 234/09, NJW-RR 2011, 1670, 1671 f.

die Rechtslage durch die Beratung hingegen nicht endgültig aufgeklärt werden, ist dem Vorstand in einem zweiten Schritt ein Handlungsermessen zuzubilligen, innerhalb dessen er sich der für die Gesellschaft günstigen Rechtsauffassung anschließen darf.[206] Die Anerkennung eines Handlungsspielraums ist dabei nicht durch § 93 Abs. 1 S. 2 AktG ausgeschlossen. Dass dem Vorstand außerhalb der *Business Judgement Rule* ein Ermessen zustehen kann, ergibt sich schon aus der Gesetzesbegründung[207] und ist auch in der Literatur zu Recht anerkannt.[208]

Entgegen prominenter Gegenstimmen spricht allerdings viel dafür, dass die oben genannten Grundsätze nicht zu einem Entfallen der Pflichtwidrigkeit führen,[209] sondern erst auf Verschuldensebene zu berücksichtigen sind.[210] Mit Blick auf die Orientierung an § 93 Abs. 1 S. 2 AktG hinsichtlich der Anforderungen an die Ermessensentscheidung – so soll die Entscheidung bei unsicherer Rechtslage insbesondere auf Grundlage angemessener Information zu treffen sein[211] – lässt sich eine gewisse Nähe zur *Business Judgement Rule* zugegebenermaßen nicht abstreiten,[212] deren Rechtsfolge das Entfallen der Pflichtverletzung ist.[213] Außerdem erscheint das rechtspolitische Bedürfnis für eine Einordnung auf Ebene der Pflichtwidrigkeit zunächst nachvollziehbar. Denn § 93 Abs. 1 S. 2 AktG bewirkt nicht nur eine Enthaftung im Innenverhältnis, sondern verhindert auch eine Abberufung durch den

---

206 Statt vieler nur Spindler/Stilz/*Fleischer*, AktG, § 93 Rn. 30; *Holle*, AG 2016, 270, 279; KK/*Mertens/Cahn*, AktG, § 93 Rn. 75; *U. Schneider*, DB 2011, 99, 100; MüKo/*Spindler*, AktG, § 93 Rn. 83 (jeweils m.w.N.); ähnlich *Dreher*, in: FS Konzen, 2006, 85, 93, der aber ein Handlungsermessen ablehnt; a.A. *Bachmann*, in: FS Stilz, 2014, 25, 26, der auf die Vertretbarkeit der Rechtsauffassung abstellt; sowie *Müller*, DB 2014, 1301, 1306, der für die Wahl der rechtssichersten Alternative eintritt.

207 Entwurf eines Gesetzes zur Unternehmensintegrität und Modernisierung des Anfechtungsrechts, BT-Drs. 15/5092, S. 11.

208 Statt vieler nur *Bachmann*, WM 2015, 105, 107; *Bayer/Scholz*, ZIP 2015, 1853, 1860; *Habersack*, in: Karlsruher Forum 2009, 2010, 5, 17 f.; *Holle*, AG 2011, 778, 785; GK/*Hopt/Roth*, AktG, § 93 Rn. 118; Hüffer/Koch/*Koch*, AktG, § 93 Rn. 11; MüKo/*Spindler*, AktG, § 93 Rn. 75.

209 So insb. *Bayer*, in: FS Schmidt, 2009, 85, 92; Wachter/*Eckert*, AktG, § 93 Rn. 15; Spindler/Stilz/*Fleischer*, AktG, § 93 Rn. 29 ff.; *Habersack*, in: FS Schneider, 2011, 429, 437; MüKo/*Spindler*, AktG, § 93 Rn. 83; abweichend GK/*Hopt/Roth*, AktG, § 93 Rn. 141, die hier § 93 Abs. 1 S. 2 AktG anwenden.

210 So auch *Buck-Heeb*, BB 2013, 2247, 2254; *Goette*, in: FS Hoffmann-Becking, 2013, 377, 380; *Harnos*, Geschäftsleiterhaftung bei unklarer Rechtslage, S. 150 ff.; *Hauger/Palzer*, ZGR 2015, 33, 51; *Holle*, AG 2016, 270 ff.; Hüffer/Koch/*Koch*, AktG, § 93 Rn. 19, 44; *Scholl*, Vorstandshaftung und Vorstandsermessen, S. 198; *Strohn*, ZHR (176) 2012, 137, 138; *Strohn*, CCZ 2013, 177, 184.

211 Deutlich insofern *Bicker*, AG 2014, 8, 10; *Spindler*, in: FS Canaris, 2007, Bd. 2, 403, 420 f.; *Spindler*, AG 2013, 889, 893 f.; *Thole*, ZHR (173) 2009, 504, 523 f.

212 Hierauf verweist insb. MüKo/*Spindler*, AktG, § 93 Rn. 83 (m.w.N.).

213 Insofern zutreffend *Fleischer*, in: FS Hüffer, 2010, 187, 201; *Fleischer*, ZIP 2009, 1397, 1405, der aber für eine Berücksichtigung auf Ebene der Pflichtverletzung eintritt.

Aufsichtsrat nach § 84 Abs. 3 S. 2 AktG,[214] ohne dass es auf ein Verschulden des Vorstands ankommt.[215] Unter Bezugnahme auf diese Regelung wird vorgebracht, dass nur durch ein Entfallen der Pflichtwidrigkeit bei Entscheidungen unter rechtlicher Unsicherheit sichergestellt sei, dass der Geschäftsleiter auch weiteren Sanktionen entgehe.[216] Dieses Argument erweist sich bei näherer Betrachtung aber als wenig überzeugend. So genügt nach § 84 Abs. 3 S. 2 AktG für eine Abberufung nicht jede „einfache" Pflichtverletzung. Vielmehr liegt ein wichtiger Grund im Sinne des § 84 Abs. 3 S. 1 AktG nur bei groben Pflichtverstößen vor. Darunter fallen etwa die Beteiligung an strafbaren Handlungen, Bilanzmanipulationen sowie die Bestechlichkeit des Vorstandsmitglieds.[217] Lässt sich der Geschäftsleiter bei unklarer Rechtslage zunächst unter Einhaltung der oben aufgeführten Voraussetzungen beraten und schließt sich bei verbleibender Rechtsunsicherheit der für die Gesellschaft günstigen Rechtsaufassung an, ist hierin keine mit den genannten Beispielen vergleichbare Verfehlung zu erkennen, die es der Gesellschaft unzumutbar macht, an ihrem Vorstand festzuhalten.[218] Eine Abberufung droht dem Geschäftsleiter somit auch dann nicht, wenn das Ermessen erst auf Verschuldensebene berücksichtigt wird.

Zudem handelt ein Schuldner nach ständiger Rechtsprechung des BGH bei einem Rechtsirrtum zwar rechtswidrig, aber nicht schuldhaft.[219] Folglich wirkt es wenig überzeugend, wenn der Vorstand, der unter Einhaltung der oben dargestellten Kriterien Rechtsrat einholt, bei eindeutiger Handlungsempfehlung den im Nachhinein festgestellten Rechtsverstoß nicht zu vertreten hat, bei verbleibender Rechtsunsicherheit aber die Pflichtverletzung entfallen soll.[220] Für eine Berücksichtigung auf Verschuldensebene spricht letztlich auch die Gesetzesbegründung zu § 93 Abs. 1 S. 2 AktG. Danach soll bei illegalem Verhalten nicht die Pflichtverletzung, sondern lediglich der Verschuldensvorwurf entfallen können.[221] Hierbei wird nicht danach differenziert, ob der Vorstand bewusst gegen eine Rechtsnorm verstoßen hat oder

214 Statt vieler nur *Bürkle*, VersR 2013, 792, 794; *Fleischer*, ZIP 2004, 685, 688; *Habersack*, in: Karlsruher Forum 2009, 2010, 5, 23; *Kocher*, CCZ 2009, 215.

215 Statt vieler nur Spindler/Stilz/*Fleischer*, AktG, § 84 Rn. 100 (m.w.N.).

216 So das Hauptargument von *Habersack*, in: FS Schneider, 2011, 429, 437; de lege ferenda auch *Bürkle*, VersR 2013, 792, 796.

217 Spindler/Stilz/*Fleischer*, AktG, § 84 Rn. 104; MüKo/*Spindler*, AktG, § 84 Rn. 131 (jeweils m.w.N.).

218 Ähnlich *Harnos*, Geschäftsleiterhaftung bei unklarer Rechtslage, S. 151 f.; *Holle*, AG 2016, 270, 277.

219 BGH, Urt. v. 28.04.2015 – II ZR 63/14, NZG 2015, 792, 794; BGH, Urt. v. 20.09.2011 – II ZR 234/09, NJW-RR 2011, 1670, 1671 (m.w.N.); hierauf verweisen auch *Buck-Heeb*, BB 2013, 2247, 2254; *Hauger/Palzer*, ZGR 2015, 33, 48; *Strohn*, CCZ 2013, 177, 184.

220 So auch *Sander/S. Schneider*, ZGR 2013, 725, 757, die aus diesem Grund aber für eine Verortung des Rechtsirrtums auf Ebene der Pflichtwidrigkeit eintreten.

221 Entwurf eines Gesetzes zur Unternehmensintegrität und Modernisierung des Anfechtungsrechts, BT-Drs. 15/5092, S. 11; hierauf verweisen auch *Hauger/Palzer*, ZGR 2015, 33, 47 f.; *Holle*, AG 2016, 270, 273.

sich die Gesetzesverletzung erst im Nachhinein herausgestellt hat. Im Ergebnis sprechen damit die besseren Gründe dafür, das Handlungsermessen des Vorstands bei auch nach Rechtsberatung verbleibender Unsicherheit auf Verschuldensebene einzuordnen.

bb) Zwischenergebnis

Durch die Begrenzung auf unternehmerische Entscheidungen bietet die *Business Judgement Rule* dem Vorstand bei Treue- und Legalitätspflichtverletzungen keinen Schutz vor Regressansprüchen. Damit sind auch (leicht) fahrlässige Rechtsverstöße von § 93 Abs. 1 S. 2 AktG ausgenommen, weshalb die zunehmende Verrechtlichung des Wirtschaftslebens weiterhin ein erhebliches Haftungsrisiko darstellt. Überdies kann der Vorstand bei unklarer Rechtslage keine Haftungsfreistellung über § 93 Abs. 1 S. 2 AktG erreichen. In dieser Situation besteht aber die Möglichkeit einer Enthaftung über die vom BGH aufgestellten Grundsätze des Rechtsirrtums. Verbleibt trotz Beratung eine rechtliche Unsicherheit, steht dem Vorstand ein Handlungsermessen zu, das nach vorzugswürdiger Ansicht den Verschuldensvorwurf entfallen lässt. Dementsprechend bedarf es entgegen vereinzelter Forderungen im Schrifttum[222] auch keiner Kodifizierung einer *Legal Judgement Rule.*[223]

c) Begrenzter Schutz im Anwendungsbereich des § 93 Abs. 1 S. 2 AktG

Wie die vorstehenden Ausführungen gezeigt haben, folgt bereits aus dem begrenzten Anwendungsbereich der *Business Judgement Rule* eine erhebliche Reduzierung des über § 93 Abs. 1 S. 2 AktG zu erreichenden Schutzes. Doch auch bei Anwendbarkeit der Vorschrift könnte das Haftungsrisiko des Vorstands nicht ausreichend gemindert sein.

aa) Darlegungs- und Beweislast begrenzt den „sicheren Hafen"

Eine weitergehende Limitierung des vermeintlich „sicheren Hafens" des § 93 Abs. 1 S. 2 AktG könnte sich aus der Verteilung der Darlegungs- und Beweislast ergeben. Gemäß § 93 Abs. 2 S. 2 AktG trägt der Vorstand die Beweislast für die Anwendung der Sorgfalt eines ordentlichen und gewissenhaften Geschäftsleiters. Diese Regelung bezieht sich nach zutreffender Ansicht ebenfalls auf die *Business Judgement Rule,*[224] weshalb der Vorstand im Prozess darlegen und beweisen muss, dass er bei

---

222 So *Bürkle,* VersR 2013, 792, 793 ff.; sympathisierend *Seibt/Cziupka,* DB 2014, 1598, 1600; *Seibt/Wollenschläger,* ZIP 2014, 545, 553.

223 Wie hier *Bachmann,* in: Verhandlungen des 70. DJT, 2014, Bd. 1, E 45; *Buck-Heeb,* BB 2013, 2247, 2257; *Fleischer,* DB 2014, 1971, 1794 f.

224 BGH, Urt. v. 15.01.2013 – II ZR 90/11, NJW 2013, 1958, 1959 (m.w.N.); BGH, Urt. v. 04.11.2002 – II ZR 224/00, NJW 2003, 358, 359; Spindler/Stilz/*Fleischer,* AktG, § 93 Rn. 77; Hüffer/Koch/*Koch,* AktG, § 93 Rn. 54; KK/*Mertens/Cahn,* AktG, § 93 Rn. 141; MüKo/*Spindler,* AktG, § 93 Rn. 181; kritisch *Druey,* in: FS Goette, 2011, 57,

einer unternehmerischen Entscheidung vernünftigerweise annehmen durfte, auf der Grundlage angemessener Information zum Wohle der Gesellschaft zu handeln. Dies entspricht im Hinblick auf die Gesetzesbegründung nicht nur dem eindeutigen Willen des Gesetzgebers,[225] sondern folgt auch aus der dogmatischen Einordnung der Vorschrift als Konkretisierung der Sorgfaltspflicht.[226] Um den Beweisschwierigkeiten der Geschäftsleiter Rechnung zu tragen, trifft die Gesellschaft hinsichtlich der Pflichtverletzung zwar eine sekundäre Darlegungslast.[227] Der Behauptung des Vorstands, pflichtgemäß gehandelt zu haben, muss das Unternehmen daher mit einem substantiierten Sachvortrag entgegentreten. Ist es diesen Anforderungen nachgekommen, fällt die Darlegungs- und Beweislast aber wieder dem in Anspruch genommenen Organ zu. Wie im Folgenden näher dargestellt wird, rückt diese Beweislastverteilung den Regress in die Nähe einer Erfolgshaftung[228] und beschränkt den in der Praxis über § 93 Abs. 1 S. 2 AktG zu erreichenden Schutz erheblich.[229]

(1) Herausgabepflicht der zur Verteidigung benötigten Unterlagen

Die Darlegungs- und Beweislast für die Voraussetzungen der *Business Judgement Rule* trifft nicht nur die bei der Gesellschaft tätigen Geschäftsleiter, sondern ebenso die ausgeschiedenen Vorstandsmitglieder.[230] Um im Streitfall den Nachweis führen zu können, im Rahmen des § 93 Abs. 1 S. 2 AktG gehandelt zu haben, wird den Vorstandsmitgliedern deswegen empfohlen, diejenigen Unterlagen, auf denen ihr Entschluss beruht sowie die jeweiligen Entscheidungsprozesse selbst sorgfältig zu dokumentieren.[231] Ist der Geschäftsleiter im Zeitpunkt der Inanspruchnahme nicht mehr für die Gesellschaft tätig, erweist sich diese zu Beweiszwecken angefertigte

---

67 f.; GK/*Hopt/Roth*, AktG, § 93 Rn. 439; *Kindler*, in: FS Goette, 2011, 231, 234 f.; *Paefgen*, AG 2014, 554, 566; *Paefgen*, NZG 2009, 891, 893; *Paefgen*, AG 2004, 245, 258 f.; gegen den BGH auch OLG Nürnberg, Urt. v. 28.10.2014 – 12 U 567/13, NZG 2015, 555.

225 Vgl. hierzu Entwurf eines Gesetzes zur Unternehmensintegrität und Modernisierung des Anfechtungsrechts, BT-Drs. 15/5092, S. 12.

226 Hierzu bereits unter B. I. 2. a).

227 Statt vieler nur BGH, Urt. v. 04.11.2002 – II ZR 224/00, NJW 2003, 358; MüKo/*Spindler*, AktG, § 93 Rn. 185 (jeweils m.w.N.).

228 Deutlich *Haarmann/Weiß*, BB 2014, 2115, 2119; *Krieger*, in: Gesellschaftsrecht, RWS-Forum, 1996, Bd. 8, 149, 157 f.; *Paefgen*, NZG 2009, 891, 892 f.; *Paefgen*, AG 2004, 245, 257.

229 So auch *Bachmann*, in: Verhandlungen des 70. DJT, 2014, Bd. 1, E 33; *Habersack*, ZHR (177) 2013, 782, 799; *Meckbach*, NZG 2015, 580, 581.

230 BGH, Urt. v. 04.11.2002 – II ZR 224/00, NJW 2003, 358, 359; Spindler/Stilz/*Fleischer*, AktG, § 93 Rn. 224; Hüffer/Koch/*Koch*, AktG, § 93 Rn. 56; KK/*Mertens/Cahn*, AktG, § 93 Rn. 147.

231 *Habersack*, ZHR (177) 2013, 782, 798; Hölters/*Hölters*, AktG, § 93 Rn. 36, 272; *Hopt*, ZIP 2013, 1793, 1799.

Dokumentation allerdings als wenig hilfreich.[232] Denn bei Beendigung seiner Anstellung ist er gemäß §§ 675 Abs. 1, 666, 667 BGB zur Herausgabe sämtlicher Unterlagen an die Gesellschaft verpflichtet und hat damit keinen Zugriff mehr auf die ihn entlastenden Dokumente.[233] Dass der Vorstand nicht zur Einbehaltung von Unterlagen befugt ist, rechtfertigt der BGH mit dem Interesse der Gesellschaft, ihre Dokumente nicht bei ehemaligen Organmitgliedern verstreut zu wissen.[234] Ohne die Unterlagen, die die ehemaligen Geschäftsleiter im Falle eines Haftungsprozesses für ihre Rechtsverteidigung benötigen, können sie ihrer Darlegungs- und Beweislast aber nur unter großen Schwierigkeiten nachkommen.

(2) Keine teleologische Reduktion bei ausgeschiedenen Geschäftsleitern

Da die Beweisnähe, mit der die Verteilung der Darlegungs- und Beweislast nach § 93 Abs. 2 S. 2 AktG begründet wird,[235] bei ausgeschiedenen Organmitgliedern aufgrund der oben beschriebenen Herausgabepflicht nicht mehr besteht,[236] plädieren einzelne Vertreter der Literatur bei der Inanspruchnahme ehemaliger Geschäftsleiter für eine teleologische Reduktion der Beweislastregelung.[237] Sowohl für die Pflichtverletzung als auch für das Fehlen der Voraussetzungen der *Business Judgement Rule* soll demnach die Gesellschaft den Nachweis führen müssen.[238] Gegen eine teleologische Reduktion spricht jedoch, dass dem UMAG-Gesetzgeber die Inanspruchnahme ehemaliger Organmitglieder als praktischer Regelfall bei der Kodifizierung des § 93 Abs. 1 S. 2 AktG bewusst gewesen sein muss.[239] Die Passage der Gesetzesbegründung, wonach „die Darlegungs- und Beweislast für das

---

232 Deutlich *Meckbach*, NZG 2015, 580, 582.

233 BGH, Urt. v. 03.12.1962 – II ZR 63/60, WM 1963, 161; BGH, Urt. v. 07.07.2008 – II ZR 71/07, NZG 2008, 834; MüKo/*Spindler*, AktG, § 93 Rn. 188 (m.w.N.); gegen eine Herausgabepflicht, wenn das Ausscheiden im Zusammenhang mit der vorgeworfenen Pflichtverletzung steht aber *Ruchatz*, AG 2015, 1, 2; für ein Zurückbehaltungsrecht in Bezug auf angefertigte Kopien *Freund*, NZG 2015, 1419, 1420 f.

234 BGH, Urt. v. 07.07.2008 – II ZR 71/07, NZG 2008, 834.

235 Statt vieler nur BGH, Urt. v. 04.11.2002 – II ZR 224/00, NJW 2003, 358; *Goette*, ZGR 1995, 648, 672; GK/*Hopt/Roth*, AktG, § 93 Rn. 428; MüKo/*Spindler*, AktG, § 93 Rn. 180.

236 Prägnant *Bachmann*, in: Verhandlungen des 70. DJT, 2014, Bd. 1 E 35; *Grooterhorst*, AG 2011, 389 f.; *Kindler*, in: FS Goette, 2011, 231, 235.

237 Bürgers/Körber/*Bürgers*, AktG, § 93 Rn. 29; *Eßwein*, Privatautonome Gestaltung der Vorstandshaftung, S. 157 ff.; GK/*Hopt/Roth*, AktG, § 93 Rn. 448; sympathisierend *Foerster*, ZHR (176) 2012, 221, 225 f.; *Habersack*, ZHR (177) 2013, 782, 805; für Änderung de lege ferenda *Haarmann/Weiß*, BB 2014, 2115, 2120; *Hopt*, ZIP 2013, 1793, 1803; *Kremer*, in: Verhandlungen des 70. DJT, 2014, Bd. 2/1, N 39; *Rieger*, in: FS Peltzer, 2011, 339, 351.

238 Siehe hierzu die Nachweise in Fn. 237.

239 So auch Hüffer/Koch/*Koch*, AktG, § 93 Rn. 56.

Vorliegen der Tatbestandsmerkmale beim betroffenen Organ" liegen soll,[240] ist damit auf amtierende und ebenso auf ausgeschiedene Vorstandsmitglieder bezogen. Grundvoraussetzung der teleologischen Reduktion ist aber, dass der Wortsinn einer Vorschrift über ihren Normzweck hinausgeht.[241] Dies ist vorliegend nicht der Fall. § 93 Abs. 2 S. 2 AktG soll nach dem erklärten Willen der Legislative auch dann zur Anwendung gelangen, wenn der in Anspruch genommene Geschäftsleiter nicht mehr für die nun klagende Aktiengesellschaft tätig ist.

Gegen eine teleologische Reduktion des § 93 Abs. 2 S. 2 AktG wird zudem vorgebracht, dass die für den Vorstand nachteilige Beweislastverteilung durch die Einsichts- und Auskunftsrechte ausgeschiedener Vorstandsmitglieder gegen die Gesellschaft kompensiert werde.[242] Hierdurch soll der ehemalige Geschäftsleiter Zugriff auf die zu seiner Verteidigung erforderlichen Unterlagen erhalten, was zu einer Wiederherstellung der Beweis- und Sachnähe führen soll.[243] Wie sogleich näher auszuführen ist, beseitigen diese Rechte den Nachteil der Beweislastverteilung jedoch nicht, da der ausgeschiedene Vorstand dadurch nicht in die Lage eines noch bei der Gesellschaft angestellten Geschäftsleiters versetzt wird.[244] Letztlich würde eine teleologische Reduktion des § 93 Abs. 2 S. 2 AktG dem ausgeschiedenen Vorstandsmitglied auch praktisch kaum nutzen. Denn diese würde lediglich bewirken, dass er bei einer substantiierten Darlegung eines pflichtwidrigen und nicht der *Business Judgement Rule* entsprechenden Verhaltens durch die Gesellschaft seinerseits vortragen müsste, pflichtgemäß gehandelt zu haben.[245] Befinden sich die hierfür benötigten Unterlagen aufgrund der Herausgabepflicht nach §§ 675 Abs. 1, 666, 667 BGB bei der Gesellschaft, wird der in Anspruch genommene Geschäftsleiter deren Sachvortrag aber nicht erheblich bestreiten können.[246] In dieser Situation wäre der Vorstand damit wieder auf die Einsichts- und Auskunftsrechte gegenüber der Gesellschaft angewiesen. Infolgedessen kann auch eine teleologische Reduktion des § 93 Abs. 2 S. 2 AktG die Beweisschwierigkeiten des Vorstands nicht beseitigen.[247]

---

240 Entwurf eines Gesetzes zur Unternehmensintegrität und Modernisierung des Anfechtungsrechts, BT-Drs. 15/5092, S. 12.

241 BVerfG, Beschl. v. 30.03.1993 – 1 BvR 1045/89, NJW 1993, 2861, 2863; Staudinger/*Looschelders/Olzen,* BGB, § 242 Rn. 344; *Rüthers/Fischer u. a.*, Rechtstheorie mit juristischer Methodenlehre, S. 537 f.

242 BGH, Urt. v. 04.11.2002 – II ZR 224/00, NJW 2003, 358, 359; *Bachmann*, in: Verhandlungen des 70. DJT, 2014, Bd. 1, E 36; Spindler/Stilz/*Fleischer,* AktG, § 93 Rn. 224; Hüffer/Koch/*Koch,* AktG, § 93 Rn. 56; *Paefgen*, AG 2014, 554, 566; MüKo/*Spindler,* AktG, § 93 Rn. 188.

243 So MüKo/*Spindler*, a.a.O., Rn. 188.

244 Ähnlich *Foerster*, ZHR (176) 2012, 221, 243; *Hopt*, ZIP 2013, 1793, 1799; *Meckbach,* NZG 2015, 580, 583; zweifelnd auch *Grooterhorst*, AG 2011, 389, 394 ff.

245 *Grooterhorst*, a.a.O., 392.

246 Ähnlich *Grooterhorst*, a.a.O., 392.

247 Einräumend *Eßwein*, Privatautonome Gestaltung der Vorstandshaftung, S. 157 ff.

(3) Geringer Schutz durch Einsichts- und Auskunftsrechte des Vorstands

Wie oben bereits angedeutet, sind die Einsichts- und Auskunftsrechte ehemaliger Geschäftsleiter, die sich bei Urkunden aus § 810 BGB analog, bei anderen Dokumenten aus der nachwirkenden Treuepflicht i.V.m. § 242 BGB ergeben,[248] wenig geeignet, die für den Vorstand nachteilige Beweislastverteilung zu kompensieren.[249] Nach einem Urteil des BGH zu § 43 Abs. 2 GmbHG hat die Gesellschaft dem ausgeschiedenen Geschäftsführer zwar „soweit zu seiner Verteidigung erforderlich (...) Einsicht in die dafür maßgeblichen Unterlagen zu gewähren."[250] Über die Frage, welche Dokumente hiervon umfasst sind, wird es aufgrund dieser unklaren Formulierung allerdings häufig zum Streit kommen.[251] Weiteres Konfliktpotential resultiert daraus, dass sich das Einsichtsrecht nach zutreffender Ansicht an der Verteilung der Darlegungs- und Beweislast orientiert und sich daher nur auf diejenigen Unterlagen erstreckt, die die Pflichtwidrigkeit und das Verschulden des Vorstands betreffen.[252] Hierfür spricht bereits, dass das Einsichtsrecht dem Zweck dient, etwaigen Beweisschwierigkeiten ausgeschiedener Organmitglieder Rechnung zu tragen.[253] Nach allgemeiner Ansicht ist der Vorstand im Rahmen des § 93 Abs. 2 S. 1 AktG aber nur für das Fehlen der Pflichtwidrigkeit, das fehlende Verschulden sowie dafür beweisbelastet, dass der Schaden auch bei pflichtgemäßem Verhalten eingetreten wäre.[254]

Zudem besteht nach § 810 BGB gerade kein Recht zur Einsicht in die gesamten Unterlagen.[255] Vielmehr muss der darlegungs- und beweisbelastete Anspruchsteller „die konkrete Urkunde und deren angeblichen Inhalt genau bezeichnen."[256] Ist das Vorstandsmitglied zum Zeitpunkt der Inanspruchnahme schon längere Zeit nicht mehr für die Gesellschaft tätig, ist deren genaue Bezeichnung aber mit erheblichen Schwierigkeiten verbunden. Erfahrungsgemäß wird sich der Geschäftsleiter kaum

---

248 Statt vieler nur Spindler/Stilz/*Fleischer*, AktG, § 93 Rn. 224; MüKo/*Spindler*, AktG, § 93 Rn. 188 (jeweils m.w.N.).

249 Ebenso *Foerster*, ZHR (176) 2012, 221, 394 ff.; *Freund*, NZG 2015, 1419, 1420; *Hopt*, ZIP 2013, 1793, 1799; *Meckbach*, NZG 2015, 580, 583; zweifelnd auch *Grooterhorst*, AG 2011, 389, 394 ff.

250 BGH, Urt. v. 04.11.2002 – II ZR 224/00, NJW 2003, 358, 359.

251 Deutlich Hölters/*Hölters*, AktG, § 93 Rn. 270; *Hopt*, ZIP 2013, 1793, 1803; *Meckbach*, NZG 2015, 580, 583.

252 *Freund*, NZG 2015, 1419, 1420; MüKo/*Spindler*, AktG, § 93 Rn. 188; Schmidt/Lutter/*Krieger/Sailer-Coceani*, AktG, § 93 Rn. 44; a.A. *Deilmann/Otte*, BB 2011, 1291, 1293; *Rieger*, in: FS Peltzer, 2011, 339, 352; *Ruchatz*, AG 2015, 1, 2 f.

253 BGH, Urt. v. 04.11.2002 – II ZR 224/00, NJW 2003, 358, 359; MüKo/*Spindler*, AktG, § 93 Rn. 188.

254 Statt vieler nur BGH, Urt. v. 04.11.2002 – II ZR 224/00, NJW 2003, 358; Spindler/Stilz/*Fleischer*, AktG, § 93 Rn. 222; MüKo/*Spindler*, AktG, § 93 Rn. 185.

255 BGH, Urt. v. 27.05.2014 – XI ZR 264/13, NJW 2014, 3312.

256 BGH, a.a.O., 3312; *Meckbach*, NZG 2015, 580 583; a.A. *Deilmann/Otte*, BB 2011, 1291, 1293; *Grooterhorst*, AG 2011, 389, 396.

noch konkret genug an die entlastenden Schriftstücke erinnern können.[257] Und selbst wenn er die konkreten Unterlagen sowie ihren Inhalt im Einzelfall genau beschreiben kann, wird der Nachteil der Darlegungs- und Beweislastverteilung nicht in jedem Fall durch die Einsichts- und Auskunftsrechte aufgewogen. So soll zwar die Beweislastumkehr des § 93 Abs. 2 S. 2 AktG entfallen, wenn die Gesellschaft dem Vorstand bei genauer Bezeichnung der Dokumente keine Einsicht gewährt.[258] Wie bereits aufgezeigt ist der ausgeschiedene Geschäftsführer aber auch in dieser Situation auf die bei der Gesellschaft befindlichen Dokumente angewiesen. Gibt die Aktiengesellschaft die benötigten Unterlagen nicht heraus, ist dem Vorstand ein erhebliches Bestreiten nicht möglich.

Und selbst wenn die Gesellschaft dem Vorstand Unterlagen in einem Datenraum bereitstellt, hat das ausgeschiedene Vorstandsmitglied lediglich ein Recht zur Einsichtnahme, aber keinen Anspruch zur Anfertigung von Kopien durch den Anspruchsgegner.[259] Dies kann die Rechtsverteidigung im Einzelfall ebenfalls erheblich erschweren. Darüber hinaus besteht die Gefahr, dass die Gesellschaft die benötigten Unterlagen zum Zeitpunkt der Inanspruchnahme ihres (ehemaligen) Geschäftsleiters bereits ordnungsgemäß vernichtet hat.[260] Insofern stellen die im Vergleich zu den Verjährungsfristen kurzen Aufbewahrungsfristen ein weiteres Risiko dar.[261] Denn während der Regressanspruch gemäß § 93 Abs. 6 AktG nach fünf bzw. bei börsennotierten Unternehmen nach zehn Jahren verjährt, ist die Gesellschaft nicht verpflichtet, die zur Rechtsverteidigung des Vorstands gegebenenfalls benötigten Unterlagen über den gleichen Zeitraum aufzubewahren. So muss die Gesellschaft zwar nach § 257 Abs. 1 Nr. 1, Abs. 4 HGB u.a. Handelsbücher, Inventare, Eröffnungsbilanzen sowie Jahresabschlüsse für zehn Jahre aufbewahren. Der E-Mail-Verkehr mit anderen Vorstandsmitgliedern, Besprechungsprotokolle und weitere Unterlagen, auf denen die vom Vorstand getroffenen unternehmerischen Entscheidungen beruhen, sowie die jeweilige Dokumentation der Entscheidungsprozesse sind hiervon aber nicht umfasst.

bb) Gefahr von Rückschaufehlern nicht vermeidbar

Neben den praktischen Problemen, die sich aus der Verteilung der Darlegungs- und Beweislast ergeben, kann die *Business Judgement Rule* letztlich auch die Gefahr von Rückschaufehlern nicht vollständig beseitigen. Obwohl § 93 Abs. 1 S. 2 AktG gerade bezweckt, dass die Gerichte in Kenntnis nachträglich eingetretener Tatsachen im

257 Ebenso *Meckbach*, NZG 2015, 580, 583; *Reuter*, ZIP 2016, 597, 598.

258 GK/*Hopt/Roth*, AktG, § 93 Rn. 448; KK/*Mertens/Cahn*, AktG, § 93 Rn. 147.

259 So auch *Grooterhorst*, AG 2011, 389, 397; zu § 51a GmbHG MüKo/*Hillmann*, GmbHG, § 51a Rn. 59; Michalski/*Römermann*, GmbHG, § 51a Rn. 171.; a.A. *Deilmann/Otte*, BB 2011, 1291, 1294.

260 Deutlich *Meckbach*, NZG 2015, 580, 583.

261 So auch *Meckbach*, a.a.O., 583; auf die zeitliche Differenz zwischen Ausscheiden und Regress verweisen auch *Haarmann/Weiß*, BB 2014, 2115, 2119.

Prozess keine überzogenen Anforderungen an die *ex ante* zu treffende Entscheidung stellen,[262] lässt sich in der Praxis nicht immer verhindern, dass im Gerichtsverfahren doch neue Erkenntnisse berücksichtigt und – wie von *Bachmann* treffend formuliert – „die *ex-post*-Brille" aufgesetzt wird.[263] Diese Kritik soll nicht bedeuten, dass den Gerichten bei der Anwendung des § 93 Abs. 1 S. 2 AktG stets Rückschaufehler unterlaufen. So hat der BGH hinsichtlich der unternehmerischen Entscheidung über den Erwerb der UMTS-Lizenzen durch die Deutsche Telekom AG allein auf die *ex-ante*-Perspektive abgestellt.[264] Und auch bei der Beurteilung der persönlichen Haftung der Vorstandsmitglieder der apoBank eG ließ das Gericht unberücksichtigt, dass die eingegangenen Risiken nach heutigen Kenntnisstand unzureichend hinterfragt wurden und stellte allein auf die Erkenntnisse im Zeitpunkt der Entscheidung ab.[265] Dennoch hat sich die in der Psychologie gewonnene Erkenntnis durchgesetzt, dass Menschen, die den Geschehensablauf und den Ausgang von Handlungen kennen, es *ex post* als sehr viel wahrscheinlicher ansehen, dass diese Ergebnisse auch *ex ante* vorhersehbar waren.[266] Vor diesem *hindsight bias* sind auch Richter nicht immer gefeit. Zur Verdeutlichung sei nur auf den IKB-Beschluss des OLG Düsseldorf verwiesen, bei dem das Gericht bei der Beurteilung einer unternehmerischen Entscheidung auf die erst im Nachhinein bekannt gewordene geringe Aussagekraft externer Ratings abstellte.[267] Und auch das LG München I hat im Siemens/Neubürger-Urteil den Ermessensspielraum hinsichtlich des „Ob" von Compliance-Maßnahmen verkannt[268] und die aus seiner Sicht nicht ausreichende Compliance-Organisation allein aus einer *ex-post*-Perspektive bewertet.[269] In der Gefahr von Rückschaufehlern wird daher zu Recht eines der größten Risiken einer

262 Insb. Spindler/Stilz/*Fleischer*, AktG, § 93 Rn. 60; *Kindler*, in: FS Goette, 2011, 231, 232; Hüffer/Koch/*Koch*, AktG, § 93 Rn. 9; *Kocher*, CCZ 2009, 215, 216.

263 *Bachmann*, ZHR (177) 2013, 1, 4.

264 BGH, Urt. v. 03.03.2008 – II ZR 124/06, NJW 2008, 1583, 1584; hierauf verweisen auch *Fleischer*, NZG 2008, 371, 372; *Kindler*, in: FS Goette, 2011, 231, 232.

265 Vgl. LG Düsseldorf, Urt. v. 25.04.2014 – 39 O 36/11, WM 2014, 1293, 1294 f.; hierzu *Bachmann*, BB 2014, 2388.

266 So insb. auch *Brömmelmeyer*, WM 2005, 2065, 2068; *Fleischer*, NZG 2008, 371, 372; *Fleischer*, in: FS Wiedemann, 2002, 827, 832; *H. Schäfer/Ott*, Lehrbuch der ökonomischen Analyse des Zivilrechts, S. 106; *S. Schneider*, DB 2005, 707, 708 (jeweils m.w.N. aus der psychologischen Verhaltensforschung).

267 Vgl. OLG Düsseldorf, Beschl. v. 09.12.2009 – 6 W 45/09, ZIP 2010, 28, 32; zum Rückschaufehler des Gerichts *Bachmann*, ZHR (177) 2013, 1, 4 f.; *Hopt*, ZIP 2013, 1793, 1801; *Merkt*, in: FS Hommelhoff, 2012, 711, 726; *Reuter*, ZIP 2016, 597, 603; *Rieder/Holzmann*, AG 2011, 265, 267.

268 Zum Ermessen hinsichtlich des „Ob" von Complaince-Maßnahen statt vieler nur Spindler/Stilz/*Fleischer*, AktG, § 93 Rn. 69; KK/*Mertens/Cahn*, AktG, § 91 Rn. 36; MüKo/*Spindler*, AktG, § 91 Rn. 70.

269 Vgl. LG München I, Urt. v. 10.12.2013 – 5 HKO 1387/10, ZIP 2014, 570, 573 f.; kritisch insofern auch *Bachmann*, ZIP 2014, 579, 580; *Paefgen*, WM 2016, 433.

Fehlanwendung des § 93 Abs. 1 S. 2 AktG gesehen,[270] wodurch die Reichweite des „sicheren Hafens" der *Business Judgement Rule* noch weiter begrenzt wird.

d) *Zusammenfassung*

Die oben stehenden Ausführungen haben gezeigt, dass das Haftungsrisiko der Vorstandsmitglieder durch die *Business Judgement Rule* nicht beseitigt werden kann. Dies folgt zum einen aus ihrem begrenzten Anwendungsbereich, der Treue- und Legalitätspflichtverletzungen nicht umfasst. Zum anderen unterfallen unter Rechtsunsicherheit getroffene Entscheidungen nicht dem vermeintlich „sicheren Hafen". In diesen Situationen kann es allenfalls am Verschulden fehlen. Weitere Begrenzungen des Schutzes ergeben sich aus der für den Vorstand nachteiligen Verteilung der Darlegungs-und Beweislast des § 93 Abs. 2 S. 2 AktG, die nicht durch die Einsichts- und Auskunftsrechte des Vorstands kompensiert wird. In diesem Zusammenhang sei noch darauf hingewiesen, dass dem Vorstand auch der Ausweg über eine von § 93 Abs. 2 S. 2 AktG abweichende Beweisregelung in Satzung oder Anstellungsvertrag nicht offen steht.[271] Schlussendlich lassen sich Rückschaufehler nicht vollständig durch § 93 Abs. 1 S. 2 AktG unterbinden.

3. Strenger Verschuldensmaßstab

Neben einer Pflichtverletzung setzt die Haftungsnorm des § 93 Abs. 2 S. 1 AktG ein Verschulden des Vorstands voraus. Entsprechend der Doppelfunktion von § 93 Abs. 1 S. 1 AktG[272] haftet das Vorstandsmitglied, wenn es nicht die Sorgfalt eines ordentlichen und gewissenhaften Geschäftsleiters beachtet hat. Bei objektiver Pflichtwidrigkeit ist demnach für gewöhnlich auch das Verschulden zu bejahen.[273] Dabei gilt nach § 93 Abs. 1 S. 1 AktG ein typisierter Verschuldensmaßstab.[274] Zu ihrer Exkulpation können sich die Vorstandsmitglieder dementsprechend nicht darauf berufen, dass es ihnen an den Fähigkeiten und Kenntnissen für die anvertraute Aufgabe fehlt.[275] Eine gewisse Entlastung tritt grundsätzlich dadurch ein, dass § 93

---

270 Insb. *Faßbender*, NZG 2015, 501, 503; *G. Wagner*, ZHR (178) 2014, 227, 258 f.

271 Deutlich MüKo/*Spindler*, AktG, § 93 Rn. 189; zum zwingenden Charakter des § 93 AktG auch Hölters/*Hölters*, AktG, § 93 Rn. 11; Hüffer/Koch/*Koch*, AktG, § 93 Rn. 2.

272 GK/*Hopt/Roth*, AktG, § 93 Rn. 43; Hüffer/Koch/*Koch*, AktG, § 93 Rn. 5; KK/*Mertens/Cahn*, AktG, § 93 Rn. 10; MüKo/*Spindler*, AktG, § 93 Rn. 21.

273 Spindler/Stilz/*Fleischer*, AktG, § 93 Rn. 205; Hölters/*Hölters*, AktG, § 93 Rn. 248; MüKo/*Spindler*, AktG, § 93 Rn. 176, 177.

274 RG, Urt. v. 28.02.1940 – II 115/39, RGZ 163, 200, 208; Spindler/Stilz/*Fleischer*, AktG, § 93 Rn. 205; MüKo/*Spindler*, AktG, § 93 Rn. 176.

275 RG, Urt. v. 28.02.1940 – II 115/39, RGZ 163, 200, 208; Hüffer/Koch/*Koch*, AktG, § 93 Rn. 43; MüKo/*Spindler*, AktG, § 93 Rn. 177.

Abs. 2 S. 1 AktG eine Haftung nur für eigenes Fehlverhalten anordnet.[276] Für das Verhalten anderer Vorstandsmitglieder oder nachgeordneter Mitarbeiter hat der Geschäftsleiter indes nicht nach §§ 278 S. 1, 831 Abs. 1 S. 1 BGB einzustehen.[277] Ein eigenes Verschulden liegt aber auch dann vor, wenn er seiner ressortübergreifenden Überwachungspflicht nicht sorgfaltsgemäß nachkommt[278] oder bei vertikaler Delegation die ordnungsgemäße Auswahl-, Einweisung- und Überwachungssorgfalt missachtet.[279] Zudem gilt hinsichtlich des Verschuldensgrads ein strenger Maßstab. Der Vorstand haftet für jedes Verschulden, d.h. bei Vorsatz und jeder Art der Fahrlässigkeit,[280] worin ein weiteres Haftungsrisiko der Geschäftsleiter liegt, die sich zu ihrer Entlastung nicht darauf berufen können, lediglich leicht fahrlässig gehandelt zu haben.[281] Darüber hinaus ist die Haftungsmilderung des § 31a Abs. 1 S. 1 BGB, wonach Organmitglieder oder besondere Vertreter des Vereins, die unentgeltlich tätig sind oder für ihre Tätigkeit eine Vergütung erhalten, die 720 Euro jährlich nicht übersteigt, nur für Vorsatz und grobe Fahrlässigkeit haften, als Spezialvorschrift nicht (analog) auf die Geschäftsleiter einer Aktiengesellschaft anzuwenden.[282]

4. Haftung für potentiell unbegrenzte Schadenssummen

Als Rechtsfolge ordnet § 93 Abs. 2 S. 1 AktG an, dass die Vorstandsmitglieder der Gesellschaft den aus der Pflichtverletzung resultierenden Schaden als Gesamtschuldner zu ersetzen haben. Wie die folgenden Beispiele zeigen, erreichen die Vermögenseinbußen der Unternehmen oftmals exorbitant hohe Summen, weshalb darin zu Recht das größte Haftungsrisiko der Geschäftsleiter gesehen wird.[283] So verlangte ein Tochterunternehmen der ThyssenKrupp AG als Folge des Schienenkartells von ihrem ehemaligen Geschäftsführer Schadensersatz in Höhe von rund 290 Mio. Euro.[284] Die der MAN SE durch den Korruptionsskandal entstandenen

---

276 Prägnant Spindler/Stilz/*Fleischer*, AktG, § 93 Rn. 207; MüKo/*Spindler*, AktG, § 93 Rn. 179.

277 BGH, Urt. v. 13.04.1994 – II ZR 16/93, NJW, 1801, 1805; BGH, Urt. v. 20.09.2011 – II ZR 234/09, NJW-RR 2011, 1670, 1672; Hüffer/Koch/*Koch*, AktG, § 93 Rn. 46; Schmidt/Lutter/*Krieger/Sailer-Coceani*, AktG, § 93 Rn. 35; MüKo/*Spindler*, AktG, § 93 Rn. 179.

278 Deutlich Spindler/Stilz/*Fleischer*, AktG, § 93 Rn. 207.

279 Spindler/Stilz/*Fleischer*, a.a.O., Rn. 207; Hölters/*Hölters*, AktG, § 93 Rn. 251; Hüffer/Koch/*Koch*, AktG, § 93 Rn. 46.

280 Statt vieler nur LG München I, Urt. v. 10.12.2013 – 5 HKO 1387/10, ZIP 2014, 570, 575; Spindler/Stilz/*Fleischer*, AktG, § 93 Rn. 206; Fleischer/*Fleischer*, Vorstandsrecht, § 11 Rn. 56; MüKo/*Spindler*, AktG, § 93 Rn. 176 (jeweils m.w.N.).

281 Deutlich *Habersack*, ZHR (177) 2013, 782, 794.

282 Statt vieler nur *Bachmann*, in: Verhandlungen des 70. DJT, 2014, Bd. 1, E 30 f.; *Bachmann*, NZG 2013, 1121, 1127; *Paefgen*, AG 2014, 554, 570 f. (jeweils m.w.N.).

283 So insb. *Bachmann*, ZIP 2014, 579, 582; *J. Koch*, AG 2012, 429 f.; *Paefgen*, AG 2014, 554, 555; *Reichert*, ZHR (177) 2013, 756.

284 LAG Düsseldorf, Teilurt. und Beschl. v. 20.01.2015 – 16 SA 459/14, BB 2015, 907.

Vermögenseinbußen werden mit insgesamt 250 Mio. Euro beziffert.[285] Die im Zusammenhang mit den Korruptionspraktiken innerhalb der Siemens AG entstandenen Schäden belaufen sich nach Angaben des Unternehmens gar auf 2,5 Mrd. Euro.[286] Obwohl das Fixgehalt eines regulären DAX-30-Vorstandsmitglieds im Jahr 2014 bei durchschnittlich 889.000 Euro pro annum lag und sich der Jahresdurchschnittsverdienst eines Vorstandsvorsitzenden im selben Zeitraum auf gut 1,5 Mio. Euro belief,[287] können die potentiell zu ersetzenden Schadenssummen auch zu diesen Gehältern außer Verhältnis stehen.[288] Das Risiko, durch einen Regress die wirtschaftliche Existenz der Vorstandsmitglieder zu vernichten, verwirklicht sich gleichwohl nur, wenn die Vermögenseinbußen der Gesellschaft in vollem Umfang von den pflichtvergessenen Geschäftsleitern zu ersetzen sind. Nach einem Überblick über die Grundzüge der Schadensermittlung werden daher die gegenüber der Gesellschaft verhängten Geldbußen, die für interne Sachverhaltsermittlungen und (außer-)gerichtliche Rechtsverfolgung aufgewendete Kosten sowie die von Dritten gegenüber dem Unternehmen geltend gemachte Ersatzansprüche – die sich allesamt aufgrund ihrer Höhe als besonders risikoträchtige Schadenspositionen erweisen – hinsichtlich ihrer Ersatzfähigkeit untersucht. Daran anschließend wird die Frage erörtert, ob über die Grundsätze des Vorteilsausgleichs eine so weitgehende Reduzierung der Haftungssumme erreicht werden kann, dass mit einer Existenzvernichtung als Folge der Anspruchsdurchsetzung nicht zu rechnen ist.

a) Grundzüge der Schadensermittlung

Die Ermittlung des ersatzfähigen Schadens richtet sich bei der Vorstandsinnenhaftung nach den §§ 249 ff. BGB.[289] Gemäß § 249 Abs. 1 BGB ist der Zustand herzustellen, der bestehen würde, wenn der zum Ersatz verpflichtende Umstand nicht eingetreten wäre. Nach der Differenzhypothese ist dafür das vorhandene Vermögen mit derjenigen Vermögenslage zu vergleichen, die ohne das schädigende Ereignis bestünde.[290]

---

285 *MAN SE*, Einladung zur Hauptversammlung 2014, abrufbar unter: <http://www.corporate.man.eu/man/media/de/content_medien/doc/global_corporate_website_1/investor_relations_1/hv/2014_8/man_hv_2014_einberufung_einschl__tagesordnung.pdf>.

286 *Siemens AG*, Einladung zur Hauptversammlung der Siemens AG am 26. Januar 2010, abrufbar unter: <http://www.siemens.com/investor/pool/de/investor_relations/events/hauptversammlung/2010/einladung_hv2010_d.pdf>.

287 Vgl. die Statistiken bei *Kuhner/Drefahl u. a.*, Managergehälter 2015, S. 8 ff.

288 Deutlich *J. Koch*, in: Liber amicorum Winter, 2011, 327, 334; *J. Koch*, AG 2014, 513, 517; *Lotze*, NZKart 2014, 162, 167.

289 Deutlich OLG Düsseldorf, Urt. v. 28.11.1996 – 6 U 11/95, AG 1997, 231, 237; Spindler/Stilz/*Fleischer*, AktG, § 93 Rn. 211; Hölters/*Hölters*, AktG, § 93 Rn. 252; GK/*Hopt/Roth*, AktG, § 93 Rn. 406 (jeweils m.w.N.).

290 BGH, Beschl. v. 09.07.1986 – GSZ 1/86, NJW 1987, 50, 51; BGH, Urt. v. 26.09.1997 – V ZR 29/96, NJW 1998, 302, 304; Erman/*Ebert*, BGB, Vor. §§ 249–253 Rn. 14, 24; MüKo/*Oetker*, BGB, § 249 Rn. 19; Staudinger/*Schiemann*, BGB, § 249 Rn. 5.

Den §§ 249 ff. BGB liegt dabei der Grundsatz der Totalreparation zugrunde,[291] der auch beim Innenregress nach § 93 Abs. 2 S. 1 AktG anwendbar ist.[292] Gemäß diesem „Alles-oder-Nichts-Prinzip" hat der Schädiger dem Geschädigten grundsätzlich alle Vermögenseinbußen zu ersetzen, mögen diese im Einzelfall auch außergewöhnlich hoch sein.[293] Für die Ersatzpflicht ist dabei unerheblich, ob die Minderung des Gesellschaftsvermögens dem Unternehmenszweck widerspricht.[294] Allerdings muss der Vorstand nur für diejenigen Schäden einstehen, die kausal auf der Pflichtverletzung beruhen.[295] Demzufolge kann er sich haftungsausschließend darauf berufen, dass die Vermögenseinbuße auch bei rechtmäßigem Alternativverhalten eingetreten wäre.[296] Während die Gesellschaft den Eintritt des Schadens, dessen Höhe und den Kausalzusammenhang zwischen Pflichtverletzung und Vermögensminderung zu beweisen hat, trägt der Vorstand die Darlegungs- und Beweislast dafür, dass das Unternehmen auch ohne seinen Pflichtverstoß eine Einbuße erlitten hätte.[297]

b) Verbandsbußgelder in Millionenhöhe

Das größte Haftungsrisiko (ehemaliger) Vorstandsmitglieder liegt nach im Schrifttum vorherrschender Ansicht in den Geldbußen, die insbesondere wegen Kartellvergehen gegen die Gesellschaft verhängt werden.[298] Bei Verstößen gegen § 1 GWB bzw. Art. 101 AEUV können die ordnungsrechtlichen Sanktionen leicht mehrere Millionen Euro betragen. Wie bereits angesprochen verhängte das Bundeskartellamt allein gegen ein Unternehmen des ThyssenKrupp Konzerns Geldbußen in Höhe von 191 Mio.

291 Statt vieler nur Schulze/*Schulze,* BGB, Vor. §§ 249–253 Rn. 10; Staudinger/*Schiemann,* BGB, § 249 Rn. 1, 2; Jauernig/*Teichmann,* BGB, Vor. §§ 249–253 Rn. 2.

292 Insb. *Brommer,* AG 2013, 121, 122; *Fleischer,* ZIP 2014, 1305, 1306; *G. Wagner,* ZHR (178) 2014, 227, 253.

293 Deutlich Jauernig/*Teichmann,* BGB, Vor. §§ 249–253 Rn. 2; Ausnahmen ergeben sich insb. bei gesetzlichen Haftungshöchstgrenzen sowie nach den Grds. des innerbetrieblichen Schadensausgleich.

294 Für die wohl h.M. Spindler/Stilz/*Fleischer,* AktG, § 93 Rn. 212; Hüffer/Koch/*Koch,* AktG, § 93 Rn. 47; MüKo/*Spindler,* AktG, § 93 Rn. 173; a.A. *Mertens,* Der Begriff des Vermögensschadens im Bürgerlichen Recht, S. 128 ff., 165 ff.; KK/*Mertens,* AktG, 2. Aufl. 1996, § 93 Rn. 23.

295 Statt vieler nur Spindler/Stilz/*Fleischer,* AktG, § 93 Rn. 215; MüKo/*Spindler,* AktG, § 93 Rn. 174 (jeweils m.w.N.).

296 Hüffer/Koch/*Koch,* AktG, § 93 Rn. 50; KK/*Mertens/Cahn,* AktG, § 93 Rn. 55; MüKo/*Spindler,* AktG, § 93 Rn. 174.

297 Statt vieler nur BGH, Urt. v. 04.11.2002 – II ZR 224/00, NJW 2003, 358; BGH, Urt. v. 15.01.2013 – II ZR 90/11, NJW 2013, 1958, 1959; MüKo/*Spindler,* AktG, § 93 Rn. 185.

298 Hierauf bezogen sich auch die ersten Ausarbeitungen des Schrifttums zur Regressbeschränkung, insb. *Bayer,* in: FS Schmidt, 2009, 85, 95 ff.; *Dreher,* in: FS Konzen, 2006, 85, 103 ff. sowie *Horn,* ZIP 1997, 1129, 1136.

Euro.[299] Insgesamt beliefen sich die vom Bundeskartellamt im Jahr 2014 erlassenen Bußgelder auf rund 1,2 Mrd. Euro.[300] Ein Jahr später wurden in elf Bußgeldverfahren insgesamt knapp 208 Mio. Euro verhängt.[301] Die von der Europäischen Kommission ausgesprochenen Sanktionen summierten sich im selben Jahr auf rund 365 Mio. Euro, ein Jahr zuvor wurden noch Geldbußen von fast 1,7 Mrd. Euro verhängt.[302] Ähnliche Beträge werden im Zusammenhang mit Korruptionsstraftaten erreicht. Bei der Siemens AG beliefen sich die wegen korrupter Mitarbeiter verhängten Bußgelder und Strafzahlungen auf 1,2 Mrd. Euro.[303] Die MAN Nutzfahrzeuge AG sowie die MAN Turbo AG mussten wegen Bestechungszahlungen ihrer Angestellten Geldbußen in Höhe von jeweils 75,3 Mio. Euro begleichen.[304] Die Konsequenz der von *Bayer* in diesem Zusammenhang beschworenen „wirtschaftlichen Todesstrafe"[305] ergibt sich allerdings nur, wenn die Verbandsgeldbußen im Wege des Innenregresses vollständig auf den Vorstand abgewälzt werden können. In Literatur und Rechtsprechung ist diese Frage jedoch seit geraumer Zeit höchst umstritten.[306] Nach einem kurzen Überblick über die Systematik der Bußgeldregelungen wird daher untersucht, ob Unternehmensbußgelder einen nach § 93 Abs. 1 S. 2 AktG ersatzfähigen Schaden darstellen.

aa) Grundzüge und Systematik der Bußgeldverhängung

Nach deutschem Recht können Geldbußen sowohl gegen den Vorstand als auch gegen die Gesellschaft verhängt werden. Begeht der Geschäftsleiter eine Ordnungswidrigkeit, so ist zunächst er selbst Adressat der Bußgeldentscheidung. Beziehen

---

299 *Bundeskartellamt*, Meldung v. 05.07.2012, abrufbar unter: <http://www.bundeskartellamt.de/SharedDocs/Meldung/DE/Pressemitteilungen/2012/05_07_2012_Schienenkartell.html?nn=3591568>; *Bundeskartellamt*, Meldung v. 23.07.2013, abrufbar unter: <http://www.bundeskartellamt. de/SharedDocs/Meldung/DE/Pressemitteilungen/2013/23_07_2013_Schienen.html>.

300 *Bundeskartellamt*, Das Bundeskartellamt, abrufbar unter: <http://www.bundeskartell-amt.de/SharedDocs/Publikation/DE/Jahresbericht/Jahresbericht_2014.pdf?__blob=publicationFile&v=5>.

301 *Bundeskartellamt*, Das Bundeskartellamt, abrufbar unter: <http://www.bundeskartell-amt.de/SharedDocs/Publikation/DE/Jahresbericht/Jahresbericht_2015.pdf?__blob=publicationFile&v=2>.

302 *Europäische Kommission*, Cartel Statistics, abrufbar unter: <http://ec.europa.eu/competition/cartels/statistics/statistics.pdf>.

303 *Siemens AG*, Einladung zur Hauptversammlung der Siemens AG am 26. Januar 2010, abrufbar unter: <http://www.siemens.com/investor/pool/de/investor_relations/events/hauptversammlung/2010/einladung_hv2010_d.pdf>.

304 *MAN SE*, Einladung zur Hauptversammlung 2014, abrufbar unter: <http://www.corporate.man.eu/man/media/de/content_medien/doc/global_corporate_website_1/investor_relations_1/hv/2014_8/man_hv_2014_einberufung_einschl__tagesordnung.pdf>.

305 *Bayer*, in: FS Schmidt, 2009, 85, 97.

306 Zum Streitstand ausführlich unter B. I. 4. b) bb).

sich die bußgeldbewährten Pflichten allerdings als Sonderdelikte auf das Unternehmen, wie etwa das Kartellverbot nach § 1 GWB, erweitert § 9 Abs. 1 Nr. 1 OWiG den Adressatenkreis auf die vertretungsberechtigten Organe.[307] Bei Kartellabsprachen des Vorstands kann daher gegen ihn nach §§ 9 Abs. 1 Nr. 1 OWiG, 81 Abs. 1, Abs. 2 GWB ein Bußgeld verhängt werden. Auch die Aufsichtspflichtverletzung nach § 130 Abs. 1 S. 1 OWiG ist ein Sonderdelikt, dessen Täterkreis durch § 9 Abs. 1 Nr. 1 OWiG vergrößert wird.[308] Ist daher nicht dem Vorstandsmitglied, sondern Mitarbeitern des Unternehmens ein kartellrechtswidriges oder korruptes Verhalten vorzuwerfen, ist er nach §§ 9 Abs. 1 Nr. 1, 130 Abs. 1 S. 1 OWiG ebenfalls bußgeldpflichtig, wenn der Rechtsverstoß durch gehörige Aufsicht des Geschäftsleiters hätte verhindert werden können oder wesentlich erschwert worden wäre. Die Höhe des verhängbaren Bußgeldes richtet sich nach § 17 OWiG, wobei gemäß § 17 Abs. 3 OWiG bei der konkreten Sanktionsbemessung die Bedeutung der Ordnungswidrigkeit, der den Täter treffende Vorwurf sowie dessen wirtschaftliche Verhältnisse zu berücksichtigen sind. Bei Kartellverstößen ist das gegen den Vorstand zu verhängende Bußgeld gemäß § 81 Abs. 4 S. 1 GWB auf 1 Mio. Euro begrenzt.

Nach § 30 Abs. 1 Nr. 1 OWiG kann zudem gegen das Unternehmen eine ordnungsrechtliche Sanktion verhängt werden, wenn der Vorstand als vertretungsberechtigtes Organ eine Straftat oder Ordnungswidrigkeit begangen hat, durch die Pflichten, welche das Unternehmen treffen, verletzt worden sind. Solche Anknüpfungstaten stellen insbesondere § 81 GWB sowie § 130 OWiG dar.[309] Die Höhe der Geldbuße richtet sich dabei gemäß § 30 Abs. 2 S. 1 OWiG zunächst danach, ob es sich bei der Anknüpfungstat um eine Straftat oder eine Ordnungswidrigkeit handelt. Bei Ordnungswidrigkeiten ist auf das in dem jeweiligen Bußgeldtatbestand angedrohte Höchstmaß der Geldbuße abzustellen, was bei Kartellverstößen 10 % des im vorausgegangen Geschäftsjahr erzielten Gesamtumsatzes des Unternehmens beträgt.[310] Die konkrete Bemessung der Bußgeldhöhe richtet sich wiederum nach § 17 OWiG, wobei bei Kartellverstößen nach § 81 Abs. 4 S. 6 GWB als Zumessungskriterien auch die Schwere der Zuwiderhandlung sowie dessen Dauer zu beachten sind.[311] Neben dem Ahndungsteil sollen nach §§ 30 Abs. 3, 17 Abs. 4 OWiG überdies die wirtschaftlichen Vorteile, die das Unternehmen aus dem Rechtsverstoß gezogen hat, abgeschöpft werden, wodurch das gesetzliche Höchstmaß der Geldbuße überschritten werden darf. Auch die Kartellbehörde kann gemäß §§ 81 Abs. 5 GWB, 17 Abs. 4 OWiG

---

307 L/M/R/*Meyer-Lindemann*, KartR, § 81 GWB Rn. 12; Immenga/Mestmäcker/*Dannecker/Biermann*, GWB, § 81 Rn. 80; Langen/Bunte/*Raum*, KartR, § 81 GWB Rn. 14 f.

308 L/M/R/*Meyer-Lindemann*, KartR, § 81 GWB Rn. 12; Langen/Bunte/*Raum*, KartR, § 81 GWB Rn. 21; KK/*Rogall*, OWiG, § 130 Rn. 33 f.

309 Langen/Bunte/*Raum*, KartR, § 81 GWB Rn. 39; KK/*Rogall*, OWiG, § 30 Rn. 92.

310 Vgl. § 81 Abs. 4 S. 2 GWB.

311 Prägnant L/M/R/*Meyer-Lindemann*, KartR, § 81 GWB Rn. 95; Langen/Bunte/*Raum*, KartR, § 81 GWB Rn. 174.

nach ihrem Ermessen die erlangten Vorteile abschöpfen.[312] Alternativ besteht die Möglichkeit eines gesonderten Abschöpfungsverfahrens nach § 34 GWB.[313]

Auf europäischer Ebene werden Kartellverstöße nach Art. 23 Abs. 2 VO 1/2003 geahndet, wobei die Bußgeldhöhe wie im deutschen Recht 10 % des durch das Unternehmen im vorausgegangenen Geschäftsjahr erwirtschafteten Gesamtbetrages nicht übersteigen darf. Nach Ziff. 31 der Leitlinien für das Verfahren zur Festsetzung von Geldbußen kann die Europäische Kommission die Sanktion allerdings erhöhen, um die auf dem Kartellverstoß beruhenden Vorteile abzuschöpfen. Anders als im deutschen Recht sind die Adressaten des europäischen Kartellrechts grundsätzlich nur die Unternehmen.[314] Die Verhängung eines Bußgeldes gegen die Vorstandsmitglieder ist daher nur möglich, wenn ihnen Unternehmenseigenschaft zukommt.[315] Da das Unternehmen selbst nicht handlungsfähig ist, knüpft die Sanktion allerdings auch im europäischen Recht an ein Kartellvergehen einer natürlichen Person an, das der Gesellschaft zugerechnet wird.[316]

bb) Regressfähigkeit von Unternehmensbußgeldern?

Wie eingangs dargelegt begründen die Unternehmensbußgelder nur dann ein existenzvernichtendes Haftungsrisiko, wenn sie im Wege der Innenhaftung vollständig auf den Vorstand abgewälzt werden können. Da die externe Legalitätspflicht die Vorstandsmitglieder insbesondere zur Einhaltung des Kartellverbots nach § 1 GWB und der Aufsichtspflicht nach § 130 Abs. 1 OWiG verpflichtet,[317] beruht ein gegen die Gesellschaft verhängtes Bußgeld angesichts der Systematik der Bußgeldregelungen kausal auf einer Pflichtverletzung des Geschäftsleiters. Durch ein Abwälzen dieser Sanktion über § 93 Abs. 2 S. 1 AktG wird damit genau der Zustand wiederhergestellt, der ohne den Verstoß bestünde, weshalb sich auf den ersten Blick unproblematisch eine Ersatzpflicht des Vorstands ergibt.[318] Dies gilt für die Geldbuße in ihrer Gesamtheit, da sowohl der Abschöpfungs- als auch der Ahndungsteil aus Sicht der Gesellschaft eine Vermögenseinbuße darstellen, die ohne die Pflichtverletzung des

---

312 Immenga/Mestmäcker/*Dannecker/Biermann,* GWB, § 81 Rn. 410; Langen/Bunte/*Raum,* KartR, § 81 GWB Rn. 184.

313 Die Alternativität folgt aus § 34 Abs. 2 Nr. 2 GWB, wonach eine Abschöpfung nur erfolgen kann, sofern der wirtschaftliche Vorteil nicht schon durch die Festsetzung einer Geldbuße abgeschöpft wurde.

314 Immenga/Mestmäcker/*Dannecker/Biermann,* EU, Art. 23 VO 1/2003 Rn. 5; L/M/R/*Nowak,* KartR, Art. 23 VO 1/2003 Rn. 17; Langen/Bunte/*Sura,* KartR, Art. 23 VO 1/2003 Rn. 10.

315 Immenga/Mestmäcker/*Dannecker/Biermann,* EU, Art. 23 VO 1/2003 Rn. 5; Langen/Bunte/*Sura,* KartR, Art. 23 VO 1/2003 Rn. 10.

316 Deutlich L/M/R/*Nowak,* KartR, Art. 23 VO 1/2003 Rn. 17.

317 Hierzu bereits unter B. I. 1. b) bb) (1).

318 So auch *Dreher,* in: FS Konzen, 2006, 85, 103 f.; *Hauger/Palzer,* ZGR 2015, 33, 54; ähnlich *Blaurock,* in: FS Bornkamm, 2014, 107, 109 f.; *J. Koch,* in: Liber amicorum Winter, 2011, 327, 332.

Vorstands nicht eingetreten wäre.[319] Gleichwohl ist umstritten, ob Verbandsgeldbußen ersatzfähig sind. Während einzelne Vertreter der Literatur einen Regress für ausgeschlossen halten,[320] favorisiert die wohl herrschende Lehre eine – wenn auch der Höhe nach reduzierte – Haftung der Vorstandsmitglieder.[321] Zur Begrenzung der Ersatzsumme wird dabei teilweise auf die Regelung in § 81 Abs. 4 S. 2 GWB bzw. § 17 Abs. 3 OWiG rekurriert;[322] andere leiten eine Regressreduzierung aus der organschaftlichen Fürsorge- und Treuepflicht ab.[323] Auch in der Judikatur ist die Frage der Ersatzfähigkeit von (Kartell-)Bußgeldern nicht abschließend geklärt. Zivilgerichtliche Entscheidungen hierzu liegen bislang nicht vor. Zwei Urteile der Arbeitsgerichtsbarkeit, in denen über die Regressfähigkeit von Kartellbußgeldern entschieden wurde, weisen keine einheitliche Linie auf. Während das LAG Düsseldorf die Ansicht vertritt, dass diese im Wege des Innenregress nicht zu ersetzen sind,[324] hielt die Vorinstanz die gegenüber einer GmbH verhängte Kartellsanktion in einem *obiter dictum* bis zur Grenze des § 81 Abs. 4 S. 1 GWB für ersatzfähig.[325] Das BAG hat diese Frage nicht entschieden, sondern den Rechtsstreit wegen kartellrechtlicher Vorfragen an das LAG Düsseldorf zurückgewiesen.[326]

(1) Methodischer Ausgangspunkt der Untersuchung

Da sich bei strikter Anwendung der Differenzhypothese eine Ersatzfähigkeit der Geldbußen ergibt, stellt sich zunächst die Frage, auf welcher Grundlage

---

319 Zutreffend *Bayer/Scholz*, GmbHR 2015, 449, 450; *Konrads*, Entschärfung des Haftungsrisikos des verantwortlichen Vorstands einer Aktiengesellschaft zum Zwecke der Inanspruchnahme einer kartellrechtlichen Kronzeugenregelung, S. 31, 38; *Scholz*, Die existenzvernichtende Haftung von Vorstandsmitgliedern in der Aktiengesellschaft, S. 40 f.; a.A. insb. LAG Düsseldorf, Teilurt. und Beschl. v. 20.01.2015 – 16 SA 459/14, BB 2015, 907, 909; *Fleischer*, DB 2014, 345, 348 (jeweils m.w.N.).

320 *Dreher*, in: FS Konzen, 2006, 85, 104 ff.; *Gaul*, AG 2015, 109, 110 f.; *Horn*, ZIP 1997, 1129, 1136; *R. Krause*, BB-Special 2007, 2, 13; *Kröger*, Korruptionsschäden, Unternehmensgeldbußen und Imageschäden, S. 215 ff.; *Lotze*, NZKart 2014, 162, 167; *Thomas*, NZG 2015, 1409, 1410 ff.; zweifelnd auch *Bachmann*, ZIP 2014, 579, 582; *Goette*, ZHR (176) 2012, 588, 603; *Goette*, in: FS Hoffmann-Becking, 2013, 377, 381; *Kindler*, in: FS Roth, 2011, 367, 372.

321 Detaillierte Aufstellungen der Befürworter insb. bei *Bayer/Scholz*, GmbHR 2015, 449, 450 (Fn. 9); *Fleischer*, DB 2014, 345, 347 (Fn. 31); *J. Koch*, AG 2014, 513, 514 (Fn. 9).

322 Insb. LAG Düsseldorf, Teilurt. und Beschl. v. 20.01.2015 – 16 SA 459/14, BB 2015, 907, 908; *R. Koch*, VersR 2015, 655, 660; *Lotze*, NZKart 2014, 162, 168; *Marsch-Barner*, ZHR (173) 2009, 723, 730; *Thole*, ZHR (173) 2009, 504, 533 f.

323 Statt vieler nur *Bayer*, in: FS Schmidt, 2009, 85, 97 f.; *J. Koch*, in: Liber amicorum Winter, 2011, 327, 338 ff.; *J. Koch*, AG 2012, 429, 435 ff., hierzu ausführlich unter D. III.

324 LAG Düsseldorf, Teilurt. und Beschl. v. 20.01.2015 – 16 SA 459/14, BB 2015, 907.

325 ArbG Essen, Urt. v. 19.12.2013 – 1 Ca 657/13, NZKart 2014, 193.

326 BAG, Urt. v. 29.06.2017 – Az. 8 AZR 189/15, becklink 2007126.

eine Abweichung von dieser gesetzestreuen Lösung gerechtfertigt sein kann.[327] Rechtsmethodisch kommt für einen derartigen Regressausschluss lediglich eine teleologische Reduktion des § 93 Abs. 2 S. 1 AktG in Betracht.[328] Denn hierdurch wird der Anwendungsbereich einer Regelung auf ihren Normzweck beschränkt.[329] Übertragen auf die vorliegende Situation hätte dies zur Folge, dass Unternehmensbußgelder nicht dem Anwendungsbereich des § 93 Abs. 2 S. 1 AktG unterfallen und daher nicht ersatzfähig sind. Eine teleologische Reduktion ist allerdings nur dann gerechtfertigt, wenn sich nach dem Sinn und Zweck der einzuschränkenden Norm oder nach dem vorrangigen Zweck einer anderen Vorschrift eine Abweichung als zwingend erforderlich erweist.[330] Auf bloße Billigkeitserwägungen lässt sich dies nicht stützen.[331] Im weiteren Verlauf gilt es daher zu untersuchen, ob einer Ersatzfähigkeit von Verbandsgeldbußen vorrangige Zwecke der Bußgeldregelungen entgegenstehen oder ob die Funktionen des § 93 Abs. 2 S. 1 AktG einen Regressausschluss fordern. Daran anschließend wird zur vollständigen Aufarbeitung der Problematik auch den weiteren Argumenten nachgegangen, die für einen Regressausschluss ins Feld geführt werden.

(2) Vereitelung des Sanktionszwecks?

Ein Regelungsziel der Unternehmensbußgelder liegt in der Ahndung des Adressaten für die begangene Ordnungswidrigkeit.[332] Angesichts des Sanktionszwecks wird eingewandt, dieser werde vereitelt, wenn die Gesellschaft bei ihren Vorstandsmitgliedern Regress nehmen könne.[333] Auf dieser Linie befindet sich die in

---

327 Zur Erforderlichkeit eines methodischen Anknüpfungspunktes auch *Bayer/Scholz*, GmbHR 2015, 449, 451; *Bayreuther*, NZA 2015, 1239, 1240; *Fleischer*, DB 2014, 345, 347; *J. Koch*, in: Liber amicorum Winter, 2011, 327, 334; *Pant*, CCZ 2015, 224, 225 f.

328 Zutreffend *Bayer/Scholz*, GmbHR 2015, 449, 451; *J. Koch*, in: Liber amicorum Winter, 2011, 327, 334; *Scholz*, Die existenzvernichtende Haftung von Vorstandsmitgliedern in der Aktiengesellschaft, S. 46; MüKo/*Spindler*, AktG, § 93 Rn. 172; a.A. *Heyers*, WM 2016, 581, 587, der eine Begrenzung des Bußgeldregresses auf eine normative Korrektur der Differenzhypothese stützt.

329 BVerfG, Beschl. v. 30.03.1993 – 1 BvR 1045/89, NJW 1993, 2861, 2863; *Larenz/Canaris*, Methodenlehre der Rechtswissenschaft, S. 210 f.; Staudinger/*Looschelders/Olzen*, BGB, § 242 Rn. 344; *Rüthers/Fischer u. a.*, Rechtstheorie mit juristischer Methodenlehre, S. 537 f.

330 Deutlich *Larenz/Canaris*, Methodenlehre der Rechtswissenschaft, S. 221.

331 So auch *Bayer/Scholz*, GmbHR 2015, 449, 451 unter Hinweis auf *Bydlinski*, Juristische Methodenlehre und Rechtsbegriff, S. 480; ebenso *Bayreuther*, NZA 2015, 1239, 1240.

332 Statt vieler nur Immenga/Mestmäcker/*Dannecker/Biermann*, GWB, § 81 Rn. 440; KK/*Rogall*, OWiG, § 30 Rn. 16.

333 LAG Düsseldorf, Teilurt. und Beschl. v. 20.01.2015 – 16 SA 459/14, BB 2015, 907, 909; *Bastuck*, Enthaftung des Managements, S. 132 f.; *Dreher*, in: FS Konzen, 2006, 85, 106; *Dreher*, VersR 2015, 781, 787; *Friedl/Titze*, ZWeR 2015, 318, 326; *Gaul*, AG

der bürgerlich-rechtlichen Literatur vertretene Ansicht, dass insbesondere Geldstrafen keinen nach §§ 249 ff. BGB ersatzfähigen Schaden darstellen, weil andernfalls eine Sabotage des Sanktionsrechts durch das Schadensrecht erfolge.[334] Als Begründung dient, dass der Zweck der Strafe, den Täter persönlich zu treffen, verfehlt werde, wenn der zu zahlende Betrag von einem Dritten erstattbar sei.[335] Diese Kritik kann bei näherer Betrachtung allerdings nicht überzeugen.

i. Keine Höchstpersönlichkeit der Geldbuße

Gegen einen Regressausschluss wegen Vereitelung des Sanktionszwecks spricht schon, dass hierdurch die bereits überkommene Lehre der Höchstpersönlichkeit der Strafe im Aktienrecht wieder eingeführt würde.[336] Bereits das RG hat den vermeintlichen Grundsatz der Höchstpersönlichkeit von Strafen und Bußen jedoch durch die Feststellung eingeschränkt, dass die nachträgliche Erstattung gezahlter Geldstrafen nicht den Tatbestand der Begünstigung erfüllt.[337] Daran anschließend hat auch der BGH entschieden, dass in der freiwilligen Zahlung einer Geldstrafe durch einen Dritten keine Strafvereitelung nach § 258 Abs. 2 StGB liegt.[338] Diese Entscheidung mag zugegebenermaßen als „Kapitulation vor den tatsächlichen Umständen"[339] sowie als „Ausdruck pragmatischer Resignation"[340] angesehen werden. Auch ginge es wohl zu weit, allein aus der Rechtsprechung zu § 258 Abs. 2 StGB abzuleiten, dass die Gesellschaft sich bei Verbandsgeldbußen im Wege des Innenregresses bei ihren Geschäftsleitern schadlos halten kann.[341] Gleichwohl lässt sich der Judikatur zur Strafvereitelung aber entnehmen, dass die Übernahme einer Sanktion dem Ahndungsinteresse des Staates nicht entgegensteht. Hierfür streitet schon der erklärte Zweck des § 258 Abs. 2 StGB, den staatlichen Strafanspruch zu garantieren.[342] Diesen Straftatbestand sieht der BGH bei der Zahlung der Sanktion durch einen Dritten gerade nicht als erfüllt an.[343] Aus den Urteilsgründen ergibt sich

---

2015, 109, 110 f.; *Hack*, Vorstandsverantwortlichkeit bei Kartellrechtsverstößen, S. 79; *Horn*, ZIP 1997, 1129, 1136; *R. Krause*, BB-Special 2007, 2, 13; *Lotze*, NZKart 2014, 162, 167; KK/*Mertens/Cahn*, AktG, § 93 Rn. 56; ähnlich auch *Thomas*, NZG 2015, 1409, 1411 ff., der allerdings auf den Zweck der „Übelszufügung" abstellt.

334 Erman/*Ebert*, BGB, § 249 Rn. 57; Staudinger/*Schiemann*, BGB, § 249 Rn. 203.

335 Siehe die Nachweise in Fn. 334.

336 Treffend *Habersack*, in: Karlsruher Forum 2009, 2010, 5, 33.

337 RG, Urt. v. 10.06.1942 – III 14/42, RGZ 169, 267, 268, in Bezug auf § 275 StGB a.F.

338 BGH, Urt. v. 07.11.1990 – 2 StR 439/90, NJW 1991, 990.

339 *J. Koch*, in: Liber amicorum Winter, 2011, 327, 334.

340 *Bachmann*, BB 2015, 911.

341 So auch LAG Düsseldorf, Teilurt. und Beschl. v. 20.01.2015 – 16 SA 459/14, BB 2015, 907, 908; *Bayer/Scholz*, GmbHR 2015, 449, 451; *Hauger/Palzer*, ZGR 2015, 33, 54; *J. Koch*, in: Liber amicorum Winter, 2011, 327, 334.

342 Statt vieler nur MüKo/*Cramer/Pascal*, StGB, § 258 Rn. 2; Schönke/Schröder/*Stree/Hecker*, StGB, § 258 Rn. 1.

343 BGH, Urt. v. 07.11.1990 – 2 StR 439/90, NJW 1991, 990.

ferner, dass die „persönliche Betroffenheit“ des Verurteilten mit der Strafvollstreckung nicht durchgesetzt werden kann.[344] Daraus ist zu folgern, dass die Abwälzung von Geldstrafen und -bußen durch zivilrechtliche Schadensersatzansprüche der Repressionsfunktion nicht widerspricht.[345] Vielmehr wird dieser Zweck bereits mit der Verhängung bzw. Zahlung der Sanktion erfüllt und durch die zeitlich spätere Abwälzung der Geldbuße nicht mehr konterkariert.[346]

ii. Abwälzen von Sanktionen bereits höchstrichterlich anerkannt

Gegen eine Vereitelung des Sanktionszwecks durch einen Regress beim Vorstand spricht zudem die höchstrichterliche Judikatur zur Steuerberaterhaftung.[347] In diesem Bereich ist eine Erstattung von Geldstrafen und Bußgeldern durch zivilrechtliche Schadensersatzansprüche grundsätzlich anerkannt. Bereits das RG hat entschieden, dass Geldstrafen nach den §§ 249 ff. BGB zu ersetzen sind, wenn die Sanktion auf einer unsorgfältigen Beratung gerade der Person beruht, die der Adressat der Geldstrafe später auf Schadensersatz in Anspruch nimmt.[348] Auch nach der Rechtsprechung des BGH kann derjenige, dem eine Geldstrafe oder ein Bußgeld auferlegt wurde, Ersatz des gezahlten Betrages verlangen, sofern hierfür ein besonderer Rechtsgrund besteht.[349] Ein solcher liegt nach den Entscheidungsgründen des 2. Zivilsenats dann vor, „wenn ein Dritter den Täter zu seiner Straftat nicht durch einen unverbindlichen Rat oder durch eine unerlaubte Handlung veranlasst hat, sondern durch schuldhafte Verletzung einer vertraglichen Verpflichtung, deren Inhalt dahin ging, den Täter vor der Begehung einer solchen durch Warnungen oder ähnliche Hinweise zu schützen.“[350] Noch deutlicher wird der 9. Zivilsenat, der eine zivilrechtliche Einstandspflicht desjenigen annimmt, „der vertraglich verpflichtet war, den Täter vor der Begehung einer Straftat oder Ordnungswidrigkeit und deren

---

344 BGH, a.a.O., 993.

345 So auch *Blaurock*, in: FS Bornkamm, 2014, 107, 114 f.; *Fleischer*, DB 2014, 345, 347 f.; *D. Krause*, NStZ 2000, 225, 229; *J. Koch*, in: Liber amicorum Winter, 2011, 327, 334; *Mack*, Die Regresshaftung von Vorstandsmitgliedern einer Aktiengesellschaft, S. 175.

346 Prägnant *Blaurock*, in: FS Bornkamm, 2014, 107 114; *Fleischer*, BB 2008, 1070, 1073; *Fleischer*, DB 2014, 345, 347; *Mack*, Die Regresshaftung von Vorstandsmitgliedern einer Aktiengesellschaft, S. 177; *Thole*, ZHR (173) 2009, 504, 533; *Pant*, CCZ 2015, 224, 226.

347 So auch *Blaurock*, in: FS Bornkamm, 2014, 107, 114 f.; *Thole*, ZHR (173) 2009, 504, 532; ähnlich Spindler/Stilz/*Fleischer*, AktG, § 93 Rn. 213b; *Fleischer*, BB 2008, 1070, 1073; *Fleischer*, DB 2014, 345, 347.

348 RG, Urt. v. 10.06.1942 – III 14/42, RGZ 169, 267, 270.

349 BGH, Urt. v. 31.01.1957 – II ZR 41/56, NJW 1957, 586; BGH, Urt. v. 14.11.1996 – IX ZR 215/95, NJW 1997, 518, 519; BGH, Urt. v. 15.04.2010 – IX ZR 189/90, DStR 2010, 1695.

350 BGH, Urt. v. 31.01.1957 – II ZR 41/56, NJW 1957, 586.

Folgen zu schützen."[351] Diese Rechtsprechung hat der BGH mit einem Urteil aus dem Jahr 2010 nochmals bestätigt.[352]

iii. Zwischenergebnis

Als Zwischenergebnis bleibt damit festzuhalten, dass der Ahndungszweck der Verbandsgeldbuße einer Inanspruchnahme des Vorstands für dem Unternehmen auferlegte Sanktionen nicht entgegensteht und daher eine teleologische Reduktion der Haftungsnorm nicht rechtfertigen kann. Für dieses Ergebnis spricht zudem die praktische Erwägung, dass das Unternehmen auch bei einer Erstattungsfähigkeit von Geldbußen nicht vollständig von der Sanktion freigestellt wird. Schließlich verbleibt wegen der begrenzten Leistungsfähigkeit der Vorstandsmitglieder selbst bei Anerkennung der Regressfähigkeit eine Vermögensminderung bei dem Unternehmen.[353]

(3) Kein Widerspruch zur Präventionsfunktion der Geldbußen

Allerdings erschöpft sich die Funktion von Geldbußen nicht in der Bestrafung des Adressaten. Regelungsziel der durch die Europäische Kommission verhängten Kartellbußgelder ist daneben die Steuerung des Unternehmens hin zu einem kartellrechtskonformen Verhalten.[354] Diesen Präventionszweck stellt auch der Erwägungsgrund 29 der VO 1/2003 heraus, wonach durch den Bußgeldtatbestand die Beachtung des Kartellverbots sichergestellt werden soll. Die nach deutschem Recht verhängten (kartell-)ordnungsrechtlichen Sanktionen bezwecken ebenfalls eine positive Verhaltenssteuerung.[355] Unter Berücksichtigung dieses Präventionsinteresse machen die Befürworter eines Regressausschlusses geltend, dass eine Regressfähigkeit von Unternehmensbußgeldern der verhaltenssteuernden Wirkung diametral entgegenstehe.[356] Denn eine wirksame Durchsetzung des Kartellverbots sei nur möglich, wenn sich die Gesellschaft nicht im Wege der Innenhaftung schadlos halten könne.[357]

Bei genauerer Betrachtung wird die Präventionsfunktion der Ordnungswidrigkeitentatbestände durch eine Ersatzpflicht nach § 93 Abs. 2 S. 1 AktG aber

351 BGH, Urt. v. 14.11.1996 – IX ZR 215/95, NJW 1997, 518, 519.

352 BGH, Urt. v. 15.04.2010 – IX ZR 189/90, DStR 2010, 1695.

353 So auch *Bayer/Scholz*, GmbHR 2015, 449, 452; *Bayreuther*, NZA 2015, 1239, 1242; *Scholz*, Die existenzvernichtende Haftung von Vorstandsmitgliedern in der Aktiengesellschaft, S. 48.

354 Immenga/Mestmäcker/*Dannecker/Biermann*, EU, Vor. Art. 1 VO 1/2003 Rn. 23 ff.; L/M/R/*Nowak*, KartR, Art. 23 VO 1/2003 Rn. 1 f.

355 Statt vieler nur Immenga/Mestmäcker/*Dannecker/Biermann*, GWB, § 81 Rn. 440; Langen/Bunte/*Raum*, KartR, § 81 GWB Rn. 1; KK/*Rogall*, OWiG, § 30 Rn. 16.

356 LAG Düsseldorf, Teilurt. und Beschl. v. 20.01.2015 – 16 SA 459/14, BB 2015, 907, 909; *Dreher*, in: FS Konzen, 2006b, 85, 106; *Lotze/Smolinski*, NZKart 2015, 254, 256.

357 LAG Düsseldorf, Teilurt. und Beschl. v. 20.01.2015 – 16 SA 459/14, BB 2015, 907, 909; *Dreher*, in: FS Konzen, 2006b, 85, 105.

nicht vereitelt. Vielmehr führt die Möglichkeit eines Regresses zu einer stärkeren Beachtung der Verbotstatbestände.[358] In diesem Zusammenhang ist zu berücksichtigen, dass die Gesellschaft die Einhaltung der Pflichten, die die Rechtsordnung an sie stellt, nicht selbst wahrnehmen kann. Deren Beachtung ist mit Blick auf die externe Legalitätspflicht gerade Aufgabe der Vorstandsmitglieder.[359] Durch den Bußgeldregress wird daher letztlich derjenige zur Verantwortung gezogen, der das rechtswidrige Verhalten der Gesellschaft zu vertreten hat.[360] Blieben aber diejenigen Legalitätspflichtverletzungen im Innenverhältnis unsanktioniert, die im Außenverhältnis eine Bußgeldpflicht des Unternehmens nach sich ziehen, bestünde die Gefahr, dass der Vorstand sich nicht für die Einhaltung dieser Unternehmenspflichten einsetzt. Die Präventionsfunktion der Bußgeldtatbestände würde damit ins Leere laufen. Im deutschen Recht kann zwar davon ausgegangen werden, dass der Geschäftsleiter aufgrund seiner eigenen Bußgeldverantwortlichkeit für ein rechtmäßiges Verhalten der Gesellschaft Sorge tragen wird. Muss der Vorstand aber aus tatsächlichen oder rechtlichen Gründen nicht selbst mit einer staatlichen Sanktion rechnen, hat er bei einer Ablehnung der Ersatzfähigkeit keinen Anreiz, sich rechtstreu zu verhalten.[361]

Infolgedessen kann auch der Einwand, dass eine positive Verhaltenssteuerung nur möglich sei, wenn die Geldbuße endgültig das Unternehmen treffe,[362] nicht überzeugen. Die hierfür angeführte Begründung, das Unternehmen habe „die Vorstandsmitglieder ausgewählt, angestellt und bestellt und trage dadurch letztlich die finanzielle Verantwortung für alle Folgen des Organhandelns“[363] geht fehl. Folgte man dieser Logik, wäre der Gesellschaft ein Ersatz nach § 93 Abs. 2 S. 1 AktG niemals möglich, da der Vorstand ihr stets entgegenhalten könnte, dass die Aktiengesellschaft für die Konsequenzen seines Tuns einzustehen habe. Wegen der bereits angesprochenen begrenzten Leistungsfähigkeit des Vorstands wird obendrein selbst bei einer Ersatzpflicht der Geschäftsleiter in der Regel ein erheblicher Anteil der Geldbuße bei dem Unternehmen verbleiben, was gleichermaßen für den

---

358 Ähnlich *Bayer/Scholz*, GmbHR 2015, 449, 452; *Bayreuther*, NZA 2015, 1239, 1241; *Glöckner/Müller-Tautphaeus*, AG 2001, 344, 345; *Kapp/Hummel*, ZWeR 2011, 349, 356; *U. Rust*, ZWeR 2015, 299, 305; *Scholz*, Die existenzvernichtende Haftung von Vorstandsmitgliedern in der Aktiengesellschaft, S. 50; *Werner*, CCZ 2010, 143, 145; wohl auch *Mack*, Die Regresshaftung von Vorstandsmitgliedern einer Aktiengesellschaft, S. 180, die allerdings vom Sanktionszweck spricht.

359 Zur Reichweite der externen Legalitätspflicht bereits unter B. I. 1. b) bb) (1).

360 Prägnant *Habersack*, in: Karlsruher Forum 2009, 2010, 5, 33; *Hauger/Palzer*, ZGR 2015, 33, 54; *Pant*, CCZ 2015, 224, 227.

361 So auch *Bayer/Scholz*, GmbHR 2015, 449, 452; *Bayreuther*, NZA 2015, 1239, 1241; *Fleischer*, BB 2008, 1070, 1073; *Fleischer*, DB 2014, 345, 348; *Hauger/Palzer*, ZGR 2015, 33 54; *J. Koch*, in: Liber amicorum Winter, 2011, 327, 335; *Thole*, ZHR (173) 2009, 504, 533.

362 *Dreher*, in: FS Konzen, 2006, 85, 106.

363 *Dreher*, a.a.O., 106; zustimmend LAG Düsseldorf, Teilurt. und Beschl. v. 20.01.2015 – 16 SA 459/14, BB 2015, 907, 909.

Reputationsverlust gilt.[364] Nach all dem steht der Präventionszweck der Bußgeldtatbestände einer Haftung des Vorstands ebenfalls nicht entgegen und kann somit keinen Regressausschluss rechtfertigen.

(4) Telos des § 93 Abs. 2 S. 1 AktG fordert Regress

Letztlich könnte eine teleologische Reduktion des § 93 Abs. 2 S. 1 AktG darauf gestützt werden, dass andernfalls Sinn und Zweck des Haftungstatbestands konterkariert würden. Nach allgemeiner Ansicht dient die Organhaftung sowohl der präventiven Verhaltenssteuerung der Vorstandsmitglieder als auch der Kompensation pflichtwidrig verursachter Schäden.[365] Diese Funktionen sprechen allerdings nicht gegen, sondern für eine Ersatzfähigkeit der Unternehmensbußgelder.[366] Schließlich hat der Vorstand nur dann ausreichenden Anreiz sich pflichtgemäß zu verhalten, wenn er für alle entstandenen Schadenspositionen und damit auch für Unternehmensgeldbußen einzustehen hat.[367] Hinsichtlich der Präventionsfunktion wird zwar vereinzelt eingewendet, dass ein Bußgeldregress für eine wirksame Verhaltenssteuerung nicht erforderlich sei, da diesem Zweck bereits „durch Amtsverlust, Reputations- und Gehaltseinbußen sowie das Einstehenmüssen für alle übrigen Schäden" genügt werde.[368] Diese alternativen Steuerungsinstrumente schließen einen Regress jedoch nicht aus. Andernfalls könnte jede Schadensposition dadurch für nicht ersatzfähig erklärt werden, dass der Schädiger bereits anderen Folgen seiner Pflichtverletzung ausgesetzt sei. Eine wirksame Prävention würde dadurch *ad absurdum* geführt.

Und auch der Kompensationszweck der Organhaftung fordert grundsätzlich eine vollständige Inanspruchnahme des Vorstands.[369] Insofern überzeugt es nicht, aus dem § 93 Abs. 2 S. 1 AktG zugrunde liegenden Prinzip der Totalreparation zugleich

364 Zutreffend *Twele*, Die Haftung des Vorstands für Kartellrechtsverstöße, S. 162 f.

365 Henssler/Strohn/*Dauner-Lieb*, GesR, § 93 AktG Rn. 1; Hölters/*Hölters*, AktG, § 93 Rn. 8; GK/*Hopt/Roth*, AktG, § 93 Rn. 28; Hüffer/Koch/*Koch*, AktG, § 93 Rn. 1; KK/*Mertens/Cahn*, AktG, § 93 Rn. 6.

366 Deutlich *Konrads*, Entschärfung des Haftungsrisikos des verantwortlichen Vorstands einer Aktiengesellschaft zum Zwecke der Inanspruchnahme einer kartellrechtlichen Kronzeugenregelung, S. 34 f.; *Mack*, Die Regresshaftung von Vorstandsmitgliedern einer Aktiengesellschaft, S. 180 f.; *U. Rust*, ZWeR 2015, 299, 304 f.; *Scholz*, Die existenzvernichtende Haftung von Vorstandsmitgliedern in der Aktiengesellschaft, S. 54.

367 Ebenso *Fleischer*, BB 2008, 1070, 1073; *Fleischer*, DB 2014, 345, 348; positive Impulse für die Verhaltenssteuerung sehen auch *Eufinger*, WM 2015, 1265, 1270; *Kapp/Hummel*, ZWeR 2011, 349, 358; *J. Koch*, in: Liber amicorum Winter, 2011, 327, 338.

368 *Bachmann*, BB 2015, 771, 775; *Bachmann*, BB 2015, 911; ähnlich *Lotze/Smolinski*, NZKart 2015, 254, 257.

369 Zur Einschränkung des Grds. der Totalreparation bei exorbitant hohen Schadenssummen qua Fürsorge- und Treuepflicht aber D. III. 3. d) aa) (2).

eine Ausnahme von diesem zu begründen. Abschließend kann ein Regressausschluss damit nicht durch das Telos des § 93 Abs. 2 S. 1 AktG gerechtfertigt werden.

(5) Übertragbarkeit der Judikatur zur Steuerberaterhaftung

Unabhängig davon, dass schon die Voraussetzungen einer teleologischen Reduktion nicht gegeben sind, spricht auch die Judikatur zur Steuerberaterhaftung für die Anerkennung von Geldbußen als einen nach § 93 Abs. 2 S. 1 AktG regressfähigen Schaden.[370] Führt man sich nochmals die eingängige Begründung des 9. Zivilsenats vor Augen, liegt es nahe, die für das Verhältnis zwischen Steuerberater und Mandant getroffene Entscheidung auf die Beziehung zwischen Vorstand und Aktiengesellschaft zu übertragen.[371] Denn danach kann derjenige haftungsrechtlich für eine staatliche Sanktion zur Verantwortung gezogen werden, „der vertraglich verpflichtet war, den Täter vor der Begehung einer Straftat oder Ordnungswidrigkeit und deren Folgen zu schützen",[372] Zugegebenermaßen wird im Anstellungsvertrag nicht stets ausdrücklich geregelt sein, dass der Vorstand die Gesellschaft vor der Begehung von Straftaten und Ordnungswidrigkeiten zu bewahren hat. Dies ist aber auch nicht erforderlich, da er bereits durch die externe Legalitätspflicht dazu angehalten ist, im Außenverhältnis die rechtlichen Pflichten und Vorgaben zu erfüllen, die die Rechtsordnung an das Unternehmen als Rechtssubjekt stellt.[373] Und wenn schon die Person schadensrechtlich zur Verantwortung gezogen werden kann, die das Verhalten des Bußgeldadressaten nur mittels Beratung gesteuert hat, so muss dies erst Recht für den Vorstand gelten, der als Vertreter der Gesellschaft handelt.[374]

---

370 So auch *Bayer*, in: FS Schmidt, 2009, 85, 96; *Bayreuther*, NZA 2015, 1239, 1240 f.; Spindler/Stilz/*Fleischer*, AktG, § 93 Rn. 213b; *Fleischer*, BB 2008, 1070, 1073; *Fleischer*, DB 2014, 345, 347; *Mack*, Die Regresshaftung von Vorstandsmitgliedern einer Aktiengesellschaft, S. 170, 175 f.; *Thole*, ZHR (173) 2009, 504, 532; *M. Zimmermann*, WM 2008, 433, 437.

371 Für eine Übertragung neben den Nachweisen in Fn. 368 auch *Kapp/Gärtner*, CCZ 2009, 168, 170; *Kaulich*, Die Haftung von Vorstandsmitgliedern einer Aktiengesellschaft für Rechtsanwendungsfehler, S. 289 f.; *R. Koch*, VersR 2015, 655, 657 ff.; *Kolb*, GWR 2015, 169; *Suchy*, NZG 2015, 591, 593; a.A. insb. LAG Düsseldorf, Teilurt. und Beschl. v. 20.01.2015 – 16 SA 459/14, BB 2015, 907, 910; *Lotze*, NZKart 2014, 162, 167; *Thomas*, NZG 2015, 1409, 1413.

372 BGH, Urt. v. 14.11.1996 – IX ZR 215/95, NJW 1997, 518, 519.

373 Statt vieler nur LG München I, Urt. v. 10.12.2013 – 5 HKO 1387/10, ZIP 2014, 570, 572; Spindler/Stilz/*Fleischer*, AktG, § 93 Rn. 23; GK/*Hopt/Roth*, AktG, § 93 Rn. 133; KK/*Mertens/Cahn*, AktG, § 93 Rn. 71; allein aus dieser Legalitätspflicht leitet *Rehbinder*, ZHR (148) 1984, 555, 570 die Ersatzfähigkeit von Geldbußen ab.

374 Prägnant *Bayer/Scholz*, GmbHR 2015, 449, 451; *U. Rust*, ZWeR 2015, 299, 306 f.; ähnlich *Binder/Kraayvanger*, BB 2015, 1219, 1226.

(6) Abschließende Regelung des Sanktionsadressaten im Ordnungsrecht?

Die Urteile zur Steuerberaterhaftung verdeutlichen darüber hinaus, dass die Ebene der staatlichen Ahndung strikt von der zivilrechtlichen Haftung zu trennen ist.[375] Dementsprechend wird durch die Bußgeldentscheidung nicht endgültig festgelegt, wer die Sanktion letztlich zu tragen hat.[376] Der Einwand, dass durch das Ordnungsrecht eine abschließende Zuordnung des Sanktionsadressaten getroffen werde und damit die Ersatzfähigkeit von Verbandsgeldbußen ausgeschlossen sei,[377] kann folglich nicht überzeugen. Dies gilt nicht nur im deutschen Recht, sondern auch bei Bußgeldern, die durch die Europäische Kommission verhängt werden.[378] Dagegen vertritt namentlich *Dreher* die These, dass im europäischen Kartellrecht die Unternehmen alleinige Adressaten der Bußgelder seien, weshalb die Sanktionswirkung auf die Gesellschaft beschränkt und eine Innenhaftung des Vorstands ausgeschlossen sei.[379] Obwohl Art. 23 Abs. 2 VO 1/2003 lediglich „Unternehmen und Unternehmensvereinigungen" als Sanktionsempfänger nennt, können Geldbußen auch gegen natürliche Personen verhängt werden, sofern ihnen Unternehmenseigenschaft zukommt.[380] Gegen eine hinsichtlich des Sanktionsadressaten abschließende Kommissionsentscheidung spricht daneben Art. 23 Abs. 4 S. 1 VO 1/2003.[381] Danach ist eine Unternehmensvereinigung bei Zahlungsunfähigkeit verpflichtet, sich bei ihren Mitgliedern schadlos zu halten, womit das Unionsrecht selbst von einer Regressfähigkeit der Kartellbuße ausgeht. Auf dieser Linie liegt auch eine jüngere EuGH-Entscheidung, wonach das europäische Recht nur die Verantwortlichkeit der Unternehmen für das Bußgeld im Außenverhältnis regelt, der interne Regress bei der Verhängung eines Bußgeldes gegen mehrere Unternehmen als Gesamtschuldner sich aber nach den innerstaatlichen Vorschriften richtet.[382] Darüber

---

375 Statt vieler nur *Fleischer*, DB 2014, 345, 347; *Hauger/Palzer*, ZGR 2015, 33, 55 f.; *M. Zimmermann*, WM 2008, 433, 437.

376 So auch *Fleischer*, DB 2014, 345, 347; *Glöckner/Müller-Tautphaeus*, AG 2001, 344, 346; *Kapp/Gärtner*, CCZ 2009, 168, 170; *Thole*, ZHR (173) 2009, 504, 533; *Twele*, Die Haftung des Vorstands für Kartellrechtsverstöße, S. 164 f.; *M. Zimmermann*, WM 2008, 433, 437.

377 So *Dreher*, in: FS Konzen, 2006, 85, 105; *Friedl/Titze*, ZWeR 2015, 318, 326; *Lotze*, NZKart 2014, 162, 167; zweifelnd auch *Horn*, ZIP 1997, 1129, 1136.

378 Deutlich *Glöckner/Müller-Tautphaeus*, AG 2001, 344, 345; *Hauger/Palzer*, ZGR 2015, 33, 55; *J. Koch*, in: Liber amicorum Winter, 2011, 327, 335; *Twele*, Die Haftung des Vorstands für Kartellrechtsverstöße, S. 163.

379 *Dreher*, in: FS Konzen, 2006, 85, 104 f.

380 Prägnant Immenga/Mestmäcker/*Dannecker/Biermann*, EU, Art. 23 VO 1/2003 Rn. 5; Langen/Bunte/*Sura*, KartR, Art. 23 VO 1/2003 Rn. 10; ähnlich argumentieren *Fabisch*, ZWeR 2013, 91, 104; *Glöckner/Müller-Tautphaeus*, AG 2001, 344, 345.

381 Ähnlich *Fabisch*, ZWeR 2013, 91, 104.

382 EuGH, Urt. v. 10.04.2014 – C-231/11 P, C-232/11 P, C-233/11 P, NZKart 2014, 177, 179; dem folgend BGH, Urt. v. 18.11.2014 – KZR 15/12, EuZW 2015, 441; hierauf verweisen auch *Binder/Kraayvanger*, BB 2015, 1219, 1227.

hinaus gestattet Erwägungsgrund 8 der VO 1/2003 den Mitgliedstaaten, natürlichen Personen Sanktionen für Verstöße gegen das europäische Kartellrecht aufzuerlegen. Hieraus ist zu entnehmen, dass dem Bußgeldbescheid schon auf Sanktionsebene keine Ausschließlichkeitswirkung zukommt.[383] Vor diesem Hintergrund präjudiziert die Entscheidung der Europäischen Kommission erst Recht keinen Ausschluss der innerstaatlichen Haftung.[384]

(7) Ausschluss oder Grenze durch §§ 81 Abs. 4 GWB, 17 Abs. 3 OWiG?

Ein Regressausschluss lässt sich schließlich nicht daraus herleiten, dass sich die Bemessung der Bußgeldhöhe gemäß § 17 Abs. 3 S. 2 OWiG nach der wirtschaftlichen Leistungsfähigkeit des Adressaten richtet und demgemäß gegen den Vorstand verhängte Sanktionen um ein Vielfaches niedriger ausfallen als Verbandsgeldbußen.[385] Insofern tragen die Befürworter eines Regressausschlusses unter Hinweis auf §§ 81 Abs. 4 GWB, 17 Abs. 3 S. 2 OWiG vor, dass das differenzierte Bußgeldsystem unterlaufen werde, wenn das Unternehmen seine Geschäftsleiter in Regress nehmen könne.[386] Ferner wird in Zweifel gezogen, ob der in den Vorschriften zur Sanktionsbemessung zum Ausdruck kommende Grundsatz der Verhältnismäßigkeit durch § 93 Abs. 2 S. 1 AktG ausgehebelt werden dürfe.[387] Wie bereits dargelegt ist die staatliche Sanktion von der zivilrechtlichen Haftung zu trennen.[388] Infolgedessen können die Vorschriften zur Zumessung der Bußgeldhöhe bei der Vorstandsinnenhaftung keine Geltung entfalten.[389] Überdies gilt der Grundsatz der

383 So auch *J. Koch*, in: Liber amicorum Winter, 2011, 327, 336; sich anschließend *Scholz*, Die existenzvernichtende Haftung von Vorstandsmitgliedern in der Aktiengesellschaft, S. 47.

384 Insb. *Blaurock*, in: FS Bornkamm, 2014, 107, 114; *Hauger/Palzer*, ZGR 2015, 33, 55; *J. Koch*, in: Liber amicorum Winter, 2011, 327, 336.

385 Ebenso *Kaulich*, Die Haftung von Vorstandsmitgliedern einer Aktiengesellschaft für Rechtsanwendungsfehler, S. 291; a.A. LAG Düsseldorf, Teilurt. und Beschl. v. 20.01.2015 – 16 SA 459/14, BB 2015, 907, 910; *Dreher*, in: FS Konzen, 2006, 85, 105; *Friedl/Titze*, ZWeR 2015, 318, 328; *R. Krause*, BB-Special 2007, 2, 13; *Kröger*, Korruptionsschäden, Unternehmensgeldbußen und Imageschäden, S. 250; *Lotze*, NZKart 2014, 162, 167; in diese Richtung auch *Horn*, ZIP 1997, 1129, 1136.

386 Deutlich LAG Düsseldorf, Teilurt. und Beschl. v. 20.01.2015 – 16 SA 459/14, BB 2015, 907, 910; *Beauregard*, DB 2015, 928 f.; *Dreher*, in: FS Konzen, 2006, 85, 105; *Gaul*, AG 2015, 109, 116 f.; *Lotze/Smolinski*, NZKart 2015, 254, 257.

387 *Friedl/Titze*, ZWeR 2015, 318, 328; *Lotze*, NZKart 2014, 162, 167; KK/*Mertens/Cahn*, AktG, § 93 Rn. 56; ähnlich *Goette*, ZHR (176) 2012, 588; *Goette*, in: FS Hoffmann-Becking, 2013, 377, 381.

388 So insb. *Fleischer*, DB 2014, 345, 347; *Hauger/Palzer*, ZGR 2015, 33, 55 f.; *M. Zimmermann*, WM 2008, 433, 437.

389 Konkret in Bezug auf die Bußgeldhöhe *Bayer*, in: FS Schmidt, 2009, 85, 97; *Bayreuther*, NZA 2015, 1239, 1242; *Casper*, ZHR (176) 2012, 617, 626; *Fleischer*, DB 2014, 345, 349.

Verhältnismäßigkeit lediglich im Verhältnis zwischen Bürger und Staat, nicht aber beim Innenregress.[390] Die Ersatzpflicht nach § 93 Abs. 2 S. 1 AktG ist vielmehr durch den schadensrechtlichen Grundsatz der Totalreparation geprägt.[391] Eine Abweichung hiervon ist nur als teleologische Reduktion möglich, deren Voraussetzungen aber gerade nicht vorliegen. Allein die Höhe der Verbandsgeldbußen genügt damit nicht, um eine von den §§ 249 ff. BGB divergierende Rechtsfolge zu rechtfertigen.[392]

Abgesehen davon kann den Bedenken hinsichtlich der Regresshöhe bereits durch eine Reduzierung der Ersatzsumme Rechnung getragen werden.[393] Dabei überzeugt es allerdings nicht, der Gesellschaft lediglich den Betrag zuzubilligen, der gegenüber dem Vorstand nach § 17 Abs. 3, Abs. 4 OWiG hätte verhängt werden können[394] oder bei Kartellbußgeldern auf den nach § 81 Abs. 4 S. 2 GWB maximal zu verhängenden Betrag von 1 Mio. Euro zu rekurrieren.[395] Zum einen entfalten ordnungswidrigkeitsrechtliche Erwägungen wegen der getrennten Betrachtung von staatlicher Sanktion und zivilrechtlicher Haftung bei einer Inanspruchnahme nach § 93 Abs. 2 S. 1 AktG auch hinsichtlich der Regresshöhe keine Geltung.[396] Zum anderen kann es nicht überzeugen, eine partielle Begrenzung der nach § 93 Abs. 2 S. 1 AktG ersatzfähigen Schadenssumme gerade bei Verstößen gegen die Legalitätspflicht anzunehmen – und diese auch auf grob fahrlässiges und vorsätzliches Verhalten zu erstrecken – wenn für „normale" Sorgfaltspflichtverletzungen weiterhin der Grundsatz der Totalreparation gelten soll.[397]

---

390 So auch *Bayer/Scholz*, GmbHR 2015, 449, 454; *Kaulich*, Die Haftung von Vorstandsmitgliedern einer Aktiengesellschaft für Rechtsanwendungsfehler, S. 291.

391 Zum Grds. der Totalreparation statt vieler nur Schulze/*Schulze*, BGB, Vor. §§ 249–253 Rn. 10; Staudinger/*Schiemann*, BGB, § 249 Rn. 1, 2; Jauernig/*Teichmann*, BGB, Vor. §§ 249–253 Rn. 2.

392 Deutlich *Fleischer*, DB 2014, 345, 347.

393 Prägnant *Marsch-Barner*, ZHR (173) 2009, 723, 730; zu den Möglichkeiten einer Regressreduzierung de lege lata und de lege ferenda in Kapitel D. und E.

394 So *Fabisch*, ZWeR 2013, 91, 110; *Lotze*, NZKart 2014, 162, 168.

395 Dies fordern insb. *Altemeier*, Verantwortlichkeit des Vorstands für Kartellrechtsverstöße, S. 98 f.; *Heyers*, WM 2016, 581, 586 f.; *R. Koch*, VersR 2015, 655, 660; *Marsch-Barner*, ZHR (173) 2009, 723, 730; *Scholl*, Vorstandshaftung und Vorstandsermessen, S. 69 ff.; *Thole*, ZHR (173) 2009, 504, 533 f; sympathisierend auch ArbG Essen, Urt. v. 19.12.2013 – 1 Ca 657/13, NZKart 2014, 193, 195; *Dreher*, in: FS Konzen, 2006, 85, 105; *R. Krause*, BB-Special 2007, 2, 13.

396 Konkret in Bezug auf die Bußgeldhöhe *Bayer*, in: FS Schmidt, 2009, 85, 97; *Casper*, ZHR (176) 2012, 617, 626; *Harnos*, Geschäftsleiterhaftung bei unklarer Rechtslage, S. 106; *Fleischer*, DB 2014, 345, 349; *Mack*, Die Regresshaftung von Vorstandsmitgliedern einer Aktiengesellschaft, S. 191; *U. Rust*, ZWeR 2015, 299, 309.

397 *Bayer/Scholz*, GmbHR 2015, 449, 454; *Eufinger*, WM 2015, 1265, 1270; *Fabisch*, ZWeR 2013, 91, 100; *Kapp/Hummel*, ZWeR 2011, 349, 359; *U. Rust*, ZWeR 2015, 299, 303; *Scholz*, Die existenzvernichtende Haftung von Vorstandsmitgliedern in der Aktiengesellschaft, S. 56.

(8) Verstoß gegen „ne bis in idem“ nicht ersichtlich

Schlussendlich liegt in dem Regress von Verbandsgeldbußen keine verbotene Doppelbestrafung. Wird gegen den Vorstand ein Bußgeld verhängt und zugleich das Unternehmen sanktioniert, drängt sich bei dem Abwälzen der Geldbuße über § 93 Abs. 2 S. 1 AktG zwar zunächst ein Verstoß gegen Art. 103 Abs. 3 GG auf. Als grundgesetzliches Gebot schützt der *„ne bis in idem“*-Grundsatz aber nur vor mehrfachen Repressionen durch den Staat. Bei der Doppelbelastung mit einer straf- bzw. ordnungsrechtlichen Sanktion und einer zivilrechtlichen Inanspruchnahme liegt dies nicht vor.[398] Vielmehr tritt die Organhaftung als eigenständige privatrechtliche Folge neben die staatliche Sanktion. Dies gilt selbst dann, wenn Inhalt des zivilrechtlichen Schadensanspruches ebenfalls ein Bußgeld ist.[399]

cc) Zusammenfassung

Die vorstehende Untersuchung hat gezeigt, dass Unternehmensbußgelder in voller Höhe ersatzfähig sind. Weder der Sanktions-, noch der Präventionszweck der Bußgeldtatbestände vermögen eine teleologische Reduktion des § 93 Abs. 2 S. 1 AktG zu rechtfertigen. Die Notwendigkeit eines Regressausschlusses bei Verbandsgeldbußen lässt sich des Weiteren nicht den Funktionen der Organhaftung entnehmen. Überdies ist eine Reduzierung des Ersatzbetrags nicht über § 81 Abs. 4 S. 2 GWB oder § 17 Abs. 3 OWiG zu erreichen, da ordnungsrechtliche Erwägungen in dem vom Grundsatz der Totalreparation geprägten § 93 Abs. 2 S. 1 AktG keine Wirkung entfalten können. Hieraus resultiert ein beachtliches Haftungsrisiko der Vorstandsmitglieder.

c) Kosten der Rechtsverfolgung und internen Sachverhaltsaufklärung

Ein zusätzliches Risiko für einen existenzvernichtenden Innenregress könnte in den Vermögenseinbußen liegen, die der Gesellschaft durch interne Sachverhaltsaufklärungen sowie die (außer-)gerichtliche Verfolgung des Ersatzanspruches entstehen. Denn die Unternehmen mandatieren üblicherweise Anwälte, die nicht nach RVG abrechnen, sondern nur auf der Grundlage von Honorarvereinbarungen tätig werden. Dadurch können die Rechtsverfolgungskosten Dimensionen erreichen, die bereits für sich genommen die finanzielle Leitungsfähigkeit der Vorstandsmitglieder weit übersteigen. Insbesondere die Ausgaben für sogenannte *internal investigations* bei Verdacht auf Compliance-Verstöße erreichen teilweise exorbitant hohe Summen. So zahlte die MAN SE für die Untersuchung der Korruptionsvorgänge nach eigenen Angaben 30,2 Mio. Euro an externe Berater.[400] Bei der Siemens AG beliefen sich die

398 Ähnlich Hölters/*Hölters*, AktG, § 93 Rn. 255; *J. Koch*, in: Liber amicorum Winter, 2011, 327, 336; *Kröger*, Korruptionsschäden, Unternehmensgeldbußen und Imageschäden, S. 225.

399 Prägnant *J. Koch*, in: Liber amicorum Winter, 2011, 327, 336.

400 *MAN SE*, Einladung zur Hauptversammlung 2014, abrufbar unter: <http://www.corporate.man.eu/man/media/de/content_medien/doc/global_corporate_website_1/

Aufwendungen für interne Ermittlungen gar auf rund 857 Mio. Euro.[401] Allerdings stellt sich die Frage, ob der Vorstand auch diese Kosten (vollständig) nach § 93 Abs. 2 S. 1 AktG zu ersetzen hat.

aa) Ersatzfähigkeit von Rechtsdurchsetzungskosten

Die Ersatzfähigkeit der Beratungskosten sowie der Ausgaben für die (außer-)gerichtliche Rechtsverfolgung nach § 93 Abs. 2 S. 1 AktG ist sowohl in der Judikatur als auch im Schrifttum grundsätzlich anerkannt.[402] Dies steht mit der BGH-Rechtsprechung zu § 249 Abs. 1 BGB im Einklang, wonach alle vom Geschädigten erbrachten Aufwendungen zu ersetzen sind, die aus seiner Sicht für die Wahrnehmung und Durchsetzung seiner Rechte erforderlich und zweckmäßig erschienen.[403] Hierzu gehören nach allgemeiner Ansicht die zur Durchsetzung des Ersatzanspruchs notwendigen gerichtlichen und außergerichtlichen Rechtsanwaltskosten.[404] Da die Verfolgung von Regressansprüchen gegen den Vorstand in der Regel mit der Prüfung komplexer Rechtsfragen verbunden ist, darf der Aufsichtsrat als hierfür primär zuständiges Organ die Mandatierung externer Rechtsanwälte regelmäßig für zweckmäßig und erforderlich halten. Dies gilt selbst dann, wenn das Unternehmen als Geschädigte über eine eigene Rechtsabteilung verfügt.[405]

bb) Aufklärungskosten als ersatzfähiger Schaden?

Demgegenüber ist die Erstattungsfähigkeit der Kosten für die interne Sachverhaltsermittlung nicht abschließend geklärt. Das LG München I sah den Betrag von rund 13 Mio. Euro für die durch US-amerikanische Rechtsanwälte durchgeführte Aufklärung der Siemens-Affäre als erforderlich und zweckmäßig an.[406] Auch einzelne Vertreter der Literatur gehen – zum Teil ohne nähere Begründung – von einer

---

investor_relations_1/hv/2014_8/man_hv_2014_einberufung_einschl__tagesordnung.pdf>.

401 *Siemens AG*, Einladung zur Hauptversammlung der Siemens AG am 26. Januar 2010, abrufbar unter: <http://www.siemens.com/investor/pool/de/investor_relations/events/hauptversammlung/2010/einladung_hv2010_d.pdf>.

402 Deutlich OLG München, Urt. v. 21.07.2010 – 7 U 1879/10, AG 2011, 204; pauschal bejahend *Bachmann*, BB 2015, 771, 775; *Bayer*, in: FS Schmidt, 2009, 85, 93; Spindler/Stilz/*Fleischer*, AktG, § 93 Rn. 213a; *Goette*, ZHR (175) 2011, 388, 389 f.; Hölters/*Hölters*, AktG, § 93 Rn. 259; *Klett/Peitsmeyer*, BB 2011, 2121, 2127.

403 Statt vieler nur BGH, Urt. v. 30.04.1986 – VIII ZR 112/85, NJW 1986, 2243, 2245; BGH, Urt. v. 23.10.2003 – IX ZR 249/02, NJW 2004, 444, 446; BGH, Urt. v. 10.01.2006 – VI ZR 43/05, NJW 2006, 1065.

404 BGH, Urt. v. 30.04.1986 – VIII ZR 112/85, NJW 1986, 2243, 2245; BGH, Urt. v. 23.10.2003 – IX ZR 249/02, NJW 2004, 444, 446; Palandt/*Grüneberg*, BGB, § 249 Rn. 57; Staudinger/*Schiemann*, BGB, § 251 Rn. 114, 120.

405 Vgl. hierzu BGH, Urt. v. 08.05.2008 – I ZR 83/06, NJW 2008, 2651, 2652.

406 LG München I, Urt. v. 10.12.2013 – 5 HKO 1387/10, ZIP 2014, 570, 576.

Erstattungspflicht der Vorstandsmitglieder aus.[407] Andere stehen deren Ersatzfähigkeit zumindest zweifelnd gegenüber.[408] Ausgehend davon, dass der Schädiger alle Aufwendungen zu ersetzen hat, die für die Durchsetzung der Rechte des Geschädigten erforderlich und zweckmäßig sind,[409] stellen aber richtigerweise auch die Kosten der Sachverhaltsfeststellung einen ersatzfähigen Schaden dar. Diese sind als Teil der zur Rechtsverfolgung erforderlichen und zweckmäßigen Aufwendungen zu ersetzen,[410] da die Ermittlung des entstandenen Schadens in der Regel Voraussetzung für die Geltendmachung eines Ersatzanspruches ist.[411] Schließlich ist eine verlässliche Rechtsprüfung ohne Kenntnis der Tatsachen nicht möglich. Zwar handelt es sich bei den *internal investigations* nicht um die Erstellung von Sachverständigengutachten, deren Ersatzfähigkeit allgemein anerkannt ist.[412] Doch auch die Sachverhaltsaufklärung durch externe Berater ist darauf gerichtet, die tatsächlichen Umstände zu ermitteln.[413] Demzufolge dienen sie wie Sachgutachten der Vorbereitung einer zweckgerechten Anspruchsdurchsetzung. Aus Sicht der geschädigten Gesellschaft sind die für die Sachverhaltsermittlung gezahlten Honorare damit zur Verfolgung ihrer Rechte zweckmäßig sowie erforderlich und deswegen nach § 249 Abs. 1 BGB zu ersetzen.

cc) Umfang der Ersatzpflicht

Die grundsätzliche Anerkennung der Anspruchsverfolgungs- und Aufklärungskosten als ersatzfähige Schadenspositionen führt allerdings nicht zwingend dazu, dass diese über § 93 Abs. 2 S. 1 AktG in voller Höhe auf den Vorstand abgewälzt

---

407 GK/*Hopt/Roth*, AktG, § 93 Rn. 409; *Klett/Peitsmeyer*, BB 2011, 2121, 2127; *Meyer*, DB 2014, 1063, 1069; *Seibt/Cziupka*, DB 2014, 1598, 1601; pauschal auch *Bayer*, in: FS Schmidt, 2009, 85, 93; *Goette*, ZHR (175) 2011, 388, 389 f.; Hölters/*Hölters*, AktG, § 93 Rn. 259; *Moosmayer*, Compliance, S. 20.

408 *Bachmann*, ZIP 2014, 579, 582; *Fleischer*, NZG 2014, 321, 327; *Meier-Greve*, BB 2009, 2555, 2558; *Rieder/Holzmann*, AG 2011, 265, 274.

409 Statt vieler nur BGH, Urt. v. 30.04.1986 – VIII ZR 112/85, NJW 1986, 2243, 2245; BGH, Urt. v. 23.10.2003 – IX ZR 249/02, NJW 2004, 444, 446; BGH, Urt. v. 10.01.2006 – VI ZR 43/05, NJW 2006, 1065.

410 BGH, Urt. v. 06.11.1973 – VI ZR 27/73, NJW 1974, 34, 35; BGH, Urt. v. 29.11.1988 – X ZR 122/87, NJW-RR 1989, 953, 956; BGH, Urt. v. 23.01.2007 – VI ZR 67/06, NJW 2007, 1450, 1452; MüKo/*Oetker*, BGB, § 249 Rn. 185; Staudinger/*Schiemann*, BGB, § 251 Rn. 122.

411 Prägnant BGH, Urt. v. 29.11.1988 – X ZR 122/87, NJW-RR 1989, 953, 956.

412 Zur Ersatzfähigkeit von Sachverständigenkosten statt vieler nur BGH, Urt. v. 06.11.1973 – VI ZR 27/73, NJW 1974, 34; 35; BGH, Urt. v. 23.01.2007 – VI ZR 67/06, NJW 2007, 1450; Palandt/*Grüneberg*, BGB, § 249 Rn. 58; MüKo/*Oetker*, BGB, § 249 Rn. 185.

413 Auf die Sachverständigengutachten beziehen sich auch *Klett/Peitsmeyer*, BB 2011, 2121, 2127; in Bezug auf eine Übertragung zweifelnd *Meier-Greve*, BB 2009, 2555, 2258.

werden können. Während einzelne Vertreter der schadensrechtlichen Literatur das RVG-Honorar als Obergrenze des erstattungsfähigen Betrags ansehen[414] und auch Stimmen im Gesellschaftsrecht bezweifeln, dass der Vorstand die sich aus Honorarvereinbarungen ergebenden, im Einzelfall sehr viel höheren Kosten zu erstatten hat,[415] geht die mittlerweile wohl herrschende Ansicht zu Recht davon aus, dass in schwierigen Fällen auch die Vergütung aus Honorarabreden zu ersetzen sind.[416] Denn bei komplexen und schwierigen Regressverfahren wird oftmals allein die Beauftragung von Rechtsanwälten, die nur auf der Grundlage von Honorarvereinbarungen tätig werden, im Einzelfall für eine erfolgversprechende Rechtsdurchsetzung erforderlich und zweckmäßig sein.[417] Für den Bereich der Vorstandsinnenhaftung wurde bereits entschieden, dass ein Geschäftsleiter, der zum Ersatz gegenüber seiner Gesellschaft verpflichtet ist, auch angemessene Vergütungen aus Honorarvereinbarungen entrichten muss, wenn eine Abrechnung nach dem RVG im konkreten Streitfall nicht üblich ist.[418] Auf dieser Linie liegt eine Entscheidung des BGH, wonach der Geschäftsführer einer GmbH bei der Mandatierung von Rechtsanwälten über die gesetzlichen Gebühren hinausgehende Vergütungsregelungen treffen darf, wenn er ohne eine solche Vereinbarung keine qualifizierte Beratung erhalten würde.[419] Da bei Regressverfahren gegen Vorstandsmitglieder häufig komplexe gesellschaftsrechtliche Fragestellung zu lösen sind, die Rechtsberatung durch spezialisierte Anwälte erfordern, lässt sich den zitierten Urteilen entnehmen, dass die Geschäftsleiter Honorarkosten in Höhe der üblichen Stundensätze in der Regel erstatten müssen.[420] Bei überzogenen Stundensätzen oder unverhältnismäßigem Stundenaufwand ist der ersatzfähige Betrag hingegen aufgrund der Schadensminderungspflicht nach § 254 Abs. 2 S. 1 BGB herabzusetzen.[421] Hinsichtlich der Kosten der Sachverhaltsermittlung kann sich eine Reduzierung der Ersatzsumme zudem

414 Erman/*Ebert,* BGB, § 249 Rn. 97, allerdings unter Berufung auf Rechtsprechung zur BRAGO.

415 *Bachmann,* ZIP 2014, 579, 582; *Meyer,* DB 2014, 1063, 1069.

416 OLG Koblenz, Urt. v. 29.05.2008 – 2 U 1620/06, NJW 2009, 1153; OLG München, Urt. v. 21.07.2010 – 7 U 1879/10, AG 2011, 204; *Fleischer,* NZG 2014, 321, 327; GK/*Hopt/Roth,* AktG, § 93 Rn. 409; *M. Krüger/Raap,* MDR 2010, 422, 424; MüKo/*Oetker,* BGB, § 254 Rn. 94; *Redeke,* EWiR 2011, 265, 266; *Schlosser,* NJW 2009, 2413, 2414; *Schlosser,* NJOZ 2009, 2376, 2388 f.; *Seibt/Cziupka,* DB 2014, 1598, 1601; offen lassend Staudinger/*Schiemann,* BGB, § 251 Rn. 121.

417 OLG Koblenz, Urt. v. 29.05.2008 – 2 U 1620/06, NJW 2009, 1153, 1154; *M. Krüger/Raap,* MDR 2010, 422, 424; *Schlosser,* NJW 2009, 2413, 2414; *Schlosser,* NJOZ 2009, 2376, 2388.

418 OLG München, Urt. v. 21.07.2010 – 7 U 1879/10, AG 2011, 204.

419 BGH, Urt. v. 18.06.2013 – II ZR 86/11, NZG 2013, 1021, 1023.

420 Mit Bezug auf die genannte Rspr. auch *Fleischer,* NZG 2014, 321, 327; pauschal bejahend *Seibt/Cziupka,* DB 2014, 1598, 1061.

421 So auch *M. Krüger/Raap,* MDR 2010, 422, 425 f.; ähnlich MüKo/*Oetker,* BGB, § 254 Rn. 94.

ergeben, wenn diese auch bei rechtmäßigem Verhalten entstanden wären.[422] So ist insbesondere denkbar, dass der Vorstand im Rahmen eines in der Rückschau gebotenen Compliance-Programms externe Berater zur Ermittlung der Effektivität der aufgebauten Struktur hinzugezogen hätte.[423] Diese Ausgaben sind aber nur dann schadensmindernd zu berücksichtigen, wenn der Geschäftsleiter darlegen und beweisen kann, dass diese Kosten auch bei pflichtgemäßem Alternativverhalten angefallen wären.[424]

dd) Zusammenfassung

Zusammenfassend bleibt festzuhalten, dass sowohl die Kosten der Anspruchsverfolgung als auch die Aufwendungen für interne Sachverhaltsermittlungen nach § 93 Abs. 2 S. 1 AktG zu ersetzen sind. Dabei ist der erstattungsfähige Betrag nicht auf die RVG-Gebühren beschränkt. Vielmehr kann die Gesellschaft selbst die Beträge ersetzt verlangen, die sich aus den Honorarvereinbarungen mit den mandatierten Rechtsanwälten ergeben.

d) Regressschäden durch Inanspruchnahmen der Gesellschaft

Ein weiteres Haftungsrisiko ergibt sich aus den Einbußen, die das Unternehmen wegen Ersatzansprüchen Dritter erleidet. Denn auch diese Haftungsschäden der Gesellschaft erreichen oft enorm hohe Beträge, die bei Vorliegen einer schuldhaften Pflichtverletzung des Vorstands vollständig nach § 93 Abs. 2 S. 1 AktG zu ersetzen sind.

aa) Schadensersatzansprüche Dritter in potentiell unbegrenzter Höhe

Inanspruchnahmen der Gesellschaft durch Wettbewerber oder natürliche Personen können sich etwa aus § 33 Abs. 3 GWB wegen Verstößen gegen das Kartellverbot, nach § 9 S. 1 UWG aufgrund unlauterer geschäftlicher Handlungen, gemäß § 139 Abs. 2 PatG bei Benutzung einer patentierten Erfindung sowie bei falschen oder unterlassenen Kapitalmarktinformationen aus §§ 37b Abs. 1, 37c Abs. 1 WpHG ergeben. Da die Aktiengesellschaft als juristische Person nicht selber handeln kann, ist für die Haftung stets auf ein pflichtwidriges Verhalten natürlicher Personen abzustellen. Bei Vorstandsmitgliedern erfolgt die Zurechnung dabei über § 31 BGB analog.[425] Diese Vorschrift regelt ihrem Wortlaut nach zwar nur, dass der Verein für den Schaden verantwortlich ist, den der Vorstand, ein Mitglied des Vorstands oder ein anderer verfassungsmäßig berufener Vertreter durch eine in Ausführung der

---

422 *Bachmann*, ZIP 2014, 579, 582; *Meyer*, DB 2014, 1063, 1069; *Seibt/Cziupka*, DB 2014, 1598, 1061.

423 Auf diese Konstellation beziehen sich auch die Nachweise in Fn. 421.

424 Prägnant *Bachmann*, ZIP 2014, 579, 582.

425 In Bezug auf § 33 Abs. 3 GWB Immenga/Mestmäcker/*Emmerich*, GWB, § 33 Rn. 30; hinsichtlich § 9 S. 1 UWG Köhler/Bornkamm/*Köhler*, UWG, § 9 Rn. 1.6.

ihm zustehenden Verrichtungen begangene, zum Schadensersatz verpflichtende Handlung einem Dritten zufügt. Nach allgemeiner Ansicht ist § 31 BGB als Zurechnungsnorm gleichwohl auf alle juristischen Personen analog anwendbar.[426] Daher haftet die Gesellschaft nicht nur bei Rechtsverstößen, die unmittelbar durch den Vorstand begangen werden, sondern auch für Handlungen von anderen Personen, die das Unternehmen nach außen repräsentieren.[427]

Insbesondere bei Kartellverstößen können die Regressschäden leicht mehrere Millionen Euro betragen. So einigte sich ein Tochterunternehmen der Thyssen-Krupp AG als Beteiligte des Schienenkartells laut Zeitungsberichten mit der Deutsche Bahn AG auf die Zahlung von rund 150 Mio. Euro.[428] Der Haftungsprozess, in dem die Gesellschaft von ihrem ehemaligen Geschäftsführer neben dem Ersatz der auferlegten Geldbußen auch die Erstattung von 100 Mio. Euro wegen geleisteter Schadensersatzzahlungen verlangt, ist hinsichtlich letzterer Schadensposition noch am LAG Düsseldorf anhängig.[429] Wegen verbotener Absprachen bei Frachtaufträgen verlangt die Deutsche Bahn AG von der Lufthansa AG nach Zeitungsberichten gar Schadensersatz in Höhe von 1,76 Mrd. Euro.[430] Nach Umsetzung der Richtlinie 2014/104/EU des Europäischen Parlaments und des Rates,[431] die die praktischen Hindernisse bei der Geltendmachung von Ansprüchen durch die Opfer von Wettbewerbsverstößen beseitigen soll, ist überdies mit einem erheblichen Anstieg von Schadensersatzansprüchen durch kartellgeschädigte Dritte zu rechnen.

bb) Ersatzpflicht des Vorstands

Auch diese Regressschäden hat der Vorstand nach § 93 Abs. 2 S. 1 AktG zu erstatten.[432] Ist die Gesellschaft ihrer Zahlungspflicht gegenüber den Dritten nachgekommen,

---

426 Statt vieler nur Jauernig/*Mansel,* BGB, § 31 Rn. 2; Erman/*Westermann,* BGB, § 31 Rn. 2.

427 Zur Repräsentantenhaftung statt vieler nur BGH, Urt. v. 30.10.1967 – VII ZR 82/65, NJW 1986, 391, 392; Jauernig/*Mansel,* BGB, § 31 Rn. 3; MüKo/*Reuter,* BGB, § 31 Rn. 20.

428 ThyssenKrupp zahlt mehr als 150 Millionen Euro Schadensersatz, SZ v. 20.11.2013, abrufbar unter: <http://www.sueddeutsche.de/wirtschaft/schienenkartell-thyssen-krupp-zahlt-mehr-als-millionen-euro-schadensersatz-1.1822726>.

429 Das Verfahren ist am LAG Düsseldorf unter dem Az. 16 Sa 459/14 anhängig.

430 Deutsche Bahn verklagt Lufthansa, SZ v. 30.11.2014, abrufbar unter: <http://www.sued-deutsche.de/wirtschaft/kartellabsprachen-deutsche-bahn-verklagt-lufthansa-1.2245211>.

431 Richtlinie 2014/104/EU des Europäischen Parlaments und des Rates vom 26. November 2014 über bestimmte Vorschriften für Schadensersatzklagen nach nationalem Recht wegen Zuwiderhandlungen gegen wettbewerbsrechtliche Bestimmungen der Mitgliedstaaten und der Europäischen Union, ABL. EU L 349/1.

432 Ohne nähere Begründung *Dreher,* in: FS Konzen, 2006, 85, 106; Spindler/Stilz/*Fleischer,* AktG, § 93 Rn. 214a; *Habersack,* in: Karlsruher Forum 2009, 2010, 5, 32; Hölters/*Hölters,* AktG, § 93 Rn. 259; *Lotze,* NZKart 2014, 162, 167; Hüffer/Koch/

liegt in dem Liquiditätsabfluss eine in Geld messbare Einbuße, die unstreitig einen Vermögensschaden darstellt.[433] Wurde der Anspruch noch nicht erfüllt, stellt die Belastung mit dieser Verbindlichkeit nach allgemeiner Ansicht einen zu ersetzenden Vermögensnachteil dar,[434] wobei der Ersatzanspruch des Unternehmens in diesem Fall zunächst auf Freistellung gerichtet ist.[435] Die angesprochenen Minderungen des Gesellschaftsvermögens beruhen dabei kausal auf der Verletzung einer gegenüber dem Unternehmen bestehenden Vorstandspflicht. Ist der Ersatzanspruch des Dritten auf einen der Gesellschaft nach § 31 BGB analog zuzurechnenden Gesetzesverstoß des Vorstands zurückzuführen, besteht offensichtlich ein Ursachenzusammenhang zwischen der Vermögenseinbuße und der Pflichtverletzung des Geschäftsleiters. Da sich die Legalitätsbindung auch darauf erstreckt, durch geeignete Organisation und Überwachung dafür Sorge zu tragen, dass keine Rechtsverstöße durch Mitarbeiter nachgeordneter Unternehmensebenen begangen werden,[436] haben die Vorstandsmitglieder daneben für diejenigen Haftungsschäden einzustehen, die der Gesellschaft nach § 278 S. 1 BGB zugerechnet werden. Dies gilt allerdings nur unter der Voraussetzung, dass hierin zugleich eine schuldhafte Verletzung der Legalitätskontroll- bzw. Compliance-Pflicht durch das von der Gesellschaft in Anspruch genommene Vorstandsmitglied liegt.

e) Reduzierung des Haftungsrisikos durch Vorteilsanrechnung?

Vorstehend wurde dargestellt, dass die Vorstandsmitglieder ihrer Gesellschaft nach § 93 Abs. 2 S. 1 AktG potentiell Vermögenseinbußen in Millionenhöhe zu ersetzen haben. Das Risiko, für existenzvernichtende Schadenssummen in Anspruch genommen zu werden, könnte durch die Grundsätze des Vorteilsausgleichs allerdings erheblich reduziert sein. Insbesondere bei Legalitätspflichtverletzungen entstehen der Gesellschaft nicht nur Nachteile, sondern durch kartellrechtswidriges oder korruptes Verhalten generiert das Unternehmen unter Umständen beachtliche wirtschaftliche Gewinne.[437]

Koch, AktG, § 93 Rn. 48; tendenziell auch *Bayer*, in: FS Schmidt, 2009, 85, 93; *Goette*, ZHR (175) 2011, 388, 399.

433 Deutlich MüKo/*Oetker*, BGB, § 249 Rn. 28; Staudinger/*Schiemann*, BGB, § 249 Rn. 190.

434 Statt vieler nur BGH, Urteil v. 29.06.1972 – II ZR 123/71, NJW 1972, 1856; BGH, Urt. v. 17.02.2011 – III ZR 144/10, NZG 2011, 631, 633; Erman/*Ebert*, BGB, § 249 Rn. 57; MüKo/*Oetker*, BGB, § 249 Rn. 29; Staudinger/*Schiemann*, BGB, § 249 Rn. 202.

435 Prägnant BGH, Urt. v. 16.11.2006 – I ZR 257/03, NJW 2007, 1809, 1811; Staudinger/*Schiemann*, BGB, § 249 Rn. 202.

436 Statt vieler nur Spindler/Stilz/*Fleischer*, AktG, § 91 Rn. 47; GK/*Hopt/Roth*, AktG, § 93 Rn. 133; ausführlich zur Legalitätskontroll- und Compliance-Pflicht bereits B. I. 1. b) bb) (3).

437 Zu den „nützlichen Pflichtverletzungen" bereits unter B. I. 1. b) bb) (2).

aa) Grundzüge des Vorteilsausgleichs

Gemäß der Differenzhypothese ergibt sich der nach den §§ 249 ff. BGB ersatzfähige Schaden durch einen Vergleich des vorhandenen Vermögens mit derjenigen Vermögenslage, die ohne das schädigende Ereignis bestünde.[438] Bei strikter Anwendung dieser Methode sind im Wege einer Gesamtbetrachtung auch die zugunsten des Geschädigten eingetretenen Vorteile zu berücksichtigen, sodass es automatisch zu einer Minderung des Ersatzbetrages kommt.[439] Dieses Ergebnis entspricht dem schadensrechtlichen Bereicherungsverbot, das eine Besserstellung des Betroffenen durch den Schadensfall verhindern soll.[440] Allerdings wären etwaige Vorteile auf dieser Grundlage stets anzurechnen, was schon der Gesetzgeber des BGB als problematisch ansah[441] und in dieser Konsequenz weder von der Judikatur, noch in der Literatur vertreten wird.[442] In der Praxis dient das Bereicherungsverbot den Gerichten lediglich als Begründungselement für eine Vorteilsanrechnung im Einzelfall.[443] Nach ständiger BGH-Rechtsprechung findet ein Vorteilsausgleich demnach nur statt, wenn zwischen dem Vorteil und dem Schadensereignis ein adäquater Zusammenhang besteht, die Anrechnung dem Zweck des Ersatzanspruchs nicht widerspricht, für den Geschädigten zumutbar ist und den Schädiger nicht unbillig entlastet.[444] Die Lehre sieht diese Kriterien größtenteils als unzureichende „Leerformeln“[445] an und orientiert sich hinsichtlich der Anrechenbarkeit von Vorteilen an verschiedenen Fallgruppen.[446] So wird ein Vorteilsausgleich befürwortet, wenn die Gewinne ohne das Zutun des Geschädigten oder eines Dritten entstanden sind.[447] Abgelehnt wird eine Vorteilsanrechnung hingegen bei Leistungen eines Dritten, die dieser freiwillig

---

438 BGH, Beschl. v. 09.07.1986 – GSZ 1/86, NJW 1987, 50, 51; BGH, Urt. v. 26.09.1997 – V ZR 29/96, NJW 1998, 302, 304; Erman/*Ebert*, BGB, Vor. §§ 249–253 Rn. 14, 24; MüKo/*Oetker*, BGB, § 249 Rn. 19; Staudinger/*Schiemann*, BGB, § 249 Rn. 5.

439 So auch Staudinger/*Schiemann*, a.a.O., Rn. 132.

440 Treffend BGH, Urt. v. 28.06.2007 – VII ZR 81/06, NJW 2007, 2695, 2696; MüKo/*Oetker*, BGB, § 249 Rn. 20, 238.

441 *Mugdan*, Gesammelte Materialien zum Bürgerlichen Gesetzbuch für das Deutsche Reich, Motive, S. 10.

442 Prägnant MüKo/*Oetker*, BGB, § 249 Rn. 238.

443 Insb. BGH, Urt. v. 16.01.1990 – VI ZR 170/89, NJW 1990, 1360; BGH, Urt. v. 28.06.2007 – VII ZR 81/06, NJW 2007, 2695, 2696.

444 Statt vieler nur BGH, Urteil v. 13.07.1981 – II ZR 91/80, NJW 1982, 32, 33; BGH, Urt. v. 06.06.1997 – V ZR 115/96, NJW 1997, 2378; BGH, Urt. v. 12.11.2009 – VII ZR 233/08, NJW 2010, 675, 676 (jeweils m.w.N.).

445 Deutlich Staudinger/*Schiemann*, BGB, § 249 Rn. 140.

446 Vgl. hierzu Erman/*Ebert*, BGB, Vor. §§ 249–253 Rn. 86; MüKo/*Oetker*, BGB, § 249 Rn. 238, 241 ff.; Staudinger/*Schiemann*, BGB, § 249 Rn. 140, 145 ff.; Jauernig/*Teichmann*, BGB, Vor. §§ 249–253 Rn. 36 ff.

447 *H. Lange/Schiemann*, Handbuch des Schuldrechts, S. 502; Jauernig/*Teichmann*, BGB, Vor. §§ 249–253 Rn. 39.

erbringt oder zu denen er vertraglich verpflichtet ist.[448] Gleiches gilt bei Vorteilen, die vom Geschädigten selbst erbracht werden, es sei denn, er war hierzu nach dem Gedanken des § 254 Abs. 2 BGB verpflichtet.[449] Da diese Fallgruppen letztlich eine Systematisierung der höchstrichterlichen Einzelfallentscheidungen darstellen, führen die verschiedenen Herangehensweisen praktisch zu den gleichen Ergebnissen. Sind Vor- und Nachteil gleichartig, erfolgt die Anrechnung durch Abzug des Vorteils, ohne dass es dafür einer Gestaltungserklärung des Ersatzschuldners bedarf.[450] Andernfalls sind die Leistungen Zug-um-Zug auszutauschen.[451] Beruft sich der Schädiger auf die Grundsätze des Vorteilsausgleichs, trägt er für deren Voraussetzungen die Darlegungs- und Beweislast.[452]

bb) Anwendbarkeit im Rahmen der Vorstandsinnenhaftung?

Die Anwendbarkeit der Vorteilsanrechnung beim Vorstandsinnenregress ist in Rechtsprechung und Schrifttum grundsätzlich anerkannt.[453] Hierfür spricht schon, dass die Prinzipien des Vorteilsausgleichs für jegliche Ersatzansprüche gelten,[454] was notwendigerweise auch die Organhaftung einschließt.[455] Hinsichtlich der Gewinne aus sogenannten „nützlichen Pflichtverletzungen“[456] lehnen einzelne Vertreter der Literatur eine Vorteilsanrechnung dagegen ab.[457] Zur Begründung verweisen sie auf ein Entgegenstehen des öffentlichen Interesses.[458] Zudem sei eine Vorteilsanrechnung

---

448 Palandt/*Grüneberg*, BGB, Vor. § 249 Rn. 82 ff.; *H. Lange/Schiemann*, Handbuch des Schuldrechts, S. 519 f.; MüKo/*Oetker*, BGB, § 249 Rn. 251 ff.; Jauernig/*Teichmann*, BGB, Vor. §§ 249–253 Rn. 37 f.

449 Erman/*Ebert*, BGB, Vor. §§ 249–253 Rn. 96 ff.; MüKo/*Oetker*, BGB, § 249 Rn. 273 ff.; Jauernig/*Teichmann*, BGB, Vor. §§ 249–253 Rn. 39; *Thüsing*, Wertende Schadensberechnung, S. 66.

450 Statt vieler nur BGH, Urt. v. 06.06.1997 – V ZR 115/96, NJW 1997, 2378; Erman/*Ebert*, BGB, Vor. §§ 249–253 Rn. 88; MüKo/*Oetker*, BGB, § 249 Rn. 279.

451 BGH, Urt. v. 15.01.2009 – III ZR 28/08, NZG 2009, 353, 354; Staudinger/*Schiemann*, BGB, § 249 Rn. 143.

452 BGH, Urt. v. 18.01.2007 – IX ZR 122/04, NJW-RR 2007, 742, 744; MüKo/*Oetker*, BGB, § 249 Rn. 279; Jauernig/*Teichmann*, BGB, Vor. §§ 249–253 Rn. 41 (jeweils m.w.N.).

453 Statt vieler nur BGH, Urt. v. 20.09.2011 – II ZR 234/09, NJW-RR 2011, 1670, 1673 f.; BGH, Urt. v. 15.01.2013 – II ZR 90/11, NJW 2013, 1958, 1961; Spindler/Stilz/*Fleischer*, AktG, § 93 Rn. 38; Hölters/*Hölters*, AktG, § 93 Rn. 256; MüKo/*Spindler*, AktG, § 93 Rn. 171.

454 Palandt/*Grüneberg*, BGB, Vor. § 249 Rn. 76; MüKo/*Oetker*, BGB, § 249 Rn. 278.

455 Prägnant *Thole*, ZHR (173) 2009, 504, 94.

456 Zur Haftung bei „nützlichen Pflichtverletzungen“ bereits unter B. I. b) bb) (2).

457 *Lohse*, in: FS Hüffer, 2010, 581, 590 ff.; zurückhaltend auch *Casper*, ZHR (176) 2012, 617, 627; *Goette*, ZHR (176) 2012, 588; *Goette*, in: FS Hoffmann-Becking, 2013, 377, 382 f.; KK/*Mertens/Cahn*, AktG, § 93 Rn. 63; *Spindler*, in: FS Canaris, 2007, Bd. 2, 403, 425 f.; MüKo/*Spindler*, AktG, § 93 Rn. 92; *Thole*, ZHR (173) 2009, 504, 526 ff.

458 Deutlich *Lohse*, in: FS Hüffer, 2010, 581, 597 ff.; *Spindler*, in: FS Canaris, 2007, Bd. 2, 403, 425; *Thole*, ZHR (173) 2009, 504, 530; erwägend *Fleischer*, BB 2008, 1070, 1073.

in dieser Konstellation nicht mit den Zwecken des § 93 Abs. 2 S. 1 AktG in Einklang zu bringen.[459] Demgegenüber spricht sich die mittlerweile herrschende Lehre auch bei „nützlichen Pflichtverletzungen" für eine Vorteilsanrechnung aus.[460] Da gerade Kartell- und Korruptionsvergehen nicht nur zu hohen Vermögeneinbußen der Gesellschaft führen, sondern ihr hierdurch vor der Aufdeckung der Gesetzesverletzung erhebliche Gewinne entstehen, ist näher zu untersuchen, ob die Grundsätze der Vorteilsanrechnung auch anzuwenden sind, wenn der Vorstand auf Basis einer Kosten-Nutzen-Analyse wohlkalkuliert gegen Rechtsvorschriften verstoßen hat. Dabei ist stets zu berücksichtigen, dass die Vorteilsanrechnung vor dem Hintergrund der Differenzhypothese und des Bereicherungsverbots den Regelfall bilden muss und deswegen nicht der Vorteilsausgleich, sondern dessen Ablehnung einer besonderen Begründung bedarf.[461]

(1) Vorliegen eines tatsächlichen Vorteils als Ausgangspunkt

Denknotwendige Voraussetzung einer Vorteilsanrechnung ist zunächst, dass die Gesellschaft aufgrund der Pflichtverletzung Gewinne erwirtschaftet hat. Entgegen einer im Schrifttum verbreiteten Ansicht ist dafür unerheblich, ob beispielsweise Kartellgewinne durch den Abschöpfungsteil des Bußgeldes gemäß §§ 81 Abs. 5 S. 1 GWB, 17 Abs. 4 OWiG oder nach § 34 GWB im gesonderten Abschöpfungsverfahren wieder entzogen wurden.[462] Insbesondere geht es fehl, wenn namentlich *Kaulich* und *Thole* als Vorfrage prüfen, ob die aus dem Rechtsverstoß entstanden

---

459 Insb. *Lohse*, in: FS Hüffer, 2010, 581, 599; KK/*Mertens/Cahn*, AktG, § 93 Rn. 36; MüKo/*Spindler*, AktG, § 93 Rn. 92.

460 *Bayer*, in: FS Schmidt, 2009, 85, 94 f.; *Bayer/Scholz*, GmbHR 2015, 449, 454 f.; *Blaurock*, in: FS Bornkamm, 2014, 107, 113 f.; *Bicker*, AG 2014, 8, 13; Spindler/Stilz/*Fleischer*, AktG, § 93 Rn. 38; *Fleischer*, DB 2014, 345, 350; *Fuchs/M. Zimmermann*, JZ 2014, 838, 844; *Glöckner/Müller-Tautphaeus*, AG 2001, 344, 346; *Hauger/Palzer*, ZGR 2015, 33, 56 ff.; Hölters/*Hölters*, AktG, § 93 Rn. 256, 258; *Kaulich*, Die Haftung von Vorstandsmitgliedern einer Aktiengesellschaft für Rechtsanwendungsfehler, S. 273 ff.; *Kindler*, in: FS Roth, 2011, 367, 373 ff.; Hüffer/Koch/*Koch*, AktG, § 93 Rn. 49; *Lotze*, NZKart 2014, 162, 168 f.; *Mack*, Die Regresshaftung von Vorstandsmitgliedern einer Aktiengesellschaft, S. 183 ff.; *Schöne/Petersen*, AG 2012, 700, 703; *M. Zimmermann*, WM 2008, 433, 438 f.; differenzierend *Altemeier*, Verantwortlichkeit des Vorstands für Kartellrechtsverstöße, S. 113 ff., die einen Vorteilsausgleich nur bei aktiven Kartellrechtsverstößen, nicht aber bei Verletzung der Überwachungspflicht annimmt.

461 Ebenso Hüffer/Koch/*Koch*, AktG, § 93 Rn. 49; *Kindler*, in: FS Roth, 2011, 367, 374; Staudinger/*Schiemann*, BGB, § 249 Rn. 132; *Scholz*, Die existenzvernichtende Haftung von Vorstandsmitgliedern in der Aktiengesellschaft, S. 57; a.A. MüKo/*Oetker*, BGB, § 249 Rn. 238.

462 So aber *Fabisch*, ZWeR 2013, 91, 108; *Fleischer*, DB 2014, 345, 350; *Habersack*, in: Karlsruher Forum 2009, 2010, 5, 34; *Habersack*, in: FS Schneider, 2011, 429, 440; *Kaulich*, Die Haftung von Vorstandsmitgliedern einer Aktiengesellschaft für Rechtsanwendungsfehler, S. 277; *Thole*, ZHR (173) 2009, 504, 528.

Vorteile noch bei der Gesellschaft vorhanden sind oder bereits abgeschöpft wurden.[463] Obwohl es auf den ersten Blick einsichtig erscheint, dass die Vorteile durch den Nachteil der Abschöpfung gleichsam „weggekürzt" werden und es damit zu einem faktischen Vorteilsausgleich kommt,[464] kann diese Vorabsaldierung bei näherer Betrachtung nicht überzeugen. Hinsichtlich des Abschöpfungsteils würde dies bedeuten, dass hierin kein nach § 93 Abs. 2 S. 1 AktG ersatzfähiger Schaden liegt.[465] Dieser Ansicht muss entgegengehalten werden, dass aus Sicht der Gesellschaft beide Bußgeldbestandteile eine Vermögensminderung darstellen und damit nach den §§ 249 ff. BGB zu ersetzen sind.[466] Daneben liefe eine Vorabsaldierung auf eine Vorteilsanrechnung hinaus, die sich außerhalb der eingangs dargelegten Kriterien bewegt.[467] Gegen eine automatische Minderung des Schadens um den Abschöpfungsteil spricht letztlich auch, dass die Höhe der Gewinnabschöpfung lediglich einen Anhaltspunkt für die entstandenen Vorteile bietet. Da der Abschöpfungsteil des Bußgeldes durch die Kartellbehörde geschätzt wird,[468] können die tatsächlich erlangten Vorteile sowohl höher als auch wesentlich geringer sein.[469] Bei der Vorteilsanrechnung ist aber richtigerweise auf den tatsächlich erzielten Vorteil abzustellen,[470] für den der Vorstand die Darlegungs- und Beweislast trägt.[471] Kommt es durch die Vorabsaldierung zu einem faktischen Vorteilsausgleich, wird die Höhe der entstandenen Gewinne jedoch durch die Kartellbehörde festgelegt. Folglich bleibt festzuhalten, dass es für die Vorteilsanrechnung auf die tatsächlich erlangten Vorteile ankommt. Ob diese bereits abgeschöpft wurden oder noch bei der Gesellschaft vorhanden sind, ist hierfür unerheblich.[472]

---

463 *Kaulich*, Die Haftung von Vorstandsmitgliedern einer Aktiengesellschaft für Rechtsanwendungsfehler S. 276; *Thole*, ZHR (173) 2009, 504, 528.

464 Prägnant *Thole*, a.a.O., 528.

465 So aber LAG Düsseldorf, Teilurt. und Beschl. v. 20.01.2015 – 16 SA 459/14, BB 2015, 907, 909; *Bicker*, AG 2014, 8, 13; *Fleischer*, DB 2014, 345, 348; *Kaulich*, Die Haftung von Vorstandsmitgliedern einer Aktiengesellschaft für Rechtsanwendungsfehler, S. 277; *R. Koch*, VersR 2015, 655, 658; KK/*Mertens/Cahn*, AktG, § 93 Rn. 56.

466 Hierzu bereits unter B. I. 4. b) aa).

467 So auch *Scholz*, Die existenzvernichtende Haftung von Vorstandsmitgliedern in der Aktiengesellschaft, S. 60.

468 Statt vieler nur Immenga/Mestmäcker/*Dannecker/Biermann*, GWB, § 81 Rn. 561; für das gesonderte Abschöpfungsverfahren ergibt sich dies aus § 34 Abs. 4 S. 1 GWB.

469 Hierauf verweist bereits *M. Zimmermann*, WM 2008, 433, 439.

470 Zutreffend *Hauger/Palzer*, ZGR 2015, 33, 58; *M. Zimmermann*, WM 2008, 433 439.

471 BGH, Urt. v. 18.01.2007 – IX ZR 122/04, NJW-RR 2007, 742, 744; MüKo/*Oetker*, BGB, § 249 Rn. 279; Jauernig/*Teichmann*, BGB, Vor. §§ 249–253 Rn. 41 (jeweils m.w.N.).

472 Treffend *Scholz*, Die existenzvernichtende Haftung von Vorstandsmitgliedern in der Aktiengesellschaft, S. 60 unter Bezugnahme auf MüKo/*Oetker*, BGB, § 249 Rn. 230.

(2) Keine Zuordnung zu einer der anerkannten Fallgruppen

Die Anwendbarkeit der Vorteilsanrechnung bei „nützlichen Pflichtverletzungen" könnte sich bereits aus einer der in der Literatur anerkannten Fallgruppen ergeben.[473] Allerdings beruhen die Vorteile aus kartellrechtswidrigem und korruptem Verhalten offensichtlich nicht auf der freiwilligen Leistung eines Dritten.[474] Auch lassen sich diese nicht auf ein schadensminderndes Verhalten der Gesellschaft als Geschädigte zurückführen.[475] In Betracht kommt aber, dass die Gewinne ohne das Zutun des geschädigten Unternehmens oder eines Dritten entstanden sind. Für eine Zuordnung zu dieser Fallgruppe spricht zunächst, dass die Vorteile auf einer Legalitätspflichtverletzung des Vorstands beruhen, der im Hinblick auf die Rechtsverletzung weder unbeteiligter Dritter, noch selbst Geschädigter des Rechtsverstoßes ist.[476] Der hiergegen vorgebrachte Einwand, das Verhalten des Vorstands sei der Gesellschaft zuzurechnen und die Vorteile beruhten daher letztlich doch auf einem Zutun des Unternehmens,[477] kann nicht überzeugen. Zwar wird der als juristische Person selbst nicht handlungsfähigen Gesellschaft das Verhalten ihrer Vorstandsmitglieder nach § 31 BGB analog zugerechnet.[478] Diese Zurechnungsnorm greift aber nur bei Schadensersatzansprüchen Dritter gegen das Unternehmen und damit im Außenverhältnis.[479] Verfolgt das Unternehmen Organhaftungsansprüche im Innenverhältnis, kommt es hingegen allein auf das Verhalten des jeweiligen Geschäftsleiters an. Würde im Rahmen des § 93 Abs. 2 S. 1 AktG eine Handlung des Vorstands zugleich ein Verhalten der Gesellschaft bedeuten, wäre stets ihr Zutun gegeben. Damit bliebe bei der Vorstandsinnenhaftung insgesamt kein Raum für einen Vorteilsausgleich. Überdies hätte eine Gleichstellung von Vorstands- und Gesellschaftsverhalten im Innenverhältnis die Konsequenz, dass Ersatzansprüchen stets anspruchsmindernd ein Mitverschulden der Aktiengesellschaft entgegengesetzt werden könnte, womit die Vorstandhaftung ins Leere

---

473 Detaillierte Aufstellung der Fallgruppen bei *H. Lange/Schiemann*, Handbuch des Schuldrechts, S. 502 ff.; Staudinger/*Schiemann*, BGB, § 249 Rn. 145 ff.; *Thüsing*, Wertende Schadensberechnung, S. 63 ff.

474 So auch *Fabisch*, ZWeR 2013, 91, 107; *Hauger/Palzer*, ZGR 2015, 33, 56; *Kaulich*, Die Haftung von Vorstandsmitgliedern einer Aktiengesellschaft für Rechtsanwendungsfehler, S. 278; *Lohse*, in: FS Hüffer, 2010, 581, 590; *M. Zimmermann*, WM 2008, 433, 439.

475 Siehe hierzu die Nachweise in Fn. 473.

476 Ähnlich *M. Zimmermann*, a.a.O., 439; *Twele*, Die Haftung des Vorstands für Kartellrechtsverstöße, S. 169; erwägend *Thole*, ZHR (173) 2009, 504, 529.

477 *Fabisch*, ZWeR 2013, 91, 107; *Kaulich*, Die Haftung von Vorstandsmitgliedern einer Aktiengesellschaft für Rechtsanwendungsfehler, S. 279; unentschlossen *Thole*, ZHR (173) 2009, 504, 529.

478 Auf die Zurechnung nach § 31 BGB verweist auch *Kaulich*, Die Haftung von Vorstandsmitgliedern einer Aktiengesellschaft für Rechtsanwendungsfehler, S. 279.

479 Insofern weist MüKo/*Reuter*, BGB, § 31 Rn. 2 zutreffend darauf hin, dass erst durch § 31 BGB eine Haftung der juristischen Personen möglich ist.

liefe.[480] Im Ergebnis ist eine Zuordnung zu dieser Fallgruppe dennoch abzulehnen. Denn für den Fall, dass die Gewinne ohne das Zutun des Geschädigten oder eines Dritten entstanden sind, liegt die wesentliche Begründung für eine Vorteilsanrechnung darin, dass der Schädiger das verletzte Rechtsgut oder die missachtete vertragliche Verpflichtung zugleich gefördert hat.[481] Wie von *Kaulich* zutreffend herausgestellt, liegt in einem Verstoß des Vorstands gegen die aktienrechtliche Legalitätspflicht aber nicht zur gleichen Zeit eine Förderung derselben.[482] Damit unterfällt die Haftung des Geschäftsleiters bei „nützlichen Pflichtverletzungen" keiner der bürgerlich-rechtlich anerkannten Fallgruppen, weshalb die Frage der Vorteilsanrechnung anhand der Rechtsprechungskriterien zu lösen ist.

(3) Kausalzusammenhang zwischen Schadensereignis und Vorteil

Der von der Judikatur geforderte Kausalzusammenhang zwischen Schadensereignis und Vorteil[483] ist hinsichtlich Kartellverstoß und Kartellgewinn gegeben.[484] Die Rechtsverletzung kann nicht hinweggedacht werden, ohne dass die erwirtschafteten Vorteile entfielen. Der gleiche innere Zusammenhang liegt zwischen Schmiergeldabrede und Korruptionsgewinn vor.[485] Denn der Verstoß gegen die §§ 298 ff. StGB kann nicht hinweggedacht werden, ohne dass zugleich die hierdurch zu Stande gekommenen gewinnbringenden Geschäfte entfielen. Allerdings bewirkt die Adäquanz im Sinne einer Negativabgrenzung lediglich, dass nicht auf dem Schadensereignis beruhende Vorteile unberücksichtigt bleiben.[486] Hieraus allein kann dagegen nicht auf die Anwendbarkeit der Vorteilsanrechnung geschlossen werden.

(4) Widerspruch zu den Zwecken der Organhaftung?

Nach ständiger BGH-Rechtsprechung findet ein Vorteilsausgleich ebenfalls nicht statt, wenn die Anrechnung mit dem Zweck des Schadensersatzanspruches nicht in

480 Zur Ablehnung des Mitverschuldenseinwands Spindler/Stilz/*Fleischer*, AktG, § 93 Rn. 210; MüKo/*Spindler*, AktG, § 93 Rn. 144 (jeweils m.w.N.).

481 *H. Lange/Schiemann*, Handbuch des Schuldrechts, S. 502.

482 So auch *Kaulich*, Die Haftung von Vorstandsmitgliedern einer Aktiengesellschaft für Rechtsanwendungsfehler; S. 280 f.

483 Hierzu insb. BGH, Urteil v. 13.07.1981 – II ZR 91/80, NJW 1982, 32, 33; BGH, Urt. v. 06.06.1997 – V ZR 115/96, NJW 1997, 2378; BGH, Urt. v. 12.11.2009 – VII ZR 233/08, NJW 2010, 675, 676 (jeweils m.w.N.).

484 So auch *Altemeier*, Verantwortlichkeit des Vorstands für Kartellrechtsverstöße, S. 95 f.; *Blaurock*, in: FS Bornkamm, 2014, 107, 113; *Fabisch*, ZWeR 2013, 91, 106; *Glöckner/Müller-Tautphaeus*, AG 2001, 344, 346; Krieger/Schneider/*Wilsing*, Hdb Managerhaftung, § 31 Rn. 34; *M. Zimmermann*, WM 2008, 433, 438; ähnlich *Scholz*, Die existenzvernichtende Haftung von Vorstandsmitgliedern in der Aktiengesellschaft, S. 58, der allerdings auf die Kartellbuße abstellt.

485 Prägnant *Kindler*, in: FS Roth, 2011, 367, 375; ausführliche Begründung hierzu bei *Lohse*, in: FS Hüffer, 2010, 581, 591 f.

486 Deutlich MüKo/*Oetker*, BGB, § 249 Rn. 233.

Einklang zu bringen ist.[487] Für die Anrechnung der Gewinne aus „nützlichen Pflichtverletzungen“ ist daher entscheidend, ob ein Vorteilsausgleich im Widerspruch zu den Funktionen des § 93 Abs. 2 S. 1 AktG steht.

i. Präventionsfunktion

Ein Regelungszweck der Vorstandshaftung liegt in der präventiven Verhaltenssteuerung der Geschäftsleiter.[488] Insofern wird eingewandt, dass eine Vorteilsanrechnung bei „nützlichen Pflichtverletzungen“ der Steuerungsfunktion der Organhaftung zuwiderlaufe.[489] Schließlich sei denkbar, dass die durch den Rechtsverstoß erlangten Gewinne höher als die Schäden ausfielen und der Vorstand dadurch einer Haftung vollständig entginge.[490] Namentlich *Lohse* geht davon aus, dass bei Schmiergeldvereinbarungen die Gewinne das gezahlte Schmiergeld in der Regel übersteigen, weshalb bei Zulässigkeit der Vorteilsanrechnung für den Vorstand ein Anreiz zu rechtswidrigem Verhalten bestehe.[491] Auch widerspreche es dem Zweck der Vorstandshaftung, wenn der in Regress genommene Geschäftsleiter im Wege des Vorteilsausgleichs entgegen dem öffentlichen Interesse letztlich einen Nutzen aus seinem Fehlverhalten ziehe.[492]

Diese Kritik kann indes nicht überzeugen. Da dem Vorteil des Kartellgewinns potentiell der Ahndungs- und Abschöpfungsteil einer Verbandsgeldbuße, die Rechtsverfolgungs- und Aufklärungskosten sowie etwaige Regressansprüche Dritter als Nachteile gegenüber stehen,[493] geht schon der Ausgangspunkt der Überlegung fehl. Selbst wenn im Einzelfall die Gewinnabschöpfung oder der Verfall nach § 73 StGB

---

487 Statt vieler nur BGH, Urteil v. 13.07.1981 – II ZR 91/80, NJW 1982, 32, 33; BGH, Urt. v. 06.06.1997 – V ZR 115/96, NJW 1997, 2378; BGH, Urt. v. 12.11.2009 – VII ZR 233/08, NJW 2010, 675, 676 (jeweils m.w.N.).

488 Henssler/Strohn/*Dauner-Lieb,* GesR, § 93 AktG Rn. 1; Hölters/*Hölters,* AktG, § 93 Rn. 8; GK/*Hopt/Roth,* AktG, § 93 Rn. 28; Hüffer/Koch/*Koch,* AktG, § 93 Rn. 1; KK/*Mertens/Cahn,* AktG, § 93 Rn. 36.

489 *Lohse,* in: FS Hüffer, 2010, 581, 599; KK/*Mertens/Cahn,* AktG, § 93 Rn. 36; *Spindler,* in: FS Canaris, 2007, Bd. 2, 403, 425 f.; MüKo/*Spindler,* AktG, § 93 Rn. 92; sympathisierend auch *Casper,* ZHR (176) 2012, 617, 626; erwägend *Thole,* ZHR (173) 2009, 504, 527; differenzierend *Altemeier,* Verantwortlichkeit des Vorstands für Kartellrechtsverstöße, S. 114 ff., die einen Konflikt mit der Steuerungsfunktion nur bei aktiven Kartellrechtsverstößen annimmt.

490 *Thole,* ZHR (173) 2009, 504 529.

491 *Lohse,* in: FS Hüffer, 2010, 581, 599.

492 *Spindler,* in: FS Canaris, 2007, Bd. 2, 403, 425; MüKo/*Spindler,* AktG, § 93 Rn. 92; ähnlich *Goette,* ZHR (176) 2012, 588; *Goette,* in: FS Hoffmann-Becking, 2013, 377, 383; *Thole,* ZHR (173) 2009, 504, 529; erwägend *Fleischer,* ZIP 2005, 141, 151; *Fleischer,* BB 2008, 1070, 1073.

493 Hierauf verweisen auch *Bayer/Scholz,* GmbHR 2015, 449, 455; *Scholz,* Die existenzvernichtende Haftung von Vorstandsmitgliedern in der Aktiengesellschaft, S. 62.

den tatsächlich erlangten Vorteilen vollständig entspricht,[494] verbleibt auch nach einer Vorteilsanrechnung eine nicht unbeachtliche Haftungssumme. Die mit dem Vorteilsausgleich verbundene Reduzierung des Ersatzbetrages kann daher allenfalls eine Minderung, nicht aber ein vollständiges Entfallen der Präventivfunktion bewirken.[495] Und auch in dem theoretisch denkbaren Fall, dass die Vorteile die Nachteile einmal überstiegen sollten, steht die Steuerungsfunktion des § 93 Abs. 2 S. 1 AktG einer Vorteilsanrechnung nicht entgegen. Zum einen muss der Vorstand bei Legalitätspflichtverstößen stets mit anderen Sanktionen wie einer Abberufung, Kündigung oder Entlastungsverweigerung rechnen.[496] Zum anderen besteht das Risiko, selbst mit einem Bußgeld sanktioniert zu werden. Bedenkt man zudem die persönlichen Konsequenzen, die mit einem unter Umständen über Jahre andauernden Schadensersatzprozess verbunden sind, ist nicht nachvollziehbar, weshalb die Präventionsfunktion allein wegen Anerkennung der Vorteilsanrechnung entfallen soll.[497]

Gegen einen Konflikt mit der Steuerungsfunktion spricht ferner die Darlegungs- und Beweislast des Vorstands.[498] Insbesondere bei ausgeschiedenen Geschäftsleitern ist der Vorteilsnachweis mit erheblichen Schwierigkeiten verbunden.[499] Der bloße Hinweis auf § 287 Abs. 1 S. 1 ZPO, wonach das Gericht unter Würdigung aller Umstände nach freier Überzeugung über die Entstehung und die Höhe eines Schades entscheidet, wenn dies unter den Parteien streitig ist, vermag die Nachweisschwierigkeiten des Vorstands nicht auszuräumen.[500] Denn auch die Ermittlung der Vorteile durch das Gericht im Wege der Schadensschätzung nach § 287 Abs. 1

494 Dass dies in der Praxis nicht der Fall ist stellen insb. *Marsch-Barner*, ZHR (173) 2009, 723, 729; *Thole*, ZHR (173) 2009, 504, 529; *M. Zimmermann*, WM 2008, 433, 438 heraus; aus diesem Grund plädiert Hölters/*Hölters*, AktG, § 93 Rn. 258 für eine Verbesserung der Abschöpfungsmöglichkeiten durch den Gesetzgeber.

495 Zutreffend *Hauger/Palzer*, ZGR 2015, 33, 57; ähnlich *Marsch-Barner*, ZHR (173) 2009, 723, 729; a.A. *Lohse*, in: FS Hüffer, 2010, 581, 599, die von einem Anreiz für rechtswidriges Verhalten als Folge der Vorteilsanrechnung ausgeht.

496 So auch *Fleischer*, DB 2014, 345 350; *Habersack*, in: Karlsruher Forum 2009, 2010, 5, 34; *Habersack*, in: FS Schneider, 2011, 429, 440; *Kaulich*, Die Haftung von Vorstandsmitgliedern einer Aktiengesellschaft für Rechtsanwendungsfehler, S. 283; *Kindler*, in: FS Roth, 2011, 367, 376; Hüffer/Koch/*Koch*, AktG, § 93 Rn. 49.

497 So aber *Lohse*, in: FS Hüffer, 2010, 581, 599; KK/*Mertens/Cahn*, AktG, § 93 Rn. 63; *Spindler*, in: FS Canaris, 2007, Bd. 2, 403, 425 f.

498 So auch *Fleischer*, DB 2014, 345, 350; *Kaulich*, Die Haftung von Vorstandsmitgliedern einer Aktiengesellschaft für Rechtsanwendungsfehler, S. 284; Hüffer/Koch/*Koch*, AktG, § 93 Rn. 49; *Mack*, Die Regresshaftung von Vorstandsmitgliedern einer Aktiengesellschaft, S. 184; *Marsch-Barner*, ZHR (173) 2009, 723, 729 f.

499 Ähnlich *Bayer*, in: FS Schmidt, 2009, 85, 95; *Bicker*, AG 2014, 8, 13; *Hauger/Palzer*, ZGR 2015, 33, 58; sehr ausführlich *Scholz*, Die existenzvernichtende Haftung von Vorstandsmitgliedern in der Aktiengesellschaft, S. 62 ff.; *Twele*, Die Haftung des Vorstands für Kartellrechtsverstöße, S. 171; a.A. *Schöne/Petersen*, AG 2012, 700, 703.

500 So aber *Schöne/Petersen*, a.a.O., 703 f.

S. 1 ZPO[501] entbindet den Regresspflichtigen nicht davon, die Anknüpfungstatsachen als Schätzungsgrundlage schlüssig darzulegen und zu beweisen.[502] Dies erfordert notwendigerweise Zugriff auf die Geschäftsunterlagen der Gesellschaft, den das ausgeschiedene Organmitglied wegen der Herausgabepflicht nach §§ 675 Abs. 1, 666, 667 BGB nicht mehr hat.[503] In Bezug auf die Beweislastverteilung nach § 93 Abs. 2 S. 2 AktG ist zwar anerkannt, dass dem Vorstand ein Einsichtsrecht in die zur Rechtsverteidigung erforderlichen Unterlagen zusteht.[504] Doch selbst dieses Einsichtsrecht kann die Beweisschwierigkeiten nicht vollständig beseitigen. Wie bereits ausgeführt, ist zu erwarten, dass darüber, welche Unterlagen im Einzelnen herauszugeben sind, zwischen der Gesellschaft und ihrem ehemaligen Vorstand häufig zu Streitigkeiten kommt.[505] Überdies wird es dem ausgeschiedenen Vorstandsmitglied oft schwer fallen, die benötigten Dokumente hinreichend konkret zu bezeichnen. Und selbst wenn ihm dies gelingt, besteht die Gefahr, dass die Gesellschaft die zur Rechtsverteidigung benötigten Unterlagen bereits ordnungsgemäß vernichtet hat. Auch aufgrund dieser praktischen Probleme erscheint daher die Annahme fernliegend, dass der Vorstand sich durch die Grundsätze der Vorteilsanrechnung zur Begehung von Rechtsverstößen herausgefordert fühlt.[506]

Darüber hinaus geht der Hinweis auf das öffentliche Interesse fehl, das insbesondere bei Kartellbußgeldern einer Vorteilsanrechnung entgegenstehen soll.[507] Bereits bei der Untersuchung der Regressfähigkeit von Unternehmensbußgeldern wurde ausführlich dargelegt, dass die staatliche Sanktion von der zivilrechtlichen Haftung zu trennen ist.[508] Dementsprechend können hoheitliche Interessen auch hinsichtlich der Frage des Vorteilsausgleichs keine Rolle spielen.[509] Letztlich kann der Einwand nicht überzeugen, dass bei „nützlichen Pflichtverletzungen“ auf Rechtsfolgenseite eine unbeschränkte Einstandspflicht bestehen müsse, wenn diese

---

501 Zur Zulässigkeit der Schadensschätzung bei der Vorteilsanrechnung insb. BGH, Urt. v. 15.02.2005 – VI ZR 74/04, NJW 2005, 1041, 1043; Musielak/*Foerste*, ZPO, § 287 Rn. 3.

502 Insb. BGH, Urt. v. 15.03.1988 – VI ZR 81/87, NJW 1988, 3016, 3017; Musielak/*Foerste*, ZPO, § 287 Rn. 7; MüKo/*Prütting*, ZPO, § 287 Rn. 14; hierauf verweist zu Recht *Scholz*, Die existenzvernichtende Haftung von Vorstandsmitgliedern in der Aktiengesellschaft, S. 63.

503 Zur Herausgabepflicht ehemaliger Vorstandsmitglieder bereits unter B. I. 2. c) aa) (1).

504 Statt vieler nur BGH, Urt. v. 04.11.2002 – II ZR 224/00, NJW 2003, 358, 359; Spindler/Stilz/*Fleischer*, AktG, § 93 Rn. 224; MüKo/*Spindler*, AktG, § 93 Rn. 188.

505 Deutlich Hölters/*Hölters*, AktG, § 93 Rn. 270; zum begrenzten Schutz durch das Einsichtsrechts bereits unter B. I. 2. c) aa) (3).

506 So aber die Tendenz bei *Lohse*, in: FS Hüffer, 2010, 581, 599.

507 So aber *Goette*, ZHR (176) 2012, 588; *Goette*, in: FS Hoffmann-Becking, 2013, 377, 383; *Thole*, ZHR (173) 2009, 504, 530.

508 Hierzu bereits unter B. I. 4. b) bb) (2).

509 Ähnlich *Fabisch*, ZWeR 2013, 91, 106; *Fleischer*, DB 2014, 345, 350; *Marsch-Barner*, ZHR (173) 2009, 723, 730; *M. Zimmermann*, WM 2008, 433, 439.

auf Tatbestandsseite als Pflichtverletzung angesehen werden.[510] Denn mit diesem Argument ließe sich jede Vorteilsanrechnung ablehnen.

ii. Kompensationsfunktion

Neben der Verhaltenssteuerung dient § 93 Abs. 2 S. 1 AktG der Kompensation der entstandenen Schäden.[511] Auch mit dieser Funktion ist die Vorteilsanrechnung bei „nützlichen Pflichtverletzungen" in Einklang zu bringen.[512] Mit Blick auf die Differenzhypothese und das Bereicherungsverbot muss es sich bei dem Vorteilsausgleich um den Regelfall, bei dessen Versagung hingegen um die begründungspflichtige Ausnahme handeln.[513] Vor diesem Hintergrund ist nicht ersichtlich, weshalb die Gesellschaft über den rechnerisch tatsächlich bestehenden Nachteil hinaus kompensiert werden sollte. Eine Versagung der Vorteilsanrechnung würde vielmehr dazu führen, dass das Unternehmen die aus dem Rechtsverstoß erwirtschafteten Gewinne als sogenannte *windfall profits* vereinnahmt und es damit zu einer Überkompensation der Gesellschaft kommt.[514] Eine Bereicherung der Gesellschaft auf Kosten des Vorstands entspricht jedoch nicht dem Zweck des § 93 Abs. 2 S. 1 AktG,[515] der lediglich auf einen Ausgleich des Schadens abzielt.[516] Auch die Grundsätze des Vorteilsausgleichs sind gerade von dem Gedanken getragen, einer Bereicherung des Geschädigten entgegenzuwirken.[517]

(5) Zumutbare Belastung der Gesellschaft

Nach der Rechtsprechung des BGH ist ein Vorteilsausgleich ferner zu versagen, wenn die Anrechnung der Gewinne dem Geschädigten nicht zugemutet werden kann.[518] Für die Gesellschaft stellt es allerdings keine unzumutbare Belastung dar,

---

510 So aber *Thole*, ZHR (173) 2009, 504, 529; wie hier *Scholz*, Die existenzvernichtende Haftung von Vorstandsmitgliedern in der Aktiengesellschaft, S. 61.

511 Henssler/Strohn/*Dauner-Lieb*, GesR, § 93 AktG Rn. 1; Hölters/*Hölters*, AktG, § 93 Rn. 8; GK/*Hopt/Roth*, AktG, § 93 Rn. 28; Hüffer/Koch/*Koch*, AktG, § 93 Rn. 1; KK/*Mertens/Cahn*, AktG, § 93 Rn. 6.

512 So auch *Bayer*, in: FS Schmidt, 2009, 85, 95; *Mack*, Die Regresshaftung von Vorstandsmitgliedern einer Aktiengesellschaft, S. 183; *Marsch-Barner*, ZHR (173) 2009, 723, 727; erwägend *Thole*, ZHR (173) 2009, 504, 527; a.A. nur *Lohse*, in: FS Hüffer, 2010, 581, 599, die hierfür allerdings keine Begründung liefert.

513 Zutreffend insb. Hüffer/Koch/*Koch*, AktG, § 93 Rn. 49; *Kindler*, in: FS Roth, 2011, 367, 374; Staudinger/*Schiemann*, BGB, § 249 Rn. 132.

514 Hierauf hinweisend insb. *Bayer*, in: FS Schmidt, 2009, 85, 95; *Hauger/Palzer*, ZGR 2015, 33, 57 (jeweils m.w.N.); erwägend auch *Thole*, ZHR (173) 2009, 504, 527.

515 Deutlich *Bayer*, in: FS Schmidt, 2009, 85, 95; *Bicker*, AG 2014, 8, 13.

516 Statt vieler nur Hüffer/Koch/*Koch*, AktG, § 93 Rn. 1.

517 Vgl. hierzu insb. BGH, Urt. v. 16.01.1990 – VI ZR 170/89, NJW 1990, 1360; BGH, Urt. v. 28.06.2007 – VII ZR 81/06, NJW 2007, 2695, 2696.

518 Statt vieler nur BGH, Urteil v. 13.07.1981 – II ZR 91/80, NJW 1982, 32, 33; BGH, Urt. v. 06.06.1997 – V ZR 115/96, NJW 1997, 2378; BGH, Urt. v. 12.11.2009 – VII ZR 233/08, NJW 2010, 675, 676 (jeweils m.w.N.).

wenn der Vorstand ihr im Rahmen seiner Inanspruchnahme die aus Rechtsverstößen erlangten Gewinne entgegenhalten kann. Insofern ist zunächst dem von *Thole* vorgebrachten Einwand einer Unterkompensation der Gesellschaft als Folge der Vorteilsanrechnung[519] entschieden entgegenzutreten.[520] Obwohl denkbar ist, dass die erwirtschafteten Gewinne exakt den Nachteilen der Gesellschaft entsprechen oder diese sogar übersteigen,[521] führt ein Vorteilsausgleich in diesem Fall zu einer vollständigen Verrechnung der Vor- und Nachteile mit der Folge, dass der Gesellschaft kein Schaden entstanden ist.[522] Dies bedeutet allerdings keine Unterkompensation der Gesellschaft, sondern das Vermögen entspricht genau der Lage, die ohne die Pflichtverletzung bestünde.

Zudem kann das Unternehmen kein schutzwürdiges Interesse daran haben, auf rechtswidrigem Verhalten beruhende Vorteile zu behalten. Wie bereits ausgeführt, führt die Versagung der Vorteilsanrechnung zu einer Vereinnahmung von *windfall profits* durch die Gesellschaft.[523] Verblieben die durch Kartellverstöße oder Schmiergeldabreden erwirtschafteten Gewinne im Vermögen des Unternehmens, stünde die Gesellschaft trotz rechtswidrigem Verhalten wirtschaftlich besser als ihre rechtstreuen Wettbewerber.[524] Daher muss den mit dem öffentlichen Interesse argumentierenden Gegnern der Vorteilsanrechnung[525] entgegengehalten werden, dass dieses erst Recht beeinträchtigt ist, wenn ein Rechtsverstoß des vertretungsberechtigten Organs mangels Vorteilsausgleich letztlich durch ein Behaltendürfen der Gewinne prämiert wird.[526] Denn gibt man die Trennung von staatlicher Sanktion und zivilrechtlicher Haftung schon auf und bezieht die Regelungszwecke der Gewinnabschöpfungsvorschriften zur Beurteilung der Anwendbarkeit der Vorteilsanrechnung ein, ist ebenso zu berücksichtigen, dass die Entziehung der aus dem Rechtsverstoß resultierenden Kartell- und Korruptionsgewinne gerade der

---

519 *Thole*, ZHR (173) 2009, 504, 526.

520 Zutreffend *Scholz*, Die existenzvernichtende Haftung von Vorstandsmitgliedern in der Aktiengesellschaft, S. 64.

521 In der Regel werden die Nachteile durch Ahndungs- und Abschöpfungsteil der Geldbuße, Aufklärungs- und Rechtverfolgungskosten sowie Regressansprüche Dritte die Vorteile allerdings übersteigen; hierzu bereits unter B. I. 4. e) bb) (4).

522 So auch *Scholz*, a.a.O., S. 64; *M. Zimmermann*, WM 2008, 433, 439.

523 So auch *Bayer*, in: FS Schmidt, 2009, 85, 95; *Hauger/Palzer*, ZGR 2015, 33, 57 (jeweils m.w.N.).

524 Ebenso *Bayer*, in: FS Schmidt, 2009, 85, 96; *Kaulich*, Die Haftung von Vorstandsmitgliedern einer Aktiengesellschaft für Rechtsanwendungsfehler, S. 285; *Scholz*, Die existenzvernichtende Haftung von Vorstandsmitgliedern in der Aktiengesellschaft, S. 65; Krieger/Schneider/*Wilsing*, Hdb Managerhaftung, § 31 Rn. 34.

525 Insb. *Lohse*, in: FS Hüffer, 2010, 581, 597 ff.; *Spindler*, in: FS Canaris, 2007, Bd. 2, 403, 425; *Thole*, ZHR (173) 2009, 504, 530.

526 Ähnlich *Blaurock*, in: FS Bornkamm, 2014, 107, 114; *Fuchs/M. Zimmermann*, JZ 2014, 838, 844; Hölters/*Hölters*, AktG, § 93 Rn. 258; *Twele*, Die Haftung des Vorstands für Kartellrechtsverstöße, S. 172.

hoheitlichen Zielsetzung entspricht.[527] Diesen Zweck verdeutlicht insbesondere § 17 Abs. 4 OWiG, wonach die Geldbuße den wirtschaftlichen Vorteil, den der Täter aus der Ordnungswidrigkeit gezogen hat, übersteigen soll. Hierdurch soll verhindert werden, dass sich die Ordnungswidrigkeit für den Bußgeldadressaten in irgendeiner Hinsicht lohnt.[528] Der Effekt einer Prämierung des Rechtsverstoßes wird auch nicht dadurch gemindert, dass die Gewinne der Gesellschaft in der Regel durch Abschöpfung wieder entzogen wurden. Denn stellt man bei der Frage, ob bei der Gesellschaft anrechenbare Vorteile vorhanden sind, allein auf die staatliche Gewinnabschöpfung ab, liefe dies letztlich wieder auf eine Vorabsaldierung hinaus, die bereits zu Beginn der Überlegungen abgelehnt wurde.[529] Überdies ist mit Blick auf die Schätzung durch die Kartellbehörde[530] durchaus denkbar, dass die tatsächlichen Vorteile die abgeschöpften Gewinne übersteigen.[531] Schließlich kann es vorkommen, dass eine Gewinnabschöpfung gänzlich unterbleibt. Ohne eine Anrechnung der Vorteile im Rahmen des § 93 Abs. 2 S. 1 AktG hätte sich der Rechtsverstoß für die Gesellschaft in diesen Fällen tatsächlich gelohnt.

(6) Keine unbillige Entlastung des Vorstandsmitglieds

Schlussendlich führt die Vorteilsanrechnung auch nicht zu einer unbilligen Entlastung des in Anspruch genommenen Vorstandsmitglieds.[532] Der Geschäftsleiter, der fremdnützig für die Gesellschaft tätig wird, profitiert nicht selbst von seinen Rechtsverstößen, sondern begeht diese im wirtschaftlichen Interesse des Unternehmens.[533] Die durch Kartelle erzielten Verkaufspreise sowie die aufgrund von Schmiergeldabreden zustande gekommenen Geschäfte kommen in erster Linie der Gesellschaft zugute. Werden diese Vorteile nach Aufdeckung der Gesetzesverletzung im Rahmen des Organhaftungsanspruches angerechnet, bedeutet dies lediglich einen Gleichlauf von Nutzen und Risiko und keine unbillige Entlastung des Vorstands. Im Übrigen wird die Vorteilsanrechnung in aller Regel nicht dazu führen, dass der Vorstand einer Haftung vollständig entgeht und damit unangemessen

527 Ebenso argumentieren *Bicker*, AG 2014, 8, 13; *Fleischer*, BB 2008, 1070, 1073; *Hauger/Palzer*, ZGR 2015, 33, 56; *Lotze*, NZKart 2014, 162, 169; Krieger/Schneider/*Wilsing*, Hdb Managerhaftung, § 31 Rn. 34; *M. Zimmermann*, WM 2008, 433, 439.

528 Prägnant KK/*Mitsch*, OWiG, § 17 Rn. 113.

529 Hierzu ausführlich unter B. 4. e) bb) (1).

530 Vgl. hierzu Immenga/Mestmäcker/*Dannecker/Biermann*, GWB, § 81 Rn. 561.

531 Deutlich *M. Zimmermann*, WM 2008, 433, 439.

532 Zutreffend insb. *Bayer/Scholz*, GmbHR 2015, 449, 455; *Fleischer*, BB 2008, 1070, 1073; *Fleischer*, DStR 2009, 1204, 1210; *Glöckner/Müller-Tautphaeus*, AG 2001, 344, 346; *Marsch-Barner*, ZHR (173) 2009, 723, 730.

533 Ähnlich *Glöckner/Müller-Tautphaeus*, AG 2001, 344, 436; *Kaulich*, Die Haftung von Vorstandsmitgliedern einer Aktiengesellschaft für Rechtsanwendungsfehler, S. 285; *Marsch-Barner*, ZHR (173) 2009, 723, 725.

entlastet wird.[534] Führt man sich nochmals vor Augen, dass den Gewinnen aus Kartellverstößen und Korruptionsvergehen nicht nur Bußgelder in Millionenhöhe, sondern auch Rechtsverfolgungs- und interne Aufklärungskosten sowie Schadensersatzansprüche Dritter entgegenstehen, werden die Vorteile die Nachteile nur in seltenen Einzelfällen übersteigen.[535] Und selbst wenn diese Konstellation einmal auftreten sollte, wird insbesondere das ausgeschiedene Vorstandsmitglied erhebliche Schwierigkeiten haben, dies im Prozess auch darzulegen und zu beweisen.[536]

cc) Zusammenfassung

Damit bleibt *in summa* festzuhalten, dass die Grundsätze des Vorteilsausgleichs auch bei einer Inanspruchnahme von Vorstandsmitglieder wegen „nützlicher Pflichtverletzungen" Anwendung finden. Das Vorstandsmitglied kann der Gesellschaft damit schadensmindernd diejenigen Gewinne entgegenhalten, die das Unternehmen durch seine Gesetzesverletzung erlangt hat. Die Vorteilsanrechnung führt allerdings nur dann zu einer spürbaren Reduzierung des Haftungsrisikos, wenn die erwirtschafteten Gewinne zumindest ansatzweise den Nachteilen entsprechen. Hinzu kommt, dass der Vorstand für das Vorliegen und die Höhe der Vorteile die Darlegungs- und Beweislast trägt, was mit erheblichen praktischen Schwierigkeiten verbunden sein kann. Dementsprechend ist abschließend festzustellen, dass über den Vorteilsausgleich grundsätzlich eine Beschränkung der Regresssumme und damit eine Minderung der Regressfolgen herbeigeführt werden kann. Hat die Gesellschaft allerdings keine bzw. nur geringe Vorteile erlangt oder gelingt dem Geschäftsleiter deren Nachweis im Prozess nicht, verbleibt es bei dem Risiko des Vorstands, für eine potentiell existenzvernichtende Schadenssumme einstehen zu müssen.

5. Zwischenfazit

Die oben stehenden Untersuchungen haben gezeigt, dass sich das Risiko einer existenzvernichtenden Haftung unmittelbar aus § 93 Abs. 2 S. 1 AktG ergibt und der Regressnorm gleichsam immanent ist. Bereits aus der weitreichenden Pflichtenbindung der Vorstandsmitglieder folgt die ebenso große Gefahr einer Inanspruchnahme. Dabei birgt insbesondere die umfassende Legalitätspflicht erhebliche Risiken. Zum einen steigt die Wahrscheinlichkeit eines Rechtsverstoßes durch die fortschreitende Verrechtlichung des Wirtschaftslebens immer weiter an. Zum anderen resultieren aus den vollständig erstattungsfähigen Unternehmensbußgeldern, Rechtsverfolgungs- und Aufklärungskosten sowie Ersatzansprüchen Dritter zum Teil immens hohe Regresssummen. Zwar kann der Vorstand sich auch bei einer

---

534 Dies befürchten aber *Lohse*, in: FS Hüffer, 2010, 581, 599; *Thole*, ZHR (173) 2009, 504, 529.

535 Zutreffend *Bayer/Scholz*, GmbHR 2015, 449, 455; *Scholz*, Die existenzvernichtende Haftung von Vorstandsmitgliedern in der Aktiengesellschaft, S. 67.

536 Hierzu bereits B. 4. e) bb) (4).

Inanspruchnahme für Verbandsgeldbußen auf die Grundsätze der Vorteilsanrechnung berufen. Diese führen aber nicht in jedem Fall zu einer spürbaren Reduzierung der Haftungssumme. Zudem versagt der vermeintlich „sichere Hafen" der *Business Judgement Rule* bei Verletzungen der Legalitäts- und Treuepflicht. Und selbst wenn die Voraussetzungen des § 93 Abs. 1 S. 2 AktG vorliegen, ist der hierüber zu erreichende Schutz angesichts der für den Vorstand nachteiligen Verteilung der Darlegungs- und Beweislast erheblich beschränkt.

II. Pflicht und Bereitschaft der Gesellschaft zur Anspruchsdurchsetzung

Trotz des existenzbedrohenden Haftungsrisikos, das sich unmittelbar aus § 93 Abs. 2 S. 1 AktG ergibt, ist eine Beschränkung der Vorstandsinnenhaftung nur notwendig, wenn die Gesellschaft auch zur Durchsetzung dieser ruinösen Regressforderungen verpflichtet ist und Organhaftungsansprüche in der Praxis tatsächlich geltend gemacht werden.[537] Andernfalls stellt sich die Ersatzpflicht als bloßer „Papiertiger"[538] dar. Daher gilt es festzustellen, ob dem Haftungstatbestand eine ebenso strikte Anspruchsdurchsetzung gegenübersteht. In einem ersten Schritt wird die Pflicht des Aufsichtsrats überprüft, nach Maßgabe des ARAG/Garmenbeck-Urteils[539] begründete Regressforderungen auch bei exorbitant hohen Schadenssummen durchsetzen zu müssen. Den Schwerpunkt bildet dabei die Frage, ob und gegebenenfalls unter welchen Voraussetzungen er bei einer drohenden Existenzvernichtung des Vorstands von einer Geltendmachung absehen darf. In einem zweiten Schritt werden die Verzichts- und Vergleichsmöglichkeiten des § 93 Abs. 4 S. 3 AktG auf ihre Tauglichkeit zur Begrenzung des Haftungsrisikos überprüft. Abschließend wird der Frage nachgegangen, ob in deutschen Aktiengesellschaften mittlerweile die Bereitschaft gestiegen ist, Organhaftungsansprüche zu prüfen und durchzusetzen.

1. Pflicht des Aufsichtsrats zur Durchsetzung des § 93 Abs. 2 S. 1 AktG

Zuständig für die Verfolgung des § 93 Abs. 2 S. 1 AktG ist in erster Linie der Aufsichtsrat. Dieser hat die Pflicht, das Bestehen und die Durchsetzbarkeit von Schadensersatzansprüchen der Gesellschaft gegen amtierende und ausgeschiedene Vorstandsmitglieder eigenverantwortlich zu prüfen und durchsetzbare Regressforderungen grundsätzlich

537 So auch GK/*Hopt/Roth*, AktG, § 93 Rn. 39 *„Die Existenz eines scharfen Haftungstatbestands (...) ist für sich allein wenig aussagekräftig, wenn nicht für eine wirksame Durchsetzung gesorgt wird."*

538 *Hauger/Palzer*, ZGR 2015, 33.

539 BGH, Urt. v. 21.04.1997 – II ZR 175/95, NJW 1997, 1926.

zu verfolgen.[540] Nach § 147 Abs. 1 S. 1 AktG muss der Aufsichtsrat Regressforderungen gegen den Vorstand auch dann geltend machen, wenn die Hauptversammlung dies mit einfacher Stimmenmehrheit beschließt.[541] Daneben können die Gesellschaftsgläubiger unter den Voraussetzungen des § 93 Abs. 5 AktG sowie die Aktionäre über das Klagezulassungsverfahren nach § 148 AktG Ersatzansprüche geltend machen. Die beiden letztgenannten Wege der Haftungsdurchsetzung entfalten in der Praxis jedoch keine Relevanz,[542] weshalb der Fokus der Bearbeitung auf der Rechtsverfolgung durch den Aufsichtsrat liegt. Nach den Grundsätzen der ARAG/Garmenbeck-Entscheidung ist diesem ein Absehen von der Rechtsdurchsetzung nur ausnahmsweise bei Vorliegen gewichtiger Gründe des Gesellschaftswohls gestattet.[543] Obwohl eine derartige Nichtgeltendmachung in ihren faktischen Auswirkungen einem Verzicht nach § 93 Abs. 4 S. 3 AktG nahe kommt, findet diese Vorschrift hierauf keine Anwendung.[544] Denn anders als bei einem endgültigen Verzicht setzt der Aufsichtsrat bei einer Nichtverfolgung die Ansprüche nur vorübergehend nicht durch. Zu einem Untergang des Anspruchs kommt es demgegenüber nicht.[545]

Vor dem Hintergrund des strengen Haftungstatbestands und der daraus resultierenden Ersatzpflicht für potentiell unbegrenzte Schadenssummen mehren sich in der jüngeren Literatur die Stimmen, die zur Reduzierung des Regressrisikos eine Neuinterpretation der ARAG/Garmenbeck-Grundsätze befürworten.[546] Dabei tritt

---

540 Statt vieler nur BGH, a.a.O., 1926; BGH, Urt. v. 08.07.2014 – II ZR 174/13, NZG 2014, 1058, 1059; Spindler/Stilz/*Fleischer*, AktG, § 93 Rn. 291; MüKo/*Habersack*, AktG, § 111 Rn. 34 ff.; MüKo/*Spindler*, AktG, § 93 Rn. 190.

541 Hierzu statt vieler nur BGH, Urt. v. 21.04.1997 – II ZR 175/95, NJW 1997, 1926, 1927; Hüffer/Koch/*Koch*, AktG, § 147 Rn. 1; MüKo/*Schröer*, AktG, § 147 Rn. 32.

542 In Bezug auf § 93 Abs. 5 AktG *Bachmann*, NJW-Beil. 2014, 43, 44, 46; *Hopt*, ZIP 2013, 1793, 1800; in Bezug auf § 148 AktG insb. *Bachmann*, in: Verhandlungen des 70. DJT, 2014, Bd. 1, E 73; *Brommer*, AG 2013, 121; *Grunewald*, AG 2013, 813; *Habersack*, ZHR (177) 2013, 782, 790 ff.; *Paefgen*, AG 2014, 554, 576; *Spindler*, AG 2013, 889, 899; *G. Wagner*, ZHR (178) 2014, 227, 241; für eine Reform der Aktionärsklage insb. *Bachmann*, in: Verhandlungen des 70. DJT, 2014, Bd. 1, E 88 ff.; *Bayer*, NJW 2014, 2546, 2549; *Brommer*, AG 2013, 121 ff.; *Habersack*, ZHR (177) 2013, 782, 793; *Hemeling*, ZHR (178) 2014, 221, 225 f.; *Schmolke*, ZGR 2011, 398, 423 ff.; *Spindler*, AG 2013, 889, 900 ff.; *G. Wagner*, ZHR (178) 2014, 227, 267 ff.

543 BGH, Urt. v. 21.04.1997 – II ZR 175/95, NJW 1997, 1926.

544 BGH, a.a.O., 1928; *Casper*, ZHR (176) 2012, 617, 644; *Goette*, ZHR (176) 2012, 588, 597 f.; *Habersack*, NZG 2016, 321, 325 f.; *Paefgen*, AG 2008, 761, 765; *Reichert*, in: FS Hommelhoff, 2012, 907, 918; *Wilsing*, in: FS Maier-Reimer, 2010, 889, 896 ff.; zweifelnd *Spindler*, AG 2013, 889, 898 f.

545 *Reichert*, in: FS Hommelhoff, 2012, 907, 918; *Wilsing*, in: FS Maier-Reimer, 2010, 889, 896.

546 *Casper*, ZHR (176) 2012, 617, 636 ff.; *Goette*, in: Liber amicorum Winter, 2011, 153 ff.; *Goette*, ZHR (176) 2012, 588 ff.; *Goette*, in: FS Hoffmann-Becking, 2013, 377 ff.; *Habersack*, ZHR (177) 2013, 782, 801 f.; *Reichert*, ZHR (177) 2013, 756, 762 ff.; für eine Neuinterpretation auch *Mertens*, in: FS Schmidt, 2009, 1183, 1186;

eine Gruppierung des Schrifttums für eine stärkere Beachtung der finanziellen Verhältnisse des (ehemaligen) Geschäftsleiters bei der Aufsichtsratsentscheidung über die Rechtsverfolgung ein.[547] Andere plädieren für einen weiten Beurteilungs- bzw. Ermessensspielraum des Kontroll- und Überwachungsorgans.[548] Bevor im Einzelnen untersucht wird, ob und in welchem Umfang der Aufsichtsrat bei Ersatzbeträgen, die das Vermögen des Vorstands erheblich übersteigen, von einer Durchsetzung absehen darf und ob ihm dabei ein Entscheidungsspielraum zukommt, werden einleitend die Leitlinien des ARAG/Garmenbeck-Urteils im Überblick dargestellt.

a) Der Grundsatz der Regelverfolgung nach ARAG/Garmenbeck

Nach ARAG/Garmenbeck muss der Aufsichtsrat durchsetzbare Ansprüche gegen den Vorstand grundsätzlich geltend machen und darf hiervon nur bei gewichtigen Gründen des Gesellschaftswohls ausnahmsweise absehen.[549] Diesen Grundsatz der Regelverfolgung hat der 2. Zivilsenat jüngst nochmals bestätigt. In einer Entscheidung aus dem Jahr 2014 hat das Gericht insofern plakativ formuliert: „Der Aufsichtsrat ist (...) in der Regel verpflichtet, Ansprüche wegen einer vom Vorstand begangenen Pflichtverletzung zu verfolgen."[550] Die Prüfung der Ersatzpflicht nach § 93 Abs. 2 S. 1 AktG sowie die Entscheidung über dessen Durchsetzung erfolgt nach der Grundsatzentscheidung des BGH in zwei Stufen.[551] Diese sind jedoch nicht zwingend nacheinander abzuarbeiten, sondern der Aufsichtsrat darf sich zunächst auf diejenigen Fragen konzentrieren, die er ohne weiteres beantworten kann.[552]

aa) Prüfung auf der ersten Stufe

Auf der ersten Stufe hat der Aufsichtsrat zunächst das Bestehen von Regressforderungen gegenüber amtierenden und ausgeschiedenen Vorstandsmitgliedern zu

---

Paefgen, AG 2008, 761, 762 ff.; *Paefgen*, AG 2014, 554, 571 ff.; Zusammenfassung des Meinungsstands bei *J. Koch*, NZG 2014, 934, 935 ff.

547 Insb. *Casper*, ZHR (176) 2012, 617, 636 ff.; *Habersack*, ZHR (177) 2013, 782, 802 ff.; *Reichert*, ZHR (177) 2013, 756, 765.

548 Insb. *Goette*, in: Liber amicorum Winter, 2011, 153, 160 f.; *Habersack*, ZHR (177) 2013, 782, 787 f.; *Paefgen*, AG 2014, 554, 571 f.

549 BGH, Urt. v. 21.04.1997 – II ZR 175/95, NJW 1997, 1926, 1928.

550 BGH, Urt. v. 08.07.2014 – II ZR 174/13, NZG 2014, 1058, 1059.

551 BGH, Urt. v. 21.04.1997 – II ZR 175/95, NJW 1997, 1926, 1927 f.; zu den Prüfungsstufen insb. *Casper*, ZHR (176) 2012, 617, 620 ff; *Goette*, in: Liber amicorum Winter, 2011, 153, 155 ff.

552 Eingehend *Goette*, a.a.O., 162 ff.; *Mertens*, in: FS Schmidt, 2009, 1183, 1190 ff.; pauschal *Cahn*, WM 2013, 1293, 1296; MüKo/*Habersack*, AktG, § 111 Rn. 38c; *J. Koch*, NZG 2014, 934, 937; *Reichert*, ZHR (177) 2013, 756, 763; abweichend *Schnorbus/ Ganzer*, WM 2015, 1832, 1835 f. wonach der Aufsichtsrat erst bei Überschreiten einer Bagatellgrenze zur Sachverhaltsermittlung verpflichtet sein soll.

prüfen.[553] Dafür muss das Überwachungsorgan im ersten Schritt den zum Ersatz verpflichtenden Tatbestand in tatsächlicher und rechtlicher Hinsicht aufklären.[554] Da in der Praxis bereits die Ermittlung des Sachverhalts wegen der Fülle von Unterlagen Schwierigkeiten bereiten kann – die zu sichtenden Dokumente umfassen bei Organhaftungsstreitigkeiten oftmals mehrere Regalreihen von Aktenordnern – darf der Aufsichtsrat sich hierbei der Hilfe externer Berater bedienen.[555] An die Sachverhaltsaufklärung schließt sich im zweiten Schritt die rechtliche Prüfung an. Bei der Subsumption unter § 93 Abs. 2 S. 1 AktG haben die Aufsichtsratsmitglieder zu berücksichtigen, dass dem Vorstand bei der Leitung seiner Geschäfte ein unternehmerisches Ermessen zukommt,[556] das mit der *Business Judgement Rule* mittlerweile in § 93 Abs. 1 S. 2 AktG kodifiziert ist. Ergeben sich bei der Begutachtung komplexe Rechtsfragen, ist ihnen zur Klärung der Rechtslage ebenfalls die Beauftragung von Rechtsberatern gestattet.[557] Neben dem Bestehen einer Ersatzpflicht muss der Aufsichtsrat auf der ersten Stufe das Prozessrisiko analysieren und die Beitreibbarkeit der Forderung überprüfen.[558] In diesem Zusammenhang räumt der BGH allerdings ein, dass von ihm keine Gewissheit über den Erfolg einer Schadensersatzklage gegen den Vorstand verlangt werden kann.[559] Auf einen Beurteilungs- oder Ermessensspielraum kann sich der Vorstand auf der ersten Prüfungsstufe nach der Urteilsbegründung nicht berufen.[560]

bb) Prüfung auf der zweiten Stufe

Führt die Prüfung auf der ersten Stufe zu dem Ergebnis, dass der Gesellschaft durchsetzbare Ansprüche gegen den Vorstand zustehen, hat der Aufsichtsrat diese im Regelfall zu verfolgen.[561] Von einer Anspruchsdurchsetzung darf er nur dann ausnahmsweise absehen, wenn „gewichtige Interessen und Belange der Gesellschaft dafür sprechen, den ihr entstandenen Schaden ersatzlos hinzunehmen."[562] Hierfür müssen die Gründe, die gegen eine Rechtsverfolgung sprechen, gegenüber denjenigen, die einen Ersatz des entstandenen Schadens durch den (ehemaligen) Geschäftsleiter fordern, „überwiegen oder ihnen zumindest annähernd gleichwertig" sein.[563]

553 BGH, Urt. v. 21.04.1997 – II ZR 175/95, NJW 1997, 1926.
554 BGH, a.a.O., 1927.
555 *Casper*, ZHR (176) 2012, 617, 621; MüKo/*Habersack,* AktG, § 111 Rn. 35.
556 BGH, Urt. v. 21.04.1997 – II ZR 175/95, NJW 1997, 1926.
557 Zur Zulässigkeit der Rechtsberatung statt vieler nur BGH, Urt. v. 20.09.2011 – II ZR 234/09, NJW-RR 2011, 1670; Spindler/Stilz/*Spindler,* AktG, § 116 Rn. 48.
558 BGH, Urt. v. 21.04.1997 – II ZR 175/95, NJW 1997, 1926.
559 BGH, a.a.O., 1927.
560 BGH, a.a.O., 1928; BGH, Urt. v. 08.07.2014 – II ZR 174/13, NZG 2014, 1058, 1060; für die h.M. in der Literatur statt vieler nur MüKo/*Habersack,* AktG, § 116 Rn. 35; Hüffer/Koch/*Koch,* AktG, § 111 Rn. 8; Spindler/Stilz/*Spindler,* AktG, § 116 Rn. 58.
561 BGH, Urt. v. 21.04.1997 – II ZR 175/95, NJW 1997, 1926; BGH, Urt. v. 08.07.2014 – II ZR 174/13, NZG 2014, 1058, 1059.
562 BGH, Urt. v. 21.04.1997 – II ZR 175/95, NJW 1997, 1926, 1928.
563 BGH, a.a.O., 1928.

An diesem Verständnis ist auch nach Einführung des § 148 Abs. 1 S. 2 Nr. 4 AktG, wonach das Gericht eine Aktionärsklage nur zulassen darf, wenn der Geltendmachung des Ersatzanspruchs keine überwiegenden Gründe des Gesellschaftswohls entgegenstehen, festzuhalten.[564] Dass der Gesetzgeber mit dieser Regelung keine Verschärfung der ARAG/Garmenbeck-Grundsätze verfolgt hat, ergibt sich bereits aus der Gesetzesbegründung, wonach die Formulierung in § 148 Abs. 1 S. 2 Nr. 4 AktG in bewusster Abweichung zu diesem Urteil getroffen wurde.[565]

Als Gründe gegen eine Beitreibung des entstandenen Schadens können nach den Entscheidungsgründen u.a. ein Reputationsverlust der Gesellschaft, eine Beeinträchtigung der Vorstandstätigkeit oder des Unternehmensklimas sowie die mit der Rechtsdurchsetzung für den in Anspruch genommenen Geschäftsleiter und dessen Familie verbundenen sozialen Auswirkungen berücksichtigt werden.[566] Im Schrifttum sind darüber hinaus weitere Gründe anerkannt, die für und gegen eine Rechtsverfolgung sprechen können.[567] Insbesondere eine mögliche Wiedergewinnung des öffentlichen Ansehens durch einen Haftungsprozess,[568] die Schwere der Pflichtverletzung,[569] die Sicherung der Ersatzansprüche gegen eine drohende Verjährung[570] oder eine (nahende) Insolvenz des Unternehmens[571] können den Aufsichtsrat dazu veranlassen, einen Regressanspruch gegen den Vorstands geltend zu machen. Demgegenüber stellen etwa die zur Verteidigung gegen Bußgeldsanktionen benötigte Kooperation der jeweiligen Vorstandsmitglieder,[572] Schwierigkeiten bei der

564 *Casper*, ZHR (176) 2012, 617, 629 f.; *Goette*, ZHR (176) 2012, 588, 599 f.; MüKo/*Habersack*, AktG, § 116 Rn. 36; *Habersack*, NZG 2016, 321, 323; Schmidt/Lutter/*Krieger/Sailer-Coceani*, AktG, § 93 Rn. 46; *Reichert*, in: FS Hommelhoff, 2012, 907, 923 f.; Spindler/Stilz/*Spindler*, AktG, § 116 Rn. 59; a.A. Hüffer/Koch/*Koch*, AktG, § 111 Rn. 9; *J. Koch*, AG 2009, 93, 101 f.; *Redeke*, ZIP 2008, 1549, 1551.

565 Entwurf eines Gesetzes zur Unternehmensintegrität und Modernisierung des Anfechtungsrechts, BT-Drs. 15/5092, S. 22; hierauf verweist richtigerweise auch *Casper*, ZHR (176) 2012, 617, 629 f.

566 BGH, Urt. v. 21.04.1997 – II ZR 175/95, NJW 1997, 1926, 1928; zur Frage, inwieweit die finanzielle Leistungsfähigkeit berücksichtigt werden darf, sogleich unter B. II. 1. b) bb).

567 Zusammenstellungen von Abwägungskriterien bei MüKo/*Habersack*, AktG, § 116 Rn. 37; *Schnorbus/Ganzer*, WM 2015, 1832, 1840 f.; Spindler/Stilz/*Spindler*, AktG, § 116 Rn. 60 ff.; vertiefte Darstellung bei *Scholz*, Die existenzvernichtende Haftung von Vorstandsmitgliedern in der Aktiengesellschaft, S. 119 ff.

568 *Goette*, ZHR (176) 2012, 588, 610; *Hasselbach*, DB 2010, 2037, 2041.

569 *Goette*, in: Liber amicorum Winter, 2011, 153, 164.

570 *Goette*, ZHR (176) 2012, 588, 610.

571 *Goette*, in: Liber amicorum Winter, 2011, 153 165.

572 *Cahn*, WM 2013, 1293, 1297; *Fabisch*, ZWeR 2013, 91, 113 f.; *Habersack*, in: Karlsruher Forum 2009, 2010, 5, 37; *Habersack*, ZHR (177) 2013, 782, 787; *Hasselbach/Seibel*, AG 2008, 770, 771, 774.

Gewinnung eines neues Geschäftsleiters,[573] die Gefahr einer Inanspruchnahme der Gesellschaft durch Dritte als Folge der Aufdeckung bislang unbekannter Rechtsverstöße[574] sowie der Wille eines neu gebildeten Aufsichtsrats, ohne Rücksicht auf die Vergangenheit nach vorne zu schauen,[575] Gründe gegen eine Beitreibung der Regressforderung dar. Überdies dürfen im Einzelfall Aspekte wie die Höhe des Schadens[576] oder der Grad des Verschuldens[577] berücksichtigt werden. Diese zum Teil widerstreitenden Umstände und Interessen der Gesellschaft hat der Aufsichtsrat bei der Entscheidung über eine Rechtsverfolgung gegeneinander abzuwägen.[578] Je nach Gewichtung der Gründe und Lage des geschädigten Unternehmens kann die Abwägung im Einzelfall eine Schadloshaltung bei dem pflichtvergessenen Vorstandsmitglied oder aber das Absehen von einer Anspruchsdurchsetzung gebieten.

b) Pflicht zur Anspruchsdurchsetzung bei drohender Existenzvernichtung?

Angesichts der Einstandspflicht für Schäden in potentiell unbegrenzter Höhe tritt eine jüngere Gruppierung im Schrifttum dafür ein, einer drohenden Existenzvernichtung der Vorstandmitglieder durch eine Berücksichtigung ihrer finanziellen Leistungsfähigkeit im Rahmen der ARAG/Garmenbeck-Grundsätze zu begegnen.[579] Ob nach der Urteilsbegründung auch bei extrem hohen Schadenssummen eine Pflicht des Aufsichtsrats zur vollständigen Anspruchsdurchsetzung besteht oder dieser zumindest teilweise von einer Rechtsverfolgung absehen darf, wird nachfolgend untersucht.

aa) Kein Absehen bei fehlender Beitreibbarkeit

Führt man sich die Begründung im ARAG/Garmenbeck-Urteil vor Augen, wird deutlich, dass die Entscheidung nicht vollkommen ohne Berücksichtigung der Vermögensverhältnisse der betroffenen Vorstandsmitglieder erfolgen kann. Wie eingangs beschrieben, ist nach den vom BGH aufgestellten Grundsätzen auf der

---

573 *Casper*, ZHR (176) 2012, 617, 633; *Goette*, in: Liber amicorum Winter, 2011, 153, 165; *Hasselbach*, DB 2010, 2037 2040; *Reichert*, ZHR (177) 2013, 756, 765.

574 *Goette*, ZHR (176) 2012, 588, 612; *Habersack*, ZHR (177) 2013, 782, 787; *Reichert*, ZHR (177) 2013, 756, 764; *Wilsing*, in: FS Maier-Reimer, 2010, 889, 892 ff.

575 Ähnlich *Casper*, ZHR (176) 2012, 617, 634.

576 *Casper*, a.a.O., 634; *Hasselbach*, DB 2010, 2037, 2041.

577 *Goette*, in: Liber amicorum Winter, 2011, 153 164; *Goette*, ZHR (176) 2012, 588, 611 f.; *Habersack*, in: Karlsruher Forum 2009, 2010, 5, 37; *Hasselbach*, DB 2010, 2037, 2041.

578 BGH, Urt. v. 21.04.1997 – II ZR 175/95, NJW 1997, 1926, 1928.

579 So insb. *Casper*, ZHR (176) 2012, 617, 636 ff.; *Habersack*, ZHR (177) 2013, 782, 802 ff.; *Reichert*, ZHR (177) 2013, 756, 765; *Reichert*, ZIP 2016, 1189, 1194; sympathisierend auch *Mack*, Die Regresshaftung von Vorstandsmitgliedern einer Aktiengesellschaft, S. 100 ff.

ersten Stufe neben dem Bestehen eines Ersatzanspruches auch dessen Beitreibbarkeit zu analysieren.[580] Davon ist notwendigerweise die Prüfung umfasst, ob der (ausgeschiedene) Geschäftsleiter finanziell in der Lage ist, dem Unternehmen den entstanden Schaden zu erstatten.[581] Dies bedeutet indes nicht, dass eine Anspruchsdurchsetzung bei einer im Vergleich zum potentiellen Ersatzbetrag fehlenden Leistungsfähigkeit des Vorstands zu unterbleiben hat.[582] Vielmehr ist auf der ersten Stufe im Lichte des Wortlauts der Urteilsbegründung[583] lediglich zu prüfen, ob und in welcher Höhe die Ansprüche durchgesetzt werden können.[584] Eine aus Sicht der Aufsichtsratsmitglieder gegebenenfalls fehlende Beitreibbarkeit des Schadens bewirkt dabei nicht, dass bestehende Regressansprüche nicht zu verfolgen sind.[585]

Für eine derartige Lesart sprechen schon rein praktische Erwägungen. Der Aufsichtsrat hat mit Blick auf § 87 Abs. 1 AktG, wonach er für die Festsetzung der Bezüge der Vorstandsmitglieder zuständig ist, zwar Kenntnis von deren Gehalt, aber keinen Einblick in ihre gesamten Vermögensverhältnisse.[586] Der Abruf von Kontoinformationen bei der BaFin nach § 24c Abs. 3 KWG ist nur auskunftsberechtigten Behörden gestattet. Und eine Vermögensauskunft des Vorstands als Schuldner des § 93 Abs. 2 S. 1 AktG kann der Aufsichtsrat gemäß § 807 Abs. 1 ZPO erst nach einem Pfändungsversuch im Vollstreckungsverfahren beantragen. Gewissheit über die finanzielle Leistungsfähigkeit des Vorstands erlangt das Überwachungsorgan daher erst nach Beendigung des Haftungsprozesses.[587] Gegen die Berücksichtigung einer fehlenden finanziellen Leistungsfähigkeit pflichtvergessener Vorstandsmitglieder auf der ersten Prüfungsstufe spricht überdies, dass der Aufsichtsrat nach den Urteilsgründen zwar Gesichtspunkten wie „der Schonung eines verdienten Vorstandsmitglieds oder dem Ausmaß der mit der Beitreibung für das Mitglied und seine Familie verbundenen Konsequenzen (...) Raum geben dürfe[n]“[588], dies nach

580 BGH, Urt. v. 21.04.1997 – II ZR 175/95, NJW 1997, 1926, 1927.

581 Statt vieler nur *Casper*, ZHR (176) 2012, 617, 621; *Goette*, in: Liber amicorum Winter, 2011, 153, 159.

582 So aber *Casper*, ZHR (176) 2012, 617, 621, 632, 640; *Habersack*, ZHR (177) 2013, 782, 802; *Lutter*, in: FS Hoffmann-Becking, 2013, 747; ähnlich *Fleischer*, ZIP 2014, 1305, 1308.

583 Vgl. BGH, Urt. v. 21.04.1997 – II ZR 175/95, NJW 1997, 1926, 1927, *„Analyse des Prozessrisikos und der Beitreibbarkeit“*.

584 Zutreffend *Goette*, ZHR (176) 2012, 588, 600, 608; *Goette*, in: FS Hoffmann-Becking, 2013, 377, 378, 386.

585 So auch MüKo/*Habersack*, AktG, § 111 Rn. 35.

586 Hierauf verweisen auch *Schnorbus/Ganzer*, WM 2015, 1832, 1838.

587 Eine Gewissheit wird daher auch vom BGH nicht gefordert, vgl. BGH, Urt. v. 21.04.1997 – II ZR 175/95, NJW 1997, 1926.

588 BGH, a.a.O., 1928.

Ansicht des BGH aber erst auf zweiter Stufe – und damit gerade nicht bei der Frage der Beitreibbarkeit – Beachtung finden kann.[589]

bb) Berücksichtigung der Vermögensverhältnisse im Rahmen der Abwägung?

Entsprechend der soeben zitierten Urteilspassage ist den Befürwortern einer Haftungsbeschränkung über die ARAG/Garmenbeck-Grundsätze zuzugeben, dass die finanzielle Leistungsfähigkeit des Vorstands und damit eine drohende Existenzvernichtung im Rahmen der Abwägung grundsätzlich Berücksichtigung finden kann. Infolgedessen erscheint es nachvollziehbar, dass der Aufsichtsrat nur einen Teil der Schadenssumme vom Vorstand einfordern dürfen soll, wenn der Ersatzbetrag dessen Vermögen um ein Vielfaches übersteigt.[590] Eine vollständige Nichtgeltendmachung des Schadens wäre hingegen schon nicht mit dem Unternehmenswohl zu vereinbaren, das nach der ARAG/Garmenbeck-Doktrin stets den Ausgangspunkt für die Abwägung bildet[591] und regelmäßig eine (zumindest teilweise) Kompensation der erlittenen Vermögenseinbußen fordern wird.[592]

Dennoch bleiben Zweifel, ob die Urteilsgründe dahin ausgelegt werden können, dass der Aufsichtsrat auch bei horrenden Schadenssummen teilweise von einer Anspruchsdurchsetzung absehen darf. So führt der BGH hinsichtlich der sozialen Konsequenzen für den Vorstand und seine Familie aus, dass diese nur ausnahmsweise und nur dann berücksichtigt werden können, wenn „die der Gesellschaft zugefügten Schäden verhältnismäßig gering sind."[593] Dies ist bei den in Rede stehenden Ersatzbeträgen aber gerade nicht der Fall,[594] die mitunter vielmehr exorbitant hoch sind. Deswegen kann die ARAG/Garmenbeck-Entscheidung in diesen Fällen nicht zur Vermeidung des Risikos einer existenzvernichtenden Haftung nach § 93

---

589 Deutlich *Haarmann/Weiß*, BB 2014, 2115, 2124; *Habersack*, ZHR (177) 2013, 782, 802; ebenso *Reichert*, ZHR (177) 2013, 756, 764 f.; abweichend *Casper*, ZHR (176) 2012, 617, 639 f.; *Schnorbus/Ganzer*, WM 2015, 1877, 1878 ff.; die für eine Berücksichtigung auf einer *„dritten Stufe"* eintreten.

590 Hierfür plädieren insb. *Habersack*, ZHR (177) 2013, 782, 802; MüKo/*Habersack*, AktG, § 111 Rn. 38b; *Reichert*, ZHR (177) 2013, 756, 765; sympathisierend auch *Goette*, in: Liber amicorum Winter, 2011, 153, 161, 163; *Haarmann/Weiß*, BB 2014, 2115, 2123; Hüffer/Koch/*Koch*, AktG, § 111 Rn. 10; *Seibt/Cziupka*, AG 2015, 93, 107.

591 Zutreffend *Casper*, ZHR (176) 2012, 617, 628 ff.; *Goette*, in: Liber amicorum Winter, 2011, 153, 161 ff.; *Goette*, ZHR (176) 2012, 588, 609; MüKo/*Habersack*, AktG, § 111 Rn. 37; Hüffer/Koch/*Koch*, AktG, § 111 Rn. 10; *Reichert*, ZHR (177) 2013, 756, 763 f.

592 Ebenso *Casper*, ZHR (176) 2012, 617, 628 ff.; *Kindler*, ZHR (162) 1998, 101, 113; *Scholz*, Die existenzvernichtende Haftung von Vorstandsmitgliedern in der Aktiengesellschaft, S. 136; ähnlich *Cahn*, WM 2013, 1293, 1297; differenzierend *Goette*, ZHR (176) 2012, 588, 591, 593f.

593 BGH, Urt. v. 21.04.1997 – II ZR 175/95, NJW 1997b, 1926, 1928.

594 Zur Höhe der Ersatzbeträge bereits unter B. I. 4.

Abs. 2 S. 1 AktG herangezogen werden.[595] Beruft man sich zur Begründung einer Regressreduzierung auf ARAG/Garmenbeck, ist überdies problematisch, dass der Aufsichtsrat den sozialen Auswirkungen der Rechtsverfolgung nach den Entscheidungsgründen „nur in Ausnahmefällen Raum geben" darf.[596] Selbst wenn also die Vermögensverhältnisse pflichtvergessener Geschäftsleiters unabhängig von der jeweiligen Schadenshöhe bei der Abwägung berücksichtigt werden könnten, bedeutet dies nicht zwingend, dass der Aufsichtsrat auch von einer Rechtsverfolgung absehen muss. Vielmehr stellt ein Herabsetzen der Schadensersatzforderung durch den Aufsichtsrat – wie von *J. Koch* treffend formuliert – für den Vorstand einen „Gnadenakt der Verwaltung" dar.[597] Ein aus Sicht der Geschäftsleiter verlässlicher Schutz vor einer existenzvernichtenden Haftung ist daher über die ARAG/Garmenbeck-Doktrin selbst bei extensiver Auslegung nicht zu erreichen.

cc) Zwischenergebnis

Nach all dem bleibt festzuhalten, dass die finanzielle Leistungsfähigkeit der Vorstandsmitglieder zwar im Rahmen der Beitreibbarkeit zu prüfen ist, ihr Fehlen aber keine Konsequenz entfaltet. Erst auf der zweiten Stufe kann der Aufsichtsrat die sozialen Konsequenzen für das Vorstandsmitglied und seine Familie berücksichtigen. Diese Möglichkeit hat das Verwaltungsorgan nach der ARAG/Garmenbeck-Rechtsprechung allerdings nur bei verhältnismäßig geringen Ersatzbeträgen. Daher kann das aus § 93 Abs. 2 S. 1 AktG resultierende Haftungsrisiko nicht beseitigt werden, wenn der Gesellschaft Schäden in Millionenhöhe entstanden sind. Vielmehr ist der Aufsichtsrat auch in diesen Fällen grundsätzlich verpflichtet, bestehende Regressforderungen gegen den Vorstand durchzusetzen.[598]

595 Ebenso *Binder/Kraayvanger*, BB 2015, 1219, 1222; *Fleischer*, ZIP 2014, 1305, 1308; *Hauger/Palzer*, ZGR 2015, 33, 60; *Scholz*, Die existenzvernichtende Haftung von Vorstandsmitgliedern in der Aktiengesellschaft, S. 119; ähnlich auch *Faßbender*, NZG 2015, 501, 506.

596 BGH, Urt. v. 21.04.1997 – II ZR 175/95, NJW 1997, 1926, 1928; dies erkennt auch *Casper*, ZHR (176) 2012, 617, 639, der daher für eine Berücksichtigung auf *„dritter Stufe"* eintritt.

597 *J. Koch*, AG 2012a, 429, 431; *J. Koch*, AG 2014b, 513, 523; kritisch bereits *J. Koch*, in: Liber amicorum Winter, 2011, 327, 344 (Fn. 89); sich anschließend *Grunewald*, AG 2013, 813, 814.

598 Dennoch kann der Aufsichtsrat nach der ARAG/Garmenbeck-Doktrin von einer Anspruchsverfolgung absehen, wenn bei hohen Ersatzbeträgen andere Gründe gegen eine Rechtsverfolgung gegenüber denjenigen für eine Durchsetzung überwiegen, hierzu bereits B. II. 1. a) bb).

c) *Vollständige Justiziabilität der Verfolgungsentscheidung?*

Als weiteres Korrektiv der strengen Vorstandsinnenhaftung vertreten die sogenannten „Neuevangelisten der zweiten Stufe“[599], dass dem Aufsichtsrat bei der Entscheidung über den Regressanspruch ein *Business Judgement* im Sinne des § 93 Abs. 1 S. 2 AktG bzw. ein Beurteilungsspielraum zukommt.[600] Durch die Zubilligung einer solchen Entscheidungsprärogative soll bei exorbitant hohen Ersatzbeträgen Raum für eine Regressbeschränkung geschaffen werden.[601] Bevor untersucht wird, ob die Abwägungsentscheidung gerichtlich uneingeschränkt überprüfbar ist und ob ein gegebenenfalls zuzubilligender Entscheidungsspielraum geeignet ist, das Haftungsrisiko des Vorstands zu beschränken, erfolgt zunächst eine Systematisierung des aktuellen Meinungsstands.[602]

aa) *Entwicklung und Systematisierung des Meinungsstands*

Im Anschluss und unter Berufung auf das ARAG/Garmenbeck-Urteil wurde ein unternehmerisches Ermessen des Aufsichtsrats bei der Verfolgungsentscheidung im Schrifttum zunächst überwiegend abgelehnt.[603] Diese weitgehend einheitliche Interpretation der Entscheidungsbegründung wurde erst etwa 10 Jahre später von prominenter Stelle infrage gestellt. Den Wendepunkt markierte ein Aufsatz *Paefgens* aus dem Jahr 2008, in dem er darlegte, weshalb es sich bei der Verfolgungsentscheidung um eine unternehmerische Entscheidung im Sinne des § 93 Abs. 1 S. 2 AktG handele.[604] Dieser Einstufung schloss sich der an ARAG/Garmenbeck beteiligte ehemalige BGH-Richter *Goette* an, der die Anwendbarkeit der *Business Judgement Rule* – insofern abweichend von *Paefgen* –unter Bezugnahme auf das Urteil selbst begründete.[605] Seitdem hat sich das Meinungsbild immer mehr von der

599 Diesen Begriff prägt *Casper*, ZHR (176) 2012, 617, 624.

600 So insb. *Goette*, in: Liber amicorum Winter, 2011, 153, 159 ff.; *Habersack*, ZHR (177) 2013, 782, 787 f.; *Paefgen*, AG 2014, 554, 571 ff.

601 Deutlich *Goette*, in: Liber amicorum Winter, 2011, 153, 161; *Reichert*, ZHR (177) 2013, 756, 762 ff.

602 Ausführliche Übersicht des Meinungsstands bei *Bieder*, NZG 2015, 1178, 1181 f.; *J. Koch*, NZG 2014, 934, 936 ff.

603 *Götz*, NJW 1997, 3275, 3277; MüKo/*Habersack*, AktG, 3. Aufl. 2008, § 111 Rn. 35 ff.; *Henze*, NJW 1998, 3309, 3311; *Hüffer*, NZG 2007, 47, 48; *Kindler*, ZHR (162) 1998, 101, 109 ff., 114; *C. Schäfer*, ZIP 2005, 1253, 1258; Spindler/Stilz/*Spindler*, AktG, 1. Aufl. 2007, § 111 Rn. 27; Spindler/Stilz/*Spindler*, AktG, 1. Aufl. 2007, § 116 Rn. 48; *Thümmel*, DB 1997, 1117, 1118 f.; bereits vor ARAG/Garmenbeck *Raiser*, NJW 1996, 552, 554; a.A. *Dreher*, ZHR (158) 1994, 614, 637 ff.; *Horn*, ZIP 1997, 1129, 1137.

604 *Paefgen*, AG 2008, 761, 762 ff.; vertieft in *Paefgen*, AG 2014, 554, 571 ff.; *Paefgen*, WM 2016, 433, 439; vor § 93 Abs. 1 S. 2 AktG bereits *Paefgen*, Unternehmerische Entscheidungen und Rechtsbindung der Organe in der AG, S. 146 ff.

605 *Goette*, in: Liber amicorum Winter, 2011, 153, 159 ff.; daran anschließend *Goette*, ZHR (176) 2012, 588, 594 ff.; *Goette*, in: FS Hoffmann-Becking, 2013, 377, 387, 394.

ursprünglichen Ablehnung eines unternehmerischen Ermessens entfernt.[606] Obwohl die Plädoyers von *Paefgen* und *Goette* mehrheitlich auf Ablehnung gestoßen sind,[607] erkennt die mittlerweile wohl herrschende Literaturansicht – mit im Einzelnen zum Teil stark variierenden Begründungen und verschiedenen Begrifflichkeiten – einen Entscheidungsspielraum des Aufsichtsrats an.[608] So lehnt *Casper* das Vorliegen einer unternehmerischen Entscheidung gemäß § 93 Abs. 1 S. 2 AktG ab, tritt aber gleichwohl für einen Ermessensspielraum ein.[609] Andere sprechen sich für eine Vertretbarkeitsprüfung der Aufsichtsratsentscheidung aus[610] oder plädieren für Abwägungs- bzw. Beurteilungsspielräume.[611] Mit dem LG Essen hat nunmehr auch ein Gericht entschieden, dass die Verfolgungsentscheidung „nur eingeschränkt gerichtlich überprüfbar ist."[612] Demgegenüber tritt eine Meinungsgruppe weiterhin für die vollständige Justiziabilität der Aufsichtsratsentscheidung ein.[613]

bb) Verfolgungsentscheidung als unternehmerische Entscheidung?

Die Entscheidung des Aufsichtsrats über die Geltendmachung von Ersatzansprüchen gegen amtierende und ausgeschiedene Vorstandsmitglieder könnte, wie von

---

606 *J. Koch*, NZG 2014, 934 spricht von einer *„schleichende[n] Erosion der Verfolgungspflicht"*.

607 Insb. *Bachmann*, in: Verhandlungen des 70. DJT, 2014, Bd. 1, E 81; Bürgers/Körber/*Bürgers*, AktG, § 93 Rn. 12; *Casper*, ZHR (176) 2012, 617, 635; Hölters/*Hölters*, AktG, § 93 Rn. 292; *J. Koch*, AG 2009, 93, 94 ff.; *J. Koch*, NZG 2014, 934, 937 ff.; *Lutter*, in: FS Hoffmann-Becking, 2013, 747, 750 ff.

608 Statt aller nur *Bachmann*, in: Verhandlungen des 70. DJT, 2014, Bd. 1, E 81; *Bieder*, NZG 2015, 1178, 1182 ff.; *Cahn*, WM 2013, 1293, 1296 f.; *Casper*, ZHR (176) 2012, 617, 635 f.; *Fehrenbach*, AG 2015, 761, 764; *Fuchs/M. Zimmermann*, JZ 2014, 838, 844; MüKo/*Habersack*, AktG, § 111 Rn. 38; *Habersack*, NZG 2016, 321, 322 f.; Hölters/*Hölters*, AktG, § 93 Rn. 292; GK/*Hopt/Roth*, AktG, § 111 Rn. 361 f.; *Kocher*, CCZ 2009, 215, 219; *Mertens*, in: FS Schmidt, 2009, 1183, 1193; *Spindler*, AG 2013, 889, 898; *Reichert*, in: FS Hommelhoff, 2012, 907; *Reichert*, ZHR (177) 2013, 756, 768 ff.; *Reichert*, ZIP 2016, 1189, 1195.

609 *Casper*, ZHR (176) 2012, 617, 635 f.

610 *Lutter*, in: FS Hoffmann-Becking, 2013, 747, 752.

611 *Bachmann*, in: Verhandlungen des 70. DJT, 2014, Bd. 1, E 81; MüKo/*Habersack*, AktG, § 111 Rn. 38; *Habersack*, ZHR (177) 2013, 782, 787 f.; *Habersack*, NZG 2016, 321, 322 f.; Schmidt/Lutter/*Krieger/Sailer-Coceani*, AktG, § 93 Rn. 46; *Mack*, Die Regresshaftung von Vorstandsmitgliedern einer Aktiengesellschaft, S. 106 f.; ähnlich auch *Cahn*, WM 2013, 1293, 1297; *Haarmann/Weiß*, BB 2014, 2115, 2123; Hölters/*Hölters*, AktG, § 93 Rn. 292; Spindler/Stilz/*Spindler*, AktG, § 116 Rn. 59.

612 LG Essen, Urt. v. 25.04.2012 – 41 O 45/10, NZG 2012, 1307; die Berufung ist am OLG Hamm unter dem Az. 8 U 73/12 anhängig.

613 *Bayer*, NJW 2014, 2546, 2549; *Bayer/Scholz*, NZG 2014, 926, 929; *Gaul*, AG 2015, 109, 112 f.; *Heyers*, WM 2016, 581, 585; *J. Koch*, AG 2009, 93, 94 ff.; *J. Koch*, NZG 2014, 934, 937 ff.; *B. Mayer*, NZG 2014, 1208, 1210; *Redeke*, ZIP 2008, 1549, 1550; *Thümmel*, Persönliche Haftung von Managern und Aufsichtsräten, S. 124.

Goette und *Paefgen* vertreten, bereits eine unternehmerische Entscheidung im Sinne der *Business Judgement Rule* darstellen.[614] Da der BGH im ARAG/Garmenbeck-Urteil allerdings entschieden hat, dass dem Verwaltungsorgan bei seiner Überwachungstätigkeit „kein autonomer unternehmerischer Ermessensspielraum“ zukommt und der Aufsichtsrat bei der Abwägung „ein unternehmerisches Ermessen (...) nicht in Anspruch nehmen“ kann,[615] bestehen schon auf den ersten Blick erhebliche Zweifel an dieser Auffassung.

(1) Begriff der unternehmerischen Entscheidung

Um sich der Frage zu nähern, ob die Verfolgungsentscheidung der *Business Judgement Rule* unterfällt, ist zunächst der Begriff der unternehmerischen Entscheidung in Erinnerung zu rufen. Nach der Gesetzesbegründung sind diese „durch Zukunftsbezogenheit und nicht justiziable Einschätzungen geprägt.“[616] Nach Ansicht der Literatur fallen hierunter Entscheidungen unter Unsicherheit, bei denen bewusst zwischen mehreren Handlungsalternativen gewählt wird.[617] Da der Aufsichtsrat eine Prognose über die Erfolgsaussichten eines Haftungsprozesses treffen muss und bei dem Entschluss über die Geltendmachung des § 93 Abs. 2 S. 1 AktG nicht sicher voraussehen kann, ob die Anspruchsdurchsetzung oder dessen Nichtverfolgung sich in Zukunft für die Gesellschaft vorteilhafter auswirken wird, ist die geforderte Unsicherheit gegeben.[618]

Allein das Bestehen einer Unsicherheit macht einen Entschluss jedoch noch nicht zu einem unternehmerischen.[619] Der Begriff der unternehmerischen Entscheidung

614 *Goette*, in: Liber amicorum Winter, 2011, 153 159 ff.; *Goette*, ZHR (176) 2012, 588, 594 ff., 615; *Goette*, in: FS Hoffmann-Becking, 2013, 377, 387, 394; *Paefgen*, AG 2008, 761, 762 ff.; *Paefgen*, AG 2014, 554, 571; *Paefgen*, WM 2016, 433, 439; ebenso *Fehrenbach*, AG 2015, 761, 764; *Fuchs/M. Zimmermann*, JZ 2014, 838, 845; KK/*Mertens/Cahn*, AktG, § 116 Rn. 72; *Reichert*, ZHR (177) 2013, 756, 768; *Reichert*, ZIP 2016, 1189, 1195; *Sailer-Coceani*, in: Verhandlungen des 70. DJT, 2014, Bd. 2/1, N 19 f.; *Schnorbus/Ganzer*, WM 2015, 1832, 1842; a.A. insb. MüKo/*Habersack*, AktG, § 111 Rn. 38; Hüffer/Koch/*Koch*, AktG, § 111 Rn. 11 (jeweils m.w.N.).

615 BGH, Urt. v. 21.04.1997 – II ZR 175/95, NJW 1997, 1926, 1928.

616 Entwurf eines Gesetzes zur Unternehmensintegrität und Modernisierung des Anfechtungsrechts, BT-Drs. 15/5092, S. 11.

617 Für die h.L. statt aller nur *Fleischer*, NZG 2008, 371; Hüffer/Koch/*Koch*, AktG, § 93 Rn. 16; *J. Koch*, ZGR 2006, 769, 787; *S. Schneider*, DB 2005, 707, 711; MüKo/*Spindler*, AktG, § 93 Rn. 41; *Spindler*, AG 2013, 889, 891.

618 So auch *Bieder*, NZG 2015, 1178, 1184; *Cahn*, WM 2013, 1293, 1296 f.; *J. Koch*, AG 2009, 93, 94 f.; *Kocher*, CCZ 2009, 215, 219; *Mertens*, in: FS Schmidt, 2009, 1183, 1191, 1193; KK/*Mertens/Cahn*, AktG, § 111 Rn. 46; *Paefgen*, AG 2008, 761, 763; *Paefgen*, AG 2014, 554, 571; *Paefgen*, WM 2016, 433, 439; *Reichert*, in: FS Hommelhoff, 2012, 907, 916, 923; *Reichert*, ZHR (177) 2013, 756, 768; vor der Kodifizierung des § 93 Abs. 1 S. 2 AktG bereits *Dreher*, ZHR (158) 1994, 614, 640.

619 Dies stellt bereits *C. Schäfer*, ZIP 2005, 1253, 1257 heraus.

erschließt sich vielmehr erst vollständig durch die Abgrenzung zu rechtlich gebundenen Entscheidungen.[620] So findet die *Business Judgement Rule* nach allgemeiner Ansicht insbesondere bei Legalitätspflichtverletzungen keine Anwendung.[621] Eine solche gebundene Entscheidung könnte auch bei der Verfolgung von Schadensersatzansprüchen durch den Aufsichtsrat vorliegen. Dieser ist dazu verpflichtet, durchsetzbare Regressforderungen grundsätzlich geltend zu machen.[622] Wie bereits ausgeführt gilt die Regelverfolgung, nur in Ausnahmefällen ist dem Aufsichtsrat eine Nichtgeltendmachung begründeter Ersatzansprüche gestattet. Aus diesem Regel-Ausnahme-Verhältnis ergibt sich, dass das Verwaltungsorgan durch das Legalitätsprinzip nicht derart gebunden ist, das es stets für eine Anspruchsdurchsetzung optieren muss.[623] Gleichwohl ist die Verfolgungsentscheidung des Aufsichtsrats im Ergebnis als gebundene Entscheidung zu qualifizieren, weshalb die *Business Judgement Rule* keine Anwendung finden kann.[624] Denn der Aufsichtsrat handelt bei der Abwägungsentscheidung unter keiner unternehmerischen, sondern unter einer rechtlichen Unsicherheit.[625] Genau wie der Vorstand nicht prognostizieren kann, ob beispielsweise die Kartellbehörde nach § 2 Abs. 1 GWB eine Ausnahme vom Kartellverbot des § 1 GWB anerkennt, kann der Aufsichtsrat nicht absehen, ob ein Gericht seiner Einschätzung folgt, dass gewichtige Gründe des Gesellschaftswohls eine Ausnahme vom Grundsatz der Regelverfolgung gestatten. Eine solche unklare Rechtslage ist aber nicht mit einer unternehmerischen Unsicherheit gleichzusetzen.[626] Anders als bei unternehmerischen Entscheidungen steht bei rechtlicher Unsicherheit bereits *ex ante* unerkannt fest, welcher Entschluss rechtmäßig ist. Folglich liegt hierin schon begrifflich keine unternehmerische Entscheidung.

(2) Wille des UMAG-Gesetzgebers

Allerdings stellt sich die Frage, ob die Ablehnung eines unternehmerischen Ermessens im Sinne der *Business Judgement Rule* mit dem Willen des UMAG-Gesetzgebers

---

620 Hierzu bereits B. I. 2. b); den Gegensatz zur gebundenen Entscheidung betont insb. *Paefgen*, AG 2014, 554, 561; *Paefgen*, AG 2004, 245, 251.

621 Entwurf eines Gesetzes zur Unternehmensintegrität und Modernisierung des Anfechtungsrechts, BT-Drs. 15/5092, S. 11; aus der Literatur statt vieler nur GK/*Hopt/Roth*, AktG, § 93 Rn. 73 f.; MüKo/*Spindler*, AktG, § 93 Rn. 45 (jeweils m.w.N.).

622 Statt vieler nur BGH, Urt. v. 21.04.1997 – II ZR 175/95, NJW 1997, 1926; BGH, Urt. v. 08.07.2014 – II ZR 174/13, NZG 2014, 1058, 1059; Spindler/Stilz/*Fleischer*, AktG, § 93 Rn. 291; MüKo/*Habersack*, AktG, § 111 Rn. 34 ff.; MüKo/*Spindler*, AktG, § 93 Rn. 190.

623 Ähnlich *J. Koch*, AG 2009, 93, 94 f.; *Reichert*, in: FS Hommelhoff, 2012, 907, 921.

624 I.E. ebenso *Habersack*, in: Karlsruher Forum 2009, 2010, 5, 36; *Lutter*, in: FS Hoffmann-Becking, 2013, 747, 751 f.; ähnlich *Casper*, ZHR (176) 2012, 617, 630 f.

625 Treffend *Lutter*, in: FS Hoffmann-Becking, 2013, 747, 753; ähnlich Bürgers/Körber/*Israel*, AktG, § 116 Rn. 16.

626 Hierzu ausführlich unter B. I. 2. b) aa) (2).

übereinstimmt. Obwohl die Legislative in der Gesetzesbegründung zu § 93 Abs. 1 S. 2 AktG nicht auf etwaige Ermessensspielräume der Aufsichtsratsmitglieder eingeht, nimmt der Gesetzgeber ausdrücklich auf das ARAG/Garmenbeck-Urteil Bezug.[627] Demnach könnten die Entscheidungsgründe des BGH einen Rückschluss auf den legislatorischen Willen zulassen.

i. Keine Anerkennung eines unternehmerischen Ermessens durch den BGH

Der BGH hat im ARAG/Garmenbeck-Urteil herausgestellt, dass dem Aufsichtsrat bei der Abwägung kein „unternehmerischer Ermessensspielraum" zukommt.[628] Dabei hat das Gericht den Entschluss über die Rechtsverfolgung als nachträgliche Überwachungstätigkeit eingestuft, diese klar von den Führungsaufgaben des Vorstands abgegrenzt und nur bei letzteren eine unternehmerische Handlungsfreiheit anerkannt; darüber hinaus hat der 2. Zivilsenat deutlich gemacht, dass es sich bei den Überwachungsaufgaben des Aufsichtsrats gerade nicht um unternehmerische Tätigkeiten handelt.[629] Entgegen der Ansicht *Goettes* hat sich der BGH damit klar gegen die Einstufung der Verfolgungsentscheidung als unternehmerische Entscheidung ausgesprochen.[630] Soweit der ehemalige BGH-Richter annimmt, die Aussage, der Aufsichtsrat könne „ein unternehmerisches Ermessen in dem vom Berufungsgericht angenommenen Sinne nicht in Anspruch nehmen",[631] sei lediglich als Antwort auf das Berufungsurteil des OLG Düsseldorfs zu verstehen und der BGH gehe gleichwohl von einem unternehmerischen Ermessen des Aufsichtsrats aus,[632] verkennt er, dass dieser Satz kein positives Bekenntnis zu einem Ermessensspielraum enthält.[633] Überdies hat das Berufungsgericht dem Aufsichtsrat bei der Entscheidung über die Rechtsdurchsetzung gerade ein solches unternehmerisches Ermessen zugebilligt, welches *Goette* nun über das Revisionsurteil zu begründen versucht.[634] Schließlich ist die Schlussfolgerung, dass es ohne die Zubilligung eines unternehmerischen Ermessens an einer Grundlage fehle, bei gewichtigen Gründen von einer Rechtsverfolgung

---

627 Entwurf eines Gesetzes zur Unternehmensintegrität und Modernisierung des Anfechtungsrechts, BT-Drs. 15/5092, S. 22.

628 BGH, Urt. v. 21.04.1997 – II ZR 175/95, NJW 1997, 1926, 1928.

629 BGH, a.a.O., 1928; hierauf beruft sich auch *J. Koch*, AG 2009, 93, 95.

630 So aber *Goette*, in: Liber amicorum Winter, 2011, 153, 159 ff.; daran anschließend *Goette*, ZHR (176) 2012, 588, 594 ff.; *Goette*, in: FS Hoffmann-Becking, 2013, 377, 387, 394; wie hier *Bieder*, NZG 2015, 1178, 1181; *Gaul*, AG 2015, 109, 112; *J. Koch*, NZG 2014, 934, 937 ff; *Lutter*, in: FS Hoffmann-Becking, 2013, 747, 752; *Scholz*, Die existenzvernichtende Haftung von Vorstandsmitgliedern in der Aktiengesellschaft, S. 144 f.

631 BGH, Urt. v. 21.04.1997 – II ZR 175/95, NJW 1997, 1926, 1928.

632 *Goette*, in: Liber amicorum Winter, 2011, 153, 160; *Goette*, ZHR (176) 2012, 588, 592 f.

633 So auch *J. Koch*, NZG 2014, 934, 938.

634 Vgl. OLG Düsseldorf, Urt. v. 22.06.1995 – 6 U 104/94, NJW-RR 1995, 1371.

abzusehen,[635] nicht überzeugend, da hierdurch die Abwägung von Gründen für und gegen eine Anspruchsdurchsetzung – die dem Aufsichtsrat nach ARAG/Garmenbeck unstreitig gestattet ist[636] – mit der Justiziabilität dieser Entscheidung gleichgesetzt wird.[637] Zugegebenermaßen hat der BGH dem Aufsichtsrat am Ende der Urteilsbegründung ein „Entscheidungsermessen" bei der Abwägung eingeräumt.[638] Bezüglich der vorstehend zitierten Urteilspassagen lehnt das Gericht ein unternehmerisches Ermessen im Sinne des § 93 Abs. 1 S. 2 AktG aber ab.[639]

ii. Keine Abweichung von ARAG/Garmenbeck durch das UMAG

Dass der UMAG-Gesetzgeber mit § 93 Abs. 1 S. 2 AktG von dieser Rechtsprechung abweichen wollte, ist nicht ersichtlich.[640] Dies folgt zum einen aus der wiederholten Bezugnahme auf das Urteil in der Gesetzesbegründung.[641] Zum anderen ist die Formulierung der *Business Judgement Rule* stark an den Leitsätzen der ARAG/Garmenbeck-Entscheidung orientiert.[642] Daraus lässt sich folgern, dass die Verfolgungsentscheidung des Aufsichtsrats auch nach dem Willen des Gesetzgebers keine unternehmerische Entscheidung im Sinne der nunmehr kodifizierten *Business Judgement Rule* darstellt. Dieses Ergebnis wird durch die Begründung der ebenfalls mit dem UMAG reformierten Aktionärsrechte nach §§ 147, 148 AktG unterstützt. Vor dem Hintergrund, dass Vorstand und Aufsichtsrat oftmals Gefahr laufen, aus eigenem Interesse auf eine Geltendmachung von Ersatzansprüchen zu verzichten, bezweckte der Gesetzgeber insbesondere mit § 148 AktG eine stärkere Durchsetzung von Organhaftungsansprüchen.[643] Zwischen den Zeilen lässt sich dem entnehmen, dass die Legislative eine stärkere Rechtsverfolgung insgesamt, also auch durch Vorstand und Aufsichtsrat selbst, befürwortet. Das Ziel einer verstärkten Geltendmachung von Regressansprüchen der Gesellschaft würde aber konterkariert, wenn die Verfolgungsentscheidung der *Business Judgement Rule* unterfiele. Denn billigte

---

635 *Goette*, ZHR (176) 2012, 588 595.

636 Hierzu bereits unter B. II. 1. a) bb).

637 Dies kritisiert in einem anderem Zusammenhang auch *J. Koch*, NZG 2014, 934, 937.

638 BGH, Urt. v. 21.04.1997 – II ZR 175/95, NJW 1997, 1926, 1928; hierauf berufen sich *Fehrenbach*, AG 2015, 761, 765; *Goette*, ZHR (176) 2012, 588, 594.

639 Zur Frage, ob außerhalb des § 93 Abs. 1 S. 2 AktG ein Ermessens- bzw. Beurteilungsspielraum besteht sogleich unter cc).

640 So auch *J. Koch*, AG 2009, 93, 95; *Lutter*, in: FS Hoffmann-Becking, 2013, 747, 751; a.A. *Bieder*, NZG 2015, 1178, 1183, wonach allein der Bezugnahme des UMAG-Gesetzgebers auf das ARAG/Garmenbeck-Urteil kein Beleg für eine inhaltliche Auseinandersetzung mit den Entscheidungsgründen zu entnehmen sei.

641 Entwurf eines Gesetzes zur Unternehmensintegrität und Modernisierung des Anfechtungsrechts, BT-Drs. 15/5092, S. 11 f.

642 *J. Koch*, AG 2009, 93, 95.

643 Entwurf eines Gesetzes zur Unternehmensintegrität und Modernisierung des Anfechtungsrechts, BT-Drs. 15/5092, S. 19 f.

man dem Aufsichtsrat bei der Abwägungsentscheidung ein unternehmerisches Ermessen zu, würde sich stets ein Grund finden lassen, von der Rechtsverfolgung abzusehen.[644] Abschließend bleibt somit an dieser Stelle festzuhalten, dass auch der UMAG-Gesetzgeber einer Einstufung der Abwägung als unternehmerische Entscheidung nach § 93 Abs. 1 S. 2 AktG ablehnend gegenübersteht.[645]

(3) Telos des § 93 Abs. 1 S. 2 AktG

Gleichwohl könnte der Sinn und Zweck des § 93 Abs. 1 S. 2 AktG eine Einordnung als unternehmerische Entscheidung fordern. Ein Regelungsziel der *Business Judgement Rule* ist es, richterliche Rückschaufehler zu vermeiden.[646] Diese Gefahr besteht bei der Abwägung von Gründen für und gegen eine Geltendmachung von Ersatzansprüchen indes nicht.[647] Vielmehr traut der Gesetzgeber den Gerichten zu, die Verfolgungsentscheidung unter Berücksichtigung der im Einzelfall für und gegen eine Rechtsdurchsetzung sprechenden Gründen vollständig zu überprüfen. Dies ergibt sich zwar nicht aus der Gesetzesbegründung zu § 93 Abs. 1 S. 2 AktG, lässt sich aber ebenfalls der Wertung des § 148 Abs. 1 S. 2 Nr. 4 AktG entnehmen.[648] Danach hängt die Zulassung der Klage der Aktionärsminderheit u.a. davon ab, dass der Geltendmachung des Ersatzanspruchs keine überwiegenden Gründe des Gesellschaftswohls entgegenstehen. Im Klagezulassungsverfahren wird den Richtern dementsprechend nach allgemeiner Ansicht zugetraut, die Gründe, die für und gegen eine Anspruchsdurchsetzung sprechen, eigenständig zu prüfen.[649] Weshalb ihnen diese Fähigkeit nicht zukommen soll, wenn die Abwägungsentscheidung wie bei ARAG/Garmenbeck im Rahmen einer Feststellungsklage oder aber innerhalb eines Schadensersatzprozesses gegen einzelne Aufsichtsratsmitglieder auf dem Prüfstand steht, ist nicht nachvollziehbar.[650] Schließlich geht es jeweils um die

---

644 Deutlich *Casper*, ZHR (176) 2012, 617, 624, 635; *J. Koch*, NZG 2014, 934, 936; *Lutter*, in: FS Hoffmann-Becking, 2013, 747, 748; *B. Mayer*, NZG 2014, 1208, 1210 f.

645 So auch Hüffer/Koch/*Koch*, AktG, § 111 Rn. 11; *J. Koch*, AG 2009, 93, 97; *Scholz*, Die existenzvernichtende Haftung von Vorstandsmitgliedern in der Aktiengesellschaft, S. 146 f.

646 Statt vieler nur Spindler/Stilz/*Fleischer*, AktG, § 93 Rn. 60; *Kindler*, in: FS Goette, 2011, 231, 232; Hüffer/Koch/*Koch*, AktG, § 93 Rn. 9; *Kocher*, CCZ 2009, 215, 216.

647 Deutlich *J. Koch*, NZG 2014, 934, 938 f.; a.A. *Casper*, ZHR (176) 2012, 617, 635 f.; *Paefgen*, AG 2008, 761, 763.

648 Ähnlich Hüffer/Koch/*Koch*, AktG, § 111 Rn. 11; *J. Koch*, AG 2009, 93, 96; *J. Koch*, NZG 2014, 934, 940.

649 Statt vieler nur Spindler/Stilz/*Mock*, AktG, § 148 Rn. 89; MüKo/*Schröer*, AktG, § 148 Rn. 44; hierauf verweisen auch *J. Koch*, AG 2009, 93, 96; *J. Koch*, NZG 2014, 934, 940.

650 Treffend Hüffer/Koch/*Koch*, AktG, § 111 Rn. 11; *J. Koch*, AG 2009, 93, 98 ff.; *J. Koch*, NZG 2014, 934, 940; dieser Widerspruch wird insb.deutlich bei *Paefgen*, AG 2008, 761, 765; auch die von *Reichert*, in: FS Hommelhoff, 2012, 907, 922 vorgenommene Differenzierung nach dem Verfahrensgegenstand ist nicht nachvollziehbar.

Frage, ob überwiegende Gründe des Unternehmenswohls[651] bzw. gewichtige Gründe des Gesellschaftswohls[652] einer Geltendmachung von Ersatzansprüchen gegen Vorstandsmitglieder ausnahmsweise entgegenstehen.[653] Diese Parallele zeigt bereits der Gesetzgeber auf, der sich in der Begründung zu § 148 Abs. 1 S. 2 Nr. 4 AktG ausdrücklich auf ARAG/ Garmenbeck bezieht.[654]

Der Einwand, dass § 148 Abs. 1 S. 2 Nr. 4 AktG nur bei groben Pflichtverletzungen zur Anwendung komme und daher nicht als Argument zur Ablehnung eines unternehmerischen Ermessens des Aufsichtsrats bei der Verfolgungsentscheidung herangezogen werden könne, überzeugt dabei nicht.[655] Es ist nicht ersichtlich, weshalb ein Gericht die für und gegen eine Anspruchsdurchsetzung sprechenden Gründe nur bei groben, nicht aber bei leichten oder mittleren Pflichtverletzungen beurteilen können soll.[656] Und auch die Berufung *Paefgens* auf den Regelungszweck des § 148 AktG als Abgrenzung zur *Business Judgement Rule*[657] versagt bei näherer Betrachtung. Denn wie dargelegt hat der UMAG-Gesetzgeber sich in Anlehnung an das ARAG/Garmenbeck-Urteil nicht nur für eine Stärkung der Aktionärsrechte, sondern für eine gesteigerte Rechtsdurchsetzung insgesamt ausgesprochen. Dieses Ziel wird nur erreicht, wenn die Verfolgungsentscheidung des Aufsichtsrats einer (zumindest eingeschränkten) gerichtlichen Kontrolle unterliegt.[658]

(4) Zwischenergebnis

Die Verfolgungsentscheidung des Aufsichtsrats stellt damit keine unternehmerische Entscheidung im Sinne der *Business Judgement Rule* dar. Eine rechtliche Unsicherheit des Aufsichtsrats lässt sich zwar nicht in Abrede stellen. Diese ist aber nicht mit der unternehmerischen Unsicherheit des § 93 Abs. 1 S. 2 AktG gleichzusetzen. Zudem wird aus dem Zusammenhang mit und der Wertung von § 148 Abs. 1 S. 2 Nr. 4 AktG deutlich, dass auch der UMAG-Gesetzgeber von einer vollen gerichtlichen Überprüfbarkeit der Entscheidung ausgeht.

---

651 § 148 Abs. 1 S. 2 Nr. 4 AktG.

652 BGH, Urt. v. 21.04.1997 – II ZR 175/95, NJW 1997, 1926.

653 Auf diese Parallele weist auch *J. Koch*, AG 2009, 93, 96 hin.

654 Entwurf eines Gesetzes zur Unternehmensintegrität und Modernisierung des Anfechtungsrechts, BT-Drs. 15/5092, S. 22.

655 So aber *Cahn*, WM 2013, 1293, 1297; *Goette*, ZHR (176) 2012, 588, 599; KK/*Mertens/ Cahn*, AktG, § 111 Rn. 46; *Paefgen*, AG 2014, 554, 574; *Reichert*, in: FS Hommelhoff, 2012, 907, 924; *Reichert*, ZHR (177) 2013, 756, 769 f.; wie hier *J. Koch*, AG 2009, 93, 99 f.; *J. Koch*, NZG 2014, 934, 940.

656 Hierauf läuft die Argumentation speziell von *Goette*, ZHR (176) 2012, 588, 599 f. aber letztlich hinaus.

657 *Paefgen*, AG 2014, 554, 574.

658 Hierzu bereits unter B. II. 1. c) cc) (2).

cc) Entscheidungsspielraum außerhalb des § 93 Abs. 1 S. 2 AktG?

Die Ablehnung einer unternehmerischen Entscheidung im Sinne der *Business Judgement Rule* bedeutet jedoch nicht zwangsläufig, dass dem Aufsichtsrat bei der Verfolgungsentscheidung kein Beurteilungs- oder Ermessensspielraum außerhalb des § 93 Abs. 1 S. 2 AktG zusteht.[659] § 93 Abs. 1 S. 2 AktG ist insofern nicht abschließend, sondern lässt weitere Ermessensfreiräume zu.[660]

(1) Widersprüchliche Aussagen in ARAG/Garmenbeck

Ein erster Anhaltspunkt dafür, dass dem Aufsichtsrat ein Entscheidungsspielraum außerhalb der *Business Judgement Rule* zusteht, könnte sich aus den Urteilgründen der ARAG/Garmenbeck-Entscheidung ergeben. Betrachtet man die Passagen, in denen sich das Gericht mit einem Ermessen des Aufsichtsrats beschäftigt, ist indes festzustellen, dass der BGH keine eindeutige Aussage zu einem Beurteilungs- oder Ermessensspielraum bei der Verfolgungsentscheidung getroffen hat.[661] So billigt der Senat dem Aufsichtsrat einerseits ein „Entscheidungsermessen" für die Frage zu, „ob er trotz Erfolgsaussicht einer Haftungsklage aus übergeordneten Gründen des Unternehmenswohls ausnahmsweise von der Durchsetzung des Schadensersatzanspruches absehen möchte."[662] Daran anschließend führt der BGH aus, dass „dieses Ermessen des Aufsichtsrats (...) aber erst dann einsetzen [kann], wenn die gegeneinander abzuwägenden Umstände festgestellt worden sind."[663] Andererseits statuiert das Gericht den Grundsatz der Regelverfolgung,[664] den der 2. Zivilsenat in einer jüngeren Entscheidung nochmals bestätigt hat.[665]

(2) Wertungen des § 148 Abs. 1 S. 2 Nr. 4 AktG

Demgegenüber hat der UMAG-Gesetzgeber jegliche Art eines Entscheidungsspielraums bei der Geltendmachung von Organhaftungsansprüchen deutlich abgelehnt.

---

659 So insb. *Bachmann*, in: Verhandlungen des 70. DJT, 2014, Bd. 1, E 81; *Cahn*, WM 2013, 1293, 1297; *Casper*, ZHR (176) 2012, 617, 635 f.; MüKo/*Habersack*, AktG, § 111 Rn. 38; *Habersack*, in: Karlsruher Forum 2009, 2010, 5, 36 ff; Hölters/*Hölters*, AktG, § 93 Rn. 292; *Lutter*, in: FS Hoffmann-Becking, 2013, 747, 752; Spindler/Stilz/*Spindler*, AktG, § 116 Rn. 59; a.A. *Bayer*, NJW 2014, 2546, 2549; *Bayer/Scholz*, NZG 2014, 926, 929; *Gaul*, AG 2015, 109, 112 f.; *J. Koch*, AG 2009, 93, 94 ff.; *J. Koch*, NZG 2014, 934, 937 ff.; *B. Mayer*, NZG 2014, 1208, 1210; *Redeke*, ZIP 2008, 1549, 1550.

660 Vgl. Entwurf eines Gesetzes zur Unternehmensintegrität und Modernisierung des Anfechtungsrechts, BT-Drs. 15/5092, S. 11; GK/*Hopt/Roth*, AktG, § 93 Rn. 118; MüKo/*Spindler*, AktG, § 93 Rn. 75.

661 Ebenso *J. Koch*, AG 2009, 93; *Mertens*, in: FS Schmidt, 2009, 1183, 1187 ff.; die inneren Widersprüche kritisiert auch *Kindler*, ZHR (162) 1998, 101, 113 f.

662 BGH, Urt. v. 21.04.1997 – II ZR 175/95, NJW 1997, 1926 1928.

663 BGH, a.a.O., 1928.

664 BGH, a.a.O., 1928.

665 BGH, Urt. v. 08.07.2014 – II ZR 174/13, NZG 2014, 1058, 1060.

Wie bereits dargestellt, liegt § 148 Abs. 1 S. 2 Nr. 4 AktG die Wertung zugrunde, dass die Entscheidung, ob Gründe des Gesellschaftswohls gegenüber dem Interesse des Unternehmens an einer Verfolgung von Ersatzansprüchen überwiegen, der vollständigen gerichtlichen Kontrolle unterliegt.[666] Mit dieser umfassenden Justiziabilität ist aber auch ein Beurteilungs- oder Ermessensspielraum außerhalb der *Business Judgement Rule* nicht in Einklang zu bringen.[667] Nur durch eine vollständige Überprüfbarkeit der Abwägungsentscheidung kann zudem das vom UMAG-Gesetzgeber verfolgte Ziel einer gesteigerten Anspruchsdurchsetzung erreicht werden.[668] Denn bei der Zuerkennung eines Entscheidungsspielraums besteht stets die Gefahr, dass der Grundsatz der Regelverfolgung immer weiter untergraben wird.[669]

(3) Keine Schutzbedürftigkeit der Aufsichtsratsmitglieder

Letztlich erfordert auch der Schutz der Aufsichtsratsmitglieder vor einer eigenen Inanspruchnahme keine eingeschränkte Justiziabilität der Abwägungsentscheidung.[670] Zwar ist die Befürchtung nachvollziehbar, dass das Gericht *ex post* eine Verfolgungspflicht der Ersatzansprüche aus Gründen des Gesellschaftswohls annimmt und die Aufsichtsratsmitglieder ohne Zuerkennung eines Beurteilungs- oder Ermessensspielraum der Gefahr einer Haftung nach §§ 116 S. 1, 93 Abs. 2 S. 1 AktG ausgesetzt sind.[671] Eine Fehlbeurteilung des Kontrollorgans zieht aber auch bei vollständiger Justiziabilität der Verfolgungsentscheidung nicht *per se* eine Ersatzpflicht der Aufsichtsratsmitglieder nach sich. Schließlich handelt der Aufsichtsrat bei der Abwägung über die Durchsetzung begründeter Ersatzforderungen nach § 93 Abs. 2 S. 1 AktG unter einer rechtlichen Unsicherheit. Bei einer unklaren Rechtslage entfällt bei Vorliegen der Vorrausetzungen eines Rechtsirrtums jedoch der Verschuldensvorwurf.[672] Kommt der Aufsichtsrat unter Hinzuziehung von Rechtsberatern zu dem Ergebnis, dass die Gründe, die gegen eine Anspruchsdurchsetzung sprechen, überwiegen und sieht daher von einer Rechtsverfolgung ab, kann es somit nach Maßgabe der ISION-Entscheidung im Einzelfall am Verschulden fehlen.[673] Eines Beurteilungs- oder Ermessensspielraums außerhalb des § 93 Abs. 1 S. 2 AktG bedarf es folglich

---

666 Hierzu bereits unter B. II. 1. c) bb) (3).

667 Eingehend *J. Koch*, AG 2009, 93, 98 ff.; *J. Koch*, NZG 2014, 934, 940.

668 Hierzu bereits unter B. II. 1 c) bb) (2).

669 Ähnliche Gefahren bei einer Relativierung der Verfolgungspflicht sehen auch *Casper*, ZHR (176) 2012, 617, 635; *Hopt*, ZIP 2013, 1793, 1804 f.; *J. Koch*, AG 2009, 93, 97; *B. Mayer*, NZG 2014, 1208, 1210; *Ulmer*, ZHR (163) 1999, 290, 297.

670 So aber *Casper*, ZHR (176) 2012, 617, 636; *Goette*, ZHR (176) 2012, 588, 597; *Goette*, in: FS Hoffmann-Becking, 2013, 377, 378; *Kocher*, CCZ 2009, 215, 219.

671 Deutlich *Casper*, ZHR (176) 2012, 617, 636.

672 Hierzu bereits ausführlich unter B. I. 2. b).

673 So auch *J. Koch*, AG 2009, 93, 100ff; *J. Koch*, NZG 2014, 934, 938 f.; *Lutter*, in: FS Hoffmann-Becking, 2013, 747, 753; a.A. *Scholz*, Die existenzvernichtende Haftung von Vorstandsmitgliedern in der Aktiengesellschaft, S. 155 ff., der insofern eine Erosion der Verfolgungspflicht befürchtet.

nicht, um eine Haftung des Aufsichtsrats nach §§ 116 S. 1, 93 Abs. 2 S. 1 AktG bei einer aus gerichtlicher Sicht fehlerhaften Abwägungsentscheidung zu vermeiden.

d) *Zusammenfassung*

Zusammenfassend bleibt festzuhalten, dass der Grundsatz der Regelverfolgung nach ARAG/Garmenbeck auch bei einer drohenden Existenzvernichtung des Vorstands gilt. Zwar kann dessen finanzielle Leistungsfähigkeit bei der Abwägung auf zweiter Stufe berücksichtigt werden. Bei Schäden in Millionenhöhe darf der Aufsichtsrat aber nicht von einer Anspruchsdurchsetzung absehen. Infolgedessen ist eine Reduzierung des Haftungsrisikos im Hinblick auf die potentiell unbegrenzten Ersatzbeträge über ARAG/Garmenbeck nicht zu erreichen. Die Verfolgungsentscheidung des Aufsichtsrats ist zudem vollständig justiziabel. Den Aufsichtsratsmitgliedern kommt weder ein unternehmerisches Ermessen nach § 93 Abs. 1 S. 2 AktG, noch ein außerhalb der *Business Judgement Rule* liegender Beurteilungs- oder Ermessensspielraum zu. Und selbst wenn eine extensive Auslegung der Urteilsbegründung bei horrenden Schadenssummen eine teilweise Nichtverfolgung zuließe oder dem Kontrollorgan der Aktiengesellschaft ein Entscheidungsspielraum zuzubilligen wäre, würde dies das Risikos einer Existenzvernichtung nicht beheben. Denn der Vorstand kann die Entscheidung des Aufsichtsrats weder steuern, noch prognostizieren und ist dadurch letztlich der Gnade der Aufsichtsratsmitglieder ausgeliefert, im Einzelfall von einer Anspruchsverfolgung abzusehen.[674]

2. Keine Reduzierung des Haftungsrisikos durch Verzicht und Vergleich

Das Risiko der Vorstandsmitglieder, für Schäden in existenzbedrohender Höhe in Anspruch genommen zu werden, könnte indes durch § 93 Abs. 4 S. 3 AktG erheblich reduziert sein. Mit dieser Vorschrift sieht das Gesetz einen Weg zur Verständigung zwischen geschädigter Gesellschaft und sorgfaltsvergessenen Vorstandsmitgliedern über Organhaftungsansprüche vor, der unabhängig vom Umfang der Ersatzpflicht Anwendung findet.

a) *Enge Grenzen des § 93 Abs. 4 S. 3 AktG*

Allerdings sind den Verzichts- und Vergleichsmöglichkeiten enge Grenzen gesetzt. Nach § 93 Abs. 4 S. 3 AktG kann die Gesellschaft erst drei Jahre nach Entstehung des Anspruchs und nur dann auf Ersatzansprüche verzichten oder sich über sie

---

674 So auch *Bayer/Scholz*, NZG 2014, 926, 929; *Fehrenbach*, AG 2015, 761, 767; *Grunewald*, AG 2013, 813, 814; *J. Koch*, AG 2012a, 429, 431; *Reichert*, ZHR (177) 2013, 756, 773; *W. Rust*, AR 2014, 36; *U. Rust*, ZWeR 2015, 299, 310; eingehend zur Irrelevanz eines Ermessensspielraums für das Haftungsrisiko *Scholz*, Die existenzvernichtende Haftung von Vorstandsmitgliedern in der Aktiengesellschaft, S. 112 ff.

vergleichen, wenn die Hauptversammlung zustimmt und nicht eine Minderheit, deren Anteile zusammen den zehnten Teil des Grundkapitals erreichen, zur Niederschrift Widerspruch erhebt. Die Dreijahresfrist soll verhindern, dass die Gesellschaft zu einem Zeitpunkt auf Ansprüche verzichtet, in dem das Ausmaß der Pflichtverletzung sowie die Schadenshöhe noch nicht abzuschätzen sind.[675] Des Weiteren dient sie dem Zweck, einer überstürzten Beendigung von Organhaftungsstreitigkeiten entgegenzuwirken.[676] Diese zwingende Sperrfrist[677] wird in der Literatur zu Recht zunehmend kritisch gesehen,[678] da eine zügige Beilegung von innergesellschaftlichen Auseinandersetzungen verhindert[679] und ein ausreichender Schutz der Gesellschaftsinteressen bereits durch das Erfordernis der Zustimmung der Hauptversammlung erreicht werden kann.[680] Dementsprechend hat sich auch der 70. Deutsche Juristentag für eine Abschaffung der Dreijahresfrist ausgesprochen.[681] Dessen ungeachtet wird die Vergleichs- und Verzichtsbereitschaft der Gesellschaft allein durch eine verkürzte Sperrfrist nicht erhöht.[682] Schon *de lege lata* gilt die zeitliche Begrenzung für Verzicht und Vergleich nach § 93 Abs. 4 S. 4 AktG nicht, wenn der Ersatzpflichtige zahlungsunfähig ist und sich zur Abwendung des Insolvenzverfahrens mit seinen Gläubigern vergleicht oder wenn die Ersatzpflicht in einem Insolvenzplan geregelt ist. Hierfür genügt es nicht, wenn

---

675 Amtl. Begr. zu § 93 AktG 1965, abgedruckt bei *Kropff*, Aktiengesetz, S. 123; KK/*Mertens/Cahn*, AktG, § 93 Rn. 164; MüKo/*Spindler*, AktG, § 93 Rn. 251.

676 *Bachmann*, in: Verhandlungen des 70. DJT, 2014, Bd. 1, E 50; *Mertens*, in: FS Fleck, 1988, 209, 210 f.

677 Hölters/*Hölters*, AktG, § 93 Rn. 311; *Mertens*, in: FS Fleck, 1988, 209, 210; MüKo/*Spindler*, AktG, § 93 Rn. 251.

678 Für eine Abschaffung insb. *Dietz-Vellmer*, NZG 2011, 248, 249; *Eßwein*, Privatautonome Gestaltung der Vorstandshaftung, S. 114 f.; *Fleischer*, WM 2005, 909, 918 f; *Fleischer*, AG 2015, 133, 140; Spindler/Stilz/*Fleischer*, AktG, § 93 Rn. 284a; *Haarmann/Weiß*, BB 2014, 2115, 2122 f.; *Habersack*, ZHR (177) 2013, 782, 804; *Handelsrechtsausschuss des Deutschen Anwaltvereins*, NZG 2010, 897, 898 f.; *Harbarth*, in: Liber amicorum Winter, 2011, 215, 232 ff.; Hölters/*Hölters*, AktG, § 93 Rn. 307; GK/*Hopt/Roth*, AktG, § 93 Rn. 505; Hüffer/Koch/*Koch*, AktG, § 93 Rn. 77; *Mack*, Die Regresshaftung von Vorstandsmitgliedern einer Aktiengesellschaft, S. 131; KK/*Mertens/Cahn*, AktG, § 93 Rn. 164; *Reichert*, ZHR (177) 2013, 756, 770 f.; *Semler*, AG 2005, 321, 333; *K. Zimmermann*, in: FS Duden, 1977, 773, 774 ff.; für Beibehaltung hingegen *Bayer*, NJW 2014, 2546, 2548; *Länderarbeitsgruppe Managerverantwortlichkeit*, Zwischenbericht vom 19. Mai 2009, S. 8, abrufbar unter: <https://www.justiz.bayern.de/media-/pdf/gesetze/bericht_arbeitsgruppe_managerverantwortung_190509.pdf>.

679 *Dietz-Vellmer*, NZG 2011, 248, 249; *Fleischer*, AG 2015, 133, 140; *Haarmann/Weiß*, BB 2014, 2115, 2123.

680 *Fleischer*, AG 2015, 133, 140.

681 Beschlüsse des 70. DJT, in: Verhandlungen des 70. DJT, 2014, Bd. 2/1, N 213 (58:19:9).

682 Ähnlich *Reichert*, ZHR (177) 2013, 756, 773; zur Abhängigkeit vom Wohlwollen der übrigen Gesellschaftsorgane sogleich unter b).

die Ersatzforderung das Vermögen des Vorstandsmitglieds übersteigt. Vielmehr muss der in Regress genommene Geschäftsleiter im Sinne des § 17 Abs. 2 InsO zahlungsunfähig sein.[683] Dies ist erst gegeben, wenn er nicht in der Lage ist, seine fälligen Zahlungspflichten zu erfüllen, wobei die Zahlungsunfähigkeit nach § 17 Abs. 2 S. 2 InsO vermutet wird, sobald er seine Zahlungen eingestellt hat. Überdies greift die Sperrfrist nicht ein, wenn die Gesellschaft selbst insolvent ist und Innenhaftungsansprüche durch den Insolvenzverwalter geltend gemacht werden.[684] Neben der Einhaltung der Dreijahresfrist ist die Wirksamkeit von Verzicht und Vergleich an die Zustimmung der Hauptversammlung geknüpft. Sofern die Satzung nichts anderes bestimmt, genügt hierfür nach § 133 AktG die einfache Stimmenmehrheit.[685] Auch in Bezug auf das Zustimmungserfordernis regt sich seit geraumer Zeit rechtspolitische Kritik.[686] Doch nur durch die Zustimmung der Hauptversammlung lässt sich eine gegenseitige Rücksichtnahme von Vorstand und Aufsichtsrat (sogenanntes *mutual backscratching*) verhindern und damit das wesentliche Regelungsziel des § 93 Abs. 4 S. 3 AktG, einem kollusiven Zusammenwirken dieser beiden Organe entgegenzuwirken,[687] aufrechterhalten.[688]

Werden die Voraussetzungen des § 93 Abs. 4 S. 3 AktG nicht eingehalten, sind die Rechtshandlungen der Gesellschaft nichtig.[689] Die Regelung bezieht sich zum einen auf materiell-rechtliche Vergleiche (§ 779 BGB), Prozess- und Anwaltsvergleiche (§ 794 Abs. 1 Nr. 1 ZPO bzw. § 796a ZPO) sowie Klageverzicht (§ 306 ZPO), Erlassvertrag und negatives Schuldanerkenntnis (§ 397 Abs. 1 bzw. Abs. 2 BGB).[690] Zum anderen sind Verfügungen anderer Art, wie etwa Abfindungsvereinbarungen, Stundungsabreden und einseitige Verzichtserklärungen, die einem Vergleich oder

---

683 GK/*Hopt/Roth*, AktG, § 93 Rn. 536; MüKo/*Spindler*, AktG, § 93 Rn. 256; *Thümmel*, Persönliche Haftung von Managern und Aufsichtsräten, S. 161.

684 Spindler/Stilz/*Fleischer*, AktG, § 93 Rn. 284; KK/*Mertens/Cahn*, AktG, § 93 Rn. 175; MüKo/*Spindler*, AktG, § 93 Rn. 257.

685 Bürgers/Körber/*Bürgers*, AktG, § 93 Rn. 39; Spindler/Stilz/*Fleischer*, AktG, § 93 Rn. 279; MüKo/*Spindler*, AktG, § 93 Rn. 251.

686 So insb. *Semler*, AG 2005, 321, 333; *K. Zimmermann*, in: FS Duden, 1977, 773, 774 f.; kritisch auch Hölters/*Hölters*, AktG, § 93 Rn. 307; für eine Beibehaltung hingegen *Bayer*, NJW 2014, 2546, 2548; *Fleischer*, AG 2015, 133, 137; *Hopt*, ZIP 2013, 1793, 1802; GK/*Hopt/Roth*, AktG, § 93 Rn. 505.

687 Statt vieler nur BGH, Urt. v. 08.07.2014 – II ZR 174/13, NZG 2014, 1058, 1060; Bürgers/Körber/*Bürgers*, AktG, § 93 Rn. 36; Spindler/Stilz/*Fleischer*, AktG, § 93 Rn. 278; KK/*Mertens/Cahn*, AktG, § 93 Rn. 161; GK/*Hopt/Roth*, AktG, § 93 Rn. 503.

688 Treffend *Fleischer*, AG 2015, 133, 137.

689 Spindler/Stilz/*Fleischer*, AktG, § 93 Rn. 283; GK/*Hopt/Roth*, AktG, § 93 Rn. 533; KK/*Mertens/Cahn*, AktG, § 93 Rn. 174.

690 Statt aller nur Spindler/Stilz/*Fleischer*, AktG, § 93 Rn. 286; Hölters/*Hölters*, AktG, § 93 Rn. 308; MüKo/*Spindler*, AktG, § 93 Rn. 260; ausführlich zu Abfindungsvereinbarungen bereits *Mertens*, in: FS Fleck, 1988, 209, 212 f.

Verzicht in ihrer Rechtswirkung gleichkommen, von § 93 Abs. 4 S. 3 AktG erfasst.[691] Nach einer neuen BGH-Entscheidung ist schließlich auch die Übernahme einer dem Vorstand auferlegten Sanktion an die Voraussetzungen des § 93 Abs. 4 S. 3 AktG geknüpft.[692]

b) *Abhängigkeit vom Wohlwollen der übrigen Gesellschaftsorgane*

Wie die soeben dargestellten Anforderungen des § 93 Abs. 4 S. 3 AktG gezeigt haben, hängt das Zustandekommen eines Verzichts oder Vergleichs maßgeblich von dem Verhalten von Aufsichtsrat und Hauptversammlung ab. Dabei kann der Vorstand weder die Entscheidung des Aufsichtsrats, der die Gesellschaft bei dem Entschluss über eine gütliche Streitbeilegung nach § 112 S. 1 AktG vertritt,[693] noch die Zustimmung der Hauptversammlung vorhersehen oder beeinflussen. Aus diesem Grund ist der Vorstand dem Wohlwollen der übrigen Gesellschaftsorgane ausgeliefert. Die Gefahr, über § 93 Abs. 2 S. 1 AktG für existenzvernichtende Summen einstehen zu müssen, besteht mithin auch unter Berücksichtigung des § 93 Abs. 4 S. 3 AktG fort.[694]

3. Gestiegene Bereitschaft zur Rechtsverfolgung?

Eingangs wurde schon angesprochen, dass kein Bedürfnis für eine Beschränkung des Vorstandsregresses bestehen kann, wenn die strenge Haftung nach § 93 Abs. 2 S. 1 AktG sowie die Verfolgungspflicht des Aufsichtsrats nur auf dem Papier existieren. In der Vergangenheit herrschte insofern die allgemeine Auffassung, dass Innenhaftungsansprüche in der Praxis nicht geltend gemacht werden.[695] In diesem Zusammenhang wurden insbesondere die „Bisshemmung“[696] des Aufsichtsrats sowie die „fehlende Lust auf eine gerichtliche Durchsetzung“[697] von Organhaftungsansprüchen beklagt. Unter dem allgemeinen Eindruck, dass „eine Krähe der anderen nicht die Augen aushackt“, sprach sich der 63. Deutsche Juristentag im Anschluss an das

---

691 Hölters/*Hölters*, AktG, § 93 Rn. 309; GK/*Hopt/Roth*, AktG, § 93 Rn. 528; MüKo/*Spindler*, AktG, § 93 Rn. 261; kritisch gegenüber der Ausdehnung auf andere Rechtshandlungen *Eßwein*, Privatautonome Gestaltung der Vorstandshaftung, S. 91 ff., 102 ff.

692 BGH, Urt. v. 08.07.2014 – II ZR 174/13, NZG 2014, 1058, 1059.

693 BGH, Urt. v. 16.02.2009 – II ZR 282/07, NZG 2009, 466; Hölters/*Hölters*, AktG, § 93 Rn. 306; MüKo/*Spindler*, AktG, § 93 Rn. 251.

694 Ebenso *Bachmann*, ZIP 2014, 579, 582; *Fleischer*, ZIP 2014, 1305, 1309; *Grunewald*, AG 2013, 813, 814; *J. Koch*, AG 2012a, 429, 431; *Reichert*, ZHR (177) 2013, 756, 759.

695 Statt aller nur *Baums*, in: Verhandlungen des 63. DJT, 2000, Bd. 1, F 246; *Horn*, ZIP 1997, 1129, 1131; *Peltzer*, WM 1981, 346, 348 f.; *Semler*, AG 2005, 321; *Ulmer*, ZHR (163) 1999, 290, 295, 318; *Wiedemann*, Gesellschaftsrecht, S. 624.

696 Insb. *Peltzer*, WM 1981, 346, 348 f.; *Ulmer*, in: FS Canaris, 2007, Bd. 2, 451; *G. Wagner*, in: Karlsruher Forum 2009, 2010, 85.

697 *Horn*, ZIP 1997, 1129, 1131.

Gutachten von *Baums* für eine Reform der Aktionärsklage aus[698] und auch der Gesetzgeber bezweckte mit dem UMAG „die praktische Durchsetzung der Ersatzansprüche der Gesellschaft zu erleichtern."[699] Angesichts der veröffentlichten Entscheidungen musste das Organhaftungsrecht noch um die Jahrtausendwende tatsächlich als „de facto nicht existent"[700] bezeichnet werden. Eine von *Ihlas* durchgeführte Auswertung der zugänglichen Gerichtsentscheidungen von 1885 bis 2008 ergab, dass in Deutschland bis zum Jahr 1995 lediglich 257 zivilgerichtliche Urteile in diesem Bereich ergangen sind.[701] Und diese Zahlen beziehen sich nicht nur auf den Regress nach § 93 Abs. 2 S. 1 AktG, sondern auch auf die Innenhaftung von Aufsichtsratsmitgliedern und Geschäftsführern der GmbH sowie die Außenhaftung der genannten Geschäftsleiter. Nur in 90 Fällen wurden Schadensersatzforderungen im Innenverhältnis geltend gemacht.[702] Obwohl vereinzelt noch immer Durchsetzungsprobleme bei der Verfolgung von Schadensersatzansprüchen gegen den Vorstand beklagt werden,[703] geht das gesellschaftsrechtliche Schrifttum heute überwiegend von einer deutlich gestiegenen Bereitschaft zur Geltendmachung des § 93 Abs. 2 S. 1 AktG aus.[704]

a) Medienwirksame Fälle der Vergangenheit

Der Eindruck einer gesteigerten Anspruchsdurchsetzung bestätigt sich bereits durch die bekannten Skandalfälle, die nicht nur für eine große mediale Aufmerksamkeit gesorgt, sondern in den letzten Jahren auch zunehmend die deutschen Gerichte beschäftigt haben.[705] Für den Bankensektor ist exemplarisch zunächst die Schadens-

---

698 *Baums*, in: Verhandlungen des 63. DJT, 2000, Bd. 1, F 256 ff.; Beschlüsse des 63. DJT, in: Verhandlungen des 63. DJT, 2000, Bd. 2/1, O 80 ff.

699 Entwurf eines Gesetzes zur Unternehmensintegrität und Modernisierung des Anfechtungsrechts, BT-Drs. 15/5092, S. 19.

700 *Adams*, AG-Sonderheft 1997, 9, 10; *Horn*, ZIP 1997, 1129, 1131.

701 Vgl. Schaubild und Rechtsprechungsübersicht bei *Ihlas*, D&O, S. 607 ff., S. 725–767.

702 *Ihlas*, a.a.O., S. 609, 725–767; während dieser Zeitspanne ordnete *Ihlas* die Fallgruppe des modifizierten Innenverhältnisses allerdings noch dem Außenverhältnis zu.

703 *Habersack*, ZHR (177) 2013, 782, 786; *Habersack*, in: Verhandlungen des 69. DJT, 2012, Bd. 1, E 92 f.; KK/*Mertens/Cahn*, AktG, § 93 Rn. 6; *Semler*, in: FS Goette, 2011, 499, 500; *G. Wagner*, ZHR (178) 2014, 227, 239; ebenso *Länderarbeitsgruppe Managerverantwortlichkeit*, Abschlussbericht, S. 4, abrufbar unter: <http://www.justiz.bay-ern.de/imperia/md/content/stmj_internet/ministerium/ministerium/gesetzgebung/abschlussbericht_1_.pdf>.

704 Statt aller nur *Bachmann*, in: Verhandlungen des 70. DJT, 2014, Bd. 1, 12 ff.; *Bayer*, NJW 2014, 2546, 2549; Spindler/Stilz/*Fleischer*, AktG, § 93 Rn. 5a; *Gaul*, AG 2015, 109; *Hauger/Palzer*, ZGR 2015, 33; *Hemeling*, ZHR (178) 2014, 221, 223; GK/*Hopt/Roth*, AktG, § 93 Rn. 40; *Hopt*, ZIP 2013, 1793, 1794; *Reichert*, ZHR (177) 2013, 756, 757; MAH/*Sieg*, VersR, § 17 Rn. 19; MüKo/*Spindler*, AktG, § 93 Rn. 3; *Thümmel*, Persönliche Haftung von Managern und Aufsichtsräten, S. 23.

705 Auflistung pressebekannter Innenhaftungsfälle bei *O. Lange*, D&O-Versicherung und Managerhaftung, S. 140 ff.

ersatzklage der Corealcredit Bank AG zu nennen. Nach der Aufhebung des zweitinstanzlichen Urteils, mit dem das Berufungsgericht die Klage der Hypothekenbank gegen ihre Ex-Vorstände auf Zahlung von rund 250 Mio. Euro als unbegründet ansah,[706] kam ein außergerichtlicher Vergleich zwischen den Parteien zustande.[707] Die Klage der Landesbank Sachsen AG gegen drei ehemalige Vorstandsmitglieder in Höhe von etwa 181 Mio. Euro wurde abgewiesen,[708] mit einem weiteren Mitglied des Leitungsorgans verglich sich das Sächsische Finanzministerium.[709] Auch in dem Schadensersatzverfahren der apoBank eG gegen ihre ausgeschiedenen Vorstandsmitglieder um rund 68 Mio. Euro liegt mittlerweile ein klageabweisendes Urteil vor.[710] In dem Prozess vor dem LG München I, in dem die Bayerische Landesbank von acht Ex-Vorständen Zahlung von etwa 200 Mio. Euro fordert, steht eine Entscheidung noch aus.[711] Weitere Beispiele bieten die HSH Nordbank AG, die WestLB AG sowie die Hypo Real Estate AG. Aus dem Bereich der Privatwirtschaft ist nur auf die interne Aufarbeitung der Korruptionsaffäre innerhalb der Siemens AG hinzuweisen. Neun ehemalige Mitglieder des Vorstands verglichen sich im Jahr 2009 mit der Gesellschaft über Schadensersatzforderungen nach § 93 Abs. 2 S. 1 AktG.[712] Erst nach einer Verurteilung des Ex-Finanzvorstands Neubürger zur Zahlung von 15 Mio. Euro durch das LG München I[713] kam nach Einlegung der Berufung Anfang 2015 auch mit diesem ein Vergleich zustande.[714] Ebenfalls vergleichsweise beigelegt wurden die Regressansprüche der MAN SE gegen drei ausgeschiedene Geschäftsleiter, denen das Unternehmen mangelnde Überwachung korrumpierender Mitarbeiter vorwarf.[715] Für viel Aufsehen im juristischen Schrifttum hat neben der

706 BGH, Urt. v. 15.01.2013 – II ZR 90/11, NJW 2013, 1958.

707 Aareal-Bank-Tochter Corealcredit schließt Vergleich in Schadensersatz-Prozess, Handelsblatt v. 23.12.2014, abrufbar unter: <http://www.handelsblatt.com/wirtschaft-handel-und-finanzen-aareal-bank-tochter-corealcredit-schliesst-vergleich-in-schadenersatz-prozess/11158844.html>.

708 LG Leipzig, Urt. v. 08.11.2013 – 8 O 3757/10, Juris.

709 190 Millionen für den Freistaat?, SZ v. 08.11.2013, abrufbar unter: <http://www.sz-online.de/nachrichten/190-millionen-euro-fuer-den-freistaat-2703890.html>.

710 LG Düsseldorf, Urt. v. 25.04.2014 – 39 O 36/11, WM 2014, 1293.

711 BayernLB hegt leise Hoffnung auf Schadensersatz, manager magazin v. 12.06.2013, abrufbar unter: <http://www.manager-magazin.de/unternehmen/banken/bayernlb-fordert-schadenersatz-von-ex-vorstaenden-a-905147.html>.

712 *Siemens AG*, Einladung zur Hauptversammlung der Siemens AG am 26. Januar 2010, abrufbar unter: <http://www.siemens.com/investor/pool/de/investor_relations/events/hauptversammlung/2010/einladung_hv2010_d.pdf>.

713 LG München I, Urt. v. 10.12.2013 – 5 HKO 1387/10, ZIP 2014, 570.

714 *Siemens AG*, Einberufung der ordentlichen Hauptversammlung 2015, abrufbar unter: <http://www.siemens.com/investor/pool/de/investor_relations/events/hauptversammlung/2015/hv2015_einberufung_de.pdf>.

715 *MAN SE*, Einladung zur Hauptversammlung 2014, abrufbar unter: <http://www.corporate.man.eu/man/media/de/content_medien/doc/global_corporate_website_1/

ausführlich dargestellten ARAG/Garmenbeck-Entscheidung des BGH[716] auch die ISION-Entscheidung geführt, in der der Senat die beklagten Vorstandsmitglieder der Aktiengesellschaft für die geltend gemachte Ersatzsumme in Höhe von 10 Mio. Euro für haftbar hielt.[717] Aus der jüngeren Zeit ist die Schadensersatzforderung von mehr als 200 Mio. Euro zu nennen, die der Insolvenzverwalter der Solar Millennium AG gegen die früheren Vorstände des Unternehmens geltend macht.[718] Die Revision gegen das Urteil des LAG Düsseldorf, in dem das Gericht eine Schadensersatzpflicht nach § 93 Abs. 2 S. 1 AktG für gegen ein Tochterunternehmen der ThyssenKrupp AG verhängte Bußgelder ablehnte,[719] wurde vom BAG ohne Entscheidung in der Sache an die Vorinstanz zurückverwiesen.[720] Im Hinblick auf die Schäden, die der Volkswagen AG im Zusammenhang mit der Manipulation der Abgasmessung bei Dieselfahrzeugen bereits entstanden sind und zukünftig entstehen werden, ist derzeit noch nicht abzusehen, ob und in welcher Höhe die Gesellschaft ihre (ehemaligen) Vorstandsmitglieder in Regress nehmen wird.

b) Anstieg der Anspruchsdurchsetzung neben den Skandalfällen?

Aus diesen Skandalfällen lässt sich hingegen kein Rückschluss darauf ziehen, ob es auch unbemerkt von der breiten Öffentlichkeit, gleichsam im haftungsrechtlichen „Normalfall“, zu einem Anstieg der Rechtsverfolgung gegen pflichtvergessene Vorstandsmitglieder gekommen ist.[721] Wissenschaftliche Studien, die eine Zunahme von Organhaftungsprozessen empirisch belegen, sind rar.[722] Einen ersten Nachweis für eine Steigerung der Anspruchsdurchsetzung in der breiten Masse bieten indes die Rechtsprechungsübersichten von *Hopt*[723] und *Ihlas*.[724] Insbesondere der Analyse der veröffentlichten Gerichtsentscheidungen bei *Ihlas* lässt sich entnehmen, dass sich die Anzahl der Organhaftungsverfahren in den letzten Jahren vervielfacht hat. Im Zeitraum zwischen 1995 und 2005 wurden nach seiner Untersuchung 107 Entscheidungen bei juris veröffentlicht, die die Haftung von Vorständen, Geschäftsführern

investor_relations_1/hv/2014_8/man_hv_2014_einberufung_einschl__tagesordnung.pdf>.

716 BGH, Urt. v. 21.04.1997 – II ZR 175/95, NJW 1997, 1926.

717 BGH, Urt. v. 20.09.2011 – II ZR 234/09, NJW-RR 2011, 1670.

718 Schadensersatz von Solar-Millenium-Managern?, Handelsblatt v. 20.10.2014, abrufbar unter: <http://www.handelsblatt.com/unternehmen/industrie/insolvenz-schadensersatz-von-solar-mille-nium-managern/10864018.html>.

719 LAG Düsseldorf, Teilurt. und Beschl. v. 20.01.2015 – 16 SA 459/14, BB 2015, 907.

720 BAG, Urt. v. 29.06.2017 – Az. 8 AZR 189/15, becklink 2007126.

721 Diesen Unterschied von Skandal- und Normalfall stellt auch *Bachmann*, in: Verhandlungen des 70. DJT, 2014, Bd. 1, E 12 heraus.

722 Dieses Problem sehen auch *Bachmann*, a.a.O., E 12; *Birkner*, in: Managerhaftung, 2014, 5, 6.

723 *Hopt*, ZIP 2013, 1793, 1794.

724 *Ihlas*, D&O, S. 768 ff.

und Aufsichtsräten im Innenverhältnis betreffen.[725] Im Vergleich mit dem vorangegangenen Jahrzehnt, in dem lediglich 41 Urteile zur Innenhaftung veröffentlich wurden, bedeutet dies einen Anstieg um 170 %.[726] Für den nächsten Zehnjahreszeitraum prognostiziert er einen weiteren Anstieg um 50 %.[727] Nach Angaben der Wirtschafts-Woche waren Ende 2013 etwa 6.000 Gerichtsverfahren wegen Schadensersatzforderungen gegen Gesellschaftsorgane anhängig, womit bei zwei bis drei Beklagten pro Verfahren mehr als 12.000 ehemalige Geschäftsleiter betroffen waren.[728] Obwohl kein Nachweis für diese Zahlen erbracht und nicht spezifiziert wird, wie hoch der Anteil der Innenhaftungsverfahren ist, stützt auch dies den Eindruck, dass gerade in den letzten Jahren ein Anstieg der Organhaftungsprozesse zu verzeichnen ist.

Berücksichtigt man ferner, dass nach verschiedenen Quellen 90 %–95 % der Ersatzstreitigkeiten außergerichtlich beigelegt werden[729] und den Versicherern jedes Jahr etwa 700 Regressfälle gemeldet werden,[730] ist die Anzahl der Inanspruchnahmen noch um ein Vielfaches höher. Nach den Schätzungen von *Ihlas* wurden den D&O-Versicherern allein bis zum Jahr 2008 1.000 bis 10.000 Fälle gemeldet.[731] Konkrete Belege für diese Aussagen, die vornehmlich aus der anwaltlichen Beratungspraxis stammen, lassen sich dagegen nicht finden, weshalb diese Angaben nicht unhinterfragt übernommen werden und lediglich Anhaltspunkte bieten können.[732] Öffentlich zugängliches Material darüber, wie viele Schadensersatzforderungen jährlich gesellschaftsintern geltend gemacht und vergleichsweise beendet werden, existiert nicht. Darauf, dass es in den letzten Jahren vermehrt zur (außergerichtlichen) Geltendmachung des § 93 Abs. 2 S. 1 AktG gekommen ist, deuten aber auch die Untersuchungen *Bachmanns* hin, die dieser im Vorfeld des 70. Deutschen Juristentags durchgeführt hat. Aus Interviews mit Rechts- und Syndikusanwälten sowie Organmitgliedern entnahm er eine im Vergleich zu den Vorjahren verbesserte und gründlichere Prüfung möglicher Schadensersatzansprüche, wobei Haftungsstreitigkeiten nach seiner Analyse allerdings nur selten vor Gericht beigelegt wurden.[733] Zudem wies er darauf hin, dass nach Angaben eines marktführenden D&O-Versicherers in Deutschland nach den USA die meisten Regressansprüche gegen Organe gemeldet

725 *Ihlas*, a.a.O., S. 610, 768 ff.
726 *Ihlas*, a.a.O., S. 610 f.
727 *Ihlas*, a.a.O., S. 610 f.
728 Jetzt sollen die Manager bezahlen, WiWo v. 14.12.2013, abrufbar unter: <http://www.wiwo.de/unternehmen/industrie/regressforderungen-jetzt-sollen-die-manager-bezahlen/9178610.html> unter Hinweis auf den Versicherungsmakler *Hendricks*.
729 *Birkner*, in: Managerhaftung, 2014, 5, 7; *Hopt*, ZIP 2013, 1793, 1794; GK/*Hopt/Roth*, AktG, § 93 Rn. 40; *Ihlas*, D&O, S. 120.
730 *Birkner*, in: Managerhaftung, 2014, 5, 7.
731 *Ihlas*, D&O, S. 121.
732 Auch *Bachmann*, in: Verhandlungen des 70. DJT, 2014, Bd. 1, E 14; *Ihlas*, D&O, S. 124 ff. weisen darauf hin, dass diese Zahlen mit Vorsicht zu genießen sind.
733 *Bachmann*, in: Verhandlungen des 70. DJT, 2014, Bd. 1, E 16.

würden.[734] Eine zusätzlich durchgeführte Befragung der Vorstands- und Aufsichtsratsvorsitzenden von 300 börsennotierten Aktiengesellschaften ergab bei einer Rücklaufquote von 20 %, dass sieben Aufsichtsratsmitglieder bereits Vorstandsmitglieder in Anspruch genommen haben.[735] Diese Ergebnisse decken sich mit der im Herbst 2014 wiederholten Studie „Managerhaftung und D&O-Versicherung" der VOV-GmbH. Die telefonische Befragung von 200 Geschäftsführern und Vorstandsmitgliedern nicht-inhabergeführter Unternehmen mit einer Bilanzsumme von mindestens 50 Mio. Euro ergab, dass 31 % der Führungskräfte das Risiko eines D&O-Haftungsfalls als eher hoch oder sehr hoch ansehen.[736] Dabei sieht sich ein Drittel der befragten Personen einem höheren Haftungsrisiko ausgesetzt als bei der Befragung im Vorjahr und mehr als 20 % konnten von Ansprüchen gegen sich oder andere Organmitglieder in der Vergangenheit berichten.[737]

Auch wenn keine umfassende Studie verfügbar ist, aus der sich entnehmen lässt, wie viele Regressverfahren gegen pflichtvergessene Vorstandsmitglieder jährlich an deutschen Gerichten anhängig gemacht und entschieden sowie außergerichtlich beigelegt werden, lässt sich aus der Zusammenschau der verschiedenen Teiluntersuchungen und dem veröffentlichten Zahlenmaterial entnehmen, dass die Bereitschaft zur Geltendmachung des § 93 Abs. 2 S. 1 AktG in den letzten Jahren erheblich gestiegen ist. Hält dieser Trend an, nimmt auch das Risiko der Geschäftsleiter weiter zu, bei verschuldetem Fehlverhalten für potentiell existenzvernichtende Ersatzbeträge von der Gesellschaft in Anspruch genommen zu werden.

4. Zusammenfassung

Die vorstehenden Ausführungen haben ergeben, dass der Aufsichtsrat auch bei potentiell existenzvernichtenden Schadenssummen im Einklang mit der ARAG/Garmenbeck-Rechtsprechung dazu verpflichtet ist, begründete Regressansprüche nach § 93 Abs. 2 S. 1 AktG durchzusetzen. Zwar kann die Gesellschaft gemäß § 93 Abs. 4 S. 3 AktG auf Ersatzforderungen gegen ihre (ausgeschiedenen) Vorstandsmitglieder verzichten oder sich über diese vergleichen. Dies ist aber nur unter den engen Voraussetzungen der Vorschrift möglich. Da die pflichtvergessenen Geschäftsleiter das Zustandekommen eines Verzichts oder einer Vergleichsvereinbarung zudem nicht beeinflussen können, ist hierüber aus Sicht der Vorstandsmitglieder keine Reduzierung des Haftungsrisikos zu erreichen. Obwohl nach dem vorhandenen Zahlenmaterial davon auszugehen ist, dass der Großteil der Organhaftungsstreitigkeiten

---

734 *Bachmann*, a.a.O., E 16.

735 *Bachmann*, a.a.O., E 17.

736 *VOV-GmbH*, VOV D&O-Studie 2014, S. 33, abrufbar unter: <http://www.vovgmbh.de/fileadmin/user_upload/VOVDokumente/Sonstige/VOV_D_O-Studie_Managerhaftung_2014__s _.pdf>.

737 *VOV-GmbH*, VOV D&O-Studie 2014, S. 34, 41, abrufbar unter: <http://www.vovgmbh.de/fileadmin/user_upload/VOVDokumente/Sonstige/VOV_D_O-Studie_Managerhaftung_2014__s _.pdf>.

außergerichtlich beigelegt wird, ist in den letzten Jahren auch eine gestiegene Bereitschaft zur gerichtlichen Geltendmachung des § 93 Abs. 2 S. 1 AktG zu verzeichnen. Angesichts der Entwicklung in den letzten Jahren lässt sich insgesamt prognostizieren, dass die Anspruchsdurchsetzung weiter zunehmen wird.

III. Fazit

Die oben stehenden Untersuchungen haben gezeigt, dass dem strengen Haftungstatbestand des § 93 Abs. 2 S. 1 AktG das Risiko eines existenzvernichten Innenregresses immanent ist. Überdies ist der Aufsichtsrat grundsätzlich verpflichtet, begründete Schadensersatzforderungen unabhängig von den Auswirkungen für das betroffene Vorstandsmitglied durchzusetzen, wobei in den letzten Jahren auch in der Praxis eine gestiegene Bereitschaft zur Rechtsverfolgung zu beobachten ist. Damit bleibt festzuhalten, dass sich die Ausgangsthese bestätigt hat: Aus haftungsrechtlicher Sicht besteht eine Notwendigkeit zur Beschränkung des Vorstandsinnenregresses nach § 93 Abs. 2 S. 1 AktG.

C. Kein ausreichender Schutz durch die D&O-Versicherung

Das haftungsrechtlich festgestellte Risiko einer wirtschaftlichen Existenzvernichtung als Folge des unbeschränkten Vorstandsinnenregresses könnte aus versicherungsrechtlicher Perspektive allerdings entfallen. Hat die Gesellschaft zugunsten ihrer Organmitglieder eine D&O-Versicherung abgeschlossen, ist der Versicherer bei einer Inanspruchnahme der Vorstandsmitglieder nach § 100 VVG neben der Abwehr unbegründeter Forderungen auch zur Befriedigung begründeter Schadensersatzforderungen verpflichtet.[738] Damit hält die Rechtsordnung grundsätzlich ein Instrument zur finanziellen Absicherung der Organmitglieder bereit. Im gesellschaftsrechtlichen Schrifttum gilt es jedoch als ausgemacht, dass die D&O-Versicherung den in Regress genommenen Geschäftsleitern keinen hinreichenden Schutz vor einer potentiell ruinösen Innenhaftung bieten kann.[739] Dies wird vor allem mit den begrenzten Deckungssummen sowie den weitreichenden Risikoausschlüssen begründet.[740] Nach einem kurzen Überblick über die Grundzüge der D&O-Versicherung ist daher zu untersuchen, ob das Bedürfnis nach einer Reduzierung der Ersatzpflicht aus § 93 Abs. 2 S. 1 AktG auch bei Abschluss einer D&O-Police besteht.

I. Grundzüge der D&O-Versicherung

Bei der D&O-Versicherung handelt es sich um eine Vermögensschaden-Haftpflichtversicherung,[741] die zwischen dem Versicherer und der Gesellschaft als Versicherungsnehmerin für ihre Organmitglieder als versicherte Personen abgeschlossen wird.[742] Im deutschen Recht ist die D&O-Versicherung bislang nicht spezialgesetzlich geregelt. Seit der Kodifizierung des verpflichtenden Selbstbehalts

---

738 Vgl. zum Eintritt des Versicherungsfalls bei der Vorstandsinnenhaftung OLG München, Urt. v. 15.03.2005 – 25 U 3940/04, ZIP 2005, 1556; Spindler/Stilz/*Fleischer*, AktG, § 93 Rn. 230; Hölters/*Hölters*, AktG, § 93 Rn. 411; KK/*Mertens/Cahn*, AktG, § 93 Rn. 241.

739 Vgl. nur *Beauregard/Gleich*, NJW 2013, 824 f.; *Gaul*, AG 2015, 109, 111; *Haarmann/Weiß*, BB 2014, 2115; *Habersack*, ZHR (177) 2013, 782, 796; *Hemeling*, in: FS Hoffmann-Becking, 2013, 491, 509; Hölters/*Hölters*, AktG, § 93 Rn. 399; *J. Koch*, AG 2014, 513, 519; KK/*Mertens/Cahn*, AktG, § 93 Rn. 244; *Peltzer*, in: FS Hoffmann-Becking, 2013, 861, 862; *Schenk*, NZG 2015, 494; *G. Wagner*, ZHR (178) 2014, 227, 250.

740 Insb. *Haarmann/Weiß*, BB 2014, 2115; *Gaul*, AG 2015, 109, 111; *J. Koch*, AG 2014, 513, 519; *Peltzer*, in: FS Hoffmann-Becking, 2013, 861, 862.

741 OLG München, Urt. v. 15.03.2005 – 25 U 3940/04, ZIP 2005, 1556; Hölters/*Hölters*, AktG, § 93 Rn. 394; MAH/*Sieg*, VersR, § 17 Rn. 1.

742 Beckmann/Matusche-Beckmann/*Beckmann/Matusche-Beckmann*, VersR, § 28 Rn. 1; MAH/*Sieg*, VersR, § 17 Rn. 2; Prölss/Martin/*Voit*, VVG, AVB-AVG Ziff. 1.1 Rn. 2.

für Vorstandsmitglieder in § 93 Abs. 2 S. 3 AktG bestehen gegenüber ihrer Zulässigkeit gleichwohl keine Bedenken mehr.[743] Dogmatisch ist die D&O-Police als Haftpflichtversicherung für fremde Rechnung einzuordnen, auf die neben den allgemeinen Vorschriften des BGB und VVG insbesondere die §§ 43 ff. VVG sowie die §§ 100 ff. VVG Anwendung finden.[744] Trotz dieser gesetzlichen Grundlagen zeichnet sich das Recht der D&O-Versicherung in der Praxis durch eine zunehmende Heterogenität aus.[745] Die im Einzelfall maßgeblichen Regelungen basieren vornehmlich auf dem jeweiligen Versicherungsvertrag, dessen etwaigen Nachträgen sowie den Allgemeinen und Besonderen Versicherungsbedingungen, die zum Teil erheblich voneinander abweichen.[746] Eine Orientierung für den typischen Inhalt einer D&O-Police bieten die vom GDV veröffentlichten „Allgemeinen Versicherungsbedingungen für die Vermögensschaden-Haftpflichtversicherung von Aufsichtsräten, Vorständen und Geschäftsführern, Stand Februar 2016", kurz AVB-AVG 2016[747], die dieser Bearbeitung zugrunde liegen.[748] Dennoch können auch die Musterbedingungen letztlich nur einen Anhaltspunkt dafür bieten, wie die am Markt verwendeten Policen ausgestaltet sind.[749]

1. Gegenstand und Inhalt des Versicherungsschutzes

Der übliche Gegenstand einer D&O-Versicherung erschließt sich aus Ziff. 1.1 Abs. 1 AVB-AVG 2016. Danach gewährt der Versicherer Deckungsschutz für den

743 Spindler/Stilz/*Fleischer,* AktG, § 93 Rn. 226; *O. Lange,* D&O-Versicherung und Managerhaftung, S. 39 f.; KK/*Mertens/Cahn,* AktG, § 93 Rn. 244; MüKo/*Spindler,* AktG, § 93 Rn. 194 (jeweils m.w.N.); vor der Kodifizierung des Selbstbehalts kritisch insb. *Kort,* DStR 2006, 799, 803; *Pammler,* Die gesellschaftsfinanzierte D&O-Versicherung im Spannungsfeld des Aktienrechts, S. 47; *Ulmer,* in: FS Canaris, 2007, Bd. 2, 451, 462 ff.; noch zweifelnd insb. *G. Wagner,* ZHR (178) 2014, 227, 254 ff.

744 Spindler/Stilz/*Fleischer,* AktG, § 93 Rn. 230; Hüffer/Koch/*Koch,* AktG, § 93 Rn. 58; Prölss/Martin/*Voit,* VVG, AVB-AVG Ziff. 1.1 Rn. 6; vor der VVG-Reform auch OLG München, Urt. v. 15.03.2005 – 25 U 3940/04, ZIP 2005, 1556.

745 Deutlich Beckmann/Matusche-Beckmann/*Beckmann/Matusche-Beckmann,* VersR, § 28 Rn. 5, 19; MüKo/*Ihlas,* VVG, D&O Rn. 12; FAKomm/*Staudinger/Richters,* VersR, D&O Rn. 1.

746 *Hemeling,* in: FS Hoffmann-Becking, 2013, 491, 493 f.; *Seibt/Saame,* AG 2006, 901, 902; MAH/*Sieg,* VersR, § 17 Rn. 4.

747 *GDV,* Allgemeine Versicherungsbedingungen für die Vermögensschaden-Haftpflicht-versicherung von Aufsichtsräten, Vorständen und Geschäftsführern (AVB-AVG), Stand Februar 2016, abrufbar unter: <http://www.gdv.de/wp-content/uploads/2016/02/AVB_DandO_Feb2016.pdf>.

748 Die zitierten Aufsätze und Kommentare beziehen sich indes auf die größtenteils gleichlautenden AVB-AVG 2013 sowie teilweise noch auf die Klauseln in den AVB-AVG 2010.

749 Statt vieler nur Looschelders/Pohlmann/*Haehling v. Lanzenauer/Kreienkamp,* VVG, D&O Rn. 8; MAH/*Sieg,* VersR, § 17 Rn. 5.

Fall, dass ein gegenwärtiges oder ehemaliges Mitglied des Aufsichtsrats, des Vorstands oder der Geschäftsführung der Versicherungsnehmerin oder einer Tochtergesellschaft wegen einer bei Ausübung dieser Tätigkeit begangenen Pflichtverletzung aufgrund gesetzlicher Haftpflichtbestimmungen für einen Vermögensschaden auf Schadensersatz in Anspruch genommen wird. Als Vermögensschäden gelten nach Ziff. 1.1 Abs. 7 S. 1 AVB-AVG 2016 alle Schäden, die weder Personen- noch Sachschäden sind und sich auch nicht aus solchen herleiten.[750] Vom Begriff der gesetzlichen Haftpflichtbestimmungen sind sowohl Außenhaftungsansprüche, die Dritte gegen die Organmitglieder geltend machen, als auch Innenhaftungsansprüche der Gesellschaft erfasst.[751] Da Ziff. 1.1 Abs. 1 AVB-AVG 2016 eine Pflichtverletzung voraussetzt, besteht bei unternehmerischen Fehlentscheidungen, die der *Business Judgement Rule* unterfallen, auch keine Leistungspflicht des Versicherers.

Inhaltlich umfasst die D&O-Versicherung gemäß § 100 VVG die Abwehr unbegründeter Ansprüche sowie die Freistellung von begründeten Forderungen. An diese gesetzliche Regelung ist auch Ziff. 4.1 Abs. 1 AVB-AVG 2016 angelehnt, wonach sich der Deckungsschutz auf die Prüfung der Haftpflichtfrage, die Abwehr unberechtigter Schadensersatzansprüche und die Freistellung der versicherten Personen von berechtigten Schadensersatzansprüchen erstreckt. Dabei steht dem Versicherer nach zutreffender Ansicht ein Wahlrecht zwischen Rechtsverteidigung und Freistellung zu.[752] In der Praxis entscheidet sich der Versicherer regelmäßig jedoch zunächst für die Anspruchsabwehr.[753] In Bezug auf die Rechtsschutzfunktion der Haftpflichtversicherung stellt § 101 Abs. 1 S. 1 VVG klar, dass die Versicherung auch die gerichtlichen und außergerichtlichen Kosten erfasst, die durch die Abwehr der von einem Dritten geltend gemachten Ansprüche entstehen, soweit die Aufwendung der Kosten den Umständen nach geboten ist. Unterliegt das Vorstandsmitglied der klagenden Gesellschaft, hat der Versicherer somit neben dem eingeklagten Schadensersatzbetrag auch die Gerichts- sowie die Anwaltskosten beider Parteien zu erstatten.[754]

---

750 Ausführlich zum Begriff des Vermögensschadens Beckmann/Matusche-Beckmann/*Beck-mann/Matusche-Beckmann,* VersR, § 28 Rn. 26 ff.; MAH/*Sieg,* VersR, § 17 Rn. 88 ff.

751 OLG München, Urt. v. 15.03.2005 – 25 U 3940/04, ZIP 2005, 1556 f.; Beckmann/Matusche-Beckmann/*Beckmann/Matusche-Beckmann,* VersR, § 28 Rn. 74; Hölters/*Hölters,* AktG, § 93 Rn. 411; KK/*Mertens/Cahn,* AktG, § 93 Rn. 241.

752 Für die h.M. BGH, Urt. v. 20.02.1956 – II ZR 53/55, NJW 1956, 826, 827; OLG München, Urt. v. 15.03.2005 – 25 U 3940/04, ZIP 2005, 1556; MüKo/*Ihlas,* VVG, D&O Rn. 368; Langheid/Rixecker/*Langheid,* VVG, § 100 Rn. 5; a.A. insb. Prölss/Martin/*Lücke,* VVG, § 100 Rn. 2.

753 Deutlich *Dreher/Thomas,* ZGR 2009, 31, 39; GK/*Hopt/Roth,* AktG, § 93 Rn. 451; MüKo/*Ihlas,* VVG, D&O Rn. 368; *Ulmer,* in: FS Canaris, 2007, Bd. 2, 451, 456.

754 Statt vieler nur Langheid/Rixecker/*Langheid,* VVG, § 101 Rn. 3; Prölss/Martin/*Lücke,* VVG, § 101 Rn. 9.

Voraussetzung für die Leistungspflicht des Versicherers ist stets der Eintritt des Versicherungsfalls, der gemäß dem in Ziff. 2 S. 1 AVB-AVG 2016 geregelten *claims-made-Prinzip* in der erstmaligen Geltendmachung eines Haftpflichtanspruchs gegen eine versicherte Person während der Dauer des Versicherungsvertrags liegt.[755] Die Pflicht zur Freistellung von begründeten Schadensersatzansprüchen wird nach § 106 S. 1 VVG sowie Ziff. 4.1 Abs. 2 S. 1 AVB-AVG 2016 dagegen erst fällig, wenn der Anspruch mit bindender Wirkung für den Versicherer durch rechtskräftiges Urteil, Anerkenntnis oder Vergleich festgestellt worden ist.

2. Geltung des Trennungsprinzips

Da es sich bei der D&O-Police um eine Haftpflichtversicherung handelt, gilt das versicherungsrechtliche Trennungsprinzip.[756] Danach ist strikt zwischen den Streitigkeiten über das Bestehen eines Schadensersatzanspruchs, die im Haftpflichtprozess zwischen der geschädigten Gesellschaft sowie dem nach § 93 Abs. 2 S. 1 AktG in Regress genommenen Vorstandsmitglied zu klären sind, und den Fragen des Versicherungsschutzes, über die im Deckungsprozess zwischen dem versicherten Organ und dem Versicherer entschieden wird, zu differenzieren.[757] Nach ständiger Rechtsprechung sind die Feststellungen im Haftpflichturteil trotz dieser grundsätzlichen Trennung von Haftpflicht- und Deckungsverhältnis für den nachfolgenden Deckungsprozess bindend.[758] Diese Bindungswirkung besteht allerdings nur bei Voraussetzungsidentität, d.h. soweit die Feststellungen sowohl für die Entscheidung über den Haftpflichtanspruch als auch für die Frage der Deckung entscheidungserheblich sind.[759] Überschießende Feststellungen im Haftpflichturteil sind demgegenüber nicht von der Bindungswirkung umfasst.

---

755 MüKo/*Littbarski*, VVG, § 100 Rn. 125; Prölss/Martin/*Lücke*, VVG, § 100 Rn. 26; MAH/*Sieg*, VersR, § 17 Rn. 60; Prölss/Martin/*Voit*, VVG, AVB-AVG Ziff. 4.1 Rn. 1; grundlegend zum claims-made-Prinzip *Schramm*, Das Anspruchserhebungsprinzip.

756 Statt vieler nur OLG München, Urt. v. 15.03.2005 – 25 U 3940/04, ZIP 2005, 1556; MüKo/*Dageförde*, VVG, § 44 Rn. 23; MAH/*Sieg*, VersR, § 17 Rn. 156 ff.; FAKomm/*Staudinger/Richters*, VersR, D&O Rn. 13 (jeweils m.w.N.).

757 Vgl. zum Trennungsprinzip insb. BGH, Urt. v. 19.02.1959 – II ZR 171/57, VersR 1959, 256, 257; BGH, Urt. v. 30.09.1992 – IV ZR 314/91, VersR 1992, 1504, 1505; BGH, Urt. v. 08.12.2010 – IV ZR 211/07, VersR 2011, 203, 204.

758 BGH, Urt. v. 19.02.1959 – II ZR 171/57, VersR 1959, 256, 257; BGH, Urt. v. 30.09.1992 – IV ZR 314/91, VersR 1992, 1504, 1505; BGH, Urt. v. 08.12.2010 – IV ZR 211/07, VersR 2011, 203, 204.

759 BGH, Urt. v. 18.02.2004 – IV ZR 126/02, NJW-RR 2004, 676; BGH, Urt. v. 24.01.2007 – IV ZR 208/03, NJW-RR 2007, 827, 828; BGH, Urt. v. 08.12.2010 – IV ZR 211/07, VersR 2011, 203, 204.

3. Kein Direktanspruch der geschädigten Gesellschaft

Eine Besonderheit der D&O-Versicherung ergibt sich aus ihrer Qualifikation als Versicherung für fremde Rechnung im Sinne des § 43 Abs. 1 VVG. Hieraus folgt, dass die Gesellschaft als Versicherungsnehmerin zwar nach § 1 S. 2 VVG zur Zahlung der Prämien verpflichtet ist, die Rechte aus dem Versicherungsvertrag gemäß § 44 Abs. 1 S. 1 VVG aber den Organmitgliedern als versicherte Personen zustehen. Auch nach der Musterklausel in Ziff. 10.1 AVB-AVG 2016 sind ausschließlich die versicherten Personen zur Ausübung der Rechte aus dem Versicherungsvertrag berechtigt. Ein originärer Direktanspruch der Versicherungsnehmerin gegen den Versicherer besteht somit nicht.[760] Daher kann sich die geschädigte Gesellschaft wegen der Erstattung des ihr entstandenen Schadens nicht an den D&O-Versicherer wenden, sondern muss zunächst den Haftungsprozess gegen ihr (ehemaliges) Organmitglied führen und der pflichtvergessene Geschäftsleiter wird bei Begründetheit des Schadensersatzanspruchs im Anschluss durch den Versicherer von seiner Ersatzpflicht gegenüber dem Unternehmen freigestellt.[761] § 115 Abs. 1 VVG, wonach der Dritte seinen Anspruch auf Schadensersatz direkt gegen den Versicherer geltend machen kann, gilt ausschließlich für Pflichtversicherungen nach § 113 Abs. 1 VVG.[762] Hiervon ist die D&O-Versicherung nicht erfasst.[763]

II. Einfluss des Vorstands auf den Abschluss einer D&O-Versicherung?

Unabhängig von etwaigen Limitierungen des Deckungsschutzes bei Bestehen einer D&O-Police ist diese bereits dann ungeeignet die Gefahr eines existenzvernichtenden Innenregresses zu beseitigen, wenn der Vorstand für den Abschluss des Versicherungsvertrags unzuständig oder auf die Mitwirkung anderer Organe angewiesen ist. Denn bei fehlender Alleinzuständigkeit sind die Vorstandsmitglieder stets vom Wohlwollen anderer Gesellschaftsorgane abhängig. Die haftungsrechtlich festgestellte Notwendigkeit einer Beschränkung der Vorstandsinnenhaftung bleibt zudem unverändert, wenn keine Versicherungspflicht besteht, sondern der Abschluss einer D&O-Versicherung im unternehmerischen Ermessen des zuständigen Organs liegt.

---

760 Statt vieler nur OLG München, Urt. v. 15.03.2005 – 25 U 3940/04, ZIP 2005, 1556, 1557 f.; OLG Köln, Urt. v. 02.09.2008 – 9 U 151/07, r+s 2008, 468; LG München I, Urt. v. 30.03.2004 – 23 O 8879/03, VersR 2005, 543; Beckmann/Matusche-Beckmann/*Beck-mann/Matusche-Beckmann,* VersR, § 28 Rn. 7a; *Dreher/Thomas,* ZGR 2009, 31, 37 ff.; Hölters/*Hölters,* AktG, § 93 Rn. 415; kritisch gegenüber Trennungsprinzip und fehlendem Direktanspruch *Peltzer,* NZG 2009, 970 ff.; *Peltzer,* in: FS Westermann, 2008, 1257, 1266 ff., 1276 f.

761 Prägnant *Dreher/Thomas,* ZGR 2009, 31, 36 (m.w.N.).

762 Deutlich MüKo/*Schneider,* VVG, § 115 Rn. 7.

763 Statt vieler nur *Ihlas,* D&O, S. 406 (m.w.N.).

1. Aktienrechtliche Abschlusskompetenz des Vorstands

Im Schrifttum ist seit geraumer Zeit umstritten, welchem Gesellschaftsorgan die Kompetenz zur Entscheidung über den Abschluss einer D&O-Versicherung zukommt. Als entscheidend erweist sich hierfür die Frage, wie die von der Gesellschaft gezahlte Versicherungsprämie aktienrechtlich einzuordnen ist. Nach §§ 76 Abs. 1, 77 Abs. 1 AktG ist der Vorstand zwar zur Leitung der Gesellschaft sowie zur Geschäftsführung befugt. Gemäß § 87 Abs. 1 S. 1 AktG ist aber der Aufsichtsrat für die Festsetzung der Gesamtbezüge der einzelnen Vorstandsmitglieder zuständig. Darüber hinaus erfordert eine Vergütung der Aufsichtsratsmitglieder nach § 113 Abs. 1 S. 2 AktG eine entsprechende Satzungsregelung oder einen Hauptversammlungsbeschluss.

Die wohl überwiegende Mehrheit in der Literatur sieht die Versicherungsprämie mit verschiedenen Begründungen nicht als Teil der Gesamtbezüge bzw. als Vergütung der Organmitglieder an und spricht sich deswegen für eine interne Entscheidungskompetenz des Vorstands aus.[764] Nach der Gegenauffassung handelt es sich hierbei um einen Vergütungsbestandteil, weshalb bei Versicherungsverträgen, mit denen die (Innen-)Haftungsrisiken der Vorstandsmitglieder abgesichert werden, stets ein Aufsichtsratsbeschluss erforderlich sein soll.[765] Werden die Aufsichtsratsmitglieder in die D&O-Police einbezogen, halten die Vertreter dieser Ansicht

---

764 *Baumann*, VersR 2006, 455, 463; *Bartscherer*, VP 2001, 183, 184; *Deilmann/Otte*, AG 2010, 323, 324; *Dreher*, ZHR (165) 2001, 293, 302 ff.; *Dreher/Thomas*, ZGR 2009, 31, 48 ff.; Spindler/Stilz/*Fleischer*, AktG, § 93 Rn. 232 ff.; Fleischer/*Fleischer*, Vorstandsrecht, § 12 Rn. 10 ff.; *Franz*, DB 2011, 2019 ff.; Looschelders/Pohlmann/*Haehling v. Lanzenauer/Kreienkamp*, VVG, D&O Rn. 40; *Harzenetter*, DStR 2010, 653; *Hemeling*, in: FS Hoffmann-Becking, 2013, 491, 493; Hölters/*Hölters*, AktG, § 93 Rn. 401 ff.; GK/*Hopt/Roth*, AktG, § 93 Rn. 454; MüKo/*Ihlas*, VVG, D&O Rn. 47 ff.; *Kiethe*, BB 2003, 537, 539; Hüffer/Koch/*Koch*, AktG, § 93 Rn. 58; *Kort*, DStR 2006, 799, 801 f.; Schmidt/Lutter/*Krieger/Sailer-Coceani*, AktG, § 93 Rn. 56; *O. Lange*, ZIP 2001, 1524, 1526 ff.; *O. Lange*, D&O-Versicherung und Managerhaftung, S. 203 ff.; van Bühren/*Lenz*, Hdb VersR, § 25 Rn. 29; *Mertens*, AG 2000, 447, 451 f.; KK/*Mertens/Cahn*, AktG, § 93 Rn. 246; *Möhrle*, Gesellschaftsrechtliche Probleme der D&O-Versicherung, S. 170 ff.; *Notthoff*, NJW 2003, 1350, 1354; *Olbrich*, Die D&O-Versicherung, S. 203 ff.; *Schüppen/Sanna*, ZIP 2002, 550, 551 ff.; MAH/*Sieg*, VersR, § 17 Rn. 45 ff.; *Steinkühler/Wilhelm*, VP 2005, 142, 144; *Thomas*, Die Haftungsfreistellung von Organmitgliedern, S. 279 ff.; *Vetter*, AG 2000, 453, 456 ff.; differenzierend MüKo/*Spindler*, AktG, § 87 Rn. 28 ff.

765 *Armbrüster*, NJW 2016, 897, 900; Beckmann/Matusche-Beckmann/*Beckmann/Matusche-Beckmann*, VersR, § 28 Rn. 24 ff.; *Hohenstatt/Naber*, DB 2010, 2321; *Kästner*, AG 2000, 113, 115 ff.; *B. Krüger*, NVersZ 2001, 8; *Pammler*, Die gesellschaftsfinanzierte D&O-Versicherung im Spannungsfeld des Aktienrechts, S. 102 ff.; *Scholl*, Vorstandshaftung und Vorstandsermessen, S. 497 ff.; *Scholz*, Die existenzvernichtende Haftung von Vorstandsmitgliedern in der Aktiengesellschaft, S. 173 ff.; *Ulmer*, in: FS Canaris, 2007, Bd. 2, 451, 471.

dementsprechend die Einhaltung der in § 113 Abs. 1 S. 2 AktG geregelten Anforderungen, d.h. eine Satzungsregelung oder einen Hauptversammlungsbeschluss, für notwendig.[766] In der Judikatur ist die Frage, ob es sich bei den Beiträgen zur D&O-Versicherung um eine Vergütung handelt, bislang ungeklärt. In einem jüngeren Urteil hat der BGH diese Frage ausdrücklich offen gelassen.[767] Unabhängig von der Diskussion über die interne Entscheidungskompetenz herrscht allerdings weitgehend Einigkeit darüber, dass der Vorstand die Gesellschaft gemäß § 78 Abs. 1 S. 1 AktG beim Abschluss der D&O-Police nach außen vertritt.[768] Hierfür spricht schon, dass allein die Gesellschaft und der Versicherer Parteien des Versicherungsvertrags sind und dieser gerade nicht – wie von § 112 S. 1 AktG vorausgesetzt – mit den einzelnen Vorstandsmitgliedern abgeschlossen wird.[769]

a) Keine eindeutige Zuordnung zur Privatsphäre der Organe

Für eine Qualifizierung der Versicherungsbeiträge als Vergütung spricht zunächst, dass nach dem Klammerzusatz in § 87 Abs. 1 S. 1 AktG auch Versicherungsentgelte unter den Sammelbegriff der Gesamtbezüge fallen.[770] Allein nach dem Wortlaut dieser Norm scheint die Rechtslage daher eindeutig zu sein. Allerdings bezieht sich der Begriff des Versicherungsentgelts im Sinne von § 87 Abs. 1 S. 1 AktG nach allgemeiner Auffassung nur auf Beiträge zu Versicherungen, die vollständig oder zumindest weit überwiegend dem privaten Bereich der Gesellschaftsorgane zugeordnet werden können.[771] Methodisch liegt hierin eine teleologische Reduktion des § 87 Abs. 1 S. 1 AktG, wenngleich dies selten deutlich ausgesprochen wird.[772] Stellt man auf Grundlage der wohl überwiegenden Ansicht für die Einordnung als

---

766 Insb. Beckmann/Matusche-Beckmann/*Beckmann/Matusche-Beckmann,* VersR, § 28 Rn. 24; *Feddersen,* AG 2000, 385, 394; *Kästner,* AG 2000, 113, 115 ff.; *B. Krüger,* NVersZ 2001, 8; *Ulmer,* in: FS Canaris, 2007, Bd. 2, 451, 471.

767 BGH, Urt. v. 16.03.2009 – II ZR 280/07, NJW 2009, 2454, 2456.

768 Statt vieler nur Hölters/*Hölters,* AktG, § 93 Rn. 400; GK/*Hopt/Roth,* AktG, § 93 Rn. 454; *O. Lange,* D&O-Versicherung und Managerhaftung, S. 203; MAH/*Sieg,* VersR, § 17 Rn. 42; für eine analoge Anwendung von § 112 S. 1 AktG hingegen *Scholz,* Die existenzvernichtende Haftung von Vorstandsmitgliedern in der Aktiengesellschaft, S. 166 ff.

769 Deutlich *Bartscherer,* VP 2001, 183; *Steinkühler/Wilhelm,* VP 2005, 142, 145.

770 So auch Beckmann/Matusche-Beckmann/*Beckmann/Matusche-Beckmann,* VersR, § 28 Rn. 26; *Hohenstatt/Naber,* DB 2010, 2321; *Kästner,* AG 2000, 113, 116; *B. Krüger,* NVersZ 2001, 8.

771 *Dreher,* ZHR (165) 2001, 293, 304; *Dreher/Thomas,* ZGR 2009, 31, 50; *Franz,* DB 2011, 2019, 2020; GK/*Kort,* AktG, § 87 Rn. 153; KK/*Mertens/Cahn,* AktG, § 87 Rn. 20; *Notthoff,* NJW 2003, 1350, 1354; *Schüppen/Sanna,* ZIP 2002, 550, 552; *Thomas,* Die Haftungsfreistellung von Organmitgliedern, S. 283; *Vetter,* AG 2000, 453, 456.

772 Hierauf weisen zutreffend *Scholz,* Die existenzvernichtende Haftung von Vorstandsmitgliedern in der Aktiengesellschaft, S. 177 f.; *Thomas,* Die Haftungsfreistellung von Organmitgliedern, S. 282 hin; demgegenüber versucht *Pammler,* Die

Versicherungsentgelt auf den Unterschied zwischen privatem und geschäftlichem Bereich der Vorstandsmitglieder ab, streitet gegen eine Zuordnung zur Privatsphäre, dass die D&O-Versicherung nach ihrem Gegenstand nur dienstbezogene, aber keine privaten Risiken abdeckt.[773] Gemäß Ziff. 1.1 Abs. 1 AVB-AVG 2016 gewährt der Versicherer für den Fall Versicherungsschutz, dass ein gegenwärtiges oder ehemaliges Organmitglied der Versicherungsnehmerin wegen einer bei Ausübung dieser Tätigkeit begangenen Pflichtverletzung für einen Vermögensschaden in Anspruch genommen wird. Auch der Wortlaut des § 93 Abs. 2 S. 3 AktG spricht dafür, dass die D&O-Versicherung nur der Absicherung von Risiken aus der beruflichen Tätigkeit der Vorstandsmitglieder dient.

Eine Zuordnung zur Privatsphäre der Organmitglieder ließe sich hingegen damit begründen, dass die D&O-Police den privaten Bereich der versicherten Personen zumindest faktisch berührt. Denn ohne Versicherungsschutz müss(t)en die Organmitglieder bei begründeten Ersatzforderungen für die gesamte Schadenssumme persönlich einstehen, was deren private Lebensführung erheblich beeinflussen kann.[774] Obwohl einzuräumen ist, dass mit dieser Begründung letztlich jede Versicherung dem Privatbereich zugeordnet werden könnte, lässt sich die konkrete Auswirkung der D&O-Versicherung auf die Privatsphäre der Organmitglieder nicht abstreiten. Allein auf dieser Grundlage erscheint eine klare Einordnung der Versicherungsprämie demnach nicht möglich. Weitere Rückschlüsse für die Frage, ob die D&O-Versicherung ausschließlich oder weit überwiegend dem privaten Bereich der Gesellschaftsorgane zuzuordnen ist, könnten sich aber aus den Interessen ergeben, die von Beteiligten mit der Versicherung verfolgt werden.[775]

aa) Primärer Schutz der Vorstands- und Aufsichtsratsmitglieder

In diesem Zusammenhang wird vereinzelt geltend gemacht, dass die D&O-Versicherung in erster Linie den Geschäftsleitern zugute komme und der Beitrag an den Versicherer daher als Vergütung der Organmitglieder einzustufen sei.[776] Zugegebenermaßen liegt der Zweck einer D&O-Police aus versicherungsrechtlicher

---

gesellschaftsfinanzierte D&O-Versiche-rung im Spannungsfeld des Aktienrechts, S. 169 f. eine Analogie zu § 87 Abs. 1 S. 1 AktG zu begründen.

773 So auch *Dreher*, ZHR (165) 2001, 293, 317; *Dreher/Thomas*, ZGR 2009, 31, 51; *Franz*, DB 2011, 2019, 2020; *Mertens*, AG 2000, 447, 451; *Möhrle*, Gesellschaftsrechtliche Probleme der D&O-Versicherung, S. 171; *Vetter*, AG 2000, 453, 457.

774 Deutlich *Dreher*, ZHR (165) 2001, 293, 314.

775 Hierauf abstellend insb. *Dreher*, a.a.O., 309 ff.; *Dreher/Thomas*, ZGR 2009, 31, 50; Spindler/Stilz/*Fleischer*, AktG, § 93 Rn. 232; *Franz*, DB 2011, 2019, 2020 f.; *O. Lange*, DStR 2002, 1626, 1629; *Mertens*, AG 2000, 447, 451 f.; *Ulmer*, in: FS Canaris, 2007, Bd. 2, 451, 471; *Thomas*, Die Haftungsfreistellung von Organmitgliedern, S. 287 ff.; kritisch in Bezug auf die Interessenverteilung als Abgrenzungskiterium *Scholz*, Die existenzvernichtende Haftung von Vorstandsmitgliedern in der Aktiengesellschaft, S. 178 ff.

776 Eingehend *Ulmer*, in: FS Canaris, 2007, Bd. 2, 451, 459 ff., 471.

Perspektive vorrangig im Schutz der Vorstands- und Aufsichtsratsmitglieder vor Haftungsrisiken.[777] Dies folgt schon aus Ziff. 1.1 Abs. 1 AVB-AVG 2016, wonach allein den versicherten Personen Versicherungsschutz bei einer Inanspruchnahme für Vermögensschäden gewährt wird.[778] Zudem bewirkt die D&O-Versicherung, dass das Privatvermögen der in Regress genommenen Organmitglieder bei ihrem Eingreifen weit weniger belastet wird. Dementsprechend legt auch der Inhalt der D&O-Versicherung, der neben der Freistellung von begründeten Ersatzforderungen die Abwehr der von der Gesellschaft geltend gemachten Schadensersatzansprüche umfasst,[779] nahe, dass objektiv der Schutz der versicherten Personen im Vordergrund steht.[780] Für einen Schutz der Vorstands- und Aufsichtsratsmitglieder als primären Zweck spricht überdies deren Einordnung als Haftpflichtversicherung für fremde Rechnung und gerade nicht als Eigenschadenversicherung der Gesellschaft.[781]

bb) Zugleich Förderung der Gesellschaftsinteressen

Bei näherer Betrachtung drängt sich jedoch der Eindruck auf, dass der Abschluss einer D&O-Police auch im Gesellschaftsinteresse liegt. Insofern hat *Baumann* treffend auf die Doppelwertigkeit der D&O-Versicherung hingewiesen, die „dogmatisch-systematisch Haftpflichtversicherung zugunsten der Organmitglieder, wirtschaftlich-faktisch zugleich Schutz des Versicherungsnehmers“ ist.[782]

(1) Schutz des Gesellschaftsvermögens

Schon nach dem Willen des Gesetzgebers liegt der Zweck der D&O-Versicherung zumindest auch im Schutz des Gesellschaftsvermögens. Die Begründung zu § 93 Abs. 2 S. 3 AktG, wonach der Abschluss einer solchen Versicherung „nicht nur dem Schutz des Vermögens der Gesellschaft, sondern auch der Absicherung eines Vorstandsmitglieds vor Haftungsrisiken dient“,[783] lässt keine andere Auslegung zu. Diese Einschätzung wird dadurch gestützt, dass dem Unternehmen durch die

777 So auch OLG München, Urt. v. 15.03.2005 – 25 U 3940/04, ZIP 2005, 1556; Henssler/Strohn/*Dauner-Lieb*, GesR, § 93 AktG Rn. 55; *Möhrle*, Gesellschaftsrechtliche Probleme der D&O-Versicherung, S. 11 f.; *Seibt/Saame*, AG 2006, 901, 902; MAH/*Sieg*, VersR, § 17 Rn. 38; MüKo/*Spindler*, AktG, § 87 Rn. 26; *Ulmer*, in: FS Canaris, 2007, Bd. 2, 451, 453, 460.

778 Ebenso OLG München, Urt. v. 15.03.2005 – 25 U 3940/04, ZIP 2005, 1556; *Ulmer*, in: FS Canaris, 2007, Bd. 2, 451, 460.

779 Hierzu bereits unter C. I. 1.

780 So auch *Armbrüster*, NJW 2016, 897, 900; *O. Lange*, DStR 2002, 1626, 1629.

781 Deutlich OLG München, Urt. v. 15.03.2005 – 25 U 3940/04, ZIP 2005, 1556; *Armbrüster*, NJW 2016, 897, 900; kritisch gegenüber diesem Argument *Dreher*, ZHR (165) 2001, 293, 318.

782 Deutlich *Baumann*, VersR 2006, 455, 458; plastisch auch *Hohenstatt/Naber*, DB 2010, 2321, die vom *„januskopfigen Wesen der D&O-Versicherung“* sprechen.

783 Beschlussempfehlung und Bericht zum VorstAG, BT-Drs. 16/13433, S. 11.

D&O-Police – vorbehaltlich von Ausschlüssen und einem Verbrauch der Deckungssumme – das Risiko genommen wird, begründete Ersatzansprüche wegen Insolvenz der in Regress genommenen Organmitglieder nicht durchsetzen zu können.[784] Die Versicherung dient damit im gleichen Maße dem Privatvermögen der Organmitglieder wie auch der Realisierbarkeit von Innenhaftungsansprüchen.

i. Kein Gegenargument aus fehlendem Direktanspruch

Gegen einen – zumindest faktischen – Schutz des Gesellschaftsvermögens durch die D&O-Versicherung kann dabei nicht eingewandt werden, dass dem geschädigten Unternehmen als Versicherungsnehmerin kein originärer Direktanspruch gegen den Versicherer zusteht.[785] In diesem Zusammenhang ist zunächst einzuräumen, dass die Rechte aus dem Versicherungsvertrag nach der Grundkonzeption allein den Vorstands- und Aufsichtsratsmitgliedern als versicherte Personen zustehen. Wie bereits dargestellt kann die Gesellschaft als Versicherungsnehmerin den D&O-Versicherer bei Schäden, die auf einem pflichtwidrigen Verhalten der versicherten Personen beruhen, nicht direkt in Anspruch nehmen.[786] In Anlehnung an Ziff. 1.2 AVB-AVG 2016 enthalten D&O-Versicherungen aber häufig eine sogenannte *company-reimbursement-Klausel.*[787] Danach geht der Anspruch auf Versicherungsschutz von den versicherten Personen auf die Versicherungsnehmerin über, wenn diese verpflichtet ist, versicherte Personen bei einer Inanspruchnahme durch Dritte von deren Forderungen freizustellen. Damit kann die Gesellschaft den D&O-Versicherer in dieser Konstellation aus übergangenem Recht direkt in Anspruch nehmen.

Auch vor dem Hintergrund des § 108 Abs. 2 VGG erweist sich der Einwand eines fehlenden Anspruchs auf Versicherungsschutz als nicht durchschlagend.[788] Nach dieser Regelung kann die Abtretung des Freistellungsanspruchs an den Dritten nicht durch AVB ausgeschlossen werden, wobei die Beschränkung des § 108 Abs. 2 BGB bei Großrisiken im Sinne des § 210 Abs. 2 VVG allerdings nicht anwendbar ist. Nach zutreffender Ansicht ist in der D&O-Versicherung auch die geschädigte Gesellschaft

---

784 OLG München, Urt. v. 15.03.2005 – 25 U 3940/04, ZIP 2005, 1556, 1558; *Deilmann/Otte*, AG 2010, 323, 324; *Dreher/Thomas*, ZGR 2009, 31, 52; *Dreher*, ZHR (165) 2001, 293, 313; *Franz*, DB 2011, 2019, 2020; Hölters/*Hölters*, AktG, § 93 Rn. 401; Hüffer/Koch/*Koch*, AktG, § 93 Rn. 58; *O. Lange*, ZIP 2001, 1524, 1526; *O. Lange*, DStR 2002, 1626, 1629; *Mertens*, AG 2000, 447, 451; *Schüppen/Sanna*, ZIP 2002, 550, 551; MAH/*Sieg*, VersR, § 17 Rn. 38; FAKomm/*Staudinger/Richters*, VersR, D&O Rn. 3 f.; *Thomas*, Die Haftungsfreistellung von Organmitgliedern, S. 293 f.

785 So aber eingehend *Scholz*, Die existenzvernichtende Haftung von Vorstandsmitgliedern in der Aktiengesellschaft, S. 182 ff.

786 Hierzu bereits unter C. I. 3.

787 Hierauf hinweisend auch *Dreher*, ZHR (165) 2001, 293, 331; *Dreher/Thomas*, ZGR 2009, 31, 53 f.; ausführlich zur company-reimbursement-Klausel *O. Lange*, VersR 2011, 429 ff.

788 So i.E. auch *Dreher/Thomas*, ZGR 2009, 31, 54 f.

als Dritte im Sinne des § 108 Abs. 2 VVG anzusehen,[789] weshalb die versicherten Vorstandsmitglieder – sofern kein individualvertragliches Abtretungsverbot vereinbart wurde – ihren Freistellungsanspruch an die Aktiengesellschaft abtreten dürfen, die diesen im Anschluss unmittelbar als Zahlungsforderung gegen den Versicherer geltend machen kann.[790] Als Folge dieser Zession wird die sonst übliche Trennung haftungsrechtlicher Fragen und versicherungsrechtlicher Streitigkeiten aufgehoben und inzident im Gerichtsverfahren zwischen Versicherungsnehmerin und D&O-Versicherer geprüft, ob eine Ersatzpflicht nach § 93 Abs. 2 S. 1 AktG besteht.[791] Gegen die Anwendbarkeit auf die D&O-Versicherung wird vereinzelt eingewandt, dass Dritte im Sinne von § 108 Abs. 2 VVG nur außerhalb des Versicherungsvertrags stehende (juristische) Personen seien, was die geschädigte Aktiengesellschaft als Vertragspartnerin des D&O-Versicherers gerade nicht umfasse.[792] Begründet wird dies mit der andernfalls bestehenden Gefahr eines kollusiven Zusammenwirkens zwischen den versicherten Personen und der Gesellschaft als Versicherungsnehmerin zu Lasten des Versicherers.[793] Richtigerweise bezieht sich der Begriff des Dritten jedoch auf alle (juristischen) Personen, bei denen es sich nicht um den Inhaber des Versicherungsschutzes handelt.[794] Bei der D&O-Versicherung sind dies allein

789 BGH, Urt. v. 13.04.2016 – IV ZR 51/14, AG 2016, 395, 396; BGH, Urt. v. 13.04.2016 – IV ZR 304/13, VersR 2016, 786; Beckmann/Matusche-Beckmann/*Beckmann/Matusche-Beckmann*, VersR, § 28 Rn. 7c; *Dreher/Thomas*, ZGR 2009, 31, 41 f.; Bruck/Möller/*Koch*, VVG, § 108 Rn. 33; *R. Koch*, r+s 2009, 133, 135; *R. Koch*, VersR 2016, 765; *O. Lange*, D&O-Versicherung und Managerhaftung, S. 905 ff.; *Langheid*, VersR 2009, 1043; FAKomm/*Staudinger/Richters*, VersR, D&O Rn. 184 f.; *A. Staudinger/Richters*, DB 2013, 2725, 2726; Prölss/Martin/*Voit*, VVG, AVB-AVG Ziff. 10 Rn. 2; MüKo/*Wandt*, VVG, § 108 Rn. 108; a.A. *Armbrüster*, NJW 2009, 187, 192; *Armbrüster*, r+s 2010, 441, 448; MüKo/*Ihlas*, VVG, D&O Rn. 411 ff.; *Ihlas*, D&O, S. 409 ff.; *Schimmer*, VersR 2008, 875, 877 ff.; sympathisierend auch OLG Düsseldorf, Urt. v. 12.07.2013 – 4 U 149/11, r+s 2013, 599; OLG Düsseldorf, Urt. v. 31.01.2014 – 4 U 176/11, r+s 2014, 122.

790 BGH, Urt. v. 13.04.2016 – IV ZR 51/14, AG 2016, 395, 397; BGH, Urt. v. 13.04.2016 – IV ZR 304/13, VersR 2016, 786, 788; Beckmann/Matusche-Beckmann/*Beckmann/Matusche-Beckmann*, VersR, § 28 Rn. 7f; *Böttcher*, NZG 2008, 645, 646 f.; *Dreher/Thomas*, ZGR 2009, 31, 42; Spindler/Stilz/*Fleischer*, AktG, § 93 Rn. 231; *Grooterhorst/Looman*, NZG 2015, 215, 216; *R. Koch*, r+s 2009, 133, 134 f.; *O. Lange*, D&O-Versicherung und Managerhaftung, S. 904; *Langheid*, VersR 2009, 1043, 1044; Prölss/Martin/*Voit*, VVG, AVB-AVG Ziff. 10 Rn. 3; allgemein zur Haftpflichtversicherung auch BGH, Urt. v. 12.03.1975 – IV ZR 102/74, VersR 1975, 655, 657; noch kritisch *O. Lange*, VersR 2008, 713, 714 ff.; *O. Lange*, r+s 2007, 401, 403 ff.

791 Statt vieler nur Beckmann/Matusche-Beckmann/*Beckmann/Matusche-Beckmann*, VersR, § 28 Rn. 7f; *Böttcher*, NZG 2008, 645, 647; *Dreher/Thomas*, ZGR 2009, 31, 43; KK/*Mertens/Cahn*, AktG, § 93 Rn. 245.

792 So *Armbrüster*, r+s 2010, 441, 448; *Schimmer*, VersR 2008, 875, 877.

793 So insb. *Armbrüster*, r+s 2010, 441, 448; MüKo/*Ihlas*, VVG, D&O Rn. 429; *Ihlas*, D&O, S. 409; *Schimmer*, VersR 2008, 875, 878 f.

794 Deutlich *A. Staudinger/Richters*, DB 2013, 2725, 2726.

die amtierenden und ehemaligen Organmitglieder, nicht hingegen die geschädigte Gesellschaft als Versicherungsnehmerin. Für eine derartige Auslegung des § 108 Abs. 2 VVG streitet, dass die §§ 100 ff. VVG nicht auf die spezielle Dreieckskonstellation der D&O-Police zugeschnitten sind und daher die jeweilige Bezeichnung als Versicherungsnehmer oder Dritter nur wenig Aufschluss geben kann.[795] Bei der Anwendung von § 100 VVG auf die D&O-Versicherung ist deswegen anerkannt, dass die Organmitglieder als Versicherungsnehmer gelten und die geschädigte Gesellschaft bei Innenhaftungsansprüchen den in der Norm genannten Dritten ersetzt.[796] Weshalb bei § 108 Abs. 2 VVG etwas anderes gelten soll, ist nicht ersichtlich. Da die D&O-Versicherung zum Zeitpunkt der VVG-Reform bereits weit verbreitet war, liegt es zudem fern, dass der Gesetzgeber die Konstellation der Versicherung für fremde Rechnung bei der Kodifikation des § 108 Abs. 2 VVG nicht bedacht hat.[797] Zur Vermeidung von Widersprüchen ist die Versicherungsnehmerin daher auch im Rahmen des § 108 Abs. 2 VVG als Dritte anzusehen.[798] Allein die von der Gegenansicht propagierte Gefahr eines kollusiven Zusammenwirkens von Organmitglied und Gesellschaft[799] kann ein abweichendes Verständnis dabei nicht rechtfertigen. Denn beide können auch unabhängig von einer Abtretung im Haftungsprozess Absprachen zu Lasten des Versicherers treffen.[800]

ii. Rechtsschutzfunktion steht Gesellschaftsinteresse nicht entgegen

Darüber hinaus kann der Vorwurf, dass die D&O-Versicherung dem Interesse der Gesellschaft an der Wahrung ihres Vermögens entgegenstehe, weil die Leistungspflicht des Versicherers nach § 100 VVG sowie Ziff. 4.1 Abs. 1 AVB-AVG 2016 die Verteidigung gegen die Schadensersatzansprüche nach §§ 93 Abs. 2 S. 1, 116 S. 1 AktG beinhalte,[801] nicht überzeugen. Obwohl diese Kritik im Ansatz nachvollziehbar ist – so erscheint es in der Tat widersprüchlich, dass die geschädigte Gesellschaft durch die

795 Ähnlich *A. Staudinger/Richters*, a.a.O., 2726.

796 Vgl. hierzu statt vieler nur Bruck/Möller/*Koch*, VVG, § 100 Rn. 137; deutlich in Bezug auf § 149 VVG a.F. auch OLG München, Urt. v. 15.03.2005 – 25 U 3940/04, ZIP 2005, 1556 f.

797 Ähnlich *A. Staudinger/Richters*, DB 2013, 2725 2726; MüKo/*Wandt*, VVG, § 108 Rn. 108; a.A. *Ihlas*, D&O, S. 409 ff.

798 Deutlich Bruck/Möller/*Koch*, VVG, § 108 Rn. 33.

799 So insb. *Armbrüster*, r+s 2010, 441, 448; MüKo/*Ihlas*, VVG, D&O Rn. 429; *Schimmer*, VersR 2008, 875, 878 f.

800 Deutlich BGH, Urt. v. 13.04.2016 – IV ZR 51/14, AG 2016, 395, 396; BGH, Urt. v. 13.04.2016 – IV ZR 304/13, VersR 2016, 786, 788; OLG Düsseldorf, Urt. v. 12.07.2013 – 4 U 149/11, r+s 2013, 599, 600; OLG Düsseldorf, Urt. v. 31.01.2014 – 4 U 176/11, r+s 2014, 122, 123; *O. Lange*, D&O-Versicherung und Managerhaftung, S. 906.

801 So *Pammler*, Die gesellschaftsfinanzierte D&O-Versicherung im Spannungsfeld des Aktienrechts, S. 113; *Scholz*, Die existenzvernichtende Haftung von Vorstandsmitgliedern in der Aktiengesellschaft, S. 181 f.; MüKo/*Spindler*, AktG, § 87; MüKo/*Spindler*, AktG, § 87 Rn. 26.

Zahlung der Versicherungsprämie die Abwehr der eigenen Ersatzansprüche finanziert und dennoch von der D&O-Versicherung profitieren soll – greift dieser Einwand ebenfalls nicht durch. Denn die Anspruchsabwehr ist nur eine Ausprägung des Deckungsschutzes. Gemäß § 100 VVG sowie der daran angelehnten Musterbedingung in Ziff. 4.1 Abs. 1 AVB-AVG 2016 beinhaltet die D&O-Versicherung daneben den Ausgleich begründeter Schadensersatzforderungen. Wie oben ausgeführt, wird hierdurch bei wirtschaftlicher Betrachtung aber gerade auch das Gesellschaftsvermögen geschützt. Insbesondere dann, wenn die erlittenen Vermögenseinbußen die finanzielle Leistungsfähigkeit der in Regress genommenen Vorstands- und Aufsichtsratsmitglieder um ein Vielfaches übersteigen, ist ein (zumindest teilweiser) Ausgleich der Vermögenseinbußen nur möglich, sofern der D&O-Versicherer die pflichtvergessenen Geschäftsleiter von den Ersatzforderungen freistellt.[802]

(2) Verbesserte Rekrutierung qualifizierter Führungskräfte

Für ein Unternehmensinteresse am Abschluss einer D&O-Police spricht überdies, dass sich qualifizierte Führungskräfte unter Umständen leichter rekrutieren lassen, wenn die Gesellschaft eine solche Versicherung bereithält.[803] Zwar ist nicht davon auszugehen, dass die Organmitglieder ihre Bestellung in Form eines *do ut des* vom Versicherungsschutz abhängig machen.[804] Allerdings werden D&O-Versicherungen zumindest in börsennotierten Unternehmen mittlerweile standardmäßig vereinbart.[805] So haben nach einer Studie der VOV-GmbH von den befragten 200 Unternehmen 73 % eine D&O-Versicherung zugunsten ihrer Organmitglieder abgeschlossen.[806] Dies zieht eine gewisse Erwartungshaltung potentieller Vorstands- und Aufsichtsratsmitglieder im Bewerbungsprozess nach sich. Die Bedeutung von

802 Deutlich *Baumann*, VersR 2006, 455, 457; *Mertens*, AG 2000, 447, 451; *Schüppen/Sanna*, ZIP 2002, 550, 551.

803 So auch OLG München, Urt. v. 15.03.2005 – 25 U 3940/04, ZIP 2005, 1556, 1558; *Dreher*, ZHR (165) 2001, 293, 310; *Dreher/Thomas*, ZGR 2009, 31, 53; Spindler/Stilz/*Fleischer*, AktG, § 93 Rn. 233; *Franz*, DB 2011, 2019, 2020; *O. Lange*, ZIP 2001, 1524, 1526; *O. Lange*, DStR 2002, 1626, 1629; KK/*Mertens/Cahn*, AktG, § 93 Rn. 242; *Mertens*, AG 2000, 447, 451; *Schüppen/Sanna*, ZIP 2002, 550, 551; *Thomas*, Die Haftungsfreistellung von Organmitgliedern, S. 298 f.; kritisch gegenüber diesem Argument *Pammler*, Die gesellschaftsfinanzierte D&O-Versicherung im Spannungsfeld des Aktienrechts, S. 110 f.

804 Hierzu ausführlich unter C. II. 1. c) aa).

805 Beckmann/Matusche-Beckmann/*Beckmann/Matusche-Beckmann*, VersR, § 28 Rn. 7; Spindler/Stilz/*Fleischer*, AktG, § 93 Rn. 230; *Hemeling*, in: FS Hoffmann-Becking, 2013, 491; KK/*Mertens/Cahn*, AktG, § 93 Rn. 243; MAH/*Sieg*, VersR, § 17 Rn. 16.

806 *VOV-GmbH*, VOV D&O-Studie 2014, S. 12; abrufbar unter: <http://www.vovgmbh.de/fileadmin/user_upload/VOVDokumente/Sonstige/VOV_D_O-Studie_Managerhaftung_2014__s_.pdf>.

Versicherungsschutz für Bewerber wird insbesondere durch die gestiegene Verbreitung von Versicherungsverschaffungsklauseln in den Anstellungsverträgen der Vorstandsmitglieder deutlich.[807] Und auch Aufsichtsratsmitglieder lassen sich den Abschluss einer D&O-Police zunehmend in der Satzung versichern.[808] Vor diesem Hintergrund können das Bestehen von Versicherungsschutz sowie die konkrete Ausgestaltung des Versicherungsvertrags durchaus den Ausschlag dafür geben, dass sich ein umworbener Kandidat für ein bestimmtes Unternehmen entscheidet.[809]

(3) Förderung der unternehmerischen Handlungsfreiheit

Außerdem erscheint es naheliegend, dass das Bestehen einer D&O-Versicherung die unternehmerische Handlungsfreiheit der Organmitglieder fördert.[810] Sofern die Vorstands- und Aufsichtsratsmitglieder durch eine D&O-Police abgesichert sind, ist deren Risiko, für pflichtwidriges Verhalten in voller Schadenshöhe in Anspruch genommen zu werden, zumindest reduziert. Gewährt der Versicherer den noch während ihrer Amtszeit in Regress genommenen Gesellschaftsorganen Abwehrrechtsschutz, wird zudem deren Bereitschaft gestärkt, sich trotz des Haftungsprozesses weiter um ihre Leitungs- und Kontrollaufgaben zu bemühen.[811] Der Einwand, das Bestehen einer D&O-Police auf die unternehmerische Handlungsfreiheit der Gesellschaftsorgane sei vor dem Hintergrund der *Business Judgement Rule* und dem damit verbundenen geringen Haftungsrisiko nach § 93 Abs. 2 S. 1 AktG als minimal zu bewerten und könne daher für ein Gesellschaftsinteresse an der D&O-Versicherung nur eine untergeordnete Rolle spielen,[812] kann schon angesichts der begrenzten Reichweite des § 93 Abs. S. 2 AktG[813] nicht überzeugen. Obgleich sich noch zeigen wird, dass auch der Abschluss eines D&O-Versicherungsvertrags mit Blick auf die begrenzten Deckungssummen und die weitreichenden Risikoausschlüsse keinen unbeschränkten Schutz bietet,[814] lässt sich allein hieraus aber nicht folgern, dass eine Steuerung hin zu einem risikofreudigeren Verhalten bei dem Bestehen einer

---

807 Zur Üblichkeit von Versicherungsverschaffungsklauseln in Vorstandsverträgen *Hohenstatt/Naber*, DB 2010, 2321; *O. Lange*, ZIP 2004a, 2221; *O. Lange*, VersR 2010, 162, 163; *Schenk*, NZG 2015, 494, 495.

808 Deutlich *Schenk*, a.a.O., 495.

809 Ähnlich *Olbrich*, Die D&O-Versicherung, S. 208.

810 So OLG München, Urt. v. 15.03.2005 – 25 U 3940/04, ZIP 2005, 1556, 1558; *Dreher*, ZHR (165) 2001, 293, 310; *Dreher/Thomas*, ZGR 2009, 31, 53; Spindler/Stilz/*Fleischer*, AktG, § 93 Rn. 233; *Thomas*, Die Haftungsfreistellung von Organmitgliedern, S. 295 ff.; kritisch *Scholz*, Die existenzvernichtende Haftung von Vorstandsmitgliedern in der Aktiengesellschaft, S. 191 f.

811 Ähnlich *Franz*, DB 2011, 2019, 2020.

812 So *Pammler*, Die gesellschaftsfinanzierte D&O-Versicherung im Spannungsfeld des Aktienrechts, S. 114 f.

813 Hierzu bereits ausführlich unter B.I. 2.

814 Zu den Grenzen des D&O-Versicherungsschutzen ausführlich unter C. III.

D&O-Versicherung *per se* nicht zu erwarten ist.[815] Schließlich ist in der Praxis zu beobachten, dass die Vorstands- und Aufsichtsratsmitglieder oftmals keine Kenntnis von dem genauen Inhalt der Versicherungsbedingungen haben, weshalb sie insbesondere über die Grenzen des Versicherungsschutzes nicht informiert sind und sich besser geschützt fühlen, als dies tatsächlich der Fall ist.[816] Gleichwohl setzt die Förderung unternehmerischen Handelns denknotwendig voraus, dass die Organmitglieder zumindest über den Abschluss einer D&O-Police Bescheid wissen. Da die D&O-Versicherung zumindest in börsennotierten Unternehmen mittlerweile zum Standard gehört, ist hiervon aber regelmäßig auszugehen.[817]

cc) Zwischenergebnis

Als Zwischenergebnis ist demnach festzustellen, dass die D&O-Police nicht ausschließlich dem Schutz der versicherten Organmitglieder dient, sondern auch im Interesse der Gesellschaft als Versicherungsnehmerin liegt. Schließlich fördert die D&O-Versicherung die Wahrung des Gesellschaftsvermögens, verbessert die Chancen zur Rekrutierung qualifizierter Vorstands- und Aufsichtsratsmitglieder und ist überdies geeignet, die unternehmerische Handlungsfreiheit der Organmitglieder zu bewahren. Vor diesem Hintergrund bestehen Zweifel, ob die D&O-Versicherung vollständig oder zumindest weit überwiegend dem privaten Bereich der Gesellschaftsorgane zuzuordnen ist und damit ein Versicherungsentgelt im Sinne des § 87 Abs. 1 S. 1 AktG darstellt. Auch aus der Interessenlage der Beteiligten lässt sich folglich nicht sicher auf die Verteilung der gesellschaftsrechtlichen Abschlusskompetenz schließen.

b) Übertragbarkeit der steuerrechtlichen Qualifizierung

Ein Hinweis darauf, ob die Beiträge zur D&O-Police einen Vergütungsbestandteil nach §§ 87 Abs. 1 S. 1, 113 Abs. 1 S. 2 AktG darstellen, könnte sich indes aus der steuerrechtlichen Einstufung der Versicherungsprämien ergeben. Von der Finanzverwaltung werden diese u.a. dann als Betriebsausgaben des Unternehmens und nicht als Einkünfte der versicherten Personen qualifiziert, wenn alle Mitglieder des Managements dem Versicherungsschutz unterfallen und die Prämienhöhe auf Basis der Betriebsdaten der Gesellschaft und nicht mit Blick auf die individuellen Besonderheiten der einzelnen Organmitglieder berechnet wird.[818] Da sowohl die Ausgestaltung als

---

815 In diese Richtung aber *Scholz*, Die existenzvernichtende Haftung von Vorstandsmitgliedern in der Aktiengesellschaft S. 191; wie hier *Dreher*, ZHR (165) 2001, 293, 310.

816 Deutlich *Peltzer*, in: FS Hoffmann-Becking, 2013, 861, 862; *Schenk*, NZG 2015, 494.

817 Beckmann/Matusche-Beckmann/*Beckmann/Matusche-Beckmann*, VersR, § 28 Rn. 7; Spindler/Stilz/*Fleischer*, AktG, § 93 Rn. 230; *Hemeling*, in: FS Hoffmann-Becking, 2013, 491; KK/*Mertens/Cahn*, AktG, § 93 Rn. 243; MAH/*Sieg*, VersR, § 17 Rn. 16.

818 Finanzministerium Niedersachsen, Erlass v. 25.01.2002, DStR 2002, 678, der im Einvernehmen mit dem Bundesfinanzministerium und den obersten Finanzbehörden der anderen Länder ergangen ist.

Gruppenversicherung, die alle amtierenden und ehemaligen Gesellschaftsorgane umfasst,[819] als auch die beschriebene Kalkulation des Versicherungsentgelts – maßgeblich sind insbesondere die Bilanzsumme, die Finanzkraft sowie das Tätigkeitsfeld des Unternehmens – bei den am Markt verwendeten D&O-Policen üblich sind,[820] ist die Prämie im Regelfall steuerrechtlich nicht als Vergütung einzustufen.[821] Diese steuerrechtliche Qualifizierung lässt sich auf das Gesellschaftsrecht übertragen.[822] Hierfür streitet schon die Einheit der Rechtsordnung.[823] Denn es wäre widersprüchlich, die Versicherungsprämie bei der Lohn- bzw. Einkommenssteuer der versicherten Personen außer Acht zu lassen, diese aber gesellschaftsrechtlich als Vergütung der Vorstands- und Aufsichtsratsmitglieder anzusehen.

c) Keine Erfüllung der Vergütungsanforderungen

Gegen die Einordnung der D&O-Prämie als Vergütung spricht darüber hinaus, dass sich dies nicht spannungsfrei mit dem zivilrechtlichen Vergütungsbegriff in Einklang bringen lässt. So wird der Versicherungsbeitrag bereits nicht, wie bei einer Vergütung üblich, zwischen dem einzelnen Organmitglied und der Aktiengesellschaft ausgehandelt,[824] sondern zwischen dem Versicherer und dem Unternehmen als Vertragsparteien der D&O-Versicherung vereinbart. Weitere Gründe gegen eine Einstufung als Vergütungsbestandteil ergeben sich aus einem fehlenden Gegenseitigkeitsverhältnis zwischen Versicherungsentgelt und Organtätigkeit sowie den Schwierigkeiten hinsichtlich der Bestimmbarkeit der auf das einzelne Vorstands- und Aufsichtsratsmitglied entfallenden Prämienhöhe.

aa) Gegenseitigkeitsverhältnis zwischen Prämie und Tätigkeit?

Da es sich bei dem Anstellungsvertrag zwischen Gesellschaft und Vorstandsmitglied nach allgemeiner Ansicht um einen Dienstvertrag handelt,[825] liegt es nahe, zum besseren Verständnis des aktienrechtlichen Vergütungsbegriffs auf

---

819 Vgl. Ziff. 1.1 Abs. 1 AVB-AVG 2016.

820 Deutlich *Dreher*, ZHR (165) 2001, 293, 297 f.; *Hemeling*, in: FS Hoffmann-Becking, 2013, 491, 493; Hölters/*Hölters*, AktG, § 93 Rn. 401; MüKo/*Ihlas*, VVG, D&O Rn. 50; KK/*Mertens/Cahn*, AktG, § 93 Rn. 246; *Mertens*, AG 2000, 447, 448, 452.

821 Eingehend hierzu MüKo/*Ihlas*, VVG, D&O Rn. 35 ff.; *Ihlas*, D&O, S. 586 ff.

822 So insb. auch *Deilmann/Otte*, AG 2010, 323, 324; *Franz*, DB 2011, 2019, 2020; Hölters/*Hölters*, AktG, § 93 Rn. 402; MüKo/*Ihlas*, VVG, D&O Rn. 47; *Kort*, DStR 2006, 799, 801; *O. Lange*, D&O-Versicherung und Managerhaftung, S. 204; a.A. *Armbrüster*, NJW 2016, 897, 900; *Pammler*, Die gesellschaftsfinanzierte D&O-Versicherung im Spannungsfeld des Aktienrechts, S. 117.

823 *Schüppen/Sanna*, ZIP 2002, 550, 553; *Thomas*, Die Haftungsfreistellung von Organmitgliedern, S. 308 f.; kritisch insofern *Franz*, DB 2011, 2019, 2020.

824 Treffend MüKo/*Ihlas*, VVG, D&O Rn. 50; *Ihlas*, D&O, S. 594.

825 Statt vieler nur BGH, Urt. v. 11.07.1953 – II ZR 126/52, NJW 1953, 1465; Spindler/Stilz/*Fleischer*, AktG, § 84 Rn. 24; MüKo/*Spindler*, AktG, § 84 Rn. 56.

§ 611 Abs. 1 BGB zurückzugreifen.[826] Nach dem Verständnis dieser Regelung ist lediglich diejenige Zuwendung als Vergütung einzustufen, die im Gegenseitigkeitsverhältnis zur Dienstverpflichtung steht.[827] Demnach müsste der Beitrag zur D&O-Versicherung den Vorstands- und Aufsichtsratsmitgliedern als Gegenleistung für ihre Tätigkeit bei dem Unternehmen gewährt werden, um eine Vergütung im Sinne der §§ 87 Abs. 1 S. 1, 113 Abs. 1 S. 2 AktG darzustellen.[828] Prägend für das Gegenseitigkeitsverhältnis von Leistung und Gegenleistung ist, dass diese nach dem Grundsatz des *do ut des* einer gegenseitigen Zweckbindung unterliegen.[829] Ein solcher innerer Zusammenhang besteht zwischen der Organtätigkeit und der Einbeziehung in eine bzw. dem Abschluss einer D&O-Versicherung indes nicht.[830] Die Vorstands- und Aufsichtsratsmitglieder streben eine Bestellung bei der Gesellschaft nicht an, um in den Genuss einer D&O-Versicherung zu kommen; allenfalls stellt die versicherungsrechtliche Absicherung eine Grundlage dar, ohne die sich die betreffenden Personen heutzutage nicht mehr für eine Organtätigkeit entscheiden werden.[831] Der Einwand, mit dieser Argumentation könne letztlich jedem Entgeltbestandteil der Vergütungscharakter abgesprochen werden,[832] erscheint isoliert betrachtet zwar nachvollziehbar. Der Frage nach dem Synallagma zwischen Leistung und Gegenleistung auf dieser Grundlage jegliche Bedeutung abzusprechen,[833] geht aber zu weit. Denn dieser Ansatz verkennt, dass zumindest die Vorstandsmitglieder ihre Tätigkeit für die Gesellschaft in jedem Fall von der Zahlung der im Anstellungsvertrag zugesagten Festvergütung abhängig machen und in diesem Verhältnis ein Gegenseitigkeitsverhältnis vorliegt. Misst man dem

826 Eingehend *O. Lange*, ZIP 2001, 1524, 1527.

827 Jauernig/*Mansel*, BGB, § 611 Rn. 1; MüKo/*Müller-Glöge*, BGB, § 611 Rn. 7; Palandt/*Weidenkaff*, BGB, § 611 Rn. 49.

828 Hierauf verweisen auch *Dreher*, ZHR (165) 2001, 293, 303, 306; *O. Lange*, ZIP 2001, 1524, 1526 f.; KK/*Mertens/Cahn*, AktG, § 93 Rn. 246; *Mertens*, AG 2000, 447, 448; *Kästner*, AG 2000, 113, 116; MüKo/*Spindler*, AktG, § 87 Rn. 22; *Vetter*, AG 2000, 453, 457.

829 Prägnant Palandt/*Grüneberg*, BGB, Vor. § 320 Rn. 5.

830 *Bartscherer*, VP 2001, 183, 184; *Dreher/Thomas*, ZGR 2009, 31, 51; *Kort*, DStR 2006, 799, 802; *O. Lange*, ZIP 2001, 1524, 1527; *O. Lange*, D&O-Versicherung und Managerhaftung, S. 203; *Olbrich*, Die D&O-Versicherung, S. 207; *Thomas*, Die Haftungsfreistellung von Organmitgliedern, S. 288 f.; *Vetter*, AG 2000, 453, 457 f.; a.A. *Scholl*, Vorstandshaftung und Vorstandsermessen, S. 500; *Scholz*, Die existenzvernichtende Haftung von Vorstandsmitgliedern in der Aktiengesellschaft, S. 193 ff.

831 Deutlich *Kort*, DStR 2006, 799, 802; *O. Lange*, ZIP 2001, 1524, 1527; *Olbrich*, Die D&O-Versicherung, S. 207; *Vetter*, AG 2000, 453 457 f.; zur Bedeutung der D&O-Versicherung zur Gewinnung qualifizierter Bewerber bereits unter C. II. 1. a) bb) (2).

832 So *Pammler*, Die gesellschaftsfinanzierte D&O-Versicherung im Spannungsfeld des Aktienrechts, S. 122; *Scholz*, Die existenzvernichtende Haftung von Vorstandsmitgliedern in der Aktiengesellschaft, S. 194.

833 So *Scholz*, a.a.O., S. 194 f.

Vorliegen eines *do ut des* für die Klärung des Vergütungscharakters einer Zuwendung an den Vorstand keinerlei Bedeutung bei, wird letztlich auch die Einordnung des Anstellungsvertrags als Dienstvertrag der Vorstandsmitglieder im Sinne des § 611 Abs. 1 BGB in Abrede gestellt.

Ist nach dem Vorgesagten somit ein Synallagma mit gegenseitiger Zweckbindung zwischen Leistung und Gegenleistung für die Qualifizierung als Vergütung entscheidend, spricht ein weiteres Argument gegen die Einordnung der Versicherungsprämie als Vergütungsbestandteil: Es sind durchaus Konstellationen denkbar, in denen einzelne Organmitglieder trotz mittlerweile weiter Verbreitung der D&O-Versicherungen[834] keine Kenntnis über das Bestehen ihres Versicherungsschutzes haben.[835] Dies lässt sich insbesondere darauf zurückführen, dass vom Versicherungsschutz nicht nur amtierende, sondern auch ehemalige Organmitglieder erfasst sind und die D&O-Policen sich zum Teil sogar auf zukünftige Vorstands- und Aufsichtsratsmitglieder erstrecken. Wird der Versicherungsvertrag aber erst nach Ausscheiden des Organmitglieds abgeschlossen, kann dieser seiner Tätigkeit bei der Gesellschaft nicht von ebendieser D&O-Versicherung abhängig gemacht haben. Ferner enthalten die am Markt erhältlichen Versicherungsbedingungen in Anlehnung an Ziff. 9.1 Abs. 2 AVB-AVG 2016 oftmals Klauseln, wonach sich der Vertrag automatisch um jeweils ein Jahr verlängert, wenn nicht dem Vertragspartner zu einem bestimmten Zeitpunkt eine Kündigung zugeht. Dies hat praktisch zur Folge, dass sich die Gesellschaftsorgane – gerade wenn seit geraumer Zeit kein Versicherungsfall eingetreten ist – nicht in regelmäßigen Abständen mit der D&O-Versicherung befassen. Fehlt aber die konkrete Kenntnis über das Bestehen eines Versicherungsschutzes, haben die Vorstands- und Aufsichtsratsmitglieder ihre Tätigkeit bei dem Unternehmen denknotwendigerweise nicht von der Zahlung der Versicherungsprämie durch dieses abhängig gemacht, weshalb auch aus diesem Grund ein Gegenseitigkeitsverhältnis im Sinne des *do ut des* abzulehnen ist.[836]

bb) Keine Zuordnung der Prämie zu den einzelnen Organmitgliedern

Letztlich erfordert die Einstufung als Vergütung zumindest eine Bestimmbarkeit der von der Gesellschaft zu erbringenden Leistung. Dies folgt schon aus § 87 Abs. 1 S. 1 Akt, wonach der Aufsichtsrat bei der Festsetzung der Gesamtbezüge der einzelnen Vorstandsmitglieder dafür zu sorgen hat, dass diese in einem angemessen Verhältnis zu den Aufgaben und Leistungen des Vorstandsmitglieds sowie zur Lage der Gesellschaft stehen und die übliche Vergütung nicht ohne besondere Gründe übersteigen. Gemäß § 113 Abs. 1 S. 3 AktG soll auch die Vergütung der

834 Beckmann/Matusche-Beckmann/*Beckmann/Matusche-Beckmann*, VersR, § 28 Rn. 7; Spindler/Stilz/*Fleischer*, AktG, § 93 Rn. 230; *Hemeling*, in: FS Hoffmann-Becking, 2013, 491; KK/*Mertens/Cahn*, AktG, § 93 Rn. 243; MAH/*Sieg*, VersR, § 17 Rn. 16.

835 Deutlich *Peltzer*, in: FS Hoffmann-Becking, 2013, 861, 862; *Schenk*, NZG 2015, 494.

836 Wie hier *Olbrich*, Die D&O-Versicherung, S. 207.

Aufsichtsratsmitglieder in einem angemessen Verhältnis zu deren Aufgaben und der Lage der Gesellschaft stehen. Eine Beurteilung der Angemessenheit kann indes nur erfolgen, wenn die Prämienhöhe sich wenigstens ansatzweise bestimmen lässt.[837] Bei der in der Praxis gängigen Gruppenpolice ist eine Zuordnung zu den einzelnen versicherten Personen jedoch nicht möglich.[838] Der Hinweis von *P. Scholz,* dass lediglich die Gesamtprämie auf die einzelnen Vorstands- und Aufsichtsratsmitglieder zu verteilen und die Berechnung der „Einzelprämien“ daher mit keinen erkennbaren Schwierigkeiten verbunden sei,[839] kann insofern nicht überzeugen. Wie bereits ausgeführt erstreckt sich der Versicherungsschutz mit Blick auf die am Markt erhältlichen D&O-Policen neben den amtierenden und ehemaligen Vorstands- und Aufsichtsratsmitgliedern zum Teil auch auf zukünftige Organe. Zudem sind oftmals entsprechend Ziff. 1.1 Abs. 1 AVB-AVG 2016 nicht nur die Organmitglieder der Versicherungsnehmerin, sondern auch die Geschäftsleiter ihrer Tochtergesellschaften vom persönlichen Anwendungsbereich der Versicherung umfasst. Daher lässt sich trotz feststehender Gesamtprämie nicht ermitteln, auf wie viele Personen diese anteilig zu verteilen ist. Eine „Pro-Kopf-Prämie“ lässt sich damit nicht berechnen.[840]

Diese Schwierigkeiten bei der Zuordnung der Versicherungsprämie zu den jeweils versicherten Vorstands- und Aufsichtsratsmitgliedern werden noch dadurch verstärkt, dass die Prämienhöhe nicht bezogen auf die versicherten Organmitglieder, sondern anhand verschiedener unternehmensbezogener Faktoren kalkuliert wird.[841] Enthält der D&O-Versicherungsvertrag überdies eine *company-reimbursement-Klausel,* mit der die Gesellschaft als Versicherungsnehmerin das Risiko der Freistellung der versicherten Organmitglieder gegenüber Dritten absichert,[842] ist unklar, welcher Prämienanteil auf den Abwehr- und Freistellungsanspruch der versicherten Organmitglieder entfällt und in welcher Höhe sich die Versicherungsprämie auf die *company-reimbursement-Klausel* bezieht.[843] Durch diese verschiedenen Faktoren ist es unmöglich nachzuvollziehen, ob und in welcher Höhe die Risiken aus der

---

837 So auch *Dreher/Thomas,* ZGR 2009, 31, 60; KK/*Mertens/Cahn,* AktG, § 93 Rn. 246.

838 *Bartscherer,* VP 2001, 183, 184; *Baumann,* VersR 2006, 455, 463; *Deilmann/Otte,* AG 2010, 323, 324; *Dreher/Thomas,* ZGR 2009, 31, 60; *Mertens,* AG 2000, 447, 452; KK/*Mertens/Cahn,* AktG, § 93 Rn. 246; *Olbrich,* Die D&O-Versicherung, S. 209; *Pammler,* Die gesellschaftsfinanzierte D&O-Versicherung im Spannungsfeld des Aktienrechts, S. 127; zweifelnd auch *Kästner,* AG 2000, 113, 118.

839 *Scholz,* Die existenzvernichtende Haftung von Vorstandsmitgliedern in der Aktiengesellschaft, S. 202f.

840 Deutlich *Ihlas,* D&O, S. 579.

841 Zur Kalkulation der Prämienhöhe Hölters/*Hölters,* AktG, § 93 Rn. 401; MüKo/*Ihlas,* VVG, D&O Rn. 50; *Ihlas,* D&O, S. 579; KK/*Mertens/Cahn,* AktG, § 93 Rn. 246; *Mertens,* AG 2000, 447, 448, 452.

842 Vgl. Ziff. 1.2 AVB-AVG 2016.

843 Ähnlich *Pammler,* Die gesellschaftsfinanzierte D&O-Versicherung im Spannungsfeld des Aktienrechts, S. 128 f.

Vorstands- und Aufsichtsratstätigkeit in der Prämie abgebildet sind.[844] Und selbst wenn die Haftungsrisiken, die sich aus der Organtätigkeit ergeben, in die Prämie eingepreist werden, lässt sich kaum ermitteln, welcher Risikoanteil auf welches Organ- oder Aufsichtsratsmitglied entfällt. Obwohl davon auszugehen ist, dass etwa das Amt des Vorstands- und Aufsichtsratsvorsitzenden höhere Risiken beinhaltet als die Tätigkeit einfacher Vorstands- und Aufsichtsratsmitglieder,[845] kann der Aufsichtsrat, der nach § 87 Abs. 1 S. 1 AktG die Angemessenheit der Vorstandsbezüge, sowie der Vorstand, der gemäß § 113 Abs. 1 S. 2 AktG die Angemessenheit der Aufsichtsratsvergütung zu bewerten hat, nicht ermitteln, ob und wie sich dieses erhöhte Risiko in der Gesamtprämie widerspiegelt.

d) Zwischenergebnis

Die vorstehenden Ausführungen haben gezeigt, dass die von der Gesellschaft gezahlte D&O-Versicherungsprämie keinen Bestandteil der Gesamtbezüge der Vorstandsmitglieder gemäß § 87 Abs. 1 S. 1 AktG bzw. der Vergütung der Aufsichtsratsmitglieder nach § 113 Abs. 1 S. 2 AktG darstellt. Aus den mit der D&O-Police verfolgten Interessen lässt sich nicht sicher ableiten, ob diese vollständig oder weit überwiegend dem privaten Bereich der Gesellschaftsorgane zuzuordnen ist. Im Hinblick auf die steuerrechtliche Behandlung der Versicherungsprämie sowie den fehlenden Vergütungscharakter stellen die von der Aktiengesellschaft geleisteten Beiträge *in summa* allerdings keine Vergütung dar. Als Folge ist der Anwendungsbereich der §§ 87 Abs. 1 S. 1, 113 Abs. 1 S. 2 AktG nicht eröffnet, weshalb dem Vorstand die alleinige Entscheidungs- und Abschlusskompetenz zukommt. Infolgedessen ist die D&O-Versicherung zumindest vor dem Hintergrund der gesellschaftsrechtlichen Zuständigkeitsordnung grundsätzlich geeignet, das Risiko existenzvernichtender Regressansprüche nach § 93 Abs. 2 S. 1 AktG aufzufangen.

2. Pflicht zum Abschluss einer D&O-Versicherung?

Der Schutz der D&O-Versicherung könnte hingegen dadurch gemindert sein, dass keine Versicherungspflicht besteht. Zwar ist deren Abschluss bei börsennotierten Aktiengesellschaften mittlerweile üblich.[846] Wie oben stehend ausgeführt, ist der Vorstand außerdem intern sowie extern für die Entscheidung über und das Zustandekommen des Versicherungsvertrags zuständig. Besteht der Vorstand aus mehreren Personen, sind gemäß §§ 77 Abs. 1 S. 1, 78 Abs. 2 S. 1 AktG allerdings sämtliche Vorstandsmitglieder nur gemeinschaftlich zur Geschäftsführung sowie

844 Deutlich *Mertens*, AG 2000, 447, 452.
845 Ähnlich *Olbrich*, Die D&O-Versicherung, S. 209.
846 Beckmann/Matusche-Beckmann/*Beckmann/Matusche-Beckmann*, VersR, § 28 Rn. 7; Spindler/Stilz/*Fleischer*, AktG, § 93 Rn. 230; *Hemeling*, in: FS Hoffmann-Becking, 2013, 491; KK/*Mertens/Cahn*, AktG, § 93 Rn. 243; MAH/*Sieg*, VersR, § 17 Rn. 16.

zur Vertretung der Gesellschaft befugt. Lehnen daher einzelne Vorstandsmitglieder den Abschluss einer D&O-Versicherung ab, fehlt den übrigen Vorstandsmitgliedern ohne einen Versicherungszwang eine rechtssichere Handhabe zur Durchsetzung einer D&O-Versicherung. In diesem Zusammenhang ist zunächst festzustellen, dass spezialgesetzlich keine ausdrückliche Pflicht der Gesellschaft zum Abschluss einer D&O-Police existiert. Insbesondere § 93 Abs. 2 S. 3 AktG statuiert keine Abschlussverpflichtung, sondern setzt seinem Wortlaut nach das Bestehen einer solchen Versicherung vielmehr voraus.[847] Dies entspricht auch dem Willen des Gesetzgebers, wonach hiermit lediglich die Pflicht zur Vereinbarung eines Selbstbehalts der Vorstandsmitglieder, aber kein allgemeiner Zwang zum Abschluss einer D&O-Police verbunden sein sollte.[848] Eine solche Verpflichtung könnte sich jedoch aus der Fürsorgepflicht der Aktiengesellschaft gegenüber ihren Organen, der Pflicht der Vorstandsmitglieder zur Risikovorsorge nach § 91 Abs. 2 AktG oder dem Gebot zur Wahrung des Gesellschaftswohls ergeben. Sollte die folgende Untersuchung indes ergeben, dass hieraus keine Abschlusspflicht hergeleitet werden kann, ist ferner denkbar, dass das Fehlen eines Versicherungszwangs durch eine anstellungsvertragliche Versicherungsverschaffungsklausel hinreichend kompensiert werden kann.

a) Fürsorgepflicht begründet keine D&O-Versicherungspflicht

Die Herleitung einer Abschlusspflicht aus dem Fürsorge- und Treueverhältnis zwischen der Gesellschaft und ihren Organmitgliedern wird lediglich von *R. Koch* ernsthaft erwogen.[849] Nach herrschender Ansicht wird dies jedoch zu Recht abgelehnt.[850] Zugegebenermaßen spricht die Anlehnung der deutschen D&O-Versicherung an das US-amerikanische Vorbild[851] auf den ersten Blick für die gesellschaftsrechtliche Fürsorgepflicht als Grundlage eines Versicherungszwangs. Denn in den USA bildet die D&O-Police einen anerkannten Bestandteil der Gesellschaftsfürsorge gegenüber

---

847 Insb. Spindler/Stilz/*Fleischer,* AktG, § 93 Rn. 227; KK/*Mertens/Cahn,* AktG, § 93 Rn. 243; MüKo/*Spindler,* AktG, § 93 Rn. 195.

848 Vgl. Beschlussempfehlung und Bericht zum VorstAG, BT-Drs. 16/13433, S. 11.

849 *R. Koch,* GmbHR 2004, 160, 167 ff.; grds. sympathisierend noch Fleischer/*Fleischer,* Vorstandsrecht, § 12 Rn. 15; für das schweizerische Recht *Schnyder,* in: FS Rey, 2003, 319, 327 f.

850 *Deilmann,* NZG 2005, 54, 56; *Dreher,* ZHR (165) 2001, 293, 308; Spindler/Stilz/*Fleischer,* AktG, § 93 Rn. 237; *Fleischer,* WM 2005, 909, 919; Hölters/*Hölters,* AktG, § 93 Rn. 404; GK/*Hopt/Roth,* AktG, § 93 Rn. 455; Hüffer/Koch/*Koch,* AktG, § 93 Rn. 58; *O. Lange,* VersR 2010, 162, 164; KK/*Mertens/Cahn,* AktG, § 93 Rn. 243; *Seibt/Saame,* AG 2006, 901, 907; MüKo/*Spindler,* AktG, § 93 Rn. 19; MüKo/*Spindler,* AktG, § 84 Rn. 101; Prölss/Martin/*Voit,* VVG, AVB-AVG Ziff. 1.1 Rn. 4; für den GmbH-Geschäftsführer OLG Koblenz, Urt. v. 24.09.2007 – 12 U 1437/04, NZG 2008, 280.

851 Hierzu statt vieler nur Beckmann/Matusche-Beckmann/*Beckmann/Matusche-Beckmann,* VersR, § 28 Rn. 1; Spindler/Stilz/*Fleischer,* AktG, § 93 Rn. 225; GK/*Hopt/Roth,* AktG, § 93 Rn. 450.

ihren Organen.[852] Und auch in Deutschland ist akzeptiert, dass die Aktiengesellschaft ihren Vorstandsmitgliedern zur Fürsorge und Treue verpflichtet ist.[853]

Bei näherer Betrachtung stellt das Fürsorgeverhältnis im deutschen Recht aber keinen tauglichen Anknüpfungspunkt für die Begründung einer D&O-Versicherungspflicht dar. So weckt bereits die unterschiedliche praktische Relevanz der Vermögensschadenhaftpflichtversicherung im US-amerikanischen und deutschen Recht Zweifel an einer Übertragbarkeit der Rechtsgrundlage. In den USA steht die Absicherung des Managements vor Inanspruchnahmen durch die Aktionäre (*shareholder derivative suits*) sowie vor Anlegerklagen (*securities class actions*), mithin vor Außenhaftungshaftungsrisiken im Vordergrund.[854] Demgegenüber wird der Versicherungsfall in Deutschland in aller Regel durch die Geltendmachung von Innenhaftungsansprüchen ausgelöst.[855] Gegen die Herleitung einer Abschlusspflicht aus der gesellschaftsrechtlichen Fürsorge- und Treuepflicht spricht zudem, dass die Vereinbarung einer D&O-Versicherung zumindest auch im Interesse des Unternehmens liegt. Angesichts des möglichen Rückgriff auf den Versicherer als solventen Schuldner, die leichtere Rekrutierung qualifizierte Führungskräfte sowie die Förderung der unternehmerischen Handlungsfreiheit der Organmitglieder dient die D&O-Versicherung deutscher Ausprägung nicht nur dem Schutz pflichtvergessener Geschäftsleiter, sondern fördert zugleich die Unternehmensinteressen.[856] Wie von *Dreher* treffend formuliert, geht es also auch um die „Eigenfürsorge und -vorsorge der Gesellschaft“[857]. Merkmal der aus der organschaftlichen Fürsorge- und Treuepflicht hergeleiteten Einzelpflichten der Gesellschaft ist gerade, dass diese den Interessen der Vorstandsmitglieder dienen. Dies lässt sich nicht nur dem Urlaubsanspruch der Geschäftsleiter entnehmen, der bei Fehlen einer anstellungsvertraglichen Regelung auf die gesellschaftsrechtliche Fürsorgepflicht gestützt wird.[858] Die Orientierung allein an den Vorstandsinteressen wird daneben daran deutlich, dass unter besonderen Umständen qua Fürsorge- und Treuepflicht ein Anspruch auf Gewährung einer Altersvorsorge besteht.[859] Und auch eine Beschränkung der

---

852 Deutlich *Thümmel*, Persönliche Haftung von Managern und Aufsichtsräten, S. 209 (m.w.N.).

853 Statt vieler nur Spindler/Stilz/*Fleischer*, AktG, § 84 Rn. 31; Hüffer/Koch/*Koch*, AktG, § 84 Rn. 11; KK/*Mertens/Cahn*, AktG, § 84 Rn. 41; MüKo/*Spindler*, AktG, § 84 Rn. 67.

854 *Kort*, DStR 2006, 799, 800; *Peltzer*, NZG 2009, 970, 971; MüKo/*Spindler*, AktG, § 93 Rn. 191; *Thümmel*, Persönliche Haftung von Managern und Aufsichtsräten S. 209.

855 Deutlich OLG München, Urt. v. 15.03.2005 – 25 U 3940/04, ZIP 2005, 1556, 1557; *O. Lange*, VersR 2010, 162.

856 Hierzu bereits ausführlich unter C. II. 2. a) bb).

857 *Dreher*, ZHR (165) 2001, 293, 811.

858 Statt vieler nur Spindler/Stilz/*Fleischer*, AktG, § 84 Rn. 31; MüKo/*Spindler*, AktG, § 87 Rn. 96.

859 BGH, Urt. v. 28.01.1953 – II ZR 265/51, NJW 1953, 740; BGH, Urt. v. 18.12.1954 – II ZR 281/53, NJW 1955, 501; BGH, Urt. v. 23.09.1968 – II ZR 94/67, NJW 1968, 2373; Spindler/Stilz/*Fleischer*, AktG, § 84 Rn. 50; MüKo/*Spindler*, AktG, § 84 Rn. 209.

Regresspflicht nach § 93 Abs. 2 S. 1 AktG auf Grundlage des gesellschaftsrechtlichen Fürsorge- und Treueverhältnisses ist lediglich auf den Schutz des Vorstands vor einer existenzvernichtenden Haftung gerichtet.[860] Schließlich hat diese rechtsfortbildend entwickelte Haftungsmilderung zur Folge, dass die Gesellschaft auf einem Teil der Schadenssumme sitzen bleibt. Mit dieser Ausrichtung der aus dem Fürsorge- und Treueverhältnis hergeleiteten Einzelpflichten lässt sich eine Pflicht zum Abschluss einer D&O-Versicherung, die überdies dem Gesellschaftsinteresse dient, nicht in Einklang bringen.

b) Versicherungspflicht als Ausprägung der Risikovorsorge?

Eine Versicherungspflicht könnte sich jedoch aus § 91 Abs. 2 AktG ergeben. Danach hat der Vorstand geeignete Maßnahmen zu treffen, insbesondere ein Überwachungssystem einzurichten, um den Fortbestand der Gesellschaft gefährdende Entwicklungen früh zu erkennen. Aus der hiermit verbundenen Pflicht zur Risikovorsorge leitet *Vetter* ab, dass vom Vorstand in der Regel auch verlangt werde, zum Schutz des Unternehmens eine D&O-Versicherung abzuschließen.[861] Eine Begründung hierzu liefert er gleichwohl nicht. Andere Vertreter des Schrifttums sprechen sich zwar gegen eine generelle Abschlusspflicht aus § 91 Abs. 2 AktG aus, sehen die Vereinbarung einer D&O-Police aber ebenfalls als Maßnahme der Risikovorsorge an und befürworten insofern ein unternehmerisches Ermessen der Vorstandsmitglieder, dass sich nur bei Vorliegen besonderer Umstände zu einer Versicherungspflicht reduzieren soll.[862] Nach zutreffender Ansicht lässt sich jedoch auch aus § 91 Abs. 2 AktG keine Pflicht zum Abschluss einer D&O-Versicherung herleiten.[863] Denn diese Regelung fordert den Vorstand lediglich dazu auf, geeignete organisatorische Maßnahmen zu treffen, um bestandsgefährdende Risiken bereits im Vorfeld zu unterbinden.[864] Hierbei handelt es sich um eine reine Organisationspflicht.[865] Auch nach dem Willen des Gesetzgebers sollte mit § 91 Abs. 2 AktG ausschließlich die sich bereits aus § 76 Abs. 1 AktG ergebende Pflicht zur ordnungsgemäßen

---

860 Hierzu ausführlich unter D. III.

861 *Vetter*, AG 2000, 453, 455.

862 Hölters/*Hölters*, AktG, § 93 Rn. 404; *O. Lange*, DStR 2002, 1626, 1630; *Seibt/Saame*, AG 2006, 901, 903; in diese Richtung auch *Bartscherer*, VP 2001, 183; *R. Koch*, ZGR 2006, 184, 198.

863 *Kort*, DStR 2006, 799, 801; KK/*Mertens/Cahn*, AktG, § 93 Rn. 243; MüKo/*Spindler*, AktG, § 93 Rn. 196; *Thomas*, Die Haftungsfreistellung von Organmitgliedern, S. 259 ff.

864 Statt vieler nur Spindler/Stilz/*Fleischer*, AktG, § 91 Rn. 30; Hüffer/Koch/*Koch*, AktG, § 91 Rn. 1; Hölters/*Müller-Michaels*, AktG, § 91 Rn. 4; MüKo/*Spindler*, AktG, § 91 Rn. 17.

865 Prägnant Spindler/Stilz/*Fleischer*, AktG, § 91 Rn. 29 ff.; MüKo/*Spindler*, AktG, § 91 Rn. 18; hierauf verweisen auch *Kort*, DStR 2006, 799, 801; MüKo/*Spindler*, AktG, § 93 Rn. 196.

Organisation des Unternehmens hervorgehoben werden, welcher der Vorstand durch Maßnahmen wie der Einrichtung eines Risikomanagementsystems sowie einer internen Revision nachzukommen hat.[866] Nicht mehr von § 91 Abs. 2 AktG erfasst ist hingegen die angemessene Reaktion auf die durch das Risikomanagement erkannten Gefahren.[867] Um eine solche handelt es sich aber bei der Vereinbarung einer D&O-Police.[868]

c) Abschlusspflicht im Einzelfall zur Wahrung des Gesellschaftswohls

Als weiteren Ausgangspunkt zur Herleitung einer Versicherungspflicht rekurriert die Literatur – wiederum ohne nähere Begründung – auf das Gesellschaftswohl.[869] Aus dem Gebot zur Wahrung der Unternehmensinteressen soll allerdings nicht zwingend ein Versicherungszwang resultieren.[870] Vielmehr wird dem Vorstand ein weites unternehmerisches Ermessen eingeräumt, dass sich nur bei einer besonderen Risikolage der Gesellschaft zu einer Abschlusspflicht verdichten soll.[871] Für das Unternehmensinteresse als dogmatische Grundlage für die Erforderlichkeitsprüfung einer D&O-Police im Regel- und einer Abschlusspflicht im Ausnahmefall spricht, dass die Vorstandsmitglieder bei der Leitung der Aktiengesellschaft stets dazu verpflichtet sind, sich für deren Wohl und Interessen einzusetzen.[872] Diese Handlungsmaxime lag bereits § 70 Abs. 1 AktG 1937 als Vorgängervorschrift des § 76 Abs. 1 AktG

---

866 Entwurf eines Gesetzes zur Kontrolle und Transparenz im Unternehmensbereich, BT-Drs. 13/9712, S. 15.

867 Statt vieler nur Spindler/Stilz/*Fleischer,* AktG, § 91 Rn. 34; GK/*Kort,* AktG, § 91 Rn. 22a; MüKo/*Spindler,* AktG, § 91 Rn. 28 (jeweils m.w.N.).

868 Deutlich *Kort,* DStR 2006, 799, 801; *Thomas,* Die Haftungsfreistellung von Organmitgliedern, S. 260.

869 *Dreher,* ZHR (165) 2001, 293, 313; Spindler/Stilz/*Fleischer,* AktG, § 93 Rn. 236; *R. Koch,* GmbHR 2004, 160, 167 (Fn. 70); KK/*Mertens/Cahn,* AktG, § 93 Rn. 243; sympathisierend *Thomas,* Die Haftungsfreistellung von Organmitgliedern, S. 261 ff.; erwägend auch MüKo/*Spindler,* AktG, § 93 Rn. 196, der aber ein Eigeninteresse der Gesellschaft am Abschluss einer D&O-Versicherung ablehnt; als gegenüber § 91 Abs. 2 AktG subsidiäre Herleitung auch *O. Lange,* DStR 2002, 1626, 1630; *Seibt/Saame,* AG 2006, 901, 903; ebenso *Vetter,* AG 2000, 453, 455, der jedoch nicht zwischen § 91 Abs. 2 AktG und der Begründung aus dem Gesellschaftsinteresse differenziert.

870 In diese Richtung von den Vorgenannten allein *Vetter,* a.a.O., 455.

871 Deutlich *Dreher,* ZHR (165) 2001, 293, 313; Spindler/Stilz/*Fleischer,* AktG, § 93 Rn. 236; KK/*Mertens/Cahn,* AktG, § 93 Rn. 243.

872 Zur Orientierung am Unternehmensinteresse BGH, Urt. v. 21.04.1997 – II ZR 175/95, NJW 1997, 1926; BGH, Urt. v. 21.12.2005 – 3 StR 470/04, NJW 2006, 522, 524; Spindler/Stilz/*Fleischer,* AktG, § 76 Rn. 10; GK/*Kort,* AktG, § 76 Rn. 39; KK/*Mertens/Cahn,* AktG, § 76 Rn. 22; MüKo/*Spindler,* AktG, Vor. § 76 Rn. 51; Hölters/*Weber,* AktG, § 76 Rn. 19.

zugrunde[873] und auch in Ziff. 4.1.1. DCGK ist deklaratorisch herausgestellt, dass der Vorstand das Unternehmen in eigener Verantwortung im Unternehmensinteresse leitet.[874] Wie von *Spindler* überzeugend formuliert, trifft den Vorstand demzufolge nach § 93 Abs. 1 S. 1 AktG die Aufgabe, „den Vorteil der Gesellschaft zu wahren und Schaden von ihr abzuwenden".[875] Führt man sich nochmals vor Augen, dass die D&O-Versicherung auch für die Gesellschaft mit verschiedenen Vorteilen verbunden ist,[876] scheint es auf der Hand zu liegen, dass die Vorstandsmitglieder zumindest zur Prüfung verpflichtet sind, ob das Gesellschaftswohl den Abschluss einer solchen Police fordert.[877]

Gegen die Annahme einer generellen Abschlussverpflichtung qua Unternehmenswohl streitet außerdem, dass sich der Gesetzgeber bei der Kodifikation des § 93 Abs. 2 S. 3 AktG durch das VorstAG ausdrücklich gegen eine Pflichtversicherung ausgesprochen hat.[878] Vor dem Hintergrund, dass das eine Unternehmenswohl mit Blick auf die zum Teil stark divergierenden Interessen der Aktionäre, Arbeitnehmer und Gläubiger, aus denen sich das Gesellschaftsinteresse zusammensetzt,[879] kaum auszumachen ist und sich aus diesem Leitbild bislang keine konkreten Handlungspflichten des Vorstands herausgebildet haben,[880] ist allerdings zweifelhaft, ob und unter welchen Umständen sich hieraus eine Abschlusspflicht ergibt. Die von *Seibt* und *Saame* detailliert herausgearbeiteten Abwägungskriterien[881] können daher nur Anhaltspunkte bieten. Für die hier untersuchte Frage des Bestehens einer Versicherungspflicht bleibt nach dem Vorstehenden somit festzuhalten, dass auch das Gesellschaftswohl den Vorstand in aller Regel nicht zum Abschluss einer D&O-Versicherung verpflichtet. Und selbst wenn sich das dem Vorstand eingeräumte Ermessen im Einzelfall zu einer Abschlusspflicht verdichtet, ist fraglich, auf welchem Weg das einzelne Vorstandsmitglied den Abschluss einer D&O-Versicherung (gerichtlich) durchsetzen kann. Denn ein aus dem Gebot zur Wahrung der Unternehmensinteressen hergeleiteter Versicherungszwang begründet eine Pflicht der Vorstandsmitglieder gegenüber der Gesellschaft, nicht aber der Gesellschaft gegenüber ihren Vorstandsmitgliedern. Darum müsste das Vorstandsmitglied,

---

873 Amtl. Begr. zu § 70 AktG 1937, abgedruckt bei *Klausing*, Gesetz über Aktiengesellschaften und Kommanditgesellschaften auf Aktien nebst Einführungsgesetz und amtlicher Begründung, S. 58 f.

874 Zum deklaratorischen Charakter des DCGK bereits unter B. I. 1.b) aa).

875 MüKo/*Spindler*, AktG, § 93 Rn. 26.

876 Zu den Interessen der an der D&O-Versicherung Beteiligten bereits unter C. II. 2. a).

877 *O. Lange*, DStR 2002, 1626, 1630; *Seibt/Saame*, AG 2006, 901, 903.

878 Vgl. Beschlussempfehlung und Bericht zum VorstAG, BT-Drs. 16/13433, S. 11; hierauf verweisen auch MüKo/*Ihlas*, VVG, D&O Rn. 29; *O. Lange*, VersR 2010, 162, 164; *O. Lange*, D&O-Versicherung und Managerhaftung, S. 939.

879 Vgl. hierzu statt vieler nur MüKo/*Spindler*, AktG, Vor. § 76 Rn. 51; Hölters/*Weber*, AktG, § 76 Rn. 21 (jeweils m.w.N.).

880 Prägnant MüKo/*Spindler*, AktG, § 76 Rn. 66.

881 *Seibt/Saame*, AG 2006, 901, 903 ff.

welches den Versicherungszwang durchsetzen will, gegen seine Vorstandskollegen vorgehen, um einen entsprechenden Vorstandsbeschluss herbeizuführen. Für einen Intraorganstreit einzelner Vorstandsmitglieder gegenüber dem Gesamtvorstand bietet das AktG jedoch keine Rechtsgrundlage.[882] Wird der Abschluss eines D&O-Versicherungsvertrags daher von einzelnen Mitgliedern des Gesamtorgans abgelehnt, können die übrigen Vorstandsmitglieder den Vertragsschluss nicht einklagen.

d) Kompensation durch D&O-Verschaffungsklausel?

Nach den vorstehenden Ausführungen kann das einzelne Vorstandsmitglied damit nur dann den Abschluss einer D&O-Police verlangen, wenn er mit der Gesellschaft eine D&O-Verschaffungsklausel im Anstellungsvertrag vereinbart hat.[883] Da auch eine solche Klausel in den Vorstandsverträgen mittlerweile üblich ist,[884] erscheint es naheliegend, dass den Geschäftsleitern ein sicheres Instrument zur Durchsetzung eines D&O-Versicherungsvertrags zusteht. Allerdings sind die anzutreffenden D&O-Verschaffungsklauseln oftmals derart unspezifisch ausgestaltet, dass sich hieraus nur in Ausnahmefällen ein erzwingbarer Anspruch auf konkreten Versicherungsschutz ergeben kann.[885] Enthält der Anstellungsvertrag lediglich den Hinweis, dass die Gesellschaft für ihre Vorstandsmitglieder eine D&O-Versicherung abgeschlossen hat, erscheint es schon fragwürdig, ob hiermit überhaupt eine Verpflichtung des Unternehmens verbunden ist.[886] Und auch eine einfache Versicherungsverschaffungsklausel, deren Inhalt sich auf die Feststellung beschränkt, dass die Gesellschaft für ihren Vorstand eine D&O-Versicherung abschließt, ist nicht geeignet, einen Anspruch auf einen bestimmten Versicherungsstandard zu begründen.[887] Werden die einzelnen Vertragsmodalitäten, wie etwa die Deckungssumme, der Kreis der versicherten Personen oder die Haftungsausschlüsse nicht zwischen dem Vorstandsmitglied und der Gesellschaft vereinbart, besteht hinsichtlich der Ausgestaltung des Versicherungsvertrags ein weiter Spielraum.[888] Da sich die am Markt

---

882 Vgl. zu aktienrechtlichen Organstreitigkeiten Hüffer/Koch/*Koch,* AktG, § 90 Rn. 24 f.; GK/*Kort,* AktG, § 84 Rn. 189 ff.

883 Hölters/*Hölters,* AktG, § 93 Rn. 404; *Hohenstatt/Naber,* DB 2010, 2321; GK/*Hopt/Roth,* AktG, § 93 Rn. 455; MüKo/*Ihlas,* VVG, D&O Rn. 31; *R. Koch,* GmbHR 2004, 160, 167; Prölss/Martin/*Voit,* VVG, AVB-AVG Ziff. 1.1 Rn. 4.

884 *Hohenstatt/Naber,* DB 2010, 2321; *O. Lange,* ZIP 2004, 2221; *O. Lange,* VersR 2010, 162, 163; *Schenk,* NZG 2015, 494, 495.

885 Deutlich *Ihlas,* D&O, S, 314; *O. Lange,* ZIP 2004a, 2221 ff.; *Schenk,* NZG 2015, 494, 499; ähnlich auch *Hemeling,* in: FS Hoffmann-Becking, 2013, 491, 508.

886 So auch *O. Lange,* ZIP 2004, 2221.

887 *O. Lange,* a.a.O., 2221; *Scholz,* Die existenzvernichtende Haftung von Vorstandsmitgliedern in der Aktiengesellschaft, S. 163 f.

888 Deutlich *Hohenstatt/Naber,* DB 2010, 2321, 2322; *O. Lange,* ZIP 2004, 2221; *O. Lange,* D&O-Versicherung und Managerhaftung, S. 937.

verfügbaren D&O-Policen zum Teil erheblich unterscheiden,[889] kann die einfache Versicherungsverschaffungsklausel auch nicht dahingehend ausgelegt werden, dass die Gesellschaft als Vertragspartnerin der Vorstandsmitglieder zur Vereinbarung einer marktüblichen Versicherung verpflichtet ist.[890]

Zudem bestehen Zweifel, ob die allgemein gehaltene Pflicht, eine D&O-Versicherung abzuschließen, überhaupt gerichtlich durchsetzbar ist.[891] Nach § 253 Abs. 2 Nr. 3 ZPO muss die Klageschrift einen bestimmten Antrag enthalten. Diese Anforderung ist erfüllt, wenn der Antrag konkret bezeichnet ist, Inhalt und Umfang der gewünschten Rechtsfolge erkennen lässt und die Zwangsvollstreckung aus dem Urteil ermöglicht.[892] Fehlen in der Versicherungsverschaffungsklausel inhaltlichen Vorgaben an die zu vereinbarende Versicherung, hat der Vorstand keinen Anspruch auf den Abschluss einer konkreten D&O-Police, weshalb zugleich kein bestimmter Versicherungsschutz eingeklagt werden kann. Als Folge kann auch das Gericht die Gesellschaft nicht zur Verschaffung einer konkreten D&O-Versicherung verurteilen.[893] Diese Überlegungen sollen nicht bedeuten, dass D&O-Verschaffungsklauseln *per se* ungeeignet sind, für einen Versicherungsschutz der Vorstandsmitglieder zu sorgen. Denn bei Vereinbarung einer hinreichend qualifizierten Versicherungsverschaffungsklausel, die die erforderlichen Einzelheiten hinsichtlich der Ausgestaltung der D&O-Police enthält,[894] steht den Vorstandsmitgliedern ein durchsetzbarer Anspruch auf konkreten Versicherungsschutz zu. Je nach Formulierung der Verschaffungsklausel erscheint daher auch die Stellung eines den Anforderungen des § 253 Abs. 2 Nr. 3 ZPO genügenden Antrags möglich. Da qualifizierte D&O-Verschaffungsklausel – soweit ersichtlich – bislang nicht flächendeckend in den Anstellungsverträgen vereinbart werden, wird das Fehlen einer gesetzlichen Abschlusspflicht aber nicht durchgängig durch eine Versicherungsverschaffungsklausel kompensiert.

---

889 Deutlich Beckmann/Matusche-Beckmann/*Beckmann/Matusche-Beckmann,* VersR, § 28 Rn. 5, 19; Hölters/*Hölters,* AktG, § 93 Rn. 396; MüKo/*Ihlas,* VVG, D&O Rn. 15.

890 So auch *Scholz,* Die existenzvernichtende Haftung von Vorstandsmitgliedern in der Aktiengesellschaft, S. 163; *Steinkühler/Wilhelm,* VP 2005, 142, 144.

891 *Scholz,* Die existenzvernichtende Haftung von Vorstandsmitgliedern in der Aktiengesellschaft S. 164.

892 Aus der st. Rspr. statt vieler nur BGH, Urt. v. 14.12.1998 – II ZR 330/97, NJW 1999, 954; BGH, Urt. v. 28.11.2002 – I ZR 168/00, NJW 2003, 668, 669; ebenso MüKo/*Becker-Eberhard,* ZPO, § 253 Rn. 88; Musielak/*Foerste,* ZPO, § 253 Rn. 29.

893 Ähnlich *Scholz,* Die existenzvernichtende Haftung von Vorstandsmitgliedern in der Aktiengesellschaft, S. 164, der dies jedoch mit § 315 Abs. 3 S. 2 BGB begründet.

894 Zu Ausgestaltungsmöglichkeiten einer qualifizierten D&O-Verschaffungsklausel *Hohenstatt/Naber,* DB 2010, 2321, 2322 ff.; *Ihlas,* D&O, S. 314; *O. Lange,* ZIP 2004, 2221, 2222 ff.

3. Zusammenfassung

Insgesamt ist festzuhalten, dass die Vorstandsmitglieder keinen gesetzlich geregelten Anspruch auf Versicherungsschutz gegen die Gesellschaft haben. Eine solche generelle Abschlusspflicht lässt sich weder aus der gesellschaftsrechtlichen Fürsorge- und Treuepflicht, noch aus § 91 Abs. 2 AktG oder der Pflicht zur Wahrung des Gesellschaftswohls herleiten. Auch anstellungsvertraglich geregelte D&O-Verschaffungsklauseln sind nicht uneingeschränkt geeignet, einen durchsetzbaren Anspruch auf ausreichenden Versicherungsschutz zu begründen. Weil der Vorstand nach der aktienrechtlichen Kompetenzverteilung zur Entscheidung über den Abschluss einer D&O-Versicherung intern die Alleinzuständigkeit inne hat und er die Gesellschaft auch bei dem Vertragsschluss nach außen vertritt, ist zwar davon auszugehen, dass er sich aus eigenem Interesse um das Zustandekommen einer solchen Versicherung bemühen wird. Sofern der Vorstand untätig bleibt, kann das einzelne Vorstandsmitglied den Abschluss einer D&O-Versicherung nur in Ausnahmefällen durchsetzen. Hierdurch erfährt der über die D&O-Versicherung zu erreichende Schutz eine erste – wenn auch in der Praxis wohl wenig relevante – Limitierung.

III. Grenzen des D&O-Versicherungsschutzes

Neben den Einschränkungen, die sich aus dem fehlenden Versicherungszwang ergeben, könnten die in Regress genommenen Vorstandsmitglieder auch bei Abschluss einer D&O-Versicherung nicht ausreichend vor einer potentiell existenzvernichtenden Innenhaftung geschützt sein. Wie einleitend angesprochen, ist in der gesellschaftsrechtlichen Literatur die Ansicht verbreitet, dass die begrenzten Deckungssummen sowie die weitreichenden Risikoausschlüsse in den einschlägigen Versicherungsbedingungen den D&O-Versicherungsschutz erheblich einschränken.[895] Diese These gilt es im Folgenden kritisch zu untersuchen. Als mögliche weitere Limitierungen des Versicherungsschutzes wird im Anschluss des Weiteren auf die Folgen von Obliegenheits- und Pflichtverletzungen durch die Gesellschaft als Versicherungsnehmerin sowie die versicherten Personen eingegangen.

1. Quantitative Beschränkungen der Leistungspflicht

Eine erste Limitierung des Versicherungsschutzes könnte sich aus dem Umfang der geschuldeten Deckung ergeben. Hierfür spricht, dass die Leistungspflicht des D&O-Versicherers durch die im Versicherungsschein festgelegte Deckungssumme auf einen Höchstbetrag begrenzt ist. Zudem haben die Vorstandsmitglieder bei

---

895 So insb. *Beauregard/Gleich*, NJW 2013, 824 f.; *Gaul*, AG 2015, 109, 111; *Haarmann/Weiß*, BB 2014, 2115; *Habersack*, ZHR (177) 2013, 782, 796; *Hemeling*, in: FS Hoffmann-Becking, 2013, 491, 509; Hölters/*Hölters*, AktG, § 93 Rn. 399; *J. Koch*, AG 2014, 513, 519; KK/*Mertens/Cahn*, AktG, § 93 Rn. 244; *Peltzer*, in: FS Hoffmann-Becking, 2013, 861, 862; *Schenk*, NZG 2015, 494; *G. Wagner*, ZHR (178) 2014, 227, 250.

festgestellter Ersatzpflicht wegen des verpflichtenden Selbstbehalts nach § 93 Abs. 2 S. 3 AktG grundsätzlich einen Teil der Schadenssumme selbst zu tragen.

a) Begrenzung der Deckungssumme auf einen Höchstbetrag

Nach Ziff. 4.3 Abs. 1 S. 1 AVB-AVG 2016 ist für den Umfang der Leistung des Versicherers die im Versicherungsschein angegebene Versicherungssumme der Höchstbetrag für jeden Versicherungsfall und für alle während eines Versicherungsjahres eingetretenen Versicherungsfälle zusammen. Dies bedeutet, dass die Leistungspflicht des D&O-Versicherers auf die im Versicherungsschein vereinbarte Deckungssumme begrenzt ist. Deren Höhe richtet sich insbesondere nach der Bilanzsumme und Eigenkapitalquote der Gesellschaft[896] sowie der Größe des Unternehmens[897] und liegt in Abhängigkeit davon üblicherweise zwischen 500.000 und 25 Mio. Euro.[898] Während bei mittelständischen Gesellschaften meist eine Summe von 10–20 Mio. Euro vereinbart wird,[899] gilt bei den DAX-Unternehmen mit 75–300 Mio. Euro ein weit höherer Betrag als üblich.[900] Bei den größten deutschen Gesellschaften kann die vereinbarte Deckungssumme auch weit darüber hinausgehen.[901] So soll etwa der Volkswagen Konzern seine Vorstands- und Aufsichtsratsmitglieder in Höhe von 500 Mio. Euro abgesichert haben.[902] Diese Beträge erscheinen zunächst ausreichend, um einen umfassenden Versicherungsschutz zu gewährleisten. Unter Berücksichtigung der potentiell zu ersetzenden Schäden[903] wird die Höhe der Deckungssummen allerdings schnell relativiert. So stand den durch die Korruptionsaffäre verursachten Schäden der Siemens AG in Höhe von rund 2,5 Mrd. Euro, die diese von ihren (ehemaligen) Vorstandsmitglieder regressweise eingefordert hat, lediglich eine Versicherungssumme von insgesamt 250 Mio. Euro gegenüber.[904] Auch die in einem Grundvertrag und zwei Exzedentenverträgen vereinbarte Deckung in Höhe von 150 Mio. Euro war nicht ausreichend, um die von den (ausgeschiedenen) Organmitglieder eingeforderten Vermögenseinbußen der MAN AG von rund 250 Mio. Euro

---

896 Bruck/Möller/*Baumann*, VVG, AVB-AVG 2011/2013 Ziff. 4 Rn. 27; *Ihlas*, D&O, S. 429 ff.; MüKo/*Ihlas*, VVG, D&O Rn. 508.

897 Beckmann/Matusche-Beckmann/*Beckmann/Matusche-Beckmann*, VersR, § 28 Rn. 90; MüKo/*Ihlas*, VVG, D&O Rn. 508.

898 *Hauger/Palzer*, ZGR 2015, 33, 65; *J. Koch*, AG 2014, 513, 520.

899 *Armbrüster*, VersR 2014, 1.

900 *Ihlas*, D&O, S. 429; *G. Wagner*, ZHR (178) 2014, 227, 235.

901 *Hauger/Palzer*, ZGR 2015, 33, 65; *J. Koch*, AG 2014b, 513, 520; *G. Wagner*, ZHR (178) 2014, 227, 235.

902 VW-Manager sind mit 500 Millionen versichert, SZ v. 29.09.2015, abrufbar unter: <http://www.sueddeutsche.de/wirtschaft/abgas-affaere-vw-manager-sind-mit-millionen-versich-ert-1.2669618>.

903 Hierzu bereits ausführlich unter B. I. 4.

904 *Siemens AG*, Einladung zur Hauptversammlung der Siemens AG am 26. Januar 2010, abrufbar unter: <http://www.siemens.com/investor/pool/de/investor_relations/events/hauptversamm-lung/2010/einladung_hv2010_d.pdf>.

auszugleichen.[905] Allein aus diesem Vergleich der potentiellen Schadensersatzbeträge mit den üblichen Deckungssummen ergibt sich, dass die D&O-Versicherung nicht geeignet ist, das Risiko eines existenzvernichtenden Innenregresses vollumfänglich zu beseitigen.[906] Denn ist die Deckungssumme erschöpft, haften die Vorstandsmitglieder für den darüber hinaus gehenden Betrag mit ihrem Privatvermögen.

b) Weitere Relativierung durch Jahresmaximierung und Serienschadenklausel

Erweisen sich die Versicherungssummen schon angesichts der nach § 93 Abs. 2 S. 1 AktG zu ersetzenden Vermögenseinbußen als unzureichend, so werden die bereitgestellten Beträge durch das Prinzip der Jahresmaximierung sowie die Verwendung von Serienschadenklauseln noch weiter relativiert. Gemäß Ziff. 4.3 Abs. 1 AVB-AVG 2016 steht die Deckungssumme für alle Inanspruchnahmen von versicherten Personen innerhalb einer Versicherungsperiode nur einmal zur Verfügung. Nimmt die Gesellschaft als Versicherungsnehmerin während eines Versicherungsjahres mehrere Vorstandsmitglieder wegen eines Schadensfalls in Anspruch oder verfolgt die Gesellschaft während einer Versicherungsperiode verschiedene Ersatzansprüche gegen eine bzw. mehrere versicherte Person(en), besteht die Gefahr, dass die Versicherungssumme nicht ausreicht, um alle Ansprüche der versicherten Personen zu befriedigen.[907] Gerade bei Regressforderungen, die kurz vor Ablauf der jeweiligen Versicherungsperiode geltend gemacht werden, kann die Deckungssumme durch das Prinzip der Jahresmaximierung durch frühere Versicherungsfälle demnach vollständig verbraucht sein.

Diese Problematik wird durch die Serienschadenklausel, deren Verwendung in der Praxis genau wie die Jahresmaximierung üblich ist,[908] noch verschärft.[909] Nach Ziff. 4.5 Abs. 1 AVB-AVG 2016 gelten mehrere während der Wirksamkeit des Versicherungsvertrags geltend gemachten Ansprüche eines oder mehrerer Anspruchssteller aufgrund einer Pflichtverletzung, welche durch eine oder mehrere versicherte Personen begangen wurde oder aufgrund mehrerer Pflichtverletzungen, welche durch eine oder mehrere versicherte Personen begangen wurden, sofern

---

905 *MAN SE*, Einladung zur Hauptversammlung 2014, abrufbar unter: <http://www.corporate.man.eu/man/media/de/content_medien/doc/global_corporate_website_1/investor_relations_1/hv/2014_8/man_hv_2014_einberufung_einschl__tagesordnung.pdf>.

906 So auch *Haarmann/Weiß*, BB 2014, 2115; *Habersack*, ZHR (177) 2013, 782, 796; *Hoffmann*, NJW 2012, 1393, 1396; *J. Koch*, AG 2014, 513, 520; *Rahlmeyer/Fassbach*, GWR 2015, 331; *G. Wagner*, ZHR (178) 2014, 227, 236.

907 Zu den sich hieraus ergebenden Verteilungsfragen insb. *Armbrüster*, VersR 2014, 1, 2 ff.; *Grooterhorst/Looman*, r+s 2014, 157, 159 ff.; *Hemeling*, in: FS Hoffmann-Becking, 2013, 491, 501 ff.; *O. Lange*, VersR 2014, 1413 ff.

908 *Ihlas*, D&O, S. 429, 443.

909 Deutlich *G. Wagner*, ZHR (178) 2014, 227, 248.

diese Pflichtverletzungen demselben Sachverhalt zuzuordnen sind und miteinander in rechtlichem, wirtschaftlichem oder zeitlichem Zusammenhang stehen, unabhängig von den einzelnen Versicherungsjahren als ein Versicherungsfall. Gemäß Ziff. 4.5 Abs. 2 AVB-AVG 2016 gilt der Versicherungsfall dabei unabhängig von dem tatsächlichen Zeitpunkt der Geltendmachung der einzelnen Haftpflichtansprüche als in dem Zeitpunkt eingetreten, in dem der erste Haftpflichtanspruch geltend gemacht wurde. Diese Fiktion bewirkt, dass auch bei Durchsetzung mehrerer im Zusammenhang stehender Haftpflichtansprüche während verschiedener Versicherungsperioden nur ein Versicherungsfall vorliegt, der in dem Zeitpunkt der ersten Inanspruchnahme als eingetreten gilt.[910] In Kombination mit der Jahresmaximierung bewirkt die Serienschadenklausel folglich, dass die Leistungspflicht des Versicherers für die gesamte Serie auf die Deckungssumme der Versicherungsperiode begrenzt ist, während der die Gesellschaft den ersten Schadensersatzanspruch gegen eine versicherte Person erhoben hat.

c) Abschmelzen der Deckungssumme durch die Abwehrkosten

Eine weitere quantitative Begrenzung des Versicherungsschutzes könnte sich durch die in der Praxis üblicherweise verwendeten Kostenanrechnungsklauseln ergeben.[911] Nach der Musterklausel in Ziff. 4.3 Abs. 1 S. 2 AVB-AVG 2016 werden Aufwendungen des Versicherers für Kosten der gerichtlichen und außergerichtlichen Abwehr der gegenüber einer versicherten Person von der Versicherungsnehmerin geltend gemachten Ansprüche, zu denen insbesondere die Anwalts-, Sachverständigen-, Zeugen- und Gerichtskosten zählen, auf die Versicherungssumme angerechnet.

aa) Kosten der Rechtsverteidigung übersteigen Versicherungssumme

Entscheidet sich der D&O-Versicherer in Ausübung seines Wahlrechts für eine Anspruchsabwehr und unterliegt der in Regress genommene Vorstand im Haftungsprozess, kann eine solche Anrechnungsklausel bewirken, dass die bereitgestellte Deckungssumme durch die Abwehrkosten erheblich gemindert und im Extremfall vollständig aufgezehrt wird. Dadurch muss der nach § 93 Abs. 2 S. 1 AktG in Anspruch genommene Geschäftsleiter trotz grundsätzlich bestehendem D&O-Versicherungsschutz mit seinem Privatvermögen für die unter Umständen existenzvernichtenden Schadenssummen einstehen. Mit Blick auf die oben beschriebenen Ersatzbeträge in zum Teil exorbitanter Höhe[912] betragen bei gerichtlicher Anspruchsdurchsetzung allein die von der unterliegenden Partei zu tragenden Gerichts- und gegnerischen Anwaltskosten fast 1,5 Mio. Euro. Auf Grundlage des nach § 22 Abs. 2

910 Bruck/Möller/*Baumann,* VVG, AVB-AVG 2011/2013 Ziff. 4 Rn. 74, Prölss/Martin/*Voit,* VVG, AVB-AVG Ziff. 4.5 Rn. 17.

911 Hierauf verweisen auch *Armbrüster*, VersR 2014, 1; *Rahlmeyer/Fassbach*, GWR 2015, 331, 332; *Schenk*, NZG 2015, 494, 497.

912 Zu den potentiell unbegrenzten Schadenssummen bereits ausführlich unter B. I. 4.

S. 1 RVG höchstmöglichen Gebührenstreitwerts von 30 Mio. Euro ergeben sich in 1. Instanz Gerichtskosten in Höhe von rund 330.000 Euro, in 2. Instanz belaufen sich diese auf fast 440.000 Euro. Die nach § 91 Abs. 1 S. 1 ZPO zu erstattenden Anwaltskosten der obsiegenden Partei summieren sich auf Basis dieses Gebührenstreitwerts in 1. Instanz auf über 270.000 Euro, in 2. Instanz auf etwa 300.000 Euro. Hinzu kommen etwaige Auslagen für Sachverständige und Zeugen sowie die eigenen Anwaltskosten des verurteilten Vorstandsmitglieds. Werden letztere nicht auf RVG-Basis, sondern nach gesonderten Honorarvereinbarungen abgerechnet, können sich im Vergleich mit den soeben dargestellten Rechtsanwaltskosten noch weitaus höhere Beträge ergeben. In diesem Zusammenhang ist zwar grundsätzlich zu berücksichtigen, dass die Versicherung gemäß § 101 Abs. 1 S. 1 VVG die gerichtlichen und außergerichtlichen Kosten, die durch die Abwehr der von einem Dritten geltend gemachten Ansprüche entstehen, umfasst. Dies gilt aber nur, soweit die Aufwendung der Kosten den Umständen nach geboten ist. Die in der Praxis verwendeten AVB enthalten jedoch oftmals Klauseln, wonach den versicherten Personen in Absprache mit dem Versicherer gestattet ist, eine Abrechnung auf Stundenbasis zu vereinbaren.[913] Und auch wenn der Versicherer selbst die Mandatierung der Anwalte übernimmt, können die versicherten Organmitglieder nicht einwenden, dass der Abschluss von Honorarvereinbarungen rechtsmissbräuchlich war und daher nur Rechtsverteidigungskosten auf RVG-Basis auf die Versicherungssumme angerechnet werden dürfen.[914]

bb) AGB-rechtliche Wirksamkeit von Kostenanrechnungsklauseln?

Vor dem Hintergrund von § 101 Abs. 2 S. 1 VVG stellt sich indes die Frage, ob eine Anrechnungsklausel nach dem Vorbild der Ziff. 4.3 Abs. 1 S. 2 AVB-AVG 2016 in D&O-Versicherungsbedingungen wirksam ist. Denn nach § 101 Abs. 2 S. 1 VVG hat der Versicherer, wenn eine Versicherungssumme bestimmt ist, die Kosten eines auf seine Veranlassung geführten Rechtsstreits auch insoweit zu ersetzen, als sie zusammen mit den Aufwendungen des Versicherers zur Freistellung des Versicherungsnehmers die Versicherungssumme übersteigen. Damit weicht die Musterklausel von der gesetzlichen Regelung ab. Da gemäß § 112 VVG nur von den §§ 104 und 106 nicht zum Nachteil der Versicherungsnehmer abgewichen werden darf, ist § 101 Abs. 1 S. 2 VVG nach allgemeiner Ansicht individualvertraglich abdingbar.[915] Umstritten ist jedoch, ob eine an Ziff. 4.3 Abs. 1 S. 2 AVB-AVG 2016

---

913 Zur Abrechnung auf Stundenbasis *Ihlas*, D&O, S. 436; *O. Lange*, D&O-Versicherung und Managerhaftung, S. 720, 725.

914 Deutlich *O. Lange*, a.a.O., S. 725 unter Hinweis auf die Rspr. zur Schadensminderungsobliegenheit, wonach Stundensätze i.H.v. 500 Euro nicht per se unangemessen und i.H.v. 250 Euro i.d.R. unbedenklich sind.

915 Für die h.M. MüKo/*Ihlas,* VVG, D&O Rn. 514; Bruck/Möller/*Koch,* VVG, § 101 Rn. 63; Römer/Langheid/*Langheid,* VVG, § 101 Rn. 23; Prölss/Martin/*Lücke,* VVG, § 101 Rn. 33.

angelehnte Klausel einer AGB-Kontrolle standhält.[916] Während eine Meinungsgruppe im Schrifttum die Verwendung von Kostenanrechnungsklauseln auch im Lichte der §§ 305 ff. BGB als wirksam ansieht,[917] geht die Gegenansicht davon aus, dass eine derartige Klausel den Anforderungen der Inhaltskontrolle nicht genügt.[918] Bevor eine Stellungnahme zur AGB-rechtlichen Wirksamkeit von Kostenanrechnungsklauseln erfolgt, ist zunächst eingrenzend festzustellen, dass eine Unwirksamkeit nach den §§ 305c, 307 BGB lediglich in Betracht kommen kann, wenn die verwendeten AVB vom D&O-Versicherer selbst stammen. Handelt es sich – wie in der Praxis nicht unüblich – um Bedingungen, die ein auf Seiten der Gesellschaft tätig gewordener Versicherungsmaklers entworfen hat, ist der Versicherer gerade nicht als Verwender der Bedingungen einzustufen.[919] In diesem Fall ist eine AGB-Kontrolle zu Lasten des D&O-Versicherers nicht möglich.[920]

(1) Kein Verstoß gegen § 305c Abs. 1 BGB

Die Verwendung einer Kostenanrechnungsklausel in den AVB eines D&O-Versicherers könnte zum einen nach § 305c Abs. 1 BGB unwirksam sein. Entsprechend dieser Regelung werden Bestimmungen in AGB, die nach den Umständen, insbesondere nach dem äußeren Erscheinungsbild des Vertrags so ungewöhnlich sind, dass der Vertragspartner des Verwenders mit ihnen nicht zu rechnen braucht, nicht Vertragsbestandteil. Hierfür ist auf den Erkenntnishorizont eines typischen Versicherungsnehmers

916 Zur Einstufung von AVB als AGB Prölss/Martin/*Armbrüster*, VVG, Einl. Rn. 19 ff.; *O. Lange*, D&O-Versicherung und Managerhaftung, S. 229; MüKo/*Littbarski*, VVG, Vor. §§ 100–124 Rn. 168.

917 *Armbrüster*, NJW 2016, 897, 898; *Fiedler*, PHi 2013, 94 ff.; Looschelders/Pohlmann/*Haehling v. Lanzenauer/Kreienkamp*, VVG, D&O Rn. 128; *Hemeling*, in: FS Hoffmann-Becking, 2013, 491, 503; MüKo/*Ihlas*, VVG, D&O Rn. 520 ff.; Bruck/Möller/*Koch*, VVG, § 101 Rn. 69 ff.; *O. Lange*, D&O-Versicherung und Managerhaftung, S. 719 ff.; *Langheid/Müller-Frank*, NJW 2012, 2324, 2325; van Bühren/*Lenz*, Hdb VersR, § 25 Rn. 129 ff.; MAH/*Sieg*, VersR, § 17 Rn. 138; wohl auch FAKomm/*Staudinger/Richters*, VersR, D&O Rn. 129 f.

918 OLG Frankfurt, Urt. v. 09.06.2011 – 7 U 127/09, VersR 2012, 432, 434; Prölss/Martin/*Lücke*, VVG, § 101 Rn. 33; *Säcker*, VersR 2005, 10, 14 f.; Rüffer/Halbach/Schimikowski/*Schimikowski*, VVG, § 101 Rn. 4; *Schimikowski*, VersR 2005, 861, 864 ff.; *Terno*, r+s 2013, 577, 578 ff.; offen lassend Beckmann/Matusche-Beckmann/*Beckmann/Matusche-Beckmann*, VersR, § 28 Rn. 91; *Grooterhorst/Looman*, r+s 2014, 157, 158 f.; Looschelders/Pohlmann/*Schulze Schwienhorst*, VVG, § 101 Rn. 19; Prölss/Martin/*Voit*, VVG, AVB-AVG Ziff. 4.3 Rn. 7; für eine inhaltliche Modifizierung der üblichen Anrechnungsklauseln *Werber*, VersR 2014, 1159 ff.

919 Statt vieler nur BGH, Urt. v. 22.07.2009 – IV ZR 74/08, VersR 2009, 1477; OLG Köln, Urt. v. 16.11.1999 – 9 U 81/99, OLG Report 2009, 147; Prölss/Martin/*Armbrüster*, VVG, Einl. Rn. 26; *Steinkühler/Kassing*, VersR 2009, 1477.

920 Deutlich *O. Lange*, D&O-Versicherung und Managerhaftung, S. 229 f.; *Langheid*, in: GS Hübner, 2012, 137, 138; *Langheid*, NJW 2009, 344; *Steinkühler/Kassing*, VersR 2009, 1477 f.; *Thiel*, r+s 2011, 1, 8.

als Durchschnittskunden abzustellen,[921] vorliegend also auf den Kenntnisstand einer durchschnittlichen Aktiengesellschaft als Vertragspartnerin des Versicherers bzw. auf deren Vorstand als für sie handelndes Organ. Dabei ist ein Verstoß gegen § 305c Abs. 1 BGB allerdings abzulehnen, wenn die Verwendung der zu prüfenden Klausel in dem jeweiligen Geschäftszweig üblich ist.[922] Da eine Kostenanrechnungsklausel nach dem Vorbild der Musterbedingung in Ziff. 4.3 Abs. 1 S. 2 AVB-AVG 2016 mittlerweile standardmäßig in den AVB der D&O-Versicherer enthalten ist, fehlt es für die durchschnittlichen Vorstandsmitglieder an dem erforderlichen Überraschungsmoment.[923] Aufgrund der Üblichkeit von Kostenanrechnungsklauseln ist zudem der von der Rechtsprechung geforderte Überrumpelungseffekt[924] abzulehnen.[925] Im Ergebnis verstößt eine Kostenanrechnungsklausel in den AVB eines D&O-Versicherers somit nicht gegen § 305c Abs. 1 BGB.

(2) Unangemessene Benachteiligung der versicherten Organmitglieder?

Zum anderen könnte eine Kostenanrechnungsklausel nach dem Vorbild der GDV-Musterbedingung der Inhaltskontrolle nach § 307 Abs. 1 S. 1 BGB nicht genügen. Danach sind Bestimmungen in AGB unwirksam, wenn sie den Vertragspartner des Verwenders entgegen den Geboten von Treu und Glauben unangemessen benachteiligen. Gemäß § 307 Abs. 2 Nr. 1 BGB ist eine unangemessene Benachteiligung im Zweifel anzunehmen, wenn eine Bestimmung mit wesentlichen Grundgedanken der gesetzlichen Regelung, von der abgewichen werden soll, nicht zu vereinbaren ist.

i. Eröffnung der Inhaltskontrolle

Um eine Unwirksamkeit der Kostenanrechnungsklausel feststellen zu können, müsste die Inhaltskontrolle zunächst gemäß § 307 Abs. 3 BGB eröffnet sein. Danach gilt § 307 Abs. 1 S. 1, Abs. 2 BGB nur für Bestimmungen in AGB, durch die von Rechtsvorschriften abweichende oder diese ergänzende Regelungen vereinbart werden. Da Ziff. 4.3 Abs. 1 S. 2 AVB-AVG 2016 wie bereits beschrieben von § 101 Abs. 2 S. 1 VVG abweicht, ist die Inhaltskontrolle vorliegend eröffnet.

---

921 St. Rspr. des BGH, daher statt vieler nur BGH, Urt. v. 23.05.1984 – VIII ZR 27/83, NJW 1985, 850, 851; BGH, Urt. v. 30.06.1995 – V ZR 184/94, NJW 1995, 2637, 2638.

922 Vgl. BGH, Urt. v. 08.05.1987 – V ZR 89/86, NJW 1987, 2228.

923 *Fehre/Hardt*, PHi 2013, 74, 78; *Fiedler*, PHi 2013, 94; *O. Lange*, D&O-Versicherung und Managerhaftung, S. 719; *Schimikowski*, VersR 2005, 861, 865; *Terno*, r+s 2013, 577, 578.

924 Vgl. zum Überrumpelungseffekt statt vieler nur BGH, Urt. v. 20.02.1987 – V ZR 249/85, NJW 1987, 1885; BGH, Urt. v. 19.05.2004 – IV ZR 29/03, NJW-RR 2004, 1397, 1398.

925 Hierauf hinweisend auch *Fiedler*, PHi 2013, 94.

ii. Unangemessene Benachteiligung gemäß § 307 Abs. 2 Nr. 1 BGB?

Das mit der Kostenanrechnungsklausel verbundene Abschmelzen der Versicherungssumme könnte ferner mit wesentlichen Grundgedanken des § 101 Abs. 2 S. 1 VVG als gesetzliche Regelung, von der abgewichen wird, nicht zu vereinbaren sein und daher eine unangemessene Benachteiligung darstellen. Insofern ist unter Berücksichtigung des Wortlauts von § 307 Abs. 2 Nr. 1 BGB einschränkend festzustellen, dass ein Abweichen vom Gesetz nicht *per se* eine unangemessene Benachteiligung darstellt. Bei dispositiven Vorschriften ist nach ständiger BGH-Rechtsprechung vielmehr erforderlich, dass der jeweiligen Norm nicht lediglich eine Zweckmäßigkeitserwägung zugrunde liegt, sondern Leitbildcharakter zukommt.[926] Letzteres ist der Fall, wenn die Regelung „in erster Linie einen gerechten Ausgleich der in dem behandelten Konfliktsfall widerstreitenden Interessen herbeiführen“[927] will. Erst wenn feststeht, dass die AGB-Klausel von einem solchen gesetzlichen Leitbild abweicht, muss in einem zweiten Schritt geprüft werden, ob diese Divergenz gerechtfertigt ist oder eine unangemessene Benachteiligung bewirkt.[928] In Bezug auf den hier maßgeblichen § 101 Abs. 2 S. 1 VVG nimmt dabei eine Meinungsgruppe ein gesetzliches Leitbildes – wenn auch mit im Einzelnen divergierendem Inhalt – an.[929] Die Gegenansicht lehnt den Leitbildcharakter der Vorschrift hingegen zu Recht ab.[930]

So lässt sich ein Leitbildcharakter entgegen *Terno* nicht damit begründen, dass es sich bei der Gewährung von Abwehrrechtsschutz sowie der Freistellung von begründeten Schadensersatzforderungen um „gleichrangige Hauptleistungspflichten des Versicherers“ handelt und § 101 Abs. 2 S. 1 VVG daher sicherstellt, dass der

926 Statt vieler nur BGH, Urt. v. 17.02.1964 – II ZR 98/62, NJW 1964, 1123; BGH, Urt. v. 04.06.1970 – VII ZR 187/68, NJW 1970, 1596, 1598; BGH, Urt. v. 25.06.1991 – XI ZR 257/90, NJW 1991, 2414, 2415.

927 BGH, Urt. v. 04.06.1970 – VII ZR 187/68, NJW 1970, 1596, 1598.

928 Statt vieler nur BGH, Urt. v. 17.02.1964 – II ZR 98/62, NJW 1964, 1123; BGH, Urt. v. 04.06.1970 – VII ZR 187/68, NJW 1970, 1596, 1598; BGH, Urt. v. 25.06.1991 – XI ZR 257/90, NJW 1991, 2414, 2415.

929 OLG Frankfurt, Urt. v. 09.06.2011 – 7 U 127/09, VersR 2012, 432, 434; *Fiedler*, PHi 2013, 94, 96; Prölss/Martin/*Lücke*, VVG, § 101 Rn. 33; *Säcker*, VersR 2005, 10, 14 f.; Rüffer/Halbach/Schimikowski/*Schimikowski*, VVG, § 101 Rn. 4; *Schimikowski*, VersR 2005, 861, 864, 865; *Terno*, r+s 2013, 577, 579 f.; Prölss/Martin/*Voit*, VVG, AVB-AVG Ziff. 4.3 Rn. 7; wohl auch Bruck/Möller/*Baumann*, VVG, AVB-AVG 2011/2013 Ziff. 4 Rn. 31 f.; Bruck/Möl-ler/*Koch*, VVG, § 101 Rn. 69 f.; offen lassend Beckmann/Matusche-Beckmann/*Beckmann/Matusche-Beckmann*, VersR, § 28 Rn. 91; FAKomm/*Staudinger/Richters*, VersR, D&O Rn. 130.

930 Wie hier *O. Lange*, D&O-Versicherung und Managerhaftung, S. 719; *Langheid/Grote*, VersR 2005, 1165, 1175; *Langheid/Müller-Frank*, NJW 2012, 2324, 2325; MAH/*Sieg*, VersR, § 17 Rn. 138; wohl auch *Hemeling*, in: FS Hoffmann-Becking, 2013, 491, 503.

versicherungsvertragliche Deckungsanspruch nicht vollständig leer läuft.[931] Obwohl zuzugeben ist, dass die für die Freistellungsverpflichtung zur Verfügung stehende Versicherungssumme bei einem Anrechnen der Abwehrkosten unter Umständen vollständig aufgezehrt wird,[932] handelt sich bei der Abwehr- und Freistellungspflicht des D&O-Versicherers gerade nicht um gegensätzliche Verpflichtungen, sondern um zwei Bestandteile eines einheitlichen Anspruchs.[933] Bilden Freihaltung und Anspruchsabwehr somit zwei Ausprägungen ein und derselben Leistungspflicht, läuft der Deckungsanspruch der versicherten Organmitglieder durch die Kostenanrechnungsklausel entgegen *Terno* aber nicht leer.[934] Denn selbst bei einem vollständigen Aufzehren der Versicherungssumme durch die Abwehrkosten bleibt die Rechtsschutzkomponente der Leistungspflicht bestehen.

Auch die Ansicht *Säckers,* der als Leitbild des § 101 Abs. 2 S. 1 VVG auf die Kostentragungspflicht der unterliegenden Partei als Ausprägung der prozessualen Waffengleichheit abstellt, kann nicht überzeugen.[935] Die Annahme, eine Kostenanrechnungsklausel in den AVB eines D&O-Versicherers bewirke, dass die im Haftpflichtprozess obsiegende versicherte Person „mit den Kosten der erfolgreichen Rechtsdurchsetzung bestraft werde[n]“,[936] ist vor dem Hintergrund des § 91 Abs. 1 S. 1 ZPO nur schwer nachvollziehbar. Nach dieser Regelung hat die Gesellschaft – und gerade nicht das in Anspruch genommene Vorstandsmitglied – bei einem Unterliegen im Prozess die Gerichts- und gegnerischen Anwaltskosten zu tragen. Daneben wirkt sich die Anrechnung der nicht über § 91 Abs. 1 S. 1 ZPO zu erstattenden Kosten für das in Regress genommene Organ nicht nachteilig aus. Wird das Vorstandsmitglied im Haftpflichtprozess nicht zum Schadensersatz nach § 93 Abs. 2 S. 1 AktG verurteilt und obsiegt damit gegenüber der Gesellschaft, muss der D&O-Versicherer ihn schließlich von keiner Ersatzpflicht freistellen, sodass sich die eingangs beschriebene Problematik in dieser Situation gar nicht stellt.

Darüber hinaus ist der Ansatz abzulehnen, zur Begründung eines Leitbildes des § 101 Abs. 2 S. 1 VVG auf § 83 Abs. 3 VVG zu rekurrieren.[937] Nach dieser Vorschrift sind Aufwendungen des Versicherungsnehmers, die er gemäß den Weisungen des

---

931 *Terno,* r+s 2013, 577, 579 f.; in diese Richtung auch Prölss/Martin/*Lücke,* VVG, § 101 Rn. 33; *Schimikowski,* VersR 2005, 861, 862; Prölss/Martin/*Voit,* VVG, AVB-AVG Ziff. 4.3 Rn. 7.

932 Hierzu bereits unter C. III. 1. b) aa).

933 BGH, Urt. v. 21.05.2003 – IV ZR 209/02, NJW 2003, 2376; *Fehre/Hardt,* PHi 2013, 74, 78; *Kassing/Richters,* VersR 2015, 293, 295; *O. Lange,* VersR 2014, 1413; *O. Lange,* D&O-Versicherung und Managerhaftung, S. 720; *Langheid,* in: GS Hübner, 2012, 137, 145; *Langheid/Müller-Frank,* NJW 2012, 2324, 2325; *Werber,* VersR 2014, 1159, 1162.

934 *O. Lange,* D&O-Versicherung und Managerhaftung, S. 720.

935 *Säcker,* VersR 2005, 10, 14 f.

936 *Säcker,* a.a.O, 15.

937 So aber Rüffer/Halbach/Schimikowski/*Schimikowski,* VVG, § 101 Rn. 4; *Schimikowski,* VersR 2005, 861, 864 f.; unklar Bruck/Möller/*Koch,* VVG, § 101 Rn. 69 f.,

Versicherers macht, auch insoweit zu erstatten, als sie zusammen mit der sonstigen Entschädigung die Versicherungssumme übersteigen. Wegen des mit § 101 Abs. 2 S. 1 AktG vergleichbaren Regelungsinhalts liegt es auf den ersten Blick zwar nahe, dem VVG den allgemeinen Gerechtigkeitsgedanken zu entnehmen, dass auf Weisung bzw. Veranlassung des Versicherers zurückzuführende Kosten in jedem Fall von diesem zu tragen sind.[938] Bei näherer Betrachtung bestehen zwischen § 101 Abs. 2 S. 1 VVG und § 83 Abs. 3 VVG jedoch erhebliche Unterschiede, die in ihrer Gesamtschau gegen ein solches Leitbild sprechen. Gemäß § 87 VVG ist § 83 Abs. 3 VVG halbzwingend ausgestaltet, weshalb Verstöße stets von § 307 Abs. 2 Nr. 1 BGB erfasst sind.[939] Demgegenüber lässt § 112 VVG eine Abweichung von § 101 Abs. 2 S. 1 VVG grundsätzlich zu.[940] Diese durch die VVG-Novelle vorgenommene Differenzierung verdeutlicht bereits, dass der Gesetzgeber der Kostenanrechnung in der Haftpflichtversicherung eine geringere Bedeutung als in der Schadensversicherung zuschreibt. Hätte er § 101 Abs. 2 S. 1 VVG AVB-fest ausgestalten wollen, hätte es außerdem nahe gelegen, im Zuge der VVG-Reform im Jahr 2008 genau wie in § 108 Abs. 2 VVG zu regeln, dass eine Abweichung in AVB stets unwirksam ist. Eine derartige Regelung ist aber nicht erfolgt. Ein weiterer Unterschied zwischen der Schadens- und Haftpflichtversicherung liegt darin, dass der Versicherer, der nach § 83 Abs. 3 VVG konkrete Weisungen zur Schadensminderung erteilt, die daraus resultierenden Kosten üblicherweise abschätzen kann, während im Zeitpunkt der Entscheidung für die Abwehrdeckung in der D&O-Versicherung nicht prognostizierbar ist, auf welche Höhe sich die Rechtsverteidigungskosten letztlich belaufen werden.[941] Entscheidend gegen ein auf §§ 83 Abs. 3, 101 Abs. 2 S. 1 VVG beruhendes Leitbild mit dem Inhalt, dass auf Veranlassung des Versicherers entstandene Kosten stets von diesem zu tragen sind, spricht letztlich auch, dass bei der (D&O-)Haftpflichtversicherung aufgrund der Rechtsschutzfunktion des § 100 VVG notwendigerweise Abwehrkosten entstehen. Bei der allgemeinen Schadensversicherung besteht dieser Automatismus hingegen nicht.

Angesichts der oben stehenden Überlegungen lässt sich § 101 Abs. 2 S. 1 VVG damit kein Leitbild entnehmen, weshalb die Regelung als reine Zweckmäßigkeitserwägung zur Verteilung der Abwehrkosten anzusehen ist. Eine an Ziff. 4.3 Abs. 1 AVB-AVG 2016 angelehnte Kostenanrechnungsklausel weicht daher nicht

---

der § 101 Abs. 2 S. 1 VVG einerseits Leitbildcharakter zuspricht, andererseits aber die Unterschiede zu § 83 Abs. 3 VVG herausstellt.

938 Siehe die Nachweise in Fn. 936.

939 Vgl. zu Verstößen gegen halbzwingende Vorschriften BGH, Urt. v. 28.06.1995 – IV ZR 19/94, NJW 1995, 2710, 2712; BGH, Urt. v. 12.10.2011 – IV ZR 199/10, VersR 2011, 1550, 1551; Prölss/Martin/*Armbrüster*, VVG, Einl. Rn. 109.

940 Hierauf hinweisend auch Bruck/Möller/*Koch*, VVG, § 101 Rn. 70; *Werber*, VersR 2014, 1159, 1162.

941 Ähnlich Bruck/Möller/*Koch*, VVG, § 101 Rn. 70; zur fehlenden Prognostizierbarkeit der Abwehrkosten auch *Terno*, r+s 2013, 577, 578; *Werber*, VersR 2014, 1159, 1160.

von wesentlichen Grundgedanken einer gesetzlichen Regelung ab und ist mithin nicht nach § 307 Abs. 1 S. 1, Abs. 2 Nr. 1 BGB unwirksam.

iii. Keine Unwirksamkeit nach § 307 Abs. 1 S. 1 BGB

Eine Unwirksamkeit der Kostenanrechnungsklausel könnte sich jedoch aus der Generalklausel des § 307 Abs. 1 S. 1 BGB wegen unangemessener Benachteiligung der versicherten Organmitglieder ergeben.[942] Um dies zu beurteilen, hat eine Abwägung der Interessen des D&O-Versicherers an der Verwendung der Klausel mit dem Bedürfnis der versicherten Personen an der Beibehaltung der gesetzlichen Regelung zu erfolgen.[943] Dafür sind die Auswirkungen der Kostenanrechnungsklausel im Lichte des Vertrags in seiner Gesamtheit zu bewerten,[944] wobei Nachteile für die versicherten Organmitglieder durch gegebenenfalls in den AVB enthaltene vorteilhafte Regelungen kompensiert werden können.[945] Hinsichtlich der erforderlichen Abwägung liegt dabei zunächst das Interesse der versicherten Organmitglieder auf der Hand, neben einer vollständigen Erstattung der Rechtsverteidigungskosten auch in voller Höhe von begründeten Schadensersatzforderungen freigestellt zu werden. Dem steht das Interesse des Versicherers gegenüber, durch die Verwendung der Kostenanrechnungsklausel nur bis zu der vereinbarten Deckungssumme Versicherungsschutz leisten zu müssen.

Während einzelne Vertreter der Literatur die Abweichung von § 101 Abs. 2 S. 1 VVG nicht durch überwiegende Belange des Versicherers als gerechtfertigt ansehen,[946] hält die wohl herrschende Ansicht eine an Ziff. 4.3 Abs. 1 S. 2 AVB-AVG 2016 orientierte Anrechnungsklausel unter Berücksichtigung der Besonderheiten der D&O-Versicherung in der Gesamtschau zu Recht für angemessen.[947] Gegen die Angemessenheit einer solchen Kostenanrechnungsklausel streitet zugegebenermaßen, dass hierdurch das Risiko einer Fehlentscheidung des Versicherers zumindest

---

942 Bei der Prüfung sind sowohl die Interessen des Versicherungsnehmers sondern als auch die Interessen derjenigen Personen zu berücksichtigen, die aus dem Versicherungsvertrag unmittelbar berechtigt sind, hierzu statt vieler nur BGH, Urt. v. 28.03.2001 – IV ZR 19/00, NJW 2001, 1934, 1935; Prölss/Martin/*Armbrüster*, VVG, Einl. Rn. 113 (jeweils m.w.N.).

943 Vgl. BGH, Urt. v. 17.01.2008 – III ZR 74/07, NJW 2008, 1064, 1065; Palandt/*Grüneberg*, BGB, § 307 Rn. 12; MüKo/*Wurmnest*, BGB, § 307 Rn. 33.

944 Vgl. BGH, Urt. v. 29.11.2002 – V ZR 105/02, NJW 2003, 888, 890 f.; Palandt/*Grüneberg*, BGB, § 307 Rn. 13; MüKo/*Wurmnest*, BGB, § 307 Rn. 34 (jeweils m.w.N.).

945 Vgl. Palandt/*Grüneberg*, BGB, § 307 Rn. 14; MüKo/*Wurmnest*, BGB, § 307 Rn. 36.

946 *Terno*, r+s 2013, 577, 581 f.; Prölss/Martin/*Voit*, VVG, AVB-AVG Ziff. 4.3 Rn. 7; wohl auch Bruck/Möller/*Baumann*, VVG, AVB-AVG 2011/2013 Ziff. 4 Rn. 32.

947 *Fiedler*, PHi 2013, 94, 101 ff.; *Ihlas*, D&O, S. 435 ff.; Bruck/Möller/*Koch*, VVG, § 101 Rn. 72 ff.; *O. Lange*, D&O-Versicherung und Managerhaftung, S. 720 ff.; MAH/*Sieg*, VersR, § 17 Rn. 138; *Werber*, VersR 2014, 1159, 1163 ff.

teilweise auf die versicherten Personen abgewälzt wird.[948] Schließlich lässt sich nicht ausschließen, dass der Versicherer zunächst die Alternative der Anspruchsabwehr wählt, sich der Schadensersatzanspruch später jedoch als begründet erweist und bei Verurteilung des in Regress genommenen Vorstandsmitglieds die Versicherungssumme zu weiten Teilen oder vollständig aufgebraucht ist. Allerdings kann der Versicherer bei den in der Praxis anzutreffenden, in tatsächlicher und rechtlicher Hinsicht mitunter hoch komplexen D&O-Haftungsfällen im Vorfeld kaum absehen, ob Rechtsschutz oder Freistellung gewährt werden sollte.[949] In diesem Zusammenhang sei angemerkt, dass die bereits angesprochene Vorgehensweise der D&O-Versicherer, sich bei Eintritt des Versicherungsfalls erst für die Anspruchsabwehr zu entscheiden, nicht darauf beruht, die Versicherungssumme zu Lasten der versicherten Personen zu schmälern, um bei späterer Feststellung der Schadensersatzpflicht keine Freistellung mehr leisten zu müssen.[950] Denn der Versicherer, der sich bei offensichtlich begründeten Schadensersatzforderungen für eine Anspruchsabwehr entscheidet, ist seinerseits zum Ersatz des daraus entstandenen Schadens verpflichtet.[951] Die primäre Gewährung von Abwehrrechtsschutz in D&O-Haftungsfällen beruht vielmehr auf der Erwägung, unbegründete Ansprüche nicht voreilig zu befriedigen und auf eine vergleichsweise Einigung der Beteiligten hinzuwirken.

Gegen eine unangemessene Benachteiligung der versicherten Organmitglieder spricht zudem, dass das Risiko eines Aufzehrens der Deckungssumme durch die Abwehrkosten dadurch gemindert wird, dass nach den am Markt verwendeten AVB häufig die Möglichkeit besteht, die Deckungssumme gegen die Zahlung eines Prämienzuschlags wieder vollständig aufzufüllen und von dem Versicherer bei dem Verbrauch der Versicherungssumme oftmals zusätzliche Abwehrkostenlimits in Millionenhöhe bereitgestellt werden.[952] Auch wird der Nachteil des (teilweisen) Verbrauchs der Deckungssumme durch die Rechtsverteidigungskosten durch den Vorteil der versicherten Organmitglieder kompensiert, von den Abwehrkosten unabhängig vom Ausgang des Haftungsprozesses vollständig freigehalten zu werden.[953] So sind von dem Versicherer nicht nur bei einem Unterliegen der versicherten Personen im Haftungsprozess die gesamten Rechtsverteidigungskosten zu tragen, sondern auch bei einem Obsiegen gegenüber der klagenden Gesellschaft bleiben – wie

948 *Terno*, r+s 2013, 577, 581; einräumend *O. Lange*, D&O-Versicherung und Managerhaftung S. 720; strenger *Fiedler*, PHi 2013, 94, 96, der in dem Schutz der versicherten Personen vor einer fehlerhaften Ausübung des Wahlrechts das Leitbild des § 101 Abs. 2 S. 1 VVG sieht.

949 *Werber*, VersR 2014, 1159, 1162.

950 In diese Richtung aber *Terno*, r+s 2013, 577, 581.

951 Bruck/Möller/*Koch*, VVG, § 101 Rn. 74 f; noch strenger Prölss/Martin/*Lücke*, VVG, § 100 Rn. 2, wonach dem Versicherer kein Erfüllungswahlrecht zusteht und er bei einer Fehlentscheidung stets zum Schadensersatz verpflichtet ist.

952 Hierauf hinweisend auch *O. Lange*, D&O-Versicherung und Managerhaftung, S. 721.

953 Deutlich *O. Lange*, a.a.O., S. 721.

von *Lange* treffend formuliert – „stets Kosten am Versicherer hängen".[954] Denn über § 91 Abs. 1 S. 1 ZPO werden die für die Anspruchsabwehr angefallenen Anwaltskosten nur auf RVG-Basis von der unterliegenden Gesellschaft erstattet. Da den versicherten Personen mit Blick auf die üblicherweise verwendeten AVB aber gestattet ist, in Absprache mit dem Versicherer Rechtsanwälte auf Grundlage einer Honorarvereinbarung zu mandatieren, wird der Versicherer bei einem erfolgreichen Prozessausgang mit den die RVG-Gebühr übersteigenden Stundenhonoraren belastet, die die zur Verteidigung des versicherten Organmitglieds beauftragten Rechtsanwälte in Rechnung stellen.[955] Diese Belastung rechtfertigt zugleich das Interesse des D&O-Versicherers, sein Kostenrisiko für jede Versicherungsperiode durch die Anrechnungsklausel auf den im Versicherungsschein festgelegten Betrag zu begrenzen.[956] Dies gilt umso mehr, als die Höhe der Abwehrkosten für den Versicherer ebenfalls kaum zu prognostizieren ist.[957] An dieser Stelle sei nochmals darauf hingewiesen, dass die mit der Anspruchsabwehr beauftragten Rechtanwälte im Regelfall nicht streitwertabhängig nach RVG, sondern auf Stundenbasis vergütet werden und oftmals mehrere (ehemalige) Organmitglieder mit jeweils eigenen Anwälten von der geschädigten Gesellschaft in Anspruch genommen werden.[958] Unter Berücksichtigung dieses Prognoserisikos streitet für eine Angemessenheit der Kostenanrechnungsklausel letztlich auch, dass dem Versicherer nur durch eine Limitierung des zu leistenden Deckungsschutzes eine angemessene Prämienkalkulation möglich ist.[959] Dabei kann zwar das Argument, dass durch eine Begrenzung der Leistungspflicht des D&O-Versicherers geringere Prämien ermöglicht werden, nicht für die Angemessenheit einer Klausel ins Feld geführt werden.[960] Vorliegend geht es aber darum, dass die quantitative Beschränkung der Leistungspflicht bereits für die Berechnung der Versicherungsprämie erforderlich ist. Dass die vernünftige Prämienkalkulation als Interesse des D&O-Versicherers im Rahmen der Inhaltskontrolle

---

954 *O. Lange*, a.a.O., S. 720.

955 Ähnlich *Fiedler*, PHi 2013, 94, 103; MüKo/*Ihlas*, VVG, D&O Rn. 530; *Ihlas*, D&O, S. 436; *O. Lange*, D&O-Versicherung und Managerhaftung S. 720; insofern kritisch *Terno*, r+s 2013, 577, 582.

956 Deutlich *O. Lange*, D&O-Versicherung und Managerhaftung, S. 720.

957 Bruck/Möller/*Koch*, VVG, § 101 Rn. 72; einräumend *Terno*, r+s 2013, 577, 582, wonach das Prognoserisiko aber bei der Prämienkalkulation einzupreisen ist.

958 Hierauf hinweisend auch *Fiedler*, PHi 2013, 94, 98; Bruck/Möller/*Koch*, VVG, § 101 Rn. 73; a.A. Bruck/Möller/*Baumann*, VVG, AVB-AVG 2011/2013 Ziff. 4 Rn. 32.

959 Bruck/Möller/*Koch*, VVG, § 101 Rn. 72 f.; MAH/*Sieg*, VersR, § 17 Rn. 138; *Werber*, VersR 2014, 1159, 1164.

960 Statt vieler nur BGH, Urt. v. 16.11.1992 – II ZR 184/91, NJW 1992, 2442, 2444; Palandt/*Grüneberg*, BGB, § 307 Rn. 18; MüKo/*Wurmnest*, BGB, § 307 Rn. 44 (jeweils m.w.N.); auf diese Rspr. hinweisend auch *Fiedler*, PHi 2013, 94, 97; *Terno*, r+s 2013, 577, 582.

Berücksichtigung finden kann, hat bereits das OLG München in Bezug auf das *claims-made-Prinzip* entschieden.[961]

In der Gesamtschau der AVB sowie im Lichte der Besonderheiten der D&O-Versicherung ergibt sich damit, dass die versicherten Organmitglieder durch eine an Ziff. 4.3 Abs. 1 S. 2 AVB-AVG 2016 angelehnte Kostenanrechnungsklausel auch nicht im Sinne von § 307 Abs. 1 S. 1 BGB unangemessen benachteiligt werden.

(3) Kein Verstoß gegen das Transparenzgebot

Eine Kostenanrechnungsklausel, die Ziff. 4.3 Abs. 1 S. 2 AVB-AVG 2016 entspricht, verstößt schlussendlich nicht gegen das Transparenzgebot des § 307 Abs. 1 S. 2 BGB. Nach dieser Regelung kann sich eine unangemessene Benachteiligung auch daraus ergeben, dass die zu prüfende Bestimmung nicht klar und verständlich gefasst ist. Nach ständiger Rechtsprechung des BGH müssen daher insbesondere die wirtschaftlichen Nachteile und Belastungen, die sich als Folge der zu untersuchenden Klausel ergeben, insoweit erkennbar sein, wie dies nach den jeweiligen Umständen gefordert werden kann.[962] Diesen Transparenzanforderungen wird Ziff. 4.3 Abs. 1 S. 2 AVB-AVG 2016 gerecht.[963] So ist der Klausel nicht nur zu entnehmen, dass lediglich die Kosten aus der gerichtlichen und außergerichtlichen Abwehr von Ersatzansprüchen im Haftungsverhältnis auf die Deckungssumme angerechnet werden, sondern durch den Klammerzusatz, der insbesondere auf die Anwalts-, Sachverständigen-, Zeugen- und Gerichtskosten verweist, ist auch klar erkennbar, welche Aufwendungen des Versicherers hiervon erfasst sind.[964] Aus der Zusammenschau mit Ziff. 4.3 Abs. 1 S. 1 AVB-AVG 2016 ergibt sich überdies, dass die bereitgestellte Deckungssumme durch die Abwehrkosten unter Umständen vollständig aufgezehrt wird.[965] Nach dieser Regelung ist der Umfang der Leistung des Versicherers für jeden Versicherungsfall und für alle während eines Versicherungsjahres eingetretenen Versicherungsfälle zusammen auf die im Versicherungsschein angegebene Versicherungssumme begrenzt.

Das Urteil des OLG Frankfurt a.M., das in Bezug auf eine Kostenanrechnungsklausel in den AVB eines D&O-Versicherers im Anschluss an *Säcker*[966] die Intransparenz der streitentscheidenden Klausel festgestellt hat,[967] kann demnach nicht

---

961 OLG München, Urt. v. 08.05.2009 – 25 U 5136/08, NZG 2009, 714, 716.

962 Statt vieler nur BGH, Urt. v. 08.10.1997 – IV ZR 220/96, NJW 1998, 454, 456; BGH, Urt. v. 16.09.2009 – IV ZR 246/08, VersR 2009, 1659, 1661; BGH, Urt. v. 11.07.2012 – IV ZR 164/11, VersR 2012, 1237, 1240.

963 So auch MüKo/*Ihlas*, VVG, D&O Rn. 525 f.; *Ihlas*, D&O, S. 434; Bruck/Möller/*Koch*, VVG, § 101 Rn. 69; van Bühren/*Lenz*, Hdb VersR, § 25 Rn. 130; *Schimikowski*, VersR 2005, 861, 865; FAKomm/*Staudinger/Richters*, VersR, D&O Rn. 130; *Terno*, r+s 2013, 577, 578.

964 So auch *Terno*, a.a.O., 578.

965 Prägnant *Terno*, a.a.O., 578; ähnlich *Schimikowski*, VersR 2005, 861, 865.

966 *Säcker*, VersR 2005, 10, 14.

967 OLG Frankfurt, Urt. v. 09.06.2011 – 7 U 127/09, VersR 2012, 432, 434.

überzeugen.[968] Insbesondere der Vorwurf, dass durch die Anrechnungsregelung unklar bleibe, ob auch Aufwendungen des Versicherers im Deckungsprozess anzurechnen seien,[969] trifft angesichts des in dieser Hinsicht klaren Wortlauts von Ziff. 4.3 Abs. 2 S. 2 AVB-AVG 2016 auf eine hieran angelehnte Klausel nicht zu.[970] Auch die Bedenken, es sei den Versicherten nicht möglich, die Höhe der potentiell anzurechnenden Kosten abzuschätzen,[971] führen nicht zu einer Unwirksamkeit der Kostenanrechnungsklausel. Denn das Postulat klarer und verständlicher Klauseln nach § 307 Abs. 1 S. 2 BGB ist nicht absolut zu verstehen. Um die Transparenzanforderungen nicht zu überspannen, ist der Verwender von AGB vielmehr nur verpflichtet, die Bedingungen so klar und verständlich zu formulieren, wie es ihm möglich ist.[972] Zu welchem konkreten Betrag sich die Abwehrkosten im Einzelfall summieren, kann der Versicherer selbst aber genauso wenig prognostizieren, wie die Versicherungsnehmerin oder die versicherten Organe.[973] Schließlich greift auch die Kritik, die Versicherungsnehmerin wisse bei einer Gültigkeit der Klausel nicht, welchen Betrag sie von dem Versicherer einklagen könne,[974] nicht durch. Hiergegen ist schon einzuwenden, dass der Deckungsprozess nicht zwischen der Gesellschaft und dem Versicherer stattfindet, sondern von den versicherten Personen betrieben wird. Darüber hinaus steht die Höhe der im Haftungsprozess entstandenen Abwehrkosten im nachgelagerten Deckungsprozess bereits fest, sodass die von *Säcker* kritisierte Unklarheit nicht besteht.[975]

---

968 Wie hier *Hemeling*, in: FS Hoffmann-Becking, 2013, 491, 503; MüKo/*Ihlas*, VVG, D&O Rn. 525 f.; *Ihlas*, D&O, S. 434; *O. Lange*, D&O-Versicherung und Managerhaftung, S. 723; Bruck/Möller/*Koch*, VVG, § 101 Rn. 69; *Terno*, r+s 2013, 577, 578; tendenziell a.A. Beckmann/Matusche-Beckmann/*Beckmann/Matusche-Beckmann*, VersR, § 28 Rn. 91.

969 OLG Frankfurt, Urt. v. 09.06.2011 – 7 U 127/09, VersR 2012, 432, 434.

970 *Werber*, VersR 2014, 1159, 1160; zutreffend weisen auch *Fehre/Hardt*, PHi 2013, 74, 78; *Hemeling*, in: FS Hoffmann-Becking, 2013, 491, 503; *O. Lange*, D&O-Versicherung und Managerhaftung, S. 722; *Langheid*, in: GS Hübner, 2012, 137, 144 f.; *Langheid*, VW 2012, 1768, 1771 darauf hin, dass die zur Wahrung der Interessen des Versicherers im Deckungsprozess aufgewendeten Kosten nicht zu den versicherten Leistungen gehören.

971 OLG Frankfurt, Urt. v. 09.06.2011 – 7 U 127/09, VersR 2012, 432 434; *Säcker*, VersR 2005, 10, 14; sympathisierend Beckmann/Matusche-Beckmann/*Beckmann/Matusche-Beckmann*, VersR, § 28 Rn. 91.

972 BGH, Urt. v. 10.07.1990 – XI ZR 275/89, NJW 1990, 2382, 2384; BGH, Urt. v. 03.06.1998 – VIII ZR 317/97, NJW 1998, 3114, 3116.

973 So auch *Terno*, r+s 2013, 577, 578; *Werber*, VersR 2014, 1159, 1160.

974 *Säcker*, VersR 2005, 10, 14.

975 *O. Lange*, D&O-Versicherung und Managerhaftung, S. 723.

dd) *Zwischenergebnis*

Als Zwischenergebnis ist damit festzuhalten, dass eine an Ziff. 4.3 Abs. 1 S. 2 AVB-AVG 2016 angelehnte Kostenanrechnungsklausel in den AVB eines D&O-Versicherers einer AGB-Kontrolle standhält. Infolgedessen wird die Deckungssumme unter Umständen durch die Abwehrkosten erheblich gemindert und im Extremfall vollständig aufgezehrt, wodurch wiederum der über die D&O-Versicherung zu erreichende Schutz erhebliche Grenzen erfährt.

d) *Verpflichtender Selbstbehalt gemäß § 93 Abs. 2 S. 3 AktG*

Durch § 93 Abs. 2 S. 3 AktG wird der Versicherungsschutz der Vorstandsmitglieder nochmals limitiert. Danach ist ein Selbstbehalt von mindestens 10 % des Schadens bis mindestens zur Höhe des Eineinhalbfachen der festen jährlichen Vergütung der Vorstandsmitglieder vorzusehen, wenn die Gesellschaft eine Versicherung zur Absicherung eines Vorstands gegen Risiken aus dessen beruflicher Tätigkeit für die Gesellschaft abschließt. Nach dem Wortlaut des § 93 Abs. 2 S. 3 AktG, der sich auf den Schaden bezieht, gilt der Selbstbehalt nach zutreffender Ansicht nur bei der Freistellung der versicherten Vorstandsmitglieder von begründeten Schadensersatzforderungen.[976] Auf die Anspruchsabwehr findet der Selbstbehalt somit keine Anwendung, worauf in den am Markt erhältlichen AVB in Anlehnung an Ziff. 4.3 Abs. 6 AVB-AVG 2016 üblicherweise deklaratorisch hingewiesen wird.[977] Die Versicherung des Selbstbehaltes ist nach vorzugswürdiger Ansicht zulässig.[978] Dies folgt bereits aus dem Umkehrschluss, dass der Gesetzgeber die von *Thüsing* im Gesetzgebungsverfahren deutlich gemachte Gefahr der Umgehung des verpflichtenden Selbstbehalts[979] nicht durch ein Versicherungsverbot in § 93 Abs. 2 S. 3 AktG

976 Für die wohl h.M. Spindler/Stilz/*Fleischer*, AktG, § 93 Rn. 245; *Hoffmann-Becking/Krieger*, NZG-Beil. 2009, 1, 6; MüKo/*Ihlas*, VVG, D&O Rn. 503; *Kerst*, WM 2010, 594, 601; *O. Lange*, D&O-Versicherung und Managerhaftung, S. 763; *O. Lange*, VersR 2009, 1011, 1020; *Olbrich/Kassing*, BB 2009, 1659, 1160; *Schenk*, NZG 2015, 494, 498; Prölss/Martin/*Voit*, VVG, AVB-AVG Ziff. 4.3 Rn. 10; differenzierend *R. Koch*, AG 2009, 637, 644; a.A. *van Kann*, NZG 2009, 1010, 1012.

977 *O. Lange*, D&O-Versicherung und Managerhaftung, S. 763.

978 Für die wohl h.M. Bruck/Möller/*Baumann*, VVG, AVB-AVG 2011/2013 Ziff. 4 Rn. 59; *Bosse*, BB 2009, 1650, 1652; *Dauner-Lieb/Tettinger*, ZIP 2009, 1555, 1557; *Fiedler*, MDR 2009, 1077, 1081; Spindler/Stilz/*Fleischer*, AktG, § 93 Rn. 254; *Hoffmann-Becking/Krieger*, NZG-Beil. 2009, 1, 7; *Hohenstatt*, ZIP 2009, 1349, 1354; Hölters/*Hölters*, AktG, § 93 Rn. 406; *O. Lange*, r+s 2010, 92, 93; *O. Lange*, D&O-Versicherung und Managerhaftung, S. 776 ff.; *Schenk*, NZG 2015, 494, 498; MüKo/*Spindler*, AktG, § 93 Rn. 205; *Thüsing*, AG 2009, 517, 527; Prölss/Martin/*Voit*, VVG, AVB-AVG Ziff. 43 Rn. 13; a.A. *R. Koch*, AG 2009, 637, 645 f.

979 *Thüsing*, Stellungnahme zum Entwurf eines Gesetzes zur Angemessenheit der Vorstandsvergütung, S. 14.

aufgegriffen hat.[980] Daher ist der Abschluss einer D&O-Selbstbehaltsversicherung in der Praxis mittlerweile weit verbreitet[981] und der Vorstand wird unter Umständen auch von dieser Belastung freigestellt. Hat das von der Gesellschaft in Regress genommene Vorstandsmitglied allerdings keine Selbstbehaltsversicherung abgeschlossen oder ist der Selbstbehalts-Versicherer wegen des Eingreifens von Ausschlussgründen nicht zur Deckung verpflichtet, ist der Vorstand bei einer Verurteilung zum Schadensersatz nach § 93 Abs. 2 S. 1 AktG mit einem Selbstbehalt belastet, der sich angesichts der potentiell zu erstattenden Ersatzbeträge ebenfalls auf mehrere Millionen Euro belaufen kann. Insofern mag zwar eingewendet werden, dass der Selbstbehalt nach der gesetzlichen Regelung auf das Eineinhalbfache der festen jährlichen Vergütung der Vorstandsmitglieder beschränkt ist und deshalb für sich genommen die wirtschaftliche Leistungsfähigkeit der regresspflichtigen Geschäftsleiter nicht übersteigen wird. Hierbei handelt es sich jedoch lediglich um eine Untergrenze,[982] weshalb der in den einzelnen D&O-AVB vereinbarte Selbstbehalt auch weitaus höher ausfallen kann.

2. Weitreichende Risikoausschlüsse

Neben der quantitativen Begrenzung des Versicherungsschutzes ergibt sich auch aus den üblicherweise in den Versicherungsbedingungen enthaltenen Risikoausschlüssen, dass der Abschluss einer D&O-Police die Vorstandsmitglieder nicht in jedem Fall vor einer existenzvernichtenden Innenhaftung bewahrt. Denn greift einer der Ausschlussgründe, ist der Versicherer vollständig von seiner Leistungspflicht befreit. Trotz der Vielzahl der Ausschlusstatbestände, die in den Musterbedingungen des GDV geregelt sind,[983] enthalten die am Markt verwendeten D&O-AVB in der Regel standardmäßig nur drei verschiedene Deckungsausschlüsse,[984] die im Folgenden näher dargestellt werden.

a) Keine Deckung bei wissentlichen Pflichtverletzungen

Bereits nach § 103 VVG ist der Versicherer nicht zur Leistung verpflichtet, wenn der Versicherungsnehmer vorsätzlich oder widerrechtlich den bei dem Dritten

980 So insb. auch Henssler/Strohn/*Dauner-Lieb*, GesR, § 93 AktG Rn. 64; *Dauner-Lieb/Tettinger*, ZIP 2009, 1555, 1557; Spindler/Stilz/*Fleischer*, AktG, § 93 Rn. 254; *Thüsing*, AG 2009, 517, 527; Prölss/Martin/*Voit*, VVG, AVB-AVG Ziff. 4.3 Rn. 13.

981 *Beauregard/Gleich*, NJW 2013, 824, 829; *G. Wagner*, ZHR (178) 2014, 227, 235.

982 Statt vieler nur Hüffer/Koch/*Koch*, AktG, § 93 Rn. 59; aus diesem Grund lautet auch die Musterbedingung in Ziff. 4.3 Abs. 4 AVB-AVG-2016: „*Sofern kein höherer Selbstbehalt vereinbart ist, tragen die versicherten Personen im Versicherungsfall einen Selbstbehalt von...% des Schadens bis zur Höhe des ...-fachen der festen jährlichen Vergütung des Vorstandsmitglieds.*"

983 In Ziff. 5 AVB-AVG 2016 sind 18 verschiedene Ausschlusstatbestände aufgeführt.

984 Bruck/Möller/*Gädtke*, VVG, AVB-AVG 2011/2013 Ziff. 5 Rn. 3; *O. Lange*, D&O-Versicherung und Managerhaftung, S. 447; *Ruttmann*, VW 2015, 50.

entstandenen Schaden herbeigeführt hat. Eine ähnliche Regelung findet sich in Ziff. 5.1 AVB-AVG 2016, wonach Haftpflichtansprüche wegen vorsätzlicher Schadensverursachung oder durch wissentliches Abweichen von Gesetz, Vorschrift, Beschluss, Vollmacht oder Weisung oder durch sonstige Pflichtverletzung vom Versicherungsschutz ausgeschlossen sind. In Abweichung zu § 103 VVG[985] sowie der GDV-Musterbedingung hat sich in den D&O-AVB der Standard etabliert, den Deckungsschutz lediglich bei wissentlichen Pflichtverletzungen der versicherten Personen zu versagen.[986] Dieser Ausschlusstatbestand liegt vor, wenn das versicherte Organ die jeweilige Pflicht kannte und ihm deren Verletzung bewusst war.[987] Die Kenntnis der Schadenserfolge ist hingegen nicht erforderlich.[988] Ferner setzt der Deckungsausschluss der Wissentlichkeit direkten Vorsatz voraus.[989] Hat das in Anspruch genommene Organmitglied bei der Pflichtverletzung lediglich mit *dolus eventualis* gehandelt hat, ist dies somit für den Versicherungsschutz unschädlich.[990] Nach der jüngsten BGH-Rechtsprechung ist es für das Eingreifen des Risikoausschlusses allerdings ausreichend, wenn der Schaden neben einer wissentlichen Pflichtverletzung auch auf einer nicht wissentlichen Pflichtverletzung beruht.[991] Abgeschwächt wird der Ausschlusstatbestand zwar dadurch, dass der Versicherer für das Vorliegen der Wissentlichkeit die Darlegungs- und Beweislast trägt[992]

---

985 Zur AGB-rechtlichen Zulässigkeit der Abweichung von § 152 VGG a.F. BGH, Urt. v. 26.09.1990 – IV ZR 147/89, r+s 1991, 45.

986 *Dreher*, VersR 2015, 781, 782; Bruck/Möller/*Gädtke*, VVG, AVB-AVG 2011/2013 Ziff. 5 Rn. 32; MüKo/*Ihlas*, VVG, D&O Rn. 601; *O. Lange*, D&O-Versicherung und Managerhaftung, S. 451; *Thomas*, NZG 2015, 1409, 1417; zur AGB-rechtlichen Wirksamkeit dieser Klausel *Dilling*, Die Wirksamkeit der Risikoausschlüsse für wissentliche und vorsätzliche Pflichtverletzungen in der D&O-Versicherung, S. 81 ff.; *Schweitzer*, Zulässigkeit der Ausschlussklauseln für Vorsatz und wissentliches Handeln in der D&O-Versicherung, S. 135 ff.

987 BGH, Urt. v. 26.09.1990 – IV ZR 147/89, r+s 1991, 45; BGH, Urt. v. 17.12.1986 – IVa ZR 166/85, NJW-RR 1987, 472; Beckmann/Matusche-Beckmann/*Beckmann/Matusche-Beckmann*, VersR, § 28 Rn. 118; *Dreher*, VersR 2015, 781, 782; MüKo/*Ihlas*, VVG, D&O Rn. 601; *O. Lange*, DStR 2002, 1674, 1676; Prölss/Martin/*Voit*, VVG, AVB-AVG Ziff. 5.1 Rn. 2; *Vorrath*, VW 2006, 151.

988 BGH, Urt. v. 26.09.1990 – IV ZR 147/89, r+s 1991, 45; Bruck/Möller/*Gädtke*, VVG, AVB-AVG 2011/2013 Ziff. 5 Rn. 52; MüKo/*Ihlas*, VVG, D&O Rn. 601; *Ihlas*, D&O, S. 458 f.

989 *Dreher*, VersR 2015, 781 782; *Thomas*, NZG 2015, 1409, 1417.

990 BGH, Urt. v. 17.12.2014 – IV ZR 90/13, VersR 2015, 181, 182; BGH, Urt. v. 28.09.2005 – IV ZR 255/04, NJW 2006, 289, 291; BGH, Urt. v. 26.09.1990 – IV ZR 147/89, r+s 1991, 45, 46; *Dreher*, VersR 2015, 781, 782; MüKo/*Ihlas*, VVG, D&O Rn. 601; *Penner*, VersR 2005, 1359, 1360; *Seitz*, VersR 2007, 1476, 1477; *Thomas*, NZG 2015, 1409, 1417; Prölss/Martin/*Voit*, VVG, AVB-AVG Ziff. 5.1 Rn. 2.

991 BGH, Beschl. v. 27.05.2015 – IV ZR 322/14, VersR 2015, 1156.

992 BGH, Urt. v. 17.12.2014 – IV ZR 90/13, VersR 2015, 181, 182; Beckmann/Matusche-Beckmann/*Beckmann/Matusche-Beckmann*, VersR, § 28 Rn. 112; *Penner*, VersR

und sich im Deckungsprozess nicht auf die Bindungswirkung des Haftpflichturteils berufen kann. Da für die Feststellung der Schadensersatzpflicht nach § 93 Abs. 2 S. 1 AktG bereits leichte Fahrlässigkeit genügt,[993] ist im Deckungsprozess erneut zu prüfen, ob eine wissentliche Pflichtverletzung vorliegt.[994] Gleichwohl handelt es sich hierbei um den in der Praxis bedeutsamsten Risikoausschluss.[995]

b) Ausschluss von Auslandsschäden

Ein in den AVB der D&O-Versicherer ebenfalls weit verbreiteter Ausschlusstatbestand betrifft Auslandsschäden. So sind nach Ziff. 5.5 AVB-AVG 2016 Haftpflichtansprüche, die vor Gerichten außerhalb der EU geltend gemacht werden, nicht vom Versicherungsschutz umfasst. In der Praxis werden abweichend hiervon häufig nicht alle EU-Auslandsschäden ausgeschlossen, sondern lediglich diejenigen Schadensersatzansprüche ausgenommen, die entweder in den USA oder Kanada geltend gemacht werden oder auf dem materiellen Recht dieser Länder bzw. allgemein auf *Common Law* beruhen.[996] Vor dem Hintergrund der zunehmenden Globalisierung der Unternehmenstätigkeit und dem damit verbundenen Haftungsrisiko[997] kann sich auch dieser Deckungsausschluss als fatal erweisen.

c) Deckungsschutz beim Bußgeldregress?

Standardmäßig sind in den D&O-Versicherungsbedingungen überdies an Ziff. 5.11 AVB-AVG 2016 angelehnte Klauseln enthalten, wonach Haftpflichtansprüche wegen Vertragsstrafen, Kautionen, Bußgeldern und Entschädigungen mit Strafcharakter vom Versicherungsschutz ausgeschlossen sind. Wegen des hohen Risikos einer existenzvernichtenden Haftung bei einer Inanspruchnahme für der Gesellschaft auferlegten Geldbußen[998] stellt sich die Frage, wie weit dieser Ausschlusstatbestand reicht. Unstreitig sind hiervon zunächst Bußgelder erfasst, die gegenüber den versicherten Personen selbst verhängt wurden.[999] Da es sich hierbei schon um

---

2005, 1359, 1360; Prölss/Martin/*Voit,* VVG, AVB-AVG Ziff. 5.1 Rn. 4; *Vorrath,* VW 2006, 151, 152.

993 Hierzu bereits ausführlich unter B. I. 3.

994 Vgl. zur Reichweite der Bindungswirkung bei festgestellter Fahrlässigkeit im Haftpflichtprozess BGH, Urt. v. 24.01.2007 – IV ZR 208/03, NJW-RR 2007, 827, 828; BGH, Urt. v. 28.09.2005 – IV ZR 255/04, NJW 2006, 289, 291; BGH, Urt. v. 18.02.2004 – IV ZR 126/02, NJW-RR 2004, 676, 677.

995 *Ihlas,* D&O, S. 454; *O. Lange,* D&O-Versicherung und Managerhaftung, S. 451.

996 Beckmann/Matusche-Beckmann/*Beckmann/Matusche-Beckmann,* VersR, § 28 Rn. 122; *O. Lange,* D&O-Versicherung und Managerhaftung, S. 473; Prölss/Martin/*Voit,* VVG, AVB-AVG Ziff. 5.5 Rn. 9.

997 Hierzu bereits unter B. I. 1. b) bb) (1).

998 Hierzu bereits ausführlich unter B. I. 4. b) bb).

999 Deutlich *Hauger/Palzer,* ZGR 2015, 33, 63; *J. Koch,* in: Liber amicorum Winter, 2011, 327, 331; *O. Lange,* D&O-Versicherung und Managerhaftung, S. 478; *Thomas,* NZG

keinen Vermögensschaden handelt und daher der sachliche Anwendungsbereich der D&O-Versicherung gemäß Ziff. 1.1 Abs. 1 AVB-AVG 2016 nicht eröffnet ist, hat der Risikoausschluss insofern nur deklaratorischen Charakter.[1000]

Ob unter den Ausschlusstatbestand auch Geldbußen fallen, die dem Unternehmen auferlegt wurden und im Wege des Innenregresses als Schaden geltend gemacht werden, hängt hingegen vom genauen Wortlaut der Klausel ab. Ist in den jeweiligen AVB geregelt, dass der Versicherungsschutz bei Schadensersatzansprüchen *wegen*, *aufgrund*, *im Zusammenhang mit* oder *in Folge von* Bußgeldern entfällt, bezieht sich dies auch auf den Bußgeldregress.[1001] Ist der Wortlaut enger gefasst oder enthalten die Versicherungsbedingungen in Bezug auf Geldbußen keinen Deckungsausschluss, hat der D&O-Versicherer den in Anspruch genommenen Vorstandsmitgliedern demgegenüber Versicherungsschutz zu gewähren. Da die Inanspruchnahme für Unternehmensbußgelder nach § 93 Abs. 2 S. 1 AktG nach zutreffender Ansicht versicherbar ist,[1002] wirkt die Erstreckung des Ausschlusstatbestandes auf den Bußgeldinnenregress – anders als bei Bußgeldern, die den Vorstandsmitgliedern selbst auferlegten werden – stets konstitutiv.[1003] Gegenüber der Versicherbarkeit von Schadensersatzansprüchen, mit denen Geldbußen als Vermögenseinbuße geltend gemacht werden, kann insofern nicht eingewandt werden, dass

2015, 1409, 1416; *Werner*, CCZ 2010, 143, 147; Krieger/Schneider/*Wilsing*, Hdb Managerhaftung, § 31 Rn. 50.

1000 Beckmann/Matusche-Beckmann/*Beckmann/Matusche-Beckmann,* VersR, § 28 Rn. 131; MüKo/*Ihlas,* VVG, D&O Rn. 202, 796; *Ihlas*, D&O, S. 70 f., 548 f.; *Ruttmann*, Die Versicherbarkeit von Geldstrafen, Geldbußen, Strafschadensersatz und Regressansprüchen in der D&O-Versicherung, S. 50 f.; Prölss/Martin/*Voit,* VVG, AVB-AVG Ziff. 5.11 Rn. 15; FAKomm/*Stau-dinger/Richters,* VersR, D&O Rn. 44; zur Frage der Versicherbarkeit von dem Vorstand selbst auferlegten Bußgeldern ausführlich *Ruttmann*, Die Versicherbarkeit von Geldstrafen, Geldbußen, Strafschadensersatz und Regressansprüchen in der D&O-Versicherung, S. 53 ff.

1001 So auch *Binder/Kraayvanger*, BB 2015, 1219, 1229; *Blaurock*, in: FS Bornkamm, 2014, 107, 117; *J. Koch*, in: Liber amicorum Winter, 2011, 327, 331; *J. Koch*, AG 2012, 429, 432; *J. Koch*, AG 2014, 513, 519 f.; ähnlich *Ruttmann*, VW 2015, 50, 53; ohne Differenzierung nach dem Wortlaut der Klausel *Gaul*, AG 2015, 109, 111; *O. Lange*, D&O-Versicherung und Managerhaftung, S. 478; Prölss/Martin/*Voit,* VVG, AVB-AVG Ziff. 5.11 Rn. 15; a.A. *Seibt*, NZG 2015, 1097, 1102.

1002 *Armbrüster/Schilbach*, r+s 2016, 109, 113; *Binder/Kraayvanger*, BB 2015, 1219, 1229; *Blaurock*, in: FS Bornkamm, 2014, 107, 117 ff.; *Dreher*, VersR 2015, 781, 788 f.; Bruck/Möller/*Gädtke,* VVG, AVB-AVG 2011/2013 Ziff. 5 Rn. 124; *Hauger/Palzer*, ZGR 2015, 33, 64 f.; *U. Rust*, ZWeR 2015, 299, 314; *Ruttmann*, VW 2015, 50, 53; *Thomas*, NZG 2015, 1409, 1416 f.; Prölss/Martin/*Voit,* VVG, AVB-AVG Ziff. 5.11 Rn. 15; wohl a.A. *Gaul*, AG 2015, 109, 111; MüKo/*Ihlas,* VVG, D&O Rn. 800 ff.; *J. Koch*, in: Liber amicorum Winter, 2011, 327, 331; *Werner*, CCZ 2010, 143, 147.

1003 Deutlich *O. Lange*, D&O-Versicherung und Managerhaftung, S. 478.

dies dem Sanktionszweck der Bußgelder diametral entgegenstehe.[1004] Wie bereits dargelegt, schließt der Sanktionszweck der Geldbußen schon deren Regressfähigkeit nach § 93 Abs. 2 S. 1 AktG nicht aus.[1005] Daher kann es nicht überzeugen, dass Bußgelder zwar im Wege der Innenhaftung zulässigerweise abgewälzt werden dürfen, die Verlagerung des Risikos auf einen Versicherer aber nicht möglich sein soll.[1006] Für eine Versicherbarkeit spricht zudem, dass die Geldbuße einen Vermögensschaden der Gesellschaft darstellt, für den diese die Vorstandsmitglieder als versicherte Personen aufgrund einer gesetzlichen Haftpflichtbestimmung auf Schadensersatz in Anspruch nimmt.[1007] Genau für diese Situation gewährt die D&O-Versicherung Deckungsschutz.[1008] Eine Differenzierung danach, welche Schadensposition gegen die versicherte Person geltend gemacht wird, erfolgt in Bezug auf den Gegenstand der D&O-Versicherung gerade nicht. Des Weiteren kann die Versicherung des Bußgeldregresses keine Spannungen mit dem Präventionszweck des § 93 Abs. 2 S. 1 AktG hervorrufen, da diesem bereits mit dem verpflichtenden Selbstbehalt in § 93 Abs. 2 S. 3 AktG Rechnung getragen wird.[1009]

Nach dem Vorgesagten bleibt damit festzuhalten, dass der D&O-Versicherer gegenüber den Vorstandsmitgliedern bei einer Inanspruchnahme für der Gesellschaft auferlegte Geldbußen nur dann von seiner Leistungspflicht befreit ist, wenn der Ausschlusstatbestand in den jeweiligen AVB hinreichend weit gefasst ist und eine Subsumption unter diesen zulässt. Andernfalls ist er zur Leistung verpflichtet.

1004 So aber *J. Koch*, in: Liber amicorum Winter, 2011, 327, 331; *Mack*, Die Regresshaftung von Vorstandsmitgliedern einer Aktiengesellschaft, S. 149, 153; überlegend auch *Werner*, CCZ 2010, 143, 147; wie hier *Blaurock*, in: FS Bornkamm, 2014, 107, 117; *Hauger/Palzer*, ZGR 2015, 33, 64; *Ruttmann*, VW 2015, 50, 53.

1005 Hierzu ausführlich unter B. I. 4. b) bb) (2).

1006 Deutlich *Blaurock*, in: FS Bornkamm, 2014, 107, 117; *Hauger/Palzer*, ZGR 2015, 33, 64; einräumend auch *Thomas*, NZG 2015, 1409, 1416, der sich aber gegen eine Regressfähigkeit von Geldbußen ausspricht.

1007 So auch *Armbrüster/Schilbach*, r+s 2016, 109, 113; *Binder/Kraayvanger*, BB 2015, 1219, 1229; *Dreher*, VersR 2015, 781, 788; *Ruttmann*, Die Versicherbarkeit von Geldstrafen, Geldbußen, Strafschadensersatz und Regressansprüchen in der D&O-Versicherung, S. 172; *Thomas*, NZG 2015, 1409, 1417; Prölss/Martin/*Voit*, VVG, AVB-AVG Ziff. 5.11 Rn. 15.

1008 Deutlich *Thomas*, NZG 2015, 1409 1417; Prölss/Martin/*Voit*, VVG, AVB-AVG Ziff. 5.11 Rn. 15.

1009 Ebenso *Blaurock*, in: FS Bornkamm, 2014, 107, 118 f.; *Dreher*, VersR 2015, 781, 789; Bruck/Möller/*Gädtke*, VVG, AVB-AVG 2011/2013 Ziff. 5 Rn. 124; *Hauger/Palzer*, ZGR 2015, 33, 64 f.; *Ruttmann*, Die Versicherbarkeit von Geldstrafen, Geldbußen, Strafschadensersatz und Regressansprüchen in der D&O-Versicherung, S. 178 ff.

3. Weitere Limitierungen bei Pflicht- und Obliegenheitsverletzungen

Neben diesen quantitativen und qualitativen Grenzen des Versicherungsschutzes ergeben sich aus den Folgen von Pflicht- und Obliegenheitsverletzungen weitere Limitierungen. Schließlich hat der D&O-Versicherer nach dem VVG sowie den jeweils einschlägigen Versicherungsbedingungen bei bestimmten Pflicht- und Obliegenheitsverletzungen der Versicherungsnehmerin sowie der versicherten Personen das Recht, sich vom Vertrag zu lösen oder sich auf ein Entfallen seiner Leistungspflicht zu berufen. Hierdurch wird der Versicherungsschutz der in Regress genommenen Vorstandsmitglieder nochmals eingeschränkt.

a) Fehlverhalten vor Abschluss der D&O-Versicherung

Dabei kann die Leistungspflicht zum einen wegen eines Fehlverhaltens vor Abschluss der D&O-Versicherung entfallen. Verstößt die Aktiengesellschaft etwa gegen die in § 19 Abs. 1 VVG geregelte vorvertragliche Anzeigepflicht, ist der Versicherer bei Vorsatz und grober Fahrlässigkeit zum Rücktritt, andernfalls zur Kündigung des Versicherungsvertrags berechtigt. Wie § 22 VVG klarstellt, kann der Versicherer den Vertrag zudem bei arglistiger Täuschung durch den Versicherungsnehmer nach den §§ 123, 124 BGB anfechten. Da nach der Zurechnungsnorm des § 47 Abs. 1 VVG auch die Kenntnis und das Verhalten der versicherten Personen zu berücksichtigen ist, besteht das Risiko, dass der Versicherungsvertrag wegen der nicht mitgeteilten Kenntnis von Gefahrumständen oder wegen arglistigen Verhaltens nur eines Organmitglieds gekündigt bzw. angefochten wird und damit der Versicherungsschutz für alle versicherten Personen entfällt.[1010] Zur Begrenzung dieser Rechtsfolge wird in den AVB eines D&O-Versicherers eine Repräsentantenklausel als zulässig erachtet, durch die die Anzahl der Personen, deren Wissen der Versicherungsnehmerin zuzurechnen ist, beschränkt wird.[1011] Eine solche Klausel ist weder in den Bedingungen des GDV aus dem Jahr 2013, noch in den geänderten Musterklauseln aus dem Jahr 2016 enthalten, findet sich aber in einigen der am Markt erhältlichen Versicherungsbedingungen. Wird die Zurechnung über § 47 Abs. 1 VVG durch keine derartige Repräsentantenklausel eingeschränkt, hängt das soeben beschriebene Risiko wie ein Damoklesschwert über den Vorstandsmitgliedern.

Eine weitere Einschränkung des Versicherungsschutzes erfolgt dadurch, dass der BGH der üblichen Praxis, das Anfechtungsrecht des Versicherers wegen arglistiger

---

1010 In Bezug auf die arglistige Täuschung OLG Düsseldorf, Urt. v. 23.08.2005 – I-4 U 140/04, VersR 2006, 785; allgemeiner *Beauregard/Gleich*, NJW 2013, 824, 827; *Gädtke*, r+s 2013, 313, 314; *Hemeling*, in: FS Hoffmann-Becking, 2013, 491, 495, 499; *Ihlas*, D&O, S. 570; in Bezug auf § 76 VVG a.F. auch *O. Lange*, VersR 2006, 605 ff.; *Langheid/Grote*, VersR 2005, 1165, 1166 f.

1011 *Dreher/Thomas*, ZGR 2009, 31, 70 ff.; *Gädtke*, r+s 2013, 313, 318 ff.; Prölss/Martin/*Klimke*, VVG, § 47 Rn. 23.

Täuschung in den AVB auszuschließen,[1012] in verschiedenen Entscheidungen zur Valorenversicherung mit der Begründung eine Absage erteilt hat, dass durch einen im Voraus vereinbarten Anfechtungsverzicht der von § 123 BGB verfolgte Zweck der „freien Selbstbestimmung" vereitelt werde.[1013] Diese allgemein gehaltene Begründung lässt sich auf die D&O-Versicherung übertragen,[1014] weshalb eine solche Klausel in D&O-AVB nach zutreffender Ansicht ebenfalls als unwirksam anzusehen ist.[1015]

b) Pflicht- und Obliegenheitsverletzungen nach Vertragsschluss

Neben einer vorvertraglichen Pflichtverletzung kann der Versicherungsschutz zum anderen auch entfallen, wenn der Versicherungsnehmer oder eine der versicherten Personen während der Vertragslaufzeit gegen Pflichten oder Obliegenheiten verstößt. Tritt etwa eine Gefahrerhöhung nach Abgabe der Vertragserklärung des Versicherungsnehmers ein, ist der Versicherungsnehmer nach § 23 Abs. 2, Abs. 3 VVG zur Anzeige verpflichtet. Eine Verletzung dieser Pflicht führt gemäß § 24 Abs. 2 VVG zu einem Kündigungsrecht des Versicherers. Tritt der Versicherungsfall später als einen Monat nach dem Zeitpunkt ein, zu dem die Anzeige dem Versicherer hätte zugegangen sein müssen, ist dieser bei vorsätzlichem Verstoß nach § 26 Abs. 2 VVG ebenfalls nicht zur Leistung verpflichtet. Beruht die Verletzung von § 23 Abs. 2, Abs. 3 VVG hingegen auf grober Fahrlässigkeit, ist der Versicherer berechtigt, seine Leistung in einem der Schwere des Verschuldens des Versicherungsnehmers entsprechenden Verhältnis zu kürzen. Auch bei der Verletzung vertraglicher Obliegenheiten wird der Versicherer nach § 28 Abs. 2 VVG bei vorsätzlichem Verhalten des Versicherungsnehmers leistungsfrei und ist bei grober Fahrlässigkeit zu Kürzungen berechtigt.[1016]

IV. Fazit

Die vorstehenden Ausführungen haben gezeigt, dass das Bedürfnis nach einer Reform der Vorstandsinnenhaftung zur Vermeidung existenzvernichtender Inanspruchnahmen auch aus versicherungsrechtlicher Perspektive besteht. Eine erste

---

1012 Vgl. zur Verbreitung in der D&O-Versicherung *Beauregard/Gleich*, NJW 2013, 824, 827; *Gädtke*, r+s 2013, 313, 314; *O. Lange*, D&O-Versicherung und Managerhaftung, S. 627.

1013 BGH, Beschl. v. 21.09.2011 – IV ZR 38/09, NJW 2012, 296; BGH, Beschl. v. 09.11.2011 – IV ZR 40/09, VersR 2012, 615, 617.

1014 Zur Übertragbarkeit insb. *Beauregard/Gleich*, NJW 2013, 824, 828; *Gädtke*, r+s 2013, 313, 315; *Looschelders*, r+s 2015, 581, 586; *A. Mayer*, VP 2012, 12, 13.

1015 Für die wohl h.M. Prölss/Martin/*Armbrüster*, VVG, § 22 Rn. 21; *Beauregard/Gleich*, NJW 2013, 824, 828; *O. Lange*, D&O-Versicherung und Managerhaftung, S. 628 ff.; Römer/Lang-heid/*Langheid*, VVG, § 22 Rn. 5; *Liedtke*, VP 2012, 229, 230; *A. Mayer*, VP 2012, 12, 13 ff.; a.A. *Gädtke*, r+s 2013, 313, 315 f.

1016 Eingehend zu den Obliegenheiten in D&O-AVB *O. Lange*, D&O-Versicherung und Managerhaftung, S. 491 ff.

Limitierung erfährt der Versicherungsschutz dabei durch das Fehlen eines Versicherungszwangs. Und selbst wenn der Vorstand als alleinzuständiges Gesellschaftsorgan eine D&O-Versicherung abgeschlossen hat, ist deren Schutz durch die begrenzten Deckungssummen, das Prinzip der Jahresmaximierung sowie die Verwendung von Serienschadenklauseln erheblich eingeschränkt. Eine weitere quantitative Limitierung folgt aus den üblicherweise verwendeten Kostenanrechnungsklauseln, die bei Anlehnung an Ziff. 4.3 Abs. 1 S. 2 AVB-AVG 2016 einer AGB-Kontrolle standhalten. Darüber hinaus ergeben sich aus den verschiedenen Ausschlusstatbeständen qualitative Deckungslücken. Schließlich sind die versicherten Vorstandsmitglieder dem Risiko ausgesetzt, dass der Versicherungsschutz aufgrund einer Pflicht- oder Obliegenheitsverletzung vollständig entfällt. *In summa* ist die D&O-Versicherung damit nicht ausreichend, um das haftungsrechtliche Risiko der Vorstandsmitglieder aufzufangen.

D. Möglichkeiten einer Regressreduzierung de lege lata

Die bisherigen Untersuchungen haben gezeigt, dass die Vorstandsmitglieder bei einer Inanspruchnahme nach § 93 Abs. 2 S. 1 AktG dem Risiko ausgesetzt sind, bis zur Grenze ihrer finanziellen Leistungsfähigkeit Schadensersatz leisten zu müssen. Der Abschluss einer D&O-Versicherung kann die Folgen der strengen Vorstandshaftung im Einzelfall zwar mildern, aber nicht beseitigen. Somit stellt sich die Frage, ob eine Regressbeschränkung nach geltendem Recht auch auf anderem Weg zu erreichen ist. Im Schrifttum finden sich hierzu verschiedene Lösungsvorschläge, die von einem Absenken des Verschuldensmaßstabs im Anstellungsvertrag[1017] über die Verankerung von Haftungshöchstgrenzen in der Gesellschaftssatzung[1018] bis hin zu einer analogen Anwendung der Grundsätze des innerbetrieblichen Schadensausgleichs reichen.[1019] Eine neuere Strömung in der Literatur tritt überdies für eine Haftungsbeschränkung qua gesellschaftsrechtlicher Fürsorge- und Treuepflicht ein.[1020] Diese Möglichkeiten zur Reduktion des Vorstandsinnenregresses werden im Folgenden untersucht.

I. Enthaftung durch gesellschaftsinterne Vereinbarungen?

Eine Entschärfung der in § 93 Abs. 2 S. 1 AktG angelegten, potentiell existenzvernichtenden Ersatzpflicht könnte bereits im Vorfeld pflichtwidrigen Fehlverhaltens durch statutarische oder anstellungsvertragliche Vereinbarungen zu erreichen sein. Insofern plädiert *Hoffmann* dafür, den Verschuldensmaßstab im Rahmen des Anstellungsvertrags zu modifizieren.[1021] Demgegenüber tritt *Grunewald* für die Verankerung von Haftungshöchstgrenzen in der Gesellschaftssatzung ein.[1022] Der jüngste Vorschlag stammt von *Seibt*, der sich für die anstellungsvertragliche Vereinbarung einer Halbvermögensverschonung stark macht.[1023] Nachfolgend ist daher der Frage nachzugehen, ob dem Haftungsrisiko der Vorstandsmitglieder *de lege lata* durch derartige gesellschaftsinterne Vereinbarungen begegnet werden kann.

1017 *Hoffmann*, NJW 2012, 1393, 1395.
1018 *Grunewald*, AG 2013, 813, 815 ff.
1019 *Hoffmann*, NJW 2012, 1393, 1396 f.
1020 Insb. *Bayer*, in: FS Schmidt, 2009, 85 97; *Brommer*, AG 2013, 121, 128; *Casper*, ZHR (176) 2012, 617, 637 ff.; *J. Koch*, AG 2014, 513, 514 ff.; *J. Koch*, in: Liber amicorum Winter, 2011, 327, 338 f.; sympathisierend auch *Hopt*, ZIP 2013, 1793, 1804; *Reichert*, ZHR (177) 2013, 756, 777; *Lotze*, NZKart 2014, 162, 167; *Spindler*, AG 2013, 889, 894 ff.
1021 *Hoffmann*, NJW 2012, 1393, 1395.
1022 *Grunewald*, AG 2013, 813, 815 ff.
1023 *Seibt*, NZG 2015, 1097, 1102.

1. Keine Modifizierung des Sorgfalts- und Verschuldensmaßstabs

Wie bereits aufgezeigt, haben die Vorstandsmitglieder nach § 93 Abs. 1 S. 1 AktG bei ihrer Geschäftsführung die Sorgfalt eines ordentlichen und gewissenhaften Geschäftsleiters anzuwenden.[1024] Die Vorschrift regelt nicht nur die objektiven Verhaltenspflichten des Vorstands, sondern entsprechend ihrer Doppelfunktion auch den Verschuldensmaßstab.[1025] Dabei haften die Leitungsorgane der Aktiengesellschaft nach § 93 Abs. 2 S. 1 AktG für *omnis culpa*, mithin bereits bei leichter Fahrlässigkeit.[1026] Zur Entschärfung des hieraus resultierenden Haftungsrisikos könnte ein Abweichen vom gesetzlichen Sorgfalts- und Verschuldensmaßstab in Satzung oder Anstellungsvertrag zulässig sein. Dafür spricht zunächst, dass die Verantwortlichkeit gemäß § 276 Abs. 1 S. 1, Abs. 3 BGB im Vorfeld auf Fahrlässigkeit beschränkt werden kann.[1027] Auf diese allgemein-zivilrechtliche Regelung kann nach zutreffender Ansicht hingegen nicht zur Begrenzung der Vorstandshaftung zurückgegriffen werden.[1028]

a) Zwingender Charakter des § 93 AktG und Satzungsstrenge

Einem Abbedingen der Haftung für vorsätzliche Pflichtverletzungen der Vorstandsmitglieder in der Gesellschaftssatzung oder im Anstellungsvertrag steht schon der zwingende Charakter des § 93 AktG entgegen.[1029] In dieser Hinsicht ist allgemein anerkannt, dass die Ersatzpflicht der Vorstandsmitglieder in allen Ausprägungen zwingendes Recht darstellt, d.h. keine Abweichung zulässt.[1030] Eine Modifizierung des Sorgfaltsmaßstabs sowie des damit verbundenen Grundsatzes der Haftung für *omnis culpa* ist zudem nicht mit der Satzungsstrenge des § 23 Abs. 5 S. 1 AktG in

---

1024 Hierzu bereits ausführlich unter B. I. 1. b).

1025 Statt vieler nur GK/*Hopt/Roth,* AktG, § 93 Rn. 43; KK/*Mertens/Cahn,* AktG, § 93 Rn. 10; MüKo/*Spindler,* AktG, § 93 Rn. 21, 176.

1026 Statt vieler nur LG München I, Urt. v. 10.12.2013 – 5 HKO 1387/10, ZIP 2014, 570, 575; Spindler/Stilz/*Fleischer,* AktG, § 93 Rn. 206; Fleischer/*Fleischer,* Vorstandsrecht, § 11 Rn. 56; Hölters/*Hölters,* AktG, § 93 Rn. 251; MüKo/*Spindler,* AktG, § 93 Rn. 176 (jeweils m.w.N.).

1027 Statt vieler nur MüKo/*Grundmann,* BGB, § 276 Rn. 57, 182; Staudinger/*Löwisch/Caspers,* BGB, § 276 Rn. 120, 125; Schulze/*Schulze,* BGB, § 276 Rn. 25 ff.

1028 Statt vieler nur Hölters/*Hölters,* AktG, § 93 Rn. 251; GK/*Hopt/Roth,* AktG, § 93 Rn. 47; MüKo/*Spindler,* AktG, § 93 Rn. 27; a.A. *Hoffmann,* NJW 2012, 1393, 1395.

1029 Insb. Spindler/Stilz/*Fleischer,* AktG, § 93 Rn. 3; GK/*Hopt/Roth,* AktG, § 93 Rn. 47; Hüffer/Koch/*Koch,* AktG, § 93 Rn. 2, 52; Schmidt/Lutter/*Krieger/Sailer-Coceani,* AktG, § 93 Rn. 3; KK/*Mertens/Cahn,* AktG, § 93 Rn. 8; *U. Schneider,* in: FS Werner, 1984, 795, 812.

1030 Vgl. hierzu die Nachweise in Fn. 1028.

Einklang zu bringen.[1031] Danach kann die Satzung von den Vorschriften des AktG nur abweichen, wenn dies ausdrücklich zugelassen ist. Die Zulässigkeit statutarischer Gesetzesabweichungen ist häufig durch Formulierungen wie „wenn die Satzung nichts anderes bestimmt" oder „die Satzung kann bestimmen" gekennzeichnet. Eine solche Regelung – wie etwa in den §§ 52 Abs. 5 S. 3, 77 Abs. 1 S. 2, Abs. 2 S. 2, 78 Abs. 2 S. 1, Abs. 3 S. 1 AktG[1032] – enthält § 93 AktG jedoch nicht.

b) Leitungsfunktion des Vorstands fordert Haftung für omnis culpa

Die Zulässigkeit einer derartigen Haftungsmilderung in Satzung oder Anstellungsvertrag kann auch nicht unter Hinweis auf die Einheit der Rechtsordnung und dem damit verbundenen Blick auf die Ersatzpflicht nach § 43 Abs. 2 GmbHG begründet werden.[1033] Zwar können die GmbH-Geschäftsführer ihr Haftungsrisiko durch Modifizierung des Sorgfaltsmaßstabs begrenzen,[1034] wenngleich die konkrete Ausgestaltung sowie die Reichweite umstritten sind.[1035] Dies bedeutet aber nicht zwangsläufig, dass Gleiches auch für Vorstandsmitglieder gilt.[1036] Denn obwohl beide zur Leitung einer Kapitalgesellschaft berufen sind, besteht bei der Ausgestaltung ihrer Leitungsaufgabe ein wesentlicher Unterschied: Während der GmbH-Geschäftsführer nach § 37 Abs. 1 GmbHG an Weisungen der Gesellschafter gebunden ist,[1037] kennzeichnet ihre Weisungsfreiheit die Stellung der Vorstandsmitglieder.[1038] Als Ausprägung der eigenverantwortlichen Leitungsaufgabe bildet die Weisungsfreiheit dabei das Gegenstück zur strengen Haftung nach § 93 Abs. 2 S. 1 AktG.[1039]

1031 Spindler/Stilz/*Fleischer,* AktG, § 93 Rn. 3; *Fleischer,* ZIP 2014, 1305; KK/*Mertens/Cahn,* AktG, § 93 Rn. 8; *Paefgen,* AG 2014, 554, 570; *U. Schneider,* in: FS Werner, 1984, 795, 803.

1032 Auflistung weiterer Vorschriften bei MüKo/*Pentz,* AktG, § 23 Rn. 163.

1033 So auch *Fleischer,* ZIP 2014, 1305, 1306; Spindler/Stilz/*Fleischer,* AktG, § 93 Rn. 4; *Hauger/Palzer,* ZGR 2015, 33, 68; a.A. *Hoffmann,* NJW 2012, 1393, 1398.

1034 Statt vieler nur BGH, Urt. v. 16.09.2002 – II ZR 107/01, NJW 2002, 3777, 3779; MüKo/*Fleischer,* GmbHG, § 43 Rn. 302 ff.; Henssler/Strohn/*Oetker,* GesR, § 43 GmbHG Rn. 10; *Sandmann,* Die Haftung von Arbeitnehmern, Geschäftsführern und leitenden Angestellten, S. 328 ff.; Baumbach/Hueck/*Zöllner/Noack,* GmbHG, § 43 Rn. 5; a.A. *Bastuck,* Enthaftung des Managements, S. 92 f.

1035 Vgl. zum Meinungsstand insb. Roth/Altmeppen/*Altmeppen,* GmbHG, § 43 Rn. 125 ff.; MüKo/*Fleischer,* GmbHG, § 43 Rn. 298 ff.; *Fleischer,* BB 2011, 2435, 2436 ff.; *Werner,* GmbHR 2014, 792, 795 ff.

1036 So auch *Hauger/Palzer,* ZGR 2015, 33, 66 f.; a.A. *Hoffmann,* NJW 2012, 1393, 1397 f.

1037 Statt vieler nur MüKo/*Stephan/Tieves,* GmbHG, § 37 Rn. 115 ff.; Baumbach/Hueck/*Zöllner/Noack,* GmbHG, § 37 Rn. 20.

1038 Insb. Spindler/Stilz/*Fleischer,* AktG, § 76 Rn. 57 f.; MüKo/*Spindler,* AktG, § 76 Rn. 22.

1039 Prägnant *Hauger/Palzer,* ZGR 2015, 33, 67; GK/*Hopt/Roth,* AktG, § 93 Rn. 31; *Spindler,* AG 2013, 889, 890; zweifelnd gegenüber der Herleitung der zwingenden Haftung aus der eigenverantwortlichen Leitung der AG hingegen *Eßwein,* Privatautonome Gestaltung der Vorstandshaftung, S. 120 f.

Mit dieser uneingeschränkten Leitungsverantwortung ist eine Milderung des Sorgfalts- und Verschuldensmaßstabs aber nicht in Einklang zu bringen.[1040] Dieses Ergebnis entspricht auch dem Willen des historischen Gesetzgebers.[1041] Schon § 84 Abs. 1, Abs. 2 AktG 1937, der als Vorgängernorm zu § 93 Abs. 1, Abs. 2 AktG ebenfalls eine Haftung für *omnis culpa* enthielt, wurde damit begründet, dass der aus der Leitungsmacht resultierenden gehobenen Stellung des Vorstands eine erhöhte Verantwortlichkeit gegenüberstehen müsse.[1042]

c) Wertungen des § 93 Abs. 4, Abs. 5 AktG

Gegen eine Modifizierung der gesetzlichen Sorgfaltsanforderungen im Vorfeld haftungsbegründenden Verhaltens der Vorstandsmitglieder spricht darüber hinaus die Wertung des § 93 Abs. 4 S. 1 AktG.[1043] Gemäß dieser Regelung tritt die Ersatzpflicht nach § 93 Abs. 2 S. 1 AktG nicht ein, wenn die Handlung der Vorstandsmitglieder auf einem gesetzmäßigen Beschluss der Hauptversammlung beruht. *E contrario* lässt sich dieser Vorschrift entnehmen, dass anderweitige Haftungsmilderungen, die zeitlich vor der Pflichtverletzung vereinbart werden, unzulässig sind.[1044] Und auch § 93 Abs. 5 S. 2 AktG streitet nicht für die Zulässigkeit eines milderen Haftungsmaßstabs in Satzung oder Anstellungsvertrag.[1045] Danach können die Gesellschaftsgläubiger den Ersatzanspruch der Gesellschaft in anderen Fällen als denen des § 93 Abs. 3 AktG nur geltend machen, wenn die Vorstandsmitglieder die Sorgfalt eines ordentlichen und gewissenhaften Geschäftsleiters gröblich verletzt haben. Hierin liegt keine generelle Anerkennung milderer Sorgfaltsanforderungen der Vorstandsmitglieder, sondern der Gesetzgeber hat lediglich eine weitere Einschränkung für die Inanspruchnahme der Geschäftsleiter durch die Gesellschaftsgläubiger normiert.[1046]

d) Zwischenergebnis

Als Zwischenergebnis bleibt damit festzuhalten, dass das Haftungsrisiko des Vorstands nicht durch ein Absenken des Sorgfaltsmaßstabs in Satzung oder Anstellungsvertrag begrenzt werden kann. Einer solchen gesellschaftsinternen Vereinbarung steht nicht nur der zwingende Charakter des § 93 AktG sowie der Grundsatz

---

1040 Statt vieler nur Spindler/Stilz/*Fleischer*, AktG, § 93 Rn. 4; MüKo/*Spindler*, AktG, § 93 Rn. 27.

1041 So auch *Spindler*, AG 2013, 889, 890.

1042 Amtl. Begr. zu § 84 AktG 1937, abgedruckt bei *Klausing*, Gesetz über Aktiengesellschaften und Kommanditgesellschaften auf Aktien nebst Einführungsgesetz und amtlicher Begründung, S. 71.

1043 Prägnant *U. Schneider*, in: FS Werner, 1984, 795, 800, 803.

1044 Ähnlich *Krieger*, in: Gesellschaftsrecht, RWS-Forum, 1996, Bd. 8, 149, 162; *U. Schneider*, in: FS Werner, 1984, 795, 800, 803.

1045 So auch MüKo/*Spindler*, AktG, § 93 Rn. 27; a.A. *Hoffmann*, NJW 2012, 1393, 1395.

1046 Deutlich MüKo/*Spindler*, AktG, § 93 Rn. 27.

der Satzungsstrenge, sondern auch die Leitungsfunktion des Vorstands entgegen. Überdies lässt sich eine anstellungsvertragliche oder statutarische Haftungsmilderung nicht mit den §§ 93 Abs. 4, Abs. 5 AktG in Einklang bringen.

2. Unvereinbarkeit von Haftungshöchstgrenzen mit dem Aktiengesetz

Das Risiko einer existenzvernichtenden Inanspruchnahme kann nach zutreffender Ansicht auch nicht durch die Vereinbarung von Haftungshöchstgrenzen beseitigt bzw. reduziert werden.[1047] Soweit ersichtlich spricht sich allein *Grunewald* für die Vereinbarkeit von Haftungshöchstgrenzen mit dem AktG aus.[1048] Zugegebenermaßen ordnet der Wortlaut des § 93 Abs. 2 S. 1 AktG eine Haftung für den gesamten Schaden nicht ausdrücklich an.[1049] Indes wird der Schaden auch im Rahmen der Vorstandshaftung nach den §§ 249 ff. BGB bestimmt,[1050] weshalb der Grundsatz der Totalreparation gilt.[1051] Mit dieser gesetzlichen Wertung lässt sich eine Haftungsmodifizierung durch die Vereinbarung von Höchstsummen nicht vereinbaren.[1052]

Des Weiteren stellt § 93 Abs. 2 AktG angesichts der in § 23 Abs. 5 AktG angeordneten Satzungsstrenge in allen Teilbereichen zwingendes Recht dar.[1053] Gerade weil die Vorschrift abschließend eine unbeschränkte Haftung anordnet, sind gesellschaftsinterne Haftungsbeschränkungen nicht als zulässige ergänzende Bestimmungen im Sinne des § 25 Abs. 5 S. 2 AktG anzusehen.[1054] Darüber hinaus führt die von *Grunewald* vorgeschlagene Ausgestaltung der Haftungsreduzierung zu unbilligen Ergebnissen. Denn die Festlegung von Obergrenzen wie etwa dem 5-fachen Jahresgehalt[1055] hat immer etwas Zufälliges und begünstigt auch Vorstandsmitglieder, die

---

1047 So *Fleischer*, ZIP 2014, 1305, 1306; Hüffer/Koch/*Koch*, AktG, § 93 Rn. 52; *Paefgen*, AG 2014, 554, 569.

1048 *Grunewald*, AG 2013, 813, 815 ff.

1049 *Grunewald*, a.a.O., 815.

1050 BGH, Urt. v. 15.01.2013 – II ZR 90/11, NJW 2013, 1958, 1960; OLG Düsseldorf, Urt. v. 28.11.1996 – 6 U 11/95, AG 1997, 231, 237; GK/*Hopt/Roth*, AktG, § 93 Rn. 409; MüKo/*Spindler*, AktG, § 93 Rn. 171.

1051 Statt vieler nur Schulze/*Schulze*, BGB, Vor. §§ 249–253 Rn. 10; Jauernig/*Teichmann*, BGB, Vor. §§ 249–253 Rn. 2; in Bezug auf § 93 Abs. 2 S. 1 AktG insb. *Brommer*, AG 2013, 121, 122; *Fleischer*, ZIP 2014, 1305, 1306.

1052 Ähnlich *Fleischer*, a.a.O., 1306; *Paefgen*, AG 2014, 554, 569.

1053 Statt vieler nur Spindler/Stilz/*Fleischer*, AktG, § 93 Rn. 3; Hüffer/Koch/*Koch*, AktG, § 93 Rn. 2; KK/*Mertens/Cahn*, AktG, § 93 Rn. 8.

1054 So auch *Fleischer*, ZIP 2014, 1305, 1306; *Fleischer*, AR 2014, 100; Hüffer/Koch/*Koch*, AktG, § 93 Rn. 52; *Paefgen*, AG 2014, 554, 569; a.A. *Grunewald*, AG 2013, 813, 815; ähnlich *W. Rust*, AR 2014, 36 f.

1055 So der Vorschlag von *Grunewald*, AG 2013, 813, 817 unter Bezugnahme auf *Casper*, ZHR (176) 2012, 617, 641.

aufgrund ihrer finanziellen Verhältnisse zur Kompensation des gesamten Schadens in der Lage sind.[1056]

3. Schutz durch anstellungsvertragliche Halbvermögensschonung?

Letztlich kann auch der Vorschlag *Seibts*, im Anstellungsvertrag der Vorstandsmitglieder eine Halbvermögensverschonung zu vereinbaren, wodurch sich der Aufsichtsrat verpflichtet, dem Geschäftsleiter bei einer etwaigen Anspruchsdurchsetzung 50 % des in einer vorher anzufertigenden Aufstellung enthaltenen Vermögens zu belassen,[1057] nicht überzeugen. Dem steht ebenfalls der zwingende Charakter des § 93 AktG entgegen.[1058] Nach § 93 Abs. 4 S. 3 AktG kann die Gesellschaft erst drei Jahre nach der Entstehung des Anspruchs und nur dann auf Ersatzansprüche verzichten, wenn die Hauptversammlung zustimmt und nicht eine Minderheit, deren Anteile zusammen den zehnten Teil des Grundkapitals erreichen, zur Niederschrift Widerspruch erhebt. Mit dieser Regelung lässt sich ein im Voraus erklärter Teilverzicht durch den Aufsichtsrat nicht in Einklang bringen.[1059] Dabei erweist sich insbesondere der Einwand *Seibts*, dass die Vereinbarung einer Vermögensschutzklausel im Anstellungsvertrag nicht einem Verzicht, sondern einer Nichtgeltendmachung begründeter Ersatzansprüche gleichstehe und daher kein Konflikt mit § 93 Abs. 4 S. 3 AktG ersichtlich sei,[1060] als kaum nachvollziehbar. Schließlich weist er selber darauf hin, dass die Gesellschaft bei Eingreifen der Tatbestandsvoraussetzungen an die anstellungsvertragliche Regelung gebunden sein soll.[1061] Hat das Unternehmen aber zugesagt, ihrem Vorstandsmitglied bei der Durchsetzung eines seine finanzielle Leistungsfähigkeit übersteigenden Schadens 50 % seines Vermögens zu belassen, stellt dies keine bloße Nichtverfolgung eines Teils des Ersatzanspruchs, sondern einen Teilverzicht dar.

1056 In Bezug auf die Einführung von Haftungshöchstgrenzen de lege ferenda auch *Habersack*, ZHR (177) 2013, 782, 803; *Hopt*, ZIP 2013, 1793, 1804; *Paefgen*, AG 2014, 554, 570.

1057 So *Seibt*, NZG 2015, 1097, 1102; *Seibt*, NZG 2016, 361 ff.; *Seibt/Cziupka*, AG 2015, 93, 108; a.A. *Habersack*, NZG 2015, 1297 ff.

1058 Vgl. zum zwingenden Charakter des § 93 AktG statt vieler nur Spindler/Stilz/*Fleischer*, AktG, § 93 Rn. 3; Hüffer/Koch/*Koch*, AktG, § 93 Rn. 2; KK/*Mertens/Cahn*, AktG, § 93 Rn. 8.

1059 So auch *Deilmann/Dornbusch*, NZG 2016, 201, 206; *Habersack*, NZG 2015, 1297, 1299 f.

1060 *Seibt*, NZG 2016, 361, 362 f., 365 f.

1061 *Seibt*, a.a.O., 363.

4. Zusammenfassung

Zusammenfassend ist festzustellen, dass eine Entschärfung des in § 93 Abs. 2 S. 1 AktG angelegten Risikos einer existenzbedrohenden Haftung nicht durch statutarische oder anstellungsvertragliche Vereinbarungen erreicht werden kann. Sowohl einer Modifizierung des Sorgfalts- und Verschuldensmaßstabs als auch einer Vereinbarung von Haftungshöchstgrenzen steht maßgeblich der zwingende Charakter der Vorstandshaftung entgegen.

II. Anwendung der arbeitsrechtlichen Haftungsbeschränkung?

Eine weitere Möglichkeit zur Begrenzung des nach § 93 Abs. 2 S. 1 AktG ersatzfähigen Schadens und der hiermit verbundenen potentiell ruinösen Vorstandsinnenhaftung liegt in einer analoge Anwendung der im Arbeitsrecht entwickelten Haftungsbeschränkung für Arbeitnehmer.[1062] Bevor die Zulässigkeit einer direkten oder analogen Anwendung der arbeitsrechtlichen Regressprivilegierung untersucht wird, werden zunächst die Grundsätze des innerbetrieblichen Schadensausgleichs dargestellt.

1. Grundsätze des innerbetrieblichen Schadensausgleichs

Nach Ansicht des BAG stellt die Beschränkung der Arbeitnehmerhaftung eine richterliche Rechtsfortbildung dar, durch die Gesetzeslücken geschlossen werden, die seit dem Erlass des BGB im Arbeitsvertragsrecht auszumachen sind.[1063] Bereits das RAG erkannte, dass der Grundsatz der Totalreparation im Arbeitsrecht zu unbilligen Ergebnissen führt und sprach sich daher für eine Begrenzung der Haftungssumme aus.[1064] Spätestens durch den Grundsatzbeschluss des BAG aus dem Jahr 1957 erlangte der arbeitsrechtliche Schadensausgleich allgemeine Akzeptanz.[1065]

a) Geschichtliche Entwicklung und dogmatische Begründung

Zu Beginn stützte die zivil- und arbeitsrechtliche Gerichtsbarkeit die Haftungsprivilegierung noch auf die Fürsorge- und Treuepflicht des Arbeitgebers gegenüber seinen Arbeitnehmern.[1066] Als Begründung führten die Gerichte an, dass es sich nicht mit dem Gedanken der Fürsorgepflicht vertrage, wenn der Arbeitnehmer bei

---

1062 Hierfür plädiert *Hoffmann*, NJW 2012, 1393, 1396 f.

1063 Prägnant BAG, Beschl. v. 27.09.1994 – GS 1/89 (A), NJW 1995, 210, 211 (m.w.N.).

1064 RAG, Urt. v. 12.06.1937 – RAG 297/36, ARS 30, 1, 3, 5.

1065 BAG, Beschl. v. 25.09.1957 – GS 4 (5)/56, NJW 1958, 235.

1066 Statt vieler nur RAG, Urt. v. 14.01.1941 – RAG 201/39, ARS 41, 259, 264; RAG, Urt. v. 30.09.1941 – RAG 88/1941, ARS 43, 108; BGH, Urt. v. 10.01.1955 – III ZR 153/53, NJW 1955, 458; BAG, Beschl. v. 25.09.1957 – GS 4 (5)/56, NJW 1958, 235, 237.

gefahrgeneigter Tätigkeit unbeschränkt hafte und ihm dadurch das Betriebsrisiko aufgebürdet werde.[1067] Dieses Risiko habe vielmehr der Arbeitgeber zu tragen, weshalb er bei fahrlässig verursachten Schäden keinen (vollständigen) Ersatz vom Arbeitnehmer erhalten könne.[1068] Seit dem Grundsatzbeschluss des Großen Senats des BAG aus dem Jahr 1994 begründet die Rechtsprechung die Haftungsbegrenzung nicht mehr mit der Fürsorge- und Treuepflicht, sondern stützt diese auf eine analoge Anwendung des § 254 BGB.[1069] Gleichzeitig lösten sich die Gerichte von dem Abgrenzungskriterium der gefahrgeneigten Tätigkeit und wenden die Privilegierung nunmehr auf alle betrieblich veranlassten Tätigkeiten an.[1070] Zur Rechtfertigung der Grundsätze des innerbetrieblichen Schadensausgleichs verweisen Judikatur und Schrifttum zum einen auf die Weisungshoheit und Organisationsmacht des Arbeitgebers, durch die er das Haftungsrisiko des Arbeitnehmers prägt und steuert.[1071] Zum anderen wird die Haftungsbeschränkung damit begründet, dass der Arbeitgeber wirtschaftlich von der fremdnützigen Tätigkeit des Arbeitnehmers profitiert, weshalb es gerechtfertigt ist, ihm auch das Schadensrisiko aufzuerlegen.[1072] Eine weitere Stütze findet die Privilegierung in dem Missverhältnis von Arbeitsentgelt und Haftungsrisiko des Arbeitnehmers, welchem durch die Grundsätze des innerbetrieblichen Schadensausgleichs Rechnung getragen wird.[1073]

b) Haftungsbeschränkung nach dem Grad des Verschuldens

Die Anwendbarkeit und Reichweite der arbeitsrechtlichen Regressreduzierung richtet sich in erster Linie nach dem Grad des Verschuldens. Bei leichtester Fahrlässigkeit des Arbeitnehmers ist der entstandene Schaden vollständig durch den Arbeitgeber zu tragen, bei Vorsatz sowie grober Fahrlässigkeit wird grundsätzlich keine Entlastung gewährt und bei mittlerer Fahrlässigkeit findet eine quotale Schadensteilung statt.[1074] Zur Bemessung des vom Arbeitnehmer zu tragenden Anteils am Gesamtschaden sind u.a. die Gefährlichkeit der ausgeübten Tätigkeit, seine Stellung im Betrieb, sein Arbeitslohn, die Möglichkeit zur Versicherung des Risikos

---

1067 Prägnant BAG, a.a.O., 237.

1068 Deutlich BAG, a.a.O., 237.

1069 BAG, Beschl. v. 27.09.1994 – GS 1/89 (A), NJW 1995, 210, 212.

1070 BAG, a.a.O., 212.

1071 Statt vieler nur BAG, a.a.O., 212; BAG, Urt. v. 18.04.2002 – 8 AZR 348/01, NJW 2003, 377, 379; MüKo/*Henssler*, BGB, § 619a Rn. 9; MünchHdb/*Reichold*, ArbR, § 51 Rn. 27; ErfK/*Preis*, BGB, § 619a Rn. 10.

1072 H/W/K/*Krause*, ArbR, § 619a BGB Rn. 13; *Otto*, in: Die Haftung des Arbeitnehmers, 2014, S. 29, 33.

1073 BAG, Beschl. v. 25.09.1957 – GS 4 (5)/56, NJW 1958, 235, 237; BAG, Urt. v. 18.04.2002 – 8 AZR 348/01, NJW 2003, 377, 380; H/W/K/*Krause*, ArbR, § 619a BGB Rn. 14; *Otto*, in: Die Haftung des Arbeitnehmers, 2014, S. 38 f.

1074 Statt vieler nur BAG, Urt. v. 19.03.1959 – 2 AZR 402/55, NJW 1959, 1796; BAG, Beschl. v. 27.09.1994 – GS 1/89 (A), NJW 1995, 210, 211; MüKo/*Henssler*, BGB, § 619a Rn. 32; ErfK/*Preis*, BGB, § 619a Rn. 13; MünchHdb/*Reichold*, ArbR, § 51 Rn. 35.

durch den Arbeitgeber sowie die Höhe des Schadens zu berücksichtigen.[1075] Das Vermögen und die wirtschaftliche Leistungsfähigkeit des Arbeitnehmers entfalten bei der Abwägung hingegen keine Relevanz.[1076]

2. Keine direkte Anwendung auf Vorstandsmitglieder

Die heute herrschende Ansicht lehnt eine direkte Anwendung der Grundsätze des innerbetrieblichen Schadensausgleichs auf die Vorstandsinnenhaftung zu Recht ab.[1077] Schon die Stellung des Vorstands innerhalb des Unternehmens zeigt, dass er von der arbeitsrechtlichen Haftungsprivilegierung auszunehmen ist.[1078] Als Organ und gesetzlicher Vertreter der Aktiengesellschaft handelt es sich bei ihm gerade nicht um einen Arbeitnehmer im Sinne der arbeitsrechtlichen Vorschriften. Insbesondere den §§ 5 Abs. 1 S. 3 ArbGG, 5 Abs. 2 Nr. 1 BetrVG, 14 KSchG lässt sich entnehmen, dass der Gesetzgeber Organmitglieder in der Regel nicht als Arbeitnehmer ansieht. Vielmehr übt der Vorstand kraft seiner Leitungsaufgabe nach § 76 Abs. 1 AktG selbst die Funktion des Arbeitgebers aus.[1079] Demgemäß würde eine Anwendung der Grundsätze des innerbetrieblichen Schadensausgleichs eine Vermengung der Verantwortungsbereiche bedeuten.[1080] Überdies sind die Vorstandsmitglieder aufgrund ihrer Leitungsfunktion an keine Weisungen gebunden.[1081] Die arbeitsrechtliche Haftungsprivilegierung findet ihre Rechtfertigung aber maßgeblich in der Weisungsgebundenheit der Arbeitnehmer.[1082] Abschließend ist daher zu statuieren, dass eine Beschränkung der Vorstandshaftung *de lege lata* nicht durch

1075 Statt vieler nur BGH, Urt. v. 10.01.1955 – III ZR 153/53, NJW 1955, 458; BAG, Beschl. v. 25.09.1957 – GS 4 (5)/56, NJW 1958, 235, 237; BAG, Beschl. v. 27.09.1994 – GS 1/89 (A), NJW 1995, 210, 213; MüKo/*Henssler,* BGB, § 619a Rn. 37; ErfK/*Preis,* BGB, § 619a Rn. 16.

1076 MüKo/*Henssler,* BGB, § 619a Rn. 37; ErfK/*Preis,* BGB, § 619a Rn. 16; MünchHdb/*Reichold,* ArbR, § 51 Rn. 50.

1077 Insb. BGH, Urt. v. 27.02.1975 – II ZR 112/72, WM 1975, 467, 469; *Bastuck,* Enthaftung des Managements, S. 82 ff.; Henssler/Strohn/*Dauner-Lieb,* GesR, § 93 AktG Rn. 32; MüKo/*Henssler,* BGB, § 619a Rn. 9; Spindler/Stilz/*Fleischer,* AktG, § 93 Rn. 206; Hüffer/Koch/*Koch,* AktG, § 93 Rn. 51; KK/*Mertens/Cahn,* AktG, § 93 Rn. 37; MünchHdb/*Reichold,* ArbR, § 51 Rn. 66; MüKo/*Spindler,* AktG, § 93 Rn. 177.

1078 Statt vieler nur Spindler/Stilz/*Fleischer,* AktG, § 93 Rn. 206; MüKo/*Spindler,* AktG, § 93 Rn. 177 (jeweils m.w.N.).

1079 Prägnant *Fleck,* in: FS Hilger/Stumpf, 1983, 197, 203, 216; Spindler/Stilz/*Fleischer,* AktG, § 76 Rn. 11; Fleischer/*Fleischer,* Vorstandsrecht, § 1 Rn. 8; GK/*Kort,* AktG, § 76 Rn. 234.

1080 So auch *Scholz,* Die existenzvernichtende Haftung von Vorstandsmitgliedern in der Aktiengesellschaft, S. 268.

1081 Deutlich Spindler/Stilz/*Fleischer,* AktG, § 76 Rn. 57 f.; MüKo/*Spindler,* AktG, § 76 Rn. 22 (jeweils m.w.N.).

1082 Statt vieler nur BAG, Urt. v. 18.04.2002 – 8 AZR 348/01, NJW 2003, 377, 379; MüKo/*Henssler,* BGB, § 619a Rn. 9; ErfK/*Preis,* BGB, § 619a Rn. 10.

eine direkte Anwendung der Grundsätze des innerbetrieblichen Schadensausgleichs erreicht werden kann.

3. Keine analoge Anwendung der Haftungsbeschränkung

Die Haftungsbeschränkung für Arbeitnehmer ist nach zutreffender Ansicht auch nicht analog auf die Ersatzpflicht der Vorstandsmitglieder anwendbar.[1083] Hierfür fehlt es schon an den rechtstechnischen Voraussetzungen einer Analogie. Eine solche Rechtsfortbildung erfordert zunächst eine Lückenhaftigkeit des Gesetzes.[1084] Während das Arbeitsvertragsrecht in Bezug auf die Arbeitnehmerhaftung von Beginn an Lücken aufwies und dadurch Raum für eine richterliche Rechtsfortbildung bot,[1085] wurde die Vorstandshaftung in § 93 Abs. 2 S. 1 AktG hingegen abschließend geregelt.[1086] Allein die Schutzbedürftigkeit des Vorstands vor einem unbeschränkten Regress rechtfertigt insofern noch keine Analogie.[1087] Denn das Risiko einer existenzbedrohenden Haftung ist – wie im ersten Kapitel gezeigt – seit jeher in den Regelungen der Vorstandshaftung angelegt. Ferner ordnet § 93 Abs. 2 S. 1 AktG eine Haftung für *omnis culpa* an.[1088] Damit lässt sich die im Arbeitsrecht vorgenommene abgestufte Haftung nach dem Grad des Verschuldens, insbesondere die Haftungsfreistellung bei leichtester Fahrlässigkeit, nicht vereinbaren.[1089]

Als weiteres Argument gegen eine analoge Anwendung des innerbetrieblichen Schadensausgleichs auf die Vorstandsinnenhaftung ließe sich anführen, dass die arbeitsrechtliche Regressprivilegierung bislang keine Kodifikation erfahren hat und somit reines Richterrecht darstellt. Diesem kommt grundsätzlich keine Normqualität zu.[1090] Rechtsfolge einer Analogie ist indes die Anwendung einer Rechtsnorm

---

1083 BGH, Urt. v. 27.02.1975 – II ZR 112/72, WM 1975, 467, 469; MüKo/*Henssler,* BGB, § 619a R. 19; *Kaulich,* Die Haftung von Vorstandsmitgliedern einer Aktiengesellschaft für Rechtsanwendungsfehler, S. 296 f.; Hüffer/Koch/*Koch,* AktG, § 93 Rn. 51; KK/*Mertens/Cahn,* AktG, § 93 Rn. 37; MünchHdb/*Reichold,* ArbR, § 51 Rn. 66; MüKo/*Spindler,* AktG, § 93 Rn. 277; a.A. *Hoffmann,* NJW 2012, 1393, 1396 f.

1084 *Larenz/Canaris,* Methodenlehre der Rechtswissenschaft, S. 202; *Rüthers/Fischer u. a.,* Rechtstheorie mit juristischer Methodenlehre, S. 531.

1085 Prägnant BAG, Beschl. v. 27.09.1994 – GS 1/89 (A), NJW 1995, 210, 211 (m.w.N.).

1086 Insb. *Fleischer,* ZIP 2014, 1305, 1306; MüKo/*Henssler,* BGB, § 619a Rn. 19; *J. Koch,* in: Liber amicorum Winter, 2011, 327, 337; *J. Koch,* AG 2012, 429, 435; *Scholz,* Die existenzvernichtende Haftung von Vorstandsmitgliedern in der Aktiengesellschaft, S. 268.

1087 So aber *Hoffmann,* NJW 2012, 1393, 1396 f.

1088 Statt vieler nur Spindler/Stilz/*Fleischer,* AktG, § 93 Rn. 206; MüKo/*Spindler,* AktG, § 93 Rn. 176 (jeweils m.w.N.).

1089 So auch BGH, Urt. v. 27.02.1975 – II ZR 112/72, WM 1975, 467, 469; ähnlich *Fleischer,* ZIP 2014, 1305, 1306; *Kaulich,* Die Haftung von Vorstandsmitgliedern einer Aktiengesellschaft für Rechtsanwendungsfehler, S. 304 f.; *J. Koch,* AG 2012, 429, 435.

1090 *Larenz/Canaris,* Methodenlehre der Rechtswissenschaft, S. 255; *Rüthers/Fischer u. a.,* Rechtstheorie mit juristischer Methodenlehre, S. 154.

auf einen ähnlichen, im Gesetz nicht geregelten Sachverhalt.[1091] Dementsprechend kommt *P. Scholz* zu dem Schluss, dass die Übertragung der beschränkten Arbeitnehmerhaftung auf den Vorstandsinnensregress eine bislang nicht anerkannte analoge Anwendung einer richterlichen Rechtsfortbildung bedeutet.[1092] Diese Schlussfolgerung könnte sich jedoch als unzutreffend erweisen. In diesem Zusammenhang ist zunächst zu konstatieren, dass die arbeitsrechtliche Haftungsbeschränkung nach zutreffender Ansicht mittlerweile Gewohnheitsrecht darstellt.[1093] Denn die hierfür erforderlichen Voraussetzungen der jahrelangen tatsächlichen Übung sowie der begleitenden Rechtsüberzeugung der Wertegemeinschaft[1094] sind beim innerbetrieblichen Schadensausgleich erfüllt. So werden die Grundsätze zur beschränkten Arbeitnehmerhaftung nicht nur seit Jahrzehnten angewendet,[1095] sondern genießen auch in Judikatur und Schrifttum weitgehende Akzeptanz. Entsprechend hat schon das BAG in seinem Grundsatzbeschluss aus dem Jahr 1994 darauf hingewiesen, dass es sich hierbei um eine „allgemeine[r] Rechtsüberzeugung" handelt.[1096] Und auch den Gesetzesmaterialen zur Schuldrechtsmodernisierungsreform ist in Bezug auf die arbeitsrechtliche Haftungsbeschränkung ein entsprechender Rechtsgeltungswille zu entnehmen.[1097] Da es sich bei Gewohnheitsrecht zudem um eine anerkannte Rechtsquelle mit entsprechender Normqualität handelt,[1098] erscheint eine analoge Anwendung der Grundsätze des innerbetrieblichen Schadensausgleichs zumindest denkbar. Nimmt man den Normcharakter von Gewohnheitsrecht ernst, muss hierauf in gleichem Maße wie auf geschriebene Rechtssätze zur methodischen Lückenfüllung zurückgegriffen werden können. Beruht das Gewohnheitsrecht wie vorliegend aber auf „erstarktem" Richterrecht, das seinerseits auf eine Analogie zurückzuführen ist, erscheint es widersinnig und unnötig kompliziert, nun wiederum das Gewohnheitsrecht analog anzuwenden und nicht auf diejenige Rechtsnorm – hier also § 254 BGB – zurückzugreifen, deren sich die Richter bereits zum Füllen der

1091 *Larenz/Canaris*, Methodenlehre der Rechtswissenschaft, S. 202; *Rüthers/Fischer u. a.*, Rechtstheorie mit juristischer Methodenlehre, S. 531.

1092 *Scholz*, Die existenzvernichtende Haftung von Vorstandsmitgliedern in der Aktiengesellschaft, S. 269 f.

1093 Für die wohl h.M. *Brox/Walker*, DB 1985, 1469; *Canaris*, RdA 1966, 41, 49; MünchHdb/*Reichold*, ArbR, § 51 Rn. 19; differenzierend *Annuß*, NZA 1998, 1089, 1094; *R. Krause*, in: Die Haftung des Arbeitnehmers, 2014, S. 60 f. die nur „negativ" die Unbilligkeit der unbeschränkten Arbeitnehmerhaftung als Gewohnheitsrecht anerkennen.

1094 *Bydlinski*, Juristische Methodenlehre und Rechtsbegriff, S. 214 ff.; *Larenz/Canaris*, Methodenlehre der Rechtswissenschaft, S. 176 f.; *Rüthers/Fischer u. a.*, Rechtstheorie mit juristischer Methodenlehre, S. 150.

1095 Zur geschichtlichen Entwicklung bereits unter D. II. 1.

1096 BAG, Beschl. v. 27.09.1994 – GS 1/89 (A), NJW 1995, 210, 211.

1097 Vgl. Entwurf eines Gesetzes zur Modernisierung des Schuldrechts, BT-Drs. 14/6857, S. 48; Beschlussempfehlung und Bericht zum Entwurf eines Gesetzes zur Modernisierung des Schuldrechts, BT-Drs. 14/7052, S. 204.

1098 *Rüthers/Fischer u. a.*, Rechtstheorie mit juristischer Methodenlehre, S. 150.

ersten Lücke bedient haben. Wenngleich an dieser Stelle auf eine eingehende Untersuchung der Analogiefähigkeit von Gewohnheitsrecht verzichtet werden kann, da es bei der Vorstandshaftung schon an einer Lückenhaftigkeit der gesetzlichen Regelung fehlt, spricht auch diese Überlegung gegen eine Begrenzung des § 93 Abs. 2 S. 1 AktG durch eine analoge Anwendung der Grundsätze des innerbetrieblichen Schadensausgleichs.

4. Zusammenfassung

Zur Beschränkung der nach § 93 Abs. 2 S. 1 AktG potentiell existenzvernichtenden Regresspflicht der Vorstandsmitglieder kann nicht auf die Grundsätze des innerbetrieblichen Schadensausgleichs zurückgegriffen werden. Gegen eine direkte Anwendung spricht maßgeblich die Stellung des Vorstands als Arbeitgeber. Und auch für eine analoge Anwendung der beschränkten Arbeitnehmerhaftung ist kein Raum. Mangels Regelungslücke fehlt es zum einen an den rechtstechnischen Voraussetzungen einer Analogie. Zum anderen lässt sich eine Haftungsfreistellung bei leichtester Fahrlässigkeit nicht mit der in § 93 Abs. 2 S. 1 AktG normierten Ersatzpflicht für *omnis culpa* in Einklang bringen. Des Weiteren bestehen erhebliche Zweifel, ob eine gewohnheitsrechtlich anerkannte Analogie ihrerseits einer entsprechenden Anwendung zugänglich ist.

III. Regressreduzierung qua Fürsorge- und Treuepflicht

Eine Begrenzung der potentiell existenzvernichtenden Vorstandshaftung könnte sich letztlich aus der Fürsorge- und Treuepflicht der Gesellschaft ergeben.[1099] Dieser Lösungsweg, der sich erst in jüngster Zeit herausgebildet hat, besticht auf den ersten Blick durch die Bezugnahme auf die im Aktienrecht anerkannte Fürsorgepflicht sowie die Grundsätze des innerbetrieblichen Schadensausgleichs, ohne diese jedoch direkt oder analog anzuwenden.[1100] Auf dieser Grundlage könnten die Vorstandsmitglieder vor einer existenzvernichtenden Inanspruchnahme bewahrt werden, ohne dass der Gesetzgeber legislatorisch tätig werden muss. Vor einer näheren Untersuchung der methodische Tragfähigkeit und Praktikabilität dieser Haftungsreduzierung erfolgt zur Orientierung zunächst eine Systematisierung des aktuellen Meinungsstandes.

1099 So insb. *Bayer*, in: FS Schmidt, 2009, 85 97; *Brommer*, AG 2013, 121, 128; *Casper*, ZHR (176) 2012, 617, 637 ff.; *J. Koch*, AG 2014, 513, 514 ff.; *J. Koch*, in: Liber amicorum Winter, 2011, 327, 338 f.; sympathisierend auch GK/*Hopt/Roth*, AktG, § 93 Rn. 398 ff.; *Hopt*, ZIP 2013, 1793, 1804; *Lotze*, NZKart 2014, 162, 167; *Reichert*, ZHR (177) 2013, 756, 777; *Seibt/Cziupka*, AG 2015, 93, 106 f.; *Spindler*, AG 2013, 889, 894 ff.

1100 Deutlich *Bayer*, in: FS Schmidt, 2009, 85, 97; *Brommer*, AG 2013, 121, 128; *J. Koch*, in: Liber amicorum Winter, 2011, 327, 339 ff.; *J. Koch*, AG 2012, 429, 435 ff.

1. Systematisierung des Meinungsstandes

Die Befürworter stützen die Haftungsreduktion auf die organschaftliche Treuebindung, die nicht nur den Vorstand, sondern auch die Gesellschaft zur Rücksichtnahme verpflichtet.[1101] Hinsichtlich der Ausgestaltung orientieren sie sich überwiegend an den arbeitsrechtlichen Grundsätzen des innerbetrieblichen Schadensausgleiches, jedoch ohne diese direkt oder analog anzuwenden.[1102] Vielmehr wird ein sogenannter „Wertungstransfer“ propagiert.[1103] Bezüglich der Funktionsweise dieser Regressbeschränkung ist das Meinungsbild in der Gruppe der Unterstützer disparat. Während der wohl überwiegende Teil mittlerweile für eine *ex lege* erfolgende Haftungsreduktion plädiert,[1104] trat namentlich *Bayer* zunächst für die Geltendmachung einer reduzierten Schadenssumme durch den Aufsichtsrat ein.[1105] Eine weitere Sonderstellung hat *Casper* inne, der sich für die Berücksichtigung der Treuepflicht im Rahmen der ARAG/Garmenbeck-Grundsätze ausspricht.[1106] Ebenfalls abweichend hierzu sieht *Mack* die Regressreduzierung als Einrede an, die der in Regress genommene Vorstand im Prozess erheben müsse.[1107] Neben den Rechtswirkungen divergieren überdies die zur Bemessung der Haftungsbeschränkung vorgeschlagenen Kriterien. Das Spektrum der zu berücksichtigenden Gesichtspunkte reicht vom Grad des Verschuldens[1108] und dem entstandenen Schaden[1109] über die Vergütung

1101 Prägnant Hüffer/Koch/*Koch*, AktG, § 84 Rn. 11 (*„keine Einbahnstraße“*) sowie *Reichert*, ZHR (177) 2013, 756, 776 f. (m.w.N.).

1102 Insb. *Bayer*, in: FS Schmidt, 2009, 85, 97; *Brommer*, AG 2013, 121, 128; *J. Koch*, AG 2014, 513, 515 ff; *J. Koch*, AG 2012, 429, 435 ff.; *J. Koch*, in: Liber amicorum Winter, 2011, 327, 339 ff.; *U. Rust*, ZWeR 2015, 299, 310 ff.; sympathisierend auch *Bachmann*, in: Verhandlungen des 70. DJT, 2014, Bd. 1, E 56 ff.; *Casper*, ZHR (176) 2012, 617, 639; *Hopt*, ZIP 2013, 1793, 1804; *Lotze*, NZKart 2014, 162, 167; *Spindler*, AG 2013, 889, 894 ff.

1103 Insb. *Bayer*, in: FS Schmidt, 2009, 85, 97; *Brommer*, AG 2013, 121, 128; *J. Koch*, AG 2014, 513, 515 ff; *J. Koch*, AG 2012, 429, 435 ff.; *J. Koch*, in: Liber amicorum Winter, 2011, 327, 339 ff.

1104 *J. Koch*, AG 2014, 513, 520 f.; Hüffer/Koch/*Koch*, AktG, § 93 Rn. 52; ähnlich auch *Bayer*, NJW 2014, 2546, 2548; *Bayer/Scholz*, NZG 2014, 926, 928; *Brommer*, AG 2013, 121, 127 ff.; *Hoffmann*, NJW 2012, 1393, 1398 f.

1105 So noch *Bayer*, in: FS Schmidt, 2009, 85, 97.

1106 *Casper*, ZHR (176) 2012, 617 639 ff.; dem folgend *Schnorbus/Ganzer*, WM 2015, 1877, 1878 ff.; hierzu bereits ausführlich unter B. II. 1. b).

1107 *Mack*, Die Regresshaftung von Vorstandsmitgliedern einer Aktiengesellschaft, S. 232 ff.

1108 *Casper*, ZHR (176) 2012, 617 642; *Bayer*, in: FS Schmidt, 2009, 85, 97; *J. Koch*, AG 2012, 429, 438; *J. Koch*, in: Liber amicorum Winter, 2011, 327, 348; *Reichert*, ZHR (177) 2013, 756, 779.

1109 *Bayer*, in: FS Schmidt, 2009, 85, 97; *J. Koch*, in: Liber amicorum Winter, 2011, 327, 349; *Reichert*, ZHR (177) 2013, 756, 779.

und die Vermögensverhältnisse des Vorstands,[1110] bis hin zur Schadensneigung des Unternehmens[1111]. Grundsätzliche Einigkeit herrscht indes darüber, dass die Regressreduzierung auch bei leichter Fahrlässigkeit nicht zu einem vollständigen Ausschluss der Ersatzpflicht nach § 93 Abs. 2 S. 1 AktG führen kann.[1112] Bei vorsätzlichem Pflichtverstoß soll die Haftungsreduzierung ebenfalls nicht anwendbar sein.[1113]

Den Unterstützern der Regressreduzierung steht eine fast ebenso starke Meinungsgruppe gegenüber, deren Vertreter sich entweder *per se* gegen die Herleitung einer Haftungsreduktion aus der gesellschaftsrechtlichen Treuepflicht wenden[1114] oder (auch) Bedenken gegen den „Transfer der arbeitsrechtlichen Wertungen" vorbringen.[1115] Kritikpunkt bildet vor allem, dass eine Begrenzung des zu ersetzenden Schadens methodisch nicht mit § 93 AktG vereinbar sei.[1116] Außerdem würden die Vorstandsmitglieder bei einer Haftungsbeschränkung nach dem Vorbild des Arbeitsrechts unbillig privilegiert.[1117] Darüber hinaus werden auch Bedenken gegen die Praxistauglichkeit einer solchen Regressbeschränkung geäußert.[1118]

1110 *Bayer*, in: FS Schmidt, 2009, 85, 97; *J. Koch*, in: Liber amicorum Winter, 2011, 327, 349; *Reichert*, ZHR (177) 2013, 756, 779; *Spindler*, AG 2013, 889, 895.

1111 *J. Koch*, AG 2012, 429, 438 f.; *J. Koch*, in: Liber amicorum Winter, 2011, 327, 348.

1112 *Brommer*, AG 2013, 121, 128; *Kaulich*, Die Haftung von Vorstandsmitgliedern einer Aktiengesellschaft für Rechtsanwendungsfehler, 304 f.; *J. Koch*, AG 2014, 513, 514; *J. Koch*, AG 2012, 429, 435; *J. Koch*, in: Liber amicorum Winter, 2011, 327, 348; *Reichert*, ZHR (177) 2013, 756, 779; in diese Richtung auch *Bayer*, in: FS Schmidt, 2009, 85, 97; *Bayer*, NJW 2014, 2546, 2548; KK/*Mertens/Cahn*, AktG, § 93 Rn. 38; *Spindler*, AG 2013, 889, 895.

1113 *Casper*, ZHR (176) 2012, 617, 642; *J. Koch*, AG 2012, 429, 438; Schmidt/Lutter/*Krieger/Sailer-Coceani*, AktG, § 93 Rn. 39; *Reichert*, ZHR (177) 2013, 756, 779.

1114 *Gaul*, AG 2015, 109, 113 f.; *Habersack*, ZHR (177) 2013, 782, 801 ff.; *Heyers*, WM 2016, 581, 583; *G. Wagner*, ZHR (178) 2014, 227, 276 ff.; zweifelnd auch *Blaurock*, in: FS Bornkamm, 2014, 107, 116 f.; *Fleischer*, ZIP 2014, 1305, 1307 f.

1115 *Blaurock*, in: FS Bornkamm, 2014, 107, 116; *Fabisch*, ZWeR 2013, 91, 110; *Fehrenbach*, AG 2015, 761, 769 ff.; *Fleischer*, DB 2014, 345, 349; *Fleischer*, ZIP 2014, 1305, 1306; *Gaul*, AG 2015, 109, 113 f.; *Goette*, ZHR (176) 2012, 588, 591; *Grunewald*, AG 2013, 813, 814 f.; *Habersack*, ZHR (177) 2013, 782, 802; *Hauger/Palzer*, ZGR 2015, 33, 75; *Hemeling*, ZHR (178) 2014, 221, 222; *Paefgen*, AG 2014, 554, 568 f.; *Schöne/Petersen*, AG 2012, 700, 704 ff.

1116 *Fleischer*, ZIP 2014, 1305, 1307; *Habersack*, ZHR (177) 2013, 782, 802 f.; *Paefgen*, AG 2014, 554, 569.

1117 So *Goette*, ZHR (176) 2012, 588, 591; *Fuchs/M. Zimmermann*, JZ 2014, 838, 843; *Schöne/Petersen*, AG 2012, 700, 701; *Werner*, GmbHR 2014, 792, 794.

1118 Deutlich *Grunewald*, AG 2013, 813, 814; *Habersack*, ZHR (177) 2013, 782, 802 f.; *Schöne/Petersen*, AG 2012, 700, 705.

2. Treuebindung als Ausgangspunkt einer Haftungsbeschränkung?

Zur Begründung der Regressreduzierung wird häufig pauschal auf die gesellschaftsrechtliche Fürsorge- und Treuepflicht verwiesen.[1119] Eine methodische Herleitung der Haftungsbeschränkung bildet demgegenüber die Ausnahme.[1120] Da es sich bei der Treuepflicht – wie *Jens Koch* zutreffend formuliert hat – um ein „amorphes dogmatisches Gebilde mit äußerst verschwommenen Konturen“[1121] handelt, ist zu Beginn der Frage nachzugehen, ob die Treuebindung der Gesellschaft überhaupt einen tauglichen Anknüpfungspunkt für eine Begrenzung der Ersatzpflicht bildet und eine Abweichung von § 93 Abs. 2 S. 1 AktG rechtfertigen kann.

a) Fürsorge- und Treuepflicht der Gesellschaft

Die aktienrechtliche Fürsorge- und Treuepflicht des Vorstands folgt aus seiner Organ- und Treuhänderstellung sowie den anstellungsvertraglichen Pflichten.[1122] Als Ausprägung des Gebotes von Treu und Glauben nach § 242 BGB überlagert sie das gesamte Rechtsverhältnis zwischen den Vorstandsmitgliedern und der Gesellschaft.[1123] Obwohl zumeist die Treuepflicht des Vorstands im Vordergrund der gesellschaftsrechtlichen Rechtsprechung und Literatur steht,[1124] handelt es sich bei ihr um „keine Einbahnstraße“[1125]. Vielmehr ist auch die Gesellschaft ihren Organen gegenüber zur Treue und Fürsorge verpflichtet.[1126]

b) Herleitung einer Regressreduzierung aus der Treuepflicht

Allein die Anerkennung einer Fürsorge- und Treuepflicht der Gesellschaft gegenüber ihren (ehemaligen) Geschäftsleitern kann eine Billigkeitskorrektur des § 93

1119 Insb. *Bayer*, in: FS Schmidt, 2009, 85, 97; *Brommer*, AG 2013, 121, 128; *J. Koch*, in: Liber amicorum Winter, 2011, 327, 344; MüKo/*Spindler*, AktG, § 93 Rn. 172.

1120 Ansätze einer Herleitung finden sich bei *Casper*, ZHR (176) 2012, 617, 638; *J. Koch*, AG 2012, 429, 436; *Reichert*, ZHR (177) 2013, 756, 777; ausführlich hingegen *Scholz*, Die existenzvernichtende Haftung von Vorstandsmitgliedern in der Aktiengesellschaft, S. 271 ff.

1121 *J. Koch*, AG 2012, 429, 435.

1122 Statt vieler nur Hölters/*Hölters*, AktG, § 93 Rn. 114; MüKo/*Spindler*, AktG, § 93 Rn. 108 (jeweils m.w.N.).

1123 Ähnlich *Fleck*, in: FS Hilger/Stumpf, 1983, 197, 207; Spindler/Stilz/*Fleischer*, AktG, § 84 Rn. 31; KK/*Mertens/Cahn*, AktG, § 84 Rn. 41; *J. Koch*, AG 2012, 429, 433; *Reichert*, ZHR (177) 2013, 756, 777; MüKo/*Schubert*, BGB, § 242 Rn. 190.

1124 Zu einzelnen Ausprägungen der Treuepflicht bereits unter B. I. 1 a) sowie C. II. 2. a).

1125 Prägnant Hüffer/Koch/*Koch*, AktG, § 84 Rn. 11.

1126 Statt vieler nur Spindler/Stilz/*Fleischer*, AktG, § 84 Rn. 31; Hüffer/Koch/*Koch*, AktG, § 84 Rn. 11; KK/*Mertens/Cahn*, AktG, § 84 Rn. 41; MüKo/*Spindler*, AktG, § 84 Rn. 67.

Abs. 2 S. 1 AktG allerdings nicht begründen.[1127] In diesem Zusammenhang ist zunächst darauf zurückzukommen, dass die gesellschaftsrechtliche Treuebindung eine Ausprägung des Grundsatzes von Treu und Glauben nach § 242 BGB bildet.[1128] Dieser Grundsatz lässt es zwar auf den ersten Blick als treuwidrig erscheinen, einen Vorstand, der jahrelang zum Prosperieren des Unternehmens beigetragen hat, wegen eines einmaligen fahrlässigen Pflichtverstoßes um dessen wirtschaftliche Existenz zu bringen.[1129] Ein solches (Un)Gerechtigkeitsempfinden bietet aber keinen tauglichen Ansatz für eine Regressreduzierung.[1130] Deswegen bedarf die Herleitung einer Haftungsbeschränkung aus der gesellschaftsrechtlichen Treuepflicht eines weiteren Begründungsaufwandes.

aa) Treuepflicht als gesellschaftsrechtliche Generalklausel

Als Generalklausel dient § 242 BGB der Konkretisierung und Korrektur des geltenden Rechts im Wege der richterlichen Rechtsfortbildung.[1131] Gleiches gilt für die ebenfalls als Generalklausel zu qualifizierende gesellschaftsrechtliche Fürsorge- und Treuepflicht.[1132] Mit derartigen Generalklauseln weist der Gesetzgeber, der nicht alle regelungsbedürftigen Lebenssachverhalte erfassen kann, dem Richter eine normsetzende Aufgabe zu.[1133] Vor diesem Hintergrund bietet das gesellschaftsrechtliche Treueverhältnis grundsätzlich einen tauglichen Ausgangspunkt, um das geltende Recht an neue Entwicklungen und Begebenheiten anzupassen.[1134]

bb) Schuldnerschutz als Ausprägung der Fürsorge- und Treuepflicht

Für die Herleitung einer Haftungsbeschränkung aus der Fürsorge- und Treuepflicht spricht maßgeblich, dass hierauf in der deutschen Rechtsordnung bereits an anderer Stelle zurückgegriffen wurde, um eine als unbillig empfundene Rechtsfolge zu vermeiden. Insofern stellt das Vehikel der Treuebindung kein Novum zur Konkretisierung der *lex lata* dar. Im Aktienrecht zeigen sich Ausprägungen der Treuepflicht der

---

1127 So aber Hüffer/Koch/*Koch*, AktG, § 84 Rn. 11; dem folgend *Casper*, ZHR (176) 2012, 617, 638; *Reichert*, ZHR (177) 2013, 756, 776 f.

1128 Statt vieler nur Spindler/Stilz/*Fleischer*, AktG, § 84 Rn. 31; *J. Koch*, AG 2012, 429, 433; *Reichert*, ZHR (177) 2013, 756, 777; MüKo/*Schubert*, BGB, § 242 Rn. 190.

1129 So auch *Reichert*, ZHR (177) 2013, 756, 777; ähnlich *Casper*, ZHR (176) 2012, 617, 637; *Peltzer*, in: FS Hoffmann-Becking, 2013, 861, 865.

1130 So bereits *Schöne/Petersen*, AG 2012, 700, 701; ähnlich *G. Wagner*, ZHR (178) 2014, 227, 276.

1131 Statt vieler nur Jauernig/*Mansel*, BGB, § 242 Rn. 8 f.; Staudinger/*Looschelders/Olzen*, BGB, § 242 Rn. 338; MüKo/*Schubert*, BGB, § 242 Rn. 24, 83.

1132 So auch *Scholz*, Die existenzvernichtende Haftung von Vorstandsmitgliedern in der Aktiengesellschaft, S. 274 unter Hinweis auf Hüffer/Koch/*Koch*, AktG, § 53a Rn. 15 (m.w.N.).

1133 *Rüthers/Fischer u. a.*, Rechtstheorie mit juristischer Methodenlehre, S. 508 f.

1134 Ähnlich *J. Koch*, AG 2012, 429, 433.

Gesellschaft etwa durch die Anwendung einzelner Arbeitnehmerschutzvorschriften auf den Vorstand.[1135] So werden insbesondere die Pfändungsschutzvorschriften auch auf Vorstandsmitglieder angewendet.[1136] Dabei bezwecken die §§ 850 ff. ZPO, dem Schuldner auch bei einer Zwangsvollstreckung ein menschenwürdiges Leben zu gewähren[1137] und bewirken folglich einen Schutz der in Anspruch genommenen Personen vor einer drohenden Existenzvernichtung. Daneben wird auch der Urlaubsanspruch der Vorstandsmitglieder bei Fehlen einer anstellungsvertraglichen Regelung auf die Fürsorgepflicht der Gesellschaft gestützt.[1138] Gleiches gilt unter besonderen Umständen für die Gewährung einer Altersvorsorge.[1139]

Für eine Nutzbarmachung der Treuepflicht, um eine Reduzierung der aus § 93 Abs. 2 S. 1 AktG resultierenden unbeschränkten Ersatzpflicht herzuleiten, streitet zudem, dass auch die Grundsätze des innerbetrieblichen Schadensausgleichs in ihren Anfängen auf die Fürsorgepflicht des Arbeitsgebers gestützt wurden.[1140] Bereits das RAG verwies zu deren Begründung darauf, dass der in den §§ 249 ff. BGB angelegte Grundsatz der Totalreparation im Arbeitsrecht zu unbilligen Ergebnissen führt.[1141] Die arbeitsrechtliche Schadensteilung sollte verhindern, dass der Arbeitnehmer über seine finanzielle Leistungsfähigkeit hinaus in Anspruch genommen und damit seine Existenz ruiniert wird.[1142] Allein aus dem Wechsel der arbeitsgerichtlichen Rechtsprechung, die die Grundsätze des innerbetrieblichen Schadensausgleichs seit dem Grundsatzbeschluss des BAG mit einer analogen Anwendung des § 254 BGB begründet,[1143] lässt sich nicht schließen, dass die Fürsorgepflicht keinen tauglichen Ausgangspunkt für eine Reduktion des § 93 Abs. 2 S. 1 AktG bietet.[1144] Denn die Ausführungen des BAG bezogen sich allein auf die Arbeitnehmerhaftung. Ein Aussagegehalt in Bezug auf die Ersatzpflicht der Vorstandsmitglieder lässt sich dem Beschluss nicht entnehmen. Da die Herleitung eines Schuldnerschutzes aus der (gesellschaftsrechtlichen) Fürsorge- und Treuepflicht im deutschen Recht bereits an

---

1135 Prägnant Hüffer/Koch/*Koch,* AktG, § 84 Rn. 11.

1136 BGH, Urt. v. 08.12.1977 – II ZR 219/75, NJW 1978, 756; Hüffer/Koch/*Koch,* AktG, § 84 Rn. 26; KK/*Mertens/Cahn,* AktG, § 84 Rn. 38; MüKo/*Spindler,* AktG, § 84 Rn. 93.

1137 Statt vieler nur Musielak/*Becker,* ZPO, § 850 Rn. 1; MüKo/*Smid,* ZPO, § 850 Rn. 1.

1138 Statt vieler nur Spindler/Stilz/*Fleischer,* AktG, § 84 Rn. 31; MüKo/*Spindler,* AktG, § 87 Rn. 96; hierauf verweist in diesem Zusammenhang auch *Mack,* Die Regresshaftung von Vorstandsmitgliedern einer Aktiengesellschaft, S. 215.

1139 BGH, Urt. v. 28.01.1953 – II ZR 265/51, NJW 1953, 740; BGH, Urt. v. 18.12.1954 – II ZR 281/53, NJW 1955, 501; BGH, Urt. v. 23.09.1968 – II ZR 94/67, NJW 1968, 2373; Spindler/Stilz/*Fleischer,* AktG, § 84 Rn. 50; MüKo/*Spindler,* AktG, § 84 Rn. 209.

1140 So auch *J. Koch,* AG 2012, 429, 436; zur Entwicklung des innerbetrieblichen Schadensausgleichs bereits unter D. II. 1. a).

1141 RAG, Urt. v. 12.06.1937 – RAG 297/36, ARS 30, 1, 3, 5.

1142 Prägnant *Brox/Walker,* DB 1985, 1469; *Joussen,* RdA 2006, 129, 130.

1143 BAG, Beschl. v. 27.09.1994 – GS 1/89 (A), NJW 1995, 210, 212.

1144 So aber *Fehrenbach,* AG 2015, 761, 771; *Fleischer,* ZIP 2014, 1305, 1308; ähnlich *Scholz,* Die existenzvernichtende Haftung von Vorstandsmitgliedern in der Aktiengesellschaft, S. 270 f.

anderer Stelle Anerkennung erfahren hat, erscheint es gerechtfertigt, eine Haftungsprivilegierung für Vorstandsmitglieder ebenfalls auf diese Grundlage zu stützen.

cc) Gefahr einer unzulässigen Rechtsfortbildung

Die vorstehenden Überlegungen haben gezeigt, dass die Fürsorge- und Treuepflicht grundsätzlich einen tauglichen Ansatzpunkt für eine Korrektur des § 93 Abs. 2 S. 1 AktG darstellt, da sie als Generalklausel ein Vehikel für eine richterliche Rechtsfindung bietet. Allerdings ist der Rechtsprechung keine freie Rechtsfortbildung gestattet.[1145] Vielmehr sind die Gerichte durch den vom Gesetzgeber festgelegten Sinn und Zweck der fortzubildenden Norm Grenzen gesetzt.[1146] Die bislang vertretenen Vorschläge zur Regressreduzierung nach Maßgabe der Treuepflicht lassen eine ausreichende Absicherung der Haftungsreduzierung mit den Regelungszwecken des § 93 Abs. 2 S. 1 AktG aber vermissen.[1147] *J. Koch* weist zwar darauf hin, dass die Ersatzpflicht nach § 93 Abs. 2 AktG einer vollständigen Haftungsfreistellung bei leichter Fahrlässigkeit entgegensteht[1148] und *Casper* sowie *J. Koch* gehen auf mögliche Konflikte mit § 93 Abs. 4 S. 3 AktG ein.[1149] Dennoch bewegen sich die bisherigen Vorschläge – abgesehen von den überzeugenden Ausführungen von *P. Scholz*, der auf die Anforderungen an eine Rechtsfortbildung *praeter legem* verweist und die Haftungsbeschränkung hierauf systematisch untersucht[1150] – nah an der Grenze einer unzulässigen Rechtsfortbildung. Gerade der von den Befürwortern der Regressreduzierung propagierte „Transfer der arbeitsrechtlichen Wertungen“ auf die Vorstandshaftung[1151] birgt die Gefahr einer verdeckten Anwendung der arbeitsrechtlichen Haftungsprivilegierung.[1152] Die Nähe der Regressbeschränkung qua Treuepflicht zu den Grundsätzen des innerbetrieblichen Schadensausgleichs zeigt sich vor allem mit

---

1145 *Rüthers/Fischer u. a.*, Rechtstheorie mit juristischer Methodenlehre S. 542.

1146 BVerfG, Beschl. v. 28.08.2000 – 1 BvR 1821/97, NJW 2000, 3635, 3636; BVerfG, Beschl. v. 25.01.2011 – 1 BvR 918/10, NJW 2011, 836, 838 (jeweils m.w.N.); zu den einzelnen Voraussetzungen einer Rechtsfortbildung ausführlich unter D. III. 3. a).

1147 So auch *Scholz*, Die existenzvernichtende Haftung von Vorstandsmitgliedern in der Aktiengesellschaft, S. 274 ff., der ebenfalls auf die Begründungsansätze von *Koch* und *Casper* verweist.

1148 *J. Koch*, AG 2012, 429, 435 f.

1149 *Casper*, ZHR (176) 2012, 617, 644 ff.; *J. Koch*, AG 2014, 513, 520 f.

1150 *Scholz*, Die existenzvernichtende Haftung von Vorstandsmitgliedern in der Aktiengesellschaft, S. 277 ff.

1151 Insb. *Bayer*, in: FS Schmidt, 2009, 85, 97; *Brommer*, AG 2013, 121, 128; *J. Koch*, AG 2014, 513, 515 ff; *J. Koch*, AG 2012, 429, 435 ff.; *J. Koch*, in: Liber amicorum Winter, 2011, 327, 339 ff.

1152 Ähnlich *Blaurock*, in: FS Bornkamm, 2014, 107, 116; *Fleischer*, DB 2014, 345, 349; *Scholz*, Die existenzvernichtende Haftung von Vorstandsmitgliedern in der Aktiengesellschaft, S. 274 ff.

Blick auf die zur Bemessung der Schadenshöhe vorgeschlagenen Kriterien.[1153] Unter dem Deckmantel des „Wertungstransfers" erfolgt teilweise eine derart starke Orientierung am innerbetrieblichen Schadensausgleich, dass dies einer Analogie sehr nahe kommt.[1154] Wie bereits erläutert, ist eine entsprechende Anwendung der arbeitsrechtlichen Haftungsbeschränkung jedoch aus methodischen Gründen abzulehnen.[1155] Die in diesem Zusammenhang geäußerten Bedenken können durch einen bloßen Wechsel der Begrifflichkeiten nicht ausgeräumt werden. Aus der gerade beschriebenen Nähe zu den arbeitsrechtlichen Grundsätzen folgt nicht zwingend die Untauglichkeit der gesellschaftsrechtliche Treuepflicht als Ansatzpunkt für eine Begrenzung des nach § 93 Abs. 2 S. 1 AktG ersatzfähigen Schadens. Auch ist eine Bezugnahme auf die arbeitsrechtlichen Grundsätze zur Konkretisierung der Haftungsprivilegierung aus diesen Gründen nicht *per se* abzulehnen. Nach dem Vorgesagten gilt es aber zweifellos, die Regressreduzierung qua Treuepflicht methodisch weiter abzusichern.

c) Zwischenergebnis

Als Zwischenergebnis bleibt demnach festzuhalten, dass die Fürsorge- und Treuepflicht der Gesellschaft einen tauglichen Anknüpfungspunkt für eine Beschränkung der Vorstandsinnenhaftung nach § 93 Abs. 2 S. 1 AktG bietet. Allein die Bezugnahme auf die Treuebindung ist zur Begründung einer Rechtsfortbildung der *lex lata* indes nicht ausreichend, da diese an weitere Voraussetzungen geknüpft ist.

3. Regressbeschränkung als zulässige Rechtsfortbildung?

Ein Abweichen von der durch § 93 Abs. 2 S. 1 AktG angeordneten unbeschränkten Vorstandshaftung auf Grundlage der Treuebindung der Gesellschaft könnte sich jedoch auch methodisch als zulässige Rechtsfortbildung darstellen. Nach einem Überblick über die Anforderungen, denen eine Rechtsfortbildung nach Judikatur und Schrifttum genügen muss, ist daher zu untersuchen, ob eine Haftungsbegrenzung qua Treuepflicht diese Voraussetzungen erfüllt.

a) Voraussetzungen und Grenzen einer Rechtsfortbildung

Nach der Rechtsprechung des BVerfG steht das Verfassungsrecht, insbesondere die in Art. 20 Abs. 3 GG normierte Gewaltenteilung, einer Rechtsfortbildung durch

---

1153 Zur Ausgestaltung der Regressreduzierung insb. *Bayer*, in: FS Schmidt, 2009, 85, 97 f.; *Casper*, ZHR (176) 2012, 617, 640 ff; *J. Koch*, in: Liber amicorum Winter, 2011, 327, 348f.

1154 Ähnlich *Blaurock*, in: FS Bornkamm, 2014, 107, 116; *Fleischer*, DB 2014, 345, 349; *Scholz*, Die existenzvernichtende Haftung von Vorstandsmitgliedern in der Aktiengesellschaft, S. 275.

1155 Hierzu bereits unter D. II. 3.

die Gerichte nicht grundsätzlich entgegen.[1156] Rechtfertigung findet die Fortentwicklung des geltenden Rechts vornehmlich in dem „beschleunigten Wandel[s] der gesellschaftlichen Verhältnisse“[1157] sowie „den begrenzten Reaktionsmöglichkeiten des Gesetzgebers“[1158] auf diese Veränderungen. Gerade ältere Gesetze unterliegen im Laufe der Zeit einer grundlegenden Neuordnung der tatsächlichen Umstände, die zu einer richterlichen Rechtsfindung drängen können.[1159] Grundlage für eine Rechtsfortbildung bieten – wie angesprochen – vor allem die Generalklauseln.[1160] Gleichwohl steht dem Richter keine unbeschränkte Befugnis zur Anpassung der *lex lata* an veränderte Begebenheiten zu. Vielmehr sind der Rechtsfortbildung durch den vom Gesetzgeber festgelegten Sinn und Zweck der fortzubildenden Norm Grenzen gesetzt.[1161] Dies bedeutet, dass der Richter auch bei einer zeitangepassten Anwendung des Rechts nicht befugt ist, sich über die gesetzgeberischen Wertentscheidungen hinwegzusetzen.[1162]

b) Vorrang von teleologischer Reduktion und Analogie

Die Herleitung einer Regressbeschränkung aus der Generalklausel der Fürsorge- und Treuepflicht ist methodisch als freie richterliche Rechtsfortbildung einzustufen. Gegenüber dieser genießen sowohl die teleologische Reduktion, als auch die Analogie einen Vorrang.[1163] Vor diesem Hintergrund wäre eine Haftungsreduzierung qua gesellschaftsrechtlicher Treuebindung unabhängig von den oben genannten Voraussetzungen unzulässig, wenn dem Bedürfnis nach einer Anpassung des geltenden Rechts an veränderte tatsächliche Umstände bereits durch eine teleologische Reduktion des § 93 Abs. 2 S. 1 AktG oder durch die analoge Anwendung einer anderen Rechtsnorm begegnet werden könnte.

1156 St. Rspr. des BVerfG, daher statt vieler nur BVerfG, Beschl. v. 28.08.2000 – 1 BvR 1821/97, NJW 2000, 3635, 3636; BVerfG, Beschl. v. 25.01.2011 – 1 BvR 918/10, NJW 2011, 836, 837 f. (jeweils m.w.N.).

1157 BVerfG, Beschl. v. 28.08.2000 – 1 BvR 1821/97, NJW 2000, 3635, 3636; BVerfG, Beschl. v. 25.01.2011 – 1 BvR 918/10, NJW 2011, 836, 868.

1158 BVerfG, Beschl. v. 28.08.2000 – 1 BvR 1821/97, NJW 2000, 3635, 3636; BVerfG, Beschl. v. 25.01.2011 – 1 BvR 918/10, NJW 2011, 836, 838.

1159 *Larenz/Canaris*, Methodenlehre der Rechtswissenschaft, S. 170 f.; *Rüthers/Fischer u. a.*, Rechtstheorie mit juristischer Methodenlehre, S. 540, 566 f.

1160 *Rüthers/Fischer u. a.*, a.a.O., S. 508 ff.; in Bezug auf § 242 BGB prägnant Staudinger/*Looschelders/Olzen*, BGB, § 242 Rn. 338; Jauernig/*Mansel*, BGB, § 242 Rn. 9.

1161 BVerfG, Beschl. v. 28.08.2000 – 1 BvR 1821/97, NJW 2000, 3635, 3636; BVerfG, Beschl. v. 25.01.2011 – 1 BvR 918/10, NJW 2011, 836, 838 (jeweils m.w.N.); Staudinger/*Looschelders/Olzen*, BGB, § 242 Rn. 337.

1162 Prägnant *Larenz/Canaris*, Methodenlehre der Rechtswissenschaft, S. 171.

1163 *Bydlinski*, Juristische Methodenlehre und Rechtsbegriff, S. 475; *Larenz/Canaris*, Methodenlehre der Rechtswissenschaft, S. 245 f.; Staudinger/*Looschelders/Olzen*, BGB, § 242 Rn. 345, 350.

aa) Keine teleologische Reduktion des § 93 Abs. 2 S. 1 AktG

Vorrangig könnte zunächst auf eine teleologische Reduktion des § 93 Abs. 2 S. 1 AktG zurückzugreifen sein, um eine potentiell ruinöse Ersatzpflicht der Vorstandsmitglieder zu verhindern. Bei der teleologischen Reduktion wird der Tatbestand einer Regelung auf ihren Normzweck reduziert und dadurch der zu weit gefasste Wortsinn der Vorschrift eingeschränkt.[1164] Als Folge erfasst der Anwendungsbereich nur noch Sachverhalte, die mit dem Willen des Gesetzgebers übereinstimmen.[1165] Die Haftungsnorm des § 93 Abs. 2 S. 1 AktG teleologisch zu reduzieren würde mithin bedeuten, dass diejenigen Inanspruchnahmen, bei denen aufgrund der Schadenshöhe eine wirtschaftliche Existenzvernichtung der Vorstandsmitglieder droht, nicht mehr in den Anwendungsbereich des Haftungstatbestand fielen und damit der jeweils in Regress genommene Geschäftsleiter gänzlich von einer Haftung verschont bliebe.[1166] Diese „Alles-oder-Nichts"-Lösung steht jedoch im Widerspruch zu den Regelungszwecken der Organhaftung. Nach allgemeiner Ansicht dient § 93 Abs. 2 S. 1 AktG sowohl der präventiven Verhaltenssteuerung als auch der Schadenskompensation.[1167] Beide Funktionen werden konterkariert, wenn das Eintreten einer vollständigen Haftungsfreistellung umso wahrscheinlicher wird, je höher die Schadenssumme ansteigt. Eine teleologische Reduktion des § 93 Abs. 2 S. 1 AktG stellt daher gegenüber einer Regressreduzierung nach Maßgabe der Fürsorge- und Treuepflicht kein vorrangiges Instrument zur Begrenzung des Vorstandsinnenregresses dar.

bb) Begrenzung des § 93 Abs. 2 S. 1 AktG durch Analogie?

Ein Rückgriff auf die gesellschaftsrechtliche Fürsorge- und Treueplicht wäre ferner ausgeschlossen, wenn eine Begrenzung des nach § 93 Abs. 2 S. 1 AktG ersatzfähigen Schadens durch eine Analogie erreicht werden könnte. Rechtsmethodisch wird hierunter die Übertragung einer Rechtsnorm auf einen ähnlichen Sachverhalt verstanden, der vom Wortlaut der Vorschrift zwar nicht erfasst ist, aber eine Vergleichbarkeit zum geregelten Tatbestand aufweist.[1168] Dies gründet auf dem Prinzip,

1164 BVerfG, Beschl. v. 30.03.1993 – 1 BvR 1045/89, NJW 1993, 2861, 2863; *Larenz/Canaris*, Methodenlehre der Rechtswissenschaft, S. 210 f.; Staudinger/*Looschelders/Olzen*, BGB, § 242 Rn. 344; *Rüthers/Fischer u. a.*, Rechtstheorie mit juristischer Methodenlehre, S. 537 f.

1165 *Larenz/Canaris*, Methodenlehre der Rechtswissenschaft, S. 210 f.; *Rüthers/Fischer u. a.*, Rechtstheorie mit juristischer Methodenlehre, S. 537 f.

1166 So auch *Scholz*, Die existenzvernichtende Haftung von Vorstandsmitgliedern in der Aktiengesellschaft, S. 301.

1167 Henssler/Strohn/*Dauner-Lieb*, GesR, § 93 AktG Rn. 1; Hölters/*Hölters*, AktG, § 93 Rn. 8; GK/*Hopt/Roth*, AktG, § 93 Rn. 28; Hüffer/Koch/*Koch*, AktG, § 93 Rn. 1; KK/*Mertens/Cahn*, AktG, § 93 Rn. 6.

1168 BVerfG, Urt. v. 03.04.1990 – 1 BvR 1186/89, NJW 1990, 1593 f.; *Bydlinski*, Juristische Methodenlehre und Rechtsbegriff, S. 475; *Rüthers/Fischer u. a.*, Rechtstheorie mit juristischer Methodenlehre, S. 531 f.

dass gleichartige Sachverhalte auch rechtlich gleich zu behandeln sind.[1169] Grundvoraussetzung ist stets die Lückenhaftigkeit der gesetzlichen Regelung,[1170] die bei der Vorstandshaftung aber gerade nicht gegeben ist.[1171] Und selbst wenn in Bezug auf § 93 Abs. 2 S. 1 AktG eine Gesetzeslücke auszumachen wäre, erscheint die Möglichkeit einer Analogie mangels Vorliegen einer Rechtsnorm, die einen vergleichbaren Sachverhalt regelt, fraglich.

So wurde eine entsprechende Anwendung der Grundsätze des innerbetrieblichen Schadensausgleichs bereits abgelehnt.[1172] Obwohl die Übertragung von Haftungshöchstgrenzen auf die Vorstandshaftung auf den ersten Blick denkbar erscheint, steht einer analogen Anwendung von § 88 AMG, § 10 ProdHaftG, § 12 StVG oder § 15 UmweltHG die fehlende Vergleichbarkeit der gesetzlichen Interessenlage entgegen.[1173] Während die genannten Vorschriften jeweils im Zusammenhang mit einem Gefährdungshaftungstatbestandes stehen, regelt § 93 Abs. 2 S. 1 AktG eine verschuldensabhängige Ersatzpflicht.[1174] Auch § 323 Abs. 2 HGB lässt sich nicht analog auf den Vorstandsinnenregress anwenden. Denn im Gegensatz zu Vorstandsmitgliedern ist der Wirtschaftsprüfer nicht fremdnützig für die Gesellschaft tätig, womit es an einer vergleichbaren Sachlage fehlt.[1175] Da die Haftungsprivilegierung für Arbeitnehmer von Rechtsprechung und Literatur mittlerweile auf eine analoge Anwendung des § 254 BGB gestützt wird,[1176] könnte letztlich diese Rechtsnorm auf die Vorstandsinnenhaftung übertragbar sein. Nach § 254 Abs. 1 BGB hängt die Verpflichtung zum Ersatz sowie der Umfang des zu leistenden Ersatzes von den Umständen, insbesondere davon ab, inwieweit der Schaden vorwiegend von dem einen oder dem anderen Teil verursacht worden ist, wenn bei der Entstehung des Schadens ein Verschulden des Beschädigten mitgewirkt hat. Die Regelung wird über ihren Wortlaut hinaus angewendet, wenn zwar ein Verschulden des Geschädigten nicht gegeben ist, sich aber eine von ihm zu vertretende Sach- oder Betriebsgefahr

---

1169 *Larenz/Canaris*, Methodenlehre der Rechtswissenschaft, S. 202; *Rüthers/Fischer u. a.*, Rechtstheorie mit juristischer Methodenlehre, S. 531.

1170 *Larenz/Canaris*, Methodenlehre der Rechtswissenschaft, S. 202; *Rüthers/Fischer u. a.*, Rechtstheorie mit juristischer Methodenlehre, S. 531.

1171 So insb. auch *Fleischer*, ZIP 2014, 1305, 1306; MüKo/*Henssler*, BGB, § 619a Rn. 19; *J. Koch*, in: Liber amicorum Winter, 2011, 327, 337; *J. Koch*, AG 2012, 429, 435; *Scholz*, Die existenzvernichtende Haftung von Vorstandsmitgliedern in der Aktiengesellschaft, S. 268.

1172 Hierzu bereits unter D. II. 3.

1173 So auch *Scholz*, a.a.O., S. 301; a.A. in Bezug auf § 10 ProdHaftG *Hoffmann*, NJW 2012, 1393, 1397.

1174 Ähnlich *Scholz*, Die existenzvernichtende Haftung von Vorstandsmitgliedern in der Aktiengesellschaft, S. 301.

1175 Ähnlich GK/*Hopt/Roth*, AktG, § 93 Rn. 399; *Scholz*, Die existenzvernichtende Haftung von Vorstandsmitgliedern in der Aktiengesellschaft, S. 301.

1176 Statt vieler nur BAG, Beschl. v. 27.09.1994 – GS 1/89 (A), NJW 1995, 210, 212; MüKo/*Henssler*, BGB, § 619a Rn. 12; ErfK/*Preis*, BGB, § 619a Rn. 10, 12.

realisiert hat.[1177] Hiermit hat auch das BAG in seinem Grundsatzbeschluss aus dem Jahr 1994 die entsprechende Anwendung des § 254 Abs. 1 BGB auf die Arbeitnehmerhaftung begründet, wobei sich das Gericht maßgeblich auf die Organisationsbefugnis des Arbeitgebers und die damit verbundene Möglichkeit zur Schaffung, Beibehaltung oder Veränderung von Schadensrisiken berufen hat.[1178] Eine vergleichbare Interessenlage besteht im Bereich der Vorstandshaftung nicht: Der Vorstand ist nicht weisungsabhängig in die Organisationsstruktur der Aktiengesellschaft eingebunden, sondern übt als Leitungsorgan selbst die Funktion des Arbeitgebers aus.[1179] Dies hat zur Folge, dass die Vorstandsmitglieder kraft ihrer Leitungsaufgabe selbst auf bestehende Schadensrisiken reagieren können. Mit Blick auf die Vertretungsbefugnis nach § 78 Abs. 1 AktG steht es ihnen vor allem offen, durch den Abschluss von Versicherungen entsprechende Vorkehrungen zu treffen. Vor diesem Hintergrund würde eine analoge Anwendung des § 254 Abs. 1 BGB zu einer Vermengung der Verantwortungsbereiche führen,[1180] weshalb auch diese Vorschrift nicht auf § 93 Abs. 2 S. 1 AktG übertragbar ist.

cc) Zwischenergebnis

Somit bleibt festzuhalten, dass eine Begrenzung der Vorstandsinnenhaftung weder durch eine teleologische Reduktion des § 93 Abs. 2 S. 1 AktG, noch durch eine Analogie zu erreichen ist.

c) Kein Tätigwerden des Gesetzgebers trotz Wandel der Umstände

Wie oben skizziert ist gleichwohl nur Raum für eine richterliche Rechtsfortbildung, wenn sich die tatsächlichen Begebenheiten seit Normerlass grundlegend verändert haben und der Gesetzgeber die Rechtslage diesen neuen Umständen bislang nicht angepasst hat. Folglich ist zu untersuchen, ob ein solcher Wandel im Bereich der Vorstandshaftung stattgefunden hat und ob hierauf eine Reaktion des Gesetzgebers erfolgt ist.

1177 Statt vieler nur BGH, Urt. v. 23.06.1952 – III ZR 297/51, NJW 1952, 1015, 1016; MüKo/*Oetker*, BGB, § 254 Rn. 14; Staudinger/*Schiemann*, BGB, § 254 Rn. 8 ff.; Jauernig/*Teichmann*, BGB, § 254 Rn. 5.

1178 BAG, Beschl. v. 27.09.1994 – GS 1/89 (A), NJW 1995, 210, 212.

1179 Prägnant *Fleck*, in: FS Hilger/Stumpf, 1983, 197, 216; Spindler/Stilz/*Fleischer*, AktG, § 76 Rn. 11; Fleischer/*Fleischer*, Vorstandsrecht, § 1 Rn. 8; GK/*Kort*, AktG, § 76 Rn. 234.

1180 In Bezug auf eine analoge Anwendung der arbeitsrechtlichen Haftungsprivilegierung *Scholz*, Die existenzvernichtende Haftung von Vorstandsmitgliedern in der Aktiengesellschaft, S. 268.

aa) Veränderung der tatsächlichen Begebenheiten

Die Ersatzpflicht der Vorstandsmitglieder hat sich seit der Kodifizierung des ADHGB im Jahr 1861 nicht maßgeblich verändert. Bereits mit Art. 241 Abs. 2 S. 1 ADHGB hat der Gesetzgeber eine persönliche und unbeschränkte Vorstandshaftung angeordnet.[1181] Hieran hat er mit § 84 AktG 1937 festgehalten[1182] und angesichts der Regelung in § 93 Abs. 2 S. 1 AktG hat dieses Grundprinzip auch gut 150 Jahre später noch Bestand. Zudem war es schon bei Erlass des ADHGB Aufgabe des Aufsichtsrates, den Vorstand zu überwachen.[1183] Auch heute ist dieser verpflichtet, das Bestehen von Ersatzansprüchen gegen den Vorstand zu prüfen und durchsetzbare Forderungen bei hinreichender Erfolgsaussicht grundsätzlich geltend zu machen.[1184] Doch während sich die Rechtslage im Laufe der Zeit nicht grundlegend geändert hat, ist ein gravierender Wandel der tatsächlichen Begebenheiten zu beobachten. Obwohl die Gefahr eines Auseinanderdriftens von Haftungsrisiko und persönlicher Leistungsfähigkeit des Vorstands seit jeher in der Organhaftung angelegt war, werden Schadensersatzansprüche gegen pflichtvergessene Vorstandsmitglieder erst seit wenigen Jahren konsequent verfolgt.[1185] Daneben sind die Schadenssummen erheblich gestiegen. Mittlerweile haben diese Höhen erreicht, die bei Verabschiedung des § 93 Abs. 2 S. 1 AktG sowie seinen Vorgängernormen schlichtweg nicht vorhersehbar waren. In Anbetracht der fortschreitenden Verrechtlichung unternehmerischer Entscheidungen ist auch der vom Vorstand zu beachtende Pflichtenstandard weitaus höher, als noch Ende des vorletzten Jahrhunderts.[1186] Speziell aus den gewachsenen Anforderungen an die Ausgestaltung einer Compliance-Organisation ergeben sich Haftungsrisiken, denen Vorstandsmitglieder erst seit den letzten Jahren ausgesetzt sind.[1187]

bb) Keine Reaktion des Gesetzgebers

Auf diese neuen Umstände sowie die fortschreitende Verrechtlichung hat der Gesetzgeber bislang nicht durch eine Änderung der Rechtslage reagiert. Mit der letzten Reform des Organhaftungsrechts – die Verlängerung der Verjährungsfrist in

---

1181 Art. 241 ADHGB, abgedruckt bei *Schubert/Hommelhoff*, Hundert Jahre modernes Aktienrecht, S. 123.

1182 § 84 AktG 1937, abgedruckt bei *Klausing*, Gesetz über Aktiengesellschaften und Kommanditgesellschaften auf Aktien nebst Einführungsgesetz und amtlicher Begründung, S. 69 f.

1183 Vgl. hierzu Art. 225a ADHGB, abgedruckt bei *Schubert/Hommelhoff*, Hundert Jahre modernes Aktienrecht S. 120.

1184 Statt vieler nur BGH, Urt. v. 21.04.1997 – II ZR 175/95, NJW 1997, 1926; BGH, Urt. v. 08.07.2014 – II ZR 174/13, NZG 2014, 1058, 1059; Spindler/Stilz/*Fleischer*, AktG, § 93 Rn. 291; MüKo/*Spindler*, AktG, § 93 Rn. 190; hierzu bereits ausführlich unter B. II. 1.

1185 Hierzu bereits unter B. II. 3.

1186 Ähnlich *Hemeling*, ZHR (178) 2014, 221, 223; *Spindler*, AG 2013, 889, 894.

1187 Hierzu bereits ausführlich unter B. I. 1. b) bb) (3), (4).

§ 93 Abs. 6 AktG – hat der Gesetzgeber keine Haftungserleichterung, sondern vielmehr eine Verbesserung der Haftungsdurchsetzung bezweckt.[1188] Gleiches gilt für die Erleichterung des Klagezulassungsverfahrens der Aktionäre in § 148 AktG.[1189] Und auch der Regelung des § 93 Abs. 2 S. 3 AktG, mit dem der Gesetzgeber die Zulässigkeit der D&O-Versicherung anerkannt hat, lag nicht primär der Schutz der Vorstandsmitglieder vor einer potentiell ruinösen Ersatzpflicht zugrunde. Vielmehr wollte die Legislative durch die Einführung eines verpflichtenden Selbstbehalts die Steuerungsfunktion der Organhaftung auch bei einer zugunsten der Vorstandsmitglieder abgeschlossenen D&O-Versicherung aufrechterhalten.[1190] Demgegenüber zielte die Kodifizierung der Business Judgement Rule in § 93 Abs. 1 S. 2 AktG grundsätzlich auf eine Beschränkung unabwägbarer Haftungsrisiken ab.[1191] Bei der Verabschiedung des UMAG im Jahr 2005 war das Risiko einer existenzvernichtenden Vorstandshaftung jedoch noch unbekannt. Deshalb ist bereits denknotwendig ausgeschlossen, dass der Gesetzgeber mit § 93 Abs. 1 S. 2 AktG auf die zeitlich erst später eingetretenen Veränderungen reagieren wollte.

cc) Zwischenergebnis

In den letzten Jahren ist das Haftungsrisiko der Vorstandsmitglieder aufgrund eines Wandels der tatsächlichen Umstände sowie der fortschreitenden Verrechtlichung erheblich gestiegen. Dennoch ist der Gesetzgeber zur Begrenzung der Regresssumme bislang nicht legislatorisch tätig geworden ist. Infolgedessen ist Raum für eine Rechtsfortbildung in Form einer Reduzierung der nach § 93 Abs. 2 S. 1 AktG zu erstattenden Schadenssumme.

d) Widerspruch zu den Wertungen der Vorstandshaftung?

Der richterlichen Rechtsfortbildung sind allerdings durch die gesetzgeberischen Wertentscheidungen Grenzen gesetzt.[1192] Denn eine Auslegung und Interpretation, die nicht mit dem Sinn und Zweck des Gesetzes im Einklang steht, ist nach

---

1188 Entwurf eines Gesetzes zur Restrukturierung und geordneten Abwicklung von Kreditinstituten, zur Errichtung eines Restrukturierungsfonds für Kreditinstitute und zur Verlängerung der Verjährungsfrist der aktienrechtlichen Organhaftung, BT-Drs. 17/3024, S. 4.

1189 Entwurf eines Gesetzes zur Unternehmensintegrität und Modernisierung des Anfechtungsrechts, BT-Drs. 15/5092, S. 20.

1190 Beschlussempfehlung und Bericht zum VorstAG, BT-Drs. 16/13433, S. 11.

1191 Entwurf eines Gesetzes zur Unternehmensintegrität und Modernisierung des Anfechtungsrechts, BT-Drs. 15/5092, S. 11.

1192 Hierauf verweist auch *Scholz*, Die existenzvernichtende Haftung von Vorstandsmitgliedern in der Aktiengesellschaft, S. 278, der die Zulässigkeit einer Beschränkung der Vorstandshaftung daher ebefalls an den Wertungen des § 93 AktG misst.

ständiger Rechtsprechung des BVerfG unzulässig.[1193] Deswegen ist entscheidend, ob eine Regressreduzierung auf Grundlage der Treuepflicht mit den Wertungen des § 93 AktG zu vereinbaren ist.

aa) Regelungszwecke der Organhaftung

Nach allgemeiner Ansicht dient die Organhaftung nach § 93 Abs. 2 S. 1 AktG sowohl der präventiven Verhaltenssteuerung der Vorstandsmitglieder als auch der Kompensation pflichtwidrig verursachter Schäden.[1194] Mit diesen Normzwecken muss eine Haftungsbeschränkung qua Treuepflicht in Einklang zu bringen sein.

(1) Präventionsfunktion

Mit der Androhung einer persönlichen Inanspruchnahme bezweckt der Gesetzgeber eine Steuerung der Organmitglieder hin zu sorgfältigem Verhalten.[1195] Hierzu steht eine vollständige Enthaftung des Vorstands in einem offensichtlichen Widerspruch. Führt eine im Wege der Rechtsfortbildung zu entwickelnde Haftungsbeschränkung bei leicht fahrlässigem Verhalten nicht zu einer Haftungsfreistellung, sondern lediglich zu einer Anspruchskürzung, ist eine positive Verhaltenssteuerung jedoch nicht ausgeschlossen. Der gegen ein Absenken der Schadenssumme vorgebrachte Einwand, der Präventionszweck entfalte bei mangelnder Vorhersehbarkeit der Höhe der Regressreduzierung *ex ante* keine Wirkung, vermag nicht zu überzeugen.[1196] Solange die Haftung mit einem wesentlichen Teil des privaten Vermögens droht, bleibt der Anreiz zu einem sorgfaltsgemäßen Verhalten auch bei einem teilweisen Regress bestehen.[1197] Dies gilt unabhängig davon, ob das pflichtvergessene Vorstandsmitglied die potentielle Schadenssumme konkret beziffern kann. In diesem Zusammenhang ist auch der rein tatsächliche Aspekt zu berücksichtigen, dass dem Vorstand gerade bei (leicht) fahrlässigen Pflichtverletzungen schon das Begehen eines Regelverstoßes nicht bewusst sein wird und er sich daher erst recht keine Gedanken über die Höhe eines auf dieser Pflichtverletzung beruhenden Ersatzanspruches macht. Zudem erscheint zweifelhaft, ob die verhaltenssteuernde Wirkung bei einem moderat herabgesetzten Regress tatsächlich geringer ist, als bei einer unbeschränkten Haftung.[1198]

1193 BVerfG, Beschl. v. 28.08.2000 – 1 BvR 1821/97, NJW 2000, 3635, 3636; BVerfG, Beschl. v. 25.01.2011 – 1 BvR 918/10, NJW 2011, 836, 838 (jeweils m.w.N.).

1194 Henssler/Strohn/*Dauner-Lieb,* GesR, § 93 AktG Rn. 1; Hölters/*Hölters,* AktG, § 93 Rn. 8; GK/*Hopt/Roth,* AktG, § 93 Rn. 28; Hüffer/Koch/*Koch,* AktG, § 93 Rn. 1; KK/*Mertens/Cahn,* AktG, § 93 Rn. 6.

1195 Prägnant Spindler/Stilz/*Fleischer,* AktG, § 93 Rn. 2 (m.w.N.).

1196 So aber *G. Wagner,* ZHR (178) 2014, 227, 277.

1197 So auch *Bayer/Scholz,* NZG 2014, 926, 928; *Grunewald,* AG 2013, 813, 816; *J. Koch,* AG 2012, 429, 435; *Scholz,* Die existenzvernichtende Haftung von Vorstandsmitgliedern in der Aktiengesellschaft S. 279; *Spindler,* AG 2013, 889, 895.

1198 So auch *Fleischer,* ZIP 2014, 1305, 1310, der einen linearen Gleichlauf von Haftungssumme und Präventionswirkung in Zweifel zieht.

Schließlich besteht bei einer Ersatzpflicht, die außer Verhältnis zur persönlichen Leistungsfähigkeit steht, stets die Gefahr, dass die Aussicht auf eine unbeschränkte Inanspruchnahme den Vorstand zu ungewollten Kosten-Nutzen-Kalkulationen veranlasst und damit risikoaverses Verhalten fördert.[1199] Darüber hinaus könnte die Präventionswirkung gänzlich entfallen, wenn der Vorstand mit Blick auf die zu erstattende Schadenssumme „buchstäblich nichts mehr zu verlieren hat“[1200]. Daher wird dem Ziel der Verhaltenssteuerung bei einer moderat herabgesetzten Haftungssumme im Zweifel mehr gedient, als bei einer drohenden Inanspruchnahme bis zur Grenze der §§ 850 ff. BGB.

Überdies geht auch der Gesetzgeber nicht davon aus, dass der Präventionszweck der Vorstandshaftung notwendigerweise einen unbeschränkten Regress fordert.[1201] Dies verdeutlicht der verpflichtende Selbstbehalt in § 93 Abs. 2 S. 3 AktG. Hierdurch soll sichergestellt werden, dass die Kompensation des Schadens nicht vollständig auf den D&O-Versicherer verlagert wird und damit die Steuerungsfunktion der Vorstandshaftung leer läuft.[1202] Implizit wird hiermit zum Ausdruck gebracht, dass die Legislative zur Wahrung der Präventionsfunktion auch eine beschränkte persönliche Haftung – und zwar in Höhe von mindestens 10 % des Schadens bis mindestens zur Höhe des Eineinhalbfachen der festen jährlichen Vergütung der Vorstandsmitglieder – als ausreichend erachtet.[1203] Die Beschränkung der Ersatzpflicht auf einen angemessenen Betrag muss vor diesem Hintergrund auch unabhängig vom Bestehen einer D&O-Versicherung dem Präventionszweck des § 93 Abs. 2 S. 1 AktG genügen.

1199 So in diesem Zusammenhang auch *Brommer*, AG 2013, 121, 123; *J. Koch*, AG 2012, 429, 435; *G. Wagner*, ZHR (178) 2014, 227, 256 ff.; in Bezug auf die Regressfähigkeit von Kartellbußgeldern *Kaulich*, Die Haftung von Vorstandsmitgliedern einer Aktiengesellschaft für Rechtsanwendungsfehler, S. 299.

1200 Treffend *Spindler*, AG 2013, 889, 895.

1201 Ähnlich *Bayer/Scholz*, NZG 2014, 926, 928; *G. Wagner*, ZHR (178) 2014, 227, 281: *„Verhaltenssteuerung im Interesse der Effizienz erfordert keineswegs eine maßlose Haftung“*.

1202 Beschlussempfehlung und Bericht zum VorstAG, BT-Drs. 16/13433, S. 11.

1203 Vgl. hierzu die Begründung des Beschlussempfehlung und Bericht zum VorstAG, BT-Drs. 16/13433, S. 11, wonach § 93 Abs. 2 S. 3 AktG Pflichtverletzungen präventiv entgegenwirken soll; ohne Hinweis auf die Beschlussempfehlung des Rechtsausschusses auch *Scholz*, Die existenzvernichtende Haftung von Vorstandsmitgliedern in der Aktiengesellschaft, S. 279 f.

(2) Kompensationsfunktion und Grundsatz der Totalreparation

Ein weiterer Zweck der Organhaftung liegt in der Schadenskompensation.[1204] Dies entspricht der Zielsetzung der §§ 249 ff. BGB,[1205] denen ebenfalls der Grundsatz der Totalreparation zugrunde liegt.[1206] Dementsprechend ist die Ersatzpflicht nach § 93 Abs. 2 S. 1 AktG auf einen vollständigen Ersatz des entstandenen Schadens gerichtet. Dieser gesetzlichen Grundwertung steht eine Reduzierung der Haftungssumme zunächst offensichtlich entgegen. Greift die Haftungsbeschränkung bei vorsätzlichen und ggf. auch bei grob fahrlässigen Pflichtverletzungen nicht ein,[1207] ist ein Konflikt mit dem Kompensationszweck bei diesen Verschuldensgraden hingegen ausgeschlossen.[1208] Doch auch eine Regressreduzierung bei lediglich leichter und mittlerer Fahrlässigkeit widerspricht zunächst der Ausgleichsfunktion des § 93 Abs. 2 S. 1 AktG.[1209] Beschränkt sich die Haftungsprivilegierung aber auf die Konstellationen, in denen die Schadenssumme das pfändbare Vermögen des pflichtvergessenen Vorstandsmitglieds um ein Vielfaches übersteigt und damit eine Existenzvernichtung droht,[1210] stellt sich der Widerspruch schon als weitaus geringer dar.[1211] Solange der in Anspruch genommene Geschäftsleiter ohne weiteres über die Mittel zum Schadensausgleich verfügt, verbliebe es bei dem Grundsatz der unbeschränkten Haftung. Und auch beim Eingreifen der Haftungsbeschränkung wegen fehlender Leistungsfähigkeit des Vorstands besteht bei genauerer Betrachtung eine nur unwesentliche Spannung zum Kompensationszweck. Eine zumindest faktische Einschränkung der Ausgleichsfunktion ist dem § 93 Abs. 2 S. 1 AktG nicht fremd. Schließlich wird bei (exorbitant) hohen Ersatzbeträgen, wenn

---

1204 Statt vieler nur Henssler/Strohn/*Dauner-Lieb*, GesR, § 93 AktG Rn. 1; Spindler/Stilz/*Fleischer*, AktG, § 93 Rn. 2; KK/*Mertens/Cahn*, AktG, § 93 Rn. 6; a.A. *G. Wagner*, ZHR (178) 2014, 227, 253 ff., der den Zweck allein in der Verhaltenssteuerung sieht.

1205 Statt vieler nur MüKo/*Oetker*, BGB, § 249 Rn. 8; Schulze/*Schulze*, BGB, Vor. §§ 249–253 Rn. 1; Jauernig/*Teichmann*, BGB, Vor. §§ 249–253 Rn. 2.

1206 Statt vieler nur Schulze/*Schulze*, BGB, Vor. §§ 249–253 Rn. 10; Jauernig/*Teichmann*, BGB, Vor. §§ 249–253 Rn. 2; in Bezug auf § 93 Abs. 2 S. 1 AktG insb.*Brommer*, AG 2013, 121, 122; *Fleischer*, ZIP 2014, 1305, 1306.

1207 Dies fordern insb. *Casper*, ZHR (176) 2012, 617, 642; *J. Koch*, AG 2012, 429, 437 f.; *Reichert*, ZHR (177) 2013, 756, 779.

1208 Ähnlich *Scholz*, Die existenzvernichtende Haftung von Vorstandsmitgliedern in der Aktiengesellschaft, S. 280.

1209 So auch *Fleischer*, ZIP 2014, 1305, 1307; *Paefgen*, AG 2014, 554, 569; *Schöne/Petersen*, AG 2012, 700, 704; i.E. ebenso *Mack*, Die Regresshaftung von Vorstandsmitgliedern einer Aktiengesellschaft, S. 231, die die Kompensationsfunktion allerdings als durch das Treue- und Fürsorgeverhältnis überlagert ansieht.

1210 Dies fordern insb. *Brommer*, AG 2013, 121, 124; *Casper*, ZHR (176) 2012, 617, 636 ff.; *J. Koch*, in: Liber amicorum Winter, 2011, 327, 332; *Reichert*, ZHR (177) 2013, 756, 777.

1211 Ähnlich *Scholz*, Die existenzvernichtende Haftung von Vorstandsmitgliedern in der Aktiengesellschaft, S. 280.

der Vorstand die Schadenssumme bei Deckungslücken oder gänzlichem Fehlen einer D&O-Versicherung selbst begleichen muss, ein Schadensausgleich im Regelfall nicht annähernd erreicht.[1212] Demzufolge erhält die Gesellschaft auch ohne das Eingreifen einer Regressreduzierung keinen vollständigen Ersatz. Vielmehr hat die Ersatzpflicht in diesem Fall, wie von *A. Arnold* treffend herausgestellt, im Hinblick auf den Schadensausgleich lediglich „Symbolcharakter".[1213]

Und auch die verbleibenden Spannungen mit dem Kompensationszweck sprechen nicht gegen eine Begrenzung der Schadenssumme im Einzelfall. Denn die Ausgleichsfunktion tritt zusehends hinter dem Präventionszweck der Organhaftung zurück.[1214] Im Normalfall kommt nicht der Vorstand, sondern die gesellschaftsfinanzierte D&O-Versicherung für entstandene Schäden auf.[1215] Den Vorrang der Präventionsfunktion hat auch der Gesetzgeber durch die Kodifikation des § 93 Abs. 2 S. 3 AktG anerkannt, da er zur Begründung des Selbstbehalts explizit auf das „Ausfallrisiko[s] der Gesellschaft im Haftungsfall eines Vorstandsmitglieds"[1216] verweist.[1217] Darüber hinaus gilt der Grundsatz der Totalreparation nicht ausnahmslos. Eine anerkannte Einschränkung ergibt sich schon aus der Haftungsprivilegierung für Arbeitnehmer.[1218] Beim Eingreifen gesetzlich vorgesehener oder vertraglich vereinbarter Haftungshöchstgrenzen muss der Schädiger den entstandenen Schaden ebenso nicht in voller Höhe erstatten. Dies spricht dafür, auch bei der Vorstandsinnenhaftung eine eng umgrenzte Ausnahme vom Grundsatz der Totalreparation zuzulassen. Abschließend ist demnach festzustellen, dass obwohl eine Regressreduzierung ein Konfliktpotential mit der Ausgleichsfunktion bietet, auch der Kompensationszweck des § 93 Abs. 2 S. 1 AktG einer Rechtsfortbildung nicht entgegensteht, sofern die Privilegierung nur bei einem deutlichen Auseinanderfallen von Haftungssumme und Vermögen des ersatzpflichtigen Vorstandsmitglieds eingreift.

1212 Ähnlich *Brommer*, AG 2013, 121, 123.

1213 *A. Arnold*, Die Steuerung des Vorstandshandelns, S. 170.

1214 So auch *A. Arnold*, a.a.O., S. 170.; *Baums*, in: Verhandlungen des 63. DJT, 2000, Bd. 1, F 233 f.; *Brommer*, AG 2013, 121, 123; *G. Wagner*, ZHR (178) 2014, 227, 256; a.A. *Blaurock*, in: FS Bornkamm, 2014, 107, 116 unter Hinweis auf *Fleischer*, ZIP 2005, 141, 152.

1215 Ebenso *G. Wagner*, ZHR (178) 2014, 227, 254 ff.; zu den Grenzen der D&O-Versicherung aber C. III.

1216 Beschlussempfehlung und Bericht zum VorstAG, BT-Drs. 16/13433, S. 11.

1217 So auch *Scholz*, Die existenzvernichtende Haftung von Vorstandsmitgliedern in der Aktiengesellschaft, S. 281.

1218 Ebenso *J. Koch*, AG 2014, 513, 521; zu dieser Ausnahme vom Grds. der Totalreparation statt vieler nur MüKo/*Oetker*, BGB, § 249 Rn. 14; MünchHdb/*Reichold*, ArbR, § 51 Rn. 20; Schulze/*Schulze*, BGB, Vor. §§ 249–253 Rn. 10.

bb) Haftung für omnis culpa gemäß § 93 Abs. 2 S. 1 AktG

Eine weitere Grundwertung des § 93 AktG liegt in der Haftung der Vorstandsmitglieder für Vorsatz und jeder Art der Fahrlässigkeit.[1219] Eine vollständige Übertragung der arbeitsrechtlichen Haftungsprivilegierung zur Konkretisierung der Regressbeschränkung qua Fürsorge- und Treuepflicht stünde hierzu in einem offensichtlichen Widerspruch,[1220] da die Arbeitnehmer nach den Grundsätzen des innerbetrieblichen Schadensausgleichs lediglich bei Vorsatz und grober Fahrlässigkeit vollständig haften, bei mittlerer Fahrlässigkeit anteilig an der Schadenssumme beteiligt werden und bei leicht fahrlässigen Pflichtverletzungen gänzlich von einer Haftung verschont bleiben.[1221] Führt die im Wege der Rechtsfortbildung zu entwickelnde Begrenzung der Ersatzpflicht demgegenüber auch bei leichter Fahrlässigkeit nur zu eine Reduzierung der Haftungssumme,[1222] lässt sie sich mit der Grundentscheidung des Gesetzgebers für eine Haftung für *omnis culpa* ohne Spannungen in Einklang bringen.[1223]

cc) Kein Widerspruch zur Business Judgement Rule

Auch § 93 Abs. 1 S. 2 AktG steht der Entwicklung einer Haftungsbeschränkung nicht entgegen. Obwohl die *Business Judgement Rule* in ihrem Anwendungsbereich zu einer Haftungsfreistellung des Vorstands führen kann,[1224] ist hierdurch eine weitere Regressreduzierung im Rahmen der Vorstandshaftung nicht ausgeschlossen. Insofern lässt sich der *Business Judgement Rule* nicht entnehmen, dass bei Pflichtverletzungen, die ihrem Anwendungsbereich nicht unterfallen, Haftungsfreistellungen oder -beschränkungen *per se* ausgeschlossen sind.[1225] Schon der Wortlaut des § 93 Abs. 2 S. 1 AktG legt nahe, dass es sich hierbei um einen Spezialvorschrift handelt, die den Geschäftsleitern nur bei unternehmerischen Entscheidungen einen „sicheren Hafen" bietet. Diese Deutung entspricht auch dem Willen des Gesetzgebers.

1219 Statt vieler nur LG München I, Urt. v. 10.12.2013 – 5 HKO 1387/10, ZIP 2014, 570, 575; Spindler/Stilz/*Fleischer*, AktG, § 93 Rn. 206; Fleischer/*Fleischer*, Vorstandsrecht, § 11 Rn. 56; MüKo/*Spindler*, AktG, § 93 Rn. 176 (jeweils m.w.N.).

1220 So auch *J. Koch*, AG 2012, 429, 438; zur weiteren Konkretisierung der Haftungsbeschränkung unter D. III. 4.

1221 Statt vieler nur BAG, Urt. v. 19.03.1959 – 2 AZR 402/55, NJW 1959, 1796; BAG, Beschl. v. 27.09.1994 – GS 1/89 (A), NJW 1995, 210, 211.

1222 Dies fordern insb. *Brommer*, AG 2013, 121, 128; *Casper*, ZHR (176) 2012, 617, 639; *Kaulich*, Die Haftung von Vorstandsmitgliedern einer Aktiengesellschaft für Rechtsanwendungsfehler, S. 304 f.; *J. Koch*, in: Liber amicorum Winter, 2011, 327, 348; *J. Koch*, AG 2012, 429, 438; *Reichert*, ZHR (177) 2013, 756, 779; *Spindler*, AG 2013, 889, 895.

1223 So auch *J. Koch*, AG 2012, 429, 438; *Scholz*, Die existenzvernichtende Haftung von Vorstandsmitgliedern in der Aktiengesellschaft, S. 279; a.A. *Hauger/Palzer*, ZGR 2015, 33, 76 f.; *Schöne/Petersen*, AG 2012, 700, 704.

1224 Ausführlich zur Reichweite der Business Judgement Rule unter B. I. 2.

1225 So auch *J. Koch*, AG 2012, 429, 438; a.A. *Schöne/Petersen*, AG 2012, 700, 705.

Denn bei der Kodifizierung des § 93 Abs. 1 S. 2 AktG ging es ihm allein um die Klarstellung, „dass [also] für Fehler im Rahmen des unternehmerischen Ermessensspielraums nicht gehaftet wird."[1226] Die Entscheidung, Gesetzes- und Satzungsverstöße auszunehmen, bezog sich dabei ausschließlich auf den Anwendungsbereich des § 93 Abs. 1 S. 2 AktG.[1227] Ein darüber hinaus gehender Ausschluss jeglicher Haftungsprivilegierungen bei Legalitätsverstößen ist darin hingegen nicht enthalten. Andernfalls wäre auch bei Vorliegen der Voraussetzungen eines entschuldigenden Rechtsirrtums eine Ersatzpflicht anzunehmen. Wie bereits dargelegt, entfällt nach Maßgabe der ISION-Entscheidung des BGH[1228] jedoch der Verschuldensvorwurf, wenn der jeweilige Geschäftsleiter eine Entscheidung unter rechtlicher Unsicherheit getroffen hat, die sich *ex post* als falsch herausstellt.[1229]

Des Weiteren bezweckt die *Business Judgement Rule*, den unternehmerischen Mut der Vorstandsmitglieder zu erhalten.[1230] Dieses Ziel wird angesichts der Darlegungs- und Beweislastverteilung sowie der nicht gänzlich vermeidbaren Gefahr von richterlichen Rückschaufehlern auch innerhalb des Anwendungsbereichs des § 93 Abs. 1 S. 2 AktG nicht immer erreicht.[1231] Damit dient die Entwicklung der Regressbeschränkung letztlich sogar der Verwirklichung des mit der Einführung der *Business Judgement Rule* verfolgten Zwecks.[1232]

dd) Vereinbarkeit mit § 93 Abs. 2 S. 3 AktG

Eine Beschränkung der Ersatzpflicht muss ferner auch mit dem Regelungszweck des § 93 Abs. 2 S. 3 AktG zu vereinbaren sein. Nach dieser Vorschrift ist zwingend ein Selbstbehalt von mindestens 10 % des Schadens bis mindestens zur Höhe des Eineinhalbfachen der festen jährlichen Vergütung des Vorstandsmitglieds vorzusehen, wenn die Gesellschaft eine Versicherung zur Absicherung eines Vorstands gegen Risiken aus dessen beruflicher Tätigkeit für die Gesellschaft abschließt. Hiermit bezweckt der Gesetzgeber, den Vorstand auch bei Bestehen einer D&O-Versicherung mit einem festgelegten Mindestbetrag am Ersatz der Schadenssumme zu beteiligen.[1233] Zugegebenermaßen wird die Versicherung des Selbstbehaltes mittlerweile

---

1226 Entwurf eines Gesetzes zur Unternehmensintegrität und Modernisierung des Anfechtungsrechts, BT-Drs. 15/5092, S. 11; hierauf bezieht sich auch *Scholz*, Die existenzvernichtende Haftung von Vorstandsmitgliedern in der Aktiengesellschaft, S. 282.

1227 Vgl. hierzu Entwurf eines Gesetzes zur Unternehmensintegrität und Modernisierung des Anfechtungsrechts, BT-Drs. 15/5092, S. 11.

1228 BGH, Urt. v. 20.09.2011 – II ZR 234/09, NJW-RR 2011, 1670.

1229 Hierzu bereits ausführlich unter B. I. 2. b) aa) (3).

1230 Statt vieler nur BGH, Urt. v. 21.04.1997 – II ZR 175/95, NJW 1997, 1926, 1927 f.; Spindler/Stilz/*Fleischer*, AktG, § 93 Rn. 13; MüKo/*Spindler*, AktG, § 93 Rn. 36.

1231 Hierzu bereits ausführlich unter B. I. 2. c).

1232 Ähnlich *J. Koch*, AG 2012, 429, 438; *Scholz*, Die existenzvernichtende Haftung von Vorstandsmitgliedern in der Aktiengesellschaft, S. 283.

1233 Beschlussempfehlung und Bericht zum VorstAG, BT-Drs. 16/13433, S. 11.

zu Recht als zulässig angesehen,[1234] sodass pflichtvergessene Vorstandsmitglieder für entstandene Schäden nicht notwendigerweise aus eigenen Mitteln aufkommen müssen, wodurch das Ziel des § 93 Abs. 2 S. 1 AktG oftmals konterkariert wird.[1235] Bei der Untersuchung der Frage, ob eine Regressreduzierung auf Grundlage der gesellschaftsrechtlichen Fürsorge- und Treuepflicht mit den Wertungen des § 93 AktG in Einklang zu bringen ist, erscheint allerdings eine Rückbesinnung auf den gesetzgeberischen Willen als angebracht. Hierzu würde sich ein vollständiger Regressausschluss offensichtlich in Widerspruch setzen. Wird die Grenze des § 93 Abs. 2 S. 3 AktG, die der Gesetzgeber offenbar als angemessen zur Wahrung des Präventionszwecks der Vorstandshaftung angesehen hat, aber auch bei der Bemessung des im Wege der Haftungsbeschränkung als Mindestersatzbetrag zu erstattenden Schadens berücksichtigt, ist eine solche Regressreduzierung mit dem Normzweck des § 93 Abs. 2 S. 3 AktG in Einklang zu bringen.[1236]

ee) Kein zwingender Widerspruch zu § 93 Abs. 3 AktG

Eine Haftungsbeschränkung nach Maßgabe der gesellschaftsrechtlichen Fürsorge- und Treuepflicht steht zudem in keinem zwingenden Widerspruch zu § 93 Abs. 3 AktG. Danach sind die Vorstandsmitglieder namentlich zum Ersatz verpflichtet, wenn sie eine der enumerativ genannten Handlungen begehen. Gemeinsamkeit der in der Vorschrift aufgezählten Pflichtverletzungen ist eine gesetzeswidrige Minderung des Gesellschaftsvermögens,[1237] dessen Schutz mit § 93 Abs. 3 AktG bezweckt wird.[1238] Diesem Ziel scheint eine Reduzierung der vom Vorstand zu ersetzenden Haftungssumme zunächst zu widersprechen.[1239] Wie ausgeführt, sind eine vollständige Kompensation und damit ein lückenloser Schutz des Gesellschaftsvermögens jedoch schon in tatsächlicher Hinsicht nicht immer zu erreichen. Kann der Vorstand den entstandenen Schaden wegen begrenzter persönlicher Leistungsfähigkeit nicht vollständig erstatten, ist der Normzweck des § 93 Abs. 3 AktG selbst ohne Regressreduzierung faktisch eingeschränkt. Außerdem resultiert das gestiegene Haftungsrisiko der Geschäftsleiter u.a. daraus, dass die Vorstandsmitglieder trotz exponentiellen Anstiegs der einzuhaltenden Rechtsnormen auch bei leicht fahrlässigen Pflichtverletzungen unbeschränkt ersatzpflichtig sind.[1240] Bei den in § 93 Abs. 3 AktG

1234 Für die wohl h.M. Bruck/Möller/*Baumann,* VVG, AVB-AVG 2011/2013 Ziff. 4 Rn. 59; Prölss/Martin/*Voit,* VVG, AVB-AVG Ziff. 4.3 Rn. 13.

1235 Kritisch insofern auch *R. Koch,* AG 2009, 637, 645.

1236 Ähnlich *Casper,* ZHR (176) 2012, 617, 641; *J. Koch,* AG 2012, 429, 439; *J. Koch,* in: Liber amicorum Winter, 2011, 327, 348; hinsichtlich einer Haftungsbegrenzung de lege ferenda auch *Reichert,* ZHR (177) 2013, 756, 779, 801.

1237 Statt vieler nur Spindler/Stilz/*Fleischer,* AktG, § 93 Rn. 260; MüKo/*Spindler,* AktG, § 93 Rn. 221.

1238 Henssler/Strohn/*Dauner-Lieb,* GesR, § 93 AktG Rn. 1; Hölters/*Hölters,* AktG, § 93 Rn. 8; GK/*Hopt/Roth,* AktG, § 93 Rn. 326; Hüffer/Koch/*Koch,* AktG, § 93 Rn. 1.

1239 Zweifelnd auch *Paefgen,* AG 2014, 554, 569.

1240 Ähnlich *Spindler,* AG 2013, 889, 894.

genannten Verstößen gegen das Aktiengesetz, oftmals als „die neun Todsünden“ bezeichnet,[1241] handelt es sich aber um Pflichten, die einem gewissenhaften Geschäftsleiter bekannt sein müss(t)en. Eine auf leichter oder mittlerer Fahrlässigkeit beruhende Verletzung dieser Normen erscheint vor diesem Hintergrund höchst unwahrscheinlich. Folglich ließe sich argumentieren, dass eine Regressreduzierung, die nur bei diesen Verschuldensgraden zu einer Minderung des Ersatzbetrages führt, keine Spannungen mit § 93 Abs. 3 AktG hervorrufen kann. Gleichwohl hat der Gesetzgeber die Sonderstellung der in § 93 Abs. 3 AktG genannten Kardinalspflichten in § 93 Abs. 5 S. 3 AktG nochmals herausgestellt. Danach können die Gläubiger den Ersatzanspruch der Gesellschaft in anderen Fällen als denen des Abs. 3 nur dann geltend machen, wenn die Vorstandsmitglieder die Sorgfalt eines ordentlichen und gewissenhaften Geschäftsleiters gröblich verletzt haben. Hieraus lässt sich zum einen folgern, dass ein auf leichter oder mittlerer Fahrlässigkeit beruhender Verstoß aus Sicht der Legislative nicht derart unwahrscheinlich ist, wie dies zunächst scheint. Zum anderen spricht diese Regelung dafür, dass § 93 Abs. 3 AktG stets unabhängig von der Schwere des Verschuldens (vollständig) durchgesetzt werden soll. Um die herausgehobene Stellung der in § 93 Abs. 3 AktG geregelten Verstöße gegen das Aktiengesetz beizubehalten, liegt es mithin nahe, diesen Sondertatbestand von der Regressbeschränkung auszunehmen.

ff) Spannung zu § 93 Abs. 4 S. 3 AktG?

Gemäß § 93 Abs. 4 S. 3 AktG kann die Gesellschaft erst drei Jahre nach der Entstehung des Anspruchs und nur dann auf Ersatzansprüche verzichten, wenn die Hauptversammlung zustimmt und nicht eine Minderheit, deren Anteile zusammen den zehnten Teil des Grundkapitals erreichen, zur Niederschrift Widerspruch erhebt. Da eine Reduzierung der zu erstattenden Schadenssumme in ihrer praktischen Auswirkung letztlich einem Teilverzicht der Gesellschaft gleichkommt, steht diese Regelung der Zulässigkeit einer solchen Rechtsfortbildung auf den ersten Blick entgegen. Ob die Haftungsbeschränkung tatsächlich mit den Wertungen des § 93 Abs. 4 S. 3 AktG konfligiert, ist daher näher zu untersuchen.

(1) Regelungszwecke des § 93 Abs. 4 S. 3 AktG

Die Vorschrift des § 93 Abs. 4 S. 3 AktG verbindet verschiedene Zielsetzungen des Gesetzgebers. Mit der dreijährigen Sperrfrist soll verhindert werden, dass die Gesellschaft zu einem Zeitpunkt auf Ansprüche verzichtet, in dem das Ausmaß der Pflichtverletzung und damit auch die Schadenshöhe noch nicht abzuschätzen sind.[1242] Die erforderliche Zustimmung durch die Hauptversammlung dient der

1241 So etwa Spindler/Stilz/*Fleischer*, AktG, § 93 Rn. 260; Hüffer/Koch/*Koch*, AktG, § 93 Rn. 68.

1242 Amtl. Begr. zu § 93 AktG 1965, abgedruckt bei *Kropff*, Aktiengesetz, S. 123; KK/*Mertens/Cahn*, AktG, § 93 Rn. 164; MüKo/*Spindler*, AktG, § 93 Rn. 251.

Verhinderung kollusiven Zusammenwirkens von Aufsichtsrat und Vorstand.[1243] Mit der Widerspruchsmöglichkeit der Minderheitsaktionäre werden deren Rechte aus §§ 147 f. AktG gestärkt, indem die Mehrheitsaktionäre nicht gegen den Willen der Minderheit über den Schadensersatzanspruch disponieren können.[1244] Zudem dient § 93 Abs. 4 S. 3 AktG dem Schutz des Gesellschaftsvermögens.[1245] Indirekt ist damit auch ein Gläubigerschutz verbunden.[1246] Dieser Gesetzeszweck findet seine Konkretisierung jedoch nicht in § 93 Abs. 4 S. 3 AktG, sondern in § 93 Abs. 5 S. 3 AktG.[1247]

(2) Kein Widerspruch mit den gesetzlichen Wertungen

Ob eine Haftungsbeschränkung auf Grundlage der gesellschaftsrechtlichen Treuepflicht zu einem Widerspruch mit den Wertungen des § 93 Abs. 4 S. 3 AktG führt, hängt maßgeblich von deren rechtlicher Einordnung ab. Daran entscheidet sich, welche Rechtsfolgen auf ein Konfliktpotential mit den genannten Normzwecken zu überprüfen sind.

i. Rechtliche Einordnung der Haftungsbegrenzung

Während die wohl überwiegende Mehrheit der Befürworter der Regressbeschränkung für eine *ex lege* eintretende Haftungsreduktion plädiert,[1248] treten andere dafür ein, dass die Treuebindung die Aufsichtsratsmitglieder dazu berechtigt, lediglich eine reduzierte Schadenssumme geltend zu machen.[1249] Abweichend vertritt *Mack*, dass die Regressreduzierung vom Vorstandsmitglied einredeweise erhoben werden müsse.[1250] Mit der erstgenannten Gruppe ist richtigerweise davon auszugehen, dass der Ersatzanspruch bei Eingreifen der Haftungsbeschränkung in geminderter Höhe entsteht, der Aufsichtsrat die anhand der noch zu ermittelnden Kriterien herabgesetzte Schadenssumme geltend macht und das Gericht schließlich als Korrektiv

---

1243 BGH, Urt. v. 08.07.2014 – II ZR 174/13, NZG 2014, 1058, 1060; Bürgers/Körber/*Bürgers/Israel,* AktG, § 93 Rn. 36; Spindler/Stilz/*Fleischer,* AktG, § 93 Rn. 278; GK/*Hopt/Roth,* AktG, § 93 Rn. 503; KK/*Mertens/Cahn,* AktG, § 93 Rn. 161.

1244 Statt vieler nur Hölters/*Hölters,* AktG, § 93 Rn. 315; Spindler/Stilz/*Fleischer,* AktG, § 93 Rn. 276; Hüffer/Koch/*Koch,* AktG, § 93 Rn. 78; MüKo/*Spindler,* AktG, § 93 Rn. 250.

1245 Insb. Spindler/Stilz/*Fleischer,* AktG, § 93 Rn. 276; Hüffer/Koch/*Koch,* AktG, § 93 Rn. 76.

1246 Prägnant MüKo/*Spindler,* AktG, § 93 Rn. 1.

1247 Statt vieler nur Spindler/Stilz/*Fleischer,* AktG, § 93 Rn. 276; Hölters/*Hölters,* AktG, § 93 Rn. 322; MüKo/*Spindler,* AktG, § 93 Rn. 267.

1248 Insb. *J. Koch,* AG 2014, 513, 520 f.; Hüffer/Koch/*Koch,* AktG, § 93 Rn. 52; ähnlich auch *Bayer,* NJW 2014, 2546, 2548; *Bayer/Scholz,* NZG 2014, 926, 928; *Brommer,* AG 2013, 121, 127 ff.; *Hopt,* ZIP 2013, 1793, 1804.

1249 So noch *Bayer,* in: FS Schmidt, 2009, 85, 97; ähnlich *Casper,* ZHR (176) 2012, 617, 639 ff.

1250 *Mack,* Die Regresshaftung von Vorstandsmitgliedern einer Aktiengesellschaft, S. 232 ff.

darüber entscheidet, ob die konkrete Reduzierung angemessen oder der Gesellschaft ein höherer oder geringerer Ersatzbetrag zuzusprechen ist. Insofern sei zunächst in Erinnerung gerufen, dass das Risiko einer existenzvernichtenden Haftung aus § 93 Abs. 2 S. 1 AktG resultiert.[1251] In Bezug auf diese Vorschrift wurde auch ein grundsätzlicher Wandel der tatsächlichen Begebenheiten als Voraussetzung der richterlichen Rechtsfindung ausgemacht.[1252] Wollte man dem Aufsichtsrat rechtsfortbildend die Befugnis zur Geltendmachung eines reduzierten Betrages zusprechen, wäre nicht § 93 Abs. 2 S. 1 AktG, sondern §§ 111 Abs. 1, 112 S. 2 AktG der richtige Ansatzpunkt. Diese Vorschriften verpflichten das Kontrollorgan dazu, das Bestehen von Ansprüchen gegen den Vorstand zu prüfen und durchsetzbare Forderungen in der Regel geltend zu machen.[1253] Dabei besteht die Pflicht des Aufsichtsrats zur Durchsetzung des § 93 Abs. 2 S. 1 AktG mit Blick auf das ARAG/Garmenbeck-Urteil des BGH zwar nicht in jedem Fall.[1254] Eine Ausnahme vom Grundsatz der Regelverfolgung zum Schutz der Vorstandsmitglieder bei einer drohenden Vernichtung ihrer wirtschaftlichen Existenz ist bei hohen Schadensummen aber gerade nicht zulässig.[1255] Neben der Anknüpfung an die materielle Ersatzpflicht des § 93 Abs. 2 S. 1 AktG für die Haftungsbeschränkung spricht für eine *ex lege* eintretende Reduktion der Ersatzsumme überdies, dass auch die Grundsätze des innerbetrieblichen Schadensausgleichs dem Gericht bei mittlerer Fahrlässigkeit die Möglichkeit zur Abwägung einräumen.[1256] Eine derart ausgestaltete Beschränkung einer Schadensersatzpflicht stellt in unserer Rechtsordnung folglich kein Novum dar.

ii. Kein Konflikt bei einer automatischen Regressreduzierung

Eine kraft Gesetzes eintretende Reduktion der Haftungssumme steht in keinem Widerspruch zum Zweck der dreijährigen Sperrfrist. Entsteht die Regressforderung nur in beschränkter Höhe, bedarf es keines Schutzes der Gesellschaft vor überstürzten Vergleichs- oder Verzichtsentscheidungen, da die Hauptversammlung keine dahingehenden Beschlüsse fasst.[1257] Auch der Schutz vor einem kollusiven Zusammenwirken durch Vorstand und Aufsichtsrat wird durch die Haftungsbeschränkung nicht konterkariert. Ist die Schadenssumme schon aufgrund der Fürsorge- und Treuepflicht gemindert, klagt der Aufsichtsrat die herabgesetzte Schadenssumme ein und entscheidet letztlich das Gericht darüber, welcher Betrag der Gesellschaft zuzusprechen

---

1251 Hierzu bereits ausfürhlich unter B. I.

1252 Vgl. hierzu D. III. 3. c).

1253 BGH, Urt. v. 21.04.1997 – II ZR 175/95, NJW 1997, 1926; Bürgers/Körber/*Bürgers,* AktG, § 93 Rn. 35a; Spindler/Stilz/*Fleischer,* AktG, § 93 Rn. 291; MüKo/*Spindler,* AktG, § 93 Rn. 190.

1254 BGH, Urt. v. 21.04.1997 – II ZR 175/95, NJW 1997, 1926.

1255 Hierzu bereits ausführlich unter B. II. 1. b).

1256 Statt vieler nur BAG, Urt. v. 19.03.1959 – 2 AZR 402/55, NJW 1959, 1796; BAG, Beschl. v. 27.09.1994 – GS 1/89 (A), NJW 1995, 210, 211.

1257 Ähnlich *J. Koch,* AG 2014, 513, 520 f.; Hüffer/Koch/*Koch,* AktG, § 93 Rn. 52.

ist, liegt die Entscheidung über die Anspruchshöhe nicht beim Aufsichtsrat.[1258] Dies lässt keinen Raum für eine die Gesellschaft schädigende Rücksichtnahme der Organe untereinander, die der Gesetzgeber mit dem Zustimmungserfordernis der Hauptversammlung verhindert wollte. Solange die Regressreduzierung an dem materiellen Ersatzanspruch ansetzt, werden auch die Klagerechte der Aktionärsminderheiten aus §§ 147 f. AktG nicht verkürzt.[1259] Den Anteilsinhabern bleibt es unbenommen, Ansprüche gegen (ehemalige) Vorstandsmitglieder gerichtlich geltend zu machen. Auch ein Konflikt mit dem Schutz des Gesellschaftsvermögens ist abzulehnen. Eine Regressreduzierung, die lediglich bei leichter und mittlerer Fahrlässigkeit sowie krasser finanzieller Überforderung des Vorstands eingreift, führt zu keinem unauflösbaren Widerspruch mit dem Kompensationszweck.[1260] Sofern das in Anspruch genommene Organ nicht über die Mittel zum Schadensausgleich verfügt, bedeutet eine Reduzierung der Ersatzsumme im Vergleich mit der auch faktisch eingeschränkten Möglichkeit zum Schadensausgleich kaum eine weitergehende Benachteiligung des Gesellschaftsvermögens. Dass letztlich das angerufene Gericht anhand verschiedener Kriterien über die Höhe des Anspruchs zu entscheiden hat, führt ebenfalls zu keiner Spannung mit § 93 Abs. 4 S. 3 AktG.[1261] Schließlich ist dieser Regelung nicht zu entnehmen, dass die Entscheidung über ein (teilweises) Absehen von dem Ersatzanspruch ausschließlich der Hauptversammlung zukommt.[1262] So kann bei Vorliegen der ARAG/Garmenbeck-Grundsätze auch der Aufsichtsrat ohne Zustimmung der Hauptversammlung von einer Anspruchsverfolgung Abstand nehmen.[1263]

(3) Zwischenergebnis

Eine Reduzierung der Schadenssumme steht somit auch den Wertungen des § 93 Abs. 4 S. 3 AktG nicht entgegen. Das gilt zumindest dann, wenn die Haftungsbeschränkung zu einer automatischen Minderung des Ersatzanspruches führt, über deren konkrete Höhe das Gericht eine Entscheidung zu treffen hat.

1258 Siehe hierzu die Nachweise in Fn. 1259 sowie *Scholz*, Die existenzvernichtende Haftung von Vorstandsmitgliedern in der Aktiengesellschaft, S. 285; in diese Richtung auch *Casper*, ZHR (176) 2012, 617, 644 f.

1259 So auch *Brommer*, AG 2013, 121, 125.

1260 Hierzu bereits ausführlich unter D. III. 3. d) aa) (2).

1261 So ohne nähere Begründung aber *Habersack*, ZHR (177) 2013, 782, 802.

1262 Ähnlich *Dietz-Vellmer*, NZG 2011, 248, 251; *Scholz*, Die existenzvernichtende Haftung von Vorstandsmitgliedern in der Aktiengesellschaft, S. 289; a.A. *Schöne/Petersen*, AG 2012, 700, 705.

1263 Statt vieler nur BGH, Urt. v. 21.04.1997 – II ZR 175/95, NJW 1997, 1926; *Dietz-Vellmer*, NZG 2011, 248, 251; *Goette*, ZHR (176) 2012, 588, 598 f.; *Reichert*, ZHR (177) 2013, 756, 770.

gg) Vereinbarkeit mit § 93 Abs. 5 AktG

Nach § 93 Abs. 5 S. 1 AktG kann der Ersatzanspruch der Gesellschaft auch von deren Gläubigern geltend gemacht werden, soweit sie von dieser keine Befriedigung erlangen können. Dabei wird die Ersatzpflicht des Vorstands gemäß § 93 Abs. 5 S. 3 AktG weder durch einen Verzicht oder Vergleich der Gesellschaft noch dadurch aufgehoben, dass die Handlung auf einem Beschluss der Hauptverhandlung beruht. Mit diesen Regelungen bezweckt der Gesetzgeber einen Schutz der Gesellschaftsgläubiger.[1264] Hierzu steht eine Reduzierung des nach § 93 Abs. 2 S. 1 AktG zu ersetzenden Schadens nicht im Widerspruch. Vielmehr bleibt der Anspruch der Gesellschaftsgläubiger durch die Regressbeschränkung völlig unberührt. Nach zutreffender Ansicht machen die Gläubiger mit § 93 Abs. 5 S. 1 AktG nicht die Forderung der Gesellschaft im Wege der Prozessstandschaft,[1265] sondern einen eigenen Ersatzanspruch geltend.[1266] Dieser besteht auch bei einem krassen Missverhältnis zwischen Ersatzsumme und finanzieller Leistungsfähigkeit des Vorstands in voller Höhe. Darüber hinaus fehlt es an der dogmatischen Grundlage für eine Begrenzung des § 93 Abs. 5 S. 1 AktG. Wie oben herausgearbeitet, bildet die Generalklausel der gesellschaftsrechtlichen Fürsorge- und Treuepflicht den Ausgangspunkt der Haftungsreduzierung. Schon im Verhältnis zwischen Vorstand und Anteilseigner ist die Treuebindung aber abzulehnen.[1267] Erst Recht greift die Pflicht zur Rücksichtnahme nicht zwischen Vorstand und Gesellschaftsgläubigern. Infolgedessen findet die Regressreduzierung allein im Rahmen des materiellen Ersatzanspruches nach § 93 Abs. 2 S. 1 AktG Anwendung. Auf den Anspruch der Gesellschaftsgläubiger wirkt sie sich hingegen nicht aus.

e) Zwischenfazit

Die vorstehenden Ausführungen haben gezeigt, dass sich eine Regressreduzierung nach Maßgabe der Fürsorge- und Treuepflicht in den durch das BVerfG gesetzten Grenzen einer zulässigen Rechtsfortbildung bewegt. Seit Verabschiedung des Art. 241 Abs. 2 S. 1 ADHGB haben sich die der Vorstandshaftung zugrunde liegenden tatsächlichen Umstände gravierend geändert. Eine Reaktion des Gesetzgebers hierauf ist bislang ausgeblieben. Auch wird die Herleitung einer Haftungsbeschränkung qua gesellschaftsrechtlicher Treuebindung als freie Rechtsfortbildung nicht durch die Möglichkeit einer teleologischen Reduktion oder einer Analogie verdrängt. Entsprechend den Vorgaben des BVerfG ist eine solche Regressbeschränkung zudem

---

1264 Insb. Spindler/Stilz/*Fleischer,* AktG, § 93 Rn. 2, 276; Hölters/*Hölters,* AktG, § 93 Rn. 322; MüKo/*Spindler,* AktG, § 93 Rn. 267.

1265 So aber OLG Frankfurt, Urt. v. 21.10.1976 – 1 U 19/76, WM 1977, 59, 62.

1266 Für die mittlerweile h.L. statt vieler nur Henssler/Strohn/*Dauner-Lieb,* GesR, § 93 AktG Rn. 48; GK/*Hopt/Roth,* AktG, § 93 Rn. 549; KK/*Mertens/Cahn,* AktG, § 93; KK/*Mertens/Cahn,* AktG, § 93 Rn. 180; MüKo/*Spindler,* AktG, § 93 Rn. 267.

1267 Statt vieler nur BGH, Urt. v. 25.02.1982 – II ZR 174/80, NJW 1982, 1703, 1706; Spindler/Stilz/*Fleischer,* AktG, § 93 Rn. 118; MüKo/*Spindler,* AktG, § 93 Rn. 112.

mit den verschiedenen Regelungszwecken des § 93 AktG in Einklang zu bringen. Zur Wahrung der Präventionsfunktion muss dem Vorstand allerdings stets die Haftung mit einem wesentlichen Teil seines Vermögens drohen. Um Widersprüche mit dem Kompensationszweck zu vermeiden, kann eine Haftungsbeschränkung darüber hinaus nur greifen, wenn ein deutliches Missverhältnis zwischen Haftungssumme und Vermögen des jeweils in Anspruch genommenen Vorstandsmitglieds besteht. Vor dem Hintergrund der Haftung für *omnis culpa* kommt außerdem nur eine höhenmäßige Reduktion, nicht aber ein vollständiges Entfallen der Ersatzpflicht in Betracht. Ferner ist § 93 Abs. 2 S. 3 AktG hinsichtlich des zu erstattenden Schadensersatzbetrags eine Untergrenze zu entnehmen. Gänzlich von der Privilegierung ausgenommen sind indes Verstöße gegen die Kardinalspflichten des § 93 Abs. 3 AktG. Unter Berücksichtigung dieser Voraussetzungen ist eine Abweichung von der *lex lata* rechtsmethodisch zulässig.

4. Konkretisierung der Haftungsbeschränkung

Die bisherigen Untersuchungen haben ergeben, dass eine Beschränkung des Vorstandsinnenregresses auf die Fürsorge- und Treuepflicht gestützt werden kann. Gleichwohl bietet die gesellschaftsrechtliche Generalklausel keine Anhaltspunkte für die Ausgestaltung einer solchen Haftungsbeschränkung.[1268] Erste Anhaltspunkte und Grenzen ihres Anwendungsbereiches ergeben sich zwar aus den soeben angestellten methodischen Überlegungen. Dennoch bedarf die Regressreduzierung einer weitergehenden Konkretisierung.

a) Orientierung an der arbeitsrechtlichen Haftungsprivilegierung?

Die Befürworter der Regressbeschränkung sprechen sich mehrheitlich für einen „Transfer der arbeitsrechtlichen Wertungen“ auf die Vorstandshaftung aus, um die Haftungsreduzierung auszugestalten und zu konkretisieren.[1269] Unter Berücksichtigung der bereits verschiedentlich angesprochenen Parallelen von Arbeitnehmer- und Vorstandshaftung könnte trotz der herausgestellten Unterschiede ein Rückgriff auf die arbeitsrechtlichen Abwägungskriterien zur Bemessung des vom Vorstand zu tragenden Schadensanteils zu rechtfertigen sein. Die Tragfähigkeit einer solchen Vorgehensweise wird im Folgenden untersucht.

1268 Treffend *J. Koch*, AG 2012, 429, 435, der die Treuepflicht als *„amorphes dogmatisches Gebilde mit äußerst verschwommenen Konturen“* bezeichnet.

1269 Insb. *Bayer*, in: FS Schmidt, 2009, 85, 97; *Casper*, ZHR (176) 2012, 617, 640 ff.; *J. Koch*, AG 2012, 429, 435 ff.; *J. Koch*, in: Liber amicorum Winter, 2011, 327, 339 ff.

aa) Diskrepanz zwischen Vergütung und Haftungsrisiko

Ein Grundgedanke der Haftungsprivilegierung für Arbeitnehmer liegt in dem Missverhältnis von Entgelt und Haftungsrisiko.[1270] Entsprechend sind sowohl der Arbeitslohn als auch die Schadenshöhe bei der arbeitsrechtlichen Abwägung zu berücksichtigen.[1271] Gleiches sollte daneben bei der Bemessung des vom Vorstand zu tragenden Schadensanteils gelten,[1272] da sich eine Diskrepanz zwischen Schadensrisiko und Verdienst in gleicher Weise bei der Vorstandsinnenhaftung stellt.[1273] Das durchschnittliche Gehalt eines DAX-30 Vorstands lag im Jahr 2014 zwar bei 889.000 Euro,[1274] aber selbst bei solchen Beträgen kann sich im Vergleich mit den potentiellen Haftungssummen ein krasses Missverhältnis ergeben.[1275] Dies gilt vor allem bei Vorständen kleinerer Aktiengesellschaften, deren Durchschnittseinkommen weit unter dem der DAX-30 Vorstände liegen dürfte.[1276] Der Einwand, § 31a Abs. 1 S. 1 BGB sei zu entnehmen, dass der Gesetzgeber ein Missverhältnis zwischen Haftung und Vergütung nur bis zu einem Entgelt von 720 Euro anerkenne,[1277] kann nicht überzeugen. Hierbei handelt es sich um eine Spezialvorschrift für das Vereins- und Stiftungsrecht, die auf die Vorstandsmitglieder einer Aktiengesellschaft nicht anwendbar ist.[1278] Deswegen bezieht sich auch der Aussagehalt allein auf die Haftung in Verein und Stiftung. Überdies lässt der Hinweis auf eine großzügige Risikovergütung sowie die D&O-Versicherung das festgestellte Ungleichgewicht nicht entfallen.[1279] In Teil C wurde bereits ausführlich dargelegt, dass das Bedürfnis nach einer Regressreduzierung u.a. vor dem Hintergrund der Schutzlücken, die sich auch

---

1270 BAG, Beschl. v. 25.09.1957 – GS 4 (5)/56, NJW 1958, 235, 237; BAG, Urt. v. 18.04.2002 – 8 AZR 348/01, NJW 2003, 377, 380; H/W/K/*Krause*, ArbR, § 619a BGB Rn. 14; *Otto*, in: Die Haftung des Arbeitnehmers, 2014, S. 38 f.

1271 Statt vieler nur BGH, Urt. v. 10.01.1955 – III ZR 153/53, NJW 1955, 458; BAG, Beschl. v. 25.09.1957 – GS 4 (5)/56, NJW 1958, 235, 237; BAG, Beschl. v. 27.09.1994 – GS 1/89 (A), NJW 1995, 210, 213; MüKo/*Henssler*, BGB, § 619a Rn. 37; ErfK/*Preis*, BGB, § 619a Rn. 16.

1272 So auch *Bayer*, in: FS Schmidt, 2009, 85, 97; *Casper*, ZHR (176) 2012, 617, 640; *J. Koch*, in: Liber amicorum Winter, 2011, 327, 349; *J. Koch*, AG 2012, 429, 439.

1273 Ähnlich *Bachmann*, in: Verhandlungen des 70. DJT, 2014, Bd. 1, E 57; *J. Koch*, in: Liber amicorum Winter, 2011, 327, 340; *J. Koch*, AG 2012, 429, 436; *J. Koch*, AG 2014, 513, 517; *Lotze*, NZKart 2014, 162, 167; *Mack*, Die Regresshaftung von Vorstandsmitgliedern einer Aktiengesellschaft, S. 211, 229; *Reichert*, ZHR (177) 2013, 756, 776; *Spindler*, AG 2013, 889, 894 f.

1274 Vgl. die Statistik bei *Kuhner/Drefahl u. a.*, Managergehälter 2015, S. 8 f.

1275 So auch *Lotze*, NZKart 2014, 162, 167; *J. Koch*, in: Liber amicorum Winter, 2011, 327, 334; *Reichert*, ZHR (177) 2013, 756, 776.

1276 Ähnlich *Lotze*, NZKart 2014, 162, 167; *J. Koch*, AG 2014, 513, 517.

1277 So *Fehrenbach*, AG 2015, 761, 771.

1278 Zur Unanwendbarkeit des § 31a BGB auf die Vorstandshaftung statt vieler nur *Bachmann*, in: Verhandlungen des 70. DJT, 2014, Bd. 1, E 30 f.; *Bachmann*, NZG 2013, 1121, 1127; *Paefgen*, AG 2014, 554, 570 f. (jeweils m.w.N.).

1279 So aber *Fleischer*, ZIP 2014, 1305, 1306.

bei Abschluss einer D&O-Versicherung ergeben, fortbesteht.[1280] Zur Verdeutlichung sei nochmals auf die Limitierungen des Versicherungsschutzes durch die begrenzte Deckungssumme, die Anrechnung der Abwehrkosten auf die Versicherungssumme sowie die weitreichenden Risikoausschlüsse verwiesen. Zudem ist die Gesellschaft nicht zum Abschluss einer D&O-Versicherung verpflichtet, was den Schutz der Vorstandsmitglieder ebenfalls begrenzt.

bb) Ausübung einer fremdnützigen Tätigkeit

Eine weitere Stütze findet die arbeitsrechtliche Haftungsprivilegierung in der Fremdnützigkeit der Arbeitnehmertätigkeit.[1281] Dem liegt die Überlegung zugrunde, dass der Arbeitgeber als Profiteur der wirtschaftlichen Vorteile auch das Schadensrisiko tragen soll.[1282] Eine vergleichbare Spannung zwischen Gewinn- und Verlusttragung findet sich im Verhältnis zwischen Vorstand und Gesellschaft.[1283] Während die Vorstandsmitglieder nach § 93 Abs. 2 S. 1 AktG grundsätzlich für den gesamten Schaden einstehen müssen, kommen die erwirtschafteten Gewinne dem Unternehmen zugute. Außerdem wird der Vorstand oftmals genau wie ein Arbeitnehmer über einen längeren Zeitraum für die Gesellschaft tätig und kann selbst bei Anwendung größtmöglicher Sorgfalt die Begehung einer fahrlässigen Pflichtverletzung nicht ausschließen.[1284] Die Vergleichbarkeit der fremdnützigen Tätigkeit und das darauf zurückzuführende Bedürfnis nach einer Annäherung von Gewinn- und Risikotragung sprechen dafür, insbesondere das Abwägungskriterium des Betriebsrisikos auch bei der Vorstandshaftung anzuwenden.[1285]

cc) Weisungsfreiheit steht Übertragung nicht entgegen

Eine Rechtfertigung finden die Grundsätze des innerbetrieblichen Schadensausgleichs überdies in der Eingliederung in den Betrieb des Arbeitgebers und der

---

1280 Auf die Schutzlücken der D&O-Versiceherung verwiesen auch *J. Koch*, AG 2014, 513, 520; *J. Koch*, in: Liber amicorum Winter, 2011, 327, 340 f.; KK/*Mertens/Cahn*, AktG, § 93 Rn. 38.

1281 H/W/K/*Krause*, ArbR, § 619a BGB Rn. 13; *Otto*, in: Die Haftung des Arbeitnehmers, 2014, S. 29, 33.

1282 BAG, Urt. v. 18.04.2002 – 8 AZR 348/01, NJW 2003, 377, 380; *Canaris*, RdA 1966, 41, 45; *Joussen*, RdA 2006, 129, 130.

1283 So auch *Brommer*, AG 2013, 121, 128; *Casper*, ZHR (176) 2012, 617, 637; *Spindler*, AG 2013, 889, 894 f.; zum Ungleichgewicht von Gewinn- und Verlusttragung *G. Wagner*, ZHR (178) 2014, 227, 256 ff. der sich i.E. aber für eine Haftungsbeschränkung de lege ferenda ausspricht.

1284 Ähnlich *J. Koch*, AG 2014, 513, 514, 516; *Lotze*, NZKart 2014, 162, 167; *Spindler*, AG 2013, 889, 894 f.; in Bezug auf Geldbußen *R. Krause*, BB-Special 2007, 2, 13; a.A. *Schöne/Petersen*, AG 2012, 700, 704.

1285 In Bezug auf einen „*Wertungstransfer*" *J. Koch*, AG 2014, 513 515 f.; *Lotze*, NZKart 2014, 162, 167; *Spindler*, AG 2013, 889, 894 f.; a.A. *Fehrenbach*, AG 2015, 761, 771; *Schöne/Petersen*, AG 2012, 700, 701, 704.

damit verbundenen Weisungsbindung des Arbeitnehmers.[1286] Demgegenüber ist der Vorstand mit Blick auf seine Leitungsfunktion nach § 76 Abs. 1 AktG nicht an Weisungen gebunden.[1287] Allerdings wird vermehrt auch für die Anwendung der Haftungsprivilegierung auf leitende Angestellte plädiert.[1288] Gleiches gilt unter gewissen Umständen für den GmbH-Geschäftsführer, obwohl auch dieser zur Leitung des Unternehmens berufen ist.[1289] Diese Ausdehnung der arbeitsrechtlichen Grundsätze spricht dafür, die Bedeutung der Weisungsgebundenheit in dem vorliegenden Kontext ebenfalls zu relativieren.[1290] Denn letztlich ist der Vorstand in die Betriebsorganisation in gleicher Weise eingegliedert, wie die übrigen Unternehmensangehörigen.[1291] Damit hindert die Weisungsfreiheit des Vorstands zwar eine unmittelbare und analoge Anwendung der arbeitsrechtlichen Grundsätze.[1292] Einem Rückgriff auf die arbeitsrechtlichen Abwägungskriterien zur Konkretisierung der Regressreduzierung steht die fehlende Weisungsgebundenheit aber nicht entgegen.[1293]

dd) Zwischenergebnis

Die der beschränkten Arbeitnehmerhaftung zugrunde liegenden Überlegungen finden sich – abgesehen von der Weisungsgebundenheit – auch bei der Vorstandshaftung. Dadurch ist ein Rückgriff auf die arbeitsrechtlichen Abwägungskriterien zur Ausgestaltung der Haftungsbeschränkung nach Maßgabe der gesellschaftsrechtlichen Treuepflicht gerechtfertigt.

1286 BAG, Beschl. v. 27.09.1994 – GS 1/89 (A), NJW 1995, 210 212; BAG, Urt. v. 18.04.2002 – 8 AZR 348/01, NJW 2003, 377, 379; MüKo/*Henssler,* BGB, § 619a Rn. 9; MünchHdb/*Reichold,* ArbR, § 51 Rn. 27; ErfK/*Preis,* BGB, § 619a Rn. 10.

1287 Statt vieler nur Spindler/Stilz/*Fleischer,* AktG, § 76 Rn. 57 f.; MüKo/*Spindler,* AktG, § 76 Rn. 22 (m.w.N.).

1288 BGH, Urt. v. 25.06.2001 – II ZR 38/99, NJW 2001, 3123, 3124; *Brox/Walker,* DB 1985, 1469, 1476 f.; MüKo/*Henssler,* BGB, § 619a Rn. 17; *Joussen,* RdA 2006, 129, 132; *Köhl,* DB 1996, 2597, 2601; *Otto,* in: Die Haftung des Arbeitnehmers, 2014, S. 116; ErfK/*Preis,* BGB, § 619a Rn. 19; MünchHdb/*Reichold,* ArbR, § 51 Rn. 64; *Thümmel,* Persönliche Haftung von Managern und Aufsichtsräten, S. 51.

1289 *Köhl,* DB 1996, 2597, 2601 ff.; Baumbach/Hueck/*Zöllner/Noack,* GmbHG, § 43 Rn. 6; a.A. BGH, Urt. v. 25.06.2001 – II ZR 38/99, NJW 2001, 3123, 3124; MüKo/*Fleischer,* GmbHG, § 43 Rn. 256; *Joussen,* RdA 2006, 129, 135; *Oberrath,* MDR, 134, 137.

1290 So auch *J. Koch,* AG 2014, 513, 516 f.; ähnlich *Spindler,* AG 2013, 889, 895, allerdings jeweils in Bezug auf einen *„Wertungstransfer"* des Arbeitsrechts auf die Vorstandshaftung.

1291 *Lotze,* NZKart 2014, 162, 167.

1292 Hierzu bereits unter D. II. 2., 3.

1293 Ähnlich *J. Koch,* in: Liber amicorum Winter, 2011, 327, 437 ff.; *J. Koch,* AG 2012, 429, 437; *J. Koch,* AG 2014, 513, 516 f.; *Lotze,* NZKart 2014, 162, 168, die damit allerdings einen *„Wertungstransfer"* rechtfertigen; a.A. *Fleischer,* ZIP 2014, 1305, 1306.

b) *Zu berücksichtigende Bemessungskriterien*

Auf Grundlage der Haftungsprivilegierung für Arbeitnehmer lässt sich demnach die Regressbeschränkung im Rahmen der Vorstandsinnenhaftung konkretisieren. Obwohl im Arbeitsrecht nur bei mittlerer Fahrlässigkeit eine quotale Schadensteilung stattfindet,[1294] kann die Ersatzpflicht der Geschäftsleiter bei einer Inanspruchnahme nach § 93 Abs. 2 S. 1 AktG angesichts der Haftung für *omnis culpa* auch bei leichter Fahrlässigkeit nicht vollständig entfallen.[1295] Im Rahmen der Bestimmung des konkret zu ersetzenden Schadens ist hingegen auf den Grad der Fahrlässigkeit abzustellen.[1296] Kriterien zur Bemessung des vom Arbeitnehmer zu tragenden Schadensanteils sind u.a. die Gefährlichkeit der ausgeübten Tätigkeit, seine Stellung im Betrieb, der Arbeitslohn, die Möglichkeit zur Versicherung des Risikos durch den Arbeitgeber sowie die Höhe des Schadens.[1297] Da eine dem Arbeitsrecht ähnliche Diskrepanz von Entlohnung und Schadensrisiko auch bei der Vorstandshaftung vorliegt, sollten der Verdienst und die Schadenshöhe bei der Abwägung im Rahmen des § 93 Abs. 2 S. 1 AktG ebenso berücksichtigt werden.[1298] Gleiches gilt für die Schadensneigung der vom Vorstand ausgeübten Tätigkeit.[1299] Im Hinblick auf die Vergütung des Vorstands ist eine starre Regelung demgegenüber abzulehnen. Eine pauschale Begrenzung, wie etwa das dreifache Jahresgehalt, könnte dazu führen, dass die Regresssumme auch dann herabgesetzt wird, wenn eine Existenzvernichtung nicht droht.

Die wirtschaftliche Leistungsfähigkeit des Arbeitnehmers als solche spielt bei der arbeitsrechtlichen Abwägung keine Rolle.[1300] Bei der Bestimmung des vom Vorstand

---

1294 Statt vieler nur BAG, Urt. v. 19.03.1959 – 2 AZR 402/55, NJW 1959, 1796; BAG, Beschl. v. 27.09.1994 – GS 1/89 (A), NJW 1995, 210, 211; MüKo/*Henssler*, BGB, § 619a Rn. 32; ErfK/*Preis*, BGB, § 619a Rn. 13.

1295 Hierzu bereits ausführlich unter D. III. 3 d) bb).

1296 So auch *Bayer*, in: FS Schmidt, 2009, 85, 97; *Casper*, ZHR (176) 2012, 617, 642; *J. Koch*, in: Liber amicorum Winter, 2011, 327, 348; *J. Koch*, AG 2012, 429, 439; *Mack*, Die Regresshaftung von Vorstandsmitgliedern einer Aktiengesellschaft, S. 241 f.; *Reichert*, ZHR (177) 2013, 756, 779; *U. Rust*, ZWeR 2015, 299, 312; zu weit gehen *Schnorbus/Ganzer*, WM 2015, 1877, 1879, die eine Regressreduzierung auch bei vorsätzlicher Pflichtverletzung befürworten.

1297 Statt vieler nur BGH, Urt. v. 10.01.1955 – III ZR 153/53, NJW 1955, 458; BAG, Beschl. v. 25.09.1957 – GS 4 (5)/56, NJW 1958, 235, 237; BAG, Beschl. v. 27.09.1994 – GS 1/89 (A), NJW 1995, 210, 213; MüKo/*Henssler*, BGB, § 619a Rn. 37; ErfK/*Preis*, BGB, § 619a Rn. 16.

1298 So insb. *Bayer*, in: FS Schmidt, 2009, 85, 97; *Casper*, ZHR (176) 2012, 617, 640; *J. Koch*, in: Liber amicorum Winter, 2011, 327, 349; *J. Koch*, AG 2012, 429, 439.

1299 So auch *J. Koch*, in: Liber amicorum Winter, 2011, 327, 348 f.; *J. Koch*, AG 2012, 429, 439; ohne Rückgriff auf die Fürsorgepflicht auch *Kaulich*, Die Haftung von Vorstandsmitgliedern einer Aktiengesellschaft für Rechtsanwendungsfehler, S. 304.

1300 MüKo/*Henssler*, BGB, § 619a Rn. 37; ErfK/*Preis*, BGB, § 619a Rn. 16; MünchHdb/*Reichold*, ArbR, § 51 Rn. 50.

zu tragenden Schadensanteils sollte dessen Vermögen gleichwohl berücksichtigt werden.[1301] Da die arbeitsrechtlichen Abwägungskriterien lediglich als Leitgedanke dienen, ist insofern auch eine Abweichung zulässig. Schließlich kann die Haftungsbegrenzung zur Vermeidung eines Konfliktes mit der Kompensationsfunktion nur eingreifen, wenn die Schadenssumme das pfändbare Vermögen des Vorstands um ein Vielfaches übersteigt.[1302] Bis zu welcher Obergrenze der Vorstand zur Wahrung seiner Existenz in Anspruch genommen werden kann, ist abhängig vom Einzelfall und muss daher in das Ermessen des Gerichts gestellt werden.[1303] Eine dahingehende Obergrenze, dass 10 % bis 25 % des Vermögens bei der Haftung verschont bleiben,[1304] ist zur Vermeidung willkürlicher Ergebnisse allerdings abzulehnen.[1305]

Wegen des Trennungsprinzips von Haftung und nachfolgender Versicherung bleibt bei der arbeitsrechtlichen Haftungsprivilegierung nach zutreffender Ansicht zudem das Bestehen einer D&O-Versicherung außer Betracht.[1306] Gleiches sollte grundsätzlich auch bei der Reduzierung des nach § 93 Abs. 2 S. 1 AktG ersatzfähigen Schadens gelten.[1307] Andernfalls müsste das Gericht im Haftungsprozess darüber entscheiden, ob und in welcher Höhe Deckungsschutz besteht, was wiederum von der Frage der Haftung abhängt.[1308] Herrscht hingegen Klarheit über das Bestehen des Versicherungsschutzes, muss dies auch in die gerichtlichen Erwägungen einfließen. Sonst würde der D&O-Versicherer unbillig von der begrenzten Schadenssumme profitieren.[1309] Sofern die Gesellschaft eine D&O-Versicherung für den Vorstand abgeschlossen hat und der Versicherer der in Anspruch genommenen versicherten

---

1301 So auch *Casper*, ZHR (176) 2012, 617, 640 f.; *Lotze*, NZKart 2014, 162, 168; *Mack*, Die Regresshaftung von Vorstandsmitgliedern einer Aktiengesellschaft, S. 237 f.; *Reichert*, ZHR (177) 2013, 756, 780; *U. Rust*, ZWeR 2015, 299, 313; *Schnorbus/Ganzer*, WM 2015, 1877, 1879; ohne Rückgriff auf die Fürsorgepflicht auch *Kaulich*, Die Haftung von Vorstandsmitgliedern einer Aktiengesellschaft für Rechtsanwendungsfehler, S. 304.

1302 Hierzu bereits unter D. III. 3 d) aa) (2).

1303 Ähnlich *Kaulich*, a.a.O., 300.

1304 So der Vorschlag von *Casper*, ZHR (176) 2012, 617, 641.

1305 So auch *Kaulich*, Die Haftung von Vorstandsmitgliedern einer Aktiengesellschaft für Rechtsanwendungsfehler 300; *Mack*, Die Regresshaftung von Vorstandsmitgliedern einer Aktiengesellschaft, S. 238 f.; *Reichert*, ZHR (177) 2013, 756, 779; *Schnorbus/Ganzer*, WM 2015, 1877, 1880.

1306 *Hanau*, in: FS Lorenz, 2004, 283, 302 ff.; MünchHdb/*Reichold*, ArbR, § 51 Rn. 51; *Waltermann*, RdA 2005, 98, 108; a.A. H/W/K/*Krause*, ArbR, § 619a BGB Rn. 39; *Otto*, in: 50 Jahre BAG, 2004, 97, 116.

1307 A.A. *Mack*, Die Regresshaftung von Vorstandsmitgliedern einer Aktiengesellschaft, S. 243 f.; *Reichert*, ZHR (177) 2013, 756 778; unentschlossen *J. Koch*, AG 2014, 513, 518 f.

1308 So auch *Hanau*, in: FS Lorenz, 2004, 283, 304.

1309 Ähnlich *Reichert*, ZHR (177) 2013, 756, 778; a.A. *Schnorbus/Ganzer*, WM 2015, 1877, 1880, wonach die Versicherung sich nicht auf die Haftungsreduzierung berufen kann.

Person für den entstandenen Schaden eine endgültige Deckungszusage erteilt hat, ist bei ausreichend hoher Versicherungssumme schon das Risiko einer existenzvernichtenden Haftung nicht gegeben, womit für eine Regressreduzierung kein Raum bleibt.[1310] Hat die Gesellschaft hingegen keinen D&O-Versicherungsvertrag abgeschlossen oder besteht – was der Regelfall sein wird – Streit über das Eingreifen und den Umfang der Deckung, ist der Anwendungsbereich der Haftungsbeschränkung dagegen potentiell eröffnet.[1311]

c) Zusammenfassung

Der Anwendungsbereich sowie die Grenzen der Regressreduzierung ergeben sich bereits aus den unter 3. II. d) angestellten methodischen Überlegungen, die hier nicht nochmals zu wiederholen sind. Zur weiteren Konkretisierung sowie zur Bestimmung des vom Vorstand zu erstattenden Ersatzbetrags kann ergänzend auf die Grundsätze des innerbetrieblichen Schadensausgleichs zurückgegriffen werden. Als Abwägungskriterien sind dabei der Grad des Verschuldens, die Höhe des Schadens, die Vergütung sowie das Vermögen des Vorstands und schließlich die Schadensneigung seiner Tätigkeit zu berücksichtigen.

5. Verbleibende Bedenken gegen die Regressreduzierung

Bislang wurde dargelegt, dass eine Beschränkung der Vorstandsinnenhaftung im Wege der Rechtsfortbildung aus der gesellschaftsrechtlichen Fürsorge- und Treuepflicht herzuleiten ist. Doch auch unabhängig von der dogmatischen Begründung ist die Reduzierung des nach § 93 Abs. 2 S. 1 AktG ersatzfähigen Schadens verschiedener Kritik ausgesetzt. Insbesondere wird vorgebracht, dass die Haftungsreduktion zu einer ungerechtfertigten Privilegierung der Vorstandsmitglieder führe[1312] und es ihr an Praxistauglichkeit fehle.[1313] Diesen Bedenken ist im Einzelnen nachzugehen.

a) Ungerechtfertigte Privilegierung der Vorstandsmitglieder?

Losgelöst von konkreten methodischen Bedenken kritisieren namentlich *Schöne* und *Petersen* die vermeintliche Privilegierung, die mit einer Beschränkung der Vorstandsinnenhaftung einhergehe.[1314] Ihr Hauptvorwurf lautet, dass der Gesetzgeber bei fehlender Leistungsfähigkeit des Schuldners den Weg der Restschuldbefreiung nach §§ 286 ff. InsO vorgesehen habe und daher die Zahlungsfähigkeit üblicherweise

1310 Ähnlich *J. Koch*, AG 2012, 429, 439.

1311 So auch *J. Koch*, a.a.O., 439.

1312 Insb. *Schöne/Petersen*, AG 2012, 700, 701 ff.

1313 So *Grunewald*, AG 2013, 813, 815; *Habersack*, ZHR (177) 2013, 782, 802 f.; *Schöne/Petersen*, AG 2012, 700, 705.

1314 *Schöne/Petersen*, a.a.O., 701 ff.; ähnlich *Goette*, ZHR (176) 2012, 588, 591; Schmidt/Lutter/*Krieger/Sailer-Coceani*, AktG, § 93 Rn. 39; *Werner*, GmbHR 2014, 792, 794.

keine Relevanz entfalte.[1315] Bei der Privatinsolvenz eines Vorstandsmitglieds könne nicht anders agiert werden.[1316] Ähnlich argumentiert *Faßbender*, der mit Blick auf die Pfändungsfreigrenzen der §§ 850 ff. ZPO kein existenzvernichtendes Risiko der Vorstandsmitglieder erkennen kann.[1317]

aa) Keine Ausschlusswirkung der §§ 850 ff. ZPO, 286 ff. InsO

Dieser Kritik ist entgegenzusetzen, dass das Insolvenzverfahren sowie die §§ 850 ff. ZPO Haftungsprivilegierungen im materiellen Recht nicht ausschließen. Käme den §§ 286 ff. InsO, 850 ff. ZPO eine Ausschlusswirkung gegenüber materiell-rechtlichen Regressbeschränkungen zu, bliebe auch kein Raum für die in Rechtsprechung und Literatur anerkannten Grundsätze des innerbetrieblichen Schadensausgleichs.[1318] Bei einem derartigen Verständnis der Restschuldbefreiung sowie der Pfändungsfreigrenzen würde ferner die Legitimation der bei der Gefährdungshaftung gesetzlich vorgesehenen Haftungshöchstgrenzen infrage gestellt. Gleiches gilt für die Möglichkeit individualvertraglich vereinbarter Haftungsbeschränkungen nach § 276 Abs. 1 S. 1, Abs. 3 BGB.

bb) Keine Besserstellung gegenüber anderen Unternehmensangehörigen

Zudem führt die Reduzierung der Ersatzpflicht nach § 93 Abs. 2 S. 1 AktG im Vergleich mit anderen Unternehmensangehörigen zu keiner ungerechtfertigten Besserstellung. Nach der derzeitigen Rechtslage haften Arbeitnehmer nur bei Vorsatz und grober Fahrlässigkeit auf die gesamte Schadenssumme, bei mittlerer Fahrlässigkeit wird der Schaden geteilt und bei leichter Fahrlässigkeit entfällt die Haftung vollständig.[1319] Überdies wird vermehrt für eine Anwendung der Grundsätze des innerbetrieblichen Schadensausgleichs auf leitende Angestellte plädiert,[1320] sodass auch diese Unternehmensangehörigen in den Genuss der Haftungsbeschränkung kommen. Beide Berufsgruppen können ihre Haftung darüber hinaus individualvertraglich beschränken.[1321] Diese Möglichkeiten der Enthaftung sind

---

1315 *Schöne/Petersen*, AG 2012, 700 701; ähnlich *Fehrenbach*, AG 2015, 761, 772; *Fuchs/M. Zimmermann*, JZ 2014, 838, 843; *Hauger/Palzer*, ZGR 2015, 33, 80.

1316 *Schöne/Petersen*, AG 2012, 700 701; ähnlich *Länderarbeitsgruppe Managerverantwortlichkeit*, Zwischenbericht vom 19. Mai 2009, abrufbar unter: <https://www.justiz.bayern.de/me-dia/pdf/gesetze/bericht_arbeitsgruppe_managerverantwortung_190509.pdf>.

1317 *Faßbender*, NZG 2015, 501, 502; ebenso *Fuchs/M. Zimmermann*, JZ 2014, 838, 843.

1318 So auch *Bachmann*, in: Verhandlungen des 70. DJT, 2014, Bd. 1, E 57.

1319 Statt vieler nur BAG, Urt. v. 19.03.1959 – 2 AZR 402/55, NJW 1959, 1796; BAG, Beschl. v. 27.09.1994 – GS 1/89 (A), NJW 1995, 210, 211; MüKo/*Henssler*, BGB, § 619a Rn. 9; ErfK/*Preis*, BGB, § 619a Rn. 13; MünchHdb/*Reichold*, ArbR, § 51 Rn. 27.

1320 Statt vieler nur BGH, Urt. v. 25.06.2001 – II ZR 38/99, NJW 2001, 3123, 3124.

1321 In Bezug auf Arbeitnehmer statt vieler nur BAG, Urt. v. 05.02.2004 – 8 AZR 91/03, NZA 2004, 649, 650; MüKo/*Henssler*, BGB, § 619a Rn. 14; MünchHdb/*Reichold*,

den Vorstandsmitgliedern verwehrt.[1322] Führt man sich vor Augen, dass beispielsweise im Investmentbanking tätige leitende Angestellte weitaus mehr verdienen als Vorstandsmitglieder kleiner oder mittlerer Aktiengesellschaften, stellt sich die Haftung nach § 93 Abs. 2 S. 1 AktG als ungleich schärfer dar.[1323] Letztlich bewirkt die Regressbeschränkung bei der beschriebenen Ausgestaltung keine Besserstellung der Organmitglieder, sondern lediglich eine Annäherung der Haftungsregelungen innerhalb des Unternehmens.[1324] Folglich überzeugt der gegen die Regressbeschränkung qua Fürsorgepflicht geäußerte Vorwurf „die Kleinen hängt man, die Großen lässt man laufen“[1325] nicht.[1326] Eine unbillige Privilegierung der Vorstandsmitglieder ist in der summenmäßigen Schadensbegrenzung nicht zu erkennen.

cc) Keine Privilegierung gegenüber anderen Berufsgruppen

Durch eine Reduzierung der Regresssumme könnten Vorstandsmitglieder allerdings gegenüber anderen, vergleichbaren Berufsgruppen privilegiert werden. Insofern kommen als Vergleichsgruppe insbesondere GmbH-Geschäftsführer, persönlich haftende Unternehmer sowie Berater in Betracht.

(1) GmbH-Geschäftsführer

GmbH-Geschäftsführer unterliegen mit Blick auf den Wortlaut der §§ 43 Abs. 2 GmbHG, 93 Abs. 2 S. 1 AktG einem der Vorstandshaftung vergleichbaren Haftungsregime. Beide Vorschriften ordnen eine Haftung für *omnis culpa* an[1327] und bezwecken den Ausgleich der gesamten Schadenssumme.[1328] Zudem finden sich sowohl in § 43 GmbHG, als auch in § 93 AktG gesonderte Haftungsandrohungen bei gesetzeswidriger Minderung des Gesellschaftsvermögens. Eine weitere Parallele der Regressvorschriften liegt in den Regelungen zum Gläubigerschutz sowie der Verjährung. Nach zutreffender Ansicht kann aber nur der GmbH-Geschäftsführer im Vorfeld über den Verschuldensmaßstab disponieren.[1329] Diese Möglichkeit einer

---

ArbR, § 51 Rn. 68; in Bezug auf leitende Angestellte insb. *Bastuck*, Enthaftung des Managements, 99 f.; *Sandmann*, Die Haftung von Arbeitnehmern, Geschäftsführern und leitenden Angestellten, S. 552 ff.

1322 Hierzu bereits ausführlich unter D. I., II.

1323 So auch GK/*Hopt/Roth*, AktG, § 93 Rn. 399; ähnlich *Brommer*, AG 2013, 121, 129.

1324 Ähnlich *Casper*, ZHR (176) 2012, 617, 637 ff.; Hüffer/Koch/*Koch*, AktG, § 93 Rn. 52.

1325 *Schöne/Petersen*, AG 2012, 700, 701.

1326 So auch *Brommer*, AG 2013, 121, 129; *J. Koch*, AG 2014, 513, 515.

1327 In Bezug auf § 93 AktG statt vieler nur Spindler/Stilz/*Fleischer*, AktG, § 93 Rn. 206 (m.w.N.); zu § 43 GmbHG insb. MüKo/*Fleischer*, GmbHG, § 43 Rn. 256 (m.w.N.).

1328 In Bezug auf § 93 AktG insb. KK/*Mertens/Cahn*, AktG, § 93 Rn. 6 (m.w.N.); in Bezug auf § 43 GmbHG nur MüKo/*Fleischer*, GmbHG, § 43 Rn. 2 (m.w.N.).

1329 BGH, Urt. v. 16.09.2002 – II ZR 107/01, NJW 2002, 3777, 3779; BGH, Urt. v. 07.04.2003 – II ZR 193/02, NZG 2003, 528; MüKo/*Fleischer*, GmbHG, § 43 Rn. 302 ff.; *Fleischer*, BB 2011, 2435, 2436; Henssler/Strohn/*Oetker*, GesR, § 43 GmbHG Rn. 10; Baumbach/Hueck/*Zöllner/Noack*, GmbHG, § 43 Rn. 5.

individuellen Haftungsbeschränkung steht den Vorstandsmitgliedern nicht offen.[1330] Daher führt die Regressreduzierung nach Maßgabe der Fürsorge- und Treuepflicht auch in diesem Verhältnis zu keiner Privilegierung der Vorstände, sondern dient lediglich der weiteren Annäherung zweier vergleichbarer Haftungssysteme.

(2) Unternehmer

Einzelhandelskaufleute, die Gesellschafter einer OHG sowie die Komplementäre einer KG haften wie der Vorstand grundsätzlich unbeschränkt. Deshalb sind die Angehörigen dieser Berufsgruppen ebenfalls dem Risiko ausgesetzt, nach einem erfolgreichen Berufsleben durch eine existenzvernichtende Inanspruchnahme wirtschaftlich vernichtet zu werden.[1331] Anders als ein Vorstand profitiert der persönlich haftende Unternehmer allerdings direkt von den Unternehmensgewinnen[1332] und kann einer unbeschränkten Haftung durch Umwandlung des Unternehmens in eine Kapitalgesellschaft[1333] oder durch eine Kommanditistenstellung entgehen. Als Mitglied des Vorstands kommt gemäß § 76 Abs. 3 S. 1 AktG hingegen nur eine natürliche Person in Betracht. Darüber hinaus werden Unternehmer direkt von ihren Gläubigern in Anspruch genommen,[1334] während Vorstandsmitglieder grundsätzlich nur im Innenverhältnis haften.[1335] Damit liegt letztlich keine Vergleichbarkeit der Haftungsregime vor. Eine Privilegierung aufgrund der für die Vorstandshaftung entwickelten Regressbeschränkung ist vor diesem Hintergrund ausgeschlossen.

(3) Rechtsanwälte, Wirtschaftsprüfer und andere Berater

Zuletzt werden Vorstandsmitglieder durch die Regressreduzierung auch nicht gegenüber Rechtsanwälten, Steuerberatern sowie Wirtschafts- und Abschlussprüfern unbillig privilegiert. Diese Berufsgruppen stellen schon keine taugliche Vergleichsgruppe dar, da sie anders als die Vorstandsmitglieder nicht fremdnützig tätig werden.[1336] Überdies ist das Verhältnis zwischen Vorstand und Gesellschaft durch eine besondere Nähebeziehung geprägt, die bei den genannten Beratern nicht (in dem Maße) vorliegt.[1337] Außerdem können Rechtsanwälte, Wirtschaftsprüfer und andere Berater von verschiedenen Haftungsbegrenzungsmöglichkeiten Gebrauch machen,

---

1330 Hierzu bereits unter D. I. 1.

1331 *Schöne/Petersen*, AG 2012, 700, 701.

1332 So insb. auch *Brommer*, AG 2013, 121, 128; *Casper*, ZHR (176) 2012, 617, 637; *Goette*, DStR 2009, 51, 56; *J. Koch*, AG 2014, 513, 518; *Spindler*, AG 2013, 889, 894.

1333 Ebenso *Brommer*, AG 2013, 121, 128; GK/*Hopt/Roth*, AktG, § 93 Rn. 399.

1334 Vgl. nur die Anordnung der persönlichen Haftung der Gesellschafter in § 128 HGB.

1335 Statt vieler nur Spindler/Stilz/*Fleischer*, AktG, § 93 Rn. 308; Hüffer/Koch/*Koch*, AktG, § 93 Rn. 60.

1336 Ähnlich GK/*Hopt/Roth*, AktG, § 93 Rn. 399; in Bezug auf Rechtsanwälte auch Hüffer/Koch/*Koch*, AktG, § 93 Rn. 52; *J. Koch*, AG 2014, 513, 517 f.

1337 So auch *Reichert*, ZHR (177) 2013, 756, 777; ähnlich *Casper*, ZHR (176) 2012, 617, 637.

die einem Vorstandsmitglied nicht offen stehen.[1338] Im Gegensatz zu Vorständen können beispielsweise Rechtsanwälte ihre Haftung durch Rechtsformwahl begrenzen.[1339] Durch die Gründung einer LLP ist es möglich, die Haftung auf das Gesellschaftsvermögen zu beschränkten.[1340] Auch bei einem Zusammenschluss zu einer PartG mbB haftet den Gläubigern für Verbindlichkeiten aus Schäden wegen fehlerhafter Berufsausübung nach § 8 Abs. 4 S. 1 PartGG nur das Gesellschaftsvermögen. Die Haftung der Abschlussprüfer ist bei fahrlässigen Pflichtverletzungen nach § 323 Abs. 2 S. 1 HGB schon gesetzlich auf Höchstsummen beschränkt.[1341] Zusätzlich können Steuerberater, Wirtschaftsprüfer und Rechtsanwälte ihre Haftung bei Fahrlässigkeit auch vertraglich auf einen Höchstbetrag begrenzen.[1342] Diese Wege stehen den Vorstandsmitgliedern einer Aktiengesellschaft nicht offen. Nach all dem ist eine Besserstellung der Vorstandsmitglieder durch eine moderate Herabsenkung der Schadenssumme bei sonst drohender Existenzvernichtung nicht ersichtlich.

dd) Zwischenergebnis

Eine auf die Fürsorgepflicht gestützte Regressreduzierung führt weder innerhalb, noch außerhalb des Unternehmens zu einer Privilegierung der Organmitglieder. Die Folge ist vielmehr eine Annäherung mit den Haftungsregimen von GmbH-Geschäftsführern und leitenden Angestellten, deren Stellung im Unternehmen mit derjenigen von Vorstandsmitgliedern vergleichbar ist. Für eine Besserstellung gegenüber persönlich haftenden Unternehmern sowie den Angehörigen beratender Berufe fehlt es schon an der Vergleichbarkeit der Personengruppen. Die in Bezug auf eine ungerechtfertigte Privilegierung geäußerte Kritik an der aus der Fürsorge- und Treuepflicht entwickelten Haftungsbeschränkung überzeugt daher nicht.

b) Fehlende Praxistauglichkeit?

Weitere Bedenken gegen die Regressreduzierung werden in Bezug auf deren Praxistauglichkeit geäußert. Insofern wenden ihre Kritiker ein, dass es hinsichtlich ihrer Anwendung an hinreichend präzisen Bemessungskriterien fehle.[1343] Dies stelle den Aufsichtsrat, der vor Gericht einen konkreten Schadensersatzbetrag einfordern müsse,

---

1338 Ebenso *Brommer*, AG 2013, 121, 129; *Grunewald*, AG 2013, 813, 815 f.; *J. Koch*, AG 2014, 513, 518.

1339 Wie hier *Brommer*, AG 2013, 121 129; Hüffer/Koch/*Koch*, AktG, § 93 Rn. 52; *J. Koch*, AG 2014, 513, 518.

1340 Henssler/Strohn/*Hirtz*, GesR, § 1 PartGG Rn. 6; MünchHdb/*Salger*, GesR, § 45a PartG mbB Rn. 3.

1341 So auch *Brommer*, AG 2013, 121, 129.

1342 So auch *Brommer*, a.a.O., 129 unter Hinweis auf § 67a Abs. 1 StBerG, § 54a WPO, § 51a BRAO; auf diesen Unterschied verweisen zudem *Grunewald*, AG 2013, 813, 815; *J. Koch*, AG 2014, 513, 518; *Reichert*, ZHR (177) 2013, 756, 777.

1343 *Gaul*, AG 2015, 109, 114; *Grunewald*, AG 2013, 813, 815; *Habersack*, ZHR (177) 2013, 782, 802 f.; *Paefgen*, AG 2014, 554, 569; *Schöne/Petersen*, AG 2012, 700, 705.

vor bedeutende Abwägungsschwierigkeiten.[1344] Dadurch sei er obendrein dem Risiko einer eigenen Inanspruchnahme ausgesetzt.[1345] In diesem Zusammenhang beschwören namentlich *Schöne* und *Petersen* das Schreckensgespenst einer „Kettenverstrickung"[1346]. Doch auch diese Kritik greift bei näherer Betrachtung nicht durch.

aa) Keine ernstzunehmenden Bemessungsschwierigkeiten

Hinsichtlich der kritisierten Schwierigkeiten bei der Ermittlung der Schadenshöhe ist zunächst einzuräumen, dass die Vorschläge zur Ausgestaltung der Regressbeschränkung im Einzelnen divergieren.[1347] Hieraus resultieren jedoch keine Probleme bei der Bemessung des ersatzfähigen Schadens. Wie die oben angestellten Überlegungen zeigen, ergeben sich schon aus rechtsmethodischen Gründen bestimmte Leitlinien für die Ermittlung der Haftungsreduzierung. Daneben besteht Einigkeit darüber, dass der Verschuldensgrad, die Schadenshöhe sowie die Vorstandsvergütung bei der Abwägung zu berücksichtigen sind.[1348] Die konkreten Bemessungsfaktoren lassen sich im Wesentlichen den Grundsätzen des innerbetrieblichen Schadensausgleichs entnehmen. Bereits unter der Prämisse, dass die Haftungsreduktion den Aufsichtsratsmitgliedern die Möglichkeit zur Geltendmachung eines herabgesetzten Ersatzbetrags gibt, ist nicht ersichtlich, weshalb ihm dies nicht zuzutrauen sein soll. Denn ähnliche Überlegungen muss der Aufsichtsrat auch im Rahmen der ARAG/Garmenbeck-Rechtsprechung tätigen, ohne dass zugleich seine diesbezügliche Kompetenz infrage gestellt wird.[1349] Tritt die Haftungsreduktion – wie richtigerweise anzunehmen ist – aber *ex lege* ein,[1350] entscheidet letztlich das Gericht über die Höhe des Ersatzanspruchs.[1351] Da in der arbeitsgerichtlichen Gerichtsbarkeit eine Minderung des Schadensersatzbetrags bei Vorliegen der Voraussetzungen des innerbetrieblichen Schadensausgleichs gängige

1344 *Grunewald*, AG 2013, 813, 815; *Ihrig/C. Schäfer*, Rechte und Pflichten des Vorstands, Rn. 1535; *Schöne/Petersen*, AG 2012, 700, 705.

1345 Insb. *Brommer*, AG 2013, 121, 128; *Schöne/Petersen*, AG 2012, 700 705; in diese Richtung auch *Grunewald*, AG 2013, 813, 815.

1346 *Schöne/Petersen*, AG 2012, 700, 705.

1347 Vgl. hierzu die Vorschläge von *Bayer*, in: FS Schmidt, 2009, 85, 97 f.; *Brommer*, AG 2013, 121, 129; *Casper*, ZHR (176) 2012, 617, 640 ff.; *J. Koch*, in: Liber amicorum Winter, 2011, 327, 348 f.; *J. Koch*, AG 2012, 429, 438 ff.; *Reichert*, ZHR (177) 2013, 756, 778 ff.

1348 Insb. *Bayer*, in: FS Schmidt, 2009, 85, 97 f.; *Brommer*, AG 2013, 121, 129; *Casper*, ZHR (176) 2012, 617, 640 ff.; *J. Koch*, in: Liber amicorum Winter, 2011, 327, 348 f.; ohne Rückgriff auf die Fürsorgepflicht *Kaulich*, Die Haftung von Vorstandsmitgliedern einer Aktiengesellschaft für Rechtsanwendungsfehler, S. 302 ff.

1349 So auch *Spindler*, AG 2013, 889, 895.

1350 Zur rechtlichen Einordnung ausführlich unter D. III. 3. d) ff. (2) (i).

1351 So auch GK/*Hopt/Roth*, AktG, § 93 Rn. 400; *J. Koch*, AG 2014, 513, 522; Hüffer/Koch/*Koch*, AktG, § 93 Rn. 52.

Praxis ist, kann dies auch den Richtern zugetraut werden, die über Organhaftungsansprüche zu entscheiden haben.

bb) Kein gesteigertes Risiko einer Inanspruchnahme des Aufsichtsrats

Darüber hinaus wären die Mitglieder des Aufsichtsrats bei einer Fehleinschätzung der zugebilligten Regressreduzierung keinem gesteigerten Risiko einer Inanspruchnahme ausgesetzt. Bei der Begrenzung des nach § 93 Abs. 2 S. 1 AktG ersatzfähigen Schadens handelt es sich um ein erst jüngst entwickeltes und – wie die oben stehenden Ausführungen zeigen – umstrittenes Rechtsinstitut. Damit geht notwendigerweise eine erhebliche Unsicherheit einher. Bei Vorliegen einer unsicheren Rechtslage fehlt es für eine Haftung des Aufsichtsrats nach §§ 116 S. 1, 93 Abs. 2 S. 1 AktG bei Einhaltung der im ISION-Urteil vom BGH entwickelten Voraussetzungen aber am Verschulden.[1352] Sofern der Aufsichtsrat die dargestellten Leitlinien zur Ermittlung der Regressbeschränkung missachtet und sich für eine vollkommen unangemessene Ersatzsumme entscheidet, können die Bedenken einer Inanspruchnahme zugegebenermaßen nicht ausgeräumt werden. Gleichwohl ist kein Grund ersichtlich, weshalb der Aufsichtsrat bei einer solchen Sachlage von einer Haftung verschont bleiben sollte. Schließlich droht ihm die Ersatzpflicht nach §§ 116 S. 1, 93 Abs. 2 S. 1 AktG auch dann, wenn er unter fehlerhafter Anwendung oder Nichtbeachtung der ARAG/Garmenbeck-Grundsätze von einer Anspruchsverfolgung gegenüber dem Vorstand absieht.[1353] Ein darüber hinausgehendendes Haftungsrisiko lässt sich der Unsicherheit über die konkrete Höhe der Haftungsreduzierung nicht entnehmen.

c) Verbleibende Rechtsunsicherheit

Zuletzt ist die Regressbeschränkung auch dem Vorwurf der Rechtsunsicherheit ausgesetzt. Diese Bedenken äußern dabei nicht nur Gegner der Haftungsreduzierung,[1354] sondern auch einige der (ehemaligen) Befürworter.[1355] Ob sich diese Kritik überzeugen kann, ist im Folgenden zu untersuchen.

aa) Keine Erzwingbarkeit einer Rechtsfortbildung

Zunächst ist nochmals auf die Voraussetzungen und Grenzen einer Rechtsfortbildung zurückzukommen. Nach ständiger Rechtsprechung des BVerfG kommt den Gerichten die Aufgabe zu, das geltende Recht bei einem Wandel der gesellschaftlichen

---

1352 Zum Entfallen des Verschuldensvorwurfs bei unsicherer Rechtslage ausführlich unter B. I. 3. b) aa) (3) sowie speziell zum Aufsichtsrat B. II. 1. c) cc) (3).

1353 Statt vieler nur MüKo/*Habersack*, AktG, § 116 Rn. 39 ff.; Hölters/*Hambloch-Gesinn/Gesinn*, AktG, § 116 Rn. 4; Spindler/Stilz/*Spindler*, AktG, § 116 Rn. 58 (jeweils m.w.N.).

1354 So *Gaul*, AG 2015, 109, 113; *Paefgen*, AG 2014, 554, 569.

1355 Insb. *Bayer*, NJW 2014, 2546, 2548; *Brommer*, AG 2013, 121, 128; *Reichert*, ZHR (177) 2013, 756, 780.

Verhältnisse unter Berücksichtigung der Grenzen von Wortlaut und Telos an die veränderten Begebenheiten anzupassen.[1356] Dies bedeutet nicht, dass Impulse und Entwicklungen innerhalb der Literatur bei der Anwendung des geltenden Rechts vollkommen außer Acht bleiben. Dennoch ist es die Aufgabe der Gerichte, das geltende Recht auf Grundlage von Generalklauseln fortzuentwickeln.[1357] Ob der BGH bei der Entscheidung über einen Ersatzanspruch nach § 93 Abs. 2 S. 1 AktG die vorstehenden Überlegungen zu einer Regressreduzierung übernimmt und infolgedessen eine der arbeitsrechtlichen Haftungsprivilegierung vergleichbare höchstrichterliche Rechtsprechung begründet, lässt sich aber weder prognostizieren, noch erzwingen.[1358] Hieraus resultiert notwendigerweise eine rechtliche Unsicherheit.

bb) Bislang keine einheitliche Tendenz der Rechtsprechung

Zudem lässt sich der zur Organhaftung veröffentlichen Judikatur keine Tendenz entnehmen, ob die Gerichte eine Regressreduzierung qua gesellschaftsrechtlicher Treuebindung anerkennen werden. Im ARAG/Garmenbeck-Urteil hat der BGH zwar deutlich gemacht, dass „dem Ausmaß der mit der Beitreibung für das Mitglied und seine Familie verbundenen Konsequenzen" im Einzelfall Raum gegeben werden dürfe.[1359] Hierdurch hat der Gerichtshof grundsätzlich die Möglichkeit eröffnet, einer drohenden Existenzvernichtung des Vorstands Rechnung zu tragen.[1360] Allerdings hat der 2. Zivilsenat ergänzend festgestellt, dass eine Berücksichtigung der sozialen Auswirkungen nur im Ausnahmefall und nur dann zulässig ist, wenn „die der Gesellschaft zugefügten Schäden verhältnismäßig gering sind".[1361] Überdies lassen die Urteilsgründen nicht erkennen, ob der BGH dabei dogmatisch auf die Treuepflicht Bezug genommen hat.[1362] Auch die instanzgerichtliche Rechtsprechung weist bislang keine einheitliche und damit verlässliche Richtung auf. So hat das ArbG Essen entschieden, dass ein der Gesellschaft auferlegtes Bußgeld wegen der Funktion der Unternehmensgeldbuße nicht in voller Höhe auf den GmbH-Geschäftsführer abgewälzt werden könne.[1363] In der Berufung hat das LAG Düsseldorf die Regressfähigkeit von Kartellbußgeldern hingegen vollständig abgelehnt und die Frage nach

1356 Statt vieler nur BVerfG, Beschl. v. 28.08.2000 – 1 BvR 1821/97, NJW 2000, 3635, 3636; BVerfG, Beschl. v. 25.01.2011 – 1 BvR 918/10, NJW 2011, 836, 838 (jeweils m.w.N.).

1357 *Rüthers/Fischer u. a.*, Rechtstheorie mit juristischer Methodenlehre, S. 508 f.; in Bezug auf § 242 BGB prägnant Staudinger/*Looschelders/Olzen*, BGB, § 242 Rn. 338; Jauernig/*Mansel*, BGB, § 242 Rn. 9.

1358 Ähnlich *Brommer*, AG 2013, 121, 128; in Bezug auf die Erstattung von Unternehmensbußgeldern *Fleischer*, DB 2014, 345, 349; *Goette*, in: FS Hoffmann-Becking, 2013, 377, 381.

1359 BGH, Urt. v. 21.04.1997 – II ZR 175/95, NJW 1997, 1926.

1360 Ähnlich *Casper*, ZHR (176) 2012, 617, 639; *Reichert*, ZHR (177) 2013, 756, 777 f.

1361 BGH, Urt. v. 21.04.1997 – II ZR 175/95, NJW 1997, 1926, 1928.

1362 So *Reichert*, ZHR (177) 2013, 756, 778.

1363 ArbG Essen, Urt. v. 19.12.2013 – 1 Ca 657/13, NZKart 2014, 193.

einer Haftungsbeschränkung auf Grundlage der organschaftlichen Treuepflicht ausdrücklich offen gelassen.[1364] Demgegenüber hat das LG München I in der Siemens/Neubürger-Entscheidung angedeutet, dass der in Anspruch genommene Ex-Vorstand über den eingeklagten Teilbetrag hinaus für die gesamte Schadenssumme hätte in Anspruch genommen werden können.[1365] Die Möglichkeit einer Regressreduzierung wurde in diesem Zusammenhang nicht erörtert, obwohl diese Frage im Entscheidungszeitpunkt im Schrifttum bereits diskutiert wurde. Hieraus lässt sich nicht ablesen, welche Richtung die Rechtsprechung einschlagen wird. Und selbst wenn der BGH sich der erst jüngst in der Literatur herausgebildeten Meinung anschließt, bleibt die Rechtslage in der Zwischenzeit ungewiss. Denn es kann noch Jahre dauern, bis es zu einer höchstrichterlichen Entscheidung über einen geeigneten Rechtsstreit kommt.[1366]

cc) Bedürfnis nach einer Haftungsbeschränkung bleibt bestehen

Wie die vorstehenden Ausführungen zeigen, bleibt eine erhebliche Unsicherheit über die Anwendung der entwickelten Regressreduzierung bestehen. Für den Vorstand bedeutet diese Unwägbarkeit, dass er bei einer gerichtlichen Geltendmachung des Ersatzanspruchs weiterhin fürchten muss, bis zur Grenze seiner persönlichen Leistungsfähigkeit in Anspruch genommen zu werden. Kann er *ex ante* nicht vorhersehen, ob die Gerichte die Haftungsbeschränkung anerkennen, ist es ihm unmöglich, sein Verhalten darauf einzustellen.[1367] Als Konsequenz drohen eine erhöhte Risikoaversion der Führungspersonen sowie Schwierigkeiten bei der Besetzung von Vorstandspositionen, weshalb die Dringlichkeit einer Regressreduzierung bestehen bleibt. Mit anderen Worten kann die aus der Treue- und Fürsorgepflicht entwickelte Haftungsbeschränkung das Bedürfnis nach einer reduzierten Vorstandsinnenhaftung nicht beseitigen.

6. Zusammenfassung

Als Ergebnis bleibt festzuhalten, dass die gesellschaftsrechtliche Generalklausel der Fürsorge- und Treuepflicht einen tauglichen Anknüpfungspunkt für eine Fortentwicklung der *lex lata* hin zu einer summenmäßigen Reduzierung der Vorstandsinnenhaftung bietet. Methodisch handelt es sich hierbei um eine freie Rechtsfortbildung, die weder durch die Möglichkeit einer Analogie, noch durch eine teleologische Reduktion des § 93 Abs. 2 S. 1 AktG verdrängt wird. Auch die vom BVerfG herausgestellten Anforderungen an eine freie Rechtsfortbildung sind erfüllt, da der Gesetzgeber bislang nicht auf den Wandel der tatsächlichen Umstände

---

1364 LAG Düsseldorf, Teilurt. und Beschl. v. 20.01.2015 – 16 SA 459/14, BB 2015, 907, 908.

1365 LG München I, Urt. v. 10.12.2013 – 5 HKO 1387/10, ZIP 2014, 570; *Bachmann*, ZIP 2014, 579.

1366 So auch *Brommer*, AG 2013, 121, 128.

1367 So auch *Thole*, ZHR (173) 2009, 504, 533; *G. Wagner*, ZHR (178) 2014, 227, 277.

im Bereich der Organhaftung reagiert hat. Außerdem lässt sich eine Regressreduzierung unter den oben näher dargelegten Voraussetzungen mit den verschiedenen Regelungszwecken des § 93 AktG in Einklang bringen. Zur weiteren Konkretisierung der Haftungsbeschränkung kann auf die Grundsätze des innerbetrieblichen Schadensausgleichs zurückgegriffen werden, ohne diese jedoch vollständig zu übertragen. Da eine richterliche Rechtsfortbildung nicht erzwingbar ist und sich mit Blick auf die Rechtsprechung zu § 93 Abs. 2 S. 1 AktG bislang nicht ausmachen lässt, ob sich die Gerichte einer Haftungsreduzierung qua organschaftlicher Treuebindung anschließen werden, verbleibt es gleichwohl bei einer Rechtsunsicherheit, die letztlich nur der Gesetzgeber *de lege ferenda* beheben kann.

IV. Fazit

Eine Begrenzung der Vorstandsinnenhaftung lässt sich *de lege lata* nicht auf rechtssicherem Weg herbeiführen. So ist weder in der Satzung, noch im Anstellungsvertrag eine Modifizierung des Verschuldensmaßstabs oder die Vereinbarung einer Haftungshöchstgrenze rechtlich zulässig. Auch die arbeitsrechtlichen Grundsätze des innerbetrieblichen Schadensausgleichs sind nicht direkt oder analog auf die Ersatzpflicht nach § 93 Abs. 2 S. 1 AktG anwendbar. Gleiches gilt für § 254 Abs. 1 BGB sowie für Haftungshöchstgrenzen, die der Gesetzgeber allein bei der Gefährdungshaftung vorgesehen hat. Zwar bietet eine Regressreduzierung auf Grundlage der organschaftlichen Fürsorge- und Treuepflicht eine methodisch tragfähige sowie praktikable Lösung für eine Fortbildung der *lex lata*. Da eine Anwendung dieser Haftungsbeschränkungsmöglichkeit durch die Gerichte aber nicht sicher prognostiziert werden kann, ist letztlich der Gesetzgeber zu einer Änderung der Rechtslage aufgerufen.

E. Haftungsentschärfung de lege ferenda

Nach dem Vorstehenden stellt sich somit in diesem letzten Teil der Untersuchung die Frage, welches Konzept der Legislative zur Begrenzung der Ersatzpflicht nach § 93 Abs. 2 S. 1 AktG zu empfehlen ist. Insofern gilt es, die bisherigen Reformvorschläge der Literatur im Einzelnen zu begutachten und – falls keine der bislang angebotenen Lösungswege überzeugen kann – einen eigenen Vorschlag zur Beschränkung des potentiell existenzvernichtenden Vorstandsinnenregresses zu entwickeln.

I. Ansprüche an eine Reform des § 93 AktG

Vorgelagert ist allerdings der Frage nachzugehen, welchen Anforderungen eine Reform des Organhaftungsrechts zu genügen hat. Dafür ist zum einen zu klären, an welchen Regelungszielen die Ersatzpflicht der Vorstandsmitglieder zukünftig auszurichten ist. Zum anderen stellt sich die Aufgabe, die Grenzen hinsichtlich einer Modifizierung der *lex lata* herauszuarbeiten. Denn erst wenn die Anforderungen an die Reform feststehen, können in einem zweiten Schritt die verschiedenen Möglichkeiten zur Beschränkung des Vorstandsinnenregresses kritisch geprüft und eine eigene Empfehlung ausgesprochen werden.

1. Beibehalten der bisherigen Ziele und Wertungen des § 93 AktG

An erster Stelle ist festzustellen, dass die bisherigen Regelungsziele und Wertungen des § 93 AktG bei der reformierten Vorstandsinnenhaftung beibehalten werden sollten. Diese Ausrichtung entspricht auch der Grundtendenz der Reformbefürworter, die ihre eigenen Änderungsvorschläge unter Berücksichtigung des derzeitigen Haftungskonzepts absichern und die jeweils abweichenden Lösungswege auf Wertungswidersprüche mit den Regelungszwecken des § 93 AktG untersuchen.[1368] Die Vermeidung von Systembrüchen innerhalb einer Rechtsnorm stellt zwar eine Selbstverständlichkeit dar, die dennoch als erste Leitlinie herauszustellen ist.

1368 So insb. *Bachmann*, in: Verhandlungen des 70. DJT, 2014, Bd. 1, E 60 ff.; *Bayer*, NJW 2014, 2546, 2547 ff.; *Bayer/Scholz*, NZG 2014, 926, 929 ff.; Spindler/Stilz/*Fleischer*, AktG, § 93 Rn. 9b; *Fleischer*, ZIP 2014, 1305, 1311; *Gaul*, AG 2015, 109, 116 ff.; *Habersack*, ZHR (177) 2013, 782, 803 ff.; *Paefgen*, AG 2014, 554, 569 ff.; *Scholz*, Die existenzvernichtende Haftung von Vorstandsmitgliedern in der Aktiengesellschaft, S. 357 ff.; *Spindler*, AG 2013, 889, 895 f.; *Vetter*, NZG 2014, 921, 922 f.

a) *Ausrichtung der Reform am Ziel der Verhaltenssteuerung*

Hinsichtlich der Präventionsfunktion des § 93 Abs. 2 S. 1 AktG[1369] sollte demzufolge auch die modifizierte Regressvorschrift geeignet sein, eine positive Verhaltenssteuerung der Vorstandsmitglieder zu bewirken.[1370] Hierbei gilt es zu beachten, dass der Präventionszweck bereits *de lege lata* keine unbeschränkte Ersatzpflicht fordert.[1371] Ausreichend – und als Anreiz für ein sorgfaltsgemäßes Verhalten zugleich erforderlich – ist vielmehr, dass den Geschäftsleitern bei Pflichtverstößen die Haftung mit einem wesentlichen Teil ihres Vermögens droht. Nach dem Willen des Gesetzgebers genügt dafür die Untergrenze des § 93 Abs. 2 S. 3 AktG.[1372] Vor diesem Hintergrund setzt die Präventionsfunktion auch *de lege ferenda* keinen unbegrenzten Innenregress voraus.

b) *Aufgabe des Kompensationszwecks?*

Als schwieriger erweist sich indes die Frage, ob auch uneingeschränkt am Kompensationszweck festzuhalten ist. Während *G. Wagner* die Ausgleichsfunktion der Organhaftung bereits *de lege lata* in Frage stellt und die reformierte Haftungsnorm deswegen ausschließlich am Ziel der Verhaltenssteuerung ausrichten will,[1373] erkennen *Bayer* und *P. Scholz* den Kompensationszweck nach geltendem Recht zwar an, plädieren hinsichtlich der zukünftigen Ausgestaltung der Ersatzpflicht aber für eine vollständige Abstandnahme vom Ziel des Schadensausgleichs.[1374] Demgegenüber treten *Bachmann* und *Fleischer* dafür ein, dem Kompensationsgedanken auch in Zukunft Rechnung zu tragen.[1375]

Einzuräumen ist, dass die Ausgleichsfunktion des § 93 Abs. 2 S. 1 AktG durch die Verbreitung der D&O-Versicherung teilweise hinter dem Präventionszweck zurücktritt.[1376] Allerdings geht der Schluss zu weit, allein hieraus einen vollständigen

---

1369 Hierzu statt vieler nur Spindler/Stilz/*Fleischer*, AktG, § 93 Rn. 2 (m.w.N.).

1370 Deutlich *Bayer/Scholz*, NZG 2014, 926, 928; *Scholz*, Die existenzvernichtende Haftung von Vorstandsmitgliedern in der Aktiengesellschaft, S. 353; ebenso stellen insb. *Paefgen*, AG 2014, 554, 569 f.; *Spindler*, AG 2013, 889, 895 f.; *G. Wagner*, ZHR (178) 2014, 227, 255 ff. auf die Bedeutung der Präventionsfunktion bei einer Haftungsbeschränkung de lege ferenda ab.

1371 Hierzu bereits ausführlich unter D. III. 3. d) aa) (1).

1372 Vgl. Beschlussempfehlung und Bericht zum VorstAG, BT-Drs. 16/13433, S. 11.

1373 *G. Wagner*, ZHR (178) 2014, 227 253 ff.

1374 *Bayer/Scholz*, NZG 2014, 926, 928; *Scholz*, Die existenzvernichtende Haftung von Vorstandsmitgliedern in der Aktiengesellschaft, S. 352.

1375 *Bachmann*, in: Verhandlungen des 70. DJT, 2014, Bd. 1, E 21; *Fleischer*, ZIP 2014, 1305, 1310.

1376 So auch *A. Arnold*, Die Steuerung des Vorstandshandelns, S. 170; *Baums*, in: Verhandlungen des 63. DJT, 2000, Bd. 1, F 233 f.; *Brommer*, AG 2013, 121, 123; *Scholz*, Die existenzvernichtende Haftung von Vorstandsmitgliedern in der Aktiengesellschaft, S. 352; *G. Wagner*, ZHR (178) 2014, 227, 256.

Verzicht auf den Kompensationszweck zu begründen.[1377] Denn obwohl mittlerweile zumindest alle größeren Aktiengesellschaften D&O-Versicherungen abschließen, hat dennoch nicht jedes Unternehmen seine Organmitglieder derart abgesichert. Und auch wenn eine D&O-Versicherung besteht, wird die Ausgleichsfunktion der Vorstandsinnenhaftung bei näherer Betrachtung nicht vollständig durch die von der Gesellschaft gezahlten Versicherungsprämien aufgehoben.[1378] Nach praxisüblichen Versicherungsscheinen stehen Deckungssumme von rund 10 Mio. Euro oftmals jährlichen Versicherungsprämien von lediglich 10.000 bis 100.000 Euro gegenüber. Somit tragen die Gesellschaften als Versicherungsnehmer bei Schäden in Millionenhöhe auch bei einem vollständigen Ausschöpfen der Deckungssumme nur einen geringen Teil des Schadens in Form der Prämienzahlung selbst.

Für eine Abstandnahme vom Kompensationszweck spricht dagegen, dass die Gefahr einer Inanspruchnahme für potentiell existenzvernichtende Schadenssummen und folglich das festgestellte Haftungsrisiko der Vorstandsmitglieder nur beseitigt werden kann, wenn der Grundsatz der Totalreparation zumindest gelockert wird. Daher sei nochmals in Erinnerung gerufen, dass die Ausgleichsfunktion bei Deckungslücken oder Fehlen einer D&O-Versicherung wegen der fehlenden Leistungsfähigkeit der Vorstandsmitglieder bereits *de lege lata* faktisch erheblich eingeschränkt ist.[1379] In diesem Fall hat die Haftung hinsichtlich der Kompensation lediglich „Symbolcharakter".[1380]

Gleichwohl erscheint es fragwürdig, aus diesem Grund *de lege ferenda* vollständig auf den Kompensationszweck zu verzichten und den Vorstandsinnenregress allein an der Verhaltenssteuerung auszurichten. Denn es sind durchaus Situationen denkbar, in denen ein Fehlverhalten nur zu einem geringen Schaden führt, den der in Anspruch genommene (ehemalige) Geschäftsleiter ohne Schwierigkeiten ausgleichen kann.[1381] Weshalb die Gesellschaft bei Vermögenseinbußen, die ohne Gefahr einer wirtschaftlichen Notlage auch bei Entfallen eines etwaigen Versicherungsschutzes aus dem Privatvermögen der Regresspflichtigen ersetzt werden können, keine vollständige Kompensation erhalten soll, ist mit Blick auf die bisherigen Untersuchungsergebnisse kaum zu begründen. Schließlich besteht in diesen Fällen das Risiko einer existenzvernichtenden Haftung gerade nicht. Nach all dem erscheint es darum vorzugswürdig, die Vorstandshaftung auch zukünftig grundsätzlich auf einen Ausgleich der der Gesellschaft entstandenen Schäden auszurichten. Um einen existenzvernichtenden Innenregress zu vermeiden, sollte der Grundsatz der Totalreparation bei dem reformierten Haftungstatbestand aber Ausnahmen vom

---

1377 So aber *Bayer/Scholz*, NZG 2014, 926, 928; *Scholz*, Die existenzvernichtende Haftung von Vorstandsmitgliedern in der Aktiengesellschaft, S. 352; *G. Wagner*, ZHR (178) 2014, 227, 254.

1378 So deutlich *G. Wagner*, a.a.O., 254.

1379 Ähnlich *Brommer*, AG 2013, 121, 123.

1380 Prägnant *A. Arnold*, Die Steuerung des Vorstandshandelns, S. 170; hierzu auch unter D. III. 3. d) aa) (2).

1381 Hierauf hinweisend auch *Fehrenbach*, AG 2015, 761, 772.

Alles-oder-Nichts-Prinzip zulassen, wenn die Schadenssumme die Leistungsfähigkeit des pflichtvergessenen Vorstandsmitglieds um ein Vielfaches übersteigt und die Durchsetzung des Ersatzanspruchs damit zu einer wirtschaftlichen Notlage führt.

c) Berücksichtigung der Wertungen aus § 93 Abs. 3–5 AktG

Daneben sollten bei dem reformierten Haftungskonzept auch die mit § 93 Abs. 3–5 AktG zum Ausdruck gebrachten gesetzlichen Wertungen berücksichtigt werden. Nach den bisherigen Untersuchungen besteht insofern kein Anlass, von deren Zielsetzungen abzuweichen. Allerdings wird sich die Frage stellen, ob eine Regressmodifizierung auch auf die in § 93 Abs. 3 AktG normierten Kardinalspflichten sowie den Ersatzanspruch der Gläubiger nach § 93 Abs. 5 S. 1, S. 2 AktG auszudehnen ist.

2. Keine Widersprüche mit dem haftungsrechtlichen Gesamtkonzept

Die Reform des Vorstandsinnenregresses muss sich zudem in das haftungsrechtliche Gesamtkonzept einfügen.[1382] Schließlich stellt die einzelne Norm stets nur einen Teil der Gesamtrechtsordnung dar, die sich im Idealfall widerspruchsfrei und konsistent in das bereits bestehende System einfügt und damit die viel propagierte Einheit der Rechtsordnung wahrt.[1383] Daher gilt es vornehmlich Wertungswidersprüche mit Privilegien zu vermeiden, die der Gesetzgeber nur für spezielle Personengruppen oder besondere Haftungsarten vorgesehen hat. Darüber hinaus sollte berücksichtig werden, dass die Akzeptanz von Rechtsnormen maßgeblich davon abhängt, ob und inwieweit diese den vorherrschenden Gerechtigkeitsvorstellungen genügen.[1384] Eine wesentliche Ausprägung dieses Gerechtigkeitsgedanken liegt dabei in der Gleichbehandlung von Gleichem sowie der Ungleichbehandlung von Ungleichem.[1385] Vor diesem Hintergrund ist darauf zu achten, dass eine Modifizierung des § 93 AktG nicht zu einer als ungerecht empfundenen Besserstellung der Vorstandsmitglieder mit vergleichbaren Berufsgruppen führt oder eine Gleichstellung mit Personen bewirkt, deren Haftungsrisiken sich von denen der Geschäftsleiter wesentlich unterscheiden.[1386] Ähnlich der Absicherung der Regressreduzierung qua

---

1382 Deutlich *Fleischer*, ZIP 2014, 1305, 1310; sowie weit vor Aufkommen der breiten Diskussion über eine Einschränkung der Vorstandsinnenhaftung *Fleischer*, WM 2005, 909, 914 f.; diese Maxime liegt ersichtlich auch den Überlegungen von insb. *Bachmann*, in: Verhandlungen des 70. DJT, 2014, Bd. 1, E 62 ff.; *Bayer*, NJW 2014, 2546, 2548; *Scholz*, Die existenzvernichtende Haftung von Vorstandsmitgliedern in der Aktiengesellschaft, S. 357 ff.; *Vetter*, NZG 2014, 921, 922 zugrunde.

1383 Vgl. hierzu *Larenz/Canaris*, Methodenlehre der Rechtswissenschaft, S. 263; *Rüthers/Fischer u. a.*, Rechtstheorie mit juristischer Methodenlehre, S. 90 ff.

1384 *Rüthers/Fischer u. a.*, a.a.O., S. 55.

1385 *Rüthers/Fischer u. a.*, a.a.O., S. 222 ff.

1386 Prägnant *Fleischer*, ZIP 2014, 1305, 1310.

gesellschaftlicher Fürsorge- und Treuepflicht,[1387] ist mithin auch eine Haftungsbeschränkung *de lege ferenda* gegebenenfalls auf eine ungerechtfertigte Privilegierung der Vorstandsmitglieder gegenüber der Ersatzpflicht von Arbeitnehmern, GmbH-Geschäftsführern, Unternehmern sowie (Rechts-)Beratern zu überprüfen.

3. Einfluss der ökonomischen Analyse des Rechts?

Weitere Anhaltspunkte für die Ausgestaltung und Grenzen des zukünftigen Vorstandsinnenregresses könnten sich aus der ökonomischen Analyse des Rechts ergeben.[1388] Danach stellt das Haftungsrecht ein Mittel der Verhaltenssteuerung dar, wodurch die Verantwortlichen auf Basis einer Kosten-Nutzen-Rechnung zu einer optimalen Ressourcenverwertung veranlasst werden sollen.[1389] Da der jeweils handelnden Person sowohl durch den Ausgleich verursachter Schäden, als auch durch etwaige Maßnahmen zu deren Abwendung und Minderung Kosten entstehen, sind Ersatznormen derart auszutarieren, dass für den potentiellen Schädiger ein Anreiz besteht, sich pflichtgemäß zu verhalten.[1390] Dieses Ziel wird üblicherweise erreicht, wenn die Schadenskosten die Schadensvermeidungskosten übersteigen.[1391]

Bei der Innenhaftung der Vorstandsmitglieder stellt sich jedoch das Problem, dass den Geschäftsleitern die Schadenskosten, nicht aber die Aufwendungen zur Risikovermeidung – wie etwa die Kosten für die Einrichtung eines Compliance-Systems – zur Last fallen; letztere sind vielmehr von der Gesellschaft als Geschädigte selbst zu tragen.[1392] Außerdem profitieren die Vorstandsmitglieder nicht unmittelbar von den mit ihrer Tätigkeit verbundenen Gewinnchancen, da diese vorrangig vom Unternehmen internalisiert werden.[1393] Insgesamt schafft dies einen Anreiz, hohe Aufwendungen zur Risikominimierung zu tätigen und von Geschäftsmöglichkeiten sowie Investitionen abzusehen, die zwar für die Gesellschaft attraktiv sind, für die Mitglieder der Geschäftsleitung aber ein unkalkulierbares Haftungspotential

---

1387 Vgl. hierzu die Ausführungen unter D. III. 5. a).

1388 Hierauf abstellend auch *Bachmann*, in: Verhandlungen des 70. DJT, 2014, Bd. 1, E 21 ff.; in Bezug auf die Ausgestaltung einer Regressreduzierung qua Fürsorge- und Treuepflicht ebenso *J. Koch*, AG 2012, 429, 434; für einen Korrekturbedarf der Vorstandshaftung aus ökonomischen Gesichtspunkten auch *Bayer/Scholz*, NZG 2014, 926, 927; a.A. *Fehrenbach*, AG 2015, 761, 772 ff.

1389 *H. Schäfer/Ott*, Lehrbuch der ökonomischen Analyse des Zivilrechts, S. 153 ff.; MüKo/*Wagner*, BGB, Vor. § 823 Rn. 52.

1390 *H. Schäfer/Ott*, Lehrbuch der ökonomischen Analyse des Zivilrechts, S. 154 ff.; MüKo/*Wagner*, BGB, Vor. § 823 Rn. 52.

1391 MüKo/*Wagner*, a.a.O., Rn. 52; *J. Wagner*, AcP 2006, 352, 457 f.

1392 So auch *Bachmann*, in: Verhandlungen des 70. DJT, 2014, Bd. 1, E 22; *J. Koch*, AG 2012, 429, 434; *Scholz*, Die existenzvernichtende Haftung von Vorstandsmitgliedern in der Aktiengesellschaft, S. 238.

1393 Ebenso *Brommer*, AG 2013, 121, 128; *Casper*, ZHR (176) 2012, 617, 637; *Fleischer*, ZIP 2014, 1305, 1311; *Goette*, DStR 2009, 51, 56; *J. Koch*, AG 2014, 513, 518; *Spindler*, AG 2013, 889, 894; *G. Wagner*, ZHR (178) 2014, 227, 257.

bergen.[1394] Eine derartige Ausrichtung der Vorstandstätigkeit steht im offenen Widerspruch zu dem wiederholt erklärten Ziel des Gesetzgebers, ein risikofreudiges Verhalten der Geschäftsleiter zum Wohle der Gesellschaft zu fördern.[1395] Unter Berücksichtigung der Grundannahme der ökonomischen Analyse des Rechts, wonach ein Anreiz zu pflicht- und sorgfaltsgemäßem Verhalten nur besteht, wenn der hieraus resultierende Nutzen die damit verbundenen Kosten übersteigt,[1396] müssen bei der Reform der Ersatzpflicht demnach entweder die Gewinnchancen der Vorstandsmitglieder gesteigert oder deren Haftungsrisiken verringert werden, um eine volkswirtschaftlich unerwünschte Risikoaversion zu vermeiden.[1397]

Obgleich sich der ökonomischen Analyse des Rechts somit keine konkrete Maßgaben entnehmen lassen, wie die Haftungsnorm *de lege ferenda* ausgestaltet werden muss ist,[1398] ist nach dem Vorstehenden bezüglich der sogleich zu untersuchenden Reformvorschläge darauf zu achten, ob hierdurch die Vorstandsmitglieder zu einem sorgfaltspflichtgemäßen Verhalten veranlasst werden und die geplante Gesetzesänderung zugleich geeignet ist, eine übertriebene Risikoaversion zu vermeiden.

4. Verringerung des Risikos einer potentiellen Existenzvernichtung

Entsprechend der Zielsetzung dieses letzten Teils der Untersuchung ist schließlich zu prüfen, ob die vorgeschlagenen Gesetzesänderungen geeignet sind, das Risiko

---

1394 So auch *Bachmann*, in: Verhandlungen des 70. DJT, 2014, Bd. 1, E 22; *Bayer/Scholz*, NZG 2014, 926, 927; *Brommer*, AG 2013, 121, 123; *Fleischer*, ZIP 2014, 1305, 1311; *J. Koch*, AG 2012, 429, 434; *J. Koch*, AG 2014, 513, 518, 522; *Scholz*, Die existenzvernichtende Haftung von Vorstandsmitgliedern in der Aktiengesellschaft, S. 236 ff.; *Spindler*, AG 2013, 889, 895; *G. Wagner*, ZHR (178) 2014, 227, 261, 277.

1395 Vgl. hierzu Entwurf eines Gesetzes zur Unternehmensintegrität und Modernisierung des Anfechtungsrechts, BT-Drs. 15/5092, S. 12, wonach den Geschäftsleitern durch die Haftung nicht *„der Mut zum unternehmerischen Risiko"* genommen werden soll, sowie die amtl. Begr. zu § 84 AktG 1937, abgedruckt bei *Klausing*, Gesetz über Aktiengesellschaften und Kommanditgesellschaften auf Aktien nebst Einführungsgesetz und amtlicher Begründung, S. 71; auf die Gefahr der Risikoaversion in diesem Zusammenhang hinweisend auch *J. Koch*, AG 2012, 429, 434; *Scholz*, Die existenzvernichtende Haftung von Vorstandsmitgliedern in der Aktiengesellschaft, S. 236 ff., S. 355 f.; *G. Wagner*, ZHR (178) 2014, 227, 259, 261, 277.

1396 *H. Schäfer/Ott*, Lehrbuch der ökonomischen Analyse des Zivilrechts, S. 153 ff.; MüKo/*Wagner*, BGB, Vor. § 823 Rn. 52.

1397 *G. Wagner*, ZHR (178) 2014, 227, 259 ff.

1398 Deutlich *Bachmann*, in: Verhandlungen des 70. DJT, 2014, Bd. 1, E 22; *Scholz*, Die existenzvernichtende Haftung von Vorstandsmitgliedern in der Aktiengesellschaft, S. 356; ähnlich auch *Bayer/Scholz*, NZG 2014, 926, 929; *J. Koch*, AG 2014, 513, 522; a.A. *G. Wagner*, ZHR (178) 2014, 227, 259 ff., 275 ff., der aus der ökonomischen Analyse des Rechts auf eine ganz konkrete Ausgestaltung der Haftungsbeschränkung schließt.

einer potentiellen Existenzvernichtung zu beseitigen oder zumindest signifikant zu verringern. Diese Aussage mag zunächst verwundern, nehmen doch die verschiedenen Reformvorschläge, die im Folgenden näher analysiert werden, allesamt für sich in Anspruch, die als zu streng empfundene Ersatzpflicht der Vorstandsmitglieder zu begrenzen. Dennoch sollte bei deren Untersuchung stets kritisch hinterfragt werden, ob die Gefahr einer ruinösen Innenhaftung tatsächlich gebannt wird.

5. Zusammenfassung

Bei der Reform des § 93 AktG ist die Präventionsfunktion beizubehalten, der mit dem Kompensationszweck verfolgte Grundsatz der Totalreparation muss hingegen Einschränkungen erfahren. Ferner sind Widersprüche mit den übrigen Regelungszielen des § 93 AktG sowie dem haftungsrechtlichen Gesamtkonzept auch *de lege ferenda* zu vermeiden. Unter Berücksichtigung der ökonomischen Analyse des Rechts sollte die Neuregelung den Vorstandsmitgliedern überdies einen ausreichenden Anreiz für ein sorgfalts- und pflichtgemäßes Verhalten bieten sowie eine übertriebene Risikoaversion verhindern. Um dies zu erreichen ist letztlich darauf zu achten, dass die Gefahr einer potentiellen Existenzvernichtung durch die Gesetzesänderung hinreichend beseitigt wird.

II. Möglichkeiten einer Haftungsbeschränkung de lege ferenda

Eine Beschränkung der Vorstandsinnenhaftung könnte zunächst durch ein Absenken der Sorgfaltsanforderungen auf Vorsatz und grobe Fahrlässigkeit oder durch die Einführung von Haftungshöchstgrenzen erreicht werden. Dabei bestehen jeweils die Optionen, diese Änderungen direkt im Gesetz zu verankern oder Öffnungsklauseln zu schaffen, die der Gesellschaft derartige Haftungsmilderungen in der Satzung gestatten. Daneben ist auch an die Kodifizierung einer Reduktionsklausel zu denken, die im allgemeinen Schadensrecht oder in § 93 AktG kodifiziert werden könnte. Allein diese Reformvorschläge werden nachfolgend näher untersucht. Eine (nochmalige) Prüfung der weiteren Empfehlungen erfolgt hingegen nicht. Insofern wurde bereits an anderer Stelle ausreichend dargetan, dass die Vorstandsmitglieder auch bei einem Streichen der in der Literatur zunehmend kritisch gesehenen Dreijahresfrist in § 93 Abs. 4 S. 3 AktG[1399] vom Wohlwollen der anderen Gesellschaftsorgane abhängig sind, weshalb hierdurch kein verlässlicher Schutz vor einer potentiell existenzvernichtenden Haftung zu erreichen ist.[1400] Dies gilt gleichermaßen für den Vorschlag, die Satzung für eine Regelung zu öffnen, die dem Aufsichtsrat gestattet, bis

1399 Eine Abschaffung fordern insb. *Dietz-Vellmer*, NZG 2011, 248, 249; *Fleischer*, WM 2005, 909, 918 f.; *Habersack*, ZHR (177) 2013, 782, 804; *K. Zimmermann*, in: FS Duden, 1977, 773, 774 ff.

1400 Hierzu bereits ausführlich unter B. II. 2.

zu einem bestimmten Betrag frei über die Vorstandsinnenhaftung zu disponieren.[1401] Eine solche Öffnungsklausel steht außerdem in offensichtlichem Widerspruch zum Regelungszweck des § 93 Abs. 4 S. 3 AktG, der eine gegenseitige Rücksichtnahme von Vorstand und Aufsichtsrat zu unterbinden sucht.[1402] Hierin mag auch der Grund dafür liegen, dass der von *Eßwein* vorgeschlagene Lösungsweg in der Literatur bislang keine Berücksichtigung gefunden hat. Die in jüngster Zeit verschiedentlich geforderte Einführung einer *Legal Judgement Rule*[1403] ist einerseits nicht erforderlich, da eine Enthaftung der Vorstandsmitglieder bei Entscheidungen unter rechtlicher Unsicherheit bereits nach geltendem Recht über die Grundsätze des Rechtsirrtums erreicht werden kann.[1404] Andererseits wird das Risiko, für Schäden in mehrfacher Millionenhöhe in Anspruch genommen zu werden, bei Pflichtverletzungen, die der geforderten Neuregelung nicht unterfallen, nicht beseitigt. Die in Kapitel B aufgezeigten Risiken bleiben darüber hinaus auch bei den Vorschlägen, die Verjährungsfrist von 10 Jahren bei börsennotierten Gesellschaften zu verkürzen[1405] oder die in § 93 Abs. 2 S. 2 AktG geregelte Beweislastverteilung bei ausgeschiedenen Organmitgliedern umzukehren[1406], bestehen.

1. Kein Absenken der Sorgfaltsanforderungen in Gesetz oder Satzung

Zur Milderung der strengen Ersatzpflicht aus § 93 Abs. 2 S. 1 AktG wird von einer Meinungsgruppe vorgeschlagen, die Haftung der Vorstandsmitglieder gesetzlich auf Vorsatz und grobe Fahrlässigkeit zu beschränken[1407] oder der Gesellschaft zu gestatten, den Sorgfaltsmaßstab in ihrer Satzung entsprechend herabzusetzen.[1408]

1401 So der Vorschlag von *Eßwein*, Privatautonome Gestaltung der Vorstandshaftung, S. 289 ff.

1402 Vgl. hierzu statt vieler nur BGH, Urt. v. 08.07.2014 – II ZR 174/13, NZG 2014, 1058, 1060; Spindler/Stilz/*Fleischer*, AktG, § 93 Rn. 278; KK/*Mertens/Cahn*, AktG, § 93 Rn. 161.

1403 *Bürkle*, VersR 2013, 792, 793 ff.; *Müller*, DB 2014, 1301, 1307; sympathisierend auch *Seibt/Cziupka*, DB 2014, 1598, 1600; *Seibt/Wollenschläger*, ZIP 2014, 545, 553.

1404 Hierzu bereits ausführlich unter B. I. 2. b) aa) (3).

1405 Hierfür insb. *Bachmann*, in: Verhandlungen des 70. DJT, 2014, Bd. 1, E 55 f.; *Fleischer*, AG 2014, 457, 467 ff.; *Hopt*, ZIP 2013, 1793, 1801.

1406 Dies fordern *Haarmann/Weiß*, BB 2014, 2115, 2120; *Hopt*, ZIP 2013, 1793, 1803; *Kremer*, in: Verhandlungen des 70. DJT, 2014, Bd. 2/1, N 39; *Rieger*, in: FS Peltzer, 2011, 339, 351; sympathisierend auch *Habersack*, ZHR (177) 2013, 782, 805.

1407 *Semler*, in: FS Goette, 2011, 499, 510; früher zudem *Spindler*, AG 2013, 889, 895; der sich in MüKo/*Spindler*, AktG, § 93 Rn. 27 jedoch dagegen ausspricht.

1408 *Bachmann*, in: Verhandlungen des 70. DJT, 2014, Bd. 1, E 58 ff.; *Habersack*, ZHR (177) 2013, 782, 803 f.; GK/*Hopt/Roth*, AktG, § 93 Rn. 401; *Kremer*, in: Verhandlungen des 70. DJT, 2014, Bd. 2/1, N 41; Schmidt/Lutter/*Krieger/Sailer-Coceani*, AktG, § 93 Rn. 3, 39; *Paefgen*, AG 2014, 554, 570; *Sailer-Coceani*, in: Verhandlungen des 70.

Beide Reformüberlegungen sind im Schrifttum allerdings zu Recht auf erheblichen Widerstand gestoßen.[1409]

a) *Gesetzliche Milderung führt zu unbilliger Privilegierung*

Gegen ein gesetzliches Absenken der Sorgfaltsanforderungen spricht schon, dass dies zu einem eklatanten Widerspruch mit dem haftungsrechtlichen Gesamtgefüge führen würde.[1410] Zwar ergibt ein Blick auf das allgemeine Zivilrecht – an dieser Stelle sei nur auf die §§ 31a Abs. 1 S. 1, 277, 521, 599, 680 BGB verwiesen – dass eine Haftung allein für Vorsatz und grobe Fahrlässigkeit in unserer Rechtsordnung durchaus anerkannt ist. Die Schutzzwecke und Ziele, die mit diesen Regelungen verfolgt werden, lassen sich jedoch nicht auf die Vorstandsinnenhaftung übertragen. So beziehen sich insbesondere die §§ 521, 599 BGB auf von Altruismus geprägte Rechtsbeziehungen, denen der Gedanke zugrunde liegt, dass wegen der Uneigennützigkeit des Schädigers nur eine beschränkte Haftung gerechtfertigt ist.[1411] Ein solcher Altruismus liegt bei der Tätigkeit der Vorstandsmitglieder mit Blick auf deren hohe Vergütung gerade nicht vor. Der Regelung des § 31a Abs. 1 S. 1 BGB lässt sich zudem entnehmen, dass ein gesetzlich herabgesetzter Verschuldensmaßstab bei Organen juristischer Personen nach Ansicht des Gesetzgebers nur gerechtfertigt ist, wenn diese unentgeltlich tätig sind oder für ihre Tätigkeit nicht mehr als 720 Euro im Jahr erhalten. Auch

---

DJT, 2014, Bd. 2/1, N 16; *Spindler*, AG 2013, 889, 896; sympathisierend auch *Gaul*, AG 2015, 109, 115 f.; *Vetter*, NZG 2014, 921, 923 ff.

1409 Gegen ein Absenken im Gesetz insb. *Bachmann*, in: Verhandlungen des 70. DJT, 2014, Bd. 1, E 29 f.; *Baums*, Bericht der Regierungskommission Corporate Governance, S. 108; *Bayer*, NJW 2014, 2546, 2547; *Faßbender*, NZG 2015, 501, 506; *Fleischer*, WM 2005, 909, 914; *Fleischer*, ZIP 2014, 1305, 1311; *Habersack*, ZHR (177) 2013, 782, 803; *Hemeling*, ZHR (178) 2014, 221, 224; *Heyers*, WM 2016, 581, 584; *Peltzer*, in: FS Hadding, 2004, 593, 598; *Scholl*, Vorstandshaftung und Vorstandsermessen, S. 129 f.; *Scholz*, Die existenzvernichtende Haftung von Vorstandsmitgliedern in der Aktiengesellschaft, S. 357 f.; *Vetter*, NZG 2014, 921, 922; *G. Wagner*, ZHR (178) 2014, 227, 262; gegen eine Öffnungsklausel statt aller nur *Bayer*, NJW 2014, 2546, 2547; *Faßbender*, NZG 2015, 501, 506; *Fleischer*, ZIP 2014, 1305, 1312; *Fleischer*, AR 2014, 100, 102; *Fuchs/M. Zimmermann*, JZ 2014, 838, 844; *Hemeling*, ZHR (178) 2014, 221, 224; *Scholz*, Die existenzvernichtende Haftung von Vorstandsmitgliedern in der Aktiengesellschaft, S. 368 ff.

1410 *Bachmann*, in: Verhandlungen des 70. DJT, 2014, Bd. 1, E 30; *Fleischer*, WM 2005, 909, 914; *Fleischer*, ZIP 2014, 1305, 1311; in Bezug auf § 31a BGB auch *Bayer/Scholz*, NZG 2014, 926, 929; *Gaul*, AG 2015, 109, 114; *Scholz*, Die existenzvernichtende Haftung von Vorstandsmitgliedern in der Aktiengesellschaft, S. 358; *Vetter*, NZG 2014, 921, 922.

1411 Statt vieler nur MüKo/*Koch*, BGB, § 521 Rn. 1; Palandt/*Weidenkaff*, BGB, § 521 Rn. 1; MüKo/*Häublein*, BGB, 6. Aufl. 2012, § 599 Rn. 1; Palandt/*Weidenkaff*, BGB, § 599 Rn. 1.

dies trifft auf die Vorstandsmitglieder einer Aktiengesellschaft nicht zu.[1412] Darüber hinaus lässt sich der Zweck des § 31a Abs. 1 S. 1 BGB, die Bereitschaft, Ehrenämter im sozialen, sportlichen und kulturellen Bereich zu übernehmen und dadurch das „bürgerliche Engagement“ durch eine Haftungsprivilegierung zu steigern,[1413] nicht auf die Geschäftsleiter einer Aktiengesellschaft übertragen.[1414] Denn angesichts des eingangs festgestellten erheblichen Regressrisikos der Vorstandsmitglieder, das die Notwendigkeit einer Haftungsbeschränkung erst begründet hat,[1415] soll eine Milderung des Sorgfaltsmaßstabs *de lege ferenda* vornehmlich eine potentielle Existenzvernichtung der Ersatzpflichtigen verhindern. Letztlich würde eine Haftung allein für Vorsatz und grobe Fahrlässigkeit die Vorstandsmitglieder – und durch den Verweis in § 116 S. 1 AktG auch die Aufsichtsratsmitglieder – gegenüber den Arbeitnehmern desselben Unternehmens unbillig privilegieren.[1416] Schließlich sind diese nach den Grundsätzen des innerbetrieblichen Schadensausgleichs nur bei leichtester Fahrlässigkeit vollständig von ihrer Ersatzpflicht befreit, während es bei mittlerer Fahrlässigkeit zu einer quotalen Schadensteilung mit ihrem Arbeitgeber kommt.[1417] Eine derartige Besserstellung der Vorstands- und Aufsichtsratsmitglieder erscheint rechtspolitisch nur schwer durchsetzbar,[1418] weshalb sich auch der 70. Deutsche Juristentag deutlich gegen diesen Reformvorschlag ausgesprochen hat.[1419]

Die soeben geschilderten Spannungen ergeben sich hingegen nicht, wenn der Gesellschaft durch eine Öffnungsklausel die Möglichkeit eingeräumt wird, den Verschuldensmaßstab in der Satzung abzusenken. Dem Vorwurf, dies führe ebenfalls zu einer unbilligen Privilegierung gegenüber der Arbeitnehmerhaftung,[1420] ist entgegenzuhalten, dass es auch dem Arbeitgeber unbenommen ist, mit seinen Mitarbeitern privatautonome Abreden zu treffen, die über die Grundsätze des innerbetrieblichen Schadensausgleichs hinausgehen.[1421] Darüber hinaus würde ein Absenken der Sorgfaltsanforderungen in der Gesellschaftssatzung zu einer begrüßenswerten

1412 Deutlich *Vetter*, NZG 2014, 921 922.

1413 Entwurf eines Gesetzes zur Begrenzung der Haftung von ehrenamtlich tätigen Vereinsvorständen, BT-Drs. 16/10120, S. 6.

1414 So auch *Vetter*, NZG 2014, 921, 922.

1415 So das Untersuchungsergebnis in Teil B. I.

1416 So auch *Bachmann*, in: Verhandlungen des 70. DJT, 2014, Bd. 1, E 30; *Bayer/Scholz*, NZG 2014, 926, 929; *Fleischer*, WM 2005, 909, 914; *Fleischer*, ZIP 2014, 1305, 1311; *Scholz*, Die existenzvernichtende Haftung von Vorstandsmitgliedern in der Aktiengesellschaft, S. 358.

1417 Statt vieler nur BAG, Urt. v. 19.03.1959 – 2 AZR 402/55, NJW 1959, 1796; BAG, Beschl. v. 27.09.1994 – GS 1/89 (A), NJW 1995, 210, 211; MüKo/*Henssler*, BGB, § 619a Rn. 32; ErfK/*Preis*, BGB, § 619a Rn. 13; MünchHdb/*Reichold*, ArbR, § 51 Rn. 35.

1418 Zutreffend *Gaul*, AG 2015, 109, 114; *Hemeling*, ZHR (178) 2014, 221, 224; *Scholz*, Die existenzvernichtende Haftung von Vorstandsmitgliedern in der Aktiengesellschaft, S. 357; *Vetter*, NZG 2014, 921, 922.

1419 Beschlüsse des 70. DJT, in: Verhandlungen des 70. DJT, 2014, Bd. 2/1, N 211 (81:0:4).

1420 So *Faßbender*, NZG 2015, 501, 506.

1421 Deutlich auch *Bachmann*, in: Verhandlungen des 70. DJT, 2014, Bd. 1, E 60.

Gleichstellung der Vorstandsmitglieder mit den GmbH-Geschäftsführern führen. Diese können ihr Regressrisiko bereits nach geltendem Recht durch eine Modifizierung des Sorgfaltsmaßstabs begrenzen[1422] und unterliegen mit Blick auf § 43 Abs. 2 GmbHG einem mit § 93 Abs. 2 S. 1 AktG vergleichbaren Haftungsregime.[1423]

b) Spannungen mit § 93 Abs. 4 AktG

Allerdings führt die Möglichkeit statutarischer Sorgfaltsmilderungen zu unüberbrückbaren Differenzen mit den Wertungen des § 93 Abs. 4 AktG. Nach § 93 Abs. 4 S. 1 AktG tritt die Ersatzpflicht der Vorstandsmitglieder nicht ein, wenn deren Handlung auf einem gesetzmäßigen Beschluss der Hauptversammlung beruht. Hieraus ließe sich als Argument für eine Öffnungsklausel folgern, dass die Möglichkeit einer Haftungsbegrenzung im Vorfeld pflichtwidrigen Verhaltens *de lege lata* durch den Gesetzgeber anerkannt ist. Daher könnte vertreten werden, dass sich ein Absenken des Sorgfaltsmaßstabs in der Gesellschaftsatzung widerspruchsfrei in das Haftungskonzept des § 93 AktG einfügt. Dem ist jedoch entgegenzuhalten, dass § 93 Abs. 4 S. 1 AktG im Umkehrschluss gerade gegen die Zulässigkeit einer statutarischen Haftungsbeschränkung spricht.[1424] Ferner ist anerkannt, dass eine Enthaftung nach § 93 Abs. 4 S. 1 AktG nur eintritt, wenn die von der Hauptversammlung gebilligte Vorstandshandlung in dem jeweiligen Beschluss hinreichend konkretisiert ist,[1425] d.h. wenn der Beschluss sich auf eine ganz konkrete Maßnahme bezieht. Ähnliches gilt bei § 93 Abs. 4 S. 3 AktG. Denn auch der Verzicht auf und der Vergleich über Ersatzansprüche der Gesellschaft stehen immer im Zusammenhang mit bestimmten Pflichtverletzungen, die den (ehemaligen) Geschäftsleitern vorgeworfen werden. Hieraus lässt sich der übergeordnete Gedanke entnehmen, dass sich die Entscheidung der Hauptversammlung über eine Enthaftung der Vorstandsmitglieder stets auf ein konkret benennbares, potentiell schadensverursachendes Verhalten beziehen muss. Eine globale Freizeichnung für jedes Fehlverhalten, das auf leichter oder mittlerer Fahrlässigkeit beruht, lässt sich hiermit nur schwerlich in Einklang bringen.

Daneben widerspricht die vorgeschlagene Öffnungsklausel dem Regelungszweck des § 93 Abs. 4 S. 3 AktG.[1426] Danach kann die Gesellschaft erst drei Jahre nach der

1422 Statt vieler nur BGH, Urt. v. 16.09.2002 – II ZR 107/01, NJW 2002, 3777, 3779; MüKo/*Fleischer*, GmbHG, § 43 Rn. 302 ff.; Henssler/Strohn/*Oetker*, GesR, § 43 GmbHG Rn. 10; *Sandmann*, Die Haftung von Arbeitnehmern, Geschäftsführern und leitenden Angestellten, S. 328 ff.; Baumbach/Hueck/*Zöllner/Noack*, GmbHG, § 43 Rn. 5.

1423 Zur Vergleichbarkeit der Haftung von Vorstandsmitgliedern und GmbH-Geschäftsführern bereits unter D. III. 5. a) cc) (1).

1424 Hierzu bereits unter D. I. 1. c).

1425 Statt vieler nur Spindler/Stilz/*Fleischer*, AktG, § 93 Rn. 267; KK/*Mertens/Cahn*, AktG, § 93 Rn. 152; MüKo/*Spindler*, AktG, § 93 Rn. 241.

1426 So auch *Bayer/Scholz*, NZG 2014, 926, 931 f.; Spindler/Stilz/*Fleischer*, AktG, § 93 Rn. 9b; *Fleischer*, ZIP 2014, 1305, 1314; *Scholz*, Die existenzvernichtende Haftung von Vorstandsmitgliedern in der Aktiengesellschaft, S. 372.

Entstehung des Anspruchs und nur dann auf Ersatzansprüche verzichten oder sich über sie vergleichen, wenn die Hauptversammlung zustimmt und nicht eine Minderheit, deren Anteile zusammen den zehnten Teil des Grundkapitals erreichen, zur Niederschrift Widerspruch erhebt. Durch die Dreijahresfrist soll verhindert werden, dass die Gesellschaft zu einem Zeitpunkt auf Ersatzansprüche verzichtet, in dem sie sich noch kein abschließendes Bild über die schädigende Handlung und das Ausmaß ihrer Vermögenseinbußen gemacht hat.[1427] Wird der Hauptversammlung nunmehr gestattet, durch eine entsprechende Satzungsregelung bereits im Vorfeld pauschal und ohne Kenntnis des konkreten zukünftigen Schadensfalles auf alle Ersatzansprüche zu verzichten, die nicht vorsätzlich oder grob fahrlässig begangen wurden, steht dies im deutlichen Widerspruch zu dem vom Gesetzgeber mit § 93 Abs. 4 S. 3 AktG verfolgten Ziel. Durch eine derartige Regelung würde ermöglicht, dass die Gesellschaft zu einem Zeitpunkt auf Regressansprüche verzichtet, in dem weder absehbar ist, welche Pflichtverletzungen von der Haftungsmilderung erfasst werden, noch zumindest ansatzweise geklärt ist, in welcher Höhe dem Unternehmen Vermögenseinbußen entstanden sind.

c) Abhängigkeit vom Wohlwollen der Aktionäre

Gegen eine Öffnungsklausel spricht des Weiteren, dass die Entscheidung über eine in der Satzung zu verankernde Haftungsbegrenzung von der Hauptversammlung zu treffen ist und die Vorstandsmitglieder damit genau wie im Fall des § 93 Abs. 4 S. 3 AktG vom Wohlwollen der Aktionäre abhängig sind.[1428] Gemäß § 179 AktG fällt ein Absenken der Sorgfaltsanforderungen in der Gesellschaftssatzung grundsätzlich in die Alleinzuständigkeit der Hauptversammlung. Nach dieser Regelung bedarf jede Satzungsänderung eines Beschlusses der Hauptversammlung, der im Regelfall mit einer Mehrheit von mindestens drei Viertel des bei der Beschlussfassung vertretenen Grundkapitals gefasst werden muss. In Anlehnung an § 93 Abs. 4 S. 3 AktG plädiert *Bachmann* abweichend zu § 179 Abs. 2 S. 1 AktG hinsichtlich der Ausgestaltung der Öffnungsklausel zudem für ein Vetorecht der Aktionärsminderheit.[1429] Dies würde die Anforderungen an eine Haftungsmilderung in der Gesellschaftssatzung weiter verschärfen.

Überdies ist davon auszugehen, dass der Beschluss einer entsprechenden Satzungsänderung umso unwahrscheinlicher wird, je besser die Aktionäre im Vorfeld durch den Aufsichtsrat informiert werden. Um den vereinzelt geäußerten Bedenken zu begegnen, dass eine uninformierte Hauptversammlung den Vorstandsmitgliedern überstürzt zu weitreichende Privilegien gewährt,[1430] wird insbesondere eine

1427 Amtl. Begr. zu § 93 AktG 1965, abgedruckt bei *Kropff*, Aktiengesetz, S. 123; KK/*Mertens/Cahn*, AktG, § 93 Rn. 164; MüKo/*Spindler*, AktG, § 93 Rn. 251.

1428 Deutlich *Bayer/Scholz*, NZG 2014, 926, 931; *Scholz*, Die existenzvernichtende Haftung von Vorstandsmitgliedern in der Aktiengesellschaft, S. 369.

1429 *Bachmann*, in: Verhandlungen des 70. DJT, 2014, Bd. 1, E 61.

1430 So auch *Fleischer*, ZIP 2014, 1305, 1312; *Fuchs/M. Zimmermann*, JZ 2014, 838, 844.

Berichtspflicht des Aufsichtsrats über die Folgen einer Enthaftungsregelung in der Satzung[1431] sowie über Schadensereignisse der Vergangenheit vorgeschlagen.[1432] Ist infolge dieser Information aber allen Mitgliedern der Hauptversammlung bewusst, dass die Gesellschaft durch das Absenken des Sorgfaltsmaßstabs von den Vorstandsmitgliedern unter Umständen keinerlei Ersatz verlangen kann, wird eine derartige Satzungsregelung in weite Ferne rücken. Denn die eingeschränkte Kompensation erlittener Vermögenseinbußen der Gesellschaft bewirkt zugleich eine geringere Gewinnausschüttung.[1433] Vor diesem Hintergrund besteht für die Aktionäre nur ein schwacher Anreiz, eine Beschränkung der Vorstandsinnenhaftung in der Satzung zu verankern.

d) Gefahr einer Existenzvernichtung bleibt bestehen

Schließlich wird die Gefahr einer existenzvernichtenden Vorstandshaftung allein durch eine Milderung des Sorgfaltsmaßstabs in Gesetz oder Gesellschaftssatzung nicht rechtssicher beseitigt. Folgt der Gesetzgeber dem Vorschlag, eine statutarische Haftungsfreistellung bei leichter und mittlerer Fahrlässigkeit zu gestatten[1434] oder beschränkt er die Haftung gesetzlich auf Vorsatz und grobe Fahrlässigkeit,[1435] können sich in der Praxis erhebliche Abgrenzungsprobleme zwischen mittlerer und grober Fahrlässigkeit ergeben.[1436] Da die Übergänge zwischen den verschiedenen Fahrlässigkeitsgraden zum Teil fließend sind, hinge die Haftung der Vorstandsmitglieder letztlich davon ab, wie die Gerichte das konkrete Verhalten einstufen. Dies zieht die Gefahr richterlicher Rückschaufehler nach sich.[1437] Im Zusammenhang mit § 93 Abs. 1 S. 2 AktG wurde bereits dargelegt, dass sich das Risiko der *hindsight bias* nicht vollständig beseitigen lässt.[1438] Führt man sich nochmals vor Augen, dass die Eignung der *Business Judgement Rule* als Schutzmechanismus u.a. aus diesem Grund abgelehnt wurde, muss gleiches auch hinsichtlich der Abgrenzungsschwierigkeiten

---

1431 *Bachmann*, in: Verhandlungen des 70. DJT, 2014, Bd. 1, E 61; zweifelnd, ob die von Bachmann vorgeschlagenen Kautelaren ausreichen *Fuchs/M. Zimmermann*, JZ 2014, 838, 844.

1432 *Vetter*, NZG 2014, 921, 925 f.

1433 In diese Richtung auch *J. Koch*, AG 2014, 513, 524.

1434 So die Vorschläge von *Bachmann*, in: Verhandlungen des 70. DJT, 2014, Bd. 1, E 61; *Habersack*, ZHR (177) 2013, 782, 804; *Paefgen*, AG 2014, 554, 570; *Vetter*, NZG 2014, 921, 923.

1435 So *Semler*, in: FS Goette, 2011, 499, 510; früher zudem *Spindler*, AG 2013, 889, 895; der sich in MüKo/*Spindler*, AktG, § 93 Rn. 27 jedoch dagegen ausspricht.

1436 Ähnlich *Fleischer*, ZIP 2014, 1305, 1314; *Fleischer*, AR 2014, 100, 102; in Bezug auf eine Haftungsmilderung de lege lata auch *Grunewald*, AG 2013, 813, 815.

1437 Zutreffend *Fleischer*, ZIP 2014, 1305, 1314; *Fleischer*, AR 2014, 100, 102; *Scholz*, Die existenzvernichtende Haftung von Vorstandsmitgliedern in der Aktiengesellschaft, S. 376.

1438 Hierzu bereits ausführlich unter B. I. 2. c) bb).

gelten, die sich bei einem Absenken der Sorgfaltsanforderungen auf Vorsatz und grobe Fahrlässigkeit ergeben.

Neben diesen Abgrenzungsschwierigkeiten und der hiermit verbundenen Gefahr von Rückschaufehlern kann das Risiko der existenzvernichtenden Ersatzpflicht ohnehin allein durch ein Absenken des Sorgfaltsmaßstabs nicht aufgehoben werden[1439] Wurden gegenüber der Gesellschaft beispielsweise wegen kartellrechtswidrigem Verhalten nachgeordneter Mitarbeiter Bußgelder in mehrfacher Millionenhöhe auferlegt und stellt das Gericht fest, dass den Vorstandsmitgliedern insofern eine grob fahrlässige Verletzung ihrer Legalitätskontrollpflicht vorzuwerfen ist, müssen die Geschäftsleiter nach § 93 Abs. 2 S. 1 AktG weiterhin für den gesamten Schaden einstehen. Schon dieses Beispiel verdeutlicht, dass das Risiko einer potentiellen Existenzvernichtung bei einer Modifizierung des Sorgfaltsmaßstabs nicht beseitigt ist.

e) *Zusammenfassung*

Die vorstehenden Ausführungen haben gezeigt, dass sowohl eine gesetzliche Beschränkung der Ersatzpflicht auf Vorsatz und grobe Fahrlässigkeit, als auch eine Öffnungsklausel für eine entsprechende Haftungsmilderung in der Gesellschaftssatzung zu Spannungen mit § 93 Abs. 4 AktG sowie dem zivilrechtlichen Haftungskonzept führen. Ferner bleibt das Risiko einer potentiell existenzvernichten Inanspruchnahme pflichtvergessener Vorstandsmitglieder bei beiden Reformvorschlägen bestehen. Insgesamt stellt ein Absenken der Sorgfaltsanforderungen somit keinen zu befürwortenden Weg für eine Änderung der Vorstandsinnenhaftung dar.

2. Begrenzung der Haftung auf einen Höchstbetrag?

Als Alternativmodell zu einem milderen Sorgfaltsmaßstab spricht sich daher eine breite Mehrheit für die Einführung einer gesetzlichen Haftungshöchstgrenze aus.[1440] Andere treten dafür ein, die Gesellschaftssatzung für die Verankerung von

---

1439 Deutlich *G. Wagner*, ZHR (178) 2014, 227, 262.

1440 *Bayer*, NJW 2014, 2546, 2548 f.; *Bayer/Scholz*, NZG 2014, 926, 930 ff.; *Gaul*, AG 2015, 109, 114 ff.; *Hemeling*, in: Verhandlungen des 69. DJT, 2012, Bd. 2/1, N 38; *Hemeling*, ZHR (178) 2014, 221, 224; *Peltzer*, in: FS Hadding, 2004, 593, 598 ff.; *Peltzer*, in: FS Hoffmann-Becking, 2013, 861, 865; *Reichert*, ZHR (177) 2013, 756, 780; *Scholl*, Vorstandshaftung und Vorstandsermessen, S. 126 ff.; *Scholz*, Die existenzvernichtende Haftung von Vorstandsmitgliedern in der Aktiengesellschaft, S. 361 ff.; *Semler*, AG 2005, 321, 325; *Spindler*, AG 2013, 889, 895; *G. Wagner*, ZHR (178) 2014, 227, 277 ff.

Höchstbeträgen zu öffnen.[1441] Vereinzelt wird auch gefordert, den Vorstandsmitgliedern die individualvertragliche Vereinbarung einer Obergrenze zu gestatten.[1442]

a) Bedenken gegenüber einer gesetzlichen Haftungshöchstgrenze

Für die Kodifikation einer Haftungshöchstgrenze in § 93 AktG streitet auf den ersten Blick, dass hierdurch eine vorhersehbare Regressbeschränkung geschaffen würde.[1443] Dennoch haben sich in der Vergangenheit namhafte Vertreter des Schrifttums gegen eine derartige Begrenzung der Ersatzpflicht ausgesprochen.[1444] Und auch beim 70. Deutschen Juristentag wurde der Vorschlag, eine Haftungsobergrenze in § 93 AktG einzuführen, deutlich abgelehnt.[1445]

aa) Wahrung der Präventionsfunktion

Die Kritiker einer gesetzlichen Haftungsobergrenze bezweifeln zunächst, ob den Vorstandsmitgliedern hierdurch ein ausreichender Anreiz für ein pflichtgemäßes Verhalten geboten wird[1446] Dieser Einwand kann indes nicht überzeugen. Schon an anderer Stelle wurde herausgearbeitet, dass die Steuerungsfunktion des § 93 Abs. 2 S. 1 AktG keine unbeschränkte Haftung erfordert, solange den Vorstandsmitgliedern die Inanspruchnahme mit einem wesentlichen Teil ihres Vermögens droht.[1447] Dass eine positive Verhaltenssteuerung aus Sicht des Gesetzgebers auch bei einer quantitativ beschränkten Ersatzpflicht möglich ist, ergibt sich deutlich aus der Begründung zu § 93 Abs. 2 S. 3 AktG, wonach der Präventionszweck bei Abschluss einer D&O-Versicherung durch den verpflichtenden Selbstbehalt in Höhe von mindestens 10 % des Schadens bis mindestens zur Höhe

---

1441 *Bachmann*, in: Verhandlungen des 70. DJT, 2014, Bd. 1, E 62 ff.; *Habersack*, ZHR (177) 2013, 782, 803 f.; *Hemeling*, ZHR (178) 2014, 221, 224; GK/*Hopt/Roth*, AktG, § 93 Rn. 401; *Sailer-Coceani*, in: Verhandlungen des 70. DJT, 2014, Bd. 2/1, N 16; *Seibt/Cziupka*, DB 2014, 1598, 1601; *Spindler*, AG 2013, 889, 896; symphatisierend auch *Gaul*, AG 2015, 109, 115 f.; *Vetter*, NZG 2014, 921, 923 ff.

1442 *Haarmann/Weiß*, BB 2014, 2115, 2116; *Hanke*, Grundlagen und Grenzen der Geschäftsleiterhaftung in England und Deutschland, S. 318 ff., 363 ff., 381 ff.

1443 So auch *Gaul*, AG 2015, 109, 115; *Scholl*, Vorstandshaftung und Vorstandsermessen, S. 127; *G. Wagner*, ZHR (178) 2014, 227, 277.

1444 *Bachmann*, in: Verhandlungen des 70. DJT, 2014, Bd. 1, E 64; *Baums*, Bericht der Regierungskommission Corporate Governance, S. 108; *Fleischer*, WM 2005, 909, 915; *Fleischer*, ZIP 2014, 1305, 1312; *Habersack*, ZHR (177) 2013, 782, 803; *Hopt*, ZIP 2013, 1793, 1804; *Paefgen*, AG 2014, 554, 569 f.

1445 Beschlüsse des 70. DJT, in: Verhandlungen des 70. DJT, 2014, Bd. 2/1, N 211 (78:4:4).

1446 So *Hopt*, ZIP 2013, 1793, 1804; *Paefgen*, AG 2014, 554, 569.

1447 Vgl. die Ausführungen unter D. III. 3. d) aa) (1); auf diesen Aspekt hinweisend auch *Scholl*, Vorstandshaftung und Vorstandsermessen, S. 127 f.; *Spindler*, AG 2013, 889, 895.

des Eineinhalbfachen der festen jährlichen Vergütung erhalten bleibt.[1448] Wird die Regresssumme daher in Anlehnung an § 93 Abs. 2 S. 3 AktG auf das Eineinhalb-[1449] oder Fünffache der festen Jahresvergütung beschränkt,[1450] lassen sich keine Spannungen mit der Steuerungsfunktion feststellen. Zudem wird das Ziel der Verhaltenssteuerung nicht beeinträchtigt, wenn die Haftungshöchstsumme derart in Relation zum Vermögen der jeweils in Anspruch genommenen Vorstandsmitglieder steht, dass bei einer Verurteilung zum Schadensersatz mit empfindlichen Einbußen zu rechnen ist. Und auch wenn sich die Obergrenze der Ersatzpflicht an der Deckungssumme der D&O-Versicherung orientiert und eine angemessene Selbstbeteiligung der pflichtvergessenen Vorstandsmitglieder vorsieht,[1451] wird der Präventionszweck des § 93 Abs. 2 S. 1 AktG solange nicht unterminiert, wie der Selbstbehalt nur hoch genug angesetzt ist.

Problematisch erscheint vor dem Hintergrund der Verhaltenssteuerung allein der Vorschlag von *P. Scholz*, wonach die Haftung bei leichter Fahrlässigkeit auf ein Viertel und bei grob fahrlässiger Pflichtverletzung auf die Hälfte der jährlichen Vorstandsvergütung begrenzt werden soll.[1452] Ausgehend von 889.000 Euro als Durchschnittsgehalt eines DAX-30-Vorstandsmitglieds[1453] ergibt sich auf dieser Grundlage eine maximale Ersatzpflicht von lediglich rund 220.000 Euro bei leichter sowie etwa 445.000 Euro bei grober Fahrlässigkeit. Ist das pflichtvergessene Vorstandsmitglied bei einer kleinen oder mittleren Aktiengesellschaft tätig und erhält eine entsprechend geringere Jahresvergütung, fällt auch die Haftungssumme um einiges niedriger aus. Obgleich nicht *per se* auszuschließen ist, dass derartige Ersatzbeträge für eine positive Verhaltenssteuerung ausreichen, unterschreiten die von *P. Scholz* vorgeschlagenen Höchstbeträge die Grenzwerte des § 93 Abs. 2 S. 3 AktG doch erheblich. Daher kann der vorsichtige Schluss gezogen werden, dass diese Obergrenze nicht ausreichend bemessen ist. Daneben bestehen Zweifel, ob sich auch Vorstandsmitglieder, die in der Vergangenheit ein beachtliches Privatvermögen angehäuft haben, durch derart gering angesetzte Höchstbeträge zu einem pflichtgemäßen Verhalten veranlasst sehen werden. Insgesamt ist jedoch festzustellen, dass die Präventionsfunktion Haftungshöchstgrenzen nicht generell verbietet, diese aber ausreichend hoch angesetzt werden müssen, um eine positive Verhaltenssteuerung bewirken zu können.

1448 Beschlussempfehlung und Bericht zum VorstAG, BT-Drs. 16/13433, S. 11.

1449 So die Überlegungen von *Bayer*, NJW 2014, 2546, 2548 f.; sowie die „große Lösung" von *G. Wagner*, ZHR (178) 2014, 227, 278; für die Beschränkung auf ein mehrfaches der Jahresvergütung auch *Gaul*, AG 2015, 109, 116; *Hemeling*, ZHR (178) 2014, 221, 224; *Spindler*, AG 2013, 889, 895.

1450 So der Vorschlag von *Scholl*, Vorstandshaftung und Vorstandsermessen, S. 128.

1451 So die „kleine Lösung" von *G. Wagner*, ZHR (178) 2014, 227, 279.

1452 *Scholz*, Die existenzvernichtende Haftung von Vorstandsmitgliedern in der Aktiengesellschaft, S. 381, 396; auf diese Möglichkeit hinweisend auch *Bayer*, NJW 2014, 2546, 2549.

1453 Vgl. die Statistik bei *Kuhner/Drefahl u. a.*, Managergehälter 2015, S. 8 f.

bb) Widerspruch zum Kompensationszweck der Organhaftung?

Gegen eine Begrenzung der Vorstandsinnenhaftung auf einen im Gesetz zu verankernden Höchstbetrag wird des Weiteren vorgebracht, dass der Kompensationszweck des § 93 Abs. 2 S. 1 AktG hierdurch erhebliche Einbußen erfahre.[1454] Dieses Argument ist in seiner Pauschalität allerdings wenig überzeugend. Denn wie eingangs dargelegt kann das Risiko einer existenzbedrohenden Haftung nur beseitigt werden, wenn die Regressnorm *de lege ferenda* nicht mehr ausnahmslos auf einen vollständigen Schadensausgleich gerichtet ist.[1455] Demzufolge lassen sich Haftungsobergrenzen grundsätzlich mit den Anforderungen an den reformierten § 93 AktG in Einklang bringen. Gleichwohl sollte der Kompensationszweck nur aufgelockert werden, wenn den pflichtvergessenen Geschäftsleitern eine existenzvernichtende Inanspruchnahme droht. Dies ist bei Haftungshöchstgrenzen, die stets etwas Zufälliges haben, aber nicht immer gewährleistet.[1456] Wird die Ersatzpflicht bei leichter Fahrlässigkeit pauschal auf ein Viertel und bei grob fahrlässiger Pflichtverletzung auf die Hälfte der festen Jahresvergütung begrenzt[1457] oder haften die Vorstandsmitglieder maximal in Höhe des Eineinhalb-[1458] oder Fünffachen der festen jährlichen Vergütung,[1459] besteht das Risiko, dass auch diejenigen Schädiger von der Regressbeschränkung profitieren, die aufgrund ihres Vermögens nicht privilegierungsbedürftig sind.[1460] Gleiches gilt, wenn zwar die Deckungssumme des D&O-Versicherers die Obergrenze einer möglichen Inanspruchnahme darstellt, das Vorstandsmitglied aber unabhängig von seiner Leistungsfähigkeit und der Einstandspflicht des Versicherers nur in Höhe eines „angemessenen Selbstbehalts" haftet.[1461] Sollte der Vorschlag von *G. Wagner* hingegen so zu verstehen sein, dass bei fehlender D&O-Versicherung oder Eingreifen eines Ausschlussgrundes die Haftung vollständig entfällt, liefe neben dem Kompensationsgedanken auch der Präventionszweck vollständig leer.[1462]

1454 *Fleischer*, WM 2005, 909, 915; wohl auch *Hopt*, ZIP 2013, 1793, 1804.

1455 Hierzu unter E. I. 1. b).

1456 Ähnlich *Habersack*, ZHR (177) 2013, 782, 803.

1457 So der Vorschlag von *Scholz*, Die existenzvernichtende Haftung von Vorstandsmitgliedern in der Aktiengesellschaft, S. 381, 396.

1458 So die Überlegungen von *Bayer*, NJW 2014, 2546, 2548 f.; ähnlich auch die „große Lösung" von *G. Wagner*, ZHR (178) 2014, 227, 278.

1459 So der Vorschlag von *Scholl*, Vorstandshaftung und Vorstandsermessen, S. 128.

1460 So auch *Habersack*, ZHR (177) 2013, 782, 803; *Paefgen*, AG 2014, 554, 570; wohl auch *Hopt*, ZIP 2013, 1793, 1804; a.A. *Scholz*, Die existenzvernichtende Haftung von Vorstandsmitgliedern in der Aktiengesellschaft, S. 362; *Spindler*, AG 2013, 889, 895.

1461 So die empfohlene „kleine Lösung" von *G. Wagner*, ZHR (178) 2014, 227, 279.

1462 So in Bezug auf die Präventionsfunktion auch *Gaul*, AG 2015, 109, 116; *Scholz*, Die existenzvernichtende Haftung von Vorstandsmitgliedern in der Aktiengesellschaft, S. 367.

cc) *Spannungen mit dem haftungsrechtlichen Gesamtkonzept*

Maßgeblich gegen die Einführung einer gesetzlichen Obergrenze in § 93 AktG spricht außerdem, dass eine derartige Beschränkung nicht mit dem zivilrechtlichen Haftungskonzept in Einklang zu bringen ist.[1463] Zwar hat der Gesetzgeber u.a. in §§ 88 AMG, 10 ProdHaftG, 12 StVG, 15 UmweltHG Haftungshöchstbeträge verankert.[1464] Diese Beschränkungen gelten mit Blick auf §§ 84 AMG, 1 ProdHaftG, 7 StVG, 1, 2 UmweltHG aber jeweils nur bei Tatbeständen, die eine verschuldensunabhängige Haftung vorsehen. Obwohl der Vorstandsinnenregress aufgrund der Darlegungs- und Beweislastverteilung insbesondere bei ausgeschiedenen Geschäftsleitern in die Nähe einer Erfolgshaftung rückt,[1465] setzt eine erfolgreiche Inanspruchnahme durch die Gesellschaft stets ein Verschulden voraus.[1466] Damit handelt es sich bei der Regresspflicht der Vorstandsmitglieder gerade nicht um einen Gefährdungshaftungstatbestand.

Gegen das Argument, dass Haftungshöchstgrenzen in der deutschen Zivilrechtsordnung nur bei einer verschuldensunabhängigen Haftung anerkannt sind und eine gesetzliche Obergrenze in § 93 AktG daher zu Spannungen führt, lässt sich auch nicht einwenden, dass der Gesetzgeber bei der verschuldensabhängigen Verantwortlichkeit von Abschlussprüfern in § 323 Abs. 2 HGB ebenfalls Höchstbeträge vorgesehen hat.[1467] Hierbei handelt es sich um eine einzelne Spezialvorschrift, die auf § 262g HGB 1931 zurückgeht und mit der allein den Bedenken Rechnung getragen werden sollte, dass Abschlussprüfer ihr Haftungsrisiko andernfalls nicht versichern können.[1468] Angesichts der Verbreitung von D&O-Versicherungen[1469] lässt sich diese Überlegung nicht auf Vorstandsmitglieder übertragen. Gerade weil es sich bei § 323 Abs. 2 HGB lediglich um eine Einzelfallregelung handelt, sollte an dem Grundsatz festgehalten werden, dass gesetzliche Höchstbeträge vom Gesetzgeber nur bei der Gefährdungshaftung vorgesehen sind.

1463 Wie hier *Fleischer*, WM 2005, 909, 915; *Fleischer*, ZIP 2014, 1305, 1312; zweifelnd auch *Bachmann*, in: Verhandlungen des 70. DJT, 2014, Bd. 1, E 64; a.A. insb. *Scholz*, Die existenzvernichtende Haftung von Vorstandsmitgliedern in der Aktiengesellschaft, S. 363; *Spindler*, AG 2013, 889, 895.

1464 Zu weiteren gesetzlichen Haftungshöchstgrenzen insb. *H. Lange/Schiemann*, Handbuch des Schuldrechts, S. 660 ff.

1465 Hierauf rekurriert auch *Scholz*, Die existenzvernichtende Haftung von Vorstandsmitgliedern in der Aktiengesellschaft, S. 362; ausführlich hierzu bereits unter B. I. 2. c) aa).

1466 Zum Verschuldenserfordernis bereits ausführlich unter B. I. 3.

1467 So aber *Bayer/Scholz*, NZG 2014, 926, 930; *Scholz*, Die existenzvernichtende Haftung von Vorstandsmitgliedern in der Aktiengesellschaft, S. 363; wie hier *Bachmann*, in: Verhandlungen des 70. DJT, 2014, Bd. 1, E 64.

1468 MüKo/*Ebke*, HGB, § 323 Rn. 4; *Ebke*, Wirtschaftsprüfer und Dritthaftung, S. 41.

1469 Vgl. hierzu statt vieler nur Beckmann/Matusche-Beckmann/*Beckmann/Matusche-Beckmann*, VersR, § 28 Rn. 7; Spindler/Stilz/*Fleischer*, AktG, § 93 Rn. 230; KK/*Mertens/Cahn*, AktG, § 93 Rn. 243.

dd) *Praktische Handhabbarkeit und Missbrauchsgefahr*

Letztlich erweisen sich die verschiedenen Vorschlägen zur Ausgestaltung einer gesetzlichen Haftungshöchstgrenze auch als praktisch schlecht handhabbar und begegnen wegen ihrer Missbrauchsanfälligkeit erheblichen Bedenken. Orientiert sich die Obergrenze der Ersatzpflicht etwa an dem Vermögen der Vorstandsmitglieder, steht der Aufsichtsrat vor der Schwierigkeit, einen konkreten Betrag festzusetzen, für den der pflichtvergessene Geschäftsleiter in Anspruch zu nehmen ist.[1470] Schließlich kann dieser erst nach einem erfolgslosen Pfändungsversuch im Zwangsvollstreckungsverfahren eine Vermögensauskunft verlangen.[1471] Hängt der vom Vorstand zu erstattende Betrag hingegen von der Deckungssumme sowie der Einstandspflicht des D&O-Versicherers ab, muss bereits im Haftungsprozess über die Deckung entschieden werden, was sich nicht mit dem versicherungsrechtlichen Trennungsprinzip in Einklang bringen lässt.[1472] Richtet sich die Höhe des Schadensersatzanspruchs allein nach dem Vermögen oder der Festvergütung der Vorstandsmitglieder, haben die Geschäftsleiter als potentielle Schädiger obendrein verschiedene Möglichkeiten, das der Gesellschaft zur Verfügung stehende Haftungssubstrat im Vorfeld eigenmächtig zu schmählern. Denn wird der Maximalbetrag der Ersatzpflicht nur von einem Kriterium abhängig gemacht, kann dieser künstlich klein gehalten werden. So könnten die Geschäftsleiter frühzeitig beginnen, ihr Vermögen auf Dritte – denkbar sind allen voran der Ehepartner oder andere engste Familienangehörige – zu verschieben, um die eigene Einstandspflicht gering zu halten.[1473] Hinsichtlich der Anknüpfung des gesetzlichen Höchstbetrags an die feste Jahresvergütung könnten die Vorstands- und Aufsichtsratsmitglieder zudem darin übereinkommen, die variablen Vergütungsbestandteile auszuweiten, um die potentielle Haftungsmasse zu verringern.

ee) *Zusammenfassung*

Nach all dem sprechen die besseren Argumente gegen die Kodifizierung eines gesetzlichen Haftungshöchstbetrags. Obwohl bei ausreichend hohen Obergrenzen kein Widerspruch mit dem Präventionszweck ersichtlich ist, lassen sich die bisher vorgeschlagenen Obergrenzen nur schwerlich mit der auch *de lege ferenda* grundsätzlich beizubehaltenden Kompensationsfunktion der Vorstandshaftung in

---

1470 So auch *Scholz*, Die existenzvernichtende Haftung von Vorstandsmitgliedern in der Aktiengesellschaft, S. 362.

1471 Hierzu bereits ausführlich unter B. II. 1) b) aa).

1472 Wie hier *Scholz*, a.a.O., S. 368.

1473 Diese Gefahr besteht nach *Hoffmann*, NJW 2012, 1393, 1398 bereits de lege lata; aus diesem Grund gegen eine Anknüpfung am Vermögen auch *Bayer/Scholz*, NZG 2014, 926, 930; *Scholz*, Die existenzvernichtende Haftung von Vorstandsmitgliedern in der Aktiengesellschaft, S. 361 f.; insofern ist allerdings zu beachten, dass die Vermögensverschiebung unter Umständen nach den §§ 1 ff. AnfG anfechtbar sind und daher eine Zugriffsmöglichkeit der Gesellschaft besteht.

Einklang bringen. Darüber hinaus sind gesetzliche Höchstsummen – von der Ausnahme des § 323 Abs. 2 HGB abgesehen – lediglich bei der Gefährdungshaftung anerkannt, sodass sich auch diesbezüglich Spannungen ergeben. Überdies besteht ein erhebliches Missbrauchspotential, wenn die Bemessung der maximalen Ersatzpflicht nur von einem Kriterium abhängig gemacht wird.

b) Keine Öffnung der Satzung für einen Höchstbetrag

Kommt demnach die Einführung eines gesetzlichen Haftungshöchstbetrags nicht in Betracht, könnte eine spannungsfreie Beschränkung des Vorstandsinnenregresses aber durch eine Öffnungsklausel zu erreichen sein, die der Gesellschaft die Verankerung von Obergrenzen in der Satzung gestattet.[1474] Entsprechend den oben stehenden Untersuchungsergebnissen ist auch insofern festzustellen, dass der Präventionszweck des § 93 Abs. 2 S. 1 AktG solange gewahrt wird, wie der Gesetzgeber eine ausreichend hohe Untergrenze vorsieht, die durch die gesellschaftsinterne Satzungsregelung nicht unterschritten werden darf. Denn es macht keinen Unterschied, ob die Höchstsumme direkt im Gesetz oder aber in der Gesellschaftssatzung verankert wird.

Indes ruft eine Regelung, mit der der Hauptversammlung gestattet wird, im Voraus ohne Kenntnis der konkreten Pflichtverletzung sowie des Schadensumfangs auf einen Ersatzanspruch der Gesellschaft zu verzichten, Spannungen mit den Wertungen des § 93 Abs. 4 AktG hervor. Denn § 93 Abs. 4 S. 1, S. 3 AktG lässt sich der Gedanke entnehmen, dass die Entscheidung der Hauptversammlung über eine Haftungsmilderung stets auf ein konkretes Verhalten der Vorstandsmitglieder bezogen sein muss.[1475] Dabei spielt es keine Rolle, ob die statutarische Haftungsmilderung pauschal eine Freistellung für leichte und mittlere Fahrlässigkeit vorsieht oder ob (zusätzlich) eine Haftungshöchstgrenze festgelegt wird.[1476] Ferner wird das Risiko einer potentiell existenzvernichtenden Haftung auch durch eine Öffnungsklausel für statutarische Regressobergrenzen nicht beseitigt. Denn bei einer derartigen Reform des § 93 AktG sind die Vorstandsmitglieder hinsichtlich der Regressbeschränkung wieder vom Wohlwollen der Aktionäre abhängig und müssen, wenn sich die Hauptversammlung gegen eine Begrenzung der Ersatzpflicht entscheidet, weiterhin für die volle Schadenssumme

---

1474 Hierfür plädieren *Bachmann*, in: Verhandlungen des 70. DJT, 2014, Bd. 1, E 62 ff.; *Habersack*, ZHR (177) 2013, 782, 803 f.; *Hemeling*, ZHR (178) 2014, 221, 224; GK/*Hopt/Roth*, AktG, § 93 Rn. 401; *Seibt/Cziupka*, DB 2014, 1598, 1601; *Spindler*, AG 2013, 889, 896; symphatisierend auch *Fleischer*, ZIP 2014, 1305, 1312 f.; *Gaul*, AG 2015, 109, 115 f.; *Vetter*, NZG 2014, 921, 923 ff., a.A. *Bayer/Scholz*, NZG 2014, 926, 931 f.; *Scholz*, Die existenzvernichtende Haftung von Vorstandsmitgliedern in der Aktiengesellschaft, S. 368 ff.

1475 Hierzu bereits ausführlich unter E. II. 1 b).

1476 Auf den Widerspruch zu § 93 Abs. 4 AktG verweisen auch *Bayer/Scholz*, NZG 2014, 926, 931 f.; *Scholz*, Die existenzvernichtende Haftung von Vorstandsmitgliedern in der Aktiengesellschaft, S. 372 ff.

einstehen.[1477] Somit ist im Ergebnis auch die Öffnung der Gesellschaftssatzung für die Vereinbarung von Haftungshöchstbeträgen abzulehnen.

c) *Keine individuelle Vereinbarung einer Haftungsgrenze*

Schließlich muss der Vorschlag, dem Aufsichtsrat die Vereinbarung individueller Haftungshöchstbeträge mit den Vorstandsmitgliedern zu erlauben,[1478] eine Absage erteilt werden. Der Charme dieser Lösung liegt zwar ohne Zweifel darin, dass die Begrenzung der Ersatzpflicht nicht vom Wohlwollen der Aktionäre abhängt, sondern direkt zwischen den Vorstands- und Aufsichtsratsmitgliedern ausgehandelt wird. Allerdings wird hierdurch genau der gegenseitigen Rücksichtnahme Vorschub geleistet, die § 93 Abs. 4 S. 3 AktG zu verhindern sucht.[1479] Eine Gesetzesreform, die dies ermöglicht, ist abzulehnen.

d) *Zusammenfassung*

Die vorstehenden Ausführungen haben gezeigt, dass hinsichtlich der Verankerung von Haftungshöchstbeträgen verschiedenste Bedenken bestehen. Dies gilt unabhängig davon, ob die Regressmilderung direkt in § 93 AktG verankert wird oder der Gesetzgeber eine entsprechende Regelung in der Gesellschaftssatzung oder im Anstellungsvertrag der Vorstandsmitglieder gestattet. Demnach stellen im Ergebnis auch diese Reformvorschläge keinen empfehlenswerten Weg zur Beschränkung der Vorstandsinnenhaftung *de lege ferenda* dar.

3. Einführung einer gesetzlichen Reduktionsklausel

Eine Begrenzung des festgestellten Haftungsrisikos könnte schließlich aber durch die Einführung einer gesetzlichen Reduktionsklausel erreicht werden. Dabei kommt zunächst die Verankerung einer Billigkeitsklausel im allgemeinen Schadensrecht in Betracht. Alternativ ist an eine Härtefallklausel in § 93 AktG zu denken.

a) *Kodifizierung einer Billigkeitsklausel im allgemeinen Schadensrecht?*

Namentlich *Bachmann* schlägt als Notventil eine allgemeine schadensrechtliche Billigkeitsklausel in § 254a BGB vor.[1480] Diese soll dem Richter die Möglichkeit eröffnen,

---

1477 So auch *Scholz*, a.a.O., S. 369; ausführlich zur Abhängigkeit vom Wohlwollen der Aktionäre bereits unter E. II. 1. c).

1478 *Haarmann/Weiß*, BB 2014, 2115, 2116; *Hanke*, Grundlagen und Grenzen der Geschäftsleiterhaftung in England und Deutschland, S. 318 ff., 363 ff., 381 ff.

1479 Zu diesem Regelungszweck statt vieler nur BGH, Urt. v. 08.07.2014 – II ZR 174/13, NZG 2014, 1058, 1060; Spindler/Stilz/*Fleischer*, AktG, § 93 Rn. 278; GK/*Hopt/Roth*, AktG, § 93 Rn. 503; KK/*Mertens/Cahn*, AktG, § 93 Rn. 161.

1480 *Bachmann*, in: Verhandlungen des 70. DJT, 2014, Bd. 1, E 32, 58, 123; ebenso *Kröger*, Korruptionsschäden, Unternehmensgeldbußen und Imageschäden, S. 109 ff.;

dem Schuldner eine Ratenzahlung oder Stundung des Ersatzbetrags einzuräumen und in besonderen Härtefällen ein Absenken der zu erstattenden Schadenssumme erlauben.[1481] Zugegebenermaßen würde durch eine derartige Regelung der Eindruck vermieden, eine privilegierende Sondervorschrift für Vorstandsmitglieder zu schaffen.[1482] Und auch rechtsvergleichend stellt eine solche allgemeine Reduktionsklausel kein Novum dar.[1483] Beispielsweise bestimmen die Gerichte nach Art. 43 Abs. 1 des Schweizer Obligationenrechts die Art und Größe des Ersatzes für den eingetretenen Schaden unter Berücksichtigung der Umstände sowie des Verschuldens.[1484] Gemäß Art. 44 Abs. 2 des Schweizer Obligationenrechts kann der Richter den zu erstattenden Betrag zudem ermäßigen, wenn der Schuldner durch dessen Leistung in eine Notlage versetzt würde. Im Entwurf eines neuen österreichischen Schadenersatzrechts wurde ebenfalls die Kodifizierung einer Härtefallregelung erwogen,[1485] hat sie am Ende aber keinen Eingang in das Gesetz gefunden. Obwohl damit auf den ersten Blick einiges für die Einführung einer allgemeinen Billigkeitsklausel in § 254a BGB spricht, ist auch diese im Schrifttum auf berechtigten Widerstand gestoßen.[1486]

aa) Keine Rechtfertigung für generelles Aufweichen der Totalreparation

So erscheint es bereits fragwürdig, aus primär gesellschaftsrechtlichen Erwägungen eine derart tiefgreifende Änderung des allgemeinen Schadensrechts vorzunehmen.[1487] Da die §§ 249 ff. BGB für alle (zivilrechtlichen) Schadensersatzansprüche gelten, hätte die Einführung einer Reduktionsklausel in § 254a BGB nicht nur eine Haftungsmilderung für Vorstandsmitglieder zur Folge, sondern würde den Grundsatz der

grundsätzlich symphatisierend auch *Fleischer*, ZIP 2014, 1305, 1313 f.; *J. Koch*, AG 2014, 513, 523; *Paefgen*, AG 2014, 554, 570; *Sailer-Coceani*, in: Verhandlungen des 70. DJT, 2014, Bd. 2/1, N 15.

1481 *Bachmann*, in: Verhandlungen des 70. DJT, 2014, Bd. 1, E 58.

1482 Einräumend *J. Koch*, AG 2014, 513, 523.

1483 So auch *Bachmann*, in: Verhandlungen des 70. DJT, 2014, Bd. 1, E 32; *Fleischer*, ZIP 2014, 1305, 1313; *Paefgen*, AG 2014, 554, 570; einräumend *Fuchs/M. Zimmermann*, JZ 2014, 838, 843.

1484 Bundesgesetz betreffend die Ergänzung des Schweizerischen Zivilgesetzbuches (Fünfter Teil: Obligationenrecht) vom 30. März 1991, abrufbar unter: <https://www.admin.ch/opc/de/classified-compilation/19110009/201601010000/220.pdf>.

1485 *Karner*, in: Entwurf eines neuen österreichischen Schadenersatzrechts, 2006, 83, 89 ff.

1486 Gegen eine schadensrechtliche Reduktionsklausel insb. *Bayer/Scholz*, NZG 2014, 926, 930; *Fuchs/M. Zimmermann*, JZ 2014, 838, 842 f.; *Gaul*, AG 2015, 109, 115; *Heyers*, WM 2016, 581, 584; GK/*Hopt/Roth*, AktG, § 93 Rn. 401; *Scholz*, Die existenzvernichtende Haftung von Vorstandsmitgliedern in der Aktiengesellschaft, S. 360 f.; *G. Wagner*, ZHR (178) 2014, 227, 276 (Fn. 181), 277 (Fn. 186).

1487 So auch *J. Koch*, AG 2014, 513, 523; ähnlich *Bayer/Scholz*, NZG 2014, 926, 930; *Scholz*, Die existenzvernichtende Haftung von Vorstandsmitgliedern in der Aktiengesellschaft, S. 361.

Totalreparation, der seit der Kodifizierung des BGB eine Leitlinie des deutschen Ersatzrechts darstellt, insgesamt aufweichen. Ob hierfür eine Veranlassung besteht, ist zweifelhaft.[1488] Schließlich sieht die Zivilrechtsordnung für andere Konstellationen, in denen dem Schädiger potentiell eine existenzvernichtende Inanspruchnahme droht, bereits ausreichende Schutzmechanismen vor.[1489] Exemplarisch sei nur auf die gesetzlichen Höchstgrenzen bei der Gefährdungshaftung, die Grundsätze des innerbetrieblichen Schadensausgleichs sowie die im Vertragsrecht grundsätzlich bestehende Möglichkeit verwiesen, die Ersatzpflicht individuell auf Vorsatz und/oder einen Maximalbetrag zu begrenzen. Dadurch entfällt in diesen Bereichen zugleich das Bedürfnis nach einer weitergehenden Regressreduzierung. Ob neben der Organhaftung auch in anderen Situationen eine Regressbeschränkung erforderlich ist und die Summe der als unzureichend empfundenen Ersatzregelungen die Kodifizierung einer allgemeinen schadensrechtlichen Billigkeitsklausel notwendig macht, kann an dieser Stelle nicht untersucht werden. Indes müsste zunächst geklärt werden, ob der Grundsatz der Totalreparation insgesamt reformbedürftig ist.[1490] Da die vorstehenden Untersuchungen bislang nur gezeigt haben, dass der Gesetzgeber tätig werden muss, um das potentiell existenzvernichtende Haftungsrisiko der Vorstandsmitglieder zu begrenzen, erscheint es vorzugswürdig, eine Reduktionsklausel nicht im allgemeinen Schadensrecht, sondern in § 93 AktG zu verankern.[1491] Durch eine Verortung im Organhaftungsrecht würden überdies unerwünschte Reflexwirkungen und Spannungen mit anderen Haftungsmilderungen vermieden.

bb) Allgemeine Billigkeitsklausel führt zu erheblicher Rechtsunsicherheit

Mit einer allgemeinen Reduktionsklausel in § 254a BGB ginge zudem eine erhebliche Rechtsunsicherheit einher.[1492] Wird die Höhe des vom Schuldner zu erstattenden Ersatzbetrags in Bezug auf alle Schadensersatzansprüche – unabhängig von der jeweiligen Haftungsnorm und der zugrunde liegenden Rechtsbeziehung – in das richterliche Ermessen gestellt, besteht die Gefahr einer unkontrollierten Billigkeitsrechtsprechung. Der hiergegen denkbare Einwand, dass es den Gerichten bei der

1488 So auch *Fuchs/M. Zimmermann*, JZ 2014, 838, 843; ähnlich *J. Koch*, AG 2014, 513, 523, der die politische Bereitschaft für eine derart grundlegende Änderung des Schadensrechts bezeifelt.

1489 Deutlich *J. Koch*, a.a.O., 523.

1490 Ähnlich in Bezug auf § 255a BGB-E 1967 *Bühnemann*, in: FS Möller, 1972, 135, 142 f., 151 ff.; *Löwe*, VersR 1970, 289, 290; *Schwamb*, Die schadensrechtliche Reduktionsklausel § 255a BGB Referentenentwurf 1967, S. 48 ff. 164 ff., der an Hand verschiedener Fallgruppen – von denen die Vorstandshaftung gleichwohl nicht erfasst ist – darlegt, weshalb kein Bedürfnis für eine allgemeine schadensrechtliche Reduktionsklausel besteht.

1491 Hierzu sogleich unter E. II. 3. b).

1492 So auch *Fleischer*, ZIP 2014, 1305, 1314; *Fuchs/M. Zimmermann*, JZ 2014, 838, 843; *Gaul*, AG 2015, 109, 115; *Heyers*, WM 2016, 581, 584; *G. Wagner*, ZHR (178) 2014, 227, 277 f.

Arbeitnehmerhaftung gelungen sei, klare Kriterien für die Regressprivilegierung herauszuarbeiten und von den Richtern ähnliches auch in anderen Regelungsbereichen erwartet werden könne, ist schon entgegenzusetzen, dass sich die Grundsätze des innerbetrieblichen Schadensausgleichs über Jahrzehnte entwickelt haben und es nicht als erstrebenswert erscheint, in anderen – bislang klar geregelten und nicht auf dem Prüfstand stehenden – Haftungsverhältnissen derartige Entwicklungen zu provozieren. Daneben stellt es hinsichtlich der Arbeitsbelastung der Gerichte einen gravierenden Unterschied dar, ob eine Reduktionsklausel in einem ganz konkreten Haftungstatbestand kodifiziert wird oder sich die Regelung durch die Verankerung im allgemeinen Schadensrecht auf alle (zivilrechtlichen) Ersatzansprüche bezieht.

cc) Forderung nach einer allgemeinen Reduktionsklausel stets erfolglos

Darüber hinaus ist zu konstatieren, dass die Forderung nach einer Reduktionsklausel im allgemeinen Schadensrecht in Deutschland stets erfolglos geblieben ist. Zwar wird eine Billigkeitsregelung seit dem Entwurf des BGB diskutiert, weshalb der Reformvorschlag *Bachmanns* in guter Tradition steht.[1493] So plädierte schon *Gierke* im Jahr 1889 dafür, bei der Höhe des Schadensersatzes den Verschuldensgrad zu berücksichtigen, um das als unerträgliche Unbilligkeit und „mit einem gesunden Rechtsgefühl" kaum zu vereinbarende Ergebnis zu vermeiden, „dass wegen einer aus Unachtsamkeit begangenen Sachbeschädigung, aus welcher (...) ein unermesslicher Schaden entsteht, eine ganze Familie an den Bettelstab gebracht werden soll."[1494] In den Beratungen zum BGB wurde eine Lockerung des Alles-oder-Nichts-Prinzips ebenfalls erwogen, letztlich aber nicht in das Gesetz aufgenommen.[1495] Und auch nach der Kodifizierung des BGB ist die Kritik am Grundsatz der Totalreparation nie ganz verstummt. Beruhend auf dem Gutachten von *H. Lange*[1496] sowie dem Referat von *Hauss*[1497] empfahl der 43. Deutsche Juristentag im Jahr 1960 die Einführung einer Billigkeitsklausel, jedoch ohne einen konkrete Regelungsvorschlag zu formulieren.[1498] Die Empfehlung zur Einführung einer Reduktionsklausel wurde im Referentenentwurf des Bundesministers der Justiz aus dem Jahr 1967 erneut aufgegriffen. Nach § 255a Abs. 1 BGB-E 1967 sollte der Richter, wenn der Schaden im Hinblick auf die die Ersatzpflicht begründenden Umstände außergewöhnlich

1493 Auf frühere Reformbestrebungen verweisen auch *Bachmann*, in: Verhandlungen des 70. DJT, 2014, Bd. 1, E 32; *Paefgen*, AG 2014, 554, 570; einen Überblick über die rechtspolitische Diskussion über eine Reduktionsklausel gibt *Schwamb*, Die schadensrechtliche Reduktionsklausel § 255a BGB Referentenentwurf 1967, S. 3 ff.

1494 *Gierke*, Der Entwurf eines bürgerlichen Gesetzbuchs und das deutsche Recht, S. 266.

1495 *Mugdan*, Gesammelte Materialien zum Bürgerlichen Gesetzbuch für das Deutsche Reich, Motive, S. 10, 404 f., 412 f.

1496 *H. Lange*, in: Verhandlungen des 43. DJT, 1960, Bd. 1, C 5 ff., 59 f.

1497 *Hauss*, in: Verhandlungen des 43. DJT, 1960, Bd. 2, C 23 ff., 44 f.

1498 Beschlüsse des 43. DJT, in: Verhandlungen des 43. DJT, 1960, Bd. 2, C 121.

hoch ist, die Ersatzpflicht insoweit einschränken können, als dass sie für den Ersatzpflichtigen auch unter Berücksichtigung der berechtigten Interessen des Gläubigers zu einer schweren Unbilligkeit führen würde.[1499] Dies sollte gemäß § 255a Abs. 2 BGB-E 1967 jedoch nicht gelten, wenn den Ersatzpflichtigen hinsichtlich des Schadens ein schwerer Vorwurf trifft. Allerdings ist auch der Referentenentwurf auf erheblichen Widerspruch gestoßen[1500] und hat sich schlussendlich nicht durchsetzen können. Parallel zu der heute zur Diskussion stehenden Reduktionsklausel *Bachmanns* wurden auch in Bezug auf § 255a BGB-E 1967 vor allem der mit einer Reduktionsklausel im allgemeinen Schadensrecht verbundene Eingriff in die geltende Systematik des Haftungsrechts[1501] sowie die mit dem richterlichen Ermessensspielraum einhergehende Rechtsunsicherheit[1502] kritisiert. Des Weiteren haben die Reformgegner zu Recht darauf hingewiesen, dass eine allgemeine Billigkeitsklausel, die gerade nicht nur für bestimmte Fallkonstellationen gilt und ferner an keine festen Kriterien geknüpft ist, eine Überforderung der Gerichte nach sich zieht.[1503] Dass auch der neuerliche Vorstoß von *Bachmann* auf keinen breiten Rückhalt hoffen kann, zeigt neben den vielen kritischen Stimmen im Schrifttum[1504] auch das Abstimmungsergebnis des 70. Deutschen Juristentages, der die Einführung einer Billigkeitsklausel in § 254a BGB deutlich abgelehnt hat.[1505]

b) Haftungsreduktion durch eine Härtefallregelung in § 93 AktG

Wie bereits mehrfach angedeutet, erscheint daher eine Reduktionsklausel in § 93 AktG vorzugswürdig.[1506] Eine Regelung im Organhaftungsrecht hätte den

---

1499 § 255a BGB-E 1967 abgedruckt bei Staudinger/*Medicus*, BGB, Vorb. zu §§ 249–254 Rn. 29; zum Referentenentwurf des BMJ ausführlich *Hohloch*, in: Gutachten und Vorschläge zur Überarbeitung des Schuldrechts, 1981, 375, 459 ff.

1500 Kritisch insb. *Bühnemann*, in: FS Möller, 1972, 135 ff.; *Deutsch*, JZ 1968, 721, 725; *Löwe*, VersR 1970, 289, 290; Staudinger/*Medicus*, BGB, Vorb. zu §§ 249–254 Rn. 29; *Wadle*, VersR 1971, 485 ff.; rechtsvergleichend auch *Stoll*, RabelsZ (34) 1970, 481 ff., der letztlich aber für eine Reduktionsklausel bei klar definierten Fallgruppen plädiert.

1501 *Bühnemann*, in: FS Möller, 1972, 135, 145; *Löwe*, VersR 1970, 289, 290.

1502 *Bühnemann*, in: FS Möller, 1972, 135, 144; *Löwe*, VersR 1970, 289, 290; *Stoll*, RabelsZ (34) 1970, 481, 484, 491; einräumend auch *H. Lange*, in: Verhandlungen des 43. DJT, 1960, Bd. 1, C 24.

1503 *Bühnemann*, in: FS Möller, 1972, 135, 147.

1504 Insb. *Bayer/Scholz*, NZG 2014, 926, 930; *Fuchs/M. Zimmermann*, JZ 2014, 838, 842 f.; *Gaul*, AG 2015, 109, 115; GK/*Hopt/Roth*, AktG, § 93 Rn. 401; *Scholz*, Die existenzvernichtende Haftung von Vorstandsmitgliedern in der Aktiengesellschaft, S. 360 f.; *G. Wagner*, ZHR (178) 2014, 227, 276 (Fn. 181), 277 (Fn. 186).

1505 Beschlüsse des 70. DJT, in: Verhandlungen des 70. DJT, 2014, Bd. 2/1, N 211 (11:47:29).

1506 Grds. symphatisierend auch *Brommer*, AG 2013, 121, 128; *Scholz*, Die existenzvernichtende Haftung von Vorstandsmitgliedern in der Aktiengesellschaft, S. 360 f.;

Vorteil, die Bedenken, die gegen eine allgemeine Billigkeitsklausel in § 254a BGB sprechen, auszuräumen. Zum einen wurde in Bezug auf den Vorstandsinnenregress ein erhebliches Haftungsrisiko festgestellt, dass weder lückenlos durch eine D&O-Versicherung abgesichert werden kann, noch rechtssicher im Wege der Rechtsfortbildung zu begrenzen ist. Dies rechtfertigt *de lege ferenda* ein partielles Abweichen vom schadensrechtlichen Alles-oder-Nichts-Prinzip. Zum anderen wird die Gefahr der Rechtsunsicherheit, die maßgeblich gegen eine Billigkeitsklausel im allgemeinen Schadensrecht spricht, dadurch erheblich eingeschränkt, dass sich eine Regelung in § 93 AktG allein auf die Vorstandshaftung und – über die Verweisung in § 116 S. 1 AktG – auf den Innenregress der Aufsichtsratsmitglieder bezieht. Wird diese nicht als allgemeine Billigkeitsklausel ausgestaltet, sondern an klare Kriterien geknüpft, wird dem Gebot der Rechtssicherheit noch weiter Rechnung getragen.

Auch lässt sich absehen, dass ein solcher Reformvorschlag rechtspolitisch mehr Zuspruch erfahren wird, als eine Reduktionsklausel im allgemeinen Schadensrecht. So ist der spontane Antrag von *Schall*, eine Härtefallklausel in § 93 Abs. 7 AktG einzuführen, beim 70. Deutschen Juristentag auf erhebliche Zustimmung gestoßen.[1507] Das Abstimmungsergebnis ist umso aussagekräftiger, als dieser Vorschlag im Vorfeld soweit ersichtlich nicht ansatzweise diskutiert worden ist. Unter Berücksichtigung der Untersuchungsergebnisse zur Begrenzung der Ersatzpflicht qua organschaftlicher Fürsorge- und Treuepflicht wird darüber hinaus offenbar, dass sich eine hieran orientierte aktienrechtliche Reduktionsklausel widerspruchsfrei in die Systematik des Haftungstatbestands fügt und die in Regress genommenen Geschäftsleiter weder innerhalb, noch außerhalb des Unternehmens unbillig privilegiert.

aa) Funktionen der Organhaftung bleiben gewahrt

So ist eine Reduktionsklausel, die den Gerichten ein Absenken der Schadenssumme gestattet, zunächst geeignet, den Präventionszweck des § 93 Abs. 2 S. 1 AktG zu wahren. In diesem Zusammenhang wurde mehrfach darauf hingewiesen, dass eine positive Verhaltenssteuerung auch dann zu erwarten ist, wenn dem pflichtvergessenen Vorstandsmitglied keine unbegrenzte Haftung droht.[1508] Erforderlich, aber zugleich ausreichend ist hierfür lediglich, dass die Ersatzpflicht auch bei leichtester Fahrlässigkeit nicht vollständig entfällt und den Vorstandsmitgliedern stets die Haftung mit einem wesentlichen Teil des eigenen Vermögens droht.[1509] Mit Blick auf die Begründung zu § 93 Abs. 2 S. 3 AktG, wonach die Präventionsfunktion bei einer Einstandspflicht von 10 % des Schadens bis mindestens zur Höhe des Eineinhalbfachen

---

ablehnend *Bachmann*, in: Verhandlungen des 70. DJT, 2014, Bd. 1, E 57 f.; *Fleischer*, ZIP 2014, 1305, 1314; GK/*Hopt/Roth*, AktG, § 93 Rn. 401; für eine Billigkeitskorrekur bereits de laga lata KK/*Mertens/Cahn*, AktG, § 93 Rn. 36.

1507 Beschlüsse des 70. DJT, in: Verhandlungen des 70. DJT, 2014, Bd. 2/1, N 211 (23:42:23).

1508 Hierzu ausführlich unter D. III. 3. d) aa) (1) sowie E. II. 2. a) aa).

1509 Hierzu ausführlich unter D. III. 3. d) aa) (1).

der festen jährlichen Vergütung erhalten bleibt,[1510] ergeben sich demzufolge keine Spannungen, wenn diese Untergrenze auch bei der Anwendung der Härteklausel durch die Gerichte nicht unterschritten werden darf.[1511] Eine derartige Reduktionsklausel erscheint zudem ausreichend, einer unerwünschten Risikoaversion der Vorstandsmitglieder entgegenzuwirken. Wissen die Geschäftsleiter, dass ihre wirtschaftliche Existenz bei einer Inanspruchnahme durch die Gesellschaft nicht (mehr) auf dem Spiel steht, ist davon auszugehen, dass diese eher dazu bereit sein werden, geschäftliche Risiken einzugehen. Dem kann nicht entgegengehalten werden, dass im Vorhinein nicht prognostiziert werden könne, ob die Regelung im Einzelfall, sprich wenn die Investition fehlschlägt und die (ehemaligen) Geschäftsleiter für Vermögenseinbußen der Gesellschaft in Regress genommen werden, vom Gericht Berücksichtigung finden wird.[1512] Im Gegensatz zu der rechtsfortbildend entwickelten Haftungsbegrenzung qua Fürsorge- und Treuepflicht, bei der die Vermeidung einer Risikoaversion mit ähnlichen Argumenten abgelehnt wurde,[1513] stellt die Reduktionsklausel *de lege ferenda* geschriebenes Recht dar, das die Richter zwingend zu berücksichtigen haben. Demnach ist die Unsicherheit der Vorstandsmitglieder, unter Umständen in existenzbedrohender Höhe zum Schadensersatz verurteilt zu werden, hinreichend beseitigt. Insofern sollte auch die psychologische Wirkung nicht unterschätzt werden, die allein die Einführung einer Reduktionsklausel in § 93 AktG bei den betroffenen Organmitgliedern hervorruft.

Außerdem lässt sich eine Härtefallklausel auch mit dem neu definierten Kompensationszweck in Einklang bringen. Eingangs wurde bereits dargelegt, dass ein existenzvernichtender Innenregress *de lege ferenda* nur verhindert werden kann, wenn der Haftungstatbestand nicht mehr ausnahmslos auf einen vollständigen Schadensausgleich gerichtet ist.[1514] Allerdings sollte dem Ausgleichsgedanken auch weiterhin Rechnung getragen werden, wenn das in Anspruch genommene Vorstandsmitglied den entstandenen Schaden ohne Probleme aus dem eigenen Vermögen erstatten kann. Wird der Anwendungsbereich der Reduktionsklausel folglich derart begrenzt, dass nur Vorstandsmitglieder von der Regressbeschränkung profitieren, denen bei einer Durchsetzung der Ersatzpflicht die Vernichtung ihrer wirtschaftlichen Existenz droht, ergeben sich auch dahingehend keine Spannungen.

1510 Beschlussempfehlung und Bericht zum VorstAG, BT-Drs. 16/13433, S. 11.

1511 Für eine Berücksichtigung des § 93 Abs. 2 S. 3 AktG als Untergrenze bei einer Haftungsbeschränkung de lege ferenda auch *Reichert*, ZHR (177) 2013, 756, 779, 781; in Bezug auf eine Regressreduzierung de lege lata zudem *Casper*, ZHR (176) 2012, 617, 641; *J. Koch*, AG 2012, 429, 439; *J. Koch*, in: Liber amicorum Winter, 2011, 327, 348.

1512 So aber *Scholz*, Die existenzvernichtende Haftung von Vorstandsmitgliedern in der Aktiengesellschaft, S. 360.

1513 Hierzu unter D. III. 5. c) cc).

1514 Zu den Anforderungen an die Kompensationsfunktion de lege ferenda E. I. 1. b).

bb) Kein Widerspruch mit den Wertungen des § 93 Abs. 4 AktG

Eine Regelung, die den Gerichten im Einzelfall ein Absenken des Ersatzbetrags erlaubt, steht ferner nicht im Widerspruch mit den Wertungen des § 93 Abs. 4 S. 3 AktG.[1515] Hierdurch soll zum einen die gegenseitige Rücksichtnahme von Vorstands- und Aufsichtsratsmitgliedern verhindert werden.[1516] Zum anderen dient die Vorschrift dem Schutz der Gesellschaft vor einem überstürzten Verzicht auf sowie Vergleich über begründete Ersatzansprüche.[1517] Beide Regelungsziele werden durch eine Reduktionsklausel aber nicht berührt, die die Entscheidung über das Eingreifen der Regelung sowie die Höhe der Regressminderung den Gerichten zuweist.[1518]

cc) Keine Privilegierung innerhalb oder außerhalb des Unternehmens

Entsprechend den Ausführungen zur Haftungsbeschränkung qua gesellschaftsrechtlicher Fürsorge- und Treuepflicht, führt eine Reduktionsklausel in § 93 AktG weder innerhalb noch außerhalb des Unternehmens zu einer unbilligen Privilegierung der Vorstandsmitglieder.[1519] Im Vergleich mit den Geschäftsführern einer GmbH, Unternehmern, Rechtsanwälten sowie Wirtschaftsprüfern ist durch die Einführung einer derartigen Regelung schon deshalb keine Besserstellung ersichtlich, weil diese Berufsgruppen ihre Haftung bereits nach geltendem Recht auf verschiedene Weisen beschränken können bzw. gesetzliche Höchstgrenzen eingreifen. Spannungen mit der Arbeitnehmerhaftung lassen sich dadurch vermeiden, dass den Gerichten bei leicht fahrlässigen Pflichtverletzungen der Geschäftsleiter ebenfalls lediglich ein Absenken der Ersatzsumme gestattet wird und die Reduktionsklausel bei vorsätzlicher Pflichtverletzung nicht eingreift. In diesem Zusammenhang kann auch der Einwand, es würde ein „schiefes Bild" ergeben, wenn im Rahmen der Vorstandshaftung eine an den Grundsätzen des innerbetrieblichen Schadensausgleichs orientierte Reduktionsklausel kodifiziert wird, obwohl die gesetzliche Verankerung der arbeitsrechtlichen Haftungsprivilegierung bislang nicht durchgesetzt werden konnte,[1520] nicht überzeugen. Denn während die Grundsätze des innerbetrieblichen Schadensausgleichs bereits vom RAG anerkannt wurden,[1521] durch den Grundsatzbeschluss des BAG im Jahr 1957 allgemeine Akzeptanz erlangten[1522] und mittlerweile Gewohnheitsrecht

1515 So auch *Scholz*, a.a.O., S. 360.

1516 Deutlich BGH, Urt. v. 08.07.2014 – II ZR 174/13, NZG 2014, 1058, 1060; Spindler/Stilz/*Fleischer*, AktG, § 93 Rn. 278; GK/*Hopt/Roth*, AktG, § 93 Rn. 503.

1517 Statt vieler nur KK/*Mertens/Cahn*, AktG, § 93 Rn. 164; MüKo/*Spindler*, AktG, § 93 Rn. 251.

1518 Hierzu bereits unter D. III. 3. d) ff) (2).

1519 Vgl. hierzu die Ausführungen unter D. III. 5. a).

1520 So *Bachmann*, in: Verhandlungen des 70. DJT, 2014, Bd. 1, E 57 f.; zum Vorschlag der Kodifikation der arbeitsrechtlichen Haftungsprivilegierung insb. *Otto*, in: Verhandlungen des 56. DJT, 1986, Bd. 1, E 66 ff., 83 ff.

1521 RAG, Urt. v. 12.06.1937 – RAG 297/36, ARS 30, 1, 3, 5.

1522 BAG, Beschl. v. 25.09.1957 – GS 4 (5)/56, NJW 1958, 235.

darstellen,[1523] erfährt die Reduzierung der Vorstandsinnenhaftung qua gesellschaftsrechtlicher Fürsorge- und Treuepflicht derzeit lediglich in der Literatur breite Zustimmung.[1524] Ob die Gerichte sich dieser Regressbeschränkung anschließen, lässt sich kaum prognostizieren.[1525] Anders als bei der Arbeitnehmerhaftung besteht bei der Ersatzpflicht der Vorstandsmitglieder somit eine erhebliche Rechtsunsicherheit, die eine Änderung der *lex lata* erfordert.

dd) Spannungen mit dem haftungsrechtlichen Gesamtkonzept?

Abschließend stellt sich damit nur die Frage, ob eine Reduktionsklausel in § 93 AktG mit dem haftungsrechtlichen Gesamtkonzept in Einklang zu bringen ist. Dass den Gerichten rechtsvergleichend etwa in Sec. 363 (1) des Dänischen Gesellschaftsrechts,[1526] in Sec. 1157 (1) des Britischen Companies Act 2006[1527] sowie in Sec. 1318 (1) des Australischen Corporations Act 2001[1528] die Möglichkeit eingeräumt wird, den von pflichtvergessenen Vorstandsmitgliedern zu erstattenden Ersatzbetrag unter Berücksichtigung aller Umstände des Einzelfalls herabzusetzen, kann dabei keine Rolle spielen. Schließlich stellen diese Regelungen jeweils nur einen punktuellen Ausschnitt einer fremden Rechtsordnung dar, die in Gänze untersucht werden müsste, um belastbare Rückschlüsse auf das deutsche Recht zuzulassen.

Lenkt man den Blick zurück auf die deutsche Rechtsordnung, fällt auf, dass der das Schadensrecht beherrschende Grundsatz der Totalreparation neben den schon mehrfach angesprochenen Haftungshöchstgrenzen sowie der arbeitsrechtlichen Regressreduzierung weitere Ausnahmen kennt. Allen voran ist in dieser Hinsicht auf § 254 Abs. 1 BGB zu verweisen.[1529] Danach hängt die Verpflichtung zum Ersatz sowie der Umfang des zu leistenden Ersatzes von den Umständen, insbesondere davon ab, inwieweit der Schaden vorwiegend von dem einen oder dem anderen Teil verursacht worden ist, wenn bei der Entstehung des Schadens ein Verschulden

1523 Für die wohl h.M. *Brox/Walker*, DB 1985, 1469; *Canaris*, RdA 1966, 41, 49; MünchHdb/*Reichold*, ArbR, § 51 Rn. 19.

1524 Insb. *Bayer*, in: FS Schmidt, 2009, 85, 97; *Brommer*, AG 2013, 121, 128; *Casper*, ZHR (176) 2012, 617, 637 ff.; *J. Koch*, AG 2014, 513, 514 ff.; *J. Koch*, in: Liber amicorum Winter, 2011, 327, 338 f.; *Scholz*, Die existenzvernichtende Haftung von Vorstandsmitgliedern in der Aktiengesellschaft, S. 266 ff.; sympathisierend auch GK/*Hopt/ Roth*, AktG, § 93 Rn. 398 ff.; *Hopt*, ZIP 2013, 1793, 1804; *Lotze*, NZKart 2014, 162, 167; *Reichert*, ZHR (177) 2013, 756, 777; *Spindler*, AG 2013, 889, 894 ff.

1525 Hierzu bereits unter D. III. 5. c).

1526 Lov om aktie- og anpartsselskaber (selskabsloven), abrufbar unter: <https://danishbusiness-authority.dk/sites/default/files/danish_companies_act.pdf>.

1527 Companies Act 2006, abrufbar unter: <http://www.legislation.gov.uk/ukpga/2006/46/pdfs/ukpga_20060046_en.pdf>.

1528 Corporations Act 2001, abrufbar unter: <https://www.legislation.gov.au/Details/C2013 C00003/Html/Volume_5#_Toc344127859>.

1529 Auf diese Ausnahme vom Grds. der Totalreparation verweisen auch *H. Lange/ Schiemann*, Handbuch des Schuldrechts, S. 14; MüKo/*Oetker*, BGB, § 254 Rn. 2.

des Beschädigten mitgewirkt hat. Neben den §§ 31a Abs. 1 S. 1, 521, 599, 680 BGB spielt der Verschuldensgrad des Schädigers beispielsweise bei den §§ 651h, 828 Abs. 2 BGB, 435 HGB sowie der Möglichkeit der Haftungsbeschränkung nach § 276 Abs. 3 BGB eine Rolle. Hieraus lässt sich folgern, dass eine Berücksichtigung des Verschuldens in Bezug auf die Höhe der Ersatzpflicht im deutschen Recht zahlreiche Ausprägungen erfahren hat. Zudem hat der Gesetzgeber mit Blick auf §§ 571 Abs. 1 S. 1, 829 anerkannt, dass die wirtschaftlichen Verhältnisse des Schädigers im Einzelfall Einfluss auf den Umfang der Schadensersatzpflicht haben können. Auch die §§ 139 Abs. 2 PatG, 24 Abs. 2 GebrMG, 42 Abs. 2 DesignG, die eine Berechnung des zu ersetzenden Schadens auf Grundlage des Betrags gestatten, den der Verletzer der gewerblichen Schutzrechte als angemessene Vergütung hätte entrichten müssen, stellen letztlich eine Ausnahme vom Grundsatz dar, dass dem Geschädigten alle Vermögenseinbußen zu erstatten sind.

Soweit ersichtlich, liegt diesen verstreuten Einzelregelungen, anders als etwa dem Prinzip, dass Haftungshöchstgrenzen grundsätzlich nur bei der Gefährdungshaftung statthaft sind, kein bestimmtes Muster zugrunde, das sich auf die Vorstandshaftung übertragen ließe oder im Umkehrschluss einer Reduktionsklausel in § 93 AktG entgegensteht. In der Gesamtschau ist den Vorschriften vielmehr zu entnehmen, dass die deutsche Rechtsordnung für verschiedene Einzelfälle, die gerade keine Gemeinsamkeiten aufweisen, gesetzliche Ausnahmen vom Grundsatz der Totalreparation anerkennt und hinsichtlich des Umfangs der Ersatzpflicht neben dem Verschulden des Schädigers auch dessen persönliche Leistungsfähigkeit berücksichtigt werden kann. Dementsprechend führt eine weitere Einzelfallregelung in § 93 AktG, die dem Richter unter Berücksichtigung von u.a. der Vermögensverhältnisse und des Verschuldensgrades der in Regress genommenen Vorstandsmitglieder ein Absenken der Ersatzsumme gestattet, zu keinem Widerspruch mit dem zivilrechtlichen Haftungskonzept.

4. Zwischenfazit

Die vorstehenden Überlegungen haben gezeigt, dass die eingangs herausgearbeiteten Anforderungen an eine Reform der Vorstandsinnenhaftung nur durch die Einführung einer Reduktionsklausel in § 93 AktG eingehalten werden können. Demgegenüber führt ein Absenken der Sorgfaltsanforderungen im Gesetz zu einer unbilligen Privilegierung gegenüber der Arbeitnehmerhaftung. Gesetzliche Höchstbeträge sind zwar grundsätzlich mit der Präventions- und Kompensationsfunktion des § 93 Abs. 2 S. 1 AktG zu vereinbaren, führen aber zu Widersprüchen mit der Grundentscheidung des Gesetzgebers, gesetzliche Obergrenzen nur bei der Gefährdungshaftung anzuerkennen. Und auch die Öffnung der Satzung zur gesellschaftsinternen Regelung des Sorgfaltsmaßstabs und/oder der Vereinbarung von Haftungsgrenzen kann angesichts der Spannungen zu § 93 Abs. 4 S. 1, S. 3 AktG im Ergebnis nicht überzeugen. Obwohl nicht mit letzter Sicherheit vorhergesehen werden kann, ob und wie die Gerichte eine Härtefallklausel in § 93 AktG anwenden,[1530] ist dieser Weg im Vergleich mit den anderen Reformvorschlägen im Ergebnis zu favorisieren. Hierdurch werden einerseits die Regelungszwecke der Organhaftung gewahrt und eine unerwünschte Risikoaversion vermieden. Andererseits führt eine solche Regelung weder zu Spannungen innerhalb des § 93 AktG noch zu Widersprüchen mit anderen Regressreduzierungen und Haftungskonzepten.

III. Konkretisierung der Reduktionsklausel

Nach dem Vorgesagten gilt es, abschließend den Anwendungsbereich, die genaue Verortung der Reduktionsklausel innerhalb des § 93 AktG und deren Formulierung weiter zu konkretisieren. Dabei sind neben den Leitlinien, die zu Beginn dieses Kapitels herausgearbeitet wurden, auch die Untersuchungsergebnisse zur Regressreduzierung qua Fürsorge- und Treuepflicht sowie die vorstehenden Erkenntnisse zu berücksichtigen.

1. Anwendung nur bei drohender Existenzvernichtung

Um den Anforderungen, die *de lege ferenda* an die Kompensationsfunktion gestellt werden, zu genügen, sollte die Reduktionsklausel nur eingreifen, wenn die Vorstandsmitglieder aufgrund ihrer finanziellen Leistungsfähigkeit nicht in der Lage sind, den Schaden der Gesellschaft vollständig auszugleichen und ihnen deshalb bei Durchsetzung des Schadensersatzanspruchs eine Vernichtung der wirtschaftlichen Existenz droht.

a) Vergleich von Schadenshöhe und Leistungsfähigkeit des Vorstands

Zur Feststellung, ob die Anspruchsdurchsetzung zu einer Existenzvernichtung führt, sollte in Anlehnung an die Regressreduzierung *de lege lata* zunächst das Verhältnis zwischen Schadenshöhe und der Vergütung sowie dem Gesamtvermögen der in Anspruch genommenen Vorstandsmitglieder ermittelt werden.[1531] In Bezug auf die Vergütung sollten mit Blick auf § 87 Abs. 1 AktG neben der Fixvergütung auch die übrigen Bestandteile der Gesamtbezüge berücksichtigt werden. Nur wenn sich bei einem solchen Vergleich ergibt, dass der Ersatzbetrag die finanzielle Leistungsfähigkeit des oder der Regresspflichtigen um ein Vielfaches übersteigt, kann der Anwendungsbereich der Reduktionsklausel eröffnet sein.

Einer etwaigen Kritik an der Praxistauglichkeit dieses Ansatzes ist vorgreifend entgegenzuhalten, dass dies zu keinem zusätzlicher Arbeitsaufwand der Gerichte

1530 Auf den ungewissen Umgang der Gerichte mit der Reduktionsklausel verweisen auch *Bayer/Scholz*, NZG 2014, 926, 930; *Scholz*, Die existenzvernichtende Haftung von Vorstandsmitgliedern in der Aktiengesellschaft, S. 360.

1531 Zu den Bemessungskriterien der Regressreduzierung qua Fürsorge- und Treuepflicht ausführlich bereits unter D. III. 4. b).

führt. Denn die Höhe des konkret eingetretenen und kausal auf der Pflichtverletzung beruhenden Schadens ist im Haftungsprozess ohnehin von der klagenden Gesellschaft darzulegen und zu beweisen.[1532] Da das Eingreifen der Reduktionsklausel für die (ehemaligen) Geschäftsleiter günstig ist, läge die Darlegungs- und Beweislast für die fehlende Leistungsfähigkeit hingegen bei den jeweils beklagten Vorstandsmitgliedern.[1533] Die Höhe der Vergütung lässt sich dabei ohne weitere Schwierigkeit mit dem jeweiligen Anstellungsvertrag sowie Gehaltsabrechnungen nachweisen. Beide Faktoren werden bei der Haftungsprivilegierung der Arbeitnehmer ebenfalls berücksichtigt,[1534] sodass die beschriebene Vorgehensweise den Gerichten nicht unbekannt ist. Probleme könnten sich zwar bei der Bestimmung des Vermögens ergeben. Um zu verhindern, dass sich der Kern des Rechtsstreits darauf verlagert, ob alle vorhandenen Aktiva und Passiva in die Berechnung einbezogen wurden und die Ermittlung des Vermögenswertes betriebswirtschaftlichen Standards entspricht, sollten hierfür lediglich das vorhandene Bar- und Aktienvermögen berücksichtigt werden. Dies hätte auch den Vorteil, dass nicht geprüft werden müsste, welche sonstigen Vermögenswerte des Schuldners potentiell veräußert werden könnten. Würde man hingegen das Gesamtvermögen des pflichtvergessenen Vorstandsmitglieds unter Berücksichtigung aller Aktiva und Passiva in die Betrachtung einbeziehen und anhand dessen prüfen, welchen Ersatzbetrag dieser zu leisten in der Lage ist, bestünde ferner die Gefahr, dem Regress in genommenen Geschäftsleiter nur das zu belassen, was bereits über §§ 850 ff. ZPO, 286 ff. InsO geschützt wird. Dieses Ergebnis ist *de lege ferenda* aber gerade zu vermeiden. Der potentiellen Gefahr, dass sich die Ersatzpflichtigen arm rechnen (lassen), kann schon durch eine eidesstattliche Versicherung entgegengewirkt werden, deren falsche Abgabe nach § 156 StGB unter Strafe steht. Vor bewussten Falschangaben wird die klagende Gesellschaft überdies dadurch geschützt, dass auch der (versuchte) Prozessbetrug gemäß § 263 StGB strafbewährt ist.[1535]

b) Berücksichtigung der D&O-Versicherung?

Fraglich ist, ob neben der Schadenshöhe und der Leistungsfähigkeit der Regresspflichtigen auch das Bestehen einer D&O-Versicherung sowie die Reichweite des

1532 Statt vieler nur BGH, Urt. v. 04.11.2002 – II ZR 224/00, NJW 2003, 358; BGH, Urt. v. 15.01.2013 – II ZR 90/11, NJW 2013, 1958, 1959; MüKo/*Spindler*, AktG, § 93 Rn. 185.

1533 Vgl. zu dem Grundprinzip, dass im Prozess jede Partei die ihr günstigen Tatsachen darlegen und beweisen muss Musielak/*Foerste*, ZPO, § 286 Rn. 35; MüKo/*Prütting*, ZPO, § 286 Rn. 111.

1534 Statt vieler nur BGH, Urt. v. 10.01.1955 – III ZR 153/53, NJW 1955, 458; BAG, Beschl. v. 25.09.1957 – GS 4 (5)/56, NJW 1958, 235, 237; BAG, Beschl. v. 27.09.1994 – GS 1/89 (A), NJW 1995, 210, 213; MüKo/*Henssler*, BGB, § 619a Rn. 37; ErfK/*Preis*, BGB, § 619a Rn. 16.

1535 Vgl. zum Prozessbetrug statt vieler nur MüKo/*Hefendehl*, StGB, § 263 Rn. 822 ff.; Schönke/Schröder/*Perron*, StGB, § 263 Rn. 69 ff.

hierüber im konkreten Fall zu erlangenden Schutzes Einfluss auf die Anwendbarkeit der Reduktionsklausel haben sollte. Dafür spricht zunächst das Ziel der Reformüberlegungen. Hierdurch soll das Risiko einer existenzvernichtenden Inanspruchnahme der Vorstandsmitglieder verhindert werden. Hat die Gesellschaft zugunsten ihrer Organmitglieder eine D&O-Police abgeschlossen, deren noch nicht verbrauchte Deckungssumme den geltend gemachten Schaden übersteigt und greifen keine Ausschlussgründe, sind die in Regress genommenen Geschäftsleiter aufgrund der Freistellungsverpflichtung des D&O-Versicherers bei begründeten Ansprüchen[1536] nur in Höhe des Selbstbehalts persönlich ersatzpflichtig. In diesem Fall wird oftmals kein Bedürfnis für eine Haftungsbeschränkung bestehen,[1537] sodass ein gerichtliches Absenken des Ersatzbetrags in dieser Konstellation vor allem dem D&O-Versicherer zugute käme. Insofern liegt der Vorwurf nahe, dass die Kompensation auf Kosten der geschädigten Gesellschaft eingeschränkt wird, ohne dass hierfür eine Rechtfertigung besteht.[1538]

Problematisch an der Berücksichtigung des D&O-Versicherungsschutzes ist allerdings, dass die Richter des Haftungsprozesses in der Regel nicht wissen, ob und in welcher konkreten Höhe der D&O-Versicherer das Vorstandsmitglied von begründeten Schadensersatzforderungen freizustellen hat. Über diese Frage herrscht nur Klarheit, wenn entweder keine D&O-Police abgeschlossen worden ist oder der Versicherer eine endgültige Deckungsablehnung oder -zusage erteilt hat, wobei letzteres mit Blick auf die üblichen Deckungserklärungen unter Vorbehalt in der Praxis kaum zu erwarten ist. Wird die Anwendbarkeit der Reduktionsklausel von der Einstandspflicht des D&O-Versicherers abhängig gemacht, müsste bereits im Haftungsprozess über die Deckung entschieden werden, was sich nicht mit dem versicherungsrechtlichen Trennungsprinzip in Einklang bringen lässt.[1539] Und auch wenn die Entscheidung über die Einstandspflicht vorgezogen oder der Haftungsprozess zur Klärung dieser Frage ausgesetzt wird, lässt sich die konkrete Leistungspflicht des Versicherers wegen der üblichen Verwendung von Kostenanrechnungsklauseln erst nach Beendigung des unter Umständen mehrere Instanzen umfassenden Schadensersatzverfahrens feststellen. Um eine rechtssichere und praktisch handhabbare Regelung zu schaffen, die zugleich vermeidet, dass von der Reduktionsklausel vor allem die D&O-Versicherer profitieren, könnte

1536 Zu den Leistungspflichten des D&O-Versicherers ausführlich unter C. I. 1.

1537 Zur Frage, ob allein die Verpflichtung zum Selbstbehalt zu einer Existenzvernichtung führen kann, bereits unter C. III. 1. d).

1538 Ähnlich in Bezug auf § 255 BGB-E 1967 auch *Schwamb*, Die schadensrechtliche Reduktionsklausel § 255a BGB Referentenentwurf 1967, S. 565 ff., *Stoll*, RabelsZ (34) 1970, 481, 499, 502, die sich daher für eine Berücksichtigung der (möglichen) Haftpflichtversicherung bei der allgemeinen Billigkeitsklausel ausgesprochen haben.

1539 Hierzu bereits ausführlich unter C. I. 2.; auf diesen Konflikt der Berücksichtung der D&O-Versicherung bei der Haftungsbeschränkung hinweisend auch *Scholz*, Die existenzvernichtende Haftung von Vorstandsmitgliedern in der Aktiengesellschaft, S. 368.

grundsätzlich ein Verbot der D&O-Versicherung erwogen werden.[1540] Jedoch bestehen Zweifel, ob ein derartiger Eingriff in Art. 2 Abs. 1, 12 Abs. 1 GG verfassungsrechtlich gerechtfertigt werden kann. In dieser Hinsicht lassen sich die Bedenken, die gegen ein Verbot der Selbstbehaltsversicherung geäußert werden,[1541] auf das Verbot der D&O-Versicherung übertragen.

Alternativ ist daher zu erwägen, das Bestehen und die Reichweite etwaigen D&O-Versicherungsschutzes bei der Anwendung der Reduktionsklausel grundsätzlich außer Acht zu lassen und nur dann zu berücksichtigen, wenn hierüber im Ausnahmefall Sicherheit besteht.[1542] Hierfür spricht der andernfalls eintretende Verstoß gegen das versicherungsrechtlichen Trennungsprinzip. In diesem Zusammenhang sei auch nochmals die Leistungspflicht des D&O-Versicherers in Erinnerung gerufen. Dieser ist gemäß § 100 VVG bzw. der jeweils einschlägigen Versicherungsbedingungen neben der Anspruchsabwehr zur Befreiung der versicherten Organmitglieder von begründeten Ersatzforderungen verpflichtet. Vor diesem Hintergrund würde es einen Zirkelschluss bedeuten, wenn das Bestehen und die Reichweite des Versicherungsschutzes im Haftpflichtprozess zur Begründung der Höhe des Ersatzanspruches herangezogen werden könnte.[1543] Gegen eine Berücksichtigung der D&O-Versicherung streitet zudem, dass diese nach zutreffender Ansicht auch bei den Grundsätzen des innerbetrieblichen Schadensausgleichs – ebenfalls unter Berufung auf das Trennungsprinzip – unbeachtet bleibt.[1544] Um Unstimmigkeiten mit der Arbeitnehmerhaftung zu vermeiden, sollte deswegen auch beim Vorstandsinnenregress an dem Grundsatz „die Versicherung folgt der Haftung“ festgehalten werden.

Obwohl sich nicht ausschließen lässt, dass die Versicherer als Folge einer Nichtbeachtung des Deckungsschutzes bei der Anwendbarkeit der Reduktionsklausel dazu übergehen, die außergerichtliche Schadensregulierung zumindest einzuschränken und auf ein möglichst hohes Absenken der Ersatzsumme durch die Gerichte

---

1540 Hierfür *Bayer*, NJW 2014, 2546, 2548 f.; *Scholz*, Die existenzvernichtende Haftung von Vorstandsmitgliedern in der Aktiengesellschaft, S. 379; gegen ein Verbot insb. *Bachmann*, in: Verhandlungen des 70. DJT, 2014, Bd. 1, E 38 f.; *Habersack*, ZHR (177) 2013, 782, 800; *Paefgen*, AG 2014, 554, 581; aus ökonomischer Sicht auch *A. Arnold*, Die Steuerung des Vorstandshandelns, S. 184.

1541 Hierzu insb. *Gädtke*, VersR 2009, 1565, 1569 ff.; *Kerst*, WM 2010, 594, 602; *O. Lange*, VersR 2009, 1011, 1022 f.

1542 Dies entspricht auch den Untersuchungsergebnissen in Bezug auf die Haftungsreduktion qua Fürsorge- und Treuepflicht unter D. III. 4. b); in Bezug auf eine Billigkeitsklausel im allgemeinen Schadensrecht auch *Hauss*, in: Verhandlungen des 43. DJT, 1960, Bd. 2, C 35, 45.

1543 In Bezug auf § 829 BGB deutlich *Lorenz*, VersR 1980, 697, 700.

1544 *Hanau*, in: FS Lorenz, 2004, 283, 302 ff.; MünchHdb/*Reichold*, ArbR, § 51 Rn. 51; *Waltermann*, RdA 2005, 98, 108; a.A. H/W/K/*Krause*, ArbR, § 619a BGB Rn. 39; *Otto*, in: 50 Jahre BAG, 2004, 97, 116.

spekulieren,[1545] ist die hiermit verbundene geringere Schadenskompensation der Gesellschaft in Kauf zu nehmen. Schließlich dient die D&O-Versicherung aus versicherungsrechtlicher Perspektive primär dem Schutz der Organmitglieder vor Innenhaftungsrisiken und bewirkt nur faktisch einen Schutz des Gesellschaftsvermögens.[1546] Zudem können die geschädigten Unternehmen die geringe Kompensation durch den Abschluss einer Eigenschadenversicherung auffangen.[1547] Eine Berücksichtigung der D&O-Versicherung bei der Anwendbarkeit der Reduktionsklausel ist hierfür nicht erforderlich. In der Gesamtschau sprechen damit die besseren Argumente dafür, das Bestehen einer D&O-Police und die konkrete Einstandspflicht des Versicherers bei der Anwendbarkeit der Reduktionsklausel außer Acht zu lassen. Zwar lässt sich nicht mit letzter Sicherheit ausschließen, dass die D&O-Versicherer bei dieser Vorgehensweise auf Kosten der Gesellschaft von den geringeren Ersatzsummen profitieren. Aber nur, wenn der D&O-Versicherungsschutz bei der Minderung der Schadensersatzpflicht keine Rolle spielt, wird das versicherungsrechtliche Trennungsprinzip gewahrt.

2. Regressreduzierung bei jeder Art der Fahrlässigkeit

Daneben sollte die Regressreduzierung bei jeder Art der Fahrlässigkeit, nicht jedoch bei vorsätzlicher Pflichtverletzung gelten.[1548] § 276 Abs. 3 BGB verbietet lediglich, dem Schuldner die Haftung wegen Vorsatz im Voraus zu erlassen. Ein nachträglicher Verzicht auf Ansprüche, die auf vorsätzlicher Schädigung beruhen, ist hiervon nicht umfasst.[1549] Folglich würde sich auch bei einer Ausdehnung der Reduktionsklausel

1545 Ähnliche Bedenken äußerte etwa *Löwe*, VersR 1970, 289, 291 in Bezug auf § 255a Abs. 1 BGB-E 1967.

1546 Zum Zweck und der Schutzrichtung der D&O-Versicherung ausführlich unter C. II. 1. a).

1547 Zur Unbedenklichkeit der Eigenschadenversicherung *O. Lange*, D&O-Versicherung und Managerhaftung, S. 213; *Thomas*, Die Haftungsfreistellung von Organmitgliedern, S. 515 f.; *Ulmer*, in: FS Canaris, 2007, Bd. 2, 451, 461; auf diese Möglichkeit hinweisend auch *Scholz*, Die existenzvernichtende Haftung von Vorstandsmitgliedern in der Aktiengesellschaft, S. 379, der allerdings für ein Verbot der D&O-Versicherung eintritt.

1548 So in Bezug auf ihre jeweils Änderungsvorschläge auch *Bayer*, NJW 2014, 2546, 2549; *Bayer/Scholz*, NZG 2014, 926, 932; *Gaul*, AG 2015, 109, 114; *Scholz*, Die existenzvernichtende Haftung von Vorstandsmitgliedern in der Aktiengesellschaft, S. 376 f.; gegen die Ausdehnung einer Haftungsprivilegierung auf grobe Fahrlässigkeit hingegen *Bachmann*, in: Verhandlungen des 70. DJT, 2014, Bd. 1, E 61; Spindler/Stilz/*Fleischer*, AktG, § 93 Rn. 9b; *Fleischer*, ZIP 2014, 1305, 1315; *Habersack*, ZHR (177) 2013, 782, 804; *Hemeling*, ZHR (178) 2014, 221, 224; *Paefgen*, AG 2014, 554, 570; *Reichert*, ZHR (177) 2013, 756, 780; *Spindler*, AG 2013, 889, 895; a.A. auch *G. Wagner*, ZHR (178) 2014, 227, 278, der allein darauf abstellen will, ob der Gesellschaft ein Schaden entstanden ist.

1549 Statt vieler nur MüKo/*Grundmann*, BGB, § 276 Rn. 182 (m.w.N.).

auf Vorsatz kein Widerspruch zu § 276 Abs. 3 BGB ergeben. Um eine Privilegierung gegenüber Arbeitnehmern sowie GmbH-Geschäftsführern zu vermeiden, sollte sich die Haftungsbeschränkung gleichwohl nicht auf vorsätzliche Pflichtverletzungen erstrecken.[1550] Hierfür streitet außerdem, dass das Ziel einer positiven Verhaltenssteuerung der Vorstandsmitglieder konterkariert werden könnte, wenn diese auch bei zielgerichteten Gesetzesverstößen mit einem Absenken der Ersatzsumme rechnen dürfen.[1551]

Gegen eine Beschränkung der Reduktionsklausel allein auf leichte und mittlere Fahrlässigkeit sprechen indes die Abgrenzungsschwierigkeiten zwischen mittlerem und grob fahrlässigem Verhalten.[1552] Unter Berücksichtigung der in der Praxis nicht vermeidbaren Gefahr von Rückschaufehlern sollte der Anwendungsbereich der Härteklausel für alle Formen fahrlässiger Pflichtverletzungen eröffnet sein.[1553] Um der mit den verschiedenen Verschuldensformen verbundenen Schwere des Fehlverhaltens dennoch Rechnung zu tragen, sollte das Gericht bei der Bestimmung der Höhe der Haftungsreduktion berücksichtigen dürfen, ob die Vermögenseinbußen der Gesellschaft auf leichter, mittlerer oder grober Fahrlässigkeit der in Regress genommenen Vorstandsmitglieder beruhen.[1554] Auch bei einer derartigen Abhängigkeit der Regressreduzierung vom Grad des Verschuldens ist zwar nicht auszuschließen, dass die Richter eine Pflichtverletzung *ex post* als schwerwiegender einstufen, als dies *ex ante* der Fall gewesen wäre. Hat eine Fehlbeurteilung durch das Gericht aber nur Einfluss auf das Ausmaß der Haftungsmilderung, nicht jedoch auf dessen Anwendbarkeit, erscheint das Risiko der *hindsight bias* als verkraftbar.

3. Ausdehnung auf Sorgfalts-, Treue- und Legalitätspflichtverletzungen

Darüber hinaus sollte die Reduktionsklausel sowohl bei Sorgfalts- als auch bei Treue- und Legalitätspflichtverletzungen der Vorstandsmitglieder Anwendung

---

1550 In Bezug auf Arbeitnehmer auch *Bayer/Scholz*, NZG 2014, 926, 932; *Scholz*, Die existenzvernichtende Haftung von Vorstandsmitgliedern in der Aktiengesellschaft, S. 377.

1551 Ebenso *Bayer/Scholz*, NZG 2014, 926, 932; *Fleischer*, ZIP 2014, 1305, 1315; *Scholz*, Die existenzvernichtende Haftung von Vorstandsmitgliedern in der Aktiengesellschaft, S. 377.

1552 Hierzu bereits unter E. II. 1 c) aa).

1553 Ähnlich *Bayer/Scholz*, NZG 2014, 926, 932; *Scholz*, Die existenzvernichtende Haftung von Vorstandsmitgliedern in der Aktiengesellschaft, S. 376.

1554 So in Bezug auf die Regressreduzierung de lege lata auch *Bayer*, in: FS Schmidt, 2009, 85, 97; *Casper*, ZHR (176) 2012, 617, 642; *J. Koch*, in: Liber amicorum Winter, 2011, 327, 348; *J. Koch*, AG 2012, 429, 439; *Reichert*, ZHR (177) 2013, 756, 779; *U. Rust*, ZWeR 2015, 299, 312.

finden.[1555] Andernfalls würden angesichts der hohen Schadenssummen, die insbesondere bei (leicht) fahrlässigen Gesetzesverletzungen und Verstößen gegen die Legalitätskontrollpflicht entstehen,[1556] gerade die Pflichtverletzungen von der Begrenzung der Ersatzpflicht ausgenommen, in denen sie am dringendsten benötigt wird. Überdies hätte eine Differenzierung des Anwendungsbereichs nach der jeweils verletzten Pflicht eine erhebliche Rechtsunsicherheit zur Folge.[1557] Denn oftmals lassen sich die verschiedenen Einzelpflichten der Vorstandsmitglieder nicht eindeutig einer Kategorie zuordnen. So stellt etwa die Annahme von Schmiergeldern oder die unerlaubte Aneignung von Gesellschaftsvermögen eine Treuepflichtverletzung dar,[1558] ist gemäß §§ 298 ff. StGB bzw. § 266 StGB aber zugleich als Legalitätsverstoß einzustufen. Ferner sind die Vorstandsmitglieder als Ausprägung der allgemeinen Sorgfaltspflicht zur Überwachung nachgeordneter Mitarbeiter verpflichtet.[1559] Mit Blick auf §§ 9 Abs. 1 Nr. 1, 130 Abs. 1 S. 1 OWiG bildet die Aufsichtspflicht aber auch einen Teil der Legalitätskontrolle.

4. Untergrenze des § 93 Abs. 2 S. 3 AktG

Um die Präventionsfunktion der Vorstandsinnenhaftung zu wahren, sollte in der Reduktionsklausel zudem klargestellt werden, dass die Untergrenze des § 93 Abs. 2 S. 3 AktG bei dem Absenken der Ersatzpflicht nicht unterschritten werden darf.[1560] Da das Eineinhalbfache der festen Jahresvergütung hinsichtlich des verpflichtenden Selbstbehalts die absolute Obergrenze darstellt,[1561] erscheint es im Interesse der Schaffung einer klar verständlichen Regelung ausreichend, in der Reduktionsklausel allein auf diesen Maximalbetrag Bezug zu nehmen.

5. Anwendbarkeit in Fällen des § 93 Abs. 3 AktG?

Demgegenüber ist fraglich, ob die Reduktionsklausel auch auf § 93 Abs. 3 AktG erstreckt werden sollte. Dagegen spricht zunächst, dass der Gesetzgeber den kapitalschützenden Kardinalspflichten in § 93 Abs. 3 AktG eine Sonderstellung eingeräumt

1555 In Bezug auf die Einführung von Haftungshöchstgrenzen auch *Bayer/Scholz*, NZG 2014, 926, 932; *Scholz*, Die existenzvernichtende Haftung von Vorstandsmitgliedern in der Aktiengesellschaft, S. 378; ablehend gegenüber einer derartigern Ausdehung aber *Bachmann*, in: Verhandlungen des 70. DJT, 2014, Bd. 1, E 61, 65; Spindler/Stilz/*Fleischer*, AktG, § 93 Rn. 9b; *Fleischer*, ZIP 2014, 1305, 1315.

1556 Vgl. hierzu insb. die Ausführungen unter B. I. 5 b).

1557 So auch *Scholz*, Die existenzvernichtende Haftung von Vorstandsmitgliedern in der Aktiengesellschaft, S. 378.

1558 Statt vieler nur Spindler/Stilz/*Fleischer*, AktG, § 93 Rn. 153 f.; Hölters/*Hölters*, AktG, § 93 Rn. 118, 130.

1559 Prägnant Spindler/Stilz/*Fleischer*, AktG, § 93 Rn. 12; MüKo/*Spindler*, AktG, § 93 Rn. 98.

1560 Hierzu bereits ausführlich unter E. II. 3. b) aa).

1561 Beschlussempfehlung und Bericht zum VorstAG, BT-Drs. 16/13433, S. 11.

hat und dieser Haftungstatbestand insbesondere dem Schutz des Gesellschaftsvermögens dient.[1562] Um diese herausgehobene Stellung beizubehalten, plädiert die Mehrheit des Schrifttums dafür, eine Haftungsbeschränkung *de lege ferenda* – unabhängig von deren konkreter Ausgestaltung – nicht auf § 93 Abs. 3 AktG auszudehnen.[1563] Diese Sonderstellung bleibt allerdings ebenso gewahrt, wenn die Art der Pflichtverletzung bei Anwendung der Reduktionsklausel einen Abwägungsfaktor für die Bemessung der konkreten Regressbeschränkung bildet. Im Übrigen wird der Schutz des Gesellschaftsvermögens durch eine Ausdehnung der Haftungsreduzierung auf § 93 Abs. 3 AktG nicht beschränkt.[1564] Denn die Reduktionsklausel soll nur dann zur Geltung kommen, wenn das in Regress genommene Vorstandsmitglied aufgrund eingeschränkter Leistungsfähigkeit nicht in der Lage ist, den der Gesellschaft entstandenen Schaden zu ersetzen. In diesem Fall sind eine vollständige Kompensation und mithin ein lückenloser Schutz des Gesellschaftsvermögens aber unabhängig davon nicht zu erreichen, ob sich die Reduktionsklausel auf § 93 Abs. 3 AktG erstreckt oder nicht.

Für eine Ausdehnung der Reduktionsklausel streitet darüber hinaus, dass es der Gesellschaft trotz der Sonderstellung der Kardinalspflichten nach geltendem Recht unbenommen ist, gemäß § 93 Abs. 4 S. 3 AktG nachträglich auf diese Ansprüche zu verzichten.[1565] Infolgedessen sollte es auch dem Gericht ermöglicht werden, bei drohender Existenzvernichtung des Regresspflichtigen den Ersatzbetrag zu reduzieren. Letztlich liegt eine derartige Ausdehnung des Anwendungsbereichs auch im Interesse der Rechtssicherheit. Denn gilt die Reduktionsklausel nicht umfassend für alle Ausprägungen der Vorstandshaftung, sondern ist durch verschiedene Ausnahmen und Gegenausnahmen geprägt, führt die Reform des § 93 AktG zu einer unnötigen Verkomplizierung des Haftungsregimes. Das Fehlen einer klaren gesetzlichen Regelung ist wiederum geeignet, eine ungewollte Risikoaversion heraufzubeschwören. Nach all dem sprechen somit die besseren Gründe dafür, die Reduktionsklausel auch auf den Sondertatbestand des § 93 Abs. 3 AktG zu erstrecken, wobei die Kardinalspflichten bei der Bestimmung der konkreten Höhe der Ersatzpflicht berücksichtigt werden können.

1562 Vgl. zur Zielrichtung des § 93 Abs. 3 AktG statt vieler nur Hüffer/Koch/*Koch*, AktG, § 93 Rn. 1, 68; MüKo/*Spindler*, AktG, § 93 Rn. 221.

1563 *Bachmann*, in: Verhandlungen des 70. DJT, 2014, Bd. 1, E 61, 65; Spindler/Stilz/*Fleischer*, AktG, § 93 Rn. 9b; *Fleischer*, ZIP 2014, 1305, 1315; *Grunewald*, AG 2013, 813, 816; *Habersack*, ZHR (177) 2013, 782, 804; *Paefgen*, AG 2014, 554, 570; a.A. *Bayer/Scholz*, NZG 2014, 926, 932 f.; *Scholz*, Die existenzvernichtende Haftung von Vorstandsmitgliedern in der Aktiengesellschaft, S. 378 f.

1564 Ausführlich zur Vereinbarkeit einer Haftungsbeschränkung mit § 93 Abs. 3 AktG bereits unter D. III. 3.d) ee).

1565 Hiermit begründen auch *Bayer/Scholz*, NZG 2014, 926, 933; *Scholz*, Die existenzvernichtende Haftung von Vorstandsmitgliedern in der Aktiengesellschaft, S. 379 die Ausdehnung der von ihnen proklamierten Haftungshöchstgrenze auf § 93 Abs. 3 AktG; einräumend zudem *Habersack*, ZHR (177) 2013, 782, 804.

6. Erstreckung auf die Ersatzansprüche der Gesellschaftsgläubiger?

Schließlich stellt sich die Frage, ob den Gerichten durch die in § 93 AktG neu einzuführende Reduktionsklausel auch die Befugnis eingeräumt werden sollte, die Höhe des Ersatzanspruchs bei einer Geltendmachung durch die Gesellschaftsgläubiger nach § 93 Abs. 5 S. 1, 2 AktG auf einen angemessenen Betrag abzusenken. Berücksichtigt man allein den Regelungszweck von § 93 Abs. 5 AktG, scheint die Antwort auf der Hand zu liegen. Die Vorschrift dient neben der vereinfachten Gläubigerbefriedigung[1566] über § 93 Abs. 5 S. 3 AktG auch dem Vermögensschutz der Gesellschaftsgläubiger.[1567] Hiermit lässt sich eine höhenmäßige Beschränkung der Ersatzpflicht nur schwerlich in Einklang bringen. Gegen eine Ausdehnung der Reduktionsklausel auf § 93 Abs. 5 AktG ließe sich weiter anführen, dass auch in Bezug auf die Haftungsbeschränkung qua Fürsorge- und Treuepflicht eine Anwendung auf die Ansprüche der Gesellschaftsgläubiger abgelehnt wurde.[1568] Da mit der Härtefallregelung weitgehend die Ergebnisse aus Teil D. III. in Gesetzesform gegossen werden, wäre es inkonsequent, die *de lege ferenda* zu schaffenden Haftungsmilderung weiter zu gestalten, als die Regressreduzierung *de lege lata* reicht.

Diese Bedenken können bei näherer Betrachtung allerdings nicht überzeugen. So ist schon die tatsächliche Auswirkung der Reduktionsklausel auf die Gläubigerbefriedigung gering. Da diese nur Anwendung findet, wenn das in Anspruch genommene Vorstandsmitglied mit Blick auf seine finanziellen Verhältnisse zu keinem vollständigen Schadensausgleich in der Lage ist,[1569] wird die Höhe der Ersatzpflicht nur in den Fällen begrenzt, in denen Gesellschaftsgläubiger auch faktisch keine umfassende Kompensation erhalten können. Außerdem beruhte die fehlende Erstreckung der Regressreduzierung qua Fürsorge- und Treuepflicht nicht auf dem Schutz der Gesellschaftsgläubiger, sondern vielmehr darauf, dass anders als zwischen der Gesellschaft und ihren Leitungsorganen im Verhältnis zwischen Gesellschaftsgläubigern und Vorstandsmitgliedern keine gegenseitige Treuebindung besteht.[1570] Die in § 93 AktG zu verankernde Reduktionsklausel greift zwar Erkenntnisse auf, die im Rahmen der Untersuchung der *de lege lata* geltenden Haftungsbeschränkung gewonnen wurden, löst sich aber von deren dogmatischer Grundlage. Dementsprechend kann der Anwendungsbereich der neuen gesetzlichen Regelung durchaus weiter ausfallen. Damit ist bislang jedoch nur festgestellt, dass mögliche Einwände gegen eine Ausdehnung der Reduktionsklausel auf § 93 Abs. 5 AktG nicht durchgreifen. Betrachtet man indes den Hauptzweck der Reformbestrebung, nämlich das Risiko einer existenzvernichten Vorstandsinnenhaftung zu beseitigen, ist es zwingend

1566 Statt vieler nur Spindler/Stilz/*Fleischer,* AktG, § 93 Rn. 293; Hüffer/Koch/*Koch,* AktG, § 93 Rn. 80; MüKo/*Spindler,* AktG, § 93 Rn. 267.

1567 Prägnant Spindler/Stilz/*Fleischer,* AktG, § 93 Rn. 276.

1568 Hierzu bereits ausführlich unter D. III. 3. d) gg).

1569 Vgl. hierzu unter E. III. 1.

1570 Hierzu ausführlich unter D. III. 3. d) gg).

notwendig, die Reduktionsklausel auch auf das Gläubigerverfolgungsrecht nach § 93 Abs. 5 AktG zu erstrecken.[1571] Andernfalls wären die Vorstandsmitglieder bei einer Insolvenz der Gesellschaft in Fällen des § 93 Abs. 5 AktG weiterhin der Gefahr ausgesetzt, bis zur Grenze ihrer wirtschaftlichen Leistungsfähigkeit in Anspruch genommen zu werden.

7. Formulierungsvorschlag und Verortung der Reduktionsklausel

Nach den vorstehenden Überlegungen ist als Reformvorschlag deshalb zu empfehlen, § 93 Abs. 2 AktG um folgenden Satz 4 zu ergänzen:

> *„Wird ein Vorstandsmitglied, das den entstandenen Schaden fahrlässig verursacht hat, durch Leistung des Ersatzes in eine wirtschaftliche Notlage versetzt, kann das Gericht die Ersatzpflicht unter Berücksichtigung der Art der Pflichtverletzung, der Schwere des Verschuldens sowie der Leistungsfähigkeit des Vorstandsmitglieds bis maximal zur Höhe des Eineinhalbfachen der festen jährlichen Vergütung der Vorstandsmitglieder ermäßigen.“*

Die Verwendung des Begriffs der wirtschaftlichen Notlage beruht dabei zunächst auf der Erwägung, dass die „Notlage“ in der deutschen Rechtsordnung verschiedentlich auftaucht[1572] und den Gerichten damit – anders als der Begriff der Existenzvernichtung – grundsätzlich vertraut ist. Zudem orientiert sich diese Formulierung an den Überlegungen *Hohlochs* zu § 255a BGB-E 1967. Dieser wollte die Reduktionsklausel – allerdings bei Verortung in § 254a BGB – ebenfalls auf diejenigen Fälle beschränken, „wo die Schadensersatzverpflichtung an die wirtschaftliche Existenz rührt“[1573] und nutzte dafür in seinem Reformvorschlag die Formulierung der „wirtschaftlichen Notlage“.[1574] Um dieses Tatbestandsmerkmal weiter zu konkretisieren und die Anwendung der Klausel zu erleichtern, sollte in der Gesetzesbegründung ergänzend dargelegt werden, dass eine solche Notlage vorliegt, wenn ein Vergleich zwischen der Schadenshöhe und der Vergütung sowie dem Vermögen des Regresspflichtigen ergibt, dass dessen wirtschaftliche Existenz bei einer Durchsetzung der Ersatzpflicht in voller Höhe vernichtet würde. Dabei sollte auch darauf hingewiesen werden, dass hinsichtlich des Vermögens lediglich das Bar- und Aktienvermögen zu berücksichtigen ist. Auch sollte der klarstellende Hinweis erfolgen, dass das Bestehen von D&O-Versicherungsschutz für die Anwendbarkeit der Reduktionsklausel keine Rolle spielt. Alternativ ist zu erwägen, die Faktoren, aus denen sich die Notlage ergibt, explizit in § 93 Abs. 2 S. 4 AktG zu nennen. Um die Regelung

---

1571 So in Bezug auf die Einführung einer gesetzlichen Haftungshöchstgrenze auch *Bayer/Scholz*, NZG 2014, 926, 933; *Scholz*, Die existenzvernichtende Haftung von Vorstandsmitgliedern in der Aktiengesellschaft, S. 383 f.

1572 Etwa in §§ 38 SGB XII, 153 VAG, 170 BEG, 18 HHG, 219 StGB.

1573 *Hohloch*, in: Gutachten und Vorschläge zur Überarbeitung des Schuldrechts, 1981, 375, 462 ff., 475.

1574 *Hohloch*, a.a.O., S. 475.

inhaltlich nicht zu überfrachten, erscheint es aber vorzugswürdig, diese in die Gesetzesbegründung zu verlagern.

Durch die Verortung der Neuregelung in § 93 Abs. 2 S. 4 AktG gilt diese zunächst für die Fälle, in denen die pflichtvergessenen Vorstandsmitglieder nach § 93 Abs. 2 S. 1 AktG in Anspruch genommen werden. Über die Verweisung in § 116 S. 1 AktG findet die Neuregelung überdies auf die Haftung der Aufsichtsratsmitglieder Anwendung. Angesichts der befürworteten Reichweite der Reduktionsklausel stellt sich jedoch die Frage, ob ergänzende Regelungen erforderlich sind. Um klarzustellen, dass die Reduktionsklausel auch für den Haftungstatbestand des § 93 Abs. 3 AktG gilt, könnte insofern erwogen werden, die Regelung um einen entsprechenden Satz 2 zu ergänzen. Indes findet auch § 93 Abs. 2 S. 2 AktG ohne eine entsprechende Verweisung bei den Kardinalpflichten Anwendung.[1575] Deswegen kann in Bezug auf die neu einzuführende Reduktionsklausel ebenfalls auf eine Verweisungsnorm verzichtet werden. Demgegenüber ist es erforderlich, § 93 Abs. 5 AktG um eine entsprechende Klausel zu ergänzen. Denn die Gesellschaftsgläubiger machen gerade nicht die Schadensersatzforderung der Gesellschaft in Prozessstandschaft geltend, sondern verfolgen einen eigenen Ersatzanspruch.[1576] Infolgedessen gilt die Reduktionsklausel in § 93 Abs. 2 S. 4 AktG ohne eine gesetzliche Klarstellung nicht automatisch für das Gläubigerverfolgungsrecht. Um dies sicherzustellen, sollte daher in § 93 Abs. 4 S. 2 2. Hs. AktG ergänzt werden, dass neben Absatz 2 Satz 2 auch Satz 4 sinngemäß gilt.

Abweichend von dem Vorschlag, § 93 Abs. 2 AktG um einen Satz 4 zu ergänzen, bestünde die Möglichkeit, die Reduktionsklausel entsprechend dem Antrag von *Schall* auf dem 70. Deutschen Juristentag[1577] in § 93 Abs. 7 AktG zu verankern. Alternativ könnte die Neuregelung auch in § 93 Abs. 6 AktG eingefügt und die derzeit an dieser Stelle verortete Verjährungsregelung in § 93 Abs. 7 AktG verschoben werden. Würde die vorgeschlagene Klausel nach dem Vorbild des heutigen § 93 Abs. 6 AktG, der explizit herausstellt, dass die Verjährungsfristen einheitlich für alle Ansprüche aus § 93 AktG gelten, um einen ähnlichen Hinweis ergänzt, hätte die Verlagerung in einen separaten Absatz den Vorteil, dass der weitreichende Anwendungsbereich der Härtefallregelung auf den ersten Blick zu erkennen ist.[1578] Da die Reduktionsklausel bei einer Kodifizierung in § 93 Abs. 2 S. 4 AktG, aber auch ohne Verweisungsnorm im Rahmen des § 93 Abs. 3 AktG Anwendung findet und in § 93 Abs. 5 S. 2 Hs. 2 AktG bereits ein Verweis auf § 93 Abs. 2 AktG enthalten

---

1575 Deutlich Spindler/Stilz/*Fleischer*, AktG, § 93 Rn. 259; Hüffer/Koch/*Koch*, AktG, § 93 Rn. 69.

1576 Statt vieler nur GK/*Hopt/Roth*, AktG, § 93 Rn. 549; KK/*Mertens/Cahn*, AktG, § 93 Rn. 180; MüKo/*Spindler*, AktG, § 93 Rn. 267.

1577 Beschlüsse des 70. DJT, in: Verhandlungen des 70. DJT, 2014, Bd. 2/1, N 211.

1578 Ähnliche Überlegungen in Bezug auf die Verortung der von ihm vorgeschlagenen Haftungshöchstgrenze auch bei *Scholz*, Die existenzvernichtende Haftung von Vorstandsmitgliedern in der Aktiengesellschaft, S. 397.

ist, der nur moderat zu ändern wäre, erscheint es empfehlenswerter, die bestehende Systematik des § 93 AktG auch in Zukunft beizubehalten.

IV. Fazit

Abschließend bleibt somit festzuhalten, dass dem Gesetzgeber zur Beschränkung der Vorstandsinnenhaftung die Einführung einer Reduktionsklausel in § 93 Abs. 2 S. 4 AktG zu empfehlen ist. Hierdurch lässt sich ein existenzvernichtender Regress unter grundsätzlicher Beibehaltung der Regelungsziele des § 93 Abs. 2 S. 1 AktG rechtsicher vermeiden. Zudem fügt sich eine Regelung, die dem Richter im Einzelfall ein Absenken der Ersatzpflicht erlaubt, widerspruchsfrei in den Tatbestand des § 93 AktG und führt zu keinen Spannungen mit dem haftungsrechtlichen Gesamtkonzept. Die konkrete Reduktionsklausel sollte dabei nur Eingreifen, wenn die Schadenshöhe die Leistungsfähigkeit des Ersatzpflichtigen übersteigt und bei einer Durchsetzung dessen wirtschaftliche Existenz vernichtet, wobei für die Frage der Existenzvernichtung ein möglicherweise bestehender D&O-Versicherungsschutz grundsätzlich unbeachtet bleiben sollte. Des Weiteren erscheint es empfehlenswert, den Anwendungsbereich auf alle Arten der Fahrlässigkeit sowie jegliche Pflichtverletzungen der Vorstandsmitglieder zu erstrecken und die Regelung auch im Rahmen von § 93 Abs. 3, Abs. 5 AktG zu beachten. Um dies zu gewährleisten, ist auch § 93 Abs. 5 S. 2 2. Hs. AktG entsprechend zu ergänzen. In Bezug auf die Höhe der Ermäßigung sollte das Gericht die Art der Pflichtverletzung, der Schwere des Verschuldens sowie die Leistungsfähigkeit des in Anspruch genommenen Vorstandsmitglieds berücksichtigen.

F. Zusammenfassung in Thesen

Dieser Arbeit lag die Zielsetzung zugrunde, einen Beitrag zur Diskussion um die Reform(-bedürftigkeit) der Vorstandsinnenhaftung zu leisten. Dabei galt es zunächst zu untersuchen, ob die Geschäftsleiter aus haftungs- und versicherungsrechtlicher Perspektive tatsächlich dem Risiko existenzvernichtender Inanspruchnahmen ausgesetzt sind. Danach sollten die Möglichkeiten zur Begrenzung der Ersatzpflicht nach geltendem Recht einer kritischen Prüfung unterzogen werden. Abschließen sollte die Bearbeitung mit der Untersuchung der bislang vorgeschlagenen Gesetzesänderungen sowie – sofern erforderlich – mit der Entwicklung eines eigenen Konzepts zur Beschränkung der Vorstandsinnenhaftung *de lege ferenda*. Die Untersuchungsergebnisse der vorliegenden Arbeit lassen sich in folgenden Thesen zusammenfassen:

I. Sowohl aus haftungsrechtlicher, als auch aus versicherungsrechtlicher Perspektive besteht eine Notwendigkeit zur Begrenzung der Vorstandsinnenhaftung.

1. Das Risiko eines existenzvernichten Regresses ist in § 93 Abs. 2 S. 1 AktG unmittelbar angelegt und der Haftungsnorm gewissermaßen immanent.

a) Eine erhebliche Haftungsgefahr der Vorstandsmitglieder resultiert bereits aus der Reichweite ihrer Pflichten. Insbesondere die Einhaltung der externen Legalitätspflicht sowie der Compliance-Pflicht stellt die Geschäftsleiter angesichts der fortschreitenden Verrechtlichung des Wirtschaftslebens vor praktische Schwierigkeiten. Die zulässige Ressortbildung und die vertikale Arbeitsteilung können das Regressrisiko zwar reduzieren, eine vollständige Enthaftung ist hierüber aber nicht zu erreichen.

b) Auch die in § 93 Abs. 1 S. 2 AktG normierte *Business Judgement Rule* bietet den Vorstandsmitgliedern keinen ausreichenden Schutz. Gründe hierfür sind einerseits ihr begrenzter Anwendungsbereich, der Legalitäts- und Treuepflichtverletzungen von dem Haftungsprivileg ausnimmt. Andererseits trägt der Vorstand die Darlegungs- und Beweislast für die Voraussetzungen des § 93 Abs. 1 S. 2 AktG. Die hieraus resultierenden Nachteile werden bei ausgeschiedenen Mitgliedern des Leitungsorgans nicht durch die Auskunfts- und Einsichtsrechte kompensiert. Überdies lassen sich Rückschaufehler der Gerichte nicht mit letzter Sicherheit ausschließen.

c) Ferner gilt bei § 93 Abs. 2 S. 1 AktG ein strenger Verschuldensmaßstab. Die Vorstandsmitglieder haben für Vorsatz und jede Art der Fahrlässigkeit einzustehen und können sich nicht auf die Haftungsmilderung des § 31a Abs. 1 S. 1 BGB berufen.

d) Das wohl größte Haftungsrisiko folgt aus den unbeschränkten Ersatzsummen. So haben die Vorstandsmitglieder nicht nur die gegenüber der Aktiengesellschaft verhängten Bußgelder in voller Höhe zu erstatten, sondern auch die Kosten der Rechtsverfolgung und der internen Sachverhaltsaufklärung sowie etwaige Regressschäden des Unternehmens können vollständig auf die pflichtvergessenen Geschäftsleiter abgewälzt werden. Eine gewisse Reduzierung der Schadenssumme ist grundsätzlich über die auch bei „nützlichen Pflichtverletzungen" anwendbaren Grundsätze des Vorteilsausgleichs zu erreichen. Hat die Gesellschaft keine Vorteile erlangt, bleibt das Risiko der Vorstandsmitglieder, für potentiell existenzvernichtende Ersatzbeträge einstehen zu müssen, aber bestehen.

2. Der Aufsichtsrat ist nach ARAG/Garmenbeck dazu verpflichtet, begründete Schadensersatzforderungen gegenüber den Vorstandsmitgliedern durchzusetzen. Dies gilt auch, wenn die Ersatzbeträge die wirtschaftliche Leistungsfähigkeit der (ehemaligen) Geschäftsleiter bei weitem übersteigen. Da zugleich die Bereitschaft zur Rechtsdurchsetzung in den letzten Jahren erheblich gestiegen ist, sind diese vermehrt dem Risiko ausgesetzt, dass existenzvernichtende Regressforderungen auch tatsächlich geltend gemacht werden.

3. Die D&O-Versicherung bietet den Vorstandsmitgliedern keinen ausreichenden Schutz vor einer existenzvernichtenden Inanspruchnahme.

a) Der Vorstand ist sowohl für die interne Entscheidung, als auch für den Abschluss einer D&O-Versicherung alleinzuständig. Gleichwohl besteht keine Versicherungspflicht und die in der Praxis verwendeten D&O-Versicherungsverschaffungsklauseln sind regelmäßig nicht durchsetzbar.

b) Die Versicherungssumme ist quantitativ begrenzt. Durch das Prinzip der Jahresmaximierung sowie die Verwendung von Serienschaden- und Kostenanrechnungsklauseln, die bei Anlehnung an Ziff. 4.3 Abs. 1 S. 1 AVB-AVG 2016 AGB-rechtlich wirksam sind, wird die Leistungspflicht des Versicherers weiter limitiert.

c) Zudem kann der D&O-Versicherer wegen Eingreifens eines Ausschlusstatbestands vollständig von seiner Leistungspflicht befreit sein. Gleiches gilt bei Pflicht- und Obliegenheitsverletzungen der Aktiengesellschaft als Versicherungsnehmerin oder der versicherten Organmitglieder.

II. Die Gefahr einer existenzvernichtenden Inanspruchnahme kann *de lege lata* nicht rechtssicher beseitigt werden.

1. Weder in der Gesellschaftssatzung, noch im Anstellungsvertrag der Vorstandsmitglieder können ein milderer Sorgfaltsmaßstab oder Haftungshöchstgrenzen wirksam vereinbart werden. Auch eine anstellungsvertragliche Halbvermögensverschonung ist angesichts § 93 Abs. 4 S. 3 AktG unzulässig.

2. Die arbeitsrechtlichen Grundsätze des innerbetrieblichen Schadensausgleichs sind weder direkt, noch analog auf die Ersatzpflicht nach § 93 Abs. 2 S. 1 AktG anwendbar.

3. Eine Begrenzung der Vorstandsinnenhaftung ist zwar bereits *de lege lata* aus der gesellschaftsrechtlichen Fürsorge- und Treuepflicht herleitbar. Allerdings lässt sich nicht prognostizieren, ob die Gerichte diese Haftungsbeschränkungsmöglichkeit zukünftig anwenden werden.

a) Die Fürsorge- und Treuepflicht der Aktiengesellschaft bietet als Generalklausel einen tauglichen Anknüpfungspunkt für eine Regressreduzierung. Rechtsmethodisch stellt sich die Haftungsbeschränkung als zulässige freie Rechtsfortbildung dar, die nicht durch die vorrangig zu beachtenden Möglichkeiten einer Analogie sowie einer teleologischen Reduktion verdrängt wird und zu keinen Spannungen mit den verschiedenen Regelungszwecken des § 93 AktG führt. Überdies kann zu ihrer Konkretisierung auf die Haftungsprivilegierung der Arbeitnehmer zurückgegriffen werden.

b) Gleichwohl ist den bislang zur Organhaftung veröffentlichten Entscheidungen keine einheitliche Tendenz zu entnehmen, ob die Gerichte eine Haftungsbeschränkung qua Fürsorge- und Treuepflicht anerkennen (werden), weshalb das Bedürfnis nach einer Reduzierung der Ersatzpflicht bestehen bleibt.

III. Als Reform der existenzvernichtenden Vorstandshaftung ist dem Gesetzgeber zu empfehlen, § 93 Abs. 2 AktG durch einen Satz 4 zu ergänzen, der den Gerichten bei drohender wirtschaftlicher Notlage der pflichtvergessenen Geschäftsleiter eine Reduzierung der Ersatzpflicht gestattet. Die übrigen, bisher vorgeschlagenen Gesetzesänderungen können indes nicht überzeugen.

1. Eine Härtefallklausel in § 93 Abs. 2 S. 4 AktG führt zu keinen Spannungen mit den Wertungen des § 93 AktG und fügt sich ohne Widersprüche in das haftungsrechtliche Gesamtkonzept. Bei entsprechender Konkretisierung der Regelung ist außerdem gewährleistet, dass einerseits dem Kompensationsinteresse der Gesellschaft bei bestehender Leistungsfähigkeit der Vorstandsmitglieder Rechnung getragen wird, andererseits aber das Risiko einer existenzvernichtenden Inanspruchnahme entfällt.

2. Bei einer gesetzlichen oder statutarischen Begrenzung des Sorgfaltsmaßstabs auf Vorsatz und grobe Fahrlässigkeit bleibt die Gefahr einer wirtschaftlichen Existenzvernichtung hingegen bestehen. Haftungshöchstbeträge bergen – unabhängig von dem Ort ihrer Verankerung – stets das Risiko, dass auch nicht privilegierungsbedürftige Sachverhalte erfasst werden. Darüber hinaus lassen sich Modifizierungen der Sorgfaltsanforderungen sowie Haftungshöchstgrenzen in der Gesellschaftssatzung nicht mit den Wertungen des § 93 Abs. 4 AktG in Einklang bringen. Die Kodifizierung einer Billigkeitsklausel im allgemeinen Schadensrecht würde den Grundsatz der Totalreparation auch in Haftungsbeziehungen aufweichen, für die kein Änderungsbedarf besteht, und obendrein eine erhebliche Rechtsunsicherheit nach sich ziehen.

www.ingramcontent.com/pod-product-compliance
Ingram Content Group UK Ltd.
Pitfield, Milton Keynes, MK11 3LW, UK
UKHW021914290926
8980IPUK00015B/1252

9 783631 744178